들으면서 공부하자!
오디오북 시대

본서에서는 국제무역사 1급 핵심요약노트를 오디오북으로 제공합니다.

오디오북 수강 ▲

잠깐! 오디오북 어떻게 들을 수 있나요?

국제무역사 오디오북 수강 안내

1. QR코드 접속 ▶ 회원가입 또는 로그인
2. 오디오북 신청 후 마이페이지에서 수강

상담 및 문의전화 1600-3600

코로나19 바이러스
"**친환경** 99.9% **항균잉크 인쇄**"
전격 도입

언제 끝날지 모를 코로나19 바이러스
99.9% 항균잉크(V-CLEAN99)를 도입하여 「**안심도서**」로
독자분들의 건강과 안전을 위해 노력하겠습니다.

TEST REPORT

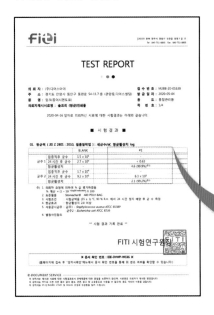

항균잉크(V-CLEAN99)**의 특징**

- 바이러스, 박테리아, 곰팡이 등에 항균효과가 있는 산화아연을 적용

- 산화아연은 한국의 식약처와 미국의 FDA에서 식품첨가물로 인증 받아 **강력한 항균력**을 구현하는 소재

- 황색포도상구균과 대장균에 대한 테스트를 완료하여 **99.9%의 강력한 항균효과** 확인

- 잉크 내 중금속, 잔류성 오염물질 등 **유해 물질 저감**

#1
-
< 0.63
4.6 (99.9%)[주1]
-
6.3×10^3
2.1 (99.2%)[주1]

Clean Zone

합격에
자신 있는
무역시리즈
합격자!

국제무역사

1급 한권으로 끝내기

편저자의 말

현재 세계정세는 단순히 국제화와 세계화라는 개념을 넘어서서 각국이 하나의 생활권이자 커다란 국가라는 개념으로 변모되어 가고 있습니다. 특히 거스를 수 없는 세계적 흐름인 FTA의 확산으로 무역의 중요성은 날로 더해 가고 있습니다.

바야흐로 세계는 무역장벽이 철폐되는 FTA 시대에 진입하고 있으며,
이런 추세는 점차 가속화될 것입니다.

우리나라의 GDP 대비 무역 의존도(상품)는 60.1%로, 중국(31.6%), 일본(25.6%), 미국(18.3%)보다 높습니다(2021년 12월 기준). 세계무역 변수에 영향을 많이 받는 우리나라의 특성상, 국제무역에 대한 전문가 양성에 대한 관심은 그 어느 때보다 뜨겁습니다.

국제무역사 1급 자격증은 무역 인력의 업무능력 강화 및 정보제공의 수단으로서
그 가치와 중요성이 날로 확대되고 있습니다.

한국무역협회 무역아카데미가 주관하는 국제무역사 시험은 폭넓고 깊이 있는 무역실무 지식을 검증하기 위해 1993년부터 시행해 온 자격시험입니다. 자격시험의 범위와 내용이 매우 방대하고 출제영역이 넓은 만큼 개정법령을 꼼꼼히 확인하고, 기초부터 탄탄히 암기해야 합니다. 또한 이론 암기뿐 아니라 이론을 문제에 적용하는 문제 풀이법까지 몸에 익혀야만 합격 안정권에 들어갈 수 있습니다.

 자격증 · 공무원 · 금융/보험 · 면허증 · 언어/외국어 · 검정고시/독학사 · 기업체/취업
이 시대의 모든 합격! 시대에듀에서 합격하세요!
www.edusd.co.kr ➔ 정오표 ➔ 2022 합격자 국제무역사 1급 한권으로 끝내기

이에 저자진들은 **(주)시대고시기획**과 함께 국제무역을 이끌어갈 새로운 인재들이 본인의 뛰어난 역량을 한껏 발휘할 수 있길 바라는 마음을 담아 〈합격자 국제무역사 1급 한권으로 끝내기〉 전면 개정판을 출간하게 되었습니다.

본서는 국제무역사 1급 시험 준비생들을 위하여 이론과 문제를 단 '한 권'으로 준비할 수 있도록 구성하였으며, 다음과 같은 특장점을 가지고 있습니다.

첫 째, 시험에 꼭 나올만한 부분으로 이론을 재구성하였습니다. 최근 5개년(2017~2021년)의 기출문제를 분석하여, 자주 출제되지 않는 이론은 과감히 삭제함으로써 불필요한 학습의 분량을 줄였습니다. 또한 출제 연도표기를 통해 그동안 출제된 키워드 중심으로 중요한 내용을 학습하실 수 있습니다.

둘 째, 기출을 변형하거나 응용한 문제를 이론 곳곳에 배치하고, 책의 날개부분에는 합격자 Tip과 OX 퀴즈 등을 통해 중요한 개념을 한 번 더 짚고 넘어갈 수 있도록 하였습니다. 이러한 구성을 통해 이론의 특성과 내용에 맞게 학습 포인트를 잡아 주고, OX 퀴즈 형식 문제부터 기출응용문제까지 단계별로 문제를 제시함으로써 효과적인 학습이 가능하도록 하였습니다.

셋 째, 실제 시험에 최적화된 과목별 100문제와 최종모의고사를 수록하여 동종 수험서 대비 가장 많은 기출 예상문제를 풀 수 있도록 하였습니다. 이론서뿐만 아니라 문제집으로서의 역할을 충실하게 할 수 있도록, 다양한 기출유형의 문제풀이를 통해 복습가능한 방식으로 구성하였습니다.

넷 째, 도서 출간일 기준 최신 개정법령을 반영하였습니다. 본서에 수록된 법령반영일은 다음과 같으며 해당 법령은 시행령, 시행규칙 등 관련 법령 및 고시규정을 포함하였습니다.

> • 대외무역법 [시행 2021. 2. 5.] [법률 제16929호, 2020. 2. 4., 타법개정]
> • 관세법 [시행 2021. 12. 30.] [법률 제17799호, 2020. 12. 29., 타법개정]
> • 수출용 원재료에 대한 관세 등 환급에 관한 특례법(관세환급특례법) [시행 2020. 6. 9.] [법률 제17339호, 2020. 6. 9., 타법개정]
> • 자유무역협정의 이행을 위한 관세법의 특례에 관한 법률(FTA관세법) [시행 2021. 1. 1.] [법률 제17649호, 2020. 12. 22., 타법개정]

본서와 함께 무역 전문가의 꿈을 이루고자 도전하는 수험생 여러분의 합격을 진심으로 기원합니다.

편저자 올림

핵심이론

Point 1

최근 5개년(2017~2021년) 출제 연도표기!

출제 연도표기를 통해 빈출 이론을 한눈에 파악하고 효율적으로 학습할 수 있습니다.

Point 2

OX 퀴즈로 자연스럽게 암기!

헷갈릴 만한 부분마다 OX 퀴즈를 수록하여 자연스러운 암기와 복습을 도왔습니다.

Point 3

전문가가 직접 일러주는, 합격자 Tip!

현직 관세사 저자가 학습방향을 알려주는 합격자 Tip을 제시해 줍니다.

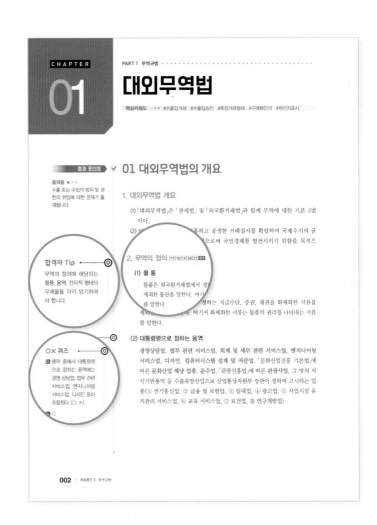

핵심이론

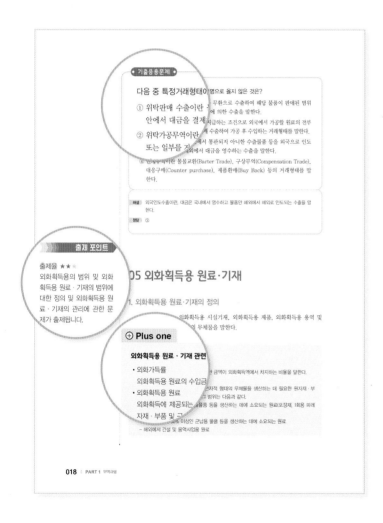

최근 출제문제를 한눈에, 기출응용문제!

최근 기출을 응용한 문제를 이론마다 배치하여 출제경향을 파악할 수 있습니다.

하나 더 알고 가자, Plus One!

향후 출제가능성이 있는 내용, 명료한 요약이 필요한 내용을 담았습니다.

빈출 개념만 쏙쏙, 출제 포인트!

자주 출제되는 개념들은 한 번 더 강조하여 중요도 순으로 학습할 수 있습니다.

백발백중 100제

**기출유형을 완벽반영한
과목별 100문제!**

학습내용을 최종점검할 수 있도
록 과목별 예상문제는 100문제씩
총 400문제를 수록하였습니다.

실전에 가까운 기출유형 문제!

최근 기출유형을 면밀히 파악하고
실전에 나올 수 있는 예상문제들
로 출제하였습니다.

단순하고 명료한 해설!

현직 관세사 저자의 명쾌한 해설을
통해 부족한 부분을 파악하고
보충할 수 있습니다.

PART

02 백발백중 100제

01 사전송금결제방식의 특징에 관한 설명으로 옳은 것은?

① 거래물품의 수취 전 대금을 송금하므로 안정적으로 거래물품을 확보할 수 있다.
② 송금 시 은행에 선하증권 등의 운송장을 포함한 구매증빙서류를 제출해야 한다.
③ 사후송금방식과는 달리 은행수수료를 절감할 수 있다.
④ 통상적으로 오래 거래한 상대방과 취할 수 있는 결제방식이다.

🔗 해설

사전송금방식은 물품을 받기 전 송금하는 것으로서 구매자에게 불리한 결제조건이다. 따라서 상대방과 신뢰가
있는 사이에서 취할 수 있는 방식이다.

정답 ④

02 다음 중 송금결제방식에 대해 옳은 서술을 모두 고른 것은?

A. 송금결제방식은 구매자가 거래물품을 수취하고 지급하는지 여부에 따라 사전방식과 사후방식으
로 구분된다.
B. 페이팔 결제방식은 L/C거래방식과 동일한 절차의 송금결제방식이다.
C. M/T방식은 판매자를 수취인으로 하여 송금수표를 송달하는 방식을 말한다.
D. 수입자 입장에서는 사후송금방식이 유리한 결제방식이다.
E. 송금방식은 상호간의 권리, 의무를 규정한 국제규칙 또는 협약이 없다.

① A, B, D   ② B, C, E
③ A, D, E   ④ D, E

🔗 해설

B. 페이팔은 L/C와 달리 제3의 회사가 은행의 송금역할만 대신할 뿐 지급보증, 서류의 심하 등의 기능은 수행하
지 않는다.
C. M/T(Mail Transfer)는 결제대금을 송금할 은행이 송금수표 대신 지급할 은행에 일정금액을 지급하도록 위탁하
는 지급지시서를 지급은행 앞으로 송부하는 방식이다.

정답 ③

최종모의고사 + 핵심요약노트

부록 최종모의고사 1교시

제1과목 **무역규범**

01 수출과 수입에 대한 설명으로 옳지 않은 것은?

① 매매, 교환, 임대차, 사용대차, 증여 등을 원인으로 국내에서 외국으로 물품이 이동하는 것과 우리나라의 선박으로 외국에서 채취한 광물 또는 포획한 수산물을 국내에 매도하는 것은 수출에 포함된다.
② 보세판매장에서 외국인에게 국내에서 생산된 물품을 매도하는 것은 수출에 포함된다.
③ 유상으로 외국에서 외국으로 물품을 인수하는 것으로서 산업통상자원부 장관이 정하여 고시하는 기준에 해당하는 것은 수입에 포함된다.
④ 비거주자가 거주자에게 산업통상자원부 장관이 정하여 고시하는 방법에 따른 용역을 제공하는 것은 수입에 포함된다.

02 다음 사례에 대한 설명으로 옳지 않은 것은?

A. 시대고시상사는 중국의 가공공장에 의류를 가공하기 위해 가공에 필요한 원부자재를 수출하였다.
B. 시대고시상사는 중국 공장에서 가공한 의류를 베트남에서 한국과 미국으로 수출하고, 미국으로 수출한 물품에 대한 대금은 미국의 수입자로부터

① 위탁가공무역에 의한 수출이다.
② 미국으로 수출한 의류에 대해서는 수출실적이
③ 한국으로 수출한 의류에 대한 수입실적은 C
④ 베트남에서 미국으로 수출하는 화물에 대해

658 | 부록

학습내용을 마지막으로 점검하는 최종모의고사!
자신의 실력을 최종적으로 점검하여 고득점을 받을 수 있도록 구성하였습니다.

정답과 해설을 분리한 실전대비용 문제 구성!
실제 시험과 동일한 과목별 40문제 구성을 통해 실전처럼 문제풀이할 수 있습니다.

언제 어디서나, 핵심요약노트!
오디오북이 포함된 핵심요약노트를 통해 자투리 시간을 활용하여 학습할 수 있습니다.

국제무역사 1급(International Trade Specialist)

국내에서 유일한 무역실무능력 인정시험으로, "무역인력의 폭넓고 깊이 있는 무역실무 지식 함양"을 위하여 시행하는 자격시험

기본정보

- 주관처 : 한국무역협회 무역아카데미(newtradecampus.kita.net)
- 응시자격 : 제한없음
- 시험접수비 : 40,000원(부가세 포함)

시험내용

- 대외무역법 · 통상, 전자무역 등 무역규범에 대한 폭넓은 이해
- 통관 / 환급 및 FTA에 대한 폭넓은 이해를 바탕으로 한 효율적 활용
- 각 유형별 대금결제에 대한 폭넓은 이해
- 각 유형별 무역계약에 대한 폭넓은 이해
- 환리스크 관리의 측면에서 유용하게 활용될 수 있는 외환실무의 이해
- 무역 서식 작성, 해석 및 활용에 대한 폭넓은 이해
- 운송 및 보험에 대한 폭넓은 이해
- 무역 업무에 필요한 중 · 고급 영어 실력

합격기준

매 과목을 100점 만점으로 하여 과목별 40점 이상, 평균 60점 이상 획득 시 합격

특 전

- 주요 무역상사, 금융기관 등에서 인사고과 가점 부여(기업특성에 따라 활용)
- 한국무역협회 주관사업 모집, 선발 등 가점 부여(사업특성에 따라 활용)
- 한국직업능력개발원 민간자격 등록(2008 – 0013)

시험과목

교 시	시험과목	세부내용	출제형태
1교시(90분) (09:30 ~ 11:00)	무역규범	대외무역법, 통관 · 관세환급, FTA	과목별 객관식 40문항 (4지선다형)
	무역결제	대금결제 / 외환실무	
2교시(90분) (11:20 ~ 12:50)	무역계약	무역계약 / 운송 · 보험	
	무역영어	무역영어 / 무역 관련 국제규범 / 무역서식	

2022년 시험일정

회 차	접수기간		시험일시	합격자 발표
제50회	정기접수	1.24(월) 10:00 ~ 1.27(목) 23:59	2.26(토)	3.16(수)
	추가접수	2.9(수) 10:00 ~ 2.10(목) 23:59		
제51회	정기접수	6.13(월) 10:00 ~ 6.16(목) 23:59	7.16(토)	8.3(수)
	추가접수	6.29(수) 10:00 ~ 6.30(목) 23:59		

※ 상기 일정은 변경될 수 있습니다. 무역아카데미 홈페이지(newtradecampus.kita.net) 공지사항을 참조하시길 바랍니다.

응시지역(장소)

전국 12개 지역	서울, 부산, 인천, 경기, 대전, 청주, 광주, 전주, 대구, 창원, 울산, 제주

※ 시험장소는 변경될 수 있습니다. 무역아카데미 홈페이지(newtradecampus.kita.net) 공지사항을 참조하시길 바랍니다.

2021년 시험(제47~49회) 출제경향분석

PART 1 무역규범

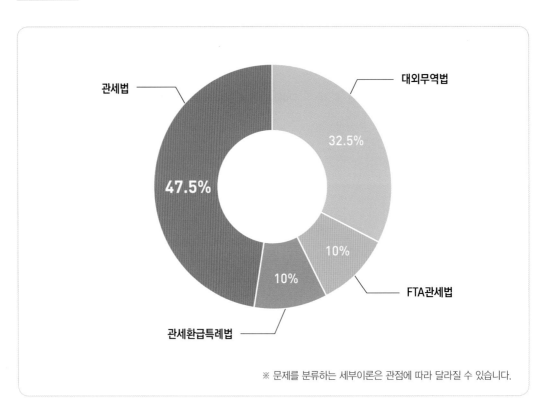

관세법 47.5%
대외무역법 32.5%
FTA관세법 10%
관세환급특례법 10%

※ 문제를 분류하는 세부이론은 관점에 따라 달라질 수 있습니다.

무역규범은 대외무역법, 관세법을 중심으로 문제가 출제되며, FTA에 대한 문제도 평균 4문제 정도가 출제되었습니다. 아시다시피 무역규범은 법령에 대한 내용으로 이루어진 과목입니다. 법령의 내용을 바탕으로 이를 사례에 적용하는 문제가 많이 출제되기 때문에, 법령의 내용을 잘 이해하고 이를 사례에 적용시켜보는 문제들을 많이 풀어 보며 연습해야 합니다. 특히 관세법 법령의 내용은 매우 방대하며, 지금까지 출제되지 않았던 부분에서도 문제가 출제되고 있으므로 교재의 기본 내용을 꼼꼼히 확인하는 것이 필요합니다.

PART 2 무역결제

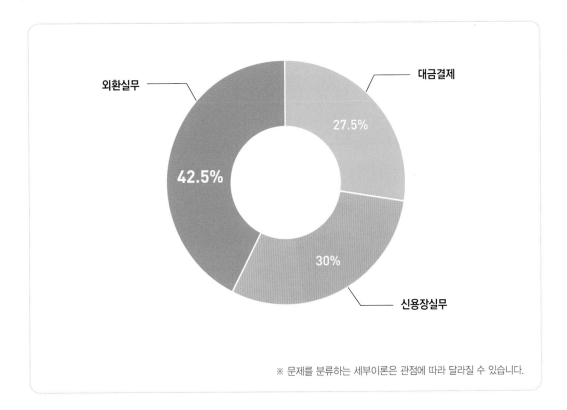

※ 문제를 분류하는 세부이론은 관점에 따라 달라질 수 있습니다.

기존의 출제빈도와 유사하게 외환실무 부분에서 가장 많은 문제가 출제되었습니다. 외환실무의 경우 전체 문제의 약 42.5%로 높은 비중을 차지했으며, 기존 시험에서는 외환관리기법을 위주로 암기형 문제가 출제되었던 것과 달리, 리스크 관리나 시황변동에 따른 환경분석 등의 수험자 본인의 판단을 요하는 문제가 다수 포함되어 있었습니다. 따라서 단순히 암기하는 것에만 그치지 말고, 주어진 지문의 상황에 대한 깊은 이해를 바탕으로 학습하는 것이 필요합니다. 또한 무역실무에서 신용장이 가장 보편적으로 사용되는 만큼 이는 2022년 시험에도 변동이 없을 것으로 예상됩니다. 때문에 신용장 관련 내용은 반드시 잘 숙지하여야 합니다.

2021년 시험(제47~49회) 출제경향분석

PART 3 무역계약

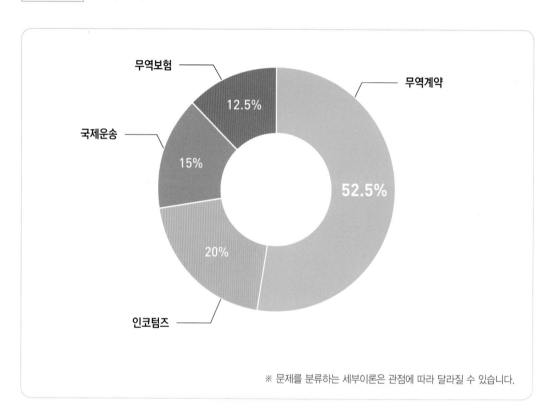

무역보험 12.5%
무역계약 52.5%
국제운송 15%
인코텀즈 20%

※ 문제를 분류하는 세부이론은 관점에 따라 달라질 수 있습니다.

무역계약 과목에서는 무역계약, 국제운송, 무역보험, 무역클레임 등에 대한 문제가 출제되며, 지속적으로 기출문제의 출제 범위에서 크게 벗어나지 않는 문제가 출제되고 있습니다. 때문에 최근 기출유형이 반영된 도서의 내용을 바탕으로 학습하면 충분히 2022년 합격도 노릴 수 있는 수준입니다. 단, 2020년에 개정된 인코텀즈(Incoterms), 비엔나 협약은 무역영어에서도 빈출되므로 과목 간의 연관성을 이해하며 학습하는 것이 필요합니다. 또한 무역계약의 출제비중이 가장 높지만 인코텀즈의 비중도 작지 않으므로, 원문도 꼼꼼히 살펴보면서 학습하는 것이 필요합니다.

PART 4 무역영어

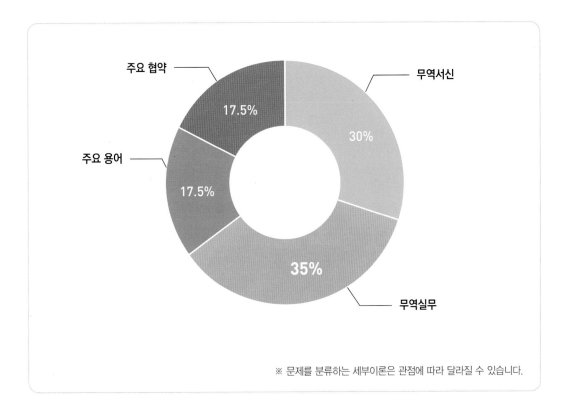

※ 문제를 분류하는 세부이론은 관점에 따라 달라질 수 있습니다.

2021년 시험은 특별 추가 시험까지 평년(연 2회)의 횟수보다 1회 더 실시되었습니다. 무역영어에서는 기존의 출제경향과 다른 점으로 영문서신의 내용을 이해하고 정답을 고르는 유형이 눈에 띄게 증가하였다는 것을 알 수 있습니다. 통상 2교시 79~80번 2문제로 출제되었던 영문 서한 작성 문제들이 제49회 시험에서는 5문제로 증가하였습니다. 난이도는 어렵지 않으나, 시험 마지막까지 집중력을 발휘해야 하므로 문제 풀이의 시간 안배도 중요하다고 하겠습니다. 또한 비엔나 협약, 인코텀즈, UCP 600의 주요 협약 암기만으로는 고득점이 쉽지 않으며, 특정 용어에 대한 설명을 열거하고 적절한 용어를 찾는 방식 등 넓은 범위의 무역실무 지식에 대해 숙지하는 것이 필요합니다.

CONTENTS
이 책의 목차

소책자

국제무역사 1급 핵심요약노트 + 오디오북

제42회 합격자
김** 님
(가 명)

Q 준비하게 된 계기는 무엇인가요?

A 저는 무역학과인데, 졸업요건 중 전공 관련 자격증 취득이 있어서 국제무역사 자격증을 알아보게 되었습니다. 기존에 국제무역사 시험은 1급과 2급으로 나뉘었는데, 2급 자격증은 2021년부터는 시행되지 않아 국제무역사 1급 자격증으로 준비하게 되었습니다.

Q 무역 전공자면 국제무역사를 취득할 때 유리한가요?

A 많이들 무역 관련 자격증을 무역학과일 경우 취득하기 쉽다고 생각하는데, 학교마다 차이가 있다고 생각합니다. 저는 학교 다닐 때 수강한 과목과 시험과목이 겹치는 부분이 많지 않아서 학교 수업에서는 크게 도움이 된 부분이 없었습니다. 또 국제무역사는 전공이 무역과 관련된 분들보다 비전공자들이 무역 관련 지식을 갖고 있다는 것을 입증하기 위해 많이 사용되는 자격증 중 하나입니다.

Q 공부 기간은 어느 정도 걸리셨나요?

A 저의 경우 총 4개월이 걸렸습니다. 시대고시기획의 <합격자 국제무역사 1급 한권으로 끝내기>를 통해 2개월간 이론을 공부했고, 남은 두 달은 기출문제풀이를 반복했습니다. 기출문제집은 출제기관에서 나온 것으로 활용했습니다. 국제무역사는 특히 기출풀이가 중요하다고 생각합니다.

Q 공부 방법으로 추천하는 방식이 있으신가요?

A 간단하게 정리하자면, 핵심내용으로만 구성된 이론 책 하나와 기출문제집이라고 생각 합니다. 저는 독학으로 진행했기 때문에 필요한 내용만 담은 도서를 통해서 적은 공부량 으로도 최대 효율을 낼 수 있는 것이 중요했습니다. 또 많은 복습이 답이라고 생각합니다.

※ 본 합격수기는 본서를 통해 국제무역사 1급을 합격하신 합격자의 합격수기를 재구성한 것입니다. 다음 합격자는 여러분입니다. 시대에듀에서는 여러분의 합격수기를 기다리고 있겠습니다(www.sdedu.co.kr).

part 1 — 무역규범

CHAPTER 01

대외무역법

핵심키워드 · ·● #수출입거래 #수출입승인 #특정거래형태 #구매확인서 #원산지표시

출제 포인트 ☑

01 대외무역법의 개요

출제율 ★★★
수출 또는 수입의 범위 및 권한의 위임에 대한 문제가 출제됩니다.

1. 대외무역법 개요

(1) 「대외무역법」은 「관세법」 및 「외국환거래법」과 함께 무역에 대한 기본 3법이다.

(2) 이 법은 대외무역을 진흥하고 공정한 거래질서를 확립하여 국제수지의 균형과 통상의 확대를 도모함으로써 국민경제를 발전시키기 위함을 목적으로 한다.

👍 빈출 ▶ ### 2. 무역의 정의 `17` `18` `19` `20` `21` 출제

합격자 Tip ◉
무역의 정의에 해당하는 물품, 용역, 전자적 형태의 무체물을 각각 암기하여야 합니다.

(1) 물품

물품은 외국환거래법에서 정하는 지급수단, 증권, 채권을 화체화한 서류를 제외한 동산을 말한다. 여기서 화체화한 서류는 물품의 권리를 나타내는 서류를 말한다.

OX 퀴즈 ◉

Q 용역 중에서 대통령령으로 정하는 용역에는 경영 상담업, 법무 관련 서비스업, 엔지니어링 서비스업, 디자인 등이 포함된다. (O, ✕)

A ○

(2) 대통령령으로 정하는 용역

경영상담업, 법무 관련 서비스업, 회계 및 세무 관련 서비스업, 엔지니어링 서비스업, 디자인, 컴퓨터시스템 설계 및 자문업, 「문화산업진흥 기본법」에 따른 문화산업 해당 업종, 운수업, 「관광진흥법」에 따른 관광사업, 그 밖의 지식기반용역 등 수출유망산업으로 산업통상자원부 장관이 정하여 고시하는 업종(① 전기통신업, ② 금융 및 보험업, ③ 임대업, ④ 광고업, ⑤ 사업시설 유지관리 서비스업, ⑥ 교육 서비스업, ⑦ 보건업, ⑧ 연구개발업)을 말한다.

○× 퀴즈 ●
Q 전자적 형태의 무체물은 소프트웨어 또는 부호 · 문자 · 음성 · 음향 · 이미지 · 영상 등을 디지털 방식으로 제작하거나 처리한 자료를 말한다. (○, ×)

A ○

합격자 Tip ●
최근 기출 문제로 재출제 가능성이 높습니다. 전문무역상사의 지정기준 및 지원에 대해 숙지하세요.

(3) 대통령령으로 정하는 전자적 형태의 무체물 [21] 출제

「소프트웨어 진흥법」에 따른 소프트웨어, 부호 · 문자 · 음성 · 음향 · 이미지 · 영상 등을 디지털 방식으로 제작하거나 처리한 자료 또는 정보 등으로서 산업통상자원부 장관이 정하여 고시하는 업종[① 영상물(영화, 게임, 애니메이션, 만화, 캐릭터를 포함한다), ② 음향 · 음성물, ③ 전자서적, ④ 데이터베이스], 위의 집합체와 그 밖에 이와 유사한 전자적 형태의 무체물로서 산업통상자원부 장관이 정하여 고시하는 업종을 말한다.

3. 전문무역상사 [19] 출제

(1) 전문무역상사의 정의

전문무역상사는 신시장 개척, 신제품 발굴 및 중소 · 중견기업 등 수출에 어려움을 겪는 기업들을 지원하여 수출 증진을 꾀할 수 있도록 산업통상자원부 장관의 위임에 따라 한국무역협회가 수출실적 및 중소기업 제품 수출비중 등을 고려하여 무역거래자 중 지정한 업체를 말한다.

⊕ **Plus one**

"무역거래자"란 수출 또는 수입을 하는 자, 외국의 수입자 또는 수출자에게서 위임을 받은 자 및 수출과 수입을 위임하는 자 등 물품 등의 수출행위와 수입행위의 전부 또는 일부를 위임하거나 행하는 자를 말한다.

(2) 전문무역상사 지정기준

① 다음의 모든 조건을 갖춘 무역거래자
　㉠ 전년도 수출실적 또는 직전 3개 연도의 연평균 수출실적이 미화 100만 달러 이상
　㉡ 전체 수출실적 중 다른 중소 · 중견기업이 생산한 제품의 전년도 수출 비중 또는 최근 3년간 평균 수출 비중이 100분의 20 이상
② 신시장의 개척, 신제품의 발굴 및 중소기업 또는 중견기업에 대한 효과적인 수출 지원을 위해 산업통상자원부 장관이 농업 · 어업 · 수산업 등 업종별 특성과 조합 등 법인의 조직 형태별 수출 특성을 고려하여 고시하는 기준을 갖춘 무역거래자
③ 중소 · 중견 기업에 대한 효과적인 수출 지원을 위하여 다음의 어느 하나에 해당하여 산업통상자원부 장관이 그 능력이 있다고 인정하는 자
　㉠ 전년도 또는 최근 3년간 평균 수출 실적이 미화 1억불 이상인자로서 무역거래를 주로 영위하는 자

ⓛ 유통산업발전법 제2조 3호에 따른 대규모 점포를 국외에서 3개 이상 운영하면서 직전년도 매출액이 500억원 이상인자

ⓒ 국내·외에서 방송채널 및 사이버몰 등 전자상거래 수단을 1개 이상 직접 운영하면서 직전년도 국외 매출액 또는 거래액이 미화 100만불 이상인 자

ⓡ 최근 2년 내 해외정부 또는 국제기구에 대하여 직접 조달 납품한 실적이 미화 100만불 이상인 자

ⓜ 재외동포로서 직전년도 한국제품 구매실적이 미화 100만불 이상인 자

ⓗ 중소벤처기업부 장관이 추천하는 중소기업 수출지원 전문기업

(3) 전문무역상사 지정 절차

① 전문무역상사로 지정받고자 하는 자는 다음의 서류를 갖추어 한국무역협회 회장에게 신청(산업통상자원부 장관 위임)하여야 한다.

ⓐ 전문무역상사 지정신청서

ⓑ 사업자등록증

ⓒ 중소기업 수출지원 기여에 관한 사업계획서

ⓡ 기타 실적 증명 및 활동계획서 등 전문무역상사 지정요건에 부합함을 증명하는 서류 등

(4) 전문무역상사 지정 거부 또는 취소

한국무역보험공사 신용조사 보고서상 신용등급 중 최하위 2개 등급인 경우에는 전문무역상사의 지정을 거부 또는 취소한다.

(5) 전문무역상사에 대한 지원

① 산업통상자원부 장관은 전문무역상사를 통한 신시장 개척, 신제품 발굴 및 중소기업 또는 중견기업의 수출 확대 등을 위하여 필요하다고 인정되는 경우에는 전문무역상사의 국내외 홍보, 우수제품의 발굴, 해외 판로 개척 등에 필요한 사항을 지원할 수 있다.

⊕ Plus one

무역 관련 시설

무역 관련 시설은 한국종합전시장 및 국제무역연수원(강남구 코엑스)이 지정되어 있으며, 무역 관련 시설 중 무역전시장은 실내 전시 연면적이 2천 제곱미터 이상인 무역견본품을 전시할 수 있는 시설과 50명 이상을 수용할 수 있는 회의실을 갖추어야 한다. 무역 관련 시설 중 무역연수원은 무역전문인력을 양성할 수 있는 시설로서 연면적이 2천 제곱미터 이상이고 최대수용 인원이 500명 이상이어야 한다. 무역 관련 시설 중 컨벤션센터는 회의용 시설로서 연면적이 4천 제곱미터 이상이고 최대 수용 인원이 2천명 이상이어야 한다.

02 수출입 거래

1. 수출입의 정의

(1) 수출의 정의 19 20 출제

물품이나 용역, 전자적 형태의 무체물을 국외로 매도, 인도 또는 제공하는 것으로서 다음에 해당하는 것을 말한다.

① 매매, 교환, 임대차, 사용대차, 증여 등을 원인으로 국내에서 외국으로 물품이 이동하는 것(우리나라의 선박으로 외국에서 채취한 광물 또는 포획한 수산물을 외국에 매도하는 것을 포함)

② 유상으로 외국에서 외국으로 물품을 인도하는 것으로서 산업통상자원부 장관이 정하여 고시하는 기준에 해당하는 것

③ 거주자가 비거주자에게 산업통상자원부 장관이 정하여 고시하는 방법으로 용역을 제공하는 것

④ 거주자가 비거주자에게 정보통신망을 통한 전송과 그 밖에 산업통상자원부 장관이 정하여 고시하는 방법으로 전자적 형태의 무체물을 인도하는 것

⑤ 보세판매장에서 외국인에게 국내에서 생산된 물품을 매도하는 것

(2) 수입의 정의 19 출제

물품이나 용역, 전자적 형태의 무체물이 국내로 이동되거나, 인수 또는 제공하는 것으로서 다음에 해당하는 것을 말한다.

① 매매, 교환, 임대차, 사용대차, 증여 등을 원인으로 외국으로부터 국내로 물품이 이동하는 것

② 유상으로 외국에서 외국으로 물품을 인수하는 것으로서 산업통상자원부 장관이 정하여 고시하는 기준에 해당하는 것

③ 비거주자가 거주자에게 산업통상자원부 장관이 정하여 고시하는 방법으로 「대외무역법 시행령」 제3조에 따른 용역을 제공하는 것

④ 비거주자가 거주자에게 정보통신망을 통한 전송과 그 밖에 산업통상자원부 장관이 정하여 고시하는 방법으로 「대외무역법 시행령」 제4조에 따른 전자적 형태의 무체물을 인도하는 것

「대외무역법」, 「대외무역법 시행령」, 「대외무역관리규정」에서 규정하는 용어의 정의 중 수출에 대한 설명으로 옳지 않은 것은?

① 매매, 교환, 임대차, 사용대차, 증여 등을 원인으로 국내에서 외국으로 물품이 이동하는 것

② 무상으로 외국에서 외국으로 물품을 인도하는 것으로서 산업통상자원부 장관이 정하여 고시하는 기준에 해당하는 것

③ 거주자가 비거주자에게 산업통상자원부 장관이 정하여 고시하는 방법으로 용역을 제공하는 것

④ 거주자가 비거주자에게 정보통신망을 통한 전송과 그 밖에 산업통상자원부 장관이 정하여 고시하는 방법으로 전자적 형태의 무체물을 인도하는 것

해설 유상으로 외국에서 외국으로 물품을 인도하는 것으로서 산업통상자원부 장관이 정하여 고시하는 기준에 해당하는 것을 수출로 인정한다.

정답 ②

합격자 Tip ●

수출입 실적 및 인정범위, 인정금액에 대한 내용을 실제 거래내역으로 재구성하여 해당 내용의 이해도를 묻는 문제가 출제됩니다.

2. 수출입실적 및 인정범위, 인정금액 등 21 출제

구 분	실 적	인정금액	인정시점	증명서발급기관
수 출	수출 중 유상으로 거래되는 수출(대북한 유상반출실적을 포함)	수출통관액 (FOB가격 기준)	수출신고 수리일	한국무역협회장
	외국에서 개최되는 박람회, 전람회, 견본품전시회, 영화제 등에 출품하기 위하여 무상으로 반출하는 물품의 수출로서 현지에서 매각된 것	외국환은행의 입금액	입금일	외국환은행의 장

수출	중계무역에 의한 수출	수출금액(FOB가격)에서 수입금액(CIF가격)을 공제한 가득액	입금일	외국환은행의 장
	외국인도수출	외국환은행의 입금액(다만, 위탁가공된 물품을 외국에 판매하는 경우에는 판매액에서 원자재 수출금액 및 가공임을 공제한 가득액)	입금일	외국환은행의 장
	원양어로에 의한 수출 중 현지경비 사용분	외국환은행의 확인분	–	외국환은행의 장
	용역 수출	용역의 수출·수입 실적의 확인 및 증명 발급기관의 장이 외국환은행을 통해 입금확인한 금액	입금일	• 한국무역협회장 • 한국선주협회장 (해운업의 경우만 해당) • 한국관광협회중앙회장 및 문화체육관광부 장관이 지정하는 업종별 관광협회장 (관광사업의 경우만 해당)
	전자적 형태의 무체물의 수출	한국무역협회장 또는 한국소프트웨어산업협회장이 외국환은행을 통해 입금확인한 금액	입금일	한국무역협회장 또는 한국소프트웨어산업협회장
	수출자 또는 수출물품 등의 제조업자에 대한 외화획득용 원료 또는 물품 등의 공급 중 수출에 공하여 지는 것으로 내국신용장(Local L/C)에 의한 공급 또는 구매확인서에 의한 공급, 산업통상자원부 장관이 지정하는 생산자의 수출 물품 포장용 골판지상자의 공급	외국환은행의 결제액 또는 확인액	• 외국환은행을 통하여 대금을 결제한 경우 : 결제일 • 외국환은행을 통하여 대금을 결제하지 아니한 경우 : 당사자 간의 대금 결제일	외국환은행의 장 또는 전자무역기반사업자

수출	외국인으로부터 대금을 영수하고 외화획득용 시설기재를 외국인과 임대차계약을 맺은 국내업체에 인도하는 경우	외국환은행의 입금액	입금일	외국환은행의 장
	외국인으로부터 대금을 영수하고 자유무역지역으로 반입신고한 물품 등을 공급하는 경우	외국환은행의 입금액	입금일	한국무역협회장
	외국인으로부터 대금을 영수하고 그가 지정하는 자가 국내에 있음으로써 물품 등을 외국으로 수출할 수 없는 경우로 보세구역으로 물품 등을 공급하는 경우	외국환은행의 입금액	입금일	한국무역협회장
수입	유상으로 거래되는 수입	수입통관액 (CIF가격 기준)	수입신고 수리일	한국무역협회장 또는 기관의 장
	외국인수수입	외국환은행의 지급액	지급일	외국환은행의 장
	전자적 형태의 무체물			한국무역협회장 또는 한국소프트웨어산업협회장
	용 역			한국무역협회장 및 기관의 장

3. 무역업고유번호

(1) 무역업고유번호의 신청 및 부여

무역업고유번호를 부여받고자 하는 자는 한국무역협회장(산업통상자원부 장관 위탁업무)에게 무역업고유번호를 신청할 수 있으며, 한국무역협회장은 신청 즉시 고유번호를 부여하여야 한다.

(2) 무역업고유번호의 사용

무역업고유번호를 부여받은 수출입자는 수출신고서에 무역업고유번호를 상호명과 함께 기재하여야 한다.

(3) 무역업고유번호의 변경 등 21 출제

① 무역업고유번호를 부여받은 자가 무역업고유번호 신청사항에 변경이 있는 경우 변동사항이 발생한 날부터 20일 이내에 한국무역협회장에게 변경 신청을 하여야 하며, 무역업고유번호를 유지·승계하고자 하는 경우에도 또한 같다.

② 무역업고유번호를 부여받은 자가 합병, 상속, 영업의 양수도 등 지위의 변동이 발생하여 기존의 무역업고유번호를 유지 또는 수출입실적 등의 승계를 받으려는 경우에는 변동사항에 대한 증빙서류를 갖추어 무역업고유번호의 승계 등을 한국무역협회장에게 신청할 수 있다.

(4) 무역업고유번호의 기록 관리

한국무역협회장은 무역업고유번호의 부여 및 변경 사항을 확인하고 무역업고유번호 관리대장 또는 무역업 데이터베이스에 이를 기록 및 관리하여야 한다.

• 기출응용문제 •

우리나라 「대외무역법」에서 규정하고 있는 수출·수입실적에 대한 설명으로 옳지 않은 것은?

① 외화획득용 원료 등을 공급하는 경우 구매확인서에 의한 공급, 수출물품 포장용 골판지 상자의 공급 등은 수출실적으로 인정되며, 수출실적의 인정금액은 외국환은행의 결제금액 또는 입금확인액이다.

② 외국인으로부터 대금을 영수하고 외화획득용 자유무역지역으로 반입신고한 물품 등을 공급하는 경우 수출실적으로 인정되며, 외국환은행의 입금일을 기준일로 한다.

③ 중계무역에 의한 수출의 경우는 수출금액(FOB가격)에서 수입금액(CIF가격)을 공제한 가득액이 수출실적의 인정금액이 되며, 수출실적의 인정시점은 외국환은행 입금일이다.

④ 수출승인 면제대상 물품 중 해외투자목적으로 무상 반출되는 물품의 수출실적으로 인정되며, 외국환은행의 입금일을 기준일로 한다.

해설 수출승인 면제대상 물품 중 무상반출되는 물품은 수출통관절차를 거치기 때문에 수출통관액을 기준금액으로 하며, 수출신고 수리일을 기준일로 한다.

정답 ④

03 수출입 승인

1. 수출입의 원칙

물품 등의 수출입과 이에 따른 대금을 받거나 지급하는 것은 대외무역법의 목적의 범위에서 자유롭게 이루어져야 하며, 무역거래자는 자기 책임으로 그 거래를 성실히 이행하여야 한다.

빈출 〉 2. 수출입의 제한 19 출제

수출입의 원칙에도 불구하고 산업통상자원부 장관은 다음 어느 하나에 해당하는 경우에는 물품 등을 지정·고시하여 수출입을 제한하거나 금지할 수 있다.
① 헌법에 따라 체결·공포된 조약과 일반적으로 승인된 국제법규에 따른 의무의 이행
② 생물자원의 보호
③ 교역상대국과의 경제협력 증진
④ 국방상 원활한 물자 수급
⑤ 과학기술의 발전
⑥ 그 밖에 통상·산업정책에 필요한 사항으로서 대통령령으로 정하는 사항

3. 수출입 승인의 의의

합격자 Tip
통합공고와 수출입공고의
비교 및 개념에 대한 문
제. 수출승인 등을 통해
수출입 제한 물품이 수출
되는 방안 등에 대한 문
제가 출제됩니다.

「대외무역법」에 따라 수출 또는 수입이 제한되는 물품 등을 수출하거나 수입하고자 하는 경우에는 산업통상자원부 장관의 승인을 받아야 한다. 이를 수출입 승인이라고 하며, 수출입 승인 대상 물품은 수출입공고에 게시되어 있다.

4. 수출입공고 및 통합공고

(1) 수출입공고

수출입공고란 「대외무역법」상 산업통상자원부 장관이 수출입물품에 대한 직접적인 관리를 위하여 물품의 수출 또는 수입에 관한 품목별 승인·허가·금지 품목 등의 구분에 관한 사항과 물품의 종류별 수량·금액·규격·지역 등을 제한하는 사항 등을 공고한 것을 말한다.

(2) 수출입공고의 고시 원칙

우리나라는 수출입원칙에 따라 수출입공고에 게시된 물품을 제외하고는 자유롭게 수출입을 허용하고 있다(Negative System, 원칙적으로 자유를 보장하되 예외적으로 제한하는 방법).

(3) 수출입공고의 적용 예외 21 출제

수출입공고에 게시된 수출입 승인대상 물품에 해당되더라도 다음에 해당하는 경우에는 수출입 승인 등을 적용받지 아니한다.
① 중계무역물품
② 외국인수수입물품
③ 외국인도수출물품
④ 선박용품

(4) 통합공고

통합공고란 관계 행정기관의 장이 별도로 수출입요령을 제ㆍ개정하는 경우 이를 그 시행일 전에 산업통상자원부 장관에게 제출하도록 하고, 산업통상자원부 장관은 이를 누구나 확인할 수 있도록 공고하는 것을 말한다.

⊕ Plus one

수출입공고와 통합공고의 특징
- 수출입공고는 대외무역법에 따라 산업통상자원부 장관이 직접 관리하기 위하여 공고한 것이며, 통합공고는 개별법에 따라 관계 행정기관의 장이 제ㆍ개정한 사항을 산업통상자원부 장관이 대신 일괄하여 공고한 것에 차이점이 있다(주체의 차이).
- 수출입공고와 통합공고는 서로 독립적으로 게시된 공고이므로, 수출입공고와 통합공고에 모두 수출입요령 등이 게시된 경우에는 두 가지의 사항을 모두 충족하여야 수출입이 가능하다(독립적 성격).

다음 중 수출입 승인 및 수출입공고에 대한 설명으로 옳지 않은 것은?

① 수출입 승인 대상 물품은 수출입공고에 게시되어 있다.

② 중계무역물품, 외국인수수입물품, 외국인도수출물품, 선박용품은 수출입승인대상품목에서 제외한다.

③ 통합공고와 수출입공고의 요건이 상이한 경우 대외무역법에 따른 수출입공고의 요건을 충족하여야 한다.

④ 수량제한조치를 시행하는 경우 수출입공고에 고시하여야 한다.

해설 통합공고와 수출입공고는 서로 독립적인 성격을 가진 공고이며, 상이한 허가사항을 규정하고 있는 경우 양쪽 모두의 요건을 충족하여야 한다.

정답 ③

5. 수출입 승인의 절차

수출입 승인 대상 물품 등의 수출 또는 수입의 승인을 신청하려는 자는 신청서와 구비서류를 구비하여 수출입 승인기관의 장에게 제출하여야 한다. 또한, 신청 유효기간을 연장하는 경우나 신청내용을 변경하여 승인받고자 하는 경우에도 같다.

6. 수출입 승인의 요건

수출입 승인기관의 장은 수출·수입의 승인을 하려는 경우에는 다음의 요건에 모두 해당하는지 확인하고 수출입 승인을 하여야 한다.

(1) 수출입하려는 자가 승인을 받을 수 있는 자격이 있는 자일 것

(2) 수출입하려는 물품 등이 수출입공고 및 이 규정에 따른 승인 요건을 충족한 물품 등일 것

(3) 수출입하려는 물품 등의 품목분류번호(HS)의 적용이 적정할 것

7. 수출입 승인의 유효기간

(1) 유효기간

수출입 승인의 유효기간은 1년으로 한다. 단, 산업통상자원부 장관은 국내의 물가안정, 수급 조정, 물품 등의 인도조건 및 거래의 특성을 고려하여 유효기간을 달리할 수 있다.

합격자 Tip

수출입 승인의 유효기간 및 단축 또는 연장의 사유를 확인하여, 유효기간이 만료되었는지 연장 가능한지에 대해 구분할 수 있어야 합니다.

(2) 유효기간의 단축 또는 연장

다음의 어느 하나에 해당하는 경우에는 1년 이내 또는 20년의 범위 내에서 유효기간을 단축 또는 초과하여 설정할 수 있다.

① 산업통상자원부 장관이 물가 안정 또는 수급 조정을 위하여 1년 이내로 유효기간의 단축이 필요하다고 인정하는 경우

② 물품 등의 제조 · 가공기간이 1년을 초과하는 경우 등 물품 등의 선적 또는 도착기일을 감안하여 1년 이내에 물품 등의 선적이나 도착이 어려울 것으로 수출입 승인기관의 장이 인정하는 경우

③ 수출 · 수입이 혼합된 거래로서 수출입 승인기관의 장이 부득이하다고 인정하는 경우

(3) 유효기간 연장의 예외

산업통상자원부 장관은 다음의 어느 하나에 해당하는 경우에는 수출입 승인의 유효기간을 1년 이내 또는 20년의 범위 내에서 유효기간을 단축 또는 초과하여 설정할 수 있다.

① 산업통상자원부 장관이 물가 안정 또는 수급 조정을 위하여 1년 이내로 유효기간의 단축이 필요하다고 인정하는 경우

② 물품 등의 제조 · 가공기간이 1년을 초과하는 경우 등 물품 등의 선적 또는 도착기일을 감안하여 1년 이내에 물품 등의 선적이나 도착이 어려울 것으로 수출입 승인기관의 장이 인정하는 경우

③ 수출 · 수입이 혼합된 거래로서 수출입 승인기관의 장이 부득이하다고 인정하는 경우

8. 수출입 승인 사항의 변경

수출입 승인받은 사항에 대해 변경사항이 발생한 경우 당초 수출입 승인 등을 승인한 기관장에게 변경 신청하여야 한다. 수출입 승인 · 신고 사항의 변경 신청은 유효기간 내에 신청하여야 한다. 단, 수입의 경우로서 수입대금을 지급하고 선적서류를 인수한 후에 수입승인 사항을 변경하려는 경우에는 수입승인의 유효기간 경과 후에도 변경 승인 · 신고 신청을 할 수 있다.

9. 수출입 승인의 면제

수출입이 제한되는 물품 등을 수출하거나 수입하려는 자는 대통령령으로 정하는 바에 따라 산업통상자원부 장관의 승인을 받아야 한다. 단, 긴급히 처리하여야 하는 물품 등과 그 밖에 수출 또는 수입절차를 간소화하기 위한 물품 등으로서 다음 중 어느 하나에 해당하는 것은 수출입 승인을 받지 않을 수 있다.

(1) 외교관이나 그 밖에 산업통상자원부 장관이 정하는 자가 출국하거나 입국하는 경우에 휴대하거나 세관에 신고하고 송부하는 물품 중 산업통상자원부 장관이 정하여 고시하는 물품 등

(2) 외국환 거래 없이 수입하는 물품 등으로서 산업통상자원부 장관이 정하여 고시하는 기준에 해당하는 물품 등

(3) 해외이주자가 해외이주를 위하여 반출하는 원자재, 시설재 및 장비로서 외교부 장관이나 외교부 장관이 지정하는 기관의 장이 인정하는 물품 등

(4) 다음 중 어느 하나로서 산업통상자원부 장관이 관계 행정기관의 장과의 협의를 거쳐 고시하는 물품 등

① 긴급히 처리하여야 하는 물품 등으로서 정상적인 수출·수입 절차를 밟아 수출·수입하기에 적합하지 아니한 물품 등

② 무역거래를 원활하게 하기 위하여 주된 수출 또는 수입에 부수된 거래로서 수출·수입하는 물품 등

③ 주된 사업 목적을 달성하기 위하여 부수적으로 수출·수입하는 물품 등

④ 무상으로 수출·수입하여 무상으로 수입·수출하거나, 무상으로 수입·수출할 목적으로 수출·수입하는 것으로서, 사업목적을 달성하기 위하여 부득이하다고 인정되는 물품 등

⑤ 산업통상자원부 장관이 정하여 고시하는 지역에 수출하거나 산업통상자원부 장관이 정하여 고시하는 지역으로부터 수입하는 물품 등

⑥ 공공성을 가지는 물품 등이거나 이에 준하는 용도로 사용하기 위한 물품 등으로서 따로 수출·수입을 관리할 필요가 없는 물품 등

⑦ 그 밖에 상행위 이외의 목적으로 수출·수입하는 물품 등

다음 중 수출입 승인에 대한 설명으로 옳지 않은 것은?

① 수출 또는 수입이 제한되는 물품을 수입하고자 하는 경우에는 산업통상자원부 장관의 승인을 받아야 한다.

② 무역거래를 원활하게 하기 위하여 주된 수출입에 부수되는 거래로 수출입되는 물품의 경우에는 수출입 승인 등이 면제된다.

③ 수출입 승인의 유효기간은 1년이며, 필요한 경우 20년의 범위 내에서 연장할 수 있다.

④ 수입 승인을 승인한 후에는 수입 승인의 내용을 변경할 수 없다.

해설 수출입 승인받은 후 유효기간 내에는 수입 승인의 내용을 변경할 수 있다. 수입의 경우에는 유효기간 이후에도 해당 내용을 변경할 수 있다.

정답 ④

04 특정거래형태의 수출입

출제율 ★★★
특정거래형태의 종류에 대해서 확인하는 문제가 자주 출제됩니다.
특정거래형태의 정의를 암기한 후, 실제 거래를 예시로 들어 보기를 설명하는 경우 각 보기별로 특정거래형태에 해당하는지 판단할 수 있어야 합니다.

1. 특정거래형태의 수출입의 의의 [19][20] 출제

산업통상자원부 장관은 물품 등의 수출 또는 수입이 원활히 이루어질 수 있도록 다음 어느 하나에 해당하는 거래 형태를 인정할 수 있으며, 이러한 거래 형태를 특정거래형태라고 한다.

(1) 수출 또는 수입의 제한을 회피할 우려가 있는 거래

(2) 산업 보호에 지장을 초래할 우려가 있는 거래

(3) 외국에서 외국으로 물품 등의 이동이 있고, 그 대금의 지급이나 영수가 국내에서 이루어지는 거래로서 대금 결제 상황의 확인이 곤란하다고 인정되는 거래

(4) 대금 결제 없이 물품 등의 이동만 이루어지는 거래

2. 특정거래형태의 범위(종류) 19 출제

○× 퀴즈

Q. 위탁판매 수출이란 물품 등을 유상으로 수출하여 해당 물품이 판매된 범위 안에서 대금을 정산하는 계약에 의한 수출을 말한다. (○, ×)

A. × → 위탁판매 수출은 물품 등을 무환으로 수출한다.

(1) 위탁판매 수출

물품 등을 무환으로 수출하여 해당 물품이 판매된 범위 안에서 대금을 결제하는 계약에 의한 수출을 말한다.

(2) 수탁판매 수입

물품 등을 무환으로 수입하여 해당 물품이 판매된 범위 안에서 대금을 결제하는 계약에 의한 수입을 말한다.

(3) 위탁가공무역

가공임을 지급하는 조건으로 외국에서 가공(제조, 조립, 재생, 개조를 포함)할 원료의 전부 또는 일부를 거래 상대방에게 수출하거나 외국에서 조달하여 이를 가공한 후 가공물품 등을 수입하거나 외국으로 인도하는 수출입을 말한다.

(4) 수탁가공무역

가득액을 영수하기 위하여 원자재의 전부 또는 일부를 거래 상대방의 위탁에 의하여 수입하여 이를 가공한 후 위탁자 또는 그가 지정하는 자에게 가공물품 등을 수출하는 수출입을 말한다.

다만, 위탁자가 지정하는 자가 국내에 있음으로써 보세공장 및 자유무역지역에서 가공한 물품 등을 외국으로 수출할 수 없는 경우 「관세법」에 따른 수탁자의 수출·반출과 위탁자가 지정한 자의 수입·반입·사용은 이를 「대외무역법」에 따른 수출·수입으로 본다.

(5) 임대수출

임대(사용대차를 포함) 계약에 의하여 물품 등을 수출하여 일정기간 후 다시 수입하거나 그 기간의 만료 전 또는 만료 후 해당 물품 등의 소유권을 이전하는 수출을 말한다.

(6) 임차수입

임차(사용대차를 포함) 계약에 의하여 물품 등을 수입하여 일정기간 후 다시 수출하거나 그 기간의 만료 전 또는 만료 후 해당 물품의 소유권을 이전받는 수입을 말한다.

(7) 연계무역

물물교환(Barter Trade), 구상무역(Compensation Trade), 대응구매 (Counter Purchase), 제품환매(Buy Back) 등의 형태에 의하여 수출·수입이 연계되어 이루어지는 수출입을 말한다. 일반적인 거래에서는 물품 등이 수출하고 이에 상응하는 금전을 받게 되지만, 연계무역의 경우 수출물품 등의 가치에 상응하는 수입을 조건으로 무역이 이루어지기 때문에 수출·수입이 연계되어 있다.

(8) 중계무역

수출할 것을 목적으로 물품 등을 수입하여 보세구역 및 보세구역 외 장치의 허가를 받은 장소 또는 자유무역지역 이외의 국내에 반입하지 아니하고 수출하는 수출입을 말한다.

(9) 외국인수수입

수입대금은 국내에서 지급되지만 수입물품 등은 외국에서 인수하거나 제공받는 것을 말한다.

(10) 외국인도수출

수출대금은 국내에서 영수하지만 국내에서 통관되지 아니한 수출물품 등을 외국으로 인도하거나 제공하는 수출을 말한다.

(11) 무환수출입

외국환 거래가 수반되지 아니하는 물품 등의 수출·수입을 말한다.

⊕ **Plus one**

연계무역 관련 용어정리

• 물물교환
화폐 등 금전적인 매개체 없이 물품과 물품을 직접 교환하는 것을 말한다.
• 구상무역
각각의 거래에 대해서 결제를 진행하지 않고, 일정기간 거래 후 서로의 대차에 대한 차액만 결제하는 방식의 무역 등 수출입이 연계된 후 차액만을 정산하는 방식의 무역을 말한다.
• 대응구매
수출에 대응하는 수입을 진행하는 거래를 말한다. 수출입이 각 개별 계약에 의해 거래가 이루어지지만, 수출금액에 상응하는 금액에 해당하는 수입이 이루어지는 거래를 말한다.
• 제품환매
판매자가 제품의 설비 또는 원료 등을 제공하고, 생산자는 제품을 생산하여 판매자에게 생산되는 제품을 되팔아 그 차액을 수익으로 하는 거래를 말한다. 즉, 생산자는 원재료나 설비에 대한 부담 없이 생산하여 판매가 가능한 장점이 있다.

다음 중 특정거래형태에 대한 설명으로 옳지 않은 것은?

① 위탁판매 수출이란 물품 등을 무환으로 수출하여 해당 물품이 판매된 범위 안에서 대금을 결제하는 계약에 의한 수출을 말한다.

② 위탁가공무역이란 가공임을 지급하는 조건으로 외국에서 가공할 원료의 전부 또는 일부를 거래 상대방에게 수출하여 가공 후 수입하는 거래형태를 말한다.

③ 외국인도수출이란 국내에서 통관되지 아니한 수출물품 등을 외국으로 인도 하거나 제공하고 해외에서 대금을 영수하는 수출을 말한다.

④ 연계무역이란 물물교환(Barter Trade), 구상무역(Compensation Trade), 대응구매(Counter purchase), 제품환매(Buy Back) 등의 거래형태를 말 한다.

해설 외국인도수출이란, 대금은 국내에서 영수하고 물품만 해외에서 해외로 인도되는 수출을 말 한다.

정답 ③

05 외화획득용 원료·기재

1. 외화획득용 원료·기재의 정의

외화획득용 원료, 외화획득용 시설기재, 외화획득용 제품, 외화획득용 용역 및 외화획득용 전자적 형태의 무체물을 말한다.

⊕ Plus one

외화획득용 원료·기재 관련 용어정리

• 외화가득률
외화획득용 원료의 수입금액을 공제한 금액이 외화획득액에서 차지하는 비율을 말한다.

• 외화획득용 원료
외화획득에 제공되는 물품, 용역, 전자적 형태의 무체물을 생산하는 데 필요한 원자재·부 자재·부품 및 구성품을 말하며, 그 범위는 다음과 같다.

– 수출실적으로 인정되는 수출물품 등을 생산하는 데에 소요되는 원료(포장재, 1회용 파레 트를 포함)

– 외화가득률이 30% 이상인 군납용 물품 등을 생산하는 데에 소요되는 원료

– 해외에서 건설 및 용역사업용 원료

- 외화획득용 물품 등을 생산하는 데에 소요되는 원료
- 외화획득이 완료된 물품 등의 하자 및 유지보수용 원료

- 외화획득용 시설기재

  외화획득에 제공되는 물품 등을 생산하는 데에 사용되는 시설·기계·장치·부품 및 구성품을 말한다.

- 외화획득용 제품

  수입한 후 생산과정을 거치지 아니한 상태로 외화획득에 제공되는 물품 등을 말하며, 관광용품센터가 수입하는 식자재 및 부대용품, 선용품, 군납업자가 수입하는 군납용 물품 등을 포함한다.

- 평균 손모량

  외화획득용 물품 등을 생산하는 과정에서 생기는 원자재의 손모량(손실량 및 불량품 생산에 소요된 원자재의 양을 포함)의 평균량을 말한다.

- 손모율

  평균 손모량을 백분율로 표시한 값을 말한다.

- 단위실량

  외화획득용 물품 등 1단위를 형성하고 있는 원자재의 양을 말한다.

- 기준 소요량

  외화획득용 물품 등의 1단위를 생산하는 데에 소요되는 원자재의 양을 고시하기 위한 것으로서 단위실량과 평균 손모량을 합한 양을 말한다.

- 단위자율소요량

  기준 소요량이 고시되지 아니한 품목에 대하여 외화획득용 물품 등 1단위를 생산하는 데에 소요된 원자재의 양을 해당 기업이 자율적으로 산출한 것으로서 단위실량과 평균 손모량을 합한 양을 말한다.

- 소요량

  외화획득용 물품 등의 전량을 생산하는 데에 소요된 원자재의 실량과 손모량을 합한 양을 말한다.

- 자율소요량계산서

  외화획득을 이행하는 데에 소요된 원자재의 양을 해당 기업이 자체 계산한 서류를 말한다.

빈출 2. 외화획득의 범위 [19] [20] 출제

합격자 Tip

외화획득의 범위와 외화획득용 원료·기재의 범위를 암기하여야 하는 문제가 자주 출제됩니다.

외화획득이란 다음 중 어느 하나에 해당하는 것을 말한다.

(1) 수 출

(2) 주한 국제연합군이나 그 밖의 외국군 기관에 대한 물품 등의 매도

(3) 관 광

(4) 용역 및 건설의 해외 진출

(5) 외국인으로부터 외화를 받고 국내의 보세지역에 물품 등을 공급하는 경우

(6) 외국인으로부터 외화를 받고 공장건설에 필요한 물품 등을 국내에서 공급하는 경우

(7) 외국인으로부터 외화를 받고 외화획득용 시설·기재를 외국인과 임대차계약을 맺은 국내업체에 인도하는 경우

(8) 정부·지방자치단체 또는 정부투자기관이 외국으로부터 받은 차관자금에 의한 국제경쟁입찰에 의하여 국내에서 유상으로 물품 등을 공급하는 경우(대금결제통화의 종류 불문)

(9) 외화를 받고 외항선박(항공기)에 선박(항공기)용품을 공급하거나 급유하는 경우

(10) 절충교역거래(요구조건부 거래)의 보완거래로서 외국으로부터 외화를 받고 국내에서 제조된 물품 등을 국가기관에 공급하는 경우

(11) 무역거래자가 외국의 수입업자로부터 수수료를 받고 행한 수출 알선은 외화획득에 준하는 행위로 인정

● 기출응용문제 ●

다음 중 외화획득의 범위에 해당하지 않는 것은?

① 수 출

② 외국인으로부터 원화를 받고 국내의 보세지역에 물품 등을 공급하는 경우

③ 정부·지방자치단체 또는 정부투자기관이 외국으로부터 받은 차관자금에 의한 국제경쟁입찰에 의하여 유상으로 물품을 공급하는 경우

④ 무역거래자가 외국의 수입업자로부터 수수료를 받고 행한 수출 알선

해설 외국인으로부터 외화를 받고 물품 등을 공급한 경우에 한해 외화획득으로 인정되며, 원화를 받은 경우에는 외화획득의 범위에 해당하지 않는다.

정답 ②

---

3. 외화획득용 원료·기재의 수입승인

합격자 Tip ●────◎

외화획득용 원료·기재의 범위에 대해 잘 숙지해야 합니다.

(1) 외화획득용 원료·기재의 수입승인

수입이 제한되어 수입승인을 받아야 하는 물품 등을 외화획득용 원료·기재로 수입하려는 경우에는 외화획득용 원료·기재로 수입할 것에 대해 산업통상자원부 장관의 승인을 받아야 한다. 이 경우에는 수량 제한을 받지 아니하고 수입할 수 있다.

(2) 외화획득용 원료·기재의 범위

① 수출실적으로 인정되는 수출물품 등을 생산하는 데에 소요되는 원료(포장재, 1회용 파레트를 포함한다)

② 외화가득률(외화획득액 − 외화획득용 원료 수입금액 / 외화획득액 ×100의 비율)이 30% 이상인 군납용 물품 등을 생산하는 데에 소요되는 원료

③ 해외에서의 건설 및 용역사업용 원료

④ 외화획득용 물품을 생산하는 데 소요되는 원료

⑤ 외화획득용 원료로 생산되어 외화획득이 완료된 물품 등의 하자 및 유지보수용 원료

○× 퀴즈

Q. 외화획득을 위한 물품 등의 1단위를 생산하기 위하여 제공되는 외화획득용 원료 · 기재의 기준소요량을 뜻하는 것은 외화획득용 원료 · 기재의 품목 및 수량이다. (○, ×)

A. ○

(3) 외화획득용 원료 · 기재의 품목 및 수량

외화획득용 원료 · 기재의 수입승인 품목 및 수량은 외화획득을 위한 물품 등의 1단위를 생산하기 위하여 제공되는 외화획득용 원료 · 기재의 기준 소요량을 말한다.

(4) 수량 금액 등의 한정 제외

산업통상자원부 장관은 외화획득용 원료 · 기재를 수입하는 경우에는 수출입승인 대상 물품 등의 품목별 수량 · 금액 · 규격 및 수입지역 등을 한정하지 아니할 수 있다. 단, 국산 원료 · 기재의 사용을 촉진하기 위하여 필요한 경우에는 그러하지 아니하다.

4. 외화획득용 원료·기재의 목적을 벗어난 사용(용도 외 사용)

(1) 용도 외 사용에 대한 산업통상자원부 장관의 승인 ²¹ 출제

외화획득용 원료 · 기재를 수입한 자가 그 물품 등을 부득이한 다음의 사유로 인하여 외화획득용 원료 · 기재의 목적 이외의 목적으로 사용하고자 하는 경우 산업통상자원부 장관의 승인을 받아야 한다. 또한, 외화획득용 원료 · 기재를 양도하고자 하는 경우에도 같다.

① 우리나라 교역상대국의 전쟁 · 사변, 천재지변 또는 제도 변경으로 인하여 외화획득의 이행을 할 수 없게 된 경우

② 외화획득용 원료 · 기재로 생산된 물품 등으로서 그 물품 등을 생산하는 데에 고도의 기술이 필요하여 외화획득의 이행에 앞서 시험제품을 생산할 필요가 있는 경우

③ 외화획득 이행의무자의 책임이 없는 사유로 외화획득의 이행을 할 수 없게 된 경우

④ 그 밖에 산업통상자원부 장관이 불가항력으로 외화획득의 이행을 할 수 없다고 인정한 경우

(2) 용도 외 사용에 대한 산업통상자원부 장관의 승인 예외

다음에 해당하는 경우에는 용도외 사용 · 양도하더라도 산업통상자원부 장관의 승인을 받지 않을 수 있다.

① 평균 손모량에 해당하는 외화획득용 원료 · 기재 또는 그 원료 · 기재로 생산한 물품 등
② 해당 품목이 수입승인 대상에서 제외됨으로써 그 수입에 대응하는 외화획득의 이행을 할 필요가 없는 경우 등 산업통상자원부 장관이 사후관리를 할 필요성이 없어진 것으로 인정한 외화획득용 원료 · 기재

5. 외화획득 이행기간

(1) 외화획득 이행기간

외화획득은 다음의 경우에 따른 해당 기간 이내에 이루어져야 한다. 또한, 해당 기간 내에 외화획득의 이행을 할 수 없다고 인정되면 그 기간의 연장을 신청할 수 있다.

① 외화획득용 원료 · 기재를 수입한 자가 직접 외화획득의 이행을 하는 경우 : 수입통관일 또는 공급일로부터 2년
② 다른 사람으로부터 외화획득용 원료 · 기재 또는 그 원료 · 기재로 제조된 물품 등을 양수한 자가 외화획득의 이행을 하는 경우 : 양수일로부터 1년
③ 외화획득을 위한 물품 등을 생산하거나 비축하는 데에 2년 이상의 기간이 걸리는 경우 : 생산하거나 비축하는 데에 걸리는 기간에 상당하는 기간
④ 수출이 완료된 기계류의 하자 및 유지 보수를 위한 외화획득용 원료 · 기재인 경우 : 하자 및 유지 보수 완료일부터 2년
⑤ 외화획득 물품의 선적기일이 2년 이상인 경우 : 선적기일까지의 기간

(2) 외화획득 이행기간의 연장

다음의 어느 하나에 해당하는 경우 시 · 도지사는 외화획득 이행기간을 1년의 범위 내에서 연장할 수 있다.

① 생산에 장기간이 소요되는 경우
② 제품생산을 위탁한 경우 그 공장의 도산 등으로 인하여 제품 생산이 지연되는 경우
③ 외화획득 이행의무자의 책임 있는 사유가 없음에도 신용장 또는 수출계약이 취소된 경우
④ 외화획득이 완료된 물품의 하자보수용 원료 등으로서 장기간 보관이 불가피한 경우
⑤ 그 밖에 부득이한 사유로 외화획득 이행기간 내에 외화획득 이행이 불가능하다고 인정되는 경우

다음 중 외화획득 이행기간에 대한 설명으로 옳지 않은 것은?

① 외화획득용 원료·기재를 수입한 자가 직접 외화획득을 이행하는 경우에는 수입통관일 또는 공급일로부터 2년 이내에 외화획득이 이루어져야 한다.

② 외화획득을 위한 물품 등을 생산하거나 비축하는 데 2년 이상 기간이 소요되는 경우에는 생산하거나 비축하는 데 걸리는 기간에 상당하는 시간 이내에 외화획득이 이루어져야 한다.

③ 수출이 완료된 기계류의 하자 및 유지 보수를 위한 외화획득용 원료·기재인 경우에는 하자 및 유지보수 완료일부터 10년 이내에 외화획득이 이루어져야 한다.

④ 외화획득 물품의 선적기일이 2년 이상인 경우에는 선적기일까지 외화획득을 이행하여야 한다.

해설 기계류의 하자 및 유지보수를 위한 외화획득용 원료·기재의 경우 하자 및 유지 보수 완료일부터 2년 이내에, 구매 또는 양수일로부터 10년 이내에 외화획득을 이행해야 한다.

정답 ③

빈출 〉〉 **6. 구매확인서**

합격자 Tip
구매확인서의 발급 절차에 관련된 문제가 출제됩니다.

(1) 구매확인서의 정의 19 출제

외화획득용 원료·기재를 구매하려는 경우 또는 구매한 경우 외국환은행의 장 또는 산업통상자원부 장관이 지정한 전자무역기반사업자가 내국신용장에 준하여 발급하는 증서를 말하며, 외화획득용 원료·기재를 구매한 것임을 증빙하는 서류이다.

(2) 구매확인서의 발급 21 출제

① 구매확인서의 발급 신청

구매확인서는 외국환은행장 또는 산업통상자원부 장관이 지정한 전자무역기반사업자인 KTNET의 u-TradeHub를 통해 신청 및 발급이 가능하다. 구매확인서 발급 신청을 하는 경우 외화획득용 원료·기재라는 사실의 증명서류를 첨부하여야 하는데, 그 서류는 다음 중 하나를 말한다.

㉠ 수출신용장

㉡ 수출계약서(품목·수량·가격 등에 합의하여 서명한 수출계약 입증서류)

㉢ 외화매입(예치) 증명서(외화획득 이행 관련 대금임이 관계 서류에 의해 확인되는 경우만 해당)

ⓔ 내국신용장

ⓜ 구매확인서

ⓗ 수출신고필증(외화획득용 원료 · 기재를 구매한 자가 신청한 경우만 해당)

② 구매확인서 발급 대행

구매확인서를 발급받으려는 자가 전산설비를 갖추지 못하였거나 기타 부득이한 사유로 전자문서를 제출하지 못하는 경우에는 전자무역기반사업자에게 위탁하여 신청할 수 있다.

③ 구매확인서 발급 통보

외국환은행장 또는 전자무역기반사업자는 외화획득용 원료 · 기재 구매확인서를 전자무역문서로 발급하고 신청한 자에게 발급 사실을 알릴 때, 승인번호, 개설 및 통지일자, 발신기관 전자서명 등 최소한 사항만을 알릴 수 있다.

④ 구매확인서의 순차적 발급

외국환은행장 또는 KTNET은 발급된 구매확인서에 의하여 구매확인서(2차)를 발급할 수 있으며, 제조 · 유통 과정이 여러 차수인 경우에는 각 단계별로 순차적으로 발급할 수 있다.

⊕ Plus one

구매확인서 발급 기한

구매확인서 사후발급 기한이 삭제되어 기한에 관계없이 사후발급 가능하다.

● **기출응용문제** ●

다음 중 구매확인서의 발급과 관련한 설명으로 옳지 않은 것은?

① 국내에서 외화획득용 원료 · 기재를 구매하는 경우 내국신용장을 대신하여 산업통상자원부 장관에게 구매확인서의 발급을 신청할 수 있다.

② 외화획득용 원료 · 기재라는 사실을 증명하는 서류에는 수출신고필증, 내국신용장, 구매확인서 등이 있다.

③ 구매확인서는 제조 · 유통 과정에 따라 단계별로 발급할 수 있다.

④ 구매확인서 발급 후 내용이 상이한 경우 재발급할 수 있다.

해설 구매확인서는 외국환은행의 장 또는 산업통상자원부 장관이 지정한 전자무역기반사업자인 KTNET의 u–TradeHub를 통해 발급을 신청할 수 있다.

정답 ①

7. 내국신용장

(1) 내국신용장의 발급 [19] [20] 출제

내국신용장은 수출용 수입원자재와 국내에서 생산된 수출용 원자재 또는 완제품을 구매하는 기업이 외국환은행에 신청하여 발급받을 수 있으며, 일반적인 신용장은 국제거래에서 사용되는 반면 내국신용장은 국내거래에서 지급보증 및 무역금융 등의 목적으로 사용된다.

(2) 구매확인서와의 차이점

내국신용장은 발급업체의 융자범위 내에서 개설이 가능하고, 개설은행이 지급보증 의무를 가진다는 점에서 구매확인서와 차이가 있다.

[내국신용장과 구매확인서의 비교]

구 분	내국신용장	구매확인서
발급기관	외국환은행	외국환은행 / 전자무역기반사업자(KTNET)
대상물품	수출용 물품	
발급한도	업체의 금융 융자 한도 이내	거래증빙서류 범위 이내
지급보증	외국환은행의 지급보증	지급보증 없음
수출실적 인정	수출실적 인정 가능	
무역금융	무역금융 수혜 가능	
영세율 적용 (부가가치세법)	영세율 적용 가능	
관세환급	환급 가능	

06 전략물자

1. 전략물자의 정의 [19] [20] 출제

국제수출통제체제의 원칙에 따라 국제평화 및 안전유지와 국가안보를 위하여 수출허가 등의 제한이 필요한 물품과 기술을 말한다. 산업통상자원부 장관은 전략물자에 해당하는 물품 및 기술에 대해 고시하여야 하며, 관세청장은 전략물자 등의 수출입 통관절차에 관한 사항을 고시하여야 한다.

국제수출통제체제

- 바세나르체제(WA)
- 핵공급국그룹(NSG)
- 미사일기술통제체제(MTCR)
- 오스트레일리아그룹(AG)
- 화학무기의 개발·생산·비축·사용 금지 및 폐기에 관한 협약(CWC)
- 세균무기(생물무기) 및 독소무기의 개발·생산·비축 금지 및 폐기에 관한 협약(BWC)
- 무기거래조약(ATT)

2. 수출허가 및 상황허가 21 출제

(1) 수출허가

산업통상자원부 장관이 전략물자에 해당하는 물품 및 기술에 대해 고시한 물품이나 기술을 수출하려는 자는 산업통상자원부 장관이나 관계 행정기관 장의 허가를 받아야 한다. 단, 방위산업법에 따라 허가를 받은 방위산업물자 및 국방과학기술이 전략물자에 해당하는 경우에는 그러하지 아니한다.

기술이전 방법

수출허가 등 제한이 필요한 기술을 이전하는 것의 의미는 다음 중 하나에 해당하는 방법으로 국내에서 국외 또는 국내외를 불문하고 대한민국 국민이 외국인에게로 기술을 이전하는 것을 말한다.

- 전화, 팩스, 이메일 등 정보통신망을 통한 이전
- 지시, 교육, 훈련, 실연 등 구두나 행위를 통한 이전
- 종이, 필름, 자기디스크, 광디스크, 반도체메모리 등 기록매체나 컴퓨터 등 정보처리장치를 통한 이전

(2) 상황허가

전략물자에는 해당되지 아니하나 대량파괴무기와 그 운반수단인 미사일의 제조·개발·사용 또는 보관 등의 용도로 전용될 가능성이 높은 물품 등을 수출하려는 자는 그 물품 등의 수입자나 최종사용자가 그 물품 등을 대량파괴무기나 미사일 등의 제조·개발·사용 또는 보관 등의 용도로 전용할 의도가 있음을 알았거나 그럴 의도가 있다고 의심되는 경우에는 산업통상자원부 장관이나 관계 행정기관의 장의 허가를 받아야 한다. 이를 상황허가라고 한다.

(3) 허가의 유효기간

① 상황허가신청을 받은 산업통상자원부 장관 또는 관계 행정기관의 장은 15일 이내에 수출허가나 상황허가의 여부를 결정하고 그 결과를 신청인에게 알려야 한다.

② 수출허가 또는 상황허가 등 산업통상자원부 장관 또는 관계 행정기관의 장에게 받은 수출허가의 유효기간은 1년으로 한다.

(4) 수출허가 또는 상황허가의 면제

다음 중 어느 하나에 해당하는 경우에는 전략물자의 수출허가 또는 상황허가를 면제하되, 수출자는 수출 후 7일 이내에 산업통상자원부 장관 또는 관계 행정기관의 장에게 수출거래에 관한 보고서를 제출하여야 한다.

① 재외공관, 해외에 파견된 우리나라 군대 또는 외교사절 등에 사용될 공용물품을 수출하는 경우

② 선박 또는 항공기의 안전운항을 위하여 긴급 수리용으로 사용되는 기계, 기구 또는 부분품 등을 수출하는 경우

③ 그 밖에 수출허가 또는 상황허가의 면제가 필요하다고 인정하여 산업통상자원부 장관이 관계 행정기관의 장과 협의하여 고시하는 경우

(5) 수입목적확인서

전략물자를 수입하려는 자는 대통령령으로 정하는 바에 따라 산업통상자원부 장관이나 관계 행정기관의 장에게 수입목적 등의 확인을 내용으로 하는 수입목적확인서의 발급을 신청할 수 있다. 이 경우 산업통상자원부 장관과 관계 행정기관의 장은 확인 신청 내용이 사실인지 확인한 후 수입목적확인서를 발급할 수 있다. 발급한 전략물자 수입목적확인서의 유효기간은 1년으로 한다.

합격자 Tip

전략물자의 판정과 절차 및 수출승인 절차에 관련된 문제가 출제됩니다.

3. 전략물자의 판정

(1) 전략물자의 판정 신청

물품 등의 무역거래자는 대통령령으로 정하는 바에 따라 산업통상자원부 장관이나 관계 행정기관의 장에게 수출하려는 물품 등이 전략물자 또는 상황허가 대상에 해당하는지에 대한 판정을 신청할 수 있다. 산업통상자원부 장관이나 관계 행정기관의 장은 전략물자관리원장 또는 대통령령으로 정하는 관련 전문기관에 판정을 위임·위탁할 수 있다.

○× 퀴즈

Q. 전략물자 등을 수출 · 경유 · 환적 · 중개한 경우 그 수출허가, 상황허가, 경유 또는 환적허가 서류는 3년간 보관하여야 한다. (○, ×)

A. × → 5년간 보관하여야 한다.

○× 퀴즈

Q. 전략물자 판정의 유효기간은 1년으로 한다. (○, ×)

A. × → 2년으로 한다.

(2) 전략물자 판정의 유효기간 및 서류보관

전략물자 판정의 유효기간은 2년으로 한다. 또한, 전략물자 판정에 관한 서류는 5년간 보관하여야 한다.

(3) 전략물자관리원

전략물자관리원(KOSTI)은 산업통상자원부 장관의 위임을 받아 전략물자 판정에 대한 업무를 수행하고 있으며, 전략물자관리시스템(Yes Trade, www.yestrade.go.kr)을 통해 전략물자 판정의 신청 및 수출허가를 신청하고 판정내역을 통보받을 수 있다.

(4) 전략물자의 판정의 구분

자가판정과 사전판정으로 구분되는데, 자가판정은 단순히 HS CODE를 입력하여 판정을 진행할 수 있으며, 자가판정이 어려운 경우 물품 등의 용도와 성능을 표시하는 서류와 기술적 특성에 관한 서류를 갖추어 전략물자관리원에서 사전판정을 신청할 수 있다.

(5) 수출신고 시 전략물자 허가번호 기재

판정결과 전략물자로 판단되는 경우 수출허가 신청 후 허가번호를 부여받으면, 물품 등의 수출 시 수출신고필증에 전략물자 허가번호를 기입하여야 한다.

● 기출응용문제 ●

다음 중 전략물자의 수출입에 대한 설명으로 옳지 않은 것은?

① 전략물자관리원은 산업통상자원부의 위임을 받아 전략물자 판정을 한다.

② 전략물자의 판정은 HS CODE를 이용한 자가판정과 전략물자관리원을 통한 사전판정으로 구분된다.

③ 특정 기술(Technology)을 정보통신망이나 전자기록매체로 전하는 경우만 기술이전 방법에 포함되며, 수출허가 대상에 해당하는 경우 수출허가를 받고 이전하여야 한다.

④ 수출허가 대상 전략물자를 수출허가 받지 않고 수출한 경우에는 징역형 또는 벌금형에 처한다.

해설 정보통신망이나 전자기록매체뿐만 아니라 교육, 훈련, 지시 등 구두나 행위를 통한 방법도 기술 이전에 포함된다.

정답 ③

4. 전략물자 등에 대한 이동중지명령

(1) 이동중지명령

산업통상자원부 장관과 관계 행정기관의 장은 전략물자나 상황허가 대상인 물품 등이 허가를 받지 아니하고 수출되거나 거짓이나 그 밖의 부정한 방법으로 허가를 받아 수출되는 것을 막기 위하여 필요한 경우 적법한 수출이라는 것이 확인될 때까지 전략물자 등의 이동중지명령을 할 수 있다.

(2) 경유 또는 환적 허가

전략물자 등을 국내 항만이나 공항을 경유하거나 국내에서 환적하려는 자 또는 산업통상자원부 장관 또는 관계 행정기관의 장으로부터 경유 또는 환적 허가를 받아야 하는 것으로 통보받은 자는 전략물자 등의 경유 또는 환적 허가를 받아야 한다.

5. 전략물자의 중개

전략물자 등을 제3국에서 다른 제3국으로 이전하거나 매매를 위하여 중개하려는 자는 산업통상자원부 장관이나 관계 행정기관의 장의 허가를 받아야 한다. 단, 그 전략물자 등의 이전·매매가 다음에 해당하는 때에는 그러하지 아니한다.
(1) 수출국으로부터 국제수출통제체제의 원칙에 따른 수출허가를 받은 경우
(2) 산업통상자원부 장관이 고시하는 지역에서 중개에 따른 수출이나 수입이 이루어지는 경우

6. 수출허가 등의 유효기간

수출허가, 상황허가, 경유 또는 환적허가, 중개허가의 유효기간은 원칙적으로 1년이다.

7. 수출허가의 취소

수출허가를 거짓 또는 부정한 방법으로 받거나, 전쟁, 테러 등으로 인한 국제정세의 변화가 있는 경우에는 수출허가를 취소할 수 있다.

○× 퀴즈

Q. 전략물자 등의 이동중지명령은 기획재정부 장관과 관계 행정기관의 장이 명령할 수 있다. (○, ×)

A. ×→ 기획재정부 장관이 아닌 산업통상자원부 장관이다.

○× 퀴즈

Q. 상황허가의 유효기간은 원칙적으로 1년이다. (○, ×)

A. ○

● 기출응용문제 ●

다음 중 전략물자에 대한 설명으로 옳지 않은 것은?

① 전략물자의 허가를 받지 않고 수출된 물품에 대해 필요한 경우에는 이동을 중지하도록 명령할 수 있다.

② 전략물자의 수출허가에 대한 유효기간은 1년이다.

③ 전략물자를 외국에서 외국으로 수출하는 경우에는 전략물자에 대한 허가 대상이 아니다.

④ 거짓 또는 부정한 방법으로 전략물자 수출허가를 받은 경우 허가를 취소할 수 있다.

해설 외국에서 외국으로 전략물자를 수출하는 경우에도 산업통상자원부 장관 또는 관계 행정기관의 장에게 허가를 받거나, 해당 수출국가에서 수출허가를 받아야 한다.

정답 ③

출제 포인트 ▶ ☑

07 원산지표시제도

출제율 ★★★
원산지 판정 및 원산지 표시 방법에 대해 묻는 문제가 주로 출제됩니다.

1. 원산지표시의 의의

원산지란 물품 등의 제조 · 생산 · 가공이 이루어진 지역 또는 국가를 말하며, 대외무역법에 의해 원산지를 표시하여야 하는 대상에는 원산지를 표시하여야 한다. 또한 원산지표시를 통해 공정한 거래 질서를 확립하고 생산자 및 소비자를 보호할 수 있다.

2. 원산지표시 대상

원산지표시 대상은 산업통상자원부 장관이 원산지표시 대상으로 고시한 수입물품이다.

3. 원산지표시 면제

원산지표시 대상물품에는 원산지를 표시하여야 하지만, 다음 중 어느 하나에 해당하는 경우에는 원산지표시를 하지 않을 수 있다.

(1) 「대외무역법 시행령」제2조 제6호 및 제7호에 의한 외화획득용 원료 및 시설기재로 수입되는 물품

(2) 개인에게 무상 송부된 탁송품, 별송품 또는 여행자 휴대품

(3) 수입 후 실질적 변형을 일으키는 제조공정에 투입되는 부품 및 원재료로서 실수요자가 직접 수입하는 경우(실수요자를 위하여 수입을 대행하는 경우 포함)

(4) 판매 또는 임대목적에 제공되지 않는 물품으로서 실수요자가 직접 수입하는 경우. 다만, 제조에 사용할 목적으로 수입되는 제조용 시설 및 기자재(부분품 및 예비용 부품 포함)는 수입을 대행하는 경우 인정할 수 있다.

(5) 연구개발용품으로서 실수요자가 수입하는 경우(실수요자를 위하여 수입을 대행하는 경우 포함)

(6) 견본품(진열·판매용이 아닌 것에 한함) 및 수입된 물품의 하자보수용 물품

(7) 보세운송, 환적 등에 의하여 우리나라를 단순히 경유하는 통과 화물

(8) 재수출조건부 면세대상 물품 등 일시 수입물품

(9) 우리나라에서 수출된 후 재수입되는 물품

(10) 외교관 면세 대상 물품

(11) 개인이 자가소비용으로 수입하는 물품으로서 세관장이 타당하다고 인정하는 물품

(12) 그 밖에 관세청장이 산업통상자원부 장관과 협의하여 타당하다고 인정하는 물품

빈출 〉 4. 원칙적인 원산지표시 방법 [19][21] 출제

(1) 원산지국명 표시

수입물품의 원산지는 다음 중 어느 하나에 해당되는 방식으로 한글, 한자 또는 영문으로 표시할 수 있다. 단, 물품의 크기가 너무 작은 경우에는 국명만 표시할 수 있다.

① '원산지 : 국명' 또는 '국명 산(産)'
② 'Made in 국명' 또는 'Product of 국명'
③ 'Made by 물품 제조자의 회사명, 주소, 국명'
④ 'Country of Origin : 국명'
⑤ 국제상거래관행상 타당한 것으로 관세청장이 인정하는 방식

(2) 글자 크기

수입물품의 원산지는 최종구매자가 해당 물품의 원산지를 용이하게 판독할 수 있는 크기의 활자체로 표시하여야 한다.

(3) 표시 위치

수입물품의 원산지는 최종구매자가 정상적인 물품 구매과정에서 원산지표시를 발견할 수 있도록 식별하기 용이한 곳에 표시하여야 한다.

(4) 표시 방법

① 원 칙

수입물품의 원산지는 제조단계에서 인쇄(Printing), 등사(Stenciling), 낙인(Branding), 주조(Molding), 식각(Etching), 박음질(Stitching) 또는 이와 유사한 방식으로 원산지를 표시하는 것을 원칙으로 한다.

② 예 외

다만, 물품의 특성상 위와 같은 방식으로 표시하는 것이 부적합 또는 곤란하거나 물품을 훼손할 우려가 있는 경우에는 날인(Stamping), 라벨(Label), 스티커(Sticker), 꼬리표(Tag)를 사용하여 표시할 수 있으나, 쉽게 떨어지거나 지워지지 않아야 한다.

(5) 기 타

최종구매자가 수입물품의 원산지를 오인할 우려가 없는 경우에는 다음과 같이 통상적으로 널리 사용되고 있는 국가명이나 지역명 등을 사용하여 원산지를 표시할 수 있다.

① United States of America를 USA로
② Switzerland를 Swiss로
③ Netherlands를 Holland로
④ United Kingdom of Great Britain and Northern Ireland를 UK 또는 GB로
⑤ UK의 England, Scotland, Wales, Northern Ireland
⑥ 관세청장이 산업통상자원부 장관과 협의하여 타당하다고 인정하는 국가나 지역명

다음 중 원산지표시 방법에 대한 설명으로 옳지 않은 것은?

① 원산지표시는 한글, 한자, 영문으로 표시할 수 있다.

② 원산지표시 대상은 산업통상자원부 장관이 고시하는 물품으로 한다.

③ 최종구매자가 원산지를 오인할 우려가 없는 경우에는 UK, GB 등의 통상적인 국가명을 사용하여 원산지 표시를 할 수 있다.

④ 원산지표시는 원칙적으로 라벨, 스티커, 꼬리표 등을 사용하여 쉽게 떨어지거나 지워지지 않도록 하여야 한다.

해설 원칙적인 원산지표시는 인쇄, 등사, 낙인, 주조 등에 의해 현품에 원산지를 표시하여야 한다. 단, 물품의 특성상 원칙적인 표시가 부적합 또는 곤란한 경우에 한해 예외적으로 라벨, 스티커 등의 방법을 사용하여 원산지표시를 할 수 있다.

정답 ④

빈출 〉 5. 예외적인 원산지표시 방법 [19 출제]

합격자 Tip ──●

예외적인 원산지표시 방법과 원칙적인 원산지표시 방법을 구분하거나, 예외적인 원산지표시 방법을 잘못 표시하는 문제가 자주 출제됩니다.

(1) 최소포장 및 용기 등에 원산지표시

원칙적인 원산지표시 방법에도 불구하고 원산지표시 대상물품이 다음 중 어느 하나에 해당되는 경우에는 해당 물품의 최소포장, 용기 등에 수입물품의 원산지를 표시할 수 있다.

① 해당 물품에 원산지를 표시하는 것이 불가능한 경우

② 원산지표시로 인하여 해당 물품이 크게 훼손되는 경우(예 당구공, 콘택트렌즈, 포장하지 않은 집적회로 등)

③ 원산지표시로 인하여 해당 물품의 가치가 실질적으로 저하되는 경우

④ 원산지표시의 비용이 해당 물품의 수입을 막을 정도로 과도한 경우(예 물품값보다 표시비용이 더 많이 드는 경우 등)

⑤ 상거래 관행상 최종구매자에게 포장, 용기에 봉인되어 판매되는 물품 또는 봉인되지는 않았으나 포장, 용기를 뜯지 않고 판매되는 물품(예 비누, 칫솔, Video Tape 등)

⑥ 실질적 변형을 일으키는 제조공정에 투입되는 부품 및 원재료를 수입 후 실수요자에게 직접 공급하는 경우

⑦ 물품의 외관상 원산지의 오인 가능성이 적은 경우(예 두리안, 오렌지, 바나나와 같은 과일 · 채소 등)

⑧ 관세청장이 산업통상자원부 장관과 협의하여 타당하다고 인정하는 물품

(2) 세트물품의 원산지표시

① 개별물품의 원산지가 동일한 경우

수입세트물품의 경우 해당 세트물품을 구성하는 개별물품들의 원산지가 동일하고 최종 구매자에게 세트물품으로 판매되는 경우에는 개별물품에 원산지를 표시하지 아니하고 그 물품의 포장·용기에 원산지를 표시할 수 있다.

② 개별물품의 원산지가 2개국 이상인 경우

수입세트물품을 구성하는 개별물품들의 원산지가 2개국 이상인 경우에는 개별물품에 각각의 원산지를 표시하고, 해당 세트물품의 포장·용기에는 개별물품들의 원산지를 모두 나열·표시하여야 한다(예 Made in China, Taiwan, …).

(3) 수입용기의 원산지표시

① 원 칙

관세율표에 따라 용기로 별도 분류되어 수입되는 물품의 경우에는 용기에 '원산지 : 국명'에 상응하는 표시를 하여야 한다(예 Made in 국명).

② 예 외

1회 사용으로 폐기되는 용기의 경우에는 최소 판매단위의 포장에 용기의 원산지를 표시할 수 있으며, 실수요자가 이들 물품을 수입하는 경우에는 용기의 원산지를 표시하지 않아도 무방하다.

(4) 단순 조립, 단순 혼합, 중고물품의 원산지표시

수출국에서의 주요 부분품의 단순 결합물품, 원재료의 단순 혼합물품, 중고물품으로 원산지를 특정하기 어려운 물품은 다음과 같이 원산지를 표시할 수 있다.

① 단순 조립물품 : 'Organized in 국명(부분품별 원산지 나열)'
② 단순 혼합물품 : 'Mixed in 국명(원재료별 원산지 나열)'
③ 중고물품 : 'Imported from 국명'

(5) 원산지 오인 우려 물품 등의 원산지표시 등

① 원산지 오인 우려 물품의 정의

    ㉠ 주문자 상표부착(OEM)방식에 의해 생산된 수입물품의 원산지와 주문자가 위치한 국명이 상이하여 최종구매자가 해당 물품의 원산지를 오인할 우려가 있는 물품

    ㉡ 물품 또는 포장·용기에 현저하게 표시되어 있는 상호·상표·지역·국가 또는 언어명이 수입물품의 원산지와 상이하여 최종구매자가 해당 물품의 원산지를 오인할 우려가 있는 물품

② 원산지 오인 우려 물품 등의 원산지표시 방법

    수입물품은 해당 물품 또는 포장·용기의 전면에 원산지를 표시하여야 하며, 물품의 특성상 전후면의 구별이 어렵거나 전면에 표시하기 어려운 경우 등에는 원산지 오인을 초래하는 표시와 가까운 곳에 표시하여야 한다.

③ 판매 또는 진열 시 원산지표시

    원산지 오인 우려 제품에 해당하는 경우 수입물품을 판매하는 자는 판매 또는 진열시 소비자가 알아볼 수 있도록 상품에 표시된 원산지와는 별도로 스티커, 푯말 등을 이용하여 원산지를 표시하여야 한다.

● 기출응용문제 ●

다음 중 원산지표시와 관련한 설명으로 옳지 않은 것은?

① 원산지표시로 인하여 물품의 실질적인 가치가 손상되는 경우에는 물품의 최소포장 또는 용기에 원산지표시를 할 수 있다.

② 세트물품으로 수입되는 경우 개별물품의 원산지가 동일하고 세트로 판매되는 경우에는 물품의 포장 또는 용기에 원산지표시를 할 수 있다.

③ 판매용 용기를 수입하는 경우에는 용기의 원산지를 표기하지 않아도 무방하다.

④ 원산지를 오인할 수 있는 물품에 원산지표시를 하는 경우에는 포장 또는 용기의 전면에 원산지를 표시하여야 하며, 오인을 초래하는 표시와 가까운 곳에 표시하여야 한다.

해설 실수요자가 용기를 직접 수입하는 경우에는 용기의 원산지를 표기하지 않아도 무방하나, 판매용의 경우에는 소비자가 알아볼 수 있도록 반드시 원산지표시를 하여야 한다.

정답 ③

6. 원산지표시 위반 및 처리

(1) 원산지표시 위반

원산지표시 위반은 허위표시, 오인표시, 부적정표시, 미표시로 구분된다.

> ⊕ **Plus one**
>
> **원산지표시 위반 관련 용어정리**
> - 허위표시
>   원산지가 아닌 국가명(지역명을 포함한다)을 원산지표시의 일반원칙에 따라 수출입물품 등에 표시하는 행위를 말한다.
> - 오인표시
>   현품 또는 포장에 표시된 언어, 문자, 상표, 표장 등을 표시하면서 일반적인 주의에 비추어 원산지를 오인하게 표시하는 행위를 말한다.
> - 부적정표시
>   원산지의 표시 위치, 표시의 견고성, 활자의 크기 · 색상 · 선명도 · 글씨체 · 국가명의 약어표시 등을 부적정하게 하여 구매자가 원산지를 식별하기가 용이하지 않도록 하는 행위를 말한다.
> - 미표시
>   원산지표시 대상물품에 원산지를 표시하지 아니하였거나, 전시 및 판매 시 구매자에게 보여지지 않는 겉포장에만 표시하는 행위를 말한다.

(2) 원산지표시 위반물품의 통관제한 등

원산지표시를 위반한 물품 등에 대해서는 통관을 허용해서는 아니 되며, 원산지표시를 보수작업 등을 통해 보완 · 정정 후 통관하게 할 수 있다.

(3) 환적물품의 제한

외국물품 중 원산지를 우리나라로 허위로 표시한 경우 물품을 유치하고 대외무역법 위반혐의로 고발조치한다.

(4) 수입통관 후 원산지 위반 물품의 처리

① 세관장은 수입통관 후 다음 중 어느 하나에 해당하는 때에는 시정조치 명령을 통해 원산지표시의 시정을 명할 수 있다.
  ㉠ 원산지표시규정을 위반한 것으로 확인된 때
  ㉡ 수입통관 시 원산지표시의무가 부여된 물품이 수입신고수리 후 해당 의무를 불이행한 때
② 「대외무역법시행령」 제58조에 명시된 시정조치의 내용은 다음과 같다.
  ㉠ 원산지표시의 원상 복구, 정정, 말소 또는 원산지표시명령
  ㉡ 위반물품의 거래 또는 판매 행위의 중지

(5) 시정명령

산업통상자원부 장관 또는 시·도지사는 원산지표시 규정을 위반한 자에게 판매중지, 원상복구, 원산지표시 등 대통령령으로 정하는 시정조치를 명할 수 있다. 과징금을 내야 하는 자가 납부기한까지 내지 아니하면 국세·지방세 체납처분의 예에 따라 징수한다.

출제 포인트 ☑

출제율 ★★☆
실질적 변형기준에 대한 원산지 판정기준을 묻는 문제가 주로 출제됩니다.

08 원산지 판정

1. 원산지 판정의 의의

원산지 판정은 원산지표시 대상물품 등의 원산지를 원산지 판정기준에 따라 확인하는 것을 말한다.

2. 수입물품에 대한 원산지 판정기준 19 출제

(1) 완전생산기준

수입물품의 전부가 하나의 국가에서 채취되거나 생산된 다음 중 어느 하나에 해당하는 경우에는 그 국가를 그 물품의 원산지로 하는 기준을 말한다.

① 해당국 영역에서 생산한 광산물, 농산물 및 식물성 생산물
② 해당국 영역에서 번식, 사육한 산 동물과 이들로부터 채취한 물품
③ 해당국 영역에서 수렵, 어로로 채포한 물품
④ 해당국 선박에 의하여 해당국 이외 국가의 영해나 배타적 경제수역이 아닌 곳에서 채포한 어획물, 그 밖의 물품
⑤ 해당국에서 제조, 가공공정 중에 발생한 잔여물
⑥ 해당국 또는 해당국의 선박에서 ①부터 ⑤까지의 물품을 원재료로 하여 제조·가공한 물품

(2) 실질적 변형기준

수입물품의 생산·제조·가공 과정에 둘 이상의 국가가 관련된 경우에는 최종적으로 실질적 변형을 가하여 그 물품에 본질적 특성을 부여하는 활동을 한 국가를 그 물품의 원산지로 하는 기준을 말한다.

(3) 실질적 변형기준의 종류

세번변경기준	해당국에서의 제조·가공과정을 통하여 원재료의 세번과 상이한 세번(HS 6단위 기준)의 제품을 생산하는 것을 말한다.
부가가치기준	• 해당 주요부품의 원료 및 구성품의 부가가치 생산에 최대로 기여한 국가가 해당 완제품의 부가가치 비율기준 상위 2개국 중 어느 하나에 해당하는 경우는 해당국가 • 해당 주요부품의 원료 및 구성품의 부가가치 생산에 최대로 기여한 국가가 해당 완제품의 부가가치 비율기준 상위 2개국 중 어느 하나에 해당하지 아니하는 경우는 해당 완제품을 최종적으로 제조한 국가

(4) 단순 가공활동의 원산지국 불인정

다음 중 어느 하나에 해당되는 경우에는 '단순한 가공활동'으로 보며, 단순한 가공활동을 수행하는 국가에는 원산지를 부여하지 아니한다.

① 운송 또는 보관 목적으로 물품을 양호한 상태로 보존하기 위해 행하는 가공활동

② 선적 또는 운송을 용이하게 하기 위한 가공활동

③ 판매목적으로 물품의 포장 등과 관련된 활동

④ 제조·가공결과 HS 6단위가 변경되는 경우라도 다음 어느 하나에 해당되는 가공과 이들이 결합되는 가공은 단순한 가공활동의 범위에 포함된다.

　㉠ 통 풍

　㉡ 건조 또는 단순가열(볶거나 굽는 것을 포함한다)

　㉢ 냉동, 냉장

　㉣ 손상부위의 제거, 이물질 제거, 세척

　㉤ 기름칠, 녹방지 또는 보호를 위한 도색, 도장

　㉥ 거르기 또는 선별(Sifting Or Screening)

　㉦ 정리(Sorting), 분류 또는 등급선정(Classifying, Or Grading)

　㉧ 시험 또는 측정

　㉨ 표시나 라벨의 수정 또는 선명화

　㉩ 가수, 희석, 흡습, 가염, 가당, 전리(Ionizing)

　㉪ 각피(Husking), 탈각(Shelling Or Unshelling), 씨제거 및 신선 또는 냉장육류의 냉동, 단순 절단 및 단순 혼합

　㉫ 펴기(Spreading Out), 압착(Crushing)

　㉬ 이에 준하는 가공으로서 산업통상자원부 장관이 별도로 판정하는 단순한 가공활동

합격자 Tip

원산지 판정기준에 대해 묻는 문제가 출제되며, 특히 수입원료를 사용한 국내생산물품의 원산지 판정기준 및 원산지 판정기준의 특례에 대해서 잘 숙지하여야 합니다.

3. 수입원료를 사용한 국내생산물품 등의 원산지 판정기준

(1) 제조원가를 통한 원산지 판정

다음 중 어느 하나에 해당하는 경우 우리나라를 원산지로 하는 물품으로 본다.

① 우리나라에서 제조·가공과정을 통해 수입원료의 세번과 상이한 세번(HS 6단위 기준)의 물품을 생산

② 세번 HS 4단위에 해당하는 물품의 세번이 HS 6단위에서 분류되지 않는 물품으로서 해당 물품의 총 제조원가 중 수입원료의 수입가격(CIF가격 기준)을 공제한 금액이 총 제조원가의 51퍼센트 이상인 경우

③ 우리나라에서 단순한 가공활동이 아닌 제조·가공과정을 통해 세번 변경이 안 된 물품을 최종적으로 생산하고, 해당 물품의 총 제조원가 중 수입원료의 수입가격(CIF가격 기준)을 공제한 금액이 총 제조원가의 85퍼센트 이상인 경우

(2) 천일염의 원산지 판정

천일염은 외국산 원재료가 사용되지 않고 제조되어야 우리나라를 원산지로 본다.

합격자 Tip

관세법상 직접운송원칙과 FTA 협정상 직접운송 원칙이 유사합니다. FTA 협정상 직접운송 원칙은 각 개별협정별로 정하는 바에 따르니 참고하시기 바랍니다.

(3) 직접운송원칙

① 원 칙

수입물품의 원산지는 그 물품이 원산지 국가 이외의 국가(이하 '비원산국'이라 한다)를 경유하지 아니하고 원산지 국가로부터 직접 우리나라로 운송·반입된 물품에만 해당 물품의 원산지를 인정한다.

② 직접운송원칙의 예외

다음 중 어느 하나에 해당하는 경우에는 해당 물품이 비원산국의 보세구역 등에서 세관 감시하에 환적 또는 일시장치 등이 이루어지고, 이들 이외의 다른 행위가 없었음이 인정되는 경우에만 이를 우리나라로 직접 운송된 물품으로 본다.

㉠ 지리적 또는 운송상의 이유로 비원산국에서 환적 또는 일시장치가 이루어진 물품의 경우

㉡ 박람회, 전시회 그 밖에 이에 준하는 행사에 전시하기 위하여 비원산국으로 수출하였던 물품으로서 해당 물품의 전시목적에 사용 후 우리나라로 수출한 물품의 경우

4. 원산지 판정기준의 특례

(1) 부속품 및 예비부분품

기계 · 기구 · 장치 또는 차량에 사용되는 부속품 · 예비부분품 및 공구로서 기계 등과 함께 수입되어 동시에 판매되고 그 종류 및 수량으로 보아 정상적인 부속품, 예비부분품 및 공구라고 인정되는 물품의 원산지는 해당 기계 · 기구 · 장치 또는 차량의 원산지와 동일한 것으로 본다.

(2) 포장용품

포장용품의 원산지는 해당 포장된 내용품의 원산지와 동일한 것으로 본다. 다만, 법령에 따라 포장용품과 내용품을 각각 별개로 구분하여 수입신고하도록 규정된 경우에는 포장용품의 원산지는 내용품의 원산지와 구분하여 결정한다.

(3) 영화필름

촬영된 영화용 필름은 그 영화제작자가 속하는 나라를 원산지로 한다.

○× 퀴즈 ──────◎

Q 촬영된 영화용 필름은 그 영화가 제작된 나라를 원산지로 한다. (○, ×)

A × → 영화가 제작된 나라가 아닌 영화제작자가 속하는 나라를 원산지로 한다.

◆ 기출응용문제 ◆

다음 중 원산지 판정기준에 대한 설명으로 옳지 않은 것은?

① 지리적 또는 운송상의 이유로 원산지국에서 수입국으로 직접 운송되지 않은 경우에는 원산지국으로 인정하지 않는다.

② 어떤 국가가 단순가공활동을 수행하였다고 하더라도 이러한 가공활동을 수행한 국가는 원산지로 보지 않는다.

③ 완전생산기준은 물품의 전부가 하나 또는 2개 국가에서만 완전하게 획득되거나 생산된 물품을 말한다.

④ 촬영용 영화필름은 그 영화제작자가 속하는 나라를 원산지로 한다.

해설 완전생산기준은 물품의 전부가 하나의 국가에서만 완전하게 획득되거나 생산된 국가를 원산지로 하는 기준을 말하며, 2개국 이상에서 생산된 물품은 실질적 변형기준에 따라 원산지를 판단한다.

정답 ③

5. 원산지 사전판정

원산지 판정을 받으려는 자는 HS Code 및 신청서 등을 갖추어 산업통상자원부 장관에게 신청할 수 있다.

6. 원산지 확인

(1) 원산지 확인(원산지증명서의 제출)

다음 중 어느 하나에 해당하는 물품을 수입하는 자는 수입신고 전까지 원산지 증명서 등 관계 자료를 제출하고 확인을 받아야 한다.

① 통합공고에 의하여 특정지역으로부터 수입이 제한되는 물품

② 원산지 허위표시, 오인 · 혼동표시 등을 확인하기 위하여 세관장이 필요하다고 인정하는 물품

③ 그 밖의 법령에 따라 원산지 확인이 필요한 물품

⊕ Plus one

원산지표시 확인

원산지표시 확인이란, 법령으로 정하는 바에 따라 수입물품에 적정하게 원산지표시가 되어 있는지를 세관장이 현품검사 또는 사진자료 등을 통하여 확인하는 것으로 물품의 원산지를 서류(원산지증명서)로 확인하는 원산지 확인과 구분된다.

OX 퀴즈

Q 물품가격이 15만원 이하인 물품은 원산지증명서의 제출 면제 대상이 된다. (○, ×)

A × → 과세가격이 15만원 이하인 물품은 원산지증명서의 제출 면제 대상이 된다.

(2) 원산지증명서의 제출 면제

원산지 확인 규정에도 불구하고 다음에 해당하는 경우에는 원산지 증명서를 제출하지 않아도 된다.

① 과세가격이 15만원 이하인 물품

② 우편물

③ 개인에게 무상 송부된 탁송품, 별송품 또는 여행자의 휴대품

④ 재수출조건부 면세대상물품 등 일시 수입물품

⑤ 보세운송, 환적 등으로 우리나라를 단순히 경유하는 통과화물

⑥ 물품의 종류, 성질, 형상 또는 그 상표, 생산국명, 제조자 등에 의하여 원산지가 인정되는 물품

⑦ 그 밖에 관세청장이 산업통상자원부 장관과 협의하여 타당하다고 인정하는 물품

다음 중 원산지 확인과 관련한 설명으로 옳지 않은 것은?

① 원산지 확인이란 물품의 원산지를 원산지증명서로 확인하는 것을 말한다.

② 개인에게 무상으로 송부된 탁송품의 경우에는 원산지증명서를 제출할 필요가 없다.

③ 환적을 이유로 국내에 반입된 후 수입통관을 거치지 않고 반출되는 물품에 대해서는 원산지확인이 면제된다.

④ 중국 명물인 자기 재질의 도자기를 수입하는 경우에는 원산지증명서의 제출이 면제된다.

해설 물품의 종류, 성질, 형상 등으로 보아 물품의 원산지가 명확한 경우에 한해서만 원산지표시가 면제되며, 특정 국가의 명물이라는 이유로 원산지표시가 모두 면제되는 것은 아니다.

정답 ④

☑ 09 수입수량 제한조치

출제율 ★★★
수입수량 제한조치의 전체적인 흐름을 이해하여야 합니다.

OX 퀴즈

Q. 산업통상자원부 장관은 국내 산업에 심각한 피해를 입을 우려가 무역위원회의 조사를 통하여 확인된 경우에도 수입수량 제한조치를 취할 수 있다. (O, ×)

A. O

OX 퀴즈

Q. 수입수량 제한조치는 소급 적용이 가능하다. (O, ×)

A. × → 조치 시행일 이후 수입되는 물품에만 적용한다.

1. 수입수량 제한조치

산업통상자원부 장관은 특정물품의 수입증가로 국내 산업이 심각한 피해를 입고 있거나 입을 우려가 있다고 조사되고 확인되는 경우에는 그 물품의 수입수량을 제한하는 조치를 시행할 수 있다.

2. 수입수량 제한조치의 시행 [19] [20] 출제

(1) 산업통상자원부 장관은 무역위원회의 건의, 국내산업 보호의 필요성, 국제통상 관계, 수입수량 제한조치의 시행에 따른 국민경제에 미치는 영향 등을 검토하여 수입수량 제한조치 시행 여부와 내용을 결정한다.

(2) 정부는 수입수량 제한조치에 대한 이해당사국과 수입수량 제한조치의 부정적 효과에 대한 적절한 보상조치에 대해 협의할 수 있다.

(3) 수입수량 제한조치의 시행이 결정되면, 조치 시행일 이후 수입되는 물품에만 적용한다.

OX 퀴즈

Q. 수입수량 제한조치는 3년을 넘어서는 아니 되며, 연장된 경우에도 전부 합산한 기간이 6년을 초과해서는 아니 된다. (O, X)

A. X → 4년을 넘어서는 아니 되며, 연장된 경우에도 합산한 기간이 8년을 초과해서는 안 된다.

3. 수입수량 제한조치의 적용 기간 [21] 출제

(1) 수입수량 제한조치의 적용기간은 4년을 넘을 수 없다.

(2) 산업통상자원부 장관은 필요하다고 인정하는 경우 수입수량 제한조치 기간을 연장할 수 있으나 그 기간은 총 8년을 초과할 수 없으며, 내용의 변경이 있는 경우에는 최초의 제한 조치 내용보다 완화된 내용이어야 한다.

4. 수입수량 제한조치의 공고

산업통상자원부 장관은 수입수량 제한조치의 대상 물품, 수량, 적용 기간 등을 공고하여야 한다.

5. 수입수량 제한조치 적용 제한 [21] 출제

(1) 산업통상자원부 장관은 수입수량 제한조치의 대상이었거나, 긴급관세 또는 잠정긴급관세의 대상이었던 물품에 대해서는 그 조치 또는 관세부과가 끝나기 전까지(조치 또는 부과 기간이 2년 미만인 경우에는 2년)는 다시 수입수량 제한조치를 시행할 수 없다.

(2) 해당 물품에 대한 수입수량 제한조치가 시행되거나 긴급관세 또는 잠정긴급관세가 부과된 후 1년이 지날 경우와 수입수량 제한조치를 다시 시행하는 날부터 소급하여 5년 안에 그 물품에 대한 수입수량 제한조치의 시행 또는 긴급관세의 부과가 2회 이내일 경우에는 180일 이내의 수입수량 제한조치를 시행할 수 있다.

출제 포인트 ☑

출제율 ★☆☆
무역 분쟁 중 조정절차에 대한 내용이 주로 출제됩니다.

10 수출입 질서유지

1. 무역거래자 간 분쟁의 해결

(1) 무역분쟁의 조정 등

산업통상자원부 장관은 분쟁이 신속하고 공정하게 처리되는 것이 필요하다고 인정하거나 무역분쟁 당사자의 신청을 받으면 분쟁을 조정하거나 중재 계약 체결을 권고할 수 있다.

(2) 선적 전 검사와 관련한 분쟁 조정 등

선적 전 검사를 수행하는 기관은 세계무역기구의 선적 전 검사에 관한 협정을 준수하여야 하며, 산업통상자원부 장관은 수출자와 선적 전 검사 기관 간에 분쟁이 발생하였을 때 그 해결을 위해 필요한 조정을 할 수 있다.

2. 분쟁조정 신청

(1) 분쟁조정 신청

무역거래 또는 선적 전 검사와 관련한 분쟁이 발생한 경우 당사자의 일방 또는 쌍방은 산업통상자원부 장관에게 분쟁의 조정을 신청할 수 있다. 이때, 산업통상자원부 장관은 조정을 위하여 관계 전문가에게 자문하거나 이해관계자 등의 의견을 들을 수 있다.

(2) 조정안의 작성

산업통상자원부 장관은 조정신청을 받은 때에는 30일 이내에 조정안을 작성하여 당사자에게 제시하여야 한다.
조정안에는 다음의 각각이 표시되어야 한다.
① 조정 사건의 표시
② 조정의 일시 및 장소
③ 당사자의 성명 또는 명칭
④ 조정안의 주요 내용

(3) 조정안의 통지

산업통상자원부 장관은 조정안이 작성된 경우 조정안을 통지하여야 하며, 조정안을 통지 받은 분쟁 당사자는 7일 이내에 조정안에 대한 수락 여부를 서면으로 산업통상자원부 장관에게 알려야 한다.

(4) 조정의 종료

산업통상자원부 장관은 다음 어느 하나에 해당하는 경우 조정 사건을 끝낼 수 있다. 이 경우 산업통상자원부 장관은 조정이 끝났음을 당사자에게 알려야 한다.
① 당사자 간에 합의가 이루어지거나 조정안이 수락된 경우
② 조정신청인이나 당사자가 조정신청을 철회한 경우
③ 당사자가 조정안을 거부한 경우
④ 당사자 간에 합의가 성립될 가능성이 없다고 인정되는 경우 또는 조정이 필요 없다고 판단되는 경우

(5) 조정비용

조정비용은 당사자에게 부담하도록 하며, 조정비용과 관련하여 필요한 사항은 산업통상자원부 장관이 정한다.

출제 포인트

☑ 11 무역보험

출제율 ★☆☆
최근 무역보험에 대한 문제가 계속 출제되고 있습니다. 수출보험의 정의 및 보험 종류 등에 대해 전체적으로 이해하여야 합니다.

1. 수출보험 19 출제

(1) 수출보험의 정의

수입자의 계약 파기, 파산, 대금지급지연 또는 거절 등의 신용위험과 수입국에서의 전쟁, 내란 또는 환거래 제한 등의 비상위험 등으로 수출자 또는 수출금융을 제공한 금융기관이 입게 되는 손실을 보상하는 것으로서 WTO에서 용인되는 수출지원제도를 말한다.

(2) 수출보험의 기능

수출자는 대금 회수의 불확실성을 제거하여 신시장 개척 및 시장 다변화를 도모할 수 있으며, 금융기관은 담보능력이 부족한 수출업체에 대한 무역 금융 지원 확대가 가능하다.

(3) 수출보험의 종류

① 단기성 종목

㉠ 결제기간 2년 이내의 수출거래

수출자가 수출대금의 결제기간 2년 이하의 수출계약을 체결하고 물품을 수출한 후 수입자로부터 수출대금을 받을 수 없게 되어 발생한 손해를 보상하는 보험

㉡ 수출신용보증(선적 전, 선적 후, Nego)

• 선적 전 : 수출기업이 수출물품을 제조, 가공하거나 조달할 수 있도록 수출신용보증을 통해 외국환은행 또는 수출유관기관들이 담보 대출 또는 지급보증을 실행할 수 있도록 하는 신용보증

• 선적 후, Nego : 수출기업이 수출계약에 따라 물품을 선적한 후 은행 등이 선적서류를 근거로 수출채권을 매입하는 경우 매입 가능성을 높일 수 있도록 하는 신용보증

ⓒ 중소기업 Plus+

수출기업은 연간 보상한도에 대한 보험료를 납부하고, 보험계약자인 수출기업이 선택한 담보위험에 대한 손실이 발생하는 경우 보상해주는 보험

② 중장기성 종목

㉠ 결제기간 2년 초과 수출거래

㉡ 중장기수출보험(선적 전, 공급자신용, 구매자신용), 해외사업금융보험, 해외투자보험, 해외자원개발펀드보험, 해외공사보험, 수출보증보험, 이자율변동보험, 서비스종합보험(기성고 · 연불방식)

③ 환변동보험

수출 또는 수입을 통해 외화를 획득 또는 지급하는 과정 중 발생하는 환차손익을 제거하여 환율변동에 따른 위험을 헤지(Hedge)하는 보험

2. 수입보험

(1) 수입보험의 정의

국민경제에 중요한 자원이나 물품을 수입하는 경우 국내기업이 부담하는 선급금 미회수 위험을 담보하거나, 수입자금 대출 등을 지원하는 제도

(2) 수입보험의 종류

① 수입보험(수입자)

국내기업이 주요자원의 수입을 위하여 해외의 상대방에게 선급금을 지급하고 비상위험 또는 신용위험으로 인해 선급금을 돌려받지 못하는 경우 손실을 보상하는 보험

② 수입보험(금융기관)

금융기관이 국민경제에 중요한 자원이나 물품을 수입하는 국내기업에 대출하였으나, 기업 파산 등으로 회수하지 못하는 손실을 보상하는 보험

CHAPTER 02

관세법

핵심키워드 • • #관세부과 #관세징수 #품목분류체계 #FTA #과세가격결정방법

출제 포인트 ☑

01 관세의 개요

출제율 ★☆☆
관세법상의 주요 용어 정의
에 대해 확인하여야 합니다.

1. 관세의 정의

관세선을 통과하는 물품에 대하여 부과하는 조세를 말하며, 우리나라는 수입 시에만 관세를 부과하고 있다.

2. 관세의 성격

OX 퀴즈
Q 관세는 세수의 용도가
특정되지 않고 일반 경
비에 충당된다. 이러한
관세의 성격을 보통세
라고 한다. (○, ×)

A ○

구 분	내 용
국 세	관세는 부과·징수의 주체, 즉 과세주체가 국가인 국세이다.
보통세	관세는 세수의 용도가 특정된 것이 아닌 일반 경비에 충당되는 보통세이다.
간접세	관세는 세수의 전가를 예정하고 있는 간접세이다.
소비세	관세는 재화의 이전이나 유통이 아닌 그 소비를 과세대상으로 하는 소비세이다.

3. 용어의 정의 21 출제

구 분	정 의
수 입	• 외국물품을 우리나라에 반입하는 것 • 보세구역을 경유 시 외국물품을 보세구역으로부터 반입하는 것 • 외국물품을 우리나라에서 소비 또는 사용하는 것 • 외국물품을 우리나라의 운송수단 안에서의 소비 또는 사용하는 것
수 출	• 내국물품을 외국으로 반출하는 것
반 송	• 국내에 도착한 외국물품이 수입통관절차를 거치지 아니하고 다시 외국으로 반출되는 것
통 관	• 관세법에 따른 절차를 이행하여 물품을 수출·수입 또는 반송하는 것

○× 퀴즈

Q 수출신고가 수리된 국내에 있는 물품은 외국물품에 해당한다. (○, ×)

A ○

외국물품	• 외국으로부터 우리나라에 도착한 물품으로서 수입신고가 수리되기 전의 것 • 외국의 선박 등이 공해(외국의 영해가 아닌 경제수역을 포함)에서 채집하거나 포획한 수산물 등으로서 수입신고가 수리되기 전의 것 • 수출신고가 수리된 물품 • 보수작업 결과 외국물품에 부가된 내국물품 • 보세공장에서 외국물품과 내국물품을 원자재로 혼용하여 제조한 물품
내국물품	• 우리나라에 있는 물품으로서 외국물품이 아닌 것 • 우리나라의 선박 등이 공해에서 채집하거나 포획한 수산물 등 입항 전 수입신고(법 제244조 제1항)가 수리된 물품 • 수입신고 수리 전 반출승인(법 제252조)을 받아 반출된 물품 • 수입신고 전 즉시반출신고(법 제253조 제1항)를 하고 반출된 물품

수출입 의제
21 출제
	• 다음 어느 하나에 해당하는 외국물품은 이 법에 따라 적법하게 수입된 것으로 보고 관세 등을 따로 징수하지 아니한다.
	  – 체신관서가 수취인에게 내준 우편물
	  – 관세법에 따라 매각, 몰수된 물품, 몰수에 갈음하여 추징된 물품
	  – 관세법에 따라 통고처분으로 납부된 물품
	  – 법령에 따라 국고 귀속된 물품

선박 · 항공기 용품 등	• 선박용품 : 음료, 식품, 연료, 소모품, 밧줄, 수리용 예비부분품 및 부속품, 집기, 그 밖에 이와 유사한 물품으로서 해당 선박에서만 사용되는 것 • 항공기용품 : 선박용품에 준하는 물품으로서 해당 항공기에서만 사용되는 것 • 차량용품 : 선박용품에 준하는 물품으로서 해당 항공기에서만 사용되는 것

4. 법 적용의 원칙

구 분	내 용
과세의 형평과 합목적성의 원칙	관세법을 해석하고 적용할 때에는 과세의 형평과 해당 조항의 합목적성에 비추어 납세자의 재산권을 부당하게 침해하지 아니하도록 하여야 한다.
소급과세 금지원칙	관세법의 해석이나 관세행정의 관행이 일반적으로 납세자에게 받아들여진 후에는 그 해석 또는 관행에 의한 행위 또는 계산은 정당한 것으로 보며, 새로운 해석 또는 관행에 의하여 소급하여 과세되지 아니한다.
신의성실의 원칙	납세자가 그 의무를 이행할 때에는 신의에 따라 성실하게 하여야 한다. 세관공무원이 그 직무를 수행할 때에도 또한 같다.
세관공무원 재량의 한계	세관공무원은 그 재량으로 직무를 수행할 때에는 과세의 형평과 관세법의 목적에 비추어 일반적으로 타당하다고 인정되는 한계를 엄수하여야 한다.

02 관세의 과세요건 21 출제

납세의무의 성립에 필요한 법률상의 요건으로, 과세물건, 납세의무자, 과세표준, 세율을 말한다.

1. 과세물건

(1) 과세물건의 정의

① 수입물품에는 관세를 부과하며, 과세표준(세금을 부과하는데 있어 그 기준)은 수입물품의 가격 또는 수량으로 한다.

② 수입물품은 가치가 있는 유체물이 그 대상이 되고, 무체물은 대상에 해당되지 않는다.

③ 무체물인 권리사용료(특허권, 상표권, 의장권, 기타 이와 유사한 권리 사용에 대한 대가)가 유체물의 가격에 포함되어 있는 경우에는 그 유체물과 더불어 권리사용료 등도 과세대상이 된다.

(2) 과세물건의 확정시기

① 원 칙

관세는 수입신고(입항 전 수입신고 포함)를 하는 때의 물품(과세물건)의 성질과 그 수량에 따라 부과한다.

② 예 외

다음 중 어느 하나에 해당하는 물품에 대하여는 각 해당 호에 규정된 때의 물품의 성질과 그 수량에 따라 부과한다.

㉠ 외국물품인 선박(항공기)용품·차량용품, 판매하는 물품을 허가 받은 대로 적재하지 아니하여 관세를 징수하는 물품 : 하역을 허가 받은 때

㉡ 보세구역 이외의 장소에서의 보수작업에 대한 승인기간이 경과하여 관세를 징수하는 물품 : 보세구역 밖에서 하는 보수작업을 승인 받은 때

㉢ 보세구역 장치물품의 멸실·폐기로 관세를 징수하는 물품 : 해당 물품이 멸실되거나 폐기된 때

㉣ 보세공장 및 보세건설장 이외의 장소에서의 작업에 대한 허가기간이 경과하거나 종합보세구역 이외의 장소에서의 작업에 대한 기간이 경과하여 관세를 징수하는 물품 : 보세공장 외 작업, 보세건설장 외 작업 또는 종합보세구역 외 작업을 허가받거나 신고한 때

㉤ 보세운송기간이 경과하여 관세를 징수하는 물품 : 보세운송을 신고하거나 승인 받은 때

ⓗ 수입신고가 수리되기 전에 소비하거나 사용하는 물품 : 해당 물품을 소비하거나 사용한 때

ⓢ 수입신고 전 즉시반출신고를 하고 반출한 물품 : 수입신고 전 즉시반출신고를 한 때

ⓞ 우편으로 수입되는 물품 : 통관우체국에 도착한 때

ⓩ 도난물품 또는 분실물품 : 해당 물품이 도난되거나 분실된 때

ⓒ 관세법에 따라 매각되는 물품 : 해당 물품이 매각된 때

ⓚ 수입신고를 하지 아니하고 수입된 물품 : 수입 된 때

⊕ Plus one

- 일반적인 경우 : 수입신고 당시의 법령에 따라 관세를 부과
- 예외적인 경우
  - 과세물건의 예외적인 확정시기 대상 중 어느 하나에 해당하는 경우 : 그 사실이 발생한 날 당시의 법령에 따라 관세를 부과
  - 보세건설장에 반입된 외국물품 : 사용 전 수입신고가 수리된 날 당시의 법령에 따라 관세를 부과

2. 납세의무자

(1) 의 의

납세의무자란 관세를 납부할 법률상의 의무를 부담하는 자를 말한다.

(2) 원칙적인 납세의무자

구 분	납세의무자
수입신고를 한 물품의 경우	• 그 물품을 수입한 화주
화주가 불분명한 경우	• 수입을 위탁받아 수입업체가 대행수입한 물품인 경우 : 그 물품의 수입을 위탁한 자 • 수입을 위탁받아 수입업체가 대행수입한 물품이 아닌 경우 : 상업서류(송품장, 선하증권 또는 항공화물운송장)에 적힌 물품수신인 • 수입물품을 수입신고 전에 양도한 경우 : 그 양수인

(3) 특별납세의무자

원칙적인 납세의무자와 특별납세자가 경합되는 경우 특별납세의무자를 납세의무자로 한다.

구 분	특별납세의무자
외국물품을 허가받은 대로 적재하지 않은 경우	하역허가를 받은 자
보세구역 밖에서 보수작업의 승인기간이 경과한 경우	보수작업의 승인을 받은 자
보세구역에 장치된 외국물품이 멸실 또는 폐기된 경우	운영인 또는 보관인
보세공장 및 보세건설장 이외의 장소 또는 종합보세구역 이외의 장소에서의 작업 기간이 경과한 경우	해당 작업의 허가를 받거나 신고한 자
보세운송 기간이 경과한 경우	보세운송을 신고하였거나 승인을 받은 자
수입신고 수리 전 소비하거나 사용된 물품	소비자 또는 사용자
수입신고 전 즉시반출신고 후 반출한 물품	해당 물품을 즉시반출한 자
우편물	수취인
자가사용물품을 수입하려는 화주의 요청에 따라 사이버몰 등으로부터 해당 수입물품의 구매를 대행하는 것을 업으로 하는 자가 화주로부터 납부할 관세에 상당하는 금액을 수령하고 수입신고인 등에게 과세가격 정보를 거짓으로 제공한 경우	구매대행업자와 수입신고하는 때의 화주

(4) 납세의무자의 확장

납세의무자가 납세의무를 이행하지 않는 경우 특수관계가 있는 자(연대납세의무자, 납세보증자, 제2차 납세의무자, 양도담보권자 등)가 납세의무를 진다.

3. 과세표준

(1) 과세표준

수입물품의 가격 또는 수량으로 관세액 산출의 기준을 말한다. 과세수량은 그 수량으로 과세가격은 과세가격 결정방법에 따라 결정된다.

(2) 과세가격 결정방법

① 제1평가방법(거래가격을 기초로 한 과세가격 결정 방법) 21 출제
　　㉠ 실제지급금액

수입물품의 과세가격은 우리나라에 수출하기 위하여 판매되는 물품에 대하여 구매자가 실제로 지급하였거나 지급하여야 할 가격에 다음의 금액을 더하여 조정한 거래가격으로 한다.

○✕ 퀴즈

Q. 금액으로 환산할 수 없는 조건이나 사정에 영향을 받는 경우 실제 거래가격으로 인정하지 않는다. (○, ✕)

A. ○

- 구매자가 부담하는 수수료와 중개료. 다만, 구매수수료는 제외한다.
- 수입물품과 동일체로 취급되는 용기의 비용과 해당 수입물품의 포장에 드는 노무비와 자재비로서 구매자가 부담하는 비용
- 구매자가 해당 수입물품의 생산 및 수출거래를 위하여 물품 및 용역을 무료 또는 인하된 가격으로 직접 또는 간접으로 공급한 경우에는 그 물품 및 용역의 가격 또는 인하차액을 해당 수입물품의 총생산량 등으로 정하는 요소를 고려하여 적절히 배분한 금액
- 특허권, 실용신안권, 디자인권, 상표권 및 이와 유사한 권리를 사용하는 대가로 지급하는 것으로서 대통령령으로 정하는 바에 따라 산출된 금액
- 해당 수입물품을 수입한 후 전매 · 처분 또는 사용하여 생긴 수익금액 중 판매자에게 직접 또는 간접으로 귀속되는 금액
- 수입항까지의 운임 · 보험료와 그 밖에 운송과 관련되는 비용으로 대통령령에 따라 결정된 금액

⊕ Plus one

실제지급금액에 포함되는 금액

구 분	내 용
실제지급금액에 포함	• 구매자가 해당 수입물품의 대가와 판매자의 채무를 상계하는 금액, 구매자가 판매자의 채무를 변제하는 금액, 그 밖의 간접적인 지급액을 포함한다.
실제지급금액에서 제외	• 수입 후에 하는 해당 수입물품의 건설, 설치, 조립, 정비, 유지 또는 해당 수입물품에 관한 기술지원에 필요한 비용 • 수입항에 도착한 후 해당 수입물품을 운송하는 데에 필요한 운임 · 보험료와 그 밖에 운송과 관련되는 비용 • 우리나라에서 해당 수입물품에 부과된 관세 등의 세금과 그 밖의 공과금 • 연불조건의 수입인 경우에는 해당 수입물품에 대한 연불이자

ⓒ 제1방법 적용 제외

다음 중 어느 하나에 해당하는 경우에는 제1방법으로 과세가격을 적용하지 않고, 제2방법 내지 제6방법으로 과세가격을 결정한다.

- 해당 물품의 처분 또는 사용에 제한이 있는 경우. 다만, 세관장이 거래가격에 실질적으로 영향을 미치지 아니한다고 인정하는 제한이 있는 경우 등 대통령령으로 정하는 경우는 제외한다.
- 해당 물품에 대한 거래의 성립 또는 가격의 결정이 금액으로 계산할 수 없는 조건 또는 사정에 따라 영향을 받은 경우

- 해당 물품을 수입한 후에 전매·처분 또는 사용하여 생긴 수익의 일부가 판매자에게 직접 또는 간접으로 귀속되는 경우. 다만, 적절히 조정할 수 있는 경우는 제외한다.
- 구매자와 판매자 간에 대통령령으로 정하는 특수관계가 있어 그 특수관계가 해당 물품의 가격에 영향을 미친 경우. 다만, 해당 산업부문의 정상적인 가격결정 관행에 부합하는 방법으로 결정된 경우 등 대통령령으로 정하는 경우는 제외한다.

② 제2평가방법(동종·동질물품의 거래가격을 기초로 한 과세가격의 결정)
  ㉠ 동종·동질물품
    동종·동질물품이란 당해 수입물품의 생산국에서 생산된 것으로서 물리적 특성, 품질 및 소비자 등의 평판을 포함한 모든 면에서 동일한 물품(외양에 경미한 차이가 있을 뿐 그 밖의 모든 면에서 동일한 물품을 포함한다)을 말한다.
  ㉡ 동종·동질물품 거래가격의 요건
    - 과세가격을 결정하려는 해당 물품의 생산국에서 생산된 것으로서 해당 물품의 선적일에 선적되거나 해당 물품의 선적일을 전후하여 가격에 영향을 미치는 시장조건이나 상관행에 변동이 없는 기간 중에 선적되어 우리나라에 수입된 것일 것
    - 거래 단계, 거래 수량, 운송 거리, 운송 형태 등이 해당 물품과 같아야 하며, 두 물품 간에 차이가 있는 경우에는 그에 따른 가격 차이를 조정한 가격일 것

③ 제3평가방법(유사물품의 거래가격을 기초한 과세가격 결정방법)
  ㉠ 유사물품의 개념 19 출제
    당해 수입물품의 생산국에서 생산된 것으로서 모든 면에서 동일하지는 아니하지만 동일한 기능을 수행하고 대체사용이 가능할 수 있을 만큼 비슷한 특성과 비슷한 구성요소를 가지고 있는 물품을 말한다.
  ㉡ 유사물품 거래가격의 요건
    - 과세가격을 결정하려는 해당 물품의 생산국에서 생산된 것으로서 해당 물품의 선적일에 선적되거나 해당 물품의 선적일을 전후하여 가격에 영향을 미치는 시장조건이나 상관행에 변동이 없는 기간 중에 선적되어 우리나라에 수입된 것일 것
    - 거래 단계, 거래 수량, 운송 거리, 운송 형태 등이 해당 물품과 같아야 하며, 두 물품 간에 차이가 있는 경우에는 그에 따른 가격 차이를 조정한 가격일 것

○X 퀴즈

Q 과세가격으로 인정된 사실이 있는 동종, 동질 물품의 거래가격으로 관세의 과세가격을 결정하려면 동종, 동질 물품의 운송형태, 선적일자, 이윤율을 반드시 고려하여야 한다. (○, ×)

A. ○

④ 제4평가방법(국내판매가격을 기초로 한 과세가격 결정방법)
  ⊙ 국내판매가격
    국내판매가격은 해당 물품, 동종·동질물품 또는 유사물품이 수입된 것과 동일한 상태로 해당 물품의 수입신고일 또는 수입신고일과 거의 동시에 특수관계가 없는 자에게 가장 많은 수량으로 국내에서 판매되는 단위가격(수입 후 최초의 거래에서 판매되는 단위가격)을 기초로 하여 산출한 금액이어야 한다.
  ⓒ 공제금액
    • 국내 판매와 관련하여 통상적으로 지급하였거나 지급하여야 할 것으로 합의된 수수료 또는 동종·동류의 수입물품이 국내에서 판매되는 때에 통상적으로 부가되는 이윤 및 일반경비에 해당하는 금액
    • 수입항에 도착한 후 국내에서 발생한 통상의 운임·보험료와 그 밖의 관련 비용
    • 해당 물품의 수입 및 국내 판매와 관련하여 납부하였거나 납부하여야 하는 조세와 그 밖의 공과금
⑤ 제5평가방법(산정가격을 기초한 과세가격 결정방법)
  물품의 생산에 사용된 원자재비용 등 금액을 합한 가격을 기초로 하여 과세가격을 결정한다. 과세가격 결정 시 합산 금액은 다음과 같다.
  ⊙ 해당 물품의 생산에 사용된 원자재비용 및 조립이나 그 밖의 가공에 드는 비용 또는 그 가격
  ⓒ 수출국 내에서 해당 물품과 동종·동류의 물품의 생산자가 우리나라에 수출하기 위하여 판매할 때 통상적으로 반영하는 이윤 및 일반 경비에 해당하는 금액
  ⓒ 해당 물품의 수입항까지의 운임·보험료와 그 밖에 운송과 관련된 비용으로서 제1방법 가산요소 중 수입항까지의 운임·보험료와 그 밖에 운송과 관련된 비용 산정절차에 따라 결정된 금액
⑥ 제6평가방법(합리적인 기준에 따른 과세가격 결정 방법)
  제1방법 내지 제6방법에 규정된 방법으로 과세가격을 결정할 수 없을 때에는 대통령령으로 정하는 바에 따라 제1방법 내지 제6방법에 규정된 원칙과 부합되는 합리적인 기준에 따라 과세가격을 결정한다.
  합리적인 기준에 따라 과세가격을 결정할 수 없을 때에는 국제거래시세·산지조사가격을 조정한 가격을 적용하는 방법 등 거래의 실질 및 관행에 비추어 합리적으로 인정되는 방법에 따라 과세가격을 결정한다.

(1) 관세율의 의의

관세율이란 과세의 과세표준인 수입물품의 가격 또는 수량에 대한 관세액의 비율이다.

(2) 세율 적용 우선순위(FTA 협정관세 포함) 21 출제

우선순위	세율(관세법 조항)	우선적용 규정
1	덤핑방지관세(제51조), 상계관세(제57조), 보복관세(제63조), 긴급관세(제65조), 특정국물품 긴급관세(제67조의2), 농림축산물에 대한 특별긴급관세(제68조), 조정관세(제69조 제2호)	관세율의 높낮이에 관계없이 최우선 적용한다.
2	국제협력관세(제73조), 편익관세(제74조)	3, 4, 5, 6순위 세율보다 낮은 경우에만 적용한다. 단, 국제협력관세 규정에 따라 농림축산물양허관세는 세율이 높은 경우에도 5, 6순위 세율보다 우선 적용한다.
3	조정관세(제69조 제1호, 제3호, 제4호), 할당관세(제71조), 계절관세(제72조)	할당관세 규정에 의한 세율은 일반특혜관세의 세율보다 낮은 경우에만 우선 적용한다.
4	일반특혜관세(제76조 제3항)	-
5	잠정세율(제50조)	기본세율과 잠정세율은 별표 관세율표에 따르되, 잠정세율은 기본세율에 우선하여 적용한다.
6	기본세율(제50조)	

(3) 관세율 종류

① 덤핑방지관세

㉠ 의의

정상가격 이하로 부당하게 가격을 낮게 수입하는 덤핑수입으로 인하여, 동종의 상품을 생산하는 국내 산업에 실질적인 피해 등이 있음이 판명되고, 국내 산업을 보호할 필요가 있는 경우 당해 물품의 정상가격과 덤핑가격의 차액에 상당하는 금액 이하의 관세를 실행관세에 추가하여 부과하는 관세이다.

OX 퀴즈

Q. 덤핑방지관세와 조정관세가 동시에 적용되는 경우 덤핑방지관세만 부과한다. (○, ×)

A. × → 조정관세에 덤핑방지관세율을 추가하여 부과한다.

     ⓛ 부과요건
- 국내산업이 실질적인 피해를 받거나 받을 우려가 있는 경우
- 국내산업의 발전이 실질적으로 지연된 경우

     ⓒ 부과방법

그 물품과 공급자 또는 공급국을 지정하여 해당 물품에 대하여 정상가격과 덤핑가격 간의 차액에 상당하는 금액 이하의 관세를 추가하여 부과할 수 있다.

② **상계관세**

     ㉠ 의 의

외국에서 제조·생산 또는 수출에 관하여 직접 또는 간접으로 보조금이나 장려금을 받은 물품의 수입으로 인하여, 동종의 상품을 생산하는 국내 산업에 실질적인 피해 등이 있음이 판명되고, 국내 산업을 보호할 필요가 있는 경우 보조금 또는 장려금의 금액 이하의 관세를 실행관세에 추가하여 부과하는 관세이다.

     ⓛ 부과요건
- 국내산업이 실질적인 피해를 받거나 받을 우려가 있는 경우
- 국내산업의 발전이 실질적으로 지연된 경우

     ⓒ 부과방법

그 물품과 수출자 또는 수출국을 지정하여 그 물품에 대하여 해당 보조금 등의 금액 이하의 관세를 추가하여 부과할 수 있다.

③ **보복관세**

     ㉠ 의 의

교역 상대국이 우리나라의 수출물품 등에 대하여 부당, 차별적인 조치 등의 불리한 대우하는 경우 해당 국가로부터 수입되는 물품에 대하여 관세를 할증하여 부과하는 관세이다.

     ⓛ 부과대상
- 관세 또는 무역에 관한 국제협정이나 양자 간의 협정 등에 규정된 우리나라의 권익을 부인하거나 제한하는 경우
- 그 밖에 우리나라에 대하여 부당하거나 차별적인 조치를 하는 경우

OX 퀴즈

Q. 교역 상대국이 우리나라의 수출물품 등에 대하여 부당, 차별적인 조치 등의 불리한 대우를 하는 경우 해당 국가로부터 수입되는 물품에 대하여 관세를 할증하여 부과하는 관세는 긴급관세이다. (○, ×)

A. × → 보복관세의 설명이다.

④ **긴급관세**

     ㉠ 의 의

특정물품의 수입급증으로 인한 국내 경쟁 산업의 피해를 구제하기 위한 목적으로 부과하는 관세이다.

     ⓛ 부과사유

특정물품의 수입증가로 인하여 동종물품 또는 직접적인 경쟁관계에 있는 물품을 생산하는 국내산업이 심각한 피해를 받거나 받을 우려가 있

음이 조사를 통하여 확인되고 해당 국내산업을 보호할 필요가 있다고 인정되는 경우, 해당 물품에 대하여 심각한 피해 등을 방지하거나 치유하고 조정을 촉진하기 위하여 필요한 범위에서 관세를 추가하여 부과할 수 있다.

⑤ 농림축산물에 대한 특별긴급관세

국내외 가격차에 상당한 율로 양허한 농림축산물의 수입물량이 급증하거나 수입가격이 하락하는 경우에는 양허한 세율을 초과하여 관세를 부과할 수 있다.

⑥ 조정관세

　㉠ 의 의

　　무역자유화 정책의 실시 이후 수입자동승인품목으로 지정된 물품의 수입이 급격히 증가하거나 저가 수입되어, 국내 산업을 저해하거나 국민소비생활을 문란하게 할 경우를 대비하기 위하여 부과하기 위한 목적의 관세이다.

　㉡ 부과사유

　　• 산업구조의 변동 등으로 물품 간의 세율 불균형이 심하여 이를 시정할 필요가 있는 경우

　　• 국민보건, 환경보전, 소비자보호 등을 위하여 필요한 경우

　　• 국내에서 개발된 물품을 일정 기간 보호할 필요가 있는 경우

　　• 농림축수산물 등 국제경쟁력이 취약한 물품의 수입증가로 인하여 국내시장이 교란되거나 산업기반이 붕괴될 우려가 있어 이를 시정하거나 방지할 필요가 있는 경우

⑦ 할당관세

　㉠ 의 의

　　정부가 특정물품에 대하여 수량과 기간을 정해 놓고 일정수량까지 수입될 때에는 저세율의 관세를 부과하고, 일정수량을 초과하여 수입될 때에는 고세율의 관세를 부과하는 관세이다.

　㉡ 부과방법 및 사유

　　• 관세율을 인하하여 부과하는 경우

　　　다음의 어느 하나에 해당하는 경우에는 100분의 40의 범위의 율을 기본세율에서 **빼고** 관세를 부과할 수 있다. 이 경우 필요하다고 인정될 때에는 그 수량을 제한할 수 있다.

　　　－ 원활한 물자수급 또는 산업의 경쟁력 강화를 위하여 특정물품의 수입을 촉진할 필요가 있는 경우

　　　－ 수입가격이 급등한 물품 또는 이를 원재료로 한 제품의 국내 가격을 안정시키기 위하여 필요한 경우

- 유사물품 간의 세율이 현저히 불균형하여 이를 시정할 필요가 있는 경우
- 관세율을 인상하여 부과하는 경우
  - 특정물품의 수입을 억제할 필요가 있는 경우에는 일정한 수량을 초과하여 수입되는 분에 대하여 100분의 40의 범위의 율을 기본세율에 더하여 관세를 부과할 수 있다.
  - 농림축수산물인 경우에는 기본세율에 동종물품·유사물품 또는 대체물품의 국내외 가격차에 상당하는 율을 더한 율의 범위에서 관세를 부과할 수 있다.

⑧ **계절관세**

ㄱ **의 의**

농산물 등과 같이 계절에 따라 가격변동이 현저한 물품으로서, 동종물품·유사물품 또는 대체물품의 수입으로 인하여 국내시장이 교란되거나 생산 기반이 붕괴될 우려가 있을 경우 계절구분에 따라 관세율을 인상 또는 인하하여 부과하는 관세이다.

ㄴ **부과방법**

계절에 따라 해당 물품의 국내외 가격차에 상당하는 율의 범위에서 기본세율보다 높게 관세를 부과하거나, 100분의 40의 범위의 율을 기본세율에서 빼고 관세를 부과할 수 있다.

⑨ **국제협력관세**

대외무역증진을 위하여 필요하다고 인정되는 때 특정 국가 또는 국제기구와 관세에 관한 협상을 진행하여 일정 기준 범위 내에서 관세를 양허하는 것으로, 다자간 협정에 의한 세율과 양자간 협정에 의한 세율이 있다.

⑩ **편익관세**

조약에 의한 관세상의 편익을 받지 아니하는 특정국가에서 생산된 특정물품이 수입될 때 기존 외국과의 조약에 의하여 부과하고 있는 관세 상 혜택의 범위 한도 내에서 관세에 관한 편익을 부여하는 관세이다.

⑪ **일반특혜관세**

ㄱ **의 의**

선진국이 개발도상국의 수출증대 및 공업화의 촉진을 위하여 개발도상국으로부터 수입하는 물품 등에 대해 어떠한 보상 없이 기본세율보다 낮은 세율을 적용하는 특혜관세이다.

ㄴ **최빈개발도상국에 대한 우대**

국제연합총회의 결의에 따른 최빈개발도상국 중 대통령령으로 정하는 국가를 원산지로 하는 물품에 대하여는 다른 특혜대상국보다 우대하여 일반특혜관세를 부과할 수 있다.

⑫ 잠정세율과 기본세율

관세법 별표 관세율표에 규정된 세율을 말하며, 잠정세율은 기본세율에 우선하여 적용한다.

(4) 세율의 적용

① 간이세율 19 출제

㉠ 의 의

간이세율은 수입물품에 대하여 부과되는 관세, 내국세 등을 산출하는데 많은 시간이 소요되는 것을 방지하고자, 여행자 휴대품 등 일부 수입물품에 대하여는 이들 세율을 통합한 단일세율을 적용하여 과세하는 것으로 관세부과의 간소화를 도모하기 위한 제도이다.

㉡ 적용대상 물품

• 여행자 또는 외국을 오가는 운송수단의 승무원이 휴대, 수입하는 물품

• 우편물. 다만, 수입신고를 하여야 하는 것은 제외한다.

• 탁송품 또는 별송품

⊕ **Plus one**

간이세율 적용 제외대상 물품

• 관세율이 무세인 물품과 관세가 감면되는 물품
• 수출용 원재료
• 범칙행위에 관련된 물품
• 종량세가 적용되는 물품
• 상업용으로 인정되는 수량의 물품
• 고가품
• 당해 물품의 수입이 국내 산업을 저해할 우려가 있는 물품
• 여행자 또는 외국을 오가는 운송수단의 승무원이 휴대하여 수입하는 물품에 대해 단일한 간이세율의 적용이 과세형평을 현저히 저해할 우려가 있는 물품
• 화주가 수입신고를 할 때에 과세대상물품의 전부에 대하여 간이세율의 적용을 받지 아니할 것을 요청한 경우의 당해 물품

② 합의에 의한 세율 19 출제

일괄하여 수입신고가 된 물품으로서 물품별 세율이 다른 물품에 대하여는 신고인의 신청에 따라 그 세율 중 가장 높은 세율을 적용할 수 있다.

③ 용도세율

용도세율은 동일한 물품이라도 당해 물품의 용도에 따라 관세율이 상이한 경우가 있는데 이때 용도에 따라 세율을 달리하는 세율 중에서 낮은 세율을 적용하는 제도를 말한다.

(5) 품목분류 21 출제

[품목분류체계] 19 출제

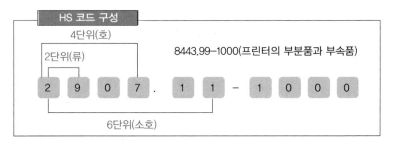

① **통칙(GRI)** : 상품분류 기본원칙을 6가지로 규정하며 법적 구속력이 있다.

② **주(Note)** : 부와 류 및 소호에 설정되어 있고, 특정용어를 정의하거나 제외 품목 및 포함품목을 명시하며, 법적 구속력이 있다.

③ **부(Section)** : 참조의 편의상 산업별, 기술제품으로 나열한 것으로서 법적 구속력이 없다.

　예 제1부 동물성생산품

④ **류(Chapter)** : 참조의 편의상 상품의 군별로 구분한 것으로, 법적구속력이 없다.

　예 제1류 살아있는 동물

⑤ **절(Sub-chapter)** : 특정 류에서 이해의 편의상 설정한 것으로, 법적 구속력은 없다.

　예 제39류 제1절 일차제품

⑥ **호(Heading)** : 류(2단위)를 종류별, 가공도별로 구분하여 4단위로 세분화한 것으로, 법적 구속력이 있다.

　예 제0101호 살아있는 말, 당나귀, 노새, 버새

⑦ **소호(Sub-heading)** : 호를 기능별, 용도별로 구별하여 6단위로 세분화한 것으로 법적 구속력이 있다.

　예 제0101.21호 번식용 말

⑧ **통계부호(품목번호)** : 통계목적 상 필요에 의해 10단위로 세분화한 것으로, 법적 구속력이 있다.

　예 제0101.21.1000호 농가사육용의 번식용 말

03 관세의 부과와 징수

출제율 ★★★
관세의 부과 및 가산세 등의 부과와 관련된 문제가 자주 출제됩니다.

1. 신고납부

(1) 개 요

납세의무자가 수입신고를 하는 때에 과세표준 및 납부세액 등의 사항을 스스로 결정하여 신고하고 관세를 납부하는 것을 말한다.

(2) 대 상

신고납부의 대상은 부과고지 대상을 제외한 모든 수입물품이다.

(3) 납세신고

물품을 수입하려는 자는 수입신고를 할 때에 세관장에게 관세의 납부에 관한 신고를 하여야 한다.

합격자 Tip

자율심사
세관장은 수입신고 수리 후 세액심사 등의 규정에도 불구하고 납세실적과 수입규모 등을 고려하여 관세청장이 정하는 요건을 갖춘 자가 신청할 때에는 납세신고한 세액을 자체적으로 심사하게 할 수 있다. 이 경우 해당 납세의무자는 자율심사한 결과를 세관장에게 제출하여야 한다.

(4) 세액심사

① 수리 후 심사

세관장은 납세신고를 받으면 수입신고서에 기재된 사항과 이 법에 따른 확인사항 등을 심사하되, 신고한 세액에 대하여는 수입신고를 수리한 후에 심사한다.

② 수리 전 심사(사전세액심사)

신고한 세액에 대하여 관세채권을 확보하기가 곤란하거나, 수입신고를 수리한 후 세액심사를 하는 것이 적당하지 아니하다고 인정하여 기획재정부령으로 정하는 물품의 경우에는 수입신고를 수리하기 전에 이를 심사한다.

㉠ 법률 또는 조약에 의하여 관세 또는 내국세를 감면받고자 하는 물품

㉡ 관세를 분할납부 하고자 하는 물품

㉢ 관세를 체납하고 있는 자가 신고하는 물품(체납액이 10만원 미만이거나 체납기간 7일 이내에 수입신고하는 경우를 제외한다)

㉣ 납세자의 성실성 등을 참작하여 관세청장이 정하는 기준에 해당하는 불성실신고인이 신고하는 물품

㉤ 물품의 가격변동이 큰 물품 기타 수입신고 수리 후에 세액을 심사하는 것이 적합하지 아니하다고 인정하여 관세청장이 정하는 물품

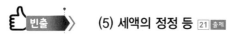

(5) 세액의 정정 등 21 출제

구 분	정정신고	보정신청	수정신고	경정청구
기 간	납세신고한 세액 납부 전	신고납부한 날부터 6개월 이내	보정기간이 지난 다음 날부터 제척기간이 끝나기 전	최초 납세신고한 날부터 5년 이내
원 인	신고 세액의 과부족	신고납부한 세액이 부족 또는 과세가격 및 품목분류의 오류	–	납부세액의 과다
납부기한	당초의 납부기한	신청일의 다음 날	신고일의 다음 날	–
가산세	–	보정이자	가산세	–

세관장은 납세의무자가 신고납부한 세액, 납세신고한 세액 또는 경정 청구한 세액을 심사한 결과 과부족하다는 것을 알게 되었을 때에는 대통령령으로 정하는 바에 따라 그 세액을 경정하여야 한다.

2. 부과고지

(1) 부과고지제도

세액을 처음부터 세관장이 결정하여 이를 고지하면 납세의무자가 고지된 세액을 납기 내에 납부하는 것을 말한다.

(2) 대상물품

① 예외적인 과세물건의 확정 시기(수입신고 전 즉시반출신고 물품 제외)에 해당되어 관세를 징수하는 경우
② 보세건설장에서 건설된 시설로서 수입신고가 수리되기 전에 가동된 경우
③ 보세구역(보세구역 외 장치를 허가 받은 장소를 포함)에 반입된 물품이 수입신고가 수리되기 전에 반출된 경우
④ 납세의무자가 관세청장이 정하는 사유로 과세가격이나 관세율 등을 결정하기 곤란하여 부과고지를 요청하는 경우
⑤ 즉시 반출한 물품을 즉시반출신고를 한 날부터 10일 이내에 수입신고를 하지 아니하여 관세를 징수하는 경우
⑥ 여행자 또는 승무원의 휴대품 및 별송품
⑦ 우편물(수입신고대상 우편물 제외)
⑧ 법령의 규정에 의하여 세관장이 관세를 부과·징수하는 물품
⑨ 납세신고가 부적당하다고 인정하여 관세청장이 지정하는 물품

3. 관세의 납부기한

(1) 원칙적인 납부기한

① 신고납부한 경우 : 납세신고 수리일부터 15일 이내
② 납부고지를 받은 자는 그 고지를 받은 날로부터 15일 이내에 해당 세액을 세관장에게 납부하여야 한다.

(2) 납부기한의 연장

세관장은 천재지변 등 다음의 사유로 관세법에 따른 신고, 신청, 청구, 그 밖의 서류의 제출, 통지, 납부 또는 징수를 정하여진 기한까지 할 수 없다고 인정되는 경우에는 1년을 넘지 아니하는 기간을 정하여 그 기한을 연장할 수 있다.

① 전쟁·화재 등 재해나 도난으로 인하여 재산에 심한 손실을 입은 경우
② 사업에 현저한 손실을 입은 경우
③ 사업이 중대한 위기에 처한 경우
④ 그 밖에 세관장이 상기 사유에 준하는 사유가 있다고 인정하는 경우

⊕ **Plus one**

월별납부 `19` 출제

• 정 의
세관장은 납세실적 등을 고려하여 관세청장이 정하는 요건을 갖춘 성실납세자가 월별납부의 승인을 신청한 때에는 납부기한이 동일한 달에 속하는 세액에 대하여는 그 기한이 속하는 달의 말일까지 한꺼번에 납부하게 할 수 있다.

• 월별납부의 승인
납부기한이 동일한 달에 속하는 세액을 월별로 일괄하여 납부하려고하는 자는 납세실적 및 수출입실적 등의 서류를 세관장에게 신청하고, 세관장은 요건을 갖춘 경우 세액의 월별납부를 승인하여야 한다. 이 경우 승인의 유효기간은 승인일부터 그 후 2년이 되는 날이 속하는 달의 마지막 날까지로 본다.

• 월별납부의 승인 취소
세관장은 납세의무자가 다음에 해당하는 경우 월별납부의 승인을 취소할 수 있다. 이 경우 세관장은 월별납부의 대상으로 납세신고된 세액에 대하여는 15일 이내의 납부기한을 정하여 납부고지 하여야 한다.
 – 관세를 납부기한이 경과한 날부터 15일 이내에 납부하지 아니하는 경우
 – 월별납부를 승인받은 납세의무자가 관세청장이 정한 요건을 갖추지 못하게 되는 경우
 – 사업의 폐업 경영상의 중대한 위기, 파산선고 및 법인의 해산 등의 사유로 월별납부를 유지하기 어렵가도 세관장이 인정하는 경우

• 월별납부의 갱신 신청
월별납부 승인을 갱신하려는 경우 유효기간 만료일 1개월 전까지 승인갱신 신청을 하여야한다. 세관장은 이러한 사실을 유효기간이 끝나는 날의 2개월 전까지 휴대폰 등에 의해 미리 알려야 한다.

4. 부족세액의 징수

세관장은 과세표준, 세율, 관세의 감면 등에 고나한 규정의 적용 착오 또는 그 밖의 사유로 이미 징수한 금액이 부족한 것을 알게 되었을 때에는 그 부족액을 징수한다.

5. 징수금액의 최저한 19 출제

○× 퀴즈 ●────◎

Q. 세관장은 납세의무자가 납부하여야 하는 관세가 1만원 미만인 경우에는 이를 징수하지 않는다. (○, ×)

A. × → 세관장은 납세의무자가 납부하여야 하는 세액이 1만원 미만인 경우에는 이를 징수하지 않는다.

세관장은 납세의무자가 납부하여야 하는 세액이 1만원 미만인 경우에는 이를 징수하지 아니하고, 당해 물품의 수입신고 수리일을 그 납부일로 본다.

6. 가산세

(1) 개 요

세법에 규정한 의무의 성실한 이행을 확보하기 위하여 관세법에 의하여 산출한 세액에 가산하여 징수하는 금액을 말한다.

(2) 납부지연 가산세

세관장은 납세의무자가 납부기한까지 납부하지 아니한 관세액을 징수하거나 부족한 관세액을 징수할 때에는 다음 각 금액을 합한 금액을 가산세로 징수한다.

① 부족세액의 100분의 10(부당한 방법으로 과소신고한 경우 : 100분의 40)

② 미납부세액 또는 부족세액 × 법정납부기한의 다음 날부터 납부일까지의 기간(납부고지일부터 납부고지서에 따른 납부기한까지의 기간 제외) × 금융회사 등이 연체대출금에 대하여 적용하는 이자율 등을 고려하여 대통령령으로 정하는 이자율(1일 10만분의 25의 율)

③ 법정납부기한까지 납부하여야 할 세액 중 납부고지서에 따른 납부기한까지 납부하지 아니한 세액 × 100분의 3(관세를 납부고지서에 따른 납부기한까지 완납하지 아니한 경우에 한정한다)

(3) 미신고 가산세

수입신고를 하지 않은 물품에 대하여 관세를 부과·징수할 때에는 다음 각 금액을 합한 금액을 가산세로 징수한다. 다만, 천재지변 등 수입신고를 하지 아니하고 수입한 데에 정당한 사유가 있는 것으로 세관장이 인정하는 경우는 제외한다.

① 해당 관세액의 100분의 20(단, 관세법에 의해 처벌받거나 통고처분을 받은 경우에는 100분의 40)

② 해당 관세액 × 수입된 날부터 납부일까지의 기간(납부고지일부터 납부고지서에 따른 납부기한까지의 기간은 제외한다) × 금융회사 등이 연체대출금에 대하여 적용하는 이자율 등을 고려하여 대통령령으로 정하는 이자율

③ 해당 관세액 중 납부고지서에 따른 납부기한까지 납부하지 아니한 세액 × 100분의 3(관세를 납부고지서에 따른 납부기한까지 완납하지 아니한 경우에 한정한다)

(4) 여행자 휴대품 미신고 가산세

여행자나 승무원이 휴대품(면세 물품 제외)을 신고하지 아니하여 과세하는 경우는 납부할 세액의 100분의 40(반복적인 경우 100분의 60)에 상당하는 금액을 가산세로 징수한다.

(5) 이사물품 미신고 가산세

우리나라로 거주를 이전하기 위하여 입국하는 자가 입국할 때에 수입하는 이사물품(면세물품 제외)을 신고하지 아니하여 과세하는 경우는 납부할 세액의 100분의 20에 상당하는 금액을 가산세로 징수한다.

(6) 재수출 불이행 가산세

재수출면세를 받은 물품을 재수출기간 내에 재수출하지 아니한 경우에는 해당 물품에 부과될 관세의 20%를 부과한다(단, 500만원을 넘지 않는 범위에서 부과)

(7) 즉시반출물품 수입신고불이행 가산세

수입신고 전 반출물품은 그 반출신고일부터 10일 이내에 수입신고를 해야하는데, 이를 불이행하였을 경우 해당 물품에 대한 관세의 20%를 부과한다.

(8) 신고지연 가산세

수입하거나 반송하려는 물품을 지정장치장 또는 보세창고에 반입하거나 보세구역이 아닌 장소에 장치한 자는 그 반입일 또는 장치일부터 30일 이내 신고를 해야 하는데 이를 지키지 않을 경우 가산세를 부과한다.

① 신고기한이 경과한 날부터 20일 이내에 신고한 경우 : 과세가격의 0.5%
② 신고기한이 경과한 날부터 50일 이내에 신고한 경우 : 과세가격의 1%
③ 신고기한이 경과한 날부터 80일 이내에 신고한 경우 : 과세가격의 1.5%
④ 그 밖의 경우 : 과세가격의 2%

○× 퀴즈

Q. 재수출 면세를 받은 물품을 재수출기간 내에 재수출하지 아니한 경우에는 300만원을 넘지 않는 범위에서 해당 물품에 부과될 관세의 10%를 부과한다. (○, ×)

A. × → 재수출 면세를 받은 물품을 재수출기간 내에 재수출하지 아니한 경우에는 500만원을 넘지 않는 범위에서 해당 물품에 부과될 관세의 20%를 부과한다.

7. 납세 담보

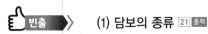

(1) 담보의 종류 21 출제

① 금 전
② 국채 또는 지방채
③ 세관장이 인정하는 유가증권
④ 납세보증보험증권
⑤ 토 지
⑥ 보험에 가입된 등기 또는 등록된 건물 · 공장재단 · 광업재단 · 선박 · 항공기 또는 건설기계
⑦ 세관장이 인정하는 보증인의 납세보증서

(2) 포괄담보

납세의무자(관세의 납부를 보증한 자를 포함한다)는 관세법에 따라 계속하여 담보를 제공하여야 하는 사유가 있는 경우에는 관세청장이 정하는 바에 따라 일정 기간에 제공하여야 하는 담보를 포괄하여 미리 세관장에게 제공할 수 있다.

(3) 담보의 관세충당

세관장은 담보를 제공한 납세의무자가 그 납부기한까지 해당 관세를 납부하지 아니하면 기획재정부령으로 정하는 바에 따라 그 담보를 해당 관세에 충당할 수 있다. 이 경우 담보로 제공된 금전을 해당 관세에 충당할 때에는 납부기한이 지난 후에 충당하더라도 가산세를 적용하지 아니한다.

8. 납세의무의 소멸

합격자 Tip

소멸시효의 중단
다음의 행위가 있는 경우 소멸시효가 중단되며, 소멸시효가 중단되는 경우 소멸시효는 처음부터 새롭게 시작된다.
• 납부고지
• 경정처분
• 납부독촉(납부최고를 포함)
• 통고처분
• 고 발
• 공소제기
• 교부청구
• 압 류

(1) 납세의무의 소멸 사유

① 관세의 납부
② 관세의 충당(담보물, 강제징수비, 환급급, 보세구역 장치기간 경과물품의 매각 대금)
③ 과세부과의 취소
④ 과세부과의 제척기간 만료(관세를 부과할 수 있는 날부터 5년)
⑤ 관세징수권의 소멸시효 완성(납부기한이 만료된 날의 다음 날부터 5년)

9. 관세의 감면

(1) 개 요

특별한 정책목적을 수행하기 위하여 수입물품이 일정한 요건을 갖춘 경우에 관세의 일부 또는 전부를 면제하여 주는 것을 말한다.

빈출

(2) 무조건 감면(사후관리 없음) 21 출제

합격자 Tip

무조건 감면과 조건부 감면을 구분하고, 수입 거래가 어떤 감면 조항에 해당하는지 판단할 수 있어야 합니다.

구 분	내 용
외교관용 물품 등의 면세	외교관용 물품 등의 면세는 외교관에 대한 국제관례 상 면세특권을 관세법에서 규정한 것으로서, 외교관의 공용품과 공관원 및 그 가족이 수입하는 자용품 등에 대하여 무조건 면세한다. 다만, 외교적 특권이 남용되어 면세물품의 무분별한 유통을 억제하기 위한 특정 품목(자동차, 선박, 피아노, 전자오르간, 엽총)에 대하여 수입신고 수리일로부터 3년의 범위 내에서 감면받은 용도 외의 다른 용도로 사용하기 위하여 양수하는 것을 제한한다.
정부용품 등의 면세	정부용품 등의 면세는 주로 국가기관이나 지방자치단체에 기증된 물품 등 수입 목적 및 물품의 특성, 국제적 관례 등을 감안하여 관세를 면제하는 제도이다.
소액물품 등의 면세	소액물품으로서 관세가 면제되는 물품 • 물품이 천공 또는 절단되었거나 통상적인 조건으로 판매할 수 없는 상태로 처리되어 견본품으로 사용될 것으로 인정되는 물품 • 판매 또는 임대를 위한 물품의 상품목록 · 가격표 및 교역안내서 등 • 과세가격이 미화 250달러 이하인 물품으로서 견본품으로 사용될 것으로 인정되는 물품 • 물품의 형상 · 성질 및 성능으로 보아 견본품으로 사용될 것으로 인정되는 물품
여행자 휴대품 · 이사물품 등의 감면	여행자 휴대품 · 이사물품 등의 감면은 국민의 생활과 관련하여 여행자의 입국사유 및 체재기간 등을 고려한 여행자 휴대품과 거주이전 사유, 거주기간 등을 감안한 이사물품에 대하여 관세를 면제하는 것으로서, 당해 물품은 여행자, 승무원 및 이사자 등이 생활하는데 있어 필수적인 물품에 대한 관세를 면제한다.
재수입 면세	다음에 해당하는 우리나라에서 수출한 물품 또는 수출물품의 용기 등이 수출되었다가 일정 기간 내에 재수입되는 경우에는 관세를 면제한다. • 우리나라에서 수출(보세가공수출을 포함한다)된 물품으로서 해외에서 제조 · 가공 · 수리 또는 사용되지 아니하고 수출신고 수리일부터 2년 내에 다시 수입되는 물품. • 수출물품의 용기로서 다시 수입하는 물품 • 해외시험 및 연구를 목적으로 수출된 후 재수입되는 물품

OX 퀴즈

Q 소액물품 등의 면세가 되는 상업용 견본품의 범위에 해당하는 물품은 과세가격이 미화 250달러 이하인 물품이다. (○, ×)

A ○

손상물품에 대한 감면	손상물품에 대한 감면은 수입신고한 물품이 수입신고 수리 전에 변질 또는 손상된 때, 조건부 감면세를 받은 물품이 징수사유가 발생하여 징수하게 되는 경우 그 물품이 변질 또는 손상되거나 사용으로 인하여 가치가 감소된 때에는 그 관세를 경감한다.
해외임가공물품 등의 감면	해외임가공물품 등의 감면은 원재료 또는 부분품을 수출하여 제조·가공한 후 다시 수입하거나, 가공 또는 수리할 목적으로 수출한 후 다시 수입하는 물품으로 다음에 해당하는 물품에 대해 관세를 경감한다. • 원재료 또는 부분품을 수출하여 기획재정부령으로 정하는 물품으로 제조하거나 가공한 물품 • 가공 또는 수리할 목적으로 수출한 물품으로서 기획재정부령으로 정하는 기준에 적합한 물품

⊕ Plus one

관세의 면세 한도

관세의 면제 한도는 여행자 1명의 휴대품 또는 별송품으로서 각 물품(관세법 시행규칙 제1항 제3호에 따른 물품은 제외한다)의 과세가격 합계 기준으로 미화 600달러 이하(이하 "기본면세 범위")로 하고, 관세법 제196조 제2항에 따른 보세판매장에서 구매한 내국물품이 포함되어 있을 경우에는 기본면세범위에서 해당 내국물품의 구매가격을 공제한 금액으로 한다. 다만, 농림 축산물 등 관세청장이 정하는 물품이 휴대품 또는 별송품에 포함되어 있는 경우에는 기본면세 범위에서 해당 농림축산물 등에 대하여 관세청장이 따로 정한 면세한도를 적용할 수 있다.

면세한도를 초과하는 물품의 과세

다음 표의 면세한도를 초과하는 물품에 대해서는 물품의 가격을 과세가격으로 하여 과세한다.

구 분	면세한도			비 고
술	1병			1리터(L) 이하이고, 미화 400달러 이하인 것으로 한정한다.
담 배	궐련		200개비	2 이상의 담배 종류를 반입하는 경우에는 한 종류로 한정한다.
	엽궐련		50개비	
	전자담배	궐련형	200개비	
		니코틴용액	20밀리리터(mL)	
		기타유형	110그램	
	그 밖의 담배		250그램	
향 수	60밀리리터(mL)			–

빈출

(3) 조건부 감면(사후관리 있음) [21] 출제

OX 퀴즈

Q. 수입통관이 완료된 물품으로 반드시 세관장이 지정한 제조, 수리 공장에 반입될 것을 전제로 관세의 감면이 가능한 것은 세율불균형물품의 면세이다. (○, ×)

A. ○

구 분	내 용
세율불균형 물품의 면세	역관세로 인한 세율불균형을 시정하기 위하여 중소기업이 세관장이 지정하는 공장에서 항공기 및 반도체 제조용 장비 등의 감면대상 물품을 제조 또는 수리하기 위하여 사용하는 부분품 및 원재료에 대하여 관세를 감면한다.
학술연구용품의 감면	학교 · 공공의료기관 등에서 학술과 교육의 진흥 및 연구개발의 촉진과 문화 · 과학기술의 진흥을 위하여 수입하는 학술연구, 교육, 실험실습용품 등에 대하여 관세를 감면한다.
종교용품 · 자선용품 · 장애인용품 등의 면세	종교단체의 예배용품, 자선구호용품, 국제적십자사 등 사회활동의 지원용품, 지체장애인용품, 장애인 복지시설 등에서 사용하는 진단 및 치료를 위한 물품에 대하여 관세를 면제한다.
특정물품의 면세 등	특정물품의 면세 등은 동식물의 번식 · 양식 및 종자개량을 위한 물품 등 특정 품목군에 대한 관세를 면제한다.
환경오염방지 물품 등에 대한 감면	오염물질의 배출방지, 폐기물처리 및 산업재해 또는 직업병의 예방에 직접 사용되는 기계 · 기구 및 공장자동화 기계 등 다음에 해당하는 물품에 대한 관세를 감면한다. • 오염물질(소음 및 진동을 포함한다)의 배출 방지 또는 처리를 위하여 사용하는 기계 · 기구 · 시설 · 장비로서 기획재정부령으로 정하는 것 • 폐기물 처리(재활용을 포함한다)를 위하여 사용하는 기계 · 기구로서 기획재정부령으로 정하는 것 • 기계 · 전자기술 또는 정보처리기술을 응용한 공장 자동화 기계 · 기구 · 설비(그 구성기기를 포함한다) 및 그 핵심부분품으로서 기획재정부령으로 정하는 것
재수출 면세	교역의 증진, 외화의 절약 기술의 도입 및 관광객의 유치 등을 목적으로 하는 다음의 물품으로 정기진 기간내에 다시 수출하는 물품에 대한 관세를 감면한다. • 수출입물품의 포장용품, 우리나라에 일시입국하는 자가 본인이 사용하고 재수출할 목적으로 직접 휴대하여 반입하거나 별도로 반입하는 신변용품 등 기획재정부령으로 정하는 물품 : 1년의 범위에서 대통령령으로 정하는 기준에 따라 세관장이 정하는 기간. 다만, 세관장은 부득이한 사유가 있다고 인정될 때에는 1년의 범위에서 그 기간을 연장할 수 있다. • 1년을 초과하여 수출하여야 할 부득이한 사유가 있는 물품으로서 다음의 물품 : 세관장이 정하는 기간 　– 수송기기의 하자를 보수하거나 이를 유지하기 위한 부분품 　– 외국인 여행자가 연 1회 이상 항해조건으로 반입한 후 지방자치단체에서 보관 · 관리하는 요트(모터보트를 포함한다)

OX 퀴즈

Q. 재수출 면세물품을 규정된 기간 내에 재수출을 이행하지 못하는 경우 1년의 범위 내에서 그 기간을 연장할 수 있다. (○, ×)

A. ○

재수출 감면	장기간에 걸쳐 사용하는 공사용 기계, 기구나 수리·가공용 기계·기구 등 다음에 해당하는 물품을 외국에서 임차한 후 국내에서 사용하다가 다시 외국으로 반송하거나 외국으로부터 선박을 나용해 와서 사용하다가 다시 반송하는 때의 그 물품의 사용에 따른 관세를 감면한다. • 장기간에 걸쳐 사용할 수 있는 물품 • 수입이 임대차계약에 의하거나 도급계약의 이행과 관련하여 국내에서 일시적으로 사용하기 위하여 수입하는 물품 중 국내제작이 곤란함을 당해 물품의 생산에 관한 업무를 관장하는 중앙행정기관의 장 또는 그 위임을 받은 자가 확인하고 추천하는 기관 또는 기업이 수입 • 「법인세법 시행규칙」 제15조의 규정에 의한 내용연수가 5년(금형의 경우에는 2년) 이상인 물품 • 개당 또는 셋트당 관세액이 500만원 이상인 물품

(4) 사후관리

관세감면물품의 사후관리는 관세를 감면받아 수입신고가 수리된 물품에 대하여 해당 조건대로 사용하고 있는지 여부와 세관장의 승인 없이 무단 양도하는 행위 등의 여부를 세관에서 확인하고 관리하는 것을 말한다.

04 관세의 환급

1. 관세법상 관세환급

(1) 관세환급금의 환급 등

① 과오납금 환급

세관장은 납세의무자가 관세·가산세 또는 강제징수비의 과오납금 또는 관세법에 따라 환급하여야 할 환급세액의 환급을 청구할 때에는 지체 없이 이를 관세 환급금으로 결정하고 30일 이내에 환급하여야 하며, 세관장이 확인한 관세 환급은 납세의무자가 환급을 청구하지 아니하더라도 환급하여야 한다.

② 과다환급금의 징수

세관장은 관세환급금의 환급에 있어서 그 환급액이 과다한 것을 알게 되었을 때에는 해당 관세 환급금을 지급받은 자로부터 과다환급을 한 날의 다음 날부터 징수결정을 하는 날까지의 기간에 대하여 대통령령으로 정하는 이율(연 1천분의 12)에 따라 계산한 금액을 징수하여야 한다.

③ 관세환급의 소멸시효

환급청구권은 행사할 수 있는 날부터 5년(5억원 이상은 10년)간 행사하지
않으면 소멸시효가 완성된다.

(2) 환급 및 분할납부 등

① 계약내용과 다른 물품 등에 대한 관세환급

수입신고가 수리된 물품이 계약 내용과 다르고 수입신고 당시의 성질이나
형태가 변경되지 아니한 경우 해당 물품이 수입신고 수리일부터 1년 이내
에 다음의 어느 하나에 해당하면 그 관세를 환급한다.

② 수입한 상태 그대로 수출되는 자가사용물품에 대한 관세환급

수입신고가 수리된 개인의 자가사용물품이 수입한 상태 그대로 수출되는
경우로서 다음의 어느 하나에 해당하는 경우에는 수입할 때 납부한 관세
를 환급한다.

③ 지정보세구역 장치물품의 멸실 · 변질 · 손상으로 인한 관세환급

수입신고가 수리된 물품이 수입신고 수리 후에도 지정보세구역에 계속 장
치되어 있는 중에 재해로 멸실되거나 변질 또는 손상되어 그 가치가 떨어
졌을 때에는 그 관세의 전부 또는 일부를 환급할 수 있다.

④ 종합보세구역 판매물품에 대한 관세 등의 환급

외국인 관광객 등이 종합보세구역에서 구입한 물품을 국외로 반출하는 경
우에는 해당 물품을 구입할 때 납부한 관세 및 내국세 등을 환급받을 수
있다.

2. 수출용 원재료에 대한 관세 등 환급에 관한 특례법(환급특례법) 상 관세환급

(1) 환급대상

① 환급대상 원재료 19 21 출제

관세 등을 환급받을 수 있는 수출용 원재료는 다음의 어느 하나에 해당하
는 것으로 한다.

㉠ 수출물품을 생산한 경우 : 다음의 어느 하나에 해당하는 것으로서 소요
량을 객관적으로 계산할 수 있는 것
- 해당 수출물품에 물리적 또는 화학적으로 결합되는 물품
- 해당 수출물품을 생산하는 공정에 투입되어 소모되는 물품. 다만, 수
출물품 생산용 기계 · 기구 등의 작동 및 유지를 위한 물품 등 수출물
품의 생산에 간접적으로 투입되어 소모되는 물품은 제외한다.
- 해당 수출물품의 포장용품

ⓛ 수입한 상태 그대로 수출한 경우 : 해당 수출물품

ⓒ 국내에서 생산된 원재료와 수입된 원재료가 동일한 질(質)과 특성을 갖고 있어 상호 대체 사용이 가능하여 수출물품의 생산과정에서 이를 구분하지 아니하고 사용되는 경우에는 수출용 원재료가 사용된 것으로 본다.

 ② 환급대상 수출 [19] [21] 출제

수출용 원재료에 대한 관세 등을 환급받을 수 있는 수출 등은 다음의 어느 하나에 해당하는 것으로 한다.

㉠ 「관세법」에 따라 수출신고가 수리(受理)된 수출. 다만, 무상으로 수출하는 것에 대하여는 다음의 수출로 한정한다.

• 외국에서 개최되는 박람회 · 전시회 · 견본시장 · 영화제 등에 출품하기 위하여 무상으로 반출하는 물품의 수출. 다만, 외국에서 외화를 받고 판매된 경우에 한한다.

• 해외에서 투자 · 건설 · 용역 · 산업설비수출 기타 이에 준하는 사업에 종사하고 있는 우리나라의 국민(법인을 포함한다)에게 무상으로 송부하기 위하여 반출하는 기계 · 시설자재 및 근로자용 생활필수품 기타 그 사업과 관련하여 사용하는 물품으로서 주무부 장관이 지정한 기관의 장이 확인한 물품의 수출

• 수출된 물품이 계약조건과 서로 달라서 반품된 물품에 대체하기 위한 물품의 수출

• 해외구매자와의 수출계약을 위하여 무상으로 송부하는 견본용 물품의 수출

• 외국으로부터 가공임 또는 수리비를 받고 국내에서 가공 또는 수리를 할 목적으로 수입된 원재료로 가공하거나 수리한 물품의 수출 또는 당해 원재료 중 가공하거나 수리하는데 사용되지 아니한 물품의 반환을 위한 수출

• 외국에서 위탁가공할 목적으로 반출하는 물품의 수출

• 위탁판매를 위하여 무상으로 반출하는 물품의 수출(외국에서 외화를 받고 판매된 경우에 한한다)

ⓛ 우리나라 안에서 외화를 획득하는 판매 또는 공사

• 우리나라 안에 주류하는 미합중국군대에 대한 물품의 판매

• 주한미군 또는 국내 주재대사관 등에 대한 공사

• 수입하는 승용자동차에 대하여 관세 등의 면제를 받을 수 있는 자에 대한 국산승용자동차의 판매

• 외국인 투자 또는 출자의 신고를 한 자에 대한 자본재(우리나라에서 생산된 것에 한한다)의 판매. 다만, 당해 자본재가 수입되는 경우

- 국제금융기구로부터 제공되는 차관자금에 의한 국제경쟁입찰에서 낙찰(낙찰받은 자로부터 도급을 받는 경우를 포함한다)된 물품(우리나라에서 생산된 것에 한한다)의 판매. 다만, 당해 물품이 수입되는 경우 「관세법」에 의하여 관세가 감면되는 경우에 한한다.

ⓒ 보세구역 또는 자유무역지역의 입주기업체에 대한 공급
- 보세창고. 다만, 수출한 물품에 대한 수리·보수 또는 해외조립생산을 위하여 부품등을 반입하는 경우에 한한다.
- 보세공장. 다만, 수출용 원재료로 사용될 목적으로 공급되는 경우에 한한다.
- 보세판매장
- 종합보세구역(수출용 원재료로 공급하거나 수출한 물품에 대한 수리·보수 또는 해외조립생산을 위하여 부품 등을 반입하는 경우 또는 보세구역에서 판매하기 위하여 반입하는 경우에 한한다)

ⓔ 그 밖에 수출로 인정되어 기획재정부령으로 정하는 것

합격자 Tip ————◎

그 밖에 수출로 인정이 되는 것
- 우리나라와 외국 간을 왕래하는 선박 또는 항공기에 선박용품 또는 항공기용품으로 사용되는 물품의 공급
- 원양어선에 무상으로 송부하기 위하여 반출하는 물품

(2) 수출기간 및 환급방법 등

① 수출이행기간 19 출제
  ㉠ 세관장은 물품이 수출 등에 제공된 때에는 수출신고 수리일 또는 수출·판매·공사·공급 완료일이 속하는 달의 말일부터 소급하여 2년 이내에 수입된 물품의 수출용 원재료에 대한 관세 등을 환급한다.
  ㉡ 수출용 원재료가 내국신용장 등에 의하여 거래되고, 그 거래가 직전의 내국신용장 등에 의한 거래(직전의 내국신용장 등에 의한 거래가 없는 경우에는 수입을 말한다)가 있은 날부터 1년 내에 이루어진 경우에는 해당 수출용 원재료가 수입된 날부터 내국신용장 등에 의한 최후의 거래가 있은 날까지의 기간은 수출이행기간에 산입(算入)하지 아니한다.
  ㉢ 다만, 수출용 원재료가 수입된 상태 그대로 거래된 경우에는 그러하지 아니하다.

② 환급방법
  ㉠ 정액환급
    단일의 수출용 원재료에 의하여 둘 이상의 제품이 동시에 생산되는 등 생산공정이 특수한 수출물품과 중소기업 수출물품에 대한 관세 등의 환급 절차를 간소화하기 위하여 필요하다고 인정하는 경우에는 수출물품의 생산에 소요된 원재료의 납부세액의 확인을 생략하고, 수출용 원재료에 대한 관세 등의 평균 환급액 또는 평균 납부세액 등을 기초로 수출물품별로 정액환급률표에 의하여 간단하게 환급하는 제도이다.

간이정액환급 요건
• 환급신청일이 속하는
  연도의 직전 2년간 매
  년도 환급실적(기초원
  재료납세증명서 발급실
  적을 포함)이 6억원 이
  하일 것
• 환급신청일이 속하는
  연도의 1월 1일부터 환
  급신청일까지의 환급실
  적(해당 환급신청일에
  기초원재료납세증명서
  의 발급을 신청한 금액
  과 환급을 신청한 금액
  을 포함)이 6억원 이하
  일 것

ⓒ 간이정액환급

중소기업의 수출을 지원하고 환급절차의 간소화를 도모하기 위해, 중소기업이 제조하여 수출한 물품에 대하여 수출물품 생산에 소요된 원재료의 납부세액 확인을 생략하고 수출사실만을 확인하여 간이정액환급율표에 따라 간단하게 환급하는 제도이다.

ⓒ 개별환급

수출물품을 생산하는데 소요되는 각각의 원재료별 소요량을 산출하고, 각 원재료를 수입하는 때에 납부하였거나 납부할 관세 등을 수입신고 필증 등에 의해 계산하여 환급하는 제도이다.

③ **수출용 원재료의 국내거래** 21 출제

㉠ 기초원재료 납세증명서

세관장은 수출용 원재료가 내국신용장 등에 의하여 거래된 경우(내국신용장 등에 의한 거래로서 일괄납부 및 사후정산을 적용받는 경우는 제외) 관세 등의 환급업무를 효율적으로 수행하기 위하여 대통령령으로 정하는 바에 따라 기초원재료납세증명서를 발급할 수 있다.

ⓒ 수입세액분할증명서 19 출제

세관장은 수출용 원재료가 내국신용장 등에 의하여 거래된 경우(내국신용장 등에 의한 거래로서 일괄납부 및 사후정산을 적용받는 경우는 제외) 관세 등의 환급업무를 효율적으로 수행하기 위하여 대통령령으로 정하는 바에 따라 수입세액분할증명서를 발급할 수 있다.

출제 포인트 ▸ ☑ # 05 보세구역

1. 보세제도의 의의

보세란 외국물품의 수입신고 수리 전 상태를 말하며, 보세제도에는 정적인 보세제도인 보세구역제도와 동적인 보세제도인 보세운송제도가 있다.

빈출 ▸ ## 2. 보세구역의 종류 21 출제

(1) 지정보세구역

통관절차를 이행하여야 하는 물품을 일시적으로 장치하거나 검사하는 등 세관의 통제 하에 물품을 장치할 수 있도록 세관장이 지정하여 설치한 보세구역을 의미한다. 통관물품의 일시 장치를 위한 지정장치장과 물품검사를 위한 세관검사장이 해당된다.

(2) 지정장치장

① 지정장치장은 통관을 하려는 물품을 일시 장치하기 위한 장소로서 세관장이 지정하는 구역으로 한다.
② 지정장치장에 물품을 장치하는 기간은 6개월의 범위에서 관세청장이 정한다. 다만, 관세청장이 정하는 기준에 따라 세관장은 3개월의 범위에서 그 기간을 연장할 수 있다.

(3) 세관검사장

세관검사장은 통관하려는 물품을 검사하기 위한 장소로서 세관장이 지정하는 지역으로 한다.

(4) 특허보세구역

① 의 의
외국물품이나 통관하려는 물품의 장치 · 보세가공 · 전시 · 건설 및 판매 등의 목적으로 세관장이 특허한 구역이다.

② 특허기간

구 분	기 간
보세창고, 보세공장	10년의 범위 내에서 신청인이 신청한 기간
보세전시장	해당 박람회 등의 기간을 고려하여 세관장이 정하는 기간
보세건설장	해당 건설공사의 기간을 고려하여 세관장이 정하는 기간
보세판매장	보세판매장의 특허기간은 5년 이내

③ 장치기간

㉠ 보세창고
ⓐ 외국물품(ⓒ에 해당하는 물품은 제외한다) : 1년의 범위에서 관세청장이 정하는 기간. 다만, 세관장이 필요하다고 인정하는 경우에는 1년의 범위에서 그 기간을 연장할 수 있다.
ⓑ 내국물품(ⓒ에 해당하는 물품은 제외한다) : 1년의 범위에서 관세청장이 정하는 기간
ⓒ 정부비축용물품, 정부와의 계약이행을 위하여 비축하는 방위산업용 물품, 장기간 비축이 필요한 수출용 원재료와 수출품보수용 물품으로서 세관장이 인정하는 물품, 국제물류의 촉진을 위하여 관세청장이 정하는 물품 : 비축에 필요한 기간
㉡ 그 밖의 특허보세구역
해당 특허보세구역의 특허기간

OX 퀴즈

Q. 내국물품은 보세창고에 장치할 수 없다. (○, ×)

A. × → 내국물품도 1년의 범위에서 관세청장이 정하는 기간 동안 보세창고에 장치할 수 있다.

④ **보세공장** 19 출제

　㉠ **의 의**

　　가공무역의 진흥을 위하여 세관장의 특허를 받은 보세구역으로써, 외국물품을 원료 또는 재료로 하거나 외국물품과 내국물품을 원료 또는 재료로 하여 제조·가공하거나 그 밖에 이와 비슷한 작업을 할 수 있다. 단, 세관장의 허가를 받지 아니하고는 내국물품만을 원료로 하거나 재료로 하여 제조·가공하거나 그 밖에 이와 비슷한 작업을 할 수 없다.

　㉡ **보세공장 반입 원재료의 범위** 20 출제

　　• 해당 보세공장에서 생산하는 제품에 물리적 또는 화학적으로 결합되는 물품

　　• 해당 보세공장에서 생산하는 제품을 제조·가공하거나 이와 비슷한 공정에 투입되어 소모되는 물품

　　• 해당 보세공장에서 수리·조립·검사·포장 및 이와 유사한 작업에 직접적으로 투입되는 물품

　㉢ **보세공장 물품에 대한 과세**

　　• 제품과세

　　　외국물품이나 외국물품과 내국물품을 원료로 하거나 재료로 하여 작업을 하는 경우 그로써 생긴 물품은 외국으로부터 우리나라에 도착한 물품으로 본다.

　　• 원료과세

　　　보세공장에서 제조된 물품을 수입하는 경우 법 제186조에 따른 사용신고 전에 미리 세관장에게 해당 물품의 원료인 외국물품에 대한 과세의 적용을 신청한 경우에는 사용신고를 할 때의 그 원료의 성질 및 수량에 따라 관세를 부과한다.

⑤ **보세전시장**

　보세전시장에서는 박람회, 전람회, 견본품 전시회 등의 운영을 위하여 외국물품을 장치·전시하거나 사용할 수 있다.

⑥ **보세건설장**

　보세건설장에서는 산업시설의 건설에 사용되는 외국물품인 기계류 설비품이나 공사용 장비를 장치·사용하여 해당 건설공사를 할 수 있다.

⑦ **보세판매장**

　㉠ 보세판매장에서는 다음 어느 하나에 해당하는 조건으로 물품을 판매할 수 있다.

　　• 해당 물품을 외국으로 반출할 것. 다만, 외국으로 반출하지 아니하더라도 대통령령으로 정하는 바에 따라 외국에서 국내로 입국하는 자에게 물품을 인도하는 경우에는 해당 물품을 판매할 수 있다.

○✕ 퀴즈

Q 보세판매장의 운영인이 외국으로 출국하는 내국인에게 보세판매장의 물품을 판매하는 때에는 미화 5천달러 한도 안에서 판매하여야 한다. (○, ✕)

A ✕ → 미화 3천달러 한도 안에서 판매하여야 한다.

• 관세의 면제를 받을 수 있는 자가 해당 물품을 사용할 것

ⓒ 보세판매장에는 외교관 면세점, 출국장 면세점, 시내면세점 등이 있다.

ⓒ 보세판매장의 운영인이 외국으로 출국하는 내국인에게 보세판매장의 물품을 판매하는 때에는 미화 3천달러 한도 안에서 판매하여야 한다.

(5) 종합보세구역

① 의 의

국제무역을 증진하고 외국인의 투자를 유치하려는 노력의 일환으로 관세청장이 일정한 지역의 전체를 보세구역으로 지정한 장소로서, 외국물품을 수입통관 미필 상태에서 장치 · 보관 · 제조 · 전시 · 판매 등을 할 수 있는 구역을 의미한다. 즉, 종합보세구역에서는 보세창고 · 보세공장 · 보세전시장 · 보세건설장 또는 보세판매장의 기능 중 둘 이상의 기능(종합보세기능)을 수행할 수 있다.

② 종합보세구역의 지정

관세청장은 직권으로 또는 관계 중앙행정기관의 장이나 지방자치단체의 장, 그 밖에 종합보세구역을 운영하려는 자(지정요청자)의 요청에 따라 무역진흥에의 기여 정도, 외국물품의 반입 · 반출 물량 등을 고려하여 다음의 지역을 종합보세구역으로 지정할 수 있다.

㉠ 「외국인투자촉진법」에 의한 외국인투자지역

㉡ 「산업입지 및 개발에 관한 법률」에 의한 산업단지

㉢ 「유통산업발전법」에 의한 공동집배송센터

㉣ 「물류시설의 개발 및 운영에 관한 법률」에 따른 물류단지

㉤ 기타 종합보세구역으로 지정됨으로써 외국인투자촉진 · 수출증대 또는 물류촉진 등의 효과가 있을 것으로 예상되는 지역

③ 수입통관 후 소비 또는 사용

종합보세구역에서 소비하거나 사용되는 물품으로서 다음의 물품은 수입통관 후 이를 소비하거나 사용하여야 한다.

㉠ 제조 · 가공에 사용되는 시설기계류 및 그 수리용 물품

㉡ 연료 · 윤활유 · 사무용품 등 제조 · 가공에 직접적으로 사용되지 아니하는 물품

④ 장치기간

종합보세구역에 반입한 물품의 장치기간은 제한하지 아니한다. 다만, 보세창고의 기능을 수행하는 장소 중에서 관세청장이 수출입물품의 원활한 유통을 촉진하기 위하여 필요하다고 인정하여 지정한 장소에 반입되는 물품의 장치기간은 1년의 범위에서 관세청장이 정하는 기간으로 한다.

06 보세운송

1. 의 의

보세운송이란 외국물품을 보세상태로 국내에서 운송하는 것을 말한다.

1. 보세운송 장소

국제항, 보세구역, 보세구역 외 장치장소, 세관관서, 통관역, 통관장, 통관우체국

2. 보세운송 절차

(1) 보세운송을 하려는 자는 관세청장이 정하는 바에 따라 세관장에게 보세운송의 신고·승인을 하여야 한다.

(2) 보세운송의 신고 또는 승인신청은 화주, 관세사 등, 보세운송업자의 명의로 하여야 한다.

(3) 보세운송의 신고를 하거나 승인을 받은 자는 해당 물품이 운송 목적지에 도착하였을 때에는 관세청장이 정하는 바에 따라 도착지의 세관장에게 보고하여야 한다.

(4) 세관장은 보세운송물품의 감시·단속을 위하여 필요하다고 인정될 때에는 관세청장이 정하는 바에 따라 운송통로를 제한할 수 있다.

(5) 보세운송은 관세청장이 정하는 기간 내에 끝내야 한다. 다만, 세관장은 재해나 그 밖의 부득이한 사유로 필요하다고 인정될 때에는 그 기간을 연장할 수 있다.

(6) 보세운송의 신고를 하거나 승인을 받아 보세운송하는 외국물품이 지정된 기간 내에 목적지에 도착하지 아니한 경우에는 즉시 그 관세를 징수한다. 다만, 해당 물품이 재해나 그 밖의 부득이한 사유로 망실되었거나 미리 세관장의 승인을 받아 그 물품을 폐기했을 때에는 그러하지 아니하다.

07 통 관

출제율 ★★☆
통관의 종류와 통관 절차에
대해 묻는 문제가 자주 출제
됩니다.

1. 의 의

통관이란 관세법에 따른 절차를 이행하여 물품을 수출·수입 또는 반송하는 것으로서, 관세영역 간 물품의 이동과 관련하여 각종 법령상의 규제사항을 확인하고 집행하는 제도를 의미한다.

2. 통관 요건

(1) 허가·승인 등의 증명 및 확인

수출입을 할 때 법령에서 정하는 바에 따라 허가·승인·표시 또는 그 밖의 조건을 갖출 필요가 있는 물품은 세관장에게 그 허가·승인·표시 또는 그 밖의 조건을 갖춘 것임을 증명하여야 한다.

(2) 의무이행 요구

세관장은 다른 법령에 따라 수입 후 특정한 용도로 사용하여야 하는 등의 의무를 부가되어 있는 물품에 대하여는 문서로써 해당 의무를 이행할 것을 요구할 수 있다.

(3) 안전성 검사

관세청장은 중앙행정기관의 장의 요청을 받아 세관장으로 하여금 세관장의 확인이 필요한 수출입물품 등 다른 법령에서 정한 물품의 성분·품질 등에 대한 안전성 검사를 하게 할 수 있다.

3. 통관의 제한

(1) 수출입의 금지

다음의 어느 하나에 해당하는 물품은 수출하거나 수입할 수 없다.
① 헌법질서를 문란하게 하거나 공공의 안녕질서 또는 풍속을 해치는 서적·간행물·도화, 영화·음반·비디오물·조각물 또는 그 밖에 이에 준하는 물품
② 정부의 기밀을 누설하거나 첩보활동에 사용되는 물품
③ 화폐·채권이나 그 밖의 유가증권의 위조품·변조품 또는 모조품

(2) 지식재산권 보호

지식재산권은 새로운 물질의 발견, 새로운 제법의 발명, 새로운 용도의 개발, 새로운 상품의 디자인, 상품의 새로운 기능의 개발 등과 같은 산업적 발명과 문학, 미술, 음악, 연주, 방송 등에서 예술적·상업적 시장가치를 지니는 창작물에 대한 배타적 소유권을 의미한다.

4. 보세구역 반입명령

관세청장이나 세관장은 다음의 어느 하나에 해당하는 물품으로서 이 법에 따른 의무사항을 위반하거나 국민보건 등을 해칠 우려가 있는 물품은 대통령령으로 정하는 바에 따라 이를 보세구역으로 반입할 것을 명할 수 있다.

(1) 수출신고가 수리되어 외국으로 반출되기 전에 있는 물품

(2) 수입신고가 수리되어 반출된 물품

5. 수출, 수입 및 반송

(1) 의 의

물품을 수출·수입 또는 반송하려면 해당 물품의 품명·규격·수량 및 가격과 그 밖에 대통령령으로 정하는 다음의 사항을 세관장에게 신고하여야 한다.

(2) 수입신고 시기 등

① 일반적인 수입신고

수입하거나 반송하려는 물품을 지정장치장 또는 보세창고에 반입하거나 보세구역이 아닌 장소에 장치한 자는 그 반입일 또는 장치일부터 30일 이내에 신고하여야 한다.

② 입항 전 수입신고

입항하려는 물품의 신속한 통관이 필요할 때에는 해당 물품을 적재한 선박이나 항공기가 입항하기 전에 수입신고를 할 수 있다. 이 경우 입항 전 수입신고가 된 물품은 우리나라에 도착한 것으로 본다.

③ 물품의 검사

세관공무원은 수출·수입 또는 반송하려는 물품에 대하여 검사를 할 수 있다

(3) 신고생략

다음 중 어느 하나에 해당하는 물품은 신고를 생략하게 하거나 간소한 방법으로 신고하게 할 수 있다.

① 휴대품 · 탁송품 또는 별송품

② 우편물(단, 수출입신고대상 우편물은 제외)

③ 종교용품 등의 면세, 정부용품 등의 면세, 특정물품의 면세, 소액물품의 면세, 여행자 휴대품 등의 면세 등의 규정에 따라 관세가 면제되는 물품

④ 국제무역선, 국제무역기 등의 운송수단으로 우리나라에 수입할 목적으로 최초로 반입되거나, 해외에서 수리 또는 분품을 교체한 우리나라의 운송수단, 해외로 수출 또는 반송하는 운송수단

⑤ 국제운송을 위한 컨테이너

(4) 신고의 수리

수출 · 수입 · 반송의 신고 또는 입항 전 수입신고가 관세법에 따라 적합하게 이루어졌을 때에는 이를 지체 없이 수리하고 신고인에게 신고필증을 발급하여야 한다.

(5) 신고의 취하 및 각하

① **취 하**

신고는 정당한 이유가 있는 경우에만 세관장의 승인을 받아 취하할 수 있다. 다만, 수입 및 반송의 신고는 운송수단, 관세통로, 하역통로 또는 관세법에 규정된 장치장소에서 물품을 반출한 후에는 취하할 수 없다.

② **각 하**

세관장은 수출 · 수입 · 반송의 신고 또는 입항 전 수입신고가 그 요건을 갖추지 못하였거나 부정한 방법으로 신고되었을 때에는 해당 수출 · 수입 또는 반송의 신고를 각하할 수 있다.

(6) 수출신고 수리물품의 적재 [19] 출제

수출신고가 수리된 물품은 수출신고가 수리된 날부터 30일 이내에 운송수단에 적재하여야 한다. 다만, 기획재정부령으로 정하는 바에 따라 1년의 범위에서 적재기간의 연장승인을 받은 것은 그러하지 아니하다.

(7) 수출신고 수리 전 반출

수입신고를 한 물품을 세관장의 수리 전에 해당 물품이 장치된 장소로부터 반출하려는 자는 납부하여야 할 관세에 상당하는 담보를 제공하고 세관장의 승인을 받아야 한다.

(8) 수입신고 전 물품 반출

수입하려는 물품을 수입신고 전에 운송수단, 관세통로, 하역통로 또는 관세법에 따른 장치 장소로부터 즉시 반출하려는 자는 세관장에게 즉시반출신고

를 하여야 한다. 이 경우 세관장은 납부하여야 하는 관세에 상당하는 담보를 제공하게 할 수 있다.

(9) 통관의 보류

세관장은 다음 각 호의 어느 하나에 해당하는 경우에는 해당 물품의 통관을 보류할 수 있다.

① 수출 · 수입 또는 반송에 관한 신고서의 기재사항에 보완이 필요한 경우

② 제출서류 등이 갖추어지지 아니하여 보완이 필요한 경우

③ 관세법에 따른 의무사항을 위반하거나 국민 보건 등을 해칠 우려가 있는 경우

④ 안전성 검사가 필요한 경우

⑤ 세관장에게 강제징수 또는 체납처분이 위탁된 해당 체납자가 수입하는 경우

(10) 원산지 확인 등

① 원산지 확인

관세법, 조약, 협정 등에 따른 관세의 부과 · 징수, 수출입물품의 통관, 원산지증명서 확인요청에 따른 조사 등을 위하여 원산지를 확인할 때에는 다음 각 호의 어느 하나에 해당하는 나라를 원산지로 한다.

㉠ 해당 물품의 전부를 생산 · 가공 · 제조한 나라

㉡ 해당 물품이 2개국 이상에 걸쳐 생산 · 가공 또는 제조된 경우에는 그 물품의 본질적 특성을 부여하기에 충분한 정도의 실질적인 생산 · 가공 · 제조 과정이 최종적으로 수행된 나라

② 원산지 허위표시 물품의 통관 제한

세관장은 법령에 따라 원산지를 표시하여야 하는 물품이 다음 각 호의 어느 하나에 해당하는 경우에는 해당 물품의 통관을 허용하여서는 아니 된다. 다만, 그 위반사항이 경미한 경우에는 이를 보완 · 정정하도록 한 후 통관을 허용할 수 있다.

㉠ 원산지 표시가 법령에서 정하는 기준과 방법에 부합되지 아니하게 표시된 경우

㉡ 원산지 표시가 부정한 방법으로 사실과 다르게 표시된 경우

㉢ 원산지 표시가 되어 있지 아니한 경우

③ 환적물품 등에 대한 유치 등

세관장은 일시적으로 육지에 내려지거나 다른 운송수단으로 환적 또는 복합환적되는 외국물품 중 원산지를 우리나라로 허위 표시한 물품은 유치할 수 있다.

08 납세자 권리

1. 관세조사 21 출제

(1) 의 의

세관공무원은 특정한 분야만을 조사할 필요가 있는 등 대통령령으로 정하는 경우를 제외하고는 신고납부세액과 관세법 및 다른 법령에서 정하는 수출입 관련 의무 이행과 관련하여 그 권한에 속하는 사항을 통합하여 조사하는 것을 원칙으로 한다.

(2) 관세조사권 남용 금지

세관공무원은 적정하고 공평한 과세를 실현하고 통관의 적법성을 보장하기 위하여 필요한 최소한의 범위에서 관세조사를 하여야 하며 다른 목적 등을 위하여 조사권을 남용하여서는 아니 된다.

(3) 중복조사 금지

세관공무원은 다음의 어느 하나에 해당하는 경우를 제외하고는 해당 사안에 대하여 이미 조사 받은 자를 다시 조사할 수 없다.

① 관세포탈 등의 혐의를 인정할 만한 명백한 자료가 있는 경우
② 이미 조사받은 자의 거래상대방을 조사할 필요가 있는 경우
③ 관세법에 따른 이의신청·심사청구 또는 심판청구가 이유 있다고 인정되어 내려진 필요한 처분의 결정에 따라 조사하는 경우
④ 그 밖에 탈세혐의가 있는 자에 대한 일제조사 등 대통령령으로 정하는 경우

(4) 조력을 받을 권리 19 출제

납세자는 납세자 권리헌장을 교부하는 경우(관세법 제110조 제2항 각 호)의 어느 하나에 해당하여 세관공무원에게 조사를 받는 경우에 변호사, 관세사로 하여금 조사에 참여하게 하거나 의견을 진술하게 할 수 있다.

(5) 납세자의 성실성 추정 등

세관공무원은 납세자가 이 법에 따른 신고 등의 의무를 이행하지 아니한 경우 또는 납세자에게 구체적인 관세포탈 등의 혐의가 있는 경우 등 대통령령으로 정하는 다음의 경우를 제외하고는 납세자가 성실하며 납세자가 제출한 신고서 등이 진실한 것으로 추정하여야 한다.

① 납세자가 법에서 정하는 신고 및 신청, 과세자료의 제출 등의 납세협력의무를 이행하지 아니한 경우

② 납세자에 대한 구체적인 탈세정보가 있는 경우

③ 신고내용에 탈루나 오류의 혐의를 인정할 만한 명백한 자료가 있는 경우

④ 납세자의 신고내용이 관세청장이 정한 기준과 비교하여 불성실하다고 인정되는 경우

(6) 관세조사의 사전통지와 연기신청

① 사전통지하는 경우

세관공무원은 조사를 하기 위하여 해당 장부, 서류, 전산처리장치 또는 그 밖의 물품 등을 조사하는 경우에는 조사를 받게 될 납세자(그 위임을 받은 자를 포함한다)에게 조사 시작 10일 전에 조사 대상, 조사 사유, 그 밖에 대통령령으로 정하는 사항을 통지하여야 한다.

② 관세조사 연기신청

관세조사의 통지를 받은 납세자가 천재지변이나 그 밖에 대통령령으로 정하는 다음의 사유로 조사를 받기가 곤란한 경우에는 대통령령으로 정하는 바에 따라 해당 세관장에게 조사를 연기 하여 줄 것을 신청할 수 있다.

㉠ 화재나 그 밖의 재해로 사업상 심한 어려움이 있는 경우

㉡ 납세자 또는 그 위임을 받은 자의 질병, 장출제장 등으로 관세조사가 곤란하다고 판단 되는 경우

㉢ 권한있는 기관에 의하여 장부 및 증빙서류가 압수 또는 영치된 경우

㉣ 그 밖에 상기 제1항부터 제3항까지의 규정에 준하는 사유가 있는 경우

(7) 관세조사의 결과통지

세관공무원은 조사를 종료하였을 때에는 그 조사 결과를 서면으로 납세자에게 통지하여야 한다. 다만, 납세자가 폐업한 경우 등 다음의 경우에는 그러하지 아니하다.

① 납세자에게 통고처분을 하는 경우

② 범칙사건을 고발하는 경우

③ 폐업한 경우

④ 납세자의 주소 및 거소가 불명하거나 그 밖의 사유로 통지를 하기 곤란하다고 인정되는

경우

(8) 비밀유지

세관공무원은 납세자가 이 법에서 정한 납세의무를 이행하기 위하여 제출한 자료나 관세의 부과·징수 또는 통관을 목적으로 업무 상 취득한 자료 등을 타인에게 제공하거나 누설하여서는 아니 되며, 사용 목적 외의 용도로 사용하여서도 아니 된다.

○× 퀴즈

Q 관세청장은 체납발생
일부터 1년이 지난 관
세가 1억원 이상인 체
납자에 대하여는 그
인적사항과 체납액 등
을 공개할 수 있다.
(○, ×)

A × → 관세청장은 체
납발생일부터 1년이
지난 관세 및 내국세
등이 2억원 이상인 체
납자에 대하여는 그
인적사항과 체납액 등
을 공개할 수 있다.

(9) 고액 · 상습체납자의 명단 공개

비밀유지 규정에도 불구하고 관세청장은 체납발생일부터 1년이 지난 관세 및 내국세 등이 3억원 이상인 체납자에 대하여는 그 인적사항과 체납액 등을 공개할 수 있다.

(10) 납세증명서의 제출 및 발급

납세자(미과세된 자를 포함)는 다음의 어느 하나에 해당하는 경우에는 대통령령으로 정하 는 바에 따라 납세증명서를 제출하여야 한다.
① 국가, 지방자치단체 또는 대통령령으로 정하는 정부관리기관으로부터 대금을 지급받을 경우
② 관세를 납부할 의무가 있는 외국인이 출국할 경우
③ 내국인이 외국으로 이주하거나 1년을 초과하여 외국에 체류할 목적으로 외교부 장관에게 거주 목적의 여권을 신청하는 경우

(11) 정보의 제공

세관공무원은 납세자가 납세자의 권리행사에 필요한 정보를 요구하면 신속하게 제공하여야 한다. 이 경우 세관공무원은 납세자가 요구한 정보와 관련되어 있어 관세청장이 정하는 바에 따라 납세자가 반드시 알아야 한다고 판단되는 그 밖의 정보도 함께 제공하여야 한다.

○× 퀴즈

Q 과세 전 적부심사제도
는 납세의무자는 과세
전 통지를 받은 날로
부터 60일 이내에 과
세 전 적부심사를 청구
하여야 한다. (○, ×)

A × → 통지를 받은 날
로부터 30일 이내

2. 과세 전 적부심사 19 출제

① 의 의
과세관청이 부족세액을 징수하고자 하는 때에 납부고지를 하기 전에 과세할 내용을 미리 납세의무자에게 서면으로 통지하여 주고, 납세의무자가 해당 내용에 대해 적법성 여부에 관한 심사를 청구하도록 하여 납세자의 권리를 보호하여 주는 제도를 말한다.

② 절 차
과세관청은 부족세액이 있어 추가로 징수하고자 할 때에는 과세 전 통지를 하여야 하고, 과세 전 통지를 받은 자는 통지를 받은 날로부터 30일 이내 제기하여야 하며, 재결청(쟁송의 판결을 내려야 하는 기관)은 과세 전 적부심사의 신청을 받은 날부터 30일 이내에 결정하여야 한다.

3. 행정심판제도 [21] 출제

(1) 의 의

행정심판은 납세자가 과세관청으로부터 위법하거나 부당한 처분을 받은 경우 납세자의 권리를 보호하기 위한 권리구제절차를 말한다.

(2) 행정심판제도의 특성

① 심사청구 또는 심판청구 중 선택하여 진행하는 것을 원칙으로 하고 있다.
② 납세자가 원하는 경우에만 심사청구 또는 심판청구 이전에 이의 신청을 할 수 있도록 하는 선택적 2심제를 채택하고 있다.
③ 관세법에 따른 심사청구 또는 심판청구와 그에 대한 결정을 거치지 아니하면 행정소송을
제기할 수 없다.
④ 관세법에 따른 심사청구 또는 심판청구에 대한 결정통지를 받은 날로부터 90일 이내에 행정 소송을 제기하여야 한다.

4. 심사청구·심판청구

(1) 의 의

관세법이나 그 밖의 관세에 관한 법률 또는 조약에 따른 처분으로서 위법한 처분 또는 부당한 처분을 받거나 필요한 처분을 받지 못하여 권리 또는 이익을 침해당한 자는 심사 청구 또는 심판청구를 하여 그 처분을 취소 또는 변경하거나 그 밖에 필요한 처분을 하여 줄 것을 청구할 수 있다.

(2) 이의신청을 할 수 있는 경우

다만, 관세청장이 조사 결정한 처분 또는 처리하였거나 처리하였어야 하는 처분인 경우를 제외하고는 그 처분에 대하여 심사청구 또는 심판청구에 앞서 그 처분을 한 처분청에 이의신청을 할 수 있다.

(3) 불복청구대상

관세법이나 그 밖의 관세에 관한 법률 또는 조약에 따른 처분으로서 위법한 처분 또는 부당한 처분을 받거나 필요한 처분을 받지 못하여 권리 또는 이익을 침해당한 경우에 이의신청, 심사청구, 심판청구를 할 수 있다. 다음의 처분은 관세법 상 행정심판제도를 통한 불복청구 대상에 포함되지 아니한다.

① 관세법 등에 따른 이의신청 · 심사청구 또는 심판청구에 대한 처분(당초 처분의 적법성에 관하여 재조사하여 그 결과에 따라 과세표준과 세액을 경정하거나 당초 처분을 유지하는 등의 처분을 하도록 하는 결정에 따른 처분을 포함). 다만, 이의신청 에 대한 처분에 대하여 심사청구 또는 심판청구를 하는 경우는 제외한다.

② 관세법에 따른 통고처분

③ 「감사원법」에 따라 심사청구를 한 처분이나 그 심사청구에 대한 처분

(4) 내국세 등의 부과 처분 등에 대한 불복

수입물품에 부과하는 내국세 등의 부과, 징수, 감면, 환급 등에 관한 세관장의 처분에 불복하는 자는 이의신청 · 심사청구 및 심판청구를 할 수 있다.

출제 포인트 ☑

09 벌 칙

출제율 ★★★
각 벌칙의 정의에 대해 묻는 문제가 종종 출제됩니다.

1. 주요 벌칙 21 출제

벌 칙	대 상	형 량
전자문서 위조 · 변조죄 등	국가관세종합정보망이나 전자문서중계사업자의 전산처리설비에 기록된 전자문서 등 관련 정보를 위조 또는 변조하거나 위조 또는 변조된 정보를 행사한 자	1년 이상 10년 이하 징역 또는 1억원 이하의 벌금
밀수출입죄	금지품 수출입 : 헌법질서를 문란하게하거나 첩보 활동에 사용되는 물품, 화폐 등의 위 · 변조품 등의 수출입	7년 이하의 징역 또는 7천만원 이하의 벌금
	밀수입 : 수입신고를 하지 않거나 수입신고한 물품과 다른 물품으로 신고하여 수입한 자	5년 이하의 징역 또는 관세액의 10배와 물품원가 중 높은 금액 이하에 상당하는 벌금
	밀수출 : 수출신고를 하지 않거나 수출신고한 물품과 다른 물품으로 신고하여 수출한 자	3년 이하의 징역 또는 물품원가 이하에 상당하는 벌금

○× 퀴즈

ⓠ 국가관세종합정보망이나 전자문서중계사업자의 전산처리 설비에 기록된 전자문서 등 관련 정보를 위조 또는 변조한 자는 1년 이상 10년 이하의 징역 또는 1억원 이하 의 벌금에 처한다. (○, ×)

ⓐ ○

관세포탈죄	수입신고(입항 전 수입신고 포함)를 한 자 중 다음의 어느 하나에 해당하는 자 • 세액결정에 영향을 미치기 위해 과세가격 또는 관세율 등을 거짓으로 신고하거나 신고하지 않고 수입한 자 • 세액결정에 영향을 미치기 위하여 거짓으로 서류를 갖추어 품목분류 사전심사 · 재심사 및 특정물품에 적용되는 품목분류의 변경에 따른 재심사를 신청한 자 • 법령에 따라 수입이 제한된 사항을 회피할 목적으로 부분품으로 수입하거나 주요 특성을 갖춘 미완성 · 불완전한 물품이나 완제품을 부분품으로 분할하여 수입한 자	3년 이하의 징역 또는 포탈한 관세액의 5배와 물품원 중 높은 금액 이하에 상당하는 벌금
부정수출입죄	부정수입 : 수입신고한 자 중 법령에 따라 필요한 허가 · 승인 · 추천 · 증명 또는 그 밖의 조건을 갖추지 아니하거나 부정한 방법으로 갖추어 수입한 자	3년 이하의 징역 또는 3천만원 이하의 벌금
	부정수출 : 수출신고를 한 자 중 법령에 따라 수출에 필요한 허가 · 승인 · 추천 · 증명 또는 그 밖의 조건을 갖추지 아니하거나 부정한 방법으로 갖추어 수출한 자	1년 이하의 징역 또는 2천만원 이하의 벌금
밀수품취득죄	밀수품 등을 취득 · 양도 · 운반 · 보관 또는 알선하거나 감정한 자	3년 이하의 징역 또는 물품원가 이하에 상당하는 벌금
가격조작죄	보정, 수정, 수출입 및 반송의 신청 또는 신고할 때 부당하게 재물이나 재산 상 이득을 취득하거나 제3자로 하여금 이를 취득하게 할 목적으로 물품의 가격을 조작하여 신청 또는 신고한 자	2년 이하의 징역 또는 물품원가와 5천만원 중 높은 금액 이하의 벌금에 처한다.

(1) 교사 · 방조 · 미수 · 예비범 등

① 그 정황을 알면서 밀수출입죄 및 관세포탈죄 등에 따른 행위를 교사하거나 방조한 자는 정범에 준하여 처벌한다.

② 전자문서위변조죄, 미수출입죄, 관세포탈죄 등의 미수범은 본죄에 준하여 처벌한다.

③ 전자문서위변조죄, 미수출입죄, 관세포탈죄의 예비를 한자는 본죄의 2분의 1을 감경하여 처벌한다.

(2) 몰수 및 통고처분 등

① 몰수 및 추징

몰수는 범죄행위에 제공하였거나 범죄로 생긴 물건 등에 대한 사회적 유통을 억제하고 범죄로 인한 재산적 이익을 회수하기 위하여 그 소유권을 박탈하는 재산형의 일종으로서, 주형에 부가하여 과하는 것이 원칙이나 예외적으로 몰수만을 부과할 수 있고, 몰수가 가능하지 아니한 경우에는 그 가액을 추징할 수 있다.

② 통고처분

관세청장이나 세관장은 관세범을 조사한 결과 범죄의 확증을 얻었을 때에는 그 이유를 구체적으로 밝히고 다음에 해당하는 금액이나 물품을 납부할 것을 통고할 수 있다.

㉠ 벌금에 상당하는 금액

㉡ 몰수에 해당하는 물품

㉢ 추징금에 해당하는 금액

출제 포인트 ☑

10 FTA

출제율 ★★★
FTA 원산지증빙 및 서류보관기간 등에 대해 묻는 문제가 자주 출제됩니다. 또한, 실제 거래상황을 두어 여러 가지 세율을 두어 실제 관세액을 계산하거나 실행관세를 계산하는 문제가 자주 출제됩니다.

1. FTA(자유무역협정, Free Trade Agreement)

FTA란 협정을 체결한 국가간 상품 및 서비스 등의 교역에 대한 관세 및 비관세 장벽을 철폐하는 배타적인 무역협정을 말한다.

2. 원산지증명제도

(1) 원산지증명

물품의 수출자는 원산지증명서를 발행하여 수입자에게 제공하여야 하며, 수입자는 이를 기초로 특혜 관세의 신청을 하여야 특혜 관세 혜택을 받을 수 있으며, 이를 원산지증명이라 한다.

(2) FTA 협정별 원산지증명서 발급방식 19 21 출제

발급방식	국 가	증명기관(주체)	서 식	유효기간
기관발급	싱가포르	• 한국 : 세관, 상공회의소, 자유무역관리원 • 싱가포르 : 세관	통일증명서식	1년
	아세안	• 한국 : 세관, 상공회의소 • 아세안 : 각국정부	통일증명서식 (AK FORM)	1년
	인 도	• 한국 : 세관, 상공회의소 • 인도 : 수출검사위원회	통일증명서식	1년
	중 국	• 한국 : 세관,상공회의소 • 중국 : 중국 국가질량감독검험검역총국, 중국 국제무역촉진위원회	통일증명서식	1년
	베트남	• 한국 : 세관,상공회의소 • 중국 : 산업무역부	통일증명서식	1년
자율증명	EU/영국	수출자	상업송장에 원산지문안 기재	1년
	터 키		상업송장에 원산지문안 기재	1년
	칠 레		통일증명서식	2년
	미 국	생산자, 수출자, 수입자	필수기재요소 기재	4년
	EFTA	수출자 또는 생산자(단, 스위스 연방농업국이 인정한 기관에서 기관발급)	상업송장에 원산지문안 기재	1년
	뉴질랜드	수출자 또는 생산자	송품장방식	2년
	캐나다		통일증명서식	2년
	콜롬비아		통일증명서식	1년
	온두라스	수출자 또는 생산자	통일증명서식	1년
	니카라과			
	엘살바도르			
	코스타리카			

OX 퀴즈

Q 한-터키 FTA 자율발급방식의 협정으로 수출자가 원산지증명서를 발급한다. (O, ×)

A O

자율증명 + 기관발급	페 루	• 기관발급 – 한국 : 세관, 상공회의소 – 페루 : 통상부 • 자율발급 : 인증수출자, 2천 불 이하 수출 건	통일증명서식 (기관발급), 필수기재요소 기재(자율발급)	1년
	호 주	• 기관발급(호주만 가능) – 호주 : 상공회의소, 호주산 업협회 • 자율발급 : 수출자 또는 생산자	증명서식 (기관발급), 필수기재요소 기재(자율발급)	2년

(3) 원산지인증수출자

① 정 의

관세청장 또는 세관장은 수출물품에 대한 원산지증명능력 등 대통령령으로 정하는 요건을 충족하는 수출자를 원산지인증수출자로 인증하여 원산지증명서 발급의 편의성, 시간과 비용 절감 등을 제공하는 제도를 말한다.

② 인증수출자의 혜택 19 출제

구 분	비인증수출자	인증수출자
한–EU	6,000유로 이하의 수출물품에 대하여만 원산지신고서 작성가능	6,000유로 초과 물품을 수출할 경우 인증수출자에 한하여 원산지증명서 발급 가능
한–아세안, 싱가포르, 인도	원산지증명서 발급신청서 작성 시 첨부서류 제출	원산지증명서 발급신청서 작성 시 첨부서류 제출 생략
한–EFTA	자율발급 원산지증명서로(통상 Invoice 신고 시) 수출자의 서명 필요	자율발급 원산지증명서로(통상 Invoice 신고 시) 수출자의 서명 생략
한–페루	미화 2,000달러 초과 물품을 수출할 경우 원산지 증명서 기관발급만 가능	미화 2,000달러 초과 물품을 수출할 경우 원산지 증명서 기관발급 및 자율발급 모두 가능

3. 원산지결정기준

(1) 의 의

원산지결정기준이란 물품의 원산지국을 결정하는 기준을 의미하며, 원산지결정기준을 충족하는 생산 또는 가공 등을 수행한 국가를 물품의 원산지로 인정한다.

○× 퀴즈

Q 증명서발급기관은 원산지증명서를 발급하기 위하여 관세청장이 정하는 바에 따라 신청인의 주소 · 거소 · 공장 또는 사업장 현지를 방문하여 원산지의 적정 여부를 확인할 수 있다. 다만, 원산지인증수출자의 경우에는 그 확인을 생략할 수 있다. (○, ×)

A ○

(2) 원 칙

① 직접운송원칙 [19] 출제

원산지물품을 선적 후 원산지가 아닌 국가를 경유하여 운송되거나 원산지가 아닌 국가에서 선적된 경우에는 원산지결정기준을 충족하지 않은 것으로 보는 기준을 말한다. 단, 해당 물품이 원산지가 아닌 국가의 보세구역에서 운송 목적으로 환적되었거나 일시적으로 보관되었다고 인정되는 경우에는 그러하지 아니한다.

② 역내가공원칙

FTA 협정을 체결한 국가 또는 영역에서 중단 없이 가공이 수행되어야 하는 기준을 말한다.

③ 충분가공원칙

물품이 비원산지재료를 사용하였다고 하더라도 역내에서 충분한 가공을 거쳐야 해당 국가를 원산지국으로 인정한다는 기준을 말한다.

(3) 일반적 원산지결정기준 [19] 출제

① 완전생산기준

물품이 FTA 협정을 체결한 국가에서 해당 물품의 전부를 생산·가공 또는 제조한 국가를 원산지로 하는 기준을 말한다.

② 실질적 변형기준

물품의 생산에 2개국 이상이 관여한 경우 물품의 실질적인 변형이 최종적으로 수행된 국가를 원산지국으로 하는 기준이다.

㉠ 세번변경기준

물품이 2개국 이상에 걸쳐 생산된 경우로서 해당 물품의 통합품목분류표상의 품목번호(HS Code)와 해당 물품의 생산에 사용된 비원산지재료의 품목번호가 일정 단위 이상이 변경된 물품을 최종적으로 생산한 국가를 원산지로 인정하는 기준으로 다음과 같이 구분된다.

구 분	기 준	약 칭
2단위 변경기준	류에 해당하는 2단위 품목번호가 변경되는 가공을 수행한 국가를 원산지국으로 하는 기준	CC(Change of Chapter)
4단위 변경기준	호에 해당하는 4단위 품목번호가 변경되는 가공을 수행한 국가를 원산지국으로 하는 기준	CTH(Change of Tariff Heading)
6단위 변경기준	소호에 해당하는 6단위 품목번호가 변경되는 가공을 수행한 국가를 원산지국으로 하는 기준	CTSH(Change of Sub-Traiff Heading)

ⓒ 부가가치기준

해당 물품이 2개국 이상에 걸쳐 생산된 경우 해당 물품에 대하여 일정 수준 이상의 부가가치를 최종적으로 창출한 국가를 원산지로 인정하는 기준으로서 다음과 같이 구분된다.

구 분		기 준
부가가치 비율 (RVC)	직접법 (BU)	원산지재료비가 상품의 가격에서 차지하는 비율을 산출하여 일정비율 이상인 경우 원산지국으로 하는 기준
	공제법 (BD)	상품가격에서 비원산지재료의 가격을 제외한 나머지 가격이 상품가격에서 차지하는 비율을 산출하여 일정비율 이상인 경우 원산지국으로 하는 기준
	순원가법 (NC)	순원가에서 비원산지재료의 가격을 제외한 나머지 가격이 순원가에서 차지하는 비율을 산출하여 일정비율 이상인 경우 원산지국으로 하는 기준
비원산지재료 재가치비율 (MC)		비원산지재료비가 공장도가격에서 차지하는 비율을 산출하여 일정 비율 이하인 경우 원산지국으로 하는 기준

ⓒ 가공공정기준

제품생산 공정단계 중 어느 특정한 공정을 수행한 국가를 원산지국으로 하는 기준을 말한다.

 4. 협정관세의 적용 19 21 출제

(1) 협정세율 적용의 우선순위

협정관세의 세율이 다른 세율보다 낮은 경우에 한하여 협정세율을 우선하여 적용 한다. 단, 덤핑방지관세, 상계관세, 보복관세, 긴급관세, 특정국물품 긴급관세, 농림축산물에 대한 특별긴급관세는 협정세율보다 높더라도 협정세율보다 우선하여 적용한다.

(2) 협정관세의 적용 요건

협정관세는 다음의 요건을 모두 충족하는 수입물품에 대하여 적용한다.
① 해당 수입물품이 협정에 따른 협정관세의 적용 대상이어야 한다.
② 원산지결정기준에 따라 결정된 해당 수입물품의 원산지가 해당 체약상대국이어야 한다.
③ 해당 수입물품에 대하여 협정관세 적용을 신청하여야 한다.

(3) 협정관세의 적용 신청

① 적용 신청

협정관세의 적용을 받으려는 자는 수입신고의 수리 전까지 세관장에게 협정관세의 적용을 신청하여야 한다. 협정관세의 적용을 신청할 때에 수입자는 원산지증빙서류를 갖추고 있어야 하며, 세관장이 요구하는 경우 제출하여야 한다.

② 적용 제외

세관장은 수입자가 원산지증빙서류를 제출하지 아니하거나 수입자가 제출한 원산지증빙서류만으로 해당 물품의 원산지를 인정하기가 곤란한 경우 협정관세를 적용하지 아니할 수 있다.

③ 사후적용의 신청

수입신고 수리 전까지 협정관세의 적용을 신청하지 못한 경우 수입자는 해당 물품의 수입신고 수리일로부터 1년 이내에 협정관세의 적용 신청을 할 수 있다. 이때 원산지증빙서류를 제출하여야 한다.

④ 협정관세의 보정 또는 경정 청구

협정관세의 사후적용을 신청한 수입자는 해당 물품에 대하여 이미 납부한 세액의 보정신청 또는 경정을 청구할 수 있다. 이 경우 세관장은 보정 신청 또는 경정 청구한날부터 2개월 이내에 보정 또는 경정여부를 결정하여 통보하여야 한다.

백발백중 100제

01 「대외무역법」 등에서 정하는 수출입에 대한 설명으로 옳지 않은 것은?

① 매매, 교환, 임대차, 사용대차, 증여 등을 원인으로 국내에서 외국으로 물품이 이동하는 것을 수출이라고 한다.

② 우리나라 선박이 외국에서 채취한 수산물을 외국에서 판매하는 것도 수출의 범위에 포함된다.

③ 전자적 형태의 무체물을 인도 받는 것은 대외무역법 등에 따라 수입의 범위에 포함된다.

④ 무상으로 외국에서 외국으로 물품을 인수하는 것도 수입의 범위에 포함된다.

🖉 해설

유상으로 외국에서 외국으로 물품을 인수하는 것으로서 산업통상자원부 장관이 고시하는 기준에 해당하는 경우 수입의 범위에 포함되며, 무상으로 인도하는 경우에는 수입의 범위에 포함되지 않는다.

정답 ④

02 「대외무역법」 등에서 정하는 수출 실적으로 인정될 수 없는 것은?

① 미국인 A씨에게 외화로 대금을 받고 국내에 위치한 제조공장(보세공장 제외)으로 공급한 원료

② 중동에서 건설업을 진행하고 있는 국내 업체의 노동자들이 사용하기 위해 무상으로 송부하는 공사용 원료

③ 내국신용장을 발급하고 물품을 공급한 수출용 원재료

④ 산업통상자원부 장관이 지정한 생산자에게 공급한 수출물품 포장용 골판지상자

🖉 해설

외국인에게 외화로 대금을 받고 물품을 국내에서 외국(자유무역지역, 보세구역 포함)으로 반출하는 경우 수출실적으로 인정되지만, 국내로 공급한 경우에는 수출실적으로 인정되지 않는다.

정답 ①

03 수출실적에 대한 인정시점과 인정범위 등에 대한 설명으로 옳지 않은 것은?

① 중계무역의 경우 수출통관액(FOB기준)을 기준으로 수출금액이 산정되며, 수출신고 수리일을 기준으로 인정된다.
② 외국인도 수출의 경우 외국환은행의 입금일에 입금된 금액을 기준으로 수출실적이 인정된다.
③ 해외에서 투자목적으로 무상으로 반출된 물품은 수출신고 수리일에 수출통관액(FOB기준)을 기준으로 수출실적이 인정된다.
④ 위탁가공물품을 외국에 판매한 경우 외국환은행의 입금일을 기준으로 판매액에서 원자재 수출 금액 및 가공임을 합한 금액을 공제한 가득액을 기준으로 수출실적을 산정한다.

✏️ **해설**

중계무역의 경우 외국환은행 입금일을 기준으로 가득액(수출금액에서 수입금액을 공제한 금액)을 수출실적으로 인정한다.

정답 ①

04 수출입 승인에 대한 설명으로 옳지 않은 것은?

① 대외무역법에 따라 수출입이 제한되는 물품 등을 수출하거나 수입하고자 하는 경우에는 산업 통상자원부 장관의 승인을 받아야 한다.
② 수출입공고란 수출 또는 수입에 대해 품목별 승인ㆍ허가ㆍ금지 품목 등에 대한 사항 등을 Negative System 방식에 따라 공고한 것을 말한다.
③ 선박용품의 경우 수출입 승인 대상 물품에서 제외된다.
④ 통합공고와 수출입공고가 상충되는 경우에는 수출입공고에서 정한 기준에 따른다.

✏️ **해설**

통합공고와 수출입공고는 상호독립적이므로, 두 공고에서 요구하는 사항이 다른 경우 양자 모두 충족하여야 한다.

정답 ④

05 수출입공고에 대한 설명으로 옳지 않은 것은?

① 수출입공고에 게시된 물품을 제외하고 자유롭게 수출입할 수 있다.

② 수출입공고는 산업통상자원부 장관이 공고한다.

③ 관계 행정기관의 장은 수출입공고와 별도로 수입요건이 필요한 품목을 결정하여 자체적으로 공고한다.

④ 외화획득용 원료 · 기재의 경우에는 수입제한품목이라고 하더라도 수입이 가능하다.

✎ 해설

관계 행정기관의 장은 수출입요령을 제정하면 산업통상자원부 장관에게 제출하고, 산업통상자원부 장관이 이를 공고한다.

정답 ③

06 특정거래 수출입에 대한 설명으로 옳지 않은 것은?

① 위탁판매수출은 무환으로 수출하여 물품이 판매된 범위 안에서 대금을 결제하는 방법을 말한다.

② 외국인수수입은 수입대금결제가 외국에서 이루어지며, 물품을 외국에서 외국으로 인수하는 것을 말한다.

③ 임대수출은 임대계약에 의하여 물품 등을 수출한 후 다시 수입하는 것을 말한다.

④ 위탁가공무역은 가공임을 지급하는 조건으로 외국에서 가공할 원료의 전부 또는 일부를 거래 상대방에게 수출하여 조달하여 가공한 후 가공물품을 다시 수입하는 방법을 말한다.

✎ 해설

외국인수수입의 경우 대금결제는 국내에서 이루어져야 하며, 외국에서 대금결제가 이루어지고 외국에서 외국으로 물품이 이동하는 경우 특정거래형태에 포함되지 않는다.

정답 ②

안심Touch

07 외화획득용 원료·기재에 대한 설명으로 옳지 않은 것은?

① 외화획득용 원료·기재는 외화획득용 원료 및 시설기재만을 말한다.

② 외화획득용 원료·기재를 수입하는 경우에는 산업통상자원부 장관에게 승인을 받아야 한다.

③ 외화획득용 원료로 수입함에 있는 수입수량의 제한이 있는 경우에는 그 제한 수량만큼만 수입할 수 있다.

④ 외화획득용 원료로 수입 후 외화획득을 이행하지 못하고 다른 용도로 전용하기 위해서는 산업통상자원부 장관의 승인을 받아야 한다.

✏ **해설**

외화획득용 원료로 수입승인을 받은 경우 수량 제한 없이 수입할 수 있다.

정답 ③

08 외화획득의 이행 기간에 대한 설명으로 옳지 않은 것은?

① 외화획득용 원료를 수입한 자가 직접 외화획득을 이행하는 경우 – 수입신고 수리일 또는 공급일로부터 1년

② 외화획득용 기재를 양수한 자가 외화획득을 이행하는 경우 – 양수일로부터 1년

③ 외화획득용 원료 비축에 2년 이상이 소요되는 경우 – 비축에 걸리는 기간에 상당하는 기간

④ 수출이 완료된 기계류의 하자 및 유지보수를 위한 외화획득용 원료인 경우 – 구매 또는 양수일로부터 10년

✏ **해설**

외화획득용 원료를 수입한 자가 직접 외화획득을 이행하는 경우에는 수입통관일 또는 공급일로부터 2년 이내에 외화획득을 이행하여야 한다.

정답 ①

09 구매확인서와 내국신용장의 차이점으로 옳지 않은 것은?

	구 분	내국신용장	구매확인서
①	발급기관	외국환은행	외국환은행/KTNET
②	대상물품	수출용 물품	내수용 물품
③	지급보증	외국환은행의 지급보증	지급보증 없음
④	수출실적	수출실적 인정	수출실적 인정

✏ 해설

내국신용장과 구매확인서 모두 수출용 물품 또는 외화획득용 원료 및 기재 등에 대해 발행 가능하며, 내수용 물품과는 관련 없다.

정답 ②

10 외화획득용 원료 · 기재는 외화획득 이행에 대한 사후관리가 수반된다. 그럼에도 불구하고 사후관리가 면제되는 경우에 대한 설명으로 옳지 않은 것은?

① 품목별 외화획득의 이행 의무 미이행율이 10% 이하인 경우
② 외화획득 이행 의무자의 분기별 미이행률이 10% 이하이고, 그 미이행 금액이 미화 10만 달러에 상당하는 금액 이하인 경우
③ 외화획득 이행 의무자의 책임이 없는 사유로 외화획득을 이행하지 못하는 경우
④ 산업통상자원부 장관이 외화획득의 사후관리가 필요 없다고 인정하는 경우

✏ 해설

외화획득의 이행 의무자의 분기별 미이행률이 10% 이하이고, 그 금액이 2만 달러 상당액 이하인 경우 외화획득 이행 사후관리가 면제된다.

정답 ②

11 전략물자에 대한 설명으로 옳지 않은 것은?

① 허가 받은 방위산업물자의 경우에도 전략물자 수출허가를 받고 수출하여야 한다.

② 전략물자에 해당하는 물품을 수출, 중계, 양도하고자 하는 경우에는 산업통상자원부 장관이나 관계 행정기관의 장의 허가를 받아야 한다.

③ 상황허가란 전략물자에 해당하지는 않지만 대량파괴무기를 생산할 가능성이 높은 물품으로 의심되는 경우에 산업통상자원부 장관이나 관계 행정기관의 장의 허가를 받는 것을 말한다.

④ 전략물자관리원에서 전략물자에 대한 판정을 받을 수 있다.

✎ 해설

「방위사업법」에 따라 허가를 받은 방위산업물자 및 국방과학기술은 산업통상자원부 장관 또는 관계 행정기관의 장에게 허가를 받지 않아도 된다.

정답 ①

12 전략물자의 수출입에 대한 설명으로 옳지 않은 것은?

① 우리나라에 반입되지 않고 단순 경유 또는 환적 물품에 대해서는 전략물자에 대한 허가를 받지 않는다.

② 특정 기술을 정보통신망으로 이전하는 경우에도 수출허가를 받고 기술을 이전하여야 한다.

③ 전략물자관리원의 전략물자관리시스템을 통해 전략물자의 판정을 진행하고 수출허가를 받아 수출을 진행할 수 있다.

④ 전략물자 허가대상 물품을 허가받지 않고 수출한 경우에는 징역형 또는 벌금형에 처한다.

✎ 해설

우리나라 항만이나 공항을 단순 경유하는 경우에도 전략물자의 경유 또는 환적 허가를 받아야 한다.

정답 ①

13 **전략물자관리원에 대한 설명으로 옳지 않은 것은?**

① 전략물자관리원은 산업통상자원부 장관의 위임을 받아 전략물자에 대한 판정 업무를 수행하고 있다.

② 전략물자관리시스템(Yes Trade)을 통해 원산지 판정을 신청하고 판정 내역을 통보받을 수 있다.

③ 사전판정을 신청하는 때에는 HS Code만 확인하여 산업통상자원부 장관에게 신청하면 된다.

④ 전략물자 허가대상 물품을 수출하는 경우 수출신고필증에 전략물자 허가번호를 기입하여야 한다.

✎ 해설

사전판정을 신청할 때에는 물품의 용도와 성능 및 기술 등을 표시할 수 있는 서류 등을 갖추어 전략물자관리원 장에게 신청하여야 한다.

정답 ③

14 **원산지표시제도에 대한 설명으로 옳지 않은 것은?**

① 원산지란 물품의 제조 · 생산 · 가공이 이루어진 지역 또는 국가를 말한다.

② 원산지표시 대상 물품은 산업통상자원부 장관이 원산지표시 대상으로 고시한 수입물품만을 말한다.

③ 원산지표시는 소비자가 확인할 수 있는 위치에, 식별가능한 크기로 반드시 한글로 기재하여야 한다.

④ 수입 물품의 원산지는 제조단계에서 인쇄, 등사, 낙인, 주조, 식각, 박음질 또는 이와 유사한 방법으로 표시하여야 한다.

✎ 해설

원산지표시는 한글, 한자 또는 영문으로 표시할 수 있다.

정답 ③

15

원산지표시 방법에 대한 설명으로 옳지 않은 것은?

① 원산지는 국명으로 기재할 수 있다.
② 'Made in 국명' 또는 'Product of 국명'으로 기재할 수 있다.
③ 물품의 크기가 작은 경우에는 국명만 표시할 수 있다.
④ 'Designed by 국명'으로 표시할 수 있다.

✎ **해설**

'Designed by 국명'으로 원산지를 표시할 수 없다.
수입 물품의 원산지는 다음 중 어느 하나에 해당되는 방식으로 한글, 한자 또는 영문으로 표시할 수 있다. 단, 물품의 크기가 너무 작은 경우에는 국명만 표시할 수 있다.

- "원산지: 국명" 또는 "국명 산(産)"
- "Made in 국명" 또는 "Product of 국명"
- "Made by 물품 제조자의 회사명, 주소, 국명"
- "Country of Origin : 국명"
- 국제상거래관행상 타당한 것으로 관세청장이 인정하는 방식

정답 ④

16

다음 중 원산지표시에 대한 옳은 설명을 모두 고른 것은?

> A. 세트물품을 구성하는 물품의 원산지가 2개국 이상인 경우, 개별물품에는 각각의 원산지를 표시하고, 세트 포장에는 주요 원산지국을 표기한다.
> B. 원산지 오인표시에 해당하는 경우에는 오인표시 바로 옆에 원산지를 표시하여야 한다.
> C. 관세율표에 따라 수입물품에 부수적인 용기로 보아 수입물품과 동일한 HS Code로 분류되는 물품은 수입물품과 동일한 원산지로 표시한다.
> D. 물품의 외관상 원산지 오인 가능성이 적은 바나나와 같은 경우에는 최소포장 또는 용기에 원산지를 표시할 수 있다.

① A
② A, B
③ B, C, D
④ A, B, C, D

✎ **해설**

세트물품을 구성하는 물품의 원산지가 2개국 이상인 경우에는 개별물품에는 각각의 원산지를 표시하고, 세트물품의 포장에는 모든 원산지를 나열하여야 한다. 또한, 관세율표에 따라 물품과 별도로 분류되지 않는 용기의 경우에는 물품과 일체로 보아 물품의 원산지를 표시한다.

정답 ③

17 원산지 표시 위반에 대한 용어의 정의가 옳지 않은 내용을 모두 고른 것은?

> A. 허위표시 – 중국이 원산지인 물품에 'Made in Italy'로 표시한 것을 말한다.
> B. 오인표시 – 중국의 국가명을 CN처럼 약어로 표시
> C. 부적정표시 – 원산지 표시 대상 물품에 판매 당시에 원산지를 확인할 수 없도록 겉포장에만 원산지를 표시
> D. 미표시 – 원산지 표시 대상 물품에 원산지를 미표시

① A, B   ② B, C
③ C, D   ④ A, D

✏️ **해설**

오인표시는 현품표시에 언어, 문자 등을 통하여 원산지를 오인하도록 표시하는 것을 말하며, 국가명을 약어로 표시하여 구매자가 식별하기 용이하지 않도록 표시하는 것은 부적정 표시이다. 또한, 원산지를 확인할 수 없도록 겉포장에만 원산지 표시를 하는 것은 원산지 미표시에 해당한다.

정답 ②

18 원산지 표시 위반 물품에 대한 처리로 적절한 것은?

① 원산지 표시 위반은 허위표시, 오인표시, 부적정 표시, 미표시 등으로 구분된다.
② 원산지 표시를 하지 않은 물품은 통관 후 원산지 표시에 대한 보수작업을 통해 보완 · 정정하여야 한다.
③ 외국물품 중 원산지를 우리나라로 허위로 표시한 물품의 경우, 물품은 환적을 허가하되 대외무역법 위반혐의로 고발조치 하여야 한다.
④ 수입 통관 후에는 원산지 표시 위반이 확인되더라도 세관장은 원산지 표시에 대한 시정명령을 할 수 없다.

✏️ **해설**

원산지 표시에 대한 보수작업은 수입통관 전에 이루어져야만 통관이 이루어질 수 있으며, 세관장은 수입통관 후에도 원산지 표시에 대한 위반사항이 확인되는 경우 시정명령을 할 수 있다. 또한, 외국물품 중 원산지를 우리나라로 허위로 표시한 경우에는 물품을 유치하고 「대외무역법」 위반으로 고발조치한다.

정답 ①

19 원산지 판정 기준에 대한 설명으로 옳지 않은 것은?

① 원산지 판정이란 원산지표시 대상 물품의 원산지를 결정하는 기준을 말한다.

② 완전생산기준이란 물품의 전부가 1개 국가에서 생산된 경우 그 국가를 원산지국으로 인정 하는 기준을 말한다.

③ 실질적 변형기준은 물품의 생산에 2개국 이상이 관여된 경우 실질적 변형이 최초에 이루어진 국가를 원산지국으로 인정하는 기준을 말한다.

④ 단순가공에 해당하는 활동을 수행한 국가는 실질적 변형이 이루어진 것으로 보지 않아 원산지국이 될 수 없다.

✎ 해설

실질적 변형기준이란 당해 물품이 2개국 이상에 걸쳐 생산되는 경우보다 중요한 공정이 보다 많이 수행된 나라를 원산지로 인정하는 기준을 말한다.

정답 ③

20 원산지 판정에 대한 설명으로 옳지 않은 것은?

① 천일염은 외국산 원재료가 사용되지 않고 제조되어야 우리나라를 원산지로 본다.

② 직접운송 원칙은 예외 없이 반드시 충족하여야 한다.

③ 영화필름은 그 영화의 제작자가 속하는 나라를 원산지로 한다.

④ 기계 · 기구 · 장치에 사용되는 부분품으로서 기계 · 기구 · 장치와 함께 수입되어 동시에 판매 되는 것은 해당 기계 · 기구 장치와 원산지가 동일한 것으로 본다.

✎ 해설

지리적 또는 운송상의 이유 혹은 전시목적으로 비원산지국으로 수출된 후 우리나라에 반입되는 물품에 대해서는 비원산지국의 보세구역 등에서 세관 감시 하에 환적 또는 일시장치가 이루어지고, 이외 다른 행위가 없었다는 것이 인정되는 경우에는 직접운송 원칙을 충족하지 않아도 된다.

정답 ②

21 **외화획득용 원료의 용도 외 사용에 따른 승인사유에 대한 설명으로 옳지 않은 것은?**

① 우리나라 교역상대국의 전쟁·사변, 천재지변 또는 제도변경으로 인하여 외화획득의 이행을 할 수 없게 된 경우

② 외화획득용 원료·기재로 생산된 물품 등으로서 그 물품 등을 생산하는 데 고도의 기술이 필요하여 외화획득의 이행에 앞서 시험제품을 생산할 필요가 있는 경우

③ 외화획득 이행의무자의 책임인 사유로 외화획득의 이행을 할 수 없게 된 경우

④ 산업통상자원부 장관이 불가항력으로 외화획득의 이행을 할 수 없다고 인정한 경우

✎ **해설**

외화획득 이행의무자의 책임이 아닌 사유로 외화획득을 이행할 수 없는 경우에는 산업통상자원부 장관의 승인을 얻어 외화획득용 이외의 용도로 사용이 가능하다.

정답 ③

22 **구매확인서 발급 신청에 필요한 서류로 옳지 않은 것은?**

① 수출신용장

② 수출계약서(품목·수량·가격 등에 합의하여 서명한 수출계약 입증서류)

③ 내국신용장, 또는 구매확인서

④ 수입신고필증

✎ **해설**

구매확인서를 발급함에 있어 수입신고필증은 반드시 필요한 서류는 아니다.

정답 ④

23 원산지표시 방법에 대한 설명으로 옳지 않은 것은?

① 원산지표시는 한글, 한자, 영문으로 표시할 수 있다.

② 원산지표시 대상은 산업통상자원부 장관이 고시하는 물품으로 한다.

③ 최종구매자가 원산지를 오인할 우려가 없는 경우에는 UK, GB 등의 통상적인 국가명을 사용하여 원산지표시를 할 수 있다.

④ 원산지표시는 원칙적으로 라벨, 스티커, 꼬리표 등을 사용하여 쉽게 떨어지거나 지워지지 않도록 하여야 한다.

해설

원칙적인 원산지표시는 인쇄, 등사, 낙인, 주조 등에 의해 현품에 원산지를 표시하여야 한다. 단, 물품의 특성상 원칙적인 표시가 부적합 또는 곤란한 경우에 한해 예외적으로 라벨, 스티커 등의 방법을 사용하여 원산지표시를 할 수 있다.

정답 ④

24 「대외무역법」상 전략물자 수출에 대한 설명으로 옳지 않은 것은?

① 산업통상자원부의 온라인 자가판정시스템에서 수출하고자 하는 전략물자에 해당하는지 여부를 스스로 확인할 수 있으며 이는 확정력을 가진다.

② 전략물자에 해당하는 품목이라도 전략물자 수출허가를 받는 경우 수출할 수 있다.

③ 전자, 기계 등의 물품이 전략물자 대상에 포함된다.

④ 선박 또는 항공기의 안전운항을 위하여 긴급 수리용으로 사용되는 기계, 기구 등은 전략물자 수출허가가 면제된다.

해설

자가판정시스템을 통해 스스로 확인한 전략물자 판정은 확정력을 가지지 않는다.

정답 ①

25 「대외무역법」 중 용역의 수출입에 대한 사례로 옳지 않은 것은?

① 이탈리아 박람회에 출품하기 위하여 무상으로 수출하였다가 현지에서 매각된 물품은 수출실적으로 인정된다.

② 한국기업의 직원을 베트남으로 파견하여 현지 기업에 경영컨설팅을 제공한 경우 수출실적으로 인정된다.

③ 독일기업이 직원을 한국으로 파견하여 한국에서 제공받은 설계 자문은 수입실적으로 인정된다.

④ 외국인으로부터 무상으로 외화획득용 시설기재를 외국인과 임대차계약을 맺은 국내업체에 인도하는 경우 수출실적으로 인정된다.

✏ 해설

외국인으로부터 유상으로 외화획득용 시설기재를 외국인과 임대차계약을 맺은 국내업체에 인도하는 경우 수출실적으로 인정된다.

정답 ④

26 무역분쟁의 해결 중 조정이 종료되는 경우로 옳지 않은 것은?

① 당사자 간 합의가 이루어지거나 조정안이 수락된 경우 조정이 종료된다.

② 당사자가 조정안에 이견이 있는 경우 조정신청이 종료된다.

③ 조정신청인 또는 당사자가 조정신청을 철회한 경우 조정은 종료된다.

④ 당사자 간 합의가 성립될 가능성이 없다고 인정되는 경우 조정은 종료된다.

✏ 해설

당사자 간 조정안에 이견이 있는 경우 조정 절차를 계속 진행한다.

정답 ②

27

전문무역상사에 대한 설명으로 옳지 않은 것은?

① 신시장 개척, 신제품 발굴 등 중소·중견기업을 지원하기 위한 수출지원 정책의 일환으로, 산업자원부 장관이 무역거래자 중 지정한 업체를 말한다.

② 전문무역상사에 지정되기 위해서는 전년도 수출실적 또는 직전 3개 연도의 평균 수출실적이 미화 100만 달러 이상이어야 한다.

③ 전체 수출실적대비 타 중소·중견기업 물품의 수출비중이 20% 이하이어야 한다.

④ 한국무역보험공사의 신용조사 보고서상 신용등급이 낮은 경우 전문무역상사 지정이 취소될 수 있다.

✎ **해설**

전체 수출실적대비 다른 중소·중견기업이 생산한 물품의 수출비중이 20% 이상이어야 전문무역상사로 수출지원목적을 달성할 수 있다.

정답 ③

28

다음 「관세법」상 용어를 바르게 짝지은 것은?

> A. 국내에 도착한 물품이 수입통관절차를 거치지 않고 다시 외국으로 반출되는 것
> B. 외국에서 도착한 물품으로서 수입통관절차를 거쳐 수입신고가 수리된 물품
> C. 수출통관절차를 거쳐 수출신고가 수리된 물품
> D. 동일한 세관의 관할구역의 입항지에서 출항지로 물품을 옮겨 싣는 것

	A	B	C	D
①	반송	내국물품	외국물품	환적
②	반송	외국물품	내국물품	환적
③	수출	내국물품	외국물품	환적
④	반송	외국물품	외국물품	보세운송

✎ **해설**

- 반송 : 국내에 도착한 물품이 수입통관절차를 거치지 않고 다시 외국으로 반출되는 것
- 내국물품 : 외국에서 도착한 물품으로서 수입통관절차를 거쳐 수입신고가 수리된 물품
- 외국물품 : 수출통관절차를 거쳐 수출신고가 수리된 물품
- 환적 : 동일한 세관의 관할구역의 입항지에서 출항지로 물품을 옮겨 싣는 것

정답 ①

29 시대상사가 중국으로 플라스틱 관연결구(3917.40-0000)를 수출하기 전 해당 물품의 한-중국 FTA 원산지증명서를 발급받고자 준비하고 있다. "HS 3917.40"의 원산지 결정기준 및 원산지소명서상 원재료내역이 아래와 같을 때, 다음 중 올바른 설명을 모두 고른 것은?(다른 고려사항은 없다)

- 3917.40호의 원산지결정기준 : CTH
- 원재료명세서

연번	재료명	HS CODE	원산지	수량	가격	공급자
1	PVC PIPE	3917.23	미상	1M		대한상사
2	STEEL WASHER	7318.21	미상	2PC		시대스틸
3	STEEL NUT	7318.16	미상	1PC		한라스틸

A. 본 수출물품은 원재료의 원산지와 관계없이 원산지 상품으로 인정될 수 있다.
B. PVC PIPE가 비역내산인 경우 수출물품은 원산지상품으로 인정될 수 없다.
C. STEEL WASHER가 비역내산인 경우에는 비역내산인 경우 수출물품은 원산지물품으로 인정될 수 없다.
D. PVC PIPE에 대하여 역내산으로 명시된 원산지(포괄)확인서를 제공받았다면 원산지 판정 시 세번변경 여부를 고려하지 않아도 된다.

① A, B ② B, C
③ B, D ④ A, D

 해설

A. 4단위 호가 동일한 PVC PIPE는 완제품의 호와 동일하여 원산지결정기준을 충족할 수 없다.
C. STEEL WASHER는 CTH 기준을 충족하므로, 비역내산 여부를 불구하고 원산지물품으로 인정될 수 있다.

정답 ③

30 FTA상 서류보관에 대한 설명으로 옳지 않은 것은?

① 수입자는 원산지증명서 사본을 보관하여야 한다.
② 수입자는 수입물품의 국제운송 관련 서류를 보관하여야 한다.
③ 원산지증빙서류는 체약상대국이 중국인 경우 5년간 보관한다.
④ 수출자는 수출신고필증 및 수출관련 계약서를 보관한다.

 해설

체약상대국이 중국인 경우 3년간 보관한다.

정답 ③

31 「관세법」상 수입자가 실제로 거래한 가격을 기초로 관세의 과세가격을 신고할 수 있는 것은?

① 물품의 수입 후 교육용으로 유상 사용하도록 용도가 특정되어 있는 물품으로 가격을 할인 받은 경우의 수입

② 특수 관계가 있는 판매자와 구매자가 거래한 경우로서 특수 관계가 가격 결정에 영향이 있는 경우

③ 임대차 계약을 맺고 임대료를 지불하는 물품의 수입

④ 특정지역에서만 판매할 수 있도록 지역이 제한되어 있는 경우

✎ 해설

지역을 특정한 것은 거래가격에 영향을 미치지 않는 제한으로서 실제 거래가격을 기초로 수입신고할 수 있다.

정답 ④

32 SJ International은 세관장으로부터 납부고지서를 받고도 해당 세액을 납부기한까지 납부하지 아니하였다. 이 경우 체납된 관세에 대해 부과되는 것은?

① 가산세

② 가산금

③ 과태료

④ 과징금

✎ 해설

관세가 체납된 경우 가산세가 부과된다.

정답 ①

33 중국에서 수입되는 플라스틱 필름(폴리프로필렌 연신필름, 중국산)에 대해 관세적용과 관련된 설명으로 옳은 것은?(수입신고시점에 덤핑방지관세가 적용된다고 가정한다)

- 기본관세 8%
- 덤핑방지관세 − 25.04%
- 부과대상물품 − 폴리프로필렌 연신필름
- 공급국 − 중국, 인도네시아 및 태국
- 한−중 FTA − 0%

① 기본관세 8%가 적용된다.
② 한−중 FTA 0%가 적용된다.
③ 덤핑방지관세 25.04%가 적용된다.
④ 실행세율에 덤핑방지관세 25.04%를 추가하여 적용된다.

✏️ **해설**

덤핑방지관세는 실행세율에 덤핑방지관세율을 추가하여 부과한다.

정답 ④

34 수입물품의 과세가격이 1,000,000원일 때, 다음의 관세율 적용 요건을 모두 충족한다고 가정하는 경우 실제로 납부하여야 할 관세는?

- 기본세율 − 8%
- 잠정관세율 − 10%
- 한−아세안 FTA 관세율 − 5%
- 한−베트남 관세율 − 0%

① 기본세율 8%가 적용되어 80,000원이 납부하여야 할 관세이다.
② 잠정관세율 10%가 적용되어 100,000원이 납부하여야 할 관세이다.
③ 한−아세안 FTA 관세율 5%가 적용되어 50,000원이 납부하여야 할 관세이다.
④ 한−베트남 관세율 0%가 적용되어 납부하여야 할 관세는 없다.

✏️ **해설**

관세율 적용의 우선순위에 위배되지 않도록 하는 범위 내에서 수입자가 적용가능한 관세율 중 가장 낮은 관세율을 적용할 수 있다.

정답 ④

35 국제우편을 통해 물품을 수입하는 경우로서 옳지 않은 것은?

① 가격이 미화 600달러 이하로, 자가 사용목적의 물품은 면세이다.

② 관세청장이 정하는 상업용으로 인정되는 수량의 물품에 대해서는 간이세율을 적용할 수 없다.

③ 수입신고 대상이 아닌 우편물은 간이세율을 적용할 수 있다.

④ 개인우편물도 우편물 목록을 받아 검사할 수 있다.

✏ 해설

국내거주자가 수취하는 물품가격 미화 150달러 이하의 물품으로서 자가사용으로 인정되는 물품의 경우 관세가 면세된다.

정답 ①

36 「관세법」상 계약 내용과 상이한 물품이 수입됐을 때, 수입자가 이 물품을 수출하는 등의 방법 및 관세를 환급 받는 방법에 대한 설명으로 옳지 않은 것은?

① 계약 내용과 상이한 물품이란 계약서와 다른 물품이 수입된 경우를 말한다.

② 계약 내용과 상이한 물품은 수입신고 시점과 형태가 변경되어도 이를 수출하고 환급받을 수 있다.

③ 원래 수출국과 다른 수출국으로 수출해도 관세 등의 환급을 받을 수 있다.

④ 수입신고 수리일로부터 1년 이내에 수출하는 경우 관세를 환급받을 수 있다.

✏ 해설

수입신고 시점과 성질, 형태가 변경되지 않은 상태로 수출되어야 한다.

정답 ②

37 다음 사례에서 순서대로 빈칸에 들어갈 내용으로 옳은 것은?

> SJ International사가 수입신고가 수리된 물품의 관세와 내국세를 납부기한까지 완납하지 아니하였다. 이 경우 세관장은 그 납부기한이 지난날부터 SJ International사가 체납한 관세와 내국세뿐만 아니라 그 관세 및 내국세에 대하여 (   )에 상당하는 (   )을 징수한다.

① 100분의 3 - 가산금　　　　　　　　② 100분의 10 - 가산세
③ 10,000분의 17 - 중가산금　　　　　 ④ 1일, 100,000분의 25 - 이자

✏️ **해설**

다음의 금액을 합한 금액을 가산세로 징수한다.
- 해당 부족세액의 100분의 10(부당하게 과소신고한 경우 100분의 40)
- 다음의 금액을 합한 금액
  - 미납부세액 또는 부족세액 × 법정납부기한의 다음 날부터 납부일까지의 기간(납부고지일부터 납부고지서에 따른 납부기한까지의 기간은 제외) × 금융회사 등이 연체대출금에 대하여 적용하는 이자율 등을 고려하여 대통령령으로 정하는 이자율
  - 법정납부기한까지 납부하여야 할 세액 중 납부고지서에 따른 납부기한까지 납부하지 아니한 세액 × 100분의 3(관세를 납부고지서에 따른 납부기한까지 완납하지 아니한 경우에 한정)

정답 ①

---

38 수입물품의 관세율이 다음과 같고 수입물품의 과세가격이 1,000,000원이라면 수입통관 시 납부하여야 할 관세액으로 옳은 것은?(단, 부가가치세 등은 고려하지 않는다)

> - 잠정관세율 12%
> - 할당관세율 3%
> - 기본관세율 10%
> - 일반특혜관세율 5%

① 120,000원　　　　　　　　　　　② 30,000원
③ 100,000원　　　　　　　　　　　④ 50,000원

✏️ **해설**

3순위 세율인 할당관세율이 적용된다. 할당관세 3순위, 잠정관세 5순위, 기본관세 6순위이며, 관세법 50조에 따라 할당관세에 따른 세율은 일반특혜관세의 세율보다 낮은 경우에만 우선하여 적용하기 때문에 3순위인 할당관세가 우선으로 적용된다.

정답 ②

39

「관세법」상 과세 전 적부심사에 대한 설명으로 옳지 않은 것은?

① 세관장은 납부세액이나 납부하여야 하는 세액에 미치지 못한 금액을 징수하려는 경우 미리 납세의무자에게 그 내용을 서면으로 통지하여야 한다.

② 납세의무자는 세관장의 징수 통지에 대해 30일 이내에 세관장에게 징수하는 금액의 정확성 여부에 대해 심사를 청구할 수 있다.

③ 과세 전 적부심사를 청구 받은 세관장은 청구를 받은 날로부터 90일 이내에 관세심사위원회의 심사를 거쳐 결정하고, 그 결과를 납세의무자에게 통지하여야 한다.

④ 과세 전 적부심사 결과 과세처분이 있는 경우 해당 과세처분을 받은 날로부터 90일 이내에 관세법상 행정 심판을 제기할 수 있다.

✎ 해설

과세 전 적부심사를 청구 받은 세관장은 청구를 받은 날로부터 30일 이내에 관세심사위원회의 심사를 거쳐 결정하고, 그 결과를 납세의무자에게 통지하여야 한다.

정답 ③

40

특허보세구역 장치물품의 멸실 · 폐기로 관세를 징수하는 물품인 경우 납세의무자는?

① 멸실 · 폐기한 자

② 운영인

③ 멸실 · 폐기승인 신고를 한 자

④ 화 주

✎ 해설

보세구역 장치물품의 멸실 · 폐기로 관세를 징수하는 물품인 경우 납세의무자는 운영인 또는 보관인이다.

정답 ②

41 다음 내용은 수입물품 'M'에 대한 자료이다. 수입물품 'M'에 대한 부가가치세 과세표준으로 옳은 것은?

A. 관세의 과세가격	₩ 3,000,000
B. 관 세	₩ 240,000
C. 주 세	₩ 450,000
D. 교육세	₩ 45,000
E. 수입자가 실제 결제한 금액	₩ 2,400,000

① ₩ 2,400,000   ② ₩ 3,240,000

③ ₩ 3,735,000   ④ ₩ 3,000,000

 해설

부가가치세 과세표준

= 과세가격 + 관세 + 개별소비세 + 주세 + 교육세 + 교통·에너지·환경세 + 농어촌 특별세

= 3,000,000 + 240,000 + 450,000 + 45,000

= 3,735,000

정답 ③

---

42 다음 「관세법」상의 감면제도와 관련된 옳은 설명을 모두 고른 것은?

A. 교회, 사원 등 종교단체의 의식에 사용되는 물품으로서 외국으로부터 유상 수입되는 물품의 경우 관세법 규정에 따라 종교용품, 자선용품, 장애인용품 등의 면세 적용이 가능하다.

B. 우리나라 거주자가 받는 소액물품과 상업용 견본품의 경우, 관세법 규정에 따라 소액물품 면세 적용이 가능하다.

C. 오염물질(소음 및 진동을 포함한다)의 배출 방지 또는 처리를 위하여 사용하는 기계·기구·시설·장비로서 실수요자 또는 시공자가 수입하는 것은 환경오염방지물품 등에 대한 감면세 적용이 가능하다.

D. 수입신고한 물품이 수입신고 수리 후에 변질되거나 손상되었을 때에는 손상물품에 대한 감면 적용이 가능하다.

① A, B   ② B, C

③ A, C   ④ B, D

해설

외국으로부터 무상으로 수입되는 물품의 경우 종교용품, 자선용품 등의 면세 적용이 가능하다. 또한, 수입신고한 물품이 수입신고 수리 전에 변질되거나 손상된 물품에 대해서는 손상물품에 대한 감면이 적용 가능하다.

정답 ②

43 「관세법」상 지식재산권 보호를 받을 수 있는 권리에 해당하지 않는 것은?

① 「상표법」에 따라 설정등록된 상표권
② 「식물신품종 보호법」에 따라 설정등록된 품종보호권
③ 「실용신안법」에 따라 등록된 실용신안권
④ 「디자인보호법」에 따라 설정등록된 디자인권

🖉 해설

다음의 어느 하나에 해당하는 지식재산권을 침해하는 물품은 수출하거나 수입할 수 없다.
• 「상표법」에 따라 설정등록된 상표권
• 「저작권법」에 따른 저작권과 저작인접권
• 「식물신품종 보호법」에 따라 설정등록된 품종보호권
• 「농수산물품질관리법」에 따라 등록되거나 조약·협정 등에 따라 보호대상으로 지정된 지리적표시권 또는 지리적 표시
• 「특허법」에 따라 설정등록된 특허권
• 「디자인보호법」에 따라 설정등록된 디자인권

정답 ③

44 우편으로 수입되는 물품의 과세물건 확정시기에 관한 설명으로 옳은 것은?

① 수입신고를 한 때
② 우리나라에 도착한 때
③ 통관우체국에 도착한 때
④ 해당 물품을 수취인에게 건네줄 때

🖉 해설

우편으로 수입되는 물품의 과세물건 확정시기는 통관우체국에 도착한 때이다.

정답 ③

45 시대상사는 중국으로부터 판매용 인쇄기를 수입하였다. 수입신고 전에 해당 물품에 원산지표시가 되어있지 않은 사실을 알게 되었다. 원산지표시와 관련한 절차 및 설명으로 옳은 것은?

① 수입통관 후 판매시점에 원산지표시를 할 수 있다.

② 한-중 FTA 협정 국가 제품이므로 원산지표시를 생략할 수 있다.

③ 원산지표시를 중국어로 할 수 있다.

④ 관할 세관장에게 원산지표시 보수작업의 승인을 받는다.

✎ 해설

보세구역에 장치된 물품은 그 현상을 유지하기 위하여 필요한 보수작업과 그 성질을 변하지 아니하게 하는 범위에서 포장을 바꾸거나 구분·분할·합병을 하거나 그 밖의 비슷한 보수작업을 할 수 있다. 보수작업을 하려는 자는 세관장의 승인을 받아야 한다. 보수작업으로 외국물품에 부가된 내국물품은 외국물품으로 본다. 또한 외국물품은 수입될 물품의 보수작업의 재료로 사용할 수 없다.

정답 ④

46 원단 생산 및 수출업체인 N사는 중국산 원단 및 일본산 의류부속품을 외국으로부터 반입하였다. N사에서 수입통관을 위하여 외국물품을 보관하고자 하는 보세구역은?

① 보세전시장

② 보세창고

③ 보세판매장

④ 보세공장

✎ 해설

수입통관을 위하여 보관하고자 하는 외국물품은 보세창고에 보관한다.

정답 ②

47 관세 등의 환급신청 및 수출용 원재료에 관한 내용으로써, 다음 빈칸에 들어갈 내용은?

> 관세 등의 환급신청은 물품이 수출 등에 제공된 날부터 (   ) 이내에 하여야 한다.

① 4년   ② 3년
③ 2년   ④ 1년

✏ 해설

관세 등의 환급신청은 물품이 수출 등에 제공된 날부터 2년 이내에 관세청장이 지정한 세관에 하여야 한다.

정답 ③

48 다음 중 「관세법」에 규정된 보세운송에 관한 설명으로 옳지 않은 것은?

① 「관세법」은 외국물품을 국내에서 그대로 운송할 수 있는 장소를 따로 한정하고 있다.
② 외국물품을 보세운송을 할 때에는 어떤 물품이거나 미리 세관장의 신고 또는 승인을 받아야 한다.
③ 보세운송 출발지와 도착지가 서로 다른 세관 관할일 경우 보세운송 도착 보고는 도착지 관할 세관의 세관장에게 하여야 한다.
④ 보세운송의 신고는 화주 또는 화주로부터 해당 업무를 위탁받은 관세사만이 가능하다.

✏ 해설

보세운송의 신고 또는 승인신청은 화주, 관세사, 보세운송을 업으로 하는 자 등 보세운송업자의 명의로 하여야 한다.

정답 ④

49 청주에 소재한 A사의 대표 B가 「관세법」을 위반하여 관세범으로 청주세관에 입건되었다. 이 경우 대표 B에게 위법을 이유로 몰수에 해당하는 물품을 납부하도록 통고처분할 수 있는 자는?

① 청주세관장
② 청주지방검찰청 관세담당 검사
③ 청주지방법원
④ 청주공항 시설 관리자

✎ 해설

관세청장이나 세관장은 관세범을 조사한 결과 범죄의 확증을 얻었을 때에는 그 이유를 구체적으로 밝히고, 다음에 해당하는 금액이나 물품을 납부할 것을 통고할 수 있다.

- 벌금에 상당하는 금액
- 몰수에 해당하는 물품
- 추징금에 해당하는 금액

정답 ①

50 「관세법」상 납세자는 관세행정과 관련된 처분에 있어 조세절차법상의 권리를 가지고 있다. 이와 관련된 납세자의 권리에 관한 설명으로 옳지 않은 것은?

① 관세청장은 납세자의 권리보호에 관한 사항을 포함하는 납세자권리헌장을 제정하여 고시하여야 한다.
② 일부 특정한 경우를 제외하고, 세관공무원은 동일 사안에 대해 중복조사를 할 수 없다.
③ 납세자는 관세조사를 받는 경우에 변호사 또는 관세사, 세무사, 공인회계사로 하여금 조사에 참여하게 하거나 의견을 진술하게 할 수 있다.
④ 세관공무원은 관세조사를 하는 경우, 조사 개시 15일 전까지 조사대상 및 사유 등 필요한 사항을 납세자에게 서면으로 통지하여야 한다.

✎ 해설

납세자는 납세자 권리헌장을 교부하는 경우(관세법 제110조 제2항 각 호)의 어느 하나에 해당하여 세관공무원에게 조사를 받는 경우에 변호사, 관세사로 하여금 조사에 참여하게 하거나 의견을 진술하게 할 수 있다.

정답 ③

51 송품장에 표시된 가격이 CFR INCHEON USD 50,000으로 되어 있는 수입물품의 「관세법」상 과세가격은?(단, 매도인이 인천항까지 운송계약을 체결하며 운임료 USD 3,000를 지불하였고, 매수인은 보험에 부보하고 보험료 USD 2,000를 지불하였다. 이때 관세평가상 고려해야 할 다른 요소는 없다고 본다)

① USD 50,000
② USD 53,000
③ USD 52,000
④ USD 55,000

✏ **해설**

수입물품의 과세가격은 CIF 가격을 기준으로 한다. CFR 가격에 보험료를 합산한 가격이 CIF 가격인 바, USD 52,000이 과세가격이다.

정답 ③

52 물품의 수입과 관련된 자신의 직무와 관련한 상황에 따라 수입물품의 납세의무자가 될 수 있는 자로 옳지 않은 것은?

① 수입신고를 한 경우, 신고한 관세사
② 외국물품의 장치 · 보관한 경우, 보세창고 운영인
③ 보세운송 신고를 한 경우, 보세운송 신고인
④ 해상운송과 관련해 적하보험이 부보된 경우, 해당 보험업자

✏ **해설**

적하보험에 가입된 것으로 납세의무가 발생되지 않는다.

정답 ④

53 다음 중 수입물품의 품목분류 및 관세율이 적힌 자료에 대한 분석으로 옳은 것은?

> HS 3926.90-9000(기본관세 8%, WTO 양허관세 6.5%)

① 이 물품의 호(Heading)는 3926.90이다.
② 이 물품은 제3926류에 해당한다.
③ 국제적으로 통용되는 HS 협약상 품목분류는 3926.90까지이며, 그 아래 단위는 국가마다 상이할 수 있다.
④ 기본 관세율은 3926.90-9000까지의 단위가 밝혀져야 알 수 있다.

✏ **해설**

① 이 물품의 호(Heading)는 3926이다.
② 이 물품은 제39류에 해당한다.
④ 기본 관세율은 3926.90까지의 단위가 밝혀져야 알 수 있다.

정답 ③

54 「관세법」상 관세의 납세의무자에 대한 설명으로 옳지 않은 것은?

① 해외 직접구매를 한 물품이 특송화물로 수입되는 경우 – 위탁수입자
② 보세창고에 보관 중인 외국물품이 도난된 경우 – 보세창고 운영인
③ 위탁받은 수입업체가 대행수입한 경우 – 그 물품의 수입 위탁자
④ 우편으로 수입되는 물품인 경우 – 우편물의 수취인

✏ **해설**

해외 직접구매를 한 물품이 특송화물로 수입되는 경우, 납세의무자는 구매자이다.

정답 ①

55 다음 감면제도 중 감면처분 이후 세관의 별도 사후관리가 따르지 않는 감면세는?

① 세율불균형물품의 면세

② 재수입 면세

③ 특정물품의 면세

④ 학술연구용 품감면

✏️ 해설

재수입 면세는 사후관리가 없는 무조건 감면 중 하나이다.

정답 ②

56 「관세법」상 관세 부과대상에 대한 설명으로 옳지 않은 것은?

① 수입물품에는 관세를 부과한다.

② 무상으로 수입하는 샘플에 대해서도 관세를 부과한다.

③ 컴퓨터 소프트웨어를 USB에 저장하여 수입하는 경우 수입신고대상이 아니다.

④ 1억원 상당의 디자인 도면을 영국 수출자로부터 전자메일로 받는 경우 「관세법」상 관세 부과 대상이 되지 않는다.

✏️ 해설

컴퓨터 소프트웨어를 USB에 저장하여 수입하는 경우 수입신고대상이며 과세대상이다.

정답 ③

57 관세의 부과 · 징수와 관련된 설명으로 옳은 것은?

① 물품을 수입하고자 하는 자는 수입신고와 동시에 관세 등 제세를 납부하여야 한다.

② 세관장은 납세신고를 받으면 신고세액에 대해 수입신고 수리 후에 심사하는 것을 원칙으로 한다.

③ 납세신고제도에도 불구하고 납세의무자가 부과고지를 요청하는 경우 세관장이 관세를 부과 · 징수할 수 없다.

④ 세관장은 납세의무자가 납부해야 하는 관세가 1만원 미만일 때에는 징수하지 않는다.

✏️ 해설

① 물품을 수입하고자 하는 자는 수입신고수리일부터 15일 이내에 관세 등 제세를 납부하여야 한다.

③ 납세신고제도에도 불구하고 납세의무자가 부과고지를 요청하는 경우 세관장이 관세를 부과 · 징수한다.

④ 세관장은 납세의무자가 납부해야 하는 세액이 1만원 미만일 때에는 징수하지 않는다.

정답 ②

58 물품 수입신고 시 FTA 협정에 따른 관세혜택을 적용받기 위해 필요한 FTA 원산지증명과 관련된 다음의 설명 중 적절하지 않은 것은?

> 시대상사는 중국으로부터 플라스틱제품(HSK:3926.90–9000)을 수입하고자 한다. 관련된 수입관세율은 다음과 같다.
> • 기본관세 – 8%
> • WTO 협정관세 – 6.5%
> • 한–중국 FTA 관세율 – 5.6%

① 중국산이라는 일반(비특혜)원산지증명서를 수령한 경우 FTA관세율을 적용받을 수 없다.

② 세율적용 우선순위에 따라 기본세율은 가장 먼저 적용하여야 한다.

③ WTO협정관세는 WTO회원국에게 일반적으로 적용되는 관세율로 별도의 증명을 갖추지 않아도 적용 가능하다.

④ 한–중 FTA C/O를 발급받은 경우 이를 이용하여 FTA 협정관세율 5.6%를 적용하여 수입신고를 할 수 있다.

✏️ 해설

세율적용 우선순위에 따라 기본세율은 가장 나중에 적용되는 세율이다.

정답 ②

59

골프용 자동차에 대한 품목분류 및 관세율이 다음과 같다. 이에 대한 설명으로 옳지 않은 것은?

> HSK – 8703.10–2000(기본관세율 10%, WTO협정관세율 8%)

① 이 물품의 소호는 제8703.10호이다.
② 세율적용 우선순위에 따라 WTO협정관세율 8% 적용하여 수입통관할 수 있다.
③ 이 물품의 호는 제8703호이다.
④ HS 협약에 따라 HS Code 10단위는 전세계적으로 동일한 체계로 활용하고 있다.

✏ 해설

HS Code는 6단위까지는 일치되도록 하고 있으며, 그 이하의 단위는 각 국가별로 변형하여 사용하도록 하고 있다.

정답 ④

60

물품을 수출하거나 수입할 자는 관세청장에게 해당 수출입물품에 적용될 관세율표상의 품목분류 심사를 미리 요청할 수 있다. 이와 관련된 내용으로 옳지 않은 설명은?

① 관세청장은 해당 물품에 적용될 품목분류를 심사하여 30일 이내에 신청인에게 통지하여야 한다.
② 통지를 받은 자는 통지 내용에 의문이 있는 경우 통지받은 날부터 30일 이내에 일정한 서류를 갖추어 재심사를 신청할 수 있다.
③ 품목분류 사전심사를 신청하는 경우에는 반드시 견본을 제출하여야 한다.
④ 품목분류를 심사하기 위하여 화학적 분석 등이 필요한 경우에는 품목당 분석 수수료 3만원을 신청인에게 납부하게 할 수 있다.

✏ 해설

물품의 성질상 견본을 제출하기 곤란한 물품으로서 견본이 없어도 품목분류 심사에 지장이 없고, 당해 물품의 통관 시에 세관장이 이를 확인할 수 있다고 인정되는 경우 견본의 제출을 생략할 수 있다.

정답 ③

[61~62] 다음 수입신고필증을 보고 문제에 답하시오.

㉙세 종	㉚세율(구분)	㉛감면율		㉜세 액	㉝감면분납부호	감면액	*내국세종부호
관	6.50(C 기가)			91,415			
부	10.00 (A)			149,780			

㉞결제금액(인도조건－통화종류－금액－결제방법)			FOB － USD － 725 － TT			㉟환 율	1,182.98
㉟총과세가격	$1,326	㉟운임	531,335	㉟가산금액	108,238	㉟납부서번호	040－11－16－*－*****
	1,568,760	㉟보험료	0	㉟공제금액		㉟총부가가치세과표	1,673,165

㉑세 종	㉒세 액	※관세사기재란	㉖세관기재란
관 세	104,400		
특 소 세	0		
교 통 세	0		
주 세	0		
교 육 세	0		
농 특 세	0		
부 가 세	167,310		
신고지연가산세	0		
미신고가산세			
㉖총세액합계	271,710	㉗담당자	㉘접수일시	㉙수리일자

61

상기 수입신고필증에 대한 설명으로 옳지 않은 것은?

① 관세율은 6.5%로 WTO 협정관세율을 적용한다고 신고하였다.

② FOB조건으로 계약하였으며, 직접송금방식으로 송금할 것이라고 신고하였다.

③ 보험에는 가입하지 않았다고 신고하였다.

④ 환율은 수입신고일자의 외국환매도율이 적용되어 1,233.77원이다.

✏ 해설

환율은 관세청장이 고시한 과세환율을 적용하며, 과세환율은 수입신고일이 속하는 주의 전주의 외국환매도율을 평균하여 관세청장이 그 율을 정한다. ㉟에 표시된 과세환율 1,182.98원이 적용된다.

정답 ④

62

상기 수입신고필증에 대한 설명으로 옳지 않은 것은?

① 관세는 실제 지급가격 USD 725달러에 운임과 가산금액을 더한 금액을 기초로 산정하여 신고하였다.

② 운임은 운송거리에 대한 표준요율표를 기초로 산정하는 것이 원칙이므로, 표준요율표에 기초하여 기재된 비용이다.

③ 가산금액은 실제지급금액 이외의 지급금액 중 실제지급금액에 포함되어야 하는 가산요소에 해당하는 금액을 기재한 금액이다.

④ FOB조건 하에서 보험에 가입하지 않은 경우에는 보험료를 기재하지 않아도 된다.

✐ 해설

운임은 실제 발생한 운임을 기입하는 것이 원칙이며, 특별한 경우에 한해 요율표 등을 확인하여 운임을 기재하도록 하고 있다.

정답 ②

63

다음 중 순서대로 빈칸에 들어갈 말로 옳은 것은?

A. 한–EU FTA 원산지증명방식은 자율증명방식이며, (   )유로를 초과하는 물품은 원산지인증수출자만 원산지증명서 발급이 가능하다.

B. 한–아세안 FTA의 원산지증명방식은 기관발급이며, 원산지증명서 발급은 (   )에서 발급이 가능하다.

C. 한–미 FTA의 원산지증명서 유효기간은 (   )년이다.

① 6,000 – 세관, 상공회의소 – 1년

② 400 – 한국무역협회 – 1년

③ 6,000 – 세관, 상공회의소 – 4년

④ 400 – 한국무역협회 – 4년

✐ 해설

6,000유로를 초과하는 물품에 대해서는 원산지인증수출자만이 한–EU FTA 원산지증명서를 발급할 수 있으며, 기관발급은 세관 또는 상공회의소에서 원산지증명서 발급 신청이 가능하다. 한–미 FTA의 원산지증명서는 4년간 유효하다.

정답 ③

64 다음의 거래상황을 가정하여 납부하여야 할 관세 등을 산출한 값으로 옳은 것은?

> • Invoice value – $ 1,000
> • 적용세율 – 6.5%
> • 부가가치세 – 10%
> • 환율 – ₩ 1,000

① ₩ 106,500
② ₩ 65,000
③ ₩ 165,000
④ ₩ 171,500

 해설

관세 = ($ 1,000 × ₩ 1000) × 6.5% = ₩ 65,000
부가세 = [$ 1000 × ₩ 1000) + ₩ 65,000] × 10% = ₩ 106,500
납부세액 = ₩ 65,000 + ₩ 106,500 = ₩ 171,500

정답 ④

65 다음 거래내용에 대한 관세법상 통관절차로 옳지 않은 것은?

> 서울특별시에 위치한 시대상사는 미국 바이어로부터 3D프린터 기계 50대를 주문받았다. 대구광역시에 소재한 자사공장에서 30대를 생산하고, 베트남 현지공장에서 20대를 생산하였다.

① 베트남 현지 공장에서 생산된 3D프린터 기계를 베트남에서 미국으로 바로 운송하는 경우, 한국 세관에 수출입 신고하여야 한다.
② 베트남 현지 공장에서 생산된 3D프린터 기계를 베트남에서 한국의 대구 공장으로 수입하는 경우 한국 세관에 수입신고하여야 한다.
③ 베트남 현지 공장에서 생산된 3D프린터 기계를 베트남에서 부산항 보세창고에 반입하였다가 그대로 미국으로 반출하는 경우, 한국 세관에 반송신고 하여야 한다.
④ 베트남과 한국에서 생산된 50대를 한국에서 일괄 미국으로 선적하더라도, 원산지는 한국산과 베트남산을 각각 구분하여 신고하여야 한다.

해설

베트남에서 미국으로 바로 운송되는 경우 베트남 세관에 신고하여야 한다.

정답 ①

66

다음의 거래 상황을 가정하여 납부하여야 할 세액을 산출한 값으로 옳은 것은?

- 중국에서 한국으로 직접 수출
- Invoice value − ₩ 10,000
- 세율 − 기본세율 8% / FTA 세율 0%
- 부가가치세율 − 10%
- 환율 − ₩ 1,000
- 원산지증명서 구비 및 협정관세적용 신청

① ₩ 1,000　　　　　　　　　　② ₩ 1,100
③ ₩ 1,800　　　　　　　　　　④ ₩ 1,880

✎ 해설

- 관세 = ₩ 10,000 × 0% = ₩ 0
- 부가세 = (₩ 10,000 + ₩ 0) × 10% = ₩ 1,000
- 납부세액 = ₩ 1,000

정답 ①

67

SJ International이 내용연수 10년인 1천만원짜리(세액은 80만원이다) 기계장비를 임대차계약으로 1년간 사용하기 위해 미국에서 수입하고자 한다. 적용 가능한 감면규정은?

① 재수출 감면　　　　　　　　② 재수출 면세
③ 재수입 면세　　　　　　　　④ 소액물품 등의 면세

✎ 해설

재수출 감면 규정에 따라 감면 적용이 가능하다.
재수출 감면 대상
- 장기간에 걸쳐 사용할 수 있는 물품
- 수입이 임대차계약에 의하거나 도급계약의 이행과 관련하여 국내에서 일시적으로 사용하기 위하여 수입하는 물품 중 국내제작이 곤란함을 당해 물품의 생산에 관한 업무를 관장하는 중앙행정기관의 장 또는 그 위임을 받은 자가 확인하고 추천하는 기관 또는 기업이 수입하는 물품
- 「법인세법 시행규칙」 제15조의 규정에 의한 내용연수가 5년(금형의 경우에는 2년) 이상인 물품
- 개당 또는 세트당 관세액이 500만원 이상인 물품

정답 ①

68 「관세법」상 수입자가 실제로 거래한 가격을 기초로 관세의 과세가격을 신고할 수 있는 것은?

① 물품의 수입 후 교육용으로 유상 사용하도록 용도가 특정되어 있는 물품으로 가격을 할인 받은 경우의 수입

② 특수관계가 있는 판매자와 구매자가 거래한 경우로서 특수관계가 가격 결정에 영향이 있는 경우

③ 임대차 계약을 맺고 임대료를 지불하는 물품의 수입

④ 특정지역에서만 판매할 수 있도록 지역이 제한되어 있는 경우

✎ **해설**

지역을 특정한 것은 거래가격에 영향을 미치지 않는 제한으로서 실제 거래가격을 기초로 수입신고할 수 있다.

정답 ④

69 다음 빈칸에 순서대로 들어갈 기간으로 옳은 것은?

> 수출신고가 수리된 물품은 수출신고가 수리된 날부터 (   ) 이내에 운송수단에 적재하여야 한다. 단, (   )의 범위에서 적재기간의 연장을 받아 승인된 것은 (   )의 범위에서 적재할 수 있다.

① 30일 − 1년 − 1년
② 60일 − 1년 − 1년
③ 30일 − 2년 − 2년
④ 60일 − 2년 − 2년

✎ **해설**

적재기간은 30일이며, 1년의 범위에서 연장이 가능하다.

정답 ①

70

납부세액이 1만원 미만일 때 세관장은 이를 징수하지 않고 관세를 납부한 것으로 간주한다. 납부일로 옳은 것은?

① 수입신고일　　　　　　　　　　② 수입신고 수리일
③ 반입일　　　　　　　　　　　　④ 반출일

✎ **해설**

수입신고가 수리된 때 관세를 납부한 것으로 간주한다.

정답 ②

71

유사물품은 당해 수입물품의 생산국에서 생산된 것으로서 모든 면에서 동일하지는 않지만 동일한 기능을 수행하고, 대체사용이 가능할 수 있을 만큼 비슷한 특성과 비슷한 구성요소를 가지고 있는 물품을 말한다. 유사물품의 정의가 적용되는 경우는?

① HS CODE 결정　　　　　　　　② 과세가격의 결정
③ 관세의 감면여부 결정　　　　　　④ 가산세부과 여부 결정

✎ **해설**

과세가격결정방법 중 3방법에 해당한다.
제3방법
제1방법과 제2방법으로 과세가격을 결정할 수 없을 때에는 과세가격으로 인정된 사실이 있는 유사물품의 거래가격으로서 일정한 요건을 갖춘 가격을 기초로 하여 과세가격을 결정한다.

정답 ②

72

관세징수권의 소멸시효가 중단되는 사유로 옳은 것은?

① 납부고지　　　　　　　　　　　② 행정소송 제기
③ 환급청구　　　　　　　　　　　④ 감면신청

✎ **해설**

납부고지하는 경우 징수권의 소멸시효가 중단된다.

정답 ①

73 여행자휴대품 면세한도에 대해 빈칸에 들어갈 말로 올바른 것은?

> 술 – 면세한도 ( )병, 미화 400달러 이하
> 담배 – 궐련 ( )개비 – (엽궐련은 배제)

① 1병 – 100개비
② 2병 – 200개비
③ 1병 – 200개비
④ 2병 – 100개비

✎ 해설

술은 1병, 담배는 200개비까지 가능하다.

정답 ③

74 매각물품에 대한 과세물건 확정시기로 옳은 것은?

① 매각물품이 보세구역에 반입된 때
② 매각사유가 발생한 때
③ 매각물품을 세관장이 확인한 때
④ 매각물품이 매각된 때

✎ 해설

매각물품이 매각된 때의 물건을 기준으로 과세물건이 확정된다.

정답 ④

75

통관 시 적용되는 환율에 대한 설명으로 옳은 것은?

① 과세환율은 통관에 적용되는 법령이 확정되는 날이 속하는 주의 전주의 외국환매입률을 평균하여 세관장이 정한다.

② 같은 날 수입신고하는 경우 적용되는 환율은 동일하다.

③ 관세청장이 정한 과세환율과 실제 당사자 간 협의한 환율 간에 차이가 있는 경우 실제 당사자 간에 협의하고 송금한 환율을 적용한다.

④ 고정된 환율로 거래 시 해당 환율을 기준으로 통관할 수 있도록 요청할 수 있다.

✎ **해설**

관세청장이 정한 고정된 환율을 사용하기 때문에 같은 날 수입신고하는 경우 동일한 환율이 적용된다.

정답 ②

76

「환급특례법」상 환급대상 수출에 해당하지 않는 것은?

① 외국에서 개최되는 박람회 · 전시회 · 견본품전시장 · 영화제 등에 출품하기 위하여 무상으로 반출하는 물품의 수출(한국에서 원화를 받고 판매한 경우)

② 수출된 물품이 계약조건과 서로 달라서 반품된 물품에 대체하기 위한 물품의 수출

③ 해외구매자와의 수출계약을 위하여 무상으로 송부하는 견본용 물품의 수출

④ 외국에서 위탁가공할 목적으로 반출하는 물품의 수출

✎ **해설**

환급대상 무상 수출의 경우 외국에서 개최되는 박람회 · 전시회 · 견본품전시장 · 영화제 등에 출품하기 위하여 무상으로 반출하는 물품의 수출. 다만, 외국에서 외화를 받고 판매된 경우에 한한다.

정답 ①

77 「환급특례법」상 관세환급의 종류에 해당하는 것은?

① 개별환급
② 과오납금의 환급
③ 지정보세구역 장치물품의 멸실·손상으로 인한 관세환급
④ 계약내용과 상이한 물품의 환급

 해설

「환급특례법」상 관세환급의 종류는 크게 개별환급과 정액환급으로 구분된다.

정답 ①

78 「환급특례법」상의 기초원재료납세증명서(이하, "기납증"이라 한다)에 관한 설명으로 옳지 않은 것은?

① 수출용 원재료가 내국신용장 또는 구매확인서에 근거한 계약물품만을 제조, 가공 후 거래된 수출용 원재료에 대한 납부세액을 증명하는 서류이다.
② 세관장은 내국신용장 등에 물품을 공급한 자에게 기납증을 발급하게 할 수 있다.
③ 기납증은 물품을 공급받는 자가 관할지 세관장으로부터 발급받는다.
④ 수입원재료와 중간원재료를 사용하여 생산한 물품을 수입신고 수리일(중간 원재료의 경우 구매일)부터 2년 이내에 수출물품을 생산하는 자에게 양도하거나 수출물품의 중간원재료를 생산하는 자에게 양도하는 경우 기납증을 발행할 수 있다.

해설

수입원재료와 중간원재료를 사용하여 생산한 물품을 수입신고 수리일(중간 원재료의 경우 구매일)부터 1년 이내에 수출물품을 생산하는 자에게 양도하거나 수출물품의 중간원재료를 생산하는 자에게 양도하는 경우 기납증을 발행할 수 있다.

정답 ④

79 관세 등의 환급신청 및 수출용 원재료에 관한 내용이다. 다음 빈칸에 들어갈 내용으로 옳은 것은?

> 관세 등의 환급신청은 물품이 수출 등에 제공된 날부터 ( ) 이내에 하여야 한다.

① 3년
② 4년
③ 2년
④ 1년

✎ 해설

관세 등의 환급신청은 물품이 수출 등에 제공된 날부터 2년 이내에 하여야 한다.

정답 ③

80 「환급특례법」에 대한 설명으로 옳지 않은 것은?

① 간이정액환급액이 50원이고, 수출금액이 1,000,000원인 경우 환급액은 5,000원이다.
② 수출물품의 제조사에 물품을 공급하는 회사는 납부세액을 증명하기 위하여 수입세액분할증명서를 발급할 수 있다.
③ 수출용 원재료의 관세환급에는 수입신고 수리 시 납부했던 가산세 등도 포함된다.
④ 물품이 수출 등에 제공된 날부터 2년 이내에 관세환급을 신청하여야 한다.

✎ 해설

수출용 원재료의 관세환급은 관세 및 부가세 등이며, 가산세는 포함되지 않는다.

정답 ③

81 「환급특례법」상 환급대상 수출에 해당되는 경우를 모두 고른 것은?

A. 수입한 물품이 계약내용과 상이하여 수입된 상태 그대로 수출하는 경우
B. 외국에서 개최되는 박람회에 출품하기 위하여 무상으로 반출하는 물품의 수출. 단, 외국에서 외화를 받고 판매된 경우에 한함
C. 외국에서 위탁가공할 목적으로 반출하는 물품의 수출
D. 수출된 물품이 계약조건과 서로 달라서 반품된 물품에 대체하기 위한 물품의 수출

① A, B, C　　　　　　　　　　　② B, C, D
③ A, C, D　　　　　　　　　　　④ A, B, D

✎ 해설

A는 관세법상 환급에 해당한다.

정답 ②

82 「환급특례법」상 간이정액환급을 적용할 수 없는 것은?

A. 다른 기업에서 제조한 물품을 공급받아 수출한 경우
B. 환급신청일이 속하는 연도의 직전 2년간 매년도 환급실적이 6억 원 이하인 경우
C. 수출신고필증에 제조사 미상으로 신고한 경우

① A, B　　　　　　　　　　　　② A, C
③ B, C　　　　　　　　　　　　④ 해당사항 없음

✎ 해설

다른 기업에서 물품을 공급받아 단순 수출만 하거나, 수출신고필증에 제조사를 미상으로 신고한 경우 간이정액 환급을 받을 수 없다.

정답 ②

83

개별환급과 간이정액환급에 대한 설명으로 옳지 않은 것은?

① 개별환급은 간이정액환급에 비해 환급액이 부정확하다.

② 개별환급은 간이정액환급에 비해 구비서류가 복잡하다.

③ 개별환급은 환급금 산출을 위하여 소요량계산서를 작성하여 수출물품 제조에 소요된 원재료에 대해 확인하여야 한다.

④ 간이정액환급을 받는 기업은 세관장으로부터 간이정액환급 비적용승인을 받는 경우 개별환급을 받을 수 있다.

✏ 해설

개별환급은 간이정액환급보다 납부세액에 대한 환급액이 정확하다.

정답 ①

84

「환급특례법」상 환급대상 수출을 모두 고른 것은?

A. 관세법상 유상 수출
B. 외국인도 수출
C. 외국에서 위탁가공 목적으로 한 무상 수출
D. 위탁판매물품

① A, B

② A, C

③ B, C

④ B, D

✏ 해설

유상 수출, 위탁가공을 목적으로 한 무상 수출도 환급 대상이 된다.

정답 ②

85

「환급특례법」상 환급대상 원재료로 옳지 않은 것은?

① 수출물품을 생산한 경우로서 해당 수출물품에 물리적 또는 화학적으로 결합된 물품
② 수출물품의 포장용품
③ 수입한 물품을 그대로 수출한 수출물품
④ 수출물품 생산용 기계에 투입되어 소모되는 물품

✏ **해설**

수출물품 생산용 기계·기구 등의 작동 및 유지를 위한 물품 등 수출물품의 생산에 간접적으로 투입되어 소모되는 물품은 환급대상 원재료에서 제외한다.

정답 ④

86

인증수출자에 대한 설명으로 옳지 않은 것은?

① 업체별 인증수출자는 모든 협정 및 모든 물품에 대하여 인증수출자의 지위를 가진다.
② 업체별 인증수출자의 원산지관리담당자는 회사 소속 직원으로 한정한다.
③ 인증수출자는 원산지증명서 작성대장을 비치하고, 증명서 작성 내역을 기재하여야 한다.
④ 인증수출자의 유효기간은 5년이다.

✏ **해설**

변호사, 관세사, 공인회계사도 원산지관리담당자가 될 수 있다.

정답 ②

87

다음과 같은 물품 수입신고 시 FTA 협정에 따른 관세혜택을 적용받기 위해 필요한 FTA 원산지증명과 관련된 설명으로 옳지 않은 것은?

> 시대상사는 중국으로부터 플라스틱제품(HSK:3926.90-9000)을 수입하고자 한다. 관련된 수입관세율은 다음과 같다.
> - 기본관세 : 8%
> - WTO 협정관세 : 6.5%
> - 한-중국 FTA 관세율 : 5.6%

① 중국산이라는 일반(비특혜)원산지증명서를 수령한 경우 FTA관세율을 적용받을 수 없다.
② 세율적용 우선순위에 따라 기본세율은 가장 먼저 적용하여야 한다.
③ WTO협정관세는 WTO회원국에게 일반적으로 적용되는 관세율로 별도의 증명을 갖추지 않아도 적용 가능하다.
④ 한-중 FTA C/O를 발급받은 경우, 이를 이용하여 FTA 협정관세율 5.6%를 적용하여 수입신고를 할 수 있다.

✎ **해설**

세율적용 우선순위에 따라 기본세율은 가장 나중에 적용되는 세율이다.

정답 ②

88

기관발급 원산지증명서가 필요한 국가로만 짝지어진 것은?

① 아세안, 인도, 싱가포르
② 칠레, EU, 인도
③ EU, EFTA, 미국
④ 아세안, EU, 페루

✎ **해설**

아세안, 인도, 싱가포르, 페루(2천불 초과), 호주(선택), 베트남, 중국 등이 기관발급 원산지증명서가 필요하다.

정답 ①

89 **무역보험제도에 대한 설명으로 옳지 않은 것은?**

① 수출자 또는 수출금융을 제공한 금융기관이 입게 되는 신용위험과 비상위험에 대한 손실을 보상하는 것을 목적으로 하는 보험이다.

② 외상거래나 신시장 개척 등 위험성이 있는 거래에 있어 무역보험을 통해 위험을 줄일 수 있다.

③ 담보능력이 부족한 수출업체에 대해서도 수출보험증권을 담보로 활용하여 무역 금융 지원 확대가 가능하다.

④ 무역보험은 국내 수출 품목을 제한하여 위험성을 감소하게 하기 위한 지원제도이다.

✎ **해설**

수출보험은 수출지원 정책 중의 하나이다.

정답 ④

90 **무역보험제도에 대한 설명으로 옳지 않은 것은?**

① 수출자, 생산자 또는 수출자금을 대출해준 금융기관이 입게 되는 불의의 손실을 보상함으로써 수출 진행을 도모하기 위한 비영리 정책보험이다.

② 무역보험의 종류는 단기성종목과 중장기성종목으로 나눌 수 있으며, 결제기간 2년 이내의 경우 단기성 종목, 그 이상인 경우 중장기성종목으로 구분한다.

③ 수출보험은 WTO 체제 하에서 용인되는 유일한 간접 수출지원 제도로서 정부의 수출진흥정책 및 산업지원 정책 수단으로 활용되고 있다.

④ 무역보험공사는 어떠한 경우에도 보험금의 지급을 거절할 수 없다.

✎ **해설**

무역보험의 보험계약자나 피보험자가 법령을 위반한 경우 보험계약에 따른 보험금의 지급을 거절할 수 있다.

정답 ④

안심Touch

91 무역보험제도에 대한 설명으로 옳지 않은 것은?

① 신용위험이란 L/C 개설은행 파산, 지급불능, 지급거절 등 수출대금 미회수 위험을 말한다.

② 수출보험은 WTO 체제 하에서 용인되는 직접 수출 지원책이다.

③ 비상위험이란, 수입국의 전쟁, 내란, 모라토리움 선언 등 수출대금 회수불능위험을 말한다.

④ 수출보험은 단기수출보험, 수출신용보증 등이 있다.

✎ 해설

수출보험은 간접적인 수출지원정책이다.

정답 ②

---

92 외화획득용 원료 · 기재를 수입한 자가 당초의 목적 외의 용도로 사용할 수 있는 부득이한 사유를 모두 고른 것은?

> A. 외화획득용 원료 · 기재를 사용한 제품 생산이 장기간 소요되는 경우
> B. 외화획득 이행의무자의 책임이 없는 사유로 외화획득의 이행을 할 수 없게 된 경우
> C. 고도의 기술이 필요하여 외화획득의 이행에 앞서 시험제품을 생산할 필요가 있는 경우
> D. 전쟁, 천재지변 등의 사유로 인해 외화획득의 이행을 할 수 없게 된 경우

① A, B

② C, D

③ A, B, C

④ B, C, D

✎ 해설

외화획득용 원료 · 기재를 수입한 자가 그 물품 등을 부득이한 다음의 사유로 인하여 외화획득용 원료 · 기재의 목적 이외의 목적으로 사용하고자 하는 경우 산업통상자원부 장관의 승인을 받아야 한다.

• 우리나라나 교역상대국의 전쟁 · 사변, 천재지변 또는 제도 변경으로 인하여 외화획득의 이행을 할 수 없게 된 경우

• 외화획득용 원료 · 기재로 생산된 물품 등으로서 그 물품 등을 생산하는 데에 고도의 기술이 필요하여 외화획득의 이행에 앞서 시험제품을 생산할 필요가 있는 경우

• 외화획득 이행의무자의 책임이 없는 사유로 외화획득의 이행을 할 수 없게된 경우

• 그 밖에 산업통상자원부 장관이 불가항력으로 외화획득의 이행을 할 수 없다고 인정한 경우

정답 ④

93 대외무역법령에서 무역업고유번호 승계 사유에 해당하지 않는 것은?

① 합 병
② 상 속
③ 사업의 양수도
④ 사업 분할

✎ 해설

무역업고유번호를 부여받은 자가 합병, 상속, 영업의 양수도 등 지위의 변동이 발생하여 기존의 무역업고유번호를 유지 또는 수출입실적 등의 승계를 받으려는 경우에는 변동사항에 대한 증빙서류를 갖추어 무역업고유번호의 승계 등을 한국무역협회장에게 신청할 수 있다.

정답 ④

94 다음 빈칸에 들어갈 내용이 순서대로 나열된 것은?

전략물자를 수출하려는 자는 산업통상자원부 장관이나 관계 행정기관 장에 (   )를 받아야 한다. 또한, 전략물자에는 해당되지 아니하나 대량파괴무기와 그 운반수단인 미사일의 제조 · 개발 등의 용도로 전용될 가능성이 높은 물품 등을 수출하려는 자는 그 물품 등의 수입자나 최종사용자가 그 물품 등을 대량파괴무기나 미사일 등의 제조 · 개발 등의 용도로 전용할 의도가 있음을 알았거나 그럴 의도가 있다고 의심되는 경우에는 (   )를 받아야 한다. 수출허가 또는 상황허가 등의 유효기간은 (   )으로 한다.

① 수출허가 – 상황허가 – 1년
② 수출허가 – 상황허가 – 3년
③ 상황허가 – 수출허가 – 1년
④ 상황허가 – 수출허가 – 3년

✎ 해설

각각 수출허가, 상황허가에 대한 설명이며, 수출허가 및 상황허가의 유효기간은 1년이다.

정답 ①

95

대외무역법령에서 규정하고 있는 원산지확인에 대한 설명으로 옳은 것은?

① 과세가격이 100만원 이하인 물품은 원산지증명서의 제출이 면제된다.

② 통합공고에 의하여 특정지역으로부터 수입이 제한되는 물품은 수입신고 전까지 원산지증명서 등 관계자료를 제출하고 확인을 받아야 한다.

③ 우리나라 제조공장에서 제조된 천일염은 우리나라를 원산지로 한다.

④ 세번 HS 4단위에 해당하는 물품의 세번이 HS 6단위에서 분류되지 않는 물품으로서 해당 물품의 총 제조원가 중 수입원료의 수입가격(CIF가격 기준)을 공제한 금액이 총 제조원가의 50퍼센트 이상인 경우 우리나라를 원산지로 한다.

✎ 해설

① 과세가격이 15만원 이하인 물품은 원산지증명서의 제출이 면제된다.
③ 천일염은 외국산 원재료로 사용되지 않고 제조되어야 우리나라를 원산지로 본다.
④ 총 제조원가 중 수입원료의 수입가격(CIF가격 기준)을 공제한 금액이 총 제조원가의 51퍼센트 이상인 경우 우리나라를 원산지로 한다.

정답 ②

96

수입물품의 과세가격은 우리나라에 수출하기 위하여 판매되는 물품에 대하여 구매자가 실제로 지급하였거나 지급하여야 할 가격에 가산요소를 조정한 금액을 거래가격으로 한다. 가산하여야 하는 금액으로 옳지 않은 것은?

① 수입항까지의 운임 · 보험료와 그 밖에 운송과 관련되는 비용으로 대통령령에 따라 결정된 금액

② 구매자가 부담하는 구매수수료

③ 구매자가 해당 수입물품의 생산 및 수출거래를 위하여 물품 및 용역을 무료 또는 인하된 가격으로 직접 또는 간접으로 공급한 경우에는 그 물품 및 용역의 가격 또는 인하차액을 해당 수입물품의 총생산량 등으로 정하는 요소를 고려하여 적절히 배분한 금액

④ 특허권, 실용신안권, 디자인권, 상표권 및 이와 유사한 권리를 사용 하는 대가로 지급하는 것으로서 대통령령으로 정하는 바에 따라 산출된 금액

✎ 해설

구매자가 부담하는 구매수수료는 가산금액에서 제외된다.

정답 ②

97 국내 가격 안정 등을 위해 기본관세율보다 낮은 세율을 일정물량에 한해 한시적으로 적용하는 탄력관세 종류로 옳은 것은?

① 조정관세
② 계절관세
③ 편익관세
④ 할당관세

✏ 해설

할당관세는 정부가 특정물품에 대하여 수량과 기간을 정해 놓고 일정수량까지 수입될 때에는 저세율의 관세를 부과하고, 일정수량을 초과하여 수입될 때에는 고세율의 관세를 부과하는 관세이다.

정답 ④

98 다음 거래상황에서 수입통관 시 관세법령상 적용 가능한 관세 감면의 종류로 옳은 것은?

A. 우리나라에서 생산된 정밀기기 부분품을 전용 용기에 담아 수출한 후 용기는 회수하여 국내에서 수입 통관 후 재활용한다.
B. 반도체 검사 장비를 임차하여 사용하기 위해 수입통관한다. 이 기기는 국내에서 제작이 곤란한 장비로 특정 요건을 갖춘 물품이다.
C. 의류 부분품을 수출하여 제조·가공한 후 다시 수입하거나, 가공 또는 수리할 목적으로 수출한 후 다시 수입하는 물품이다.

	A	B	C
①	재수출 감면	재수입 면세	해외임가공물품 등의 감면
②	재수출 감면	해외임가공물품 등의 감면	재수입 면세
③	재수입 면세	재수출 감면	해외임가공물품 등의 감면
④	재수입 면세	해외임가공물품 등의 감면	재수출 감면

✏ 해설

각각 재수입 면세, 재수출 감면, 해외임가공물품 등의 감면에 대한 설명이다.

정답 ③

99 관세법상 통관절차와 용어에 대한 설명으로 옳지 않은 것은?

① 외국에서 선적된 화물이 우리나라에 입항하여 해외로 출항하는 선박으로 옮겨 싣는 것을 환적이라고 한다.

② 우리나라에 도착한 물품이 수입요건을 갖추지 못해 다시 외국으로 반출되는 때에는 반송통관을 한다.

③ 우리나라에 있는 외국물품이 외국으로 반출될 때는 수출통관을 하며 관세는 부과되지 않는다.

④ 외국물품을 우리나라에 반입하거나 우리나라에서 소비 또는 사용하는 것을 수입이라고 한다.

✎ 해설

우리나라에 있는 외국물품을 외국으로 반출하는 것은 반송통관이라고 하며, 내국물품을 외국으로 반출할 때에는 수출통관을 한다.

정답 ③

100 소액물품 면세 대상으로 옳지 않은 것은?

① 물품이 천공 또는 절단되었거나 통상적인 조건으로 판매할 수 없는 상태로 처리되어 견본품으로 사용될 것으로 인정되는 물품

② 미국의 지인으로부터 선물 받은 USD 500 상당의 물품

③ 판매 또는 임대를 위한 물품의 상품목록 · 가격표 및 교역안내서 등

④ 과세가격이 미화 250달러 이하인 물품으로서 견본품으로 사용될 것으로 인정되는 물품

✎ 해설

FTA 체결국인 미국에서 수입되는 물품가격 미화 600달러 이하의 휴대품 및 별송품은 FTA 협정에 따라 면세 적용된다.

정답 ②

part 2 — 무역결제

제1장 대금결제

제2장 외환실무

백발백중 100제

대금결제

핵심키워드 • • #수출입거래 #수출입승인 #특정거래형태 #구매확인서 #원산지표시

출제 포인트 ☑ # 01 대금결제방식의 구분

출제율 ★★★
대금지급에 대한 시기를 구분
할 수 있도록 학습합니다.

무역거래에서 대금결제는 물품 인도시점과 물품 인도방식에 따라 분류할 수 있다. 인도시점에 따라서는 크게 사전지급방식, 동시지급방식, 사후지급방식으로 분류할 수 있다. 인도방식에 따라서는 현물상환결제와 서류상환결제로 분류할 수 있으며 환이동방향에 따라서는 역환방식, 순환방식으로 분류할 수 있다.

1. 시점에 따른 구분

(1) 사전지급방식(Payment in Advance)

OX 퀴즈 ────◉

Q CWO 결제방식은 수입자에게 유리한 결제방식이다. (O, ×)

A × → CWO는 사전지급방식이므로 수입자는 물건을 받지 못할 위험이 있는 불리한 방식이다.

사전지급방식은 물품을 인도하기 전에 대금을 지급 받기 때문에 수출상에게는 유리한 결제방식이지만, 수입상에게는 계약물품이 미선적되거나 계약과 상이한 물품을 인도받을 수 있다는 위험이 있다. 때문에 일반적으로 신뢰가 쌓인 수출상과 거래 시 본·지사 간 거래나 소액거래 등에서 주로 활용된다. 사전지급방식에는 주문 시 지급방식(CWO ; Cash With Order)이 해당된다.

(2) 동시지급방식(Concurrent Payment)

계약물품의 인도 또는 현물과 동일하게 취급되는 서류의 인도와 동시에 대금을 결제하는 방식이다. 수출자 입장에서는 대금을 지급받기 전에 선적해야하기 때문에 불리한 결제방식이지만, 수입상은 인도되는 물품을 확인하고 대금을 지급하기 때문에 유리한 방식이다.

동시지급방식에는 현물인도 지급방식(COD ; Cash On Delivery), 서류상환 지급방식(CAD ; Cash Against Documents), 추심에서의 지급인도방식(D/P ; Documents Against Payment) 등이 있다.

(3) 사후지급방식(Deferred Payment)

합격자 Tip

추심지급방식은 흔히 사후지급방식으로 인식되나, 엄밀히 구분할 때 D/P방식은 서류의 인도와 동시에 지급을 하는 방식이므로 어음을 인수하는 사후지급형태인 D/A방식과 구분합니다.

수출상이 대금을 받기 전에 계약상품을 선적하고 수입상은 물품을 인도받은 이후 대금을 지급하는 방식을 말한다. 수출상은 수출대금을 수령하지 못하는 위험과 수출물품을 준비하기 위한 자금융통의 어려움이 있다. 하지만 수입상에게는 아주 유리한 방식이다.

추심방식에서 활용되는 어음인수서류인도방식(D/A ; Documents Against Acceptance)과 청산계정(O/A ; Open Account) 방식이 사후지급방식에 해당한다.

● 기출응용문제 ●

대금결제방식 및 지급시기에 관한 설명으로 옳지 않은 것은?

① 송금수표방식은 수입상이 은행발 송금수표를 발행받고, 이를 직접 수출상에게 우송하여 결제한다.

② 대금결제가 물품이 인도되는 시기에 동시에 이뤄지는 'COD', 'CAD'방식은 사후지급방식으로 볼 수 없다.

③ 청산계정(O/A)방식은 물품이 선적되어 도착지에 도달할 때 채권이 발생하며, 차후 거래에 따라 채권과 채무가 결제되는 사후지급방식이다.

④ 송금결제방식에는 송금수표방식, 우편송금, 전신송금이 해당된다.

해설 'CAD', 'COD', 'D/P'의 경우에는 동시지급방식이지만 물품이 선적된 이후에 결제가 이뤄진다.

정답 ②

---

2. 인도방식에 따른 구분

(1) 현물상환결제

합격자 Tip

서류란 단순 무역서류를 의미하는 것이 아닌 물품의 인수권한을 부여하는 선하증권과 같은 유가증권을 말합니다.

수출상이 계약내용과 일치하는 물품을 수입상 또는 그 대리인의 처분 하에 인도하는 경우 대금을 지급하는 방식으로 현물인도 지급방식(COD ; Cash On Delivery)이 이에 해당한다.

(2) 서류상환결제

수출상이 계약내용에 따라 물품을 수입상에게 선적하고 그와 관련된 서류를 확보하여 수입상에게 제시하는 경우 이와 상환으로 대금을 지급하는 방식으로 신용장방식, 어음인수서류인도방식(D/A ; Documents Against Acceptance), 지급인도방식(D/P ; Documents Against Payment) 및 서류상환 지급방식(CAD ; Cash Against Documents)이 이에 해당한다.

3. 환 이동방향에 따른 구분

(1) 역환방식

역환방식은 환어음이 수출상에서 수입상으로 전달되지만 대금은 반대로 수입상에서 수출상에게 지급되는 방식으로 추심환, 화환결제방식이 이에 해당한다.

(2) 순환방식

순환방식은 송금환이 수입상에게서 수출상에게로 이동하는 방식으로 송금결제방식이 이에 해당한다.

출제 포인트 ☑

02 대금지급방식의 종류

출제율 ★★★
각각의 대금지급방식에 대해 정확하게 이해하고 용어와 절차, 장단점 등을 중점으로 학습합니다.

1. 송금결제방식(Remittance) 17 18 19 20 21 출제

(1) 단순송금방식

단순송금방식은 현금(Cash), 수표(Check), 송금수표(D/D ; Demand Draft), 우편송금(M/T ; Mail Transfer), 전신송금(T/T ; Telegraphic Transfer)등을 말한다. 일반적으로 T/T방식이 가장 많이 사용된다.

① 송금수표방식(D/D ; Demand Draft)

수입상이 계약물품에 대한 대금을 미리 은행에 불입하여 송금수표(D/D)를 발행받고, 이를 직접 수출상에게 우송하여 결제하는 방식이다.

② 우편송금(M/T ; Mail Transfer)

수입상의 요청으로 결제대금을 송금할 은행이 송금수표 대신 지급할 은행에 일정 금액을 지급하도록 위탁하는 지급지시서를 우편환(M/T)형태로 발행하여 송금은행이 지급은행 앞으로 송부하는 방식이다.

③ 전신송금(T/T ; Telegraphic Transfer)

수입상의 요청에 따라 송금은행이 대금결제 금액을 은행 간 전산방식으로 전신환(T/T)을 발행하여 송금은행이 지급은행 앞으로 송금하는 방식이다.

(2) 대금상환도방식

대금상환도방식은 현물인도 지급방식(COD ; Cash on Delivery)과 서류상환 지급방식(CAD ; Cash Against Documents)으로 나눌 수 있다.

합격자 Tip ◎

최근 무역거래에서는 전자상거래 비중이 높아짐에 따라 구매자의 소액거래를 위한 알리페이, 페이팔 등의 PG(Payment Gateway)의 활용도 많아지고 있습니다.

합격자 Tip ◎

송금결제방식은 신용장방식에 비해 신속한 처리가 가능합니다.

합격자 Tip ◎

해외구매 등 전자상거래에서 사용하는 아마존페이와 같은 결제방식을 PG(Payment Gateway)방식이라고 합니다.

① 현물인도 지급방식(COD ; Cash on Delivery)
 ㉠ 의 의
  수출상이 물품을 선적하고 발행되는 선적서류를 수입국 소재 수출상 지점 또는 대리인에게 송부하여 물품도착 후 수입상과 함께 직접 물품을 확인한 후 대금을 지급받는 방식이다.
 ㉡ 장단점
  수출상은 물품선적 후 대금을 지급받기 때문에 자기비용으로 수출물품을 준비해야 하며, 대금회수까지 장시간이 소요된다. 또한 물품인수가 거절될 경우 운송에 소요된 비용 등을 부담해야 하는 위험이 있다. 하지만 수입상의 경우에는 물품을 직접 확인한 후 대금을 지급할 수 있다는 이점이 있다.
② 서류상환 지급방식(CAD ; Cash Against Documents)
 ㉠ 의 의
  수출상이 물품을 선적하고 이에 따라 발행되는 선적서류를 수출국 소재 수입상 대리인, 지점 또는 거래은행에 상환함으로써 대금을 지급받는 방식이다.
 ㉡ 장단점
  시간, 비용적 측면에서 현물인도 지급방식(COD)에 비해 수출상의 부담이 덜하다. 그러나 수입상이 대금지급을 거절할 경우 이미 선적된 물품에 대한 비용위험이 있다는 것은 동일하다. 반면 수입상의 경우에는 서류만을 통해서 대금을 지급하기 때문에 서류와 불일치하는 물품이 선적될 수 있다는 위험이 있다.

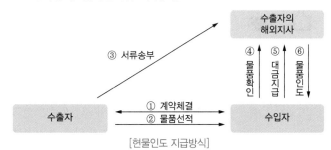

[현물인도 지급방식]

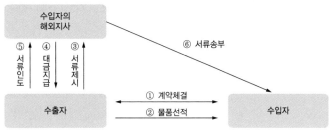

[서류상환 지급방식]

2. 추심방식

(1) 추심대금결제방식 [21] 출제

추심대금결제방식은 은행이 접수한 지시에 따라 인수 또는 지급을 받기 위해 또는 인수 또는 지급과 상환으로 서류를 인도하기 위해 서류를 취급하는 것을 말한다. 추심방식은 일반적으로 국제상업회의소(ICC)에서 규정한 추심에 관한 통일규칙(URC ; Uniform Rules for Collection)을 따른다.

👍 빈출

○× 퀴즈 ◎

Q 추심의뢰서에 명시적 표시가 없거나 불명확한 경우 D/P방식으로 간주한다. (○, ×)

A ○

합격자 Tip ◎

송금결제방식은 신용장방식에 비해 신속한 처리가 가능합니다.

(2) 추심방식의 구분 [17][18][19][20][21] 출제

추심에 있어서 장래의 일자에 지불될 수 있는 환어음이 첨부된 경우 추심의뢰서에 상업서류가 인수인도(D/A) 또는 지급인도(D/P)의 어느 한 가지 조건으로 인도되어야 하는지 명시해야 한다. 그러한 명시가 없는 경우 상업서류는 단지 지급인도(D/P)의 조건으로만 인도된다. 어느 조건으로 지급인에게 인도되어야 하는지 명시하지 않은 경우, 서류인도의 지연에 기인하는 어떠한 결과에 대해서도 추심은행은 책임을 지지 않는다.

① 지급인도방식(D/P ; Documents Against Payment)

ㄱ 의 의

지급인도방식은 수출상이 매매계약에 따라 물품을 선적하고 관련서류(상업송장, 선화증권, 보험서류 등)와 함께 수입상을 지급인(Drawee)으로 하는 일람출급 환어음(at Sight Draft)을 발행하여 추심의뢰은행(Remitting Bank)에 추심을 의뢰한다.

합격자 Tip

지급인도방식의 기재는 "D/P at sight", "D/P 30days"와 같은 방식으로 표시합니다. 이때 일정 기일이 부기되는 경우는 D/P usance입니다.

합격자 Tip

인수인도방식의 기재는 "180 days", "At 180days sight"등과 같이 표시합니다. 어음인수는 사후지급 방식이므로 "At sight"의 표기는 적합하지 않습니다.

합격자 Tip

추심결제방식에서의 선적 서류는 신용장과 유사한 경로를 통해 수입자에게 전달됩니다.

합격자 Tip

UCP 600과 URC 522에서의 불가항력 조항은 거의 동일하게 규정하고 있지만, URC 522에서는 테러리즘(Acts of Terrorism)에 대한 내용만 누락되어 있다는 점을 알아두시기 바랍니다.

추심의뢰은행은 일람출급 환어음과 구비된 서류를 수입상의 추심은행에 송부하고, 추심은행(Collection Bank)은 송부된 서류와 일람출급환어음을 수입상에게 제시하여 대금을 지급받고 구비된 서류를 인도한다. 추심은행은 회수된 대금을 추심의뢰은행에 송금하고, 수출상은 대금을 지급받게 되는 방식을 말한다.

ⓛ 특 징

수출상은 수입상이 대금을 지급하기 전까지 모든 위험을 부담한다. 하지만 수입상이 대금을 지급하지 않을 경우 추심은행은 물품을 인수할 수 있는 관련 서류를 인도하지 않기 때문에 물품의 소유권은 잃지 않는다.

ⓒ 기한부 D/P(D/P Usance)

D/P at sight의 경우에는 환어음과 관련 서류를 추심은행이 송부받으면 즉시 수입상에게 이를 제시하여 대금을 결제받는다. 하지만 D/P Usance의 경우에는 추심은행이 Usance 기간 동안 서류를 보관하고 일정기간이 경과한 후에 어음대금을 지급받고 관련 서류를 인도한다. 이는 물품보다 서류가 먼저 도착하는 경우와 같이 대금지급과 동시에 물품을 인수받을 수 없는 수입상에게 자금 활용을 효율적으로 할 수 있도록 하기 위해서 이용된다.

② 어음인수서류인도방식(D/A ; Documents Against Acceptance)

㉠ 의 의

어음인수서류인도방식(D/A)은 대금결제의 시점에 어음이 인수(Accepted)된 후 만기가 도래한 시점에 대금이 결제된다. 수입상은 추심지시서에 따라 기한부 환어음과 물품 소유에 관련된 서류를 송부받게 되면 어음을 인수하는 조건으로 관련 서류를 인도받아 계약물품을 인수받을 수 있게 된다. 그 후 어음의 만기에 수입상 추심은행에 대금을 결제하여 수출상에게 대금이 지급되도록 한다.

㉡ 특 징

수입상은 대금을 바로 결제하지 않고 어음이 만기될 때까지 대금결제를 연기할 수 있는 장점이 있다. 반면 수출상은 지급보증 없이 어음이 만기될 때까지 대금을 지급받을 수 없다.

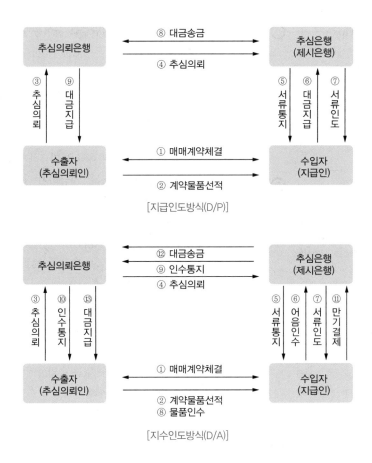

[지급인도방식(D/P)]

[지수인도방식(D/A)]

(3) 추심의 당사자 [20]출제

① 추심의뢰인(Principal)

추심의뢰인은 추심업무를 위탁하는 당사자로서 물품을 선적한 후 선적 서류 등을 구비하여 환어음을 발행하는 채권자로 일반적으로 수출상을 말한다.

② 추심의뢰은행(Remitting Bank)

추심의뢰은행은 추심의뢰인으로부터 추심요청을 받은 수출국 은행을 말한다. 추심지시서(추심의뢰서)에 따르는 추심의뢰은행은 수입국 거래은행을 통해서 수입상(매수인)에게 대금을 회수하여 수출상에게 지급하는 역할을 한다.

③ 추심은행(Collection Bank)

추심은행은 추심의뢰은행 이외의 추심업무에 참여하는 모든 은행을 말한다. 대표적으로 수입국의 거래은행이 해당한다.

합격자 Tip ●───◎

추심은행은 추심업무에 참여하는 모든 은행을 의미합니다. 다만, 추심의뢰 은행을 별도로 구분짓는 경우 추심은행은 수입자에게 1차 추심을 하는 은행으로 판단한다. 그러한 경우 제시은행으로 표현되기도 합니다.

④ 제시은행(Presenting Bank)

제시은행은 추심은행에 해당되는 거래은행으로 수입상에게 추심서류를 제시하는 은행을 말한다. 일반적으로 수입국에 소재하는 거래은행이 이에 해당된다.

제시은행을 포함한 추심거래에 참여하는 모든 은행은 단순한 추심대리인의 역할만을 수행하기 때문에 환어음과 선적서류 등을 심사 및 검토할 의무가 없다.

⑤ 지급인(Drawee)

지급인이란 추심서류를 제시받는 자로서, 대금을 결제할 채무자이다. 보통 수입상이 해당된다.

OX 퀴즈

Q. 추심거래에서 Drawee 는 수출자를 의미한다. (O, ×)

A. × Drawee는 추심서류를 제시받는 자로서 대금을 결제해야하는 자이므로 수입자가 이에 해당한다.

(4) 추심지시서

① 추심지시서는 추심을 송부한 은행의 이름을 생략 없이 완전히 기재해야 하며, 우편주소, SWIFT 주소, 텔렉스, 전화, 팩스번호 및 참조사항을 포함하여야 한다.

② 추심지시서는 동봉한 서류의 목록과 서류의 숫자를 표시하여야 한다.

③ 추심될 수수료를 지시서에 포함하며, 포기될 수 있다면 그러한 명시도 포함하여야 한다.

④ 추심은행은 불완전하거나 부정확한 주소로 인해 발생하는 어떠한 지연에 대해서도 의무나 책임을 지지 아니한다.

● **기출응용문제** ●

추심당사자에 대한 설명으로 옳지 않은 것은?

① 추심의뢰인(Principal)은 추심업무를 위탁하는 당사자로서 일반적으로 수출상을 말한다.

② 추심의뢰은행(Remitting Bank)은 수출상에게 대금을 회수하여 수입상에게 지급하는 역할을 한다.

③ 추심은행(Collection Bank)은 추심의뢰은행 이외의 추심업무에 참여하는 모든 은행을 말한다.

④ 지급인(Drawee)이란 추심서류를 제공받는 자로서, 대금을 결제할 채무자이며 일반적으로 수입상이 해당된다.

해설 추심의뢰은행은 수입상에게 대금을 회수하여 수출상에게 지급한다.

정답 ②

안심Touch

3. 신용장방식

(1) 신용장(L/C ; Letter of Credit)

신용장이란 개설은행의 조건부 지급확약을 의미한다. 신용장의 개설은행이 발행한 신용장에서 요구하는 서류가 모든 조건과 일치함이 확인되고, 개설은행에 제시될 때 수출상인 수익자에게 대금을 지급하는 결제방식이다. 수출상은 일반적으로 수입상인 개설의뢰인이 제시한 조건의 서류를 구비해야 대금을 지급받을 수 있다.

(2) 신용장거래의 당사자 [17][18][19][20][21] 출제

① 기본당사자

신용장거래의 기본당사자는 직접적인 권리와 의무를 부담하는 자를 말한다.

㉠ 개설은행(Issuing Bank)

개설의뢰인의 지시와 요청에 따라 수익자에게 신용장을 개설하는 은행을 말한다. 개설은행은 수익자가 발행한 환어음에 대해 지급, 인수, 매입할 것을 확약하고 조건에 일치하는 서류를 지급, 인수 또는 매입은행에 대해서도 이를 보상할 의무가 있다.

합격자 Tip

다른 표현으로는 Grantor, Establishing Bank, Opening Bank가 있습니다.

㉡ 개설의뢰인(Applicant)

매매계약에 따라 대금을 지급해야 하는 채무자를 말한다. 계약물품의 인수를 위해서 조건을 제시한 신용장을 개설은행에 개설하도록 하는 의뢰인이자 신용장거래 수수료의 부담자이다. 상황에 따라 Buyer, Importer, Accountee, Drawee 또는 Consignee 등으로도 불린다.

합격자 Tip

다른 표현으로는 Buyer, Importer, Accountee, Drawee, Consignee가 있습니다.

㉢ 수익자(Beneficiary)

신용장에 의한 지급보증을 받는 당사자로서, 물품을 선적하고 그에 대한 대금을 지급받는 자를 말한다. 상황에 따라 Seller, Accreditee, Exporter, Payee, Consignor 또는 Shipper 등으로 불린다.

합격자 Tip

다른 표현으로는 Seller, Accreditee, Exporter, Payee, Consignor, Shipper가 있습니다.

㉣ 확인은행(Confirmaing Bank)

개설은행으로부터 요청을 받아 신용장을 확인하는 은행이다. 개설은행이 부담하는 모든 의무를 부담하며, 개설은행이 채무를 이행할 수 없을 때 그 채무도 이행해야 한다. 확인은행은 신용장에 확인을 추가하면 철회하거나 취소할 수 없다.

② 기타당사자

㉠ 통지은행(Advising Bank)

개설은행의 지정권한에 따라 수익자에게 신용장이 개설되었음을 통지하는 은행을 말한다. 개설은행에 의해 지정된 통지은행은 변경 될 수 없으며, 신용장 조건변경 등에 대한 통지도 동일한 통지은행에 의해서

합격자 Tip

다른 표현으로는 Notifying Bank, Transmitting Bank가 있습니다.

합격자 Tip

신용장 개설과 당사자 간 매매계약은 독립적이며, 개설수수료는 기간비례로 산정됩니다.

합격자 Tip

상환은행은 Setting Bank 라고도 표현하며, 상환은행의 수수료는 개설은행이 부담하는 것이 원칙입니다.

OX 퀴즈

Q. 양도은행은 제2수익자의 의뢰를 받아 제1수익자에게 신용장의 양도를 통지하는 은행이다. (O, ×)

A. × → 양도은행은 제1수익자의 의뢰를 받아 제2수익자에게 신용장의 양도를 통지하는 은행이다.

OX 퀴즈

Q. 매입은행은 개설은행에 의해서 지급이 거절될 경우 수익자에게 소구권을 청구할 수 없다. (O, ×)

A. × → 매입은행은 지급이 거절될 경우 수익자에게 소구권을 청구할 수 있다.

이뤄져야 한다. 통지은행은 일반적으로 수익자 소재지 국가의 개설은행 본지점이 활용된다. 개설은행은 제시된 서류가 일치하는지 여부를 결정하기 위하여 제시일의 다음날부터 5은행영업일을 가진다.

서류에 하자가 있는 경우 결제를 거절하거나, 하자에 대한 권리포기를 위해 개설의뢰인과 교섭할 권리가 있다. 또한 제시자의 추가지시가 있을 때까지 서류를 은행에 보관할 수 있다.

ⓛ 지정은행(Nominated Bank)

개설은행으로부터 지정을 받아 신용장에 대해 지급, 인수 또는 매입을 행하는 은행이다. 자유매입신용장 조건인 경우 수익자가 매입은행을 임의로 선택할 수 있으며, 수익자의 매입의뢰를 받은 은행이 지정은행이 된다.

ⓒ 상환은행(Reimbursing Bank)

지급, 인수 또는 매입을 행한 은행의 상환청구에 대해 개설은행을 대신하여 대금상환을 행하는 은행을 말한다. 개설은행의 지시에 따라 상환업무만을 대행하기 때문에 지급, 인수 또는 매입은행에 대하여 서류의 일치를 요구하지 못한다.

ⓔ 양도은행(Transferring Bank)

양도신용장의 경우 활용되는 당사자로서 제1수익자의 의뢰를 받아 제2수익자에게 신용장의 양도를 통지하는 은행이다. 지급, 인수 또는 매입을 이행하도록 개설은행으로부터 수권받은 은행이며, 통상 통지은행이 그 역할을 한다.

ⓜ 매입은행(Negotiation Bank)

수익자가 신용장에 조건과 일치하는 서류와 환어음을 제시하여 매입을 의뢰받은 은행을 말한다. 지정된 은행이 있는 경우 지정은행이 매입은행이 되나 특별한 지정이 없는 경우에는 모든 은행이 매입은행이 될 수 있다. 매입은행은 일람지급 또는 연지급으로 제시된 신용장을 자신의 자금으로 이자 및 수수료를 공제하고 할인하여 수익자에게 먼저 지급한다. 매입은행은 환어음을 근거로 개설은행에 대금을 청구할 권한을 갖게 되며, 개설은행에 의해서 지급이 거절될 경우 수익자에게 소구권을 행사할 수 있다. 또한 서류의 매입 시 신용장 조건에 일치하는지 여부를 문면상으로 확인하며, 매입을 거절하기로 결정한 때에는 제시자에게 그러한 취지를 한 번에 통지하여야 한다.

(3) 신용장 거래절차

신용장 거래는 일련의 과정을 거쳐 이루어진다. 가장 일반적인 매입신용장 거래 방식으로 신용장 거래절차를 알아보고자 한다.

① 계약당사자 간 매매계약을 체결하고, 개설의뢰인(Applicant)은 개설은행(Issuing Bank)에 신용장 발행을 요청한다.

② 개설은행(Issuing Bank)은 신용장을 개설하고 이를 통지은행(Advising Bank)에 통지한다.

③ 통지은행(Advising Bank)은 수익자(Beneficiary)에게 신용장이 개설됨을 통지한다.

④ 수익자(Beneficiary)는 계약물품을 선적하고 신용장 조건에 일치하는 서류를 구비한 후, 매입은행(Negotiating Bank)에 서류를 제시한다.

⑤ 매입은행(Negotiating Bank)은 수익자(Beneficiary)로부터 송부받은 서류를 개설은행(Issuing Bank)에 상환하여 대금을 지급 요청한다.

⑥ 개설은행(Issuing Bank)은 신용장의 조건과 일치하는 서류가 도착했음을 개설의뢰인(Applicant)에게 통지하고 대금을 회수한다. 개설의뢰인(Applicant)은 대금지급과 함께 물품 관련 선적서류를 인수받는다.

⑦ 수입상(Buyer)은 대금지급 후 선적서류를 통해서 물품을 인수받고, 수출상(Seller)은 매입은행(Negotiating Bank)으로부터 대금을 회수하게 된다.

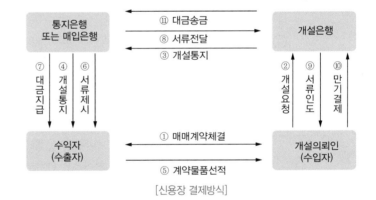

[신용장 결제방식]

○× 퀴즈

Q. 신용장 개설을 의뢰하는 수입상을 Applicant라고 부른다. (○, ×)

A. ○

합격자 Tip

환어음의 만기가 설정된 경우 만기까지만 대금을 지급하면 되므로 만기 전에는 개설은행에게 결제의무가 부담되지 않는다는 점을 기억해 두실 필요가 있습니다.

일반적인 신용장 거래 절차로 가장 올바른 것은?

A. 계약당사자 간 매매계약을 체결한다.
B. 통지은행은 수익자에게 신용장이 개설됨을 통지한다.
C. 개설은행은 조건과 일치하는 서류를 개설의뢰인에게 제시하고 대금을 회수한다.
D. 수익자는 매입은행으로부터 대금을 회수한다.
E. 개설의뢰인은 개설은행에 신용장 발행을 요청한다.
F. 수익자는 신용장 조건에 일치하는 서류를 구비하여 매입은행에 제시한다.

① A − B − E − F − C − D
② A − E − B − F − C − D
③ E − A − B − C − F − D
④ E − B − A − F − D − C

정답 ②

(4) 신용장거래의 특징 [17] [18] 출제

합격자 Tip

신용장거래 방식의 정의 및 특징에 대한 설명 후 옳지 않은 내용을 묻는 문제가 출제될 수 있습니다.

① 신용장거래의 장점
　㉠ 수출상의 장점
　　대금회수를 은행이 보증해주기 때문에 안전하게 거래할 수 있으며, 신용장을 담보로 대금을 융자받는 등 무역금융 혜택을 받을 수 있다.
　㉡ 수입상의 장점
　　수입상은 신용장 개설을 통해서 수출상의 대금회수 위험을 줄여주기 때문에 이를 토대로 더 유리한 조건으로 매매계약을 진행할 수 있다. 또한 수출상이 제시한 서류를 은행에서 심사함으로써 계약과 상이한 물품을 인수받지 않을 수 있다.
② 신용장거래의 단점
　㉠ 수수료 추가 부담 및 실제물품과 상이성
　　지급보증을 위한 은행이 대금결제에 개입되기 때문에 수수료를 추가로 부담해야 하는 단점이 있다. 그리고 신용장 조건과 일치하는 서류의 제출에 따라 대금을 지급했지만 은행은 서류의 문면상의 일치성만을 심사하므로 실제물품이 다를 수 있다.
　㉡ 수입화물대도(T/R ; Trust Receipt)
　　신용장거래에서는 은행을 통해 서류를 받게 되며 대금을 지급하지 않고는 서류를 찾을 수 없다. 이때 선적서류의 소유권은 여전히 은행이 보유하고 있음을 확약하고, 선적서류를 대도할 수 있도록 하는 서류가 T/R이다. 수입자는 수입화물을 매각하고, 그 대금으로 차입금을 상환한다.

👍 빈출

(5) 신용장의 종류

합격자 Tip

출제가 빈번한 신용장의 종류는 연지급신용장, 상환신용장, 기한부신용장, 매입신용장, 양도가능신용장, 취소불능신용장, 동시개설신용장, 토마스신용장, 선대신용장, 회전신용장 등이 있습니다.

① 지급신용장(Sight Payment Credit, Payment L/C)

수익자가 지급은행에 서류를 제시하면 지급하겠다는 약정이 표시된 신용장이다. 일반적으로 개설은행의 본, 지점 또는 예치환거래은행이 지급은행이 되며, 매입은행 등의 중간은행의 개입이 없어 수익자에게는 간단한 절차를 지닌 신용장이라고 볼 수 있다.

통지은행만이 지급을 담당할 수 있으며 환어음을 요구하지 않는 것이 일반적이나, 환어음 요구를 조건으로 하는 경우가 일부 있다. 지급은행은 서류가 부도반환되더라도 수익자에게 대금반환을 요구하지 못한다.

② 연지급신용장(Deferred Payment Credit, Deferred Payment L/C) 19 출제

신용장조건과 일치하는 서류를 신용장 지정 연지급확약은행에 제시하면 신용장 규정에 따라 결정되는 만기일에 대금을 결제하는 신용장을 말한다. 연지급확약은행은 개설은행 또는 확인은행의 지시에 따라 연지급확약서를 수익자에게 발급해준다. 대금결제의 시점이 기한부라는 점에서 기한부신용장(Usance L/C), 인수신용장(Acceptance L/C)과 동일하지만, 연지급신용장의 경우 어음이 발행되지 않는다는 차이점이 있다.

③ 인수신용장(Acceptance Credit, Acceptance L/C) 19 출제

신용장조건과 일치하는 서류와 대금 만기기한을 정한 기한부어음을 인수은행에 제시하면 이를 인수하고 대금만기일에 대금을 지급할 것을 확약하는 신용장을 말한다.

일반적으로, 인수은행도 지급신용장처럼 개설은행의 본 지점 또는 예치환거래 은행이 인수은행으로 지정되고 지정된 인수은행만이 수익자로부터 관련 서류를 인수받고 대금결제를 할 수 있다. 인수은행은 서류가 부도반환 되더라도 수익자에게 대금반환을 요구하지 못한다. 대금결제시기와 환어음제시 등에 관하여 지급신용장과는 다른 차이점이 있다.

OX 퀴즈

Q 사용빈도가 가장 높은 방식으로 수익자 외에도 매입이 허용되는 신용장방식은 매입신용장(Negotiation L/C)이다. (O, ×)

A O

④ 매입신용장(Negotiation Credit, Negotiation L/C)

환어음의 매입을 허용하여 어음의 발행인(Drawer)인 수익자 외에도 배서인(Endorser), 어음의 소지인(Bona-fide Holder)에게도 지급을 확약하겠다는 신용장이다. 수익자가 매입은행을 자유롭게 선택할 수 있어 편리하다.

단, 개설은행이 매입은행을 제한한 은행이 있을 경우 제외되고 개설은행은 매입은행이 될 수 없다. 어음의 만기형태는 일람지급(At Sight)과 기한

부(Usance) 모두 가능하며, 매입한 서류가 부도, 반환되면 수익자에게 대금반환을 청구할 수 있는 특징이 있다.

⑤ 상환신용장(Reimbursement L/C, 보상신용장)

상환은행(Reimbursement Bank)은 개설은행에 대금청구를 하도록 한 신용장에서 지정된 특정은행을 말한다. 일반적으로 상환신용장은 신용장을 지급·인수·매입한 은행이 개설은행과 무예치환거래 은행일 경우 자금을 중개할 은행이 필요하기 때문에 사용된다. 매입은행은 상환용 환어음을 상환은행에 청구하고, 선적관련 서류는 개설은행에 송부하게 된다. 개설은행은 상환은행의 청구에 대금을 결제할 의무가 있다.

⑥ 송금신용장(Remittance L/C)

송금신용장은 매입은행이 신용장조건에 일치하는 서류를 수익자로부터 매입하고 대금을 지급받을 은행을 지정하면 개설은행이 지정받은 은행에 대금을 송금함으로써 대금결제가 완료되는 신용장을 말한다.

⑦ 일람출급신용장(Sight L/C) 21 출제

신용장에서 환어음이 지급인(Drawee)에게 제시되었을 때 즉시 지급되는 신용장을 말한다.

⑧ 기한부신용장(Usance L/C) 17 출제

신용장에서 환어음이 지급인(Drawee)에게 제시되었을 때 환어음에 서 정한 만기일이 도래할 때까지 대금지급이 연기되는 신용장을 말한다. 만기일까지 대금지급을 연장할 수 있기 때문에 연장기간 동안 신용위험을 누가 부담하느냐에 따라 'Banker's Usance', 'Shipper's Usance'로 분류될 수 있다.

⑨ 자유매입신용장(Freely Negotiation L/C)

신용장에서 정한 조건에 일치하는 서류와 함께 환어음을 매입할 수 있는 은행을 제한하지 않은 신용장을 말한다.

⑩ 매입제한신용장(Restricted L/C)

신용장에서 정한 조건에 일치하는 서류와 함께 환어음을 매입할 수 있는 은행을 제한 또는 한정한 신용장을 말한다. 매입을 제한 또는 한정한 은행이 아닌, 제3자의 은행에서 해당 서류와 환어음을 매입한 경우에는 매입은행이 제한 또는 한정은행이 서류를 재매입해야 한다.

⑪ 양도가능신용장(Transferable L/C) 20 21 출제

수익자가 외국에서 발행된 신용장을 근거로 제2의 신용장을 개설하여 제3의 수익자에게 양도하는 신용장을 말한다. 수출상이 발급받은 신용장 (Master L/C)을 근거로 제2의 신용장(Local L/C, Overseas L/C)을 발급하려면 신용장상에 'Transferable'이라는 표기가 반드시 명기되어 있어야 한다. 수출상은 신용장의 전부 또는 일부를 분할하여 양도할 수 있다.

○× 퀴즈

Q 양도가능신용장은 Divisible이라는 문구로 되어 있는 경우 양도가 가능하다. (○, ×)

A × → 'Transferable'이라는 문구로 되어 있는 경우 양도가 가능하다.

안심Touch

합격자 Tip ●────◎

양도가능신용장에서 보험
부보율은 감액되거나 단
축될 수 없습니다.

○× 퀴즈 ●────◎

Q 신용장에 표시가 없는
경우 취소 가능하다.
(○, ×)

A × → 신용장은 표시
가 없더라도 원칙적으
로 취소불능이다.

⑫ **양도불능신용장(Non-Transferable L/C)**

신용장상에 'Transferable'이라는 표기가 없는 신용장을 말하며, 신용장에 표기된 수익자만 사용할 수 있다.

⑬ **상환청구가능신용장(With Recourse L/C)**

개설은행의 부도 등의 사유로 인해서 어음이 지급 또는 인수되지 못할 때 어음을 발행인(Drawer)에게 다시 반려하여 대금을 청구할 수 있는 신용장을 말한다.

⑭ **상환청구불능신용장(Without Recourse L/C)**

개설은행의 부도 등의 사유로 인해서 어음이 지급 또는 인수되지 못할 때 어음을 발행인(Drawer)에게 다시 반려하여 대금을 청구할 수 없는 신용장을 말한다.

⑮ **취소불능신용장(Irrevocable L/C)**

신용장 조건에 일치하는 서류가 제시될 경우 대금을 지급한다는 확약을 통해서 신용장이 개설된 경우 신용장거래의 기본당사자인 개설은행, 확인은행, 수익자 전원의 합의가 없을 경우 그 조건을 변경하거나 취소할 수 없는 신용장을 말한다.

취소가 불가능하다는 표시가 신용장에 별도로 명시되어 있지 않더라도 취소불능신용장으로 본다.

⑯ **취소가능신용장(Revocable L/C)**

신용장이 개설된 후에 수익자에게 별도의 통지 없이 신용장 조건 및 취소가 가능한 신용장을 말한다. 단, 이미 매입한 금액이 있다면 이는 취소불가능하며 UCP 600에서는 취소가 가능한 신용장을 인정하지 않고 있다.

⑰ **확인신용장(Confirmed Credit)** 20 출제

개설은행이 지급을 확약하는 신용장에 대해서 개설은행 외 제3자의 은행이 지급·인수·매입을 확약해 주는 신용장을 말한다. 개설은행의 1차 지급확약에 2차 지급확약을 추가하여 수익자의 대금회수를 보장하는 기능을 한다.

⑱ **동시개설신용장(Back to Back Credit)** 20 21 출제

수입국에서 신용장을 개설하면서 이에 상응하는 대응수출입에 관하여, 수출국에서 신용장을 동시에 개설하는 조건으로 발행되는 신용장을 말한다. 원신용장(Master L/C)을 토대로 동시에 타국에서 제2의 신용장(Baby L/C, Sub L/C)을 발행해야만 원신용장의 효력이 있음을 신용장 조건에 명시하는 형태의 신용장이다. 이를 통해서 양국 간 무역수지 규모를 조정할 수 있는 장점이 있다.

⑲ 기탁신용장(Escrow Credit)

수출상이 물품을 선적하고 신용장조건과 일치하는 서류와 환어음을 제시하는 점은 일반신용장과 다르지 않으나, 매입대금을 수익자에게 지급하지 않고 수익자 명의 상호 약정계좌에 기탁한다. 기탁된 매입대금은 차후 무역거래에서 수입상으로부터 물품을 구매할 때만 결제대금으로 사용되도록 명시된 신용장을 말한다.

⑳ 토마스신용장(Tomas Credit)

토마스신용장은 구상무역 간 신용장이 동시에 개설될 수 없는 경우 활용되는 방식으로서, 원신용장이 개설될 때 상대방이 일정기간 이후에 동액의 신용장을 개설하겠다는 보증을 보증서로 첨부해야만 원신용장의 효력이 유효해지는 신용장을 말한다.

㉑ 선대신용장(Red Clause L/C)

수출상이 물품을 선적하기 전에 매입대금 일부 또는 전액을 미리 융통받을 수 있는 신용장을 말한다. 일정한 조건을 선적 전에 충족하도록 명시하여 수출대금을 사전에 지급하는 형태로서 선대를 허용한다는 문구가 적색으로 표시되어 'Red Clause'라고 불린다.

㉒ 내국신용장(Local L/C)

수입국의 수입상으로부터 신용장을 발급 통지받은 수출상이 선적 물품을 국내에서 구매 또는 생산하기 위해 조달물품에 대해 원신용장을 근거로 개설된 제2의 신용장을 말한다.

㉓ 회전신용장(Revolving Credit) 17 20 출제

수출상과 수입상이 동일한 거래가 반복적으로 계속될 때 사용할 수 있는 신용장으로, 한 번 개설한 신용장이 대금결제가 완료된 후 갱신되는 신용장을 말한다. 동종의 물품을 반복적으로 거래하는 데 있어 신용장 조건 등을 매번 설정하여 개설하면 비용과 시간이 소요되기 때문에 이러한 소요를 없애기 위해서 활용되는 방식이다.

빈출 ➤

㉔ 보증신용장(Stand-by L/C) 17 18 20 21 출제

보증신용장은 화환신용장을 개설할 때 사용되는 신용장이 아니라 금융의 담보 또는 채무이행을 보증하는 신용장이다. 금융담보 또는 채무에 관한 이행을 보증하는 신용장이기 때문에 별도로 화물에 대한 서류를 요구하지 않는다. 일반적으로 제3국에 있는 지사의 금융 보증을 대신하거나 채무조건에 따른 입찰보증(Bid Bond L/C), 계약이행보증(Performance Bond L/C), 선수금반환보증(Refundment Bond L/C) 등을 보증하는 신용장이다.

(6) 서 류

① 신용장에서 명시된 각각의 서류는 적어도 1통의 원본은 제시되어야 한다.
② 서류 자체에 원본이 아니라고 명시되어있지 않는 한 은행은 서류 발행자의 서명이 담긴서류를 원본으로 취급한다.
③ 신용장이 서류의 사본을 요구하는 경우에는 원본 사본을 제시해야 한다.
④ 신용장이 "In Duplicate"의 용어를 사용하여 복수의 서류의 제시를 요구하는 경우, 이 조건은 그 서류 자체에 별도의 표시가 없는 한 적어도 한 통의 원본과 나머지 수량의 사본을 제시함으로써 충족된다.

4. 국제팩터링(International Factoring) 18 19 20 21 출제

합격자 Tip

국제팩터링과 포페이팅 중 하나를 설명하고 적절한 대금결제방식을 선택하는 문제가 출제될 수 있습니다. 각각의 거래절차를 이해하고 팩터링회사, 무소구권, Aval과 같은 핵심단어를 중심으로 학습하세요.

(1) 의 의

국제팩터링은 팩터의 회원망을 통해 수입상의 신용을 바탕으로 이루어지는 대금결제방식이다. 수출국의 수출팩터는 수입국의 수입팩터와 함께 수출상을 위하여 외상수출채권과 관련된 대금회수를 보장하고 회수업무에 따른 장부기장 등 회계업무와 전도금융 등 제반서비스를 제공한다.

(2) 팩터링의 기능

① 수입팩터는 수출팩터와의 약정에 따라 수입상에 대한 신용조사를 하고 수입상의 신용위험을 인수하고, 수출채권의 양수 및 수입상의 결제대금의 송금 등 대금회수를 보장한다.
② 수출팩터는 수출상과의 약정에 따라 수출채권을 관리하며 이를 담보로 전도금을 제공함으로써 수출상이 수출물품의 준비자금을 효율적으로 운용할 수 있도록 한다. 수입팩터는 수입상에 대한 신용조사 후 설정된 신용한도 범위 내에서 부족한 결제자금에 대한 금융서비스를 제공할 수 있다.

○✕ 퀴즈

Q. 팩터링의 경우 상환청구가 불가능하다.

(○, ✕)

A. ✕ → 팩터링도 상환청구 불가조건으로 설정할 수 있고, 또한 가능 조건으로도 진행할 수 있다. 상환청구 불가조건에서 지급이 이루어지지 않는 경우 수출상은 선지급받은 대금을 반환해야 한다.

(3) 팩터링 절차

① 수출상은 수출팩터와 팩터링 거래약정을 체결한다.
② 수출상은 수출팩터를 통해 수입팩터에게 수입상에 대한 신용조사를 의뢰한다.
③ 수입팩터는 수입상의 신용도를 조사한 후 수입상과 신용한도 및 조건협의 후 수입팩터링 약정을 체결한다.
④ 수입팩터는 수출팩터를 통해 수출상에게 신용승인통지를 전달한다.
⑤ 수출상과 수입상 간의 대금결제조건을 신용승인한도 내로 하여 팩터링방식에 의한 매매계약을 체결한다.
⑥ 수출상은 계약에서 정한 기간 내 계약물품을 선적한다.

⑦ 수출상은 선적서류를 제시하고 수출채권의 범위 내에서 전도금융을 제공 받는다. 이때 수출팩터는 수출상으로부터 전도금융에 대한 이자와 수수료를 선취한다.

⑧ 수출팩터는 수입팩터에게 선적서류를 발송하고 수출채권을 수입팩터에게 양도한다.

⑨ 수입팩터는 제시받은 선적서류를 수입상에게 인도하고 수입상은 선적서류를 기초로 물품을 인수한다.

⑩ 수입상은 계약 만기일에 수입팩터에게 대금을 결제한다. 수입상이 대금지급을 지연시키는 경우 수출상이 금융연장 이자를 부담하고, 계약조건에 따라 수입상이 연체이자를 포함한 대금을 상환하면 해당이자를 반환한다.

⑪ 수입팩터는 결제받은 대금을 수출팩터에게 송금한다.

⑫ 수출팩터는 수입팩터가 보내온 대금과 미리 지급한 전도금을 상계정산하여 잔액을 수출상에게 지급한다.

● 기출응용문제 ●

다음 중 국제팩터링에 관한 설명으로 옳지 않은 것은?

① 수입팩터는 수출팩터와의 약정에 따라 수입상에 대한 신용조사를 하고 수입상의 신용위험을 인수한다.

② 매출채권을 수출팩터에게 양도하여 수출대금을 사전에 현금화할 수 있다.

③ 수입팩터는 수출팩터를 통해 수출상에게 신용승인통지를 전달한다.

④ 플랜트거래와 같이 금액이 큰 중장기 프로젝트에 국제팩터링 방식이 활용된다.

해설 포페이팅은 플랜트무역과 같은 대형 무역거래를 대상으로 하지만 국제팩터링은 소액거래를 대상으로 한다.

정답 ④

빈출 ▷ 5. 포페이팅 17 18 19 20 21 출제

○× 퀴즈 ━━━◎

Q 포페이팅 방식이란 채권을 현금으로 변환하여 받거나 약속어음을 소구하지 않는 조건으로 고정이자율로 할인하는 방식을 말한다. (○, ×)

A. ○

(1) 의 의

포페이팅 방식이란 채권을 현금으로 변환하여 받거나 약속어음을 소구권 없이 고정이자율로 할인하는 방식을 말한다. 포페이팅을 취급하는 전문금융회사를 통해 어음의 만기일이 도래할 때까지 대금회수를 기다리지 않고 만기까지 기간을 고려한 이자를 할인하여 대금을 지급받는 금융기법이다.

(2) 포페이팅 절차

① 수출상과 수입상은 매매계약을 체결하고 대금결제 조건에 포페이팅 방식을 추가한다.

② 수입상이 지급보증은행에 어음 또는 환어음을 제출하면 지급보증은행은 지급보증서 또는 'Aval(Approval)'을 추가하여 수출상에게 인도한다.

③ 수출상은 포페이터와 계약된 내용으로 할인한 어음대금을 지급받는다.

④ 포페이터는 지급보증은행에 만기일이 도래한 어음을 제시하고 대금을 지급받는다.

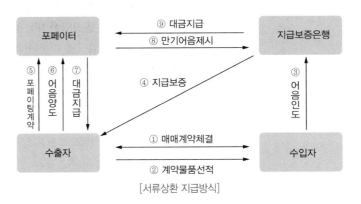

[서류상환 지급방식]

(3) 포페이팅 특징

① 포페이터는 수입상이 대금을 지급하지 않는 경우 수출상에게 지급한 대금의 반환을 요청할 수 없는 무소구조건 결제방식이다.

② 고정이자율을 적용한 할인방식이 사용되며 수출금액의 100%까지 포페이팅이 가능하다.

③ 할인의 대상은 환어음과 약속어음만 가능하다.

④ 일반적으로 중장기(통상 10년) 매매계약에 활용되며 연불수출어음이 대부분이다.

합격자 Tip

포페이팅의 가장 큰 특징은 중장기거래에서 소구권 없이 진행된다는 점입니다.

O× 퀴즈

Q. 포페이팅은 180일 이내의 단기금융에 활용되나, 국제팩터링의 경우 최장 10년까지의 장기금융에 활용된다. (O, ×)

A. × → 국제팩터링이 단기금융, 포페이팅이 장기금융에 활용된다.

⊕ Plus one

팩터링과 포페이팅의 차이점

팩터링	포페이팅
• 180일 이내의 단기금융에 활용	• 최장 10년까지의 장기금융에 활용
• 통상 10만 달러 이내의 소액거래가 대상	• 플랜트무역과 같은 대형 무역거래가 대상
• 소구권이 있는 방식과 소구가 불가능한 두 가지 방식 모두 가능	• 소구 불가능

포페이팅에 대한 설명으로 옳지 않은 것은?

① 최장 10년까지의 장기금융에 활용한다.

② 소액거래가 주 대상이다.

③ 할인의 대상은 환어음과 약속어음만 가능하다.

④ 채권을 현금으로 변환하여 받거나 약속어음을 소구권 없이 고정이자율로 할인하는 방식을 말한다.

해설 소액거래가 아닌 플랜트무역과 같은 대형 무역거래가 대상이다.

정답 ②

6. 청산계정(O/A ; Open Account) 18 19 20 21 출제

청산계정이란 거래 당사자가 빈번하게 거래하는 경우 거래시마다 결제하는 것이 아닌 거래내역을 장부에 기입해두고 일정기간마다 대차 잔액을 결제하는 방식이다.

(1) 청산결제의 특징

① 상호간에 신용공여한도를 설정하고 대차잔액이 한도에 도달하기 전까지는 결제가 발생하지 않는다.

② 일반적으로 무역대금의 결제에 관한 지급협정이 수반된다.

③ 거래통화와 표시통화가 다른 경우에는 외국환거래규정에 따라 통화환산율을 기장일 시점의 전신환매입률로 적용한다.

④ 어느 한 당사자 국가에만 계정을 둘 수도 있지만 쌍방에 계정을 설정하고 각각 기장하는 방식으로도 이용될 수 있다.

⑤ 물품선적이 완료된 후 일정기간이 뒤 대금을 지급하는 거래로서 외상거래의 일종으로 볼 수 있다.

⑥ 환리스크와 수수료 절감의 효과가 있다.

(2) 계정설정방식

① 한쪽에만 계정을 두고 양자 간의 협정상의 거래를 모두 이 계정의 대차에 따라 장부상에 기장해두었다가 차액만을 결제한다.

② 양쪽 모두에 각각의 계정을 설정하며, 모든 거래는 쌍방의 계정에 기장하고 결제한다.

03 UCP 600 규정에 따른 신용장 실무

1. 신용장 실무

(1) 신용장 통지

① 의 의

신용장의 통지는 개설의뢰인의 요청 및 지시에 따라 신용장을 개설한 은행이 개설된 내용을 수익자에게 알리는 것을 의미한다.

② 특 징

㉠ 신용장 통지를 의뢰받은 은행은 신용장을 수익자에게 통지할지 여부를 결정한 후 수익자에게 통지하거나 통지를 거부할 경우 통지를 의뢰한 은행에 거부결정을 알려주어야 한다.

㉡ 통지를 의뢰받은 은행은 대금결제에 대한 지급이행 또는 매입 등에 대해 확약 없이 신용장을 통지할 수 있다.

㉢ 신용장을 통지하는 은행은 신용장에 대한 외견상 진정성을 충족하였음을 확인해서 수익자에게 통지해야 한다.

(2) 신용장 조건변경 [17] [18] [20] 출제

① 의 의

신용장의 조건변경은 조건변경과 취소를 모두 포함한다. 조건변경의 경우 수익자가 통지받은 신용장 효력을 무효로 하지 않고 전부 또는 일부를 변경하는 것을 말하며, 신용장 취소는 정상 개설된 신용장 효력의 해지를 의미한다.

② 특 징

㉠ 신용장의 조건변경은 개설은행, 수익자 및 확인은행(있는 경우)을 포함한 주요당사자 전원의 합의가 있어야 유효하다.

㉡ 조건변경의 통지내용이 복수인 경우 통지된 복수의 내용 중에서 일부만 승낙되어 변경될 수 없다.

㉢ 일부만 승낙하고자 하는 경우 일부의 내용만 포함하여 새로운 조건변경을 다시 합의하여야 한다.

㉣ 신용장 개설을 통지한 통지은행은 조건변경 시에도 동일하게 이용해야 하며, 특정기한 내 조건변경을 승낙하지 않을 경우 조건변경이 유효하다는 조항은 무시된다.

㉤ 수익자는 통지은행에 조건변경에 대한 승낙 또는 거절의 의사표시를 해야 한다. 단, 수익자가 승낙에 대한 통지 없이 제시된 조건변경에 일치하는 서류를 제시하는 경우에는 조건변경을 승낙한 것으로 간주하고, 신용장 조건변경이 효력을 갖게 된다.

ⓑ 개설은행은 조건을 변경한 시점으로부터 변경 내용에 대하여 취소 불가능하게 구속된다.

ⓢ 확인은행은 조건변경에 대한 확인을 연장할 수 있고, 조건변경을 통지한 경우 그 시점부터 취소 불가능의 의무를 부담한다.

ⓞ 확인은행이 조건변경에 대하여 확인을 확장함이 없이 통지만을 하기로 선택한 경우 지체없이 개설은행에 통고하고, 통지서로 수익자에게 통고해야 한다.

(3) 신용장 확인 21 출제

① 의 의

신용장 확인은 신용장 조건과 일치하는 서류제시에 대하여 결제 또는 매입하겠다는 개설은행의 지급확약에 추가하여, 확인은행이 하는 확인을 말한다.

② 특 징

㉠ 확인은행의 추가 확인은 개설은행의 지급보증과는 별개의 독립보증으로, 수익자는 개설은행 또는 확인은행을 임의로 선택하여 조건과 일치하는 서류를 제시할 수 있다.

㉡ 개설은행의 신용상태에 대해 의구심이 있을 경우 이를 보완하기 위해 개설은행이 확인을 요청하기도 하며, 개설된 신용장의 전부 또는 일부를 확인할 수 있다.

㉢ 확인은행은 신용장에 확인을 추가하는 시점으로부터 취소가 불가능한 결제 또는 매입의 의무를 부담한다.

㉣ 신용장이 확인은행에서 매입의 방법으로 이용가능하다면, 확인은행은 소구권 없이 매입하여야 한다.

㉤ 개설은행으로부터 신용장 확인요청을 받았으나, 그 준비가 되지 않았다면 개설은행에 통고하여야 하고, 확인 없이 신용장을 통지할 수 있다.

㉥ 신용장이 다른 지정은행에서 일람지급에 의하여 이용될 수 있으나, 해당 지정은행이 대금을 지급하지 않는 경우 결제의무를 부담한다.

(4) 신용장 양도 17 18 19 20 21 출제

① 의 의

신용장의 양도는 '양도가능'이라고 특정하여 기재되어 있는 신용장을 말한다. 신용장의 권리를 제1수익자가 전부 또는 일부를 제2수익자에게 양도하여 제1수익자와 제2수익자에게 금융적 이점을 주는 신용장 거래방식이다. 'Transferable'이란 문언이 표기된 신용장만 해당되며, 유사표현인 'Divisible, Fractionable, Assignable, Transmissible' 등으로 표현된 문언은 신용장의 양도가 인정되지 않는다.

② 양도가능신용장

㉠ 취급 은행

양도가능신용장의 경우 지급·인수·매입을 지정받은 은행만이 이를 취급할 수 있고, 자유매입신용장의 경우에는 개설은행에 의하여 양도은행이 별도로 지정된다. 양도은행은 자신이 동의한 범위와 방법으로만 양도가 가능하게 하며, 양도신용장은 원신용장의 조건에 따라서만 양도된다.

㉡ 양도신용장의 특징

신용장금액, 단가, 유효기일, 서류제시기일, 선적기일에 대하여 감액 또는 단축이 가능하며 보험의 부보비율은 증액될 수 있다. 양도신용장은 분할청구 또는 분할선적이 허용되는 경우에 분할양도를 할 수 있으나, 양도의 횟수는 1회에 한정한다.

㉢ 복수의 제2수익자에 대한 양도

1회를 초과하는 재양도로 보지 않는다. 양도신용장의 제1수익자는 원신용장의 개설의뢰인의 명의를 자신의 명의로 대체가 가능하다. 명의의 대체는 제1수익자의 영업비밀 등을 보호하기 위해서 인정되나 별도의 원신용장 조건이 개설의뢰인의 명의가 표기되도록 한다면 명의대체는 인정될 수 없다.

㉣ 분할양도된 신용장의 조건변경

복수의 제2수익자가 각각 승낙 또는 거절할 수 있다. 거절하는 경우 원신용장 조건이 유지되며, 승낙한 수익자만 변경된 조건이 적용된다. 양도수수료의 경우는 별도의 합의가 없는 한, 제1수익자가 부담한다.

(5) 용어 해석방법 20 21 출제

① 단수의 단어는 복수의 단어를 포함, 복수의 단어는 단수의 단어를 포함한다.

② 수익자를 제외하고 서류의 발행자를 표현하기 위하여 'First Class(일류)', 'Well Known(저명한)'과 같은 용어들을 서류발행자가 사용할 수 있다.

③ 서류에 사용하도록 요구되지 않았다면 'Prompt(신속하게)', '즉각(Immediately)' 또는 'As soon as Possible(가능한 한 빨리)'라는 단어들은 무시된다.

④ 만기를 정하기 위하여 'From, After, To, Until, Till'이라는 단어가 사용된 경우 명시된 일자를 포함한다.

⑤ 'First Half'라는 단어가 사용된 경우 해당 월의 1일부터 15일까지 모든 날짜를 포함한다.

(6) 신용장 이용 18 출제

① 신용장은 그 신용장이 이용 가능한 은행을 명시하거나 모든 은행에서 이용 가능한지 여부를 명시하여야 한다.

② 지정은행에서 이용 가능한 신용장은 개설은행에서도 이용할 수 있다.

③ 신용장은 그 신용장이 일람지급, 연지급, 인수 또는 매입에 의하여 이용 가능한지 여부를 명시하여야 한다.

④ 신용장은 개설의뢰인을 지급인으로 하는 환어음에 의하여 이용 가능하도록 개설되어서는 안 된다.

(7) 신용장 제시 17 20 출제

① 신용장은 제시를 위한 유효기일을 명시하여야 한다.

② 신용장 대금의 결제 또는 매입을 위한 유효기일은 제시를 위한 유효기일로 본다.

③ 신용장이 이용 가능한 은행의 장소가 제시를 위한 장소이다. 모든 은행에서 이용 가능한 신용장에서의 제시장소는 그 모든 은행의 소재지가 된다. 개설은행의 소재지가 아닌 제시장소는 개설은행의 소재지에 그 장소를 추가한다.

④ 인정되는 사유에 따라 유효기일 또는 최종제시일이 연장된 경우를 제외하고 수익자에 의한 제시는 유효기일 또는 그 전에 이루어져야 한다.

(8) 서류심사기준 17 18 19 20 21 출제

① 개설은행은 서류가 문면상 일치하는 제시를 구성하는지 결정하기 위해서 단지 서류만을 기초로 심사하여야 한다.

② 개설은행에게는 제시가 일치하는지 여부를 결정하기 위하여 제시일의 다음날로부터 최장 5은행영업일을 각각 가진다.

③ 운송서류 원본을 포함한 제시는 UCP 600에서 정하고 있는 선적일 후 21일 이내 수익자에 의하여 이행되어야 한다.

④ 상업송장 이외의 서류에서 물품, 서비스 또는 의무이행의 명세는 신용장상의 명세와 상충되지 않는 일반적인 용어로 기재될 수 있다.

04 환어음과 선적서류

출제율 ★★☆

환어음과 선적서류의 당사자
와 기재사항, 표기방식 등을
중점적으로 학습합니다.

1. 환어음 17 18 19 20 21 출제

합격자 Tip ●━━━◎

환어음의 정의와 특징을
이해하고, 필수기재사항을
구분할 수 있도록 학습하
세요.

(1) 의 의

환어음(Bill of Exchange, Draft)은 요식유가증권이자 유통증권으로서 채권
자인 어음발행인(Drawer)이 채무자인 지급인(Drawee)에게 증권에 기재된
금액을 수취인(Payee) 또는 소지인(Bearer), 지시인(Orderer)에게 지급일에
일정장소에서 무조건적으로 지급하도록 위탁하는 증서를 말한다.

(2) 환어음 당사자

① 발행인(Drawer)

환어음을 발행하는 자로서 수출상이나 채권자가 해당된다. 유효한 환어음
으로서 발행되기 위해서는 발행인의 날인 또는 서명, 기명이 있어야 한다.

② 지급인(Drawee)

환어음을 일정시기에 특정한 자에게 지급해야 할 채무를 지닌 자로서 신
용장거래(L/C)에서는 개설은행 또는 지정은행, 추심거래(D/A, D/P)에서
는 수입상이 해당된다.

③ 수취인(Payee)

지급인으로부터 환어음에 해당하는 금액을 지급받는 자로서 신용장거래
(L/C)에서는 매입은행, 추심거래(D/A, D/P)에서는 수출상이 해당 된다.

(3) 환어음 기재사항

합격자 Tip ●━━━◎

환어음의 임의기재사항은
환어음의 효력과 관계없
이 보조적인 역할을 하며,
환어음번호나 신용장번호
가 포함된다는 점에 유의
해야 합니다.

「어음법」 제1조에 따라, 환어음에는 법률에서 정한 필수 사항을 전부 기재해
야 그 법적 효력을 인정받을 수 있다.

환어음의 표시	환어음에 기입된 내용 중에 '환어음'이라는 문구가 반드시 포함되어야 한다. 문구의 언어는 작성하는 국가의 국어로 기재되어야 한다.
무조건의 지급위탁문언	일정한 어음금액의 지급을 위탁하는 환어음은 무조건으로 수취인에게 환어음 금액을 지급한다는 내용이 기재되어야 한다. 환어음의 어음금액은 상업송장의 금액과 일치해야 하며, 신용장거래에서는 신용장금액을 초과할 수 없다.
금 액	환어음에 지급되어야 하는 어음금액이 명확하게 기재되어야 한다.
지급인의 표시	지급인은 지급을 위탁받은 자로서 보통 신용장발행은행이나 발행신청인이 되며 지급인의 표시방법은 어음의 말미에 'To' 이하로 표기된다.

○× 퀴즈

Q 환어음 번호, 신용장
번호, 환어음금액의 숫
자표시, 지급지의 표시
는 임의기재사항이다.
(○, ×)

A × → 지급지의 표시
는 필수기재사항이다.
단, 지급인의 표시로
갈음될 수 있다.

지급기일의 표시 (만기일)	만기일이란 환어음의 어음금액이 지급될 날을 말하며 환어음에 그 날짜가 기재되어야 한다. 일반적인 어음지급일 표시방법은 일람출금(At Sight), 일람 후 정기출금(At ○○days or Months after Sight)이 있다.
지급지의 표시	환어음의 어음금액이 지급되는 일정한 지역을 말한다. 지급지는 실제 존재하는 도시를 기재해야 하나, 지급지 표시가 없는 경우 지급인의 표시로 이를 갈음할 수 있다.
수취인의 표시	환어음의 어음금액을 지급받는 자를 표시하는 것을 말한다. 수취인을 기재하는 방법으로 지시식, 기명식, 소지인식의 3가지 방법이 있다.
발행일자 및 발행지의 표시	환어음의 발행일자와 발행된 장소를 표기하는 것으로서, 해당 일자와 장소를 근거로 적용받는 「어음법」이 결정된다.
발행인의 기명 날인 또는 서명	환어음을 발행하기 위해서 발행자의 명칭을 표시하고 인장을 찍는 형식이다. 기명날인 하거나 발행자가 서명함으로써 환어음이 효력을 갖는다.
임의기재사항	환어음이 효력을 갖기 위해서 반드시 기재되어야 하는 사항은 아니나, 임의기재사항이 기재됨으로써 환어음의 효력이 더 명확해질 수 있다. 환어음번호, 신용장 및 계약서 번호, 환어음금액의 숫자표시, 신용장 발행은행명, 신용장번호 및 신용장발행일 등이 임의기재사항이라고 볼 수 있다.

(4) 환어음의 양도

환어음은 수취인을 표시하는 방법에 따라 기명식, 지시식, 소지인식으로 나
누며, 기명식과 지시식은 배서에 의해, 소지인식은 교부에 의해서 환어음이
양도된다.

① **환어음의 배서(Endorsement)**

배서란 환어음의 권리를 제3자에게 양도하는 방법으로 환어음의 뒷면에
일정한 사항을 기재해서 타인하게 교부하는 유통행위를 말한다.

합격자 Tip

환어음은 배서만으로 유
통될 수 있습니다.

② **배서의 종류**

기명식 배서	• 피배서인의 성명, 상호를 명기하여 배서인이 서명이 있어야 한다. • 일반적으로 'Pay to 상호' 형식으로 기입된다.
백지식 배서	• 피배서인을 구분하지 않는 배서방식으로 배서인만 서명하는 방식이다. • 'Pay to Order' 형식으로 기입된다.
추심위임 배서	• 추심을 위임하는 배서로, 환어음이 지급지의 은행에 송부되면 은행은 의뢰받은 추심을 진행하는 배서이다. • 'Pay to the Order ○○ Bank for Collection' 형식으로 기입된다.

합격자 Tip

백지식이라고 해서 공란
으로 두는 것이 아님에
유의해야 합니다.

(5) 환어음의 지급 · 인수 · 상환청구

① 지급

환어음의 지급은 채권자의 환어음 제시에 따라 채무자가 환어음 금액을 지급하는 채무이행을 말한다. 즉, 환어음의 제시와 함께 수취인에게 상환하는 것을 의미한다.

② 인수

환어음의 인수는 기한부 환어음이 제시되면 지급인은 기한부 환어음의 만기일에 어음금액을 지급하겠다는 약속을 하는 행위를 말한다. 만기일에 어음금액을 지급하는 약속행위는 인수하는 환어음의 전면에 인수를 뜻하는 문언을 기재하고 기명날인 또는 서명함으로써 효력을 갖는다. 지급인의 기명날인을 통해서 간편 인수로 보는 경우도 있다.

③ 상환청구

환어음의 상환청구란 환어음의 주채무자가 만기에 지급을 거절하거나 만기가 도래하기 전에 인수거절 또는 지급가능성이 현저하게 감소된 경우 발생할 수 있는데, 복수의 어음배서행위에 근거하여 이전 어음행위자에게 어음금액의 지급을 청구하는 것을 말한다.

기출응용문제

환어음에 대한 설명으로 옳은 것은?

① 환어음의 어음번호는 필수로 기입되어야 한다.

② 환어음은 유가증권이지만 유통증권이 될 수 없다.

③ 기한부 환어음을 지급인이 인수하면 최초 발급자에게만 지급할 의무가 있다.

④ 환어음은 수취인을 표시하는 방법에 따라 기명식, 지시식, 소지인식으로 나눌 수 있다.

해설 ① 어음번호는 임의기재 사항이다.
② 환어음은 유가증권이자 유통증권이다.
③ 기한부 환어음을 지급인이 인수하면 소지인에게 대금을 지급할 의무가 있다.

정답 ④

합격자 Tip

선적서류의 종류를 묻는
문제, 각 종류의 특징과 설
명을 제시하고 해당되는
선적서류를 선택하는 문제
가 출제될 수 있습니다.

2. 선적서류

선적서류는 물품 수출을 위한 선적 시 수반되는 서류로, 환어음, 전송보고서, 특송영수증, 우편영수증 및 우편증명서를 제외하고 신용장에서 요구하는 모든 서류를 일컫는 말이다. 계약의 조건에 따라 포함되는 선적서류는 달라진다.

합격자 Tip

선적서류 부분은 신용장거래에서 서류심사 시 거절되는 사유에 대한 부분을 정확히 이해, 암기해야 합니다.

합격자 Tip

선적서류에는 단순히 B/L과 같은 운송장뿐만 아니라 상업송장, 포장명세서, 보험서류 등이 포함됩니다.

OX 퀴즈

Q. about으로 금액이 표시된 상업송장은 신용장거래 시 거절된다. (O, ×)

A. × → about, approximately와 같은 표현은 10%의 과부족이 허용된다.

(1) 상업송장 17 18 19 20 21 출제

① 의 의

일반적인 송장을 의미하며 무역계약을 이행하면서 거래조건에 따라 작성된 송장으로, 수출상이 수입상에게 발행하는 대금청구서이다. 선적송장이라고도 부르며 상품의 규격, 단가, 금액 등이 표시되기 때문에 무역거래의 전반적인 내용을 볼 수 있는 가장 기본적인 서류이다.

② 종 류

구 분	내 용
견적송장 (Pro-Forma Invoice)	견적서 역할을 하는 송장. 가격을 계산하는 기초로 사용되며, 최종적으로 상업송장을 발행하기 전에 매도인이 매수인에게 작성하는 송장. 수입에 앞서 외환사용 허가나 수입을 승인받기 위해서 사용될 수 있음
영사송장 (Consular Invoice)	물품가격을 일반적인 가격보다 높게 책정하여 외화를 도피하거나 낮게 책정하여 관세를 포탈하는 것을 방지하기 위한 공용송장
견본송장 (Sample Invoice)	견본을 송부할 때 활용되는 송장

③ UCP 600, ISBP 745 상의 상업송장 규정

㉠ 상업송장은 수익자에 의해서 개설의뢰인 앞으로 발행해야 한다.

㉡ 상업송장에 기입된 물품, 용역, 이행의 명세는 신용장상의 명세와 일치해야 하자로 보지 않고 수리된다. 임의적 생략은 하자로 취급될 수 있다.

㉢ 상업송장과 환어음의 금액은 일치해야 하나, 상업송장 금액은 신용장 금액을 초과하지 않는 범위에서 인정이 가능하다. 단, 'Up To', 'Not Exceeding', 'Maximum' 등의 표기된 금액 내에서는 가능하며, 'About', 'Approximately' 등의 표시로 인한 ±10%의 과부족 오차는 허용된다. 수량과 단가는 신용장 조건과 반드시 일치해야 한다.

㉣ 발행된 상업송장금액이 신용장에서 허용된 금액을 초과할 경우 수리는 되나 초과된 금액으로 은행이 지급이행 또는 매입하지 않는다.

㉤ 신용장에 여러 통의 상업송장을 요구할 경우 'Original' 표시된 원본 1부를 포함한 사본으로 충당할 수 있으며 원본에는 서명이 되어야 한다.

(2) 운송서류 17 21 출제

① 의 의

거래되는 물품의 적재, 발송, 수탁 등 운송을 증명하는 서류로, 대표적으로 선하증권이 이에 해당한다. 운송서류는 기본적으로 복수 발행된다. 일반적인 선하증권은 1조가 3통으로 구성되어 있고, 그 외에 서류는 통상 2통의 원본이 발행된다.

운송서류는 물품이 갑판에 적재되었거나 적재될 것이라는 표시를 해서는 안되며, 스탬프 또는 기타의 방법으로 운임에 추가된 비용의 참조를 기재할 수 있다.

② 종 류

ㄱ 해상운송서류

• 해상선하증권(Marine B/L)

선박회사가 화주에게 화물의 운송계약에 따라 발행하는 유가증권이다. 선박회사는 화주로부터 물품의 운송을 위탁받고 선적항 에서부터 양륙항까지 운송한 후 이 증권의 소지자에게 운송화물을 인도할 것을 약속한 화물의 수취증이다. 선하증권은 유가증권으로 물품의 소유권을 대신할 수 있다.

• 비유통성 해상화물운송장(Non-Negotiable Sea Waybill)

수하인이 기명식으로 표시된 화물수령증으로서 권리증권이 아니므로 기명으로 표기된 수하인만이 물품을 수령할 수 있다는 점에서 해상선하증권과 구별된다.

• 용선계약증권(Charter Party B/L)

해상운송인이 선박의 전부 또는 일부를 용선자에게 빌려주고 용선자는 이에 대해 용선료를 지불하는 계약을 용선계약(Charter Party)이라 한다. 용선계약증권은 용선계약에 따라 발행되는 증권을 말한다. 용선계약 선하증권은 신용장에서 용선계약 선하증권을 요구하거나 이를 허용하는 경우에만 수리될 수 있다.

ㄴ 항공화물운송장(Air WayBill)

항공으로 운송되는 물품에 발행되는 비유통성 운송서류이다. 권리증권이 아니므로 배서 및 양도되지 않으며 반드시 항공회사인 운송인이 발급하지 않아도 된다.

ㄷ 도로, 철도, 내륙수로운송서류

일반적으로 화물수탁증이 발행되는데, 이는 운송인이 물품을 인수하고 수하인에게 인도할 것을 약속한 비유통성 증서이다. 국제도로 운송은 CMR협약(Convention de Marchandises par Route)을 국제철도운송은 CIM협약(Convention International de Marchandised)을 준수한다.

ㄹ 복합운송서류(Multimodal Transport Document)

물품의 최초 선적부터 최종도착까지 운송방식을 복합적으로 이용 할 때 발급되는 서류로서 복합운송인이 발행한다.

합격자 Tip

B/L은 유가증권으로 인정되는 대표적인 서류이지만, 항공화물운송장 또는 Surrender된 B/L은 유가증권으로 인정되지 않는 비유통성 운송서류입니다.

합격자 Tip

선하증권은 물품이 신용장에서 명시된 적재항에서 지정된 선박에 본선적재 되었음을 표시하여야 합니다.

OX 퀴즈

Q. 선적일이 7월 1일인 경우 보험서류가 7월 5일에 발행되었다면 신용장거래 시 반드시 거절된다. (○, ×)

A. × → 선적일보다 늦은 발급일자는 원칙적으로 거절되지만, 반드시 그러한 것은 아니며, 보험의 효력이 선적일부터 유효한 경우에는 예외이다.

OX 퀴즈

Q. UCP600에 따라 보험증권 대신 보험증명서를 제출해도 수리가 가능하다. (○, ×)

A. × → 보험증명서 대신 보험증권 제출은 가능하나 수리가 불가능하다.

OX 퀴즈

Q. 요구된 보험담보에 대하여 아무런 표기가 없는 경우 신용장에 보험의 담보금액은 물품가액 또는 송장가액 중 적은 금액을 기초로 산정해야 한다. (○, ×)

A. × → 물품가액 또는 송장가액 중 큰 금액을 기초로 산정해야 한다.

(3) 보험서류

① 의 의

보험서류는 물품의 운송 중 침몰, 화재, 도난, 파손 등의 위험으로부터 입게 되는 손해에 대하여 부보된 보험으로 보험자가 발급하는 증권 등의 증거서류를 말한다.

② 종 류

㉠ 보험증권(I/P ; Insurane Policy)

보험계약의 성립과 내용을 증명하는 증권서류로서 보험자가 보험계약의 내용을 작성하고 서명하여 피보험자에게 교부한다. 보험증권은 배서와 교부를 통해서 그 권리가 양도될 수 있으며, 부보되는 화물명세, 보험금액, 보험증권, 부보의 위험 등이 표기된다.

㉡ 보험증명서(Insurance Certificate)

보험증권의 내용을 간략하게 기재한 증명서이다. 보험증권과 동일한 효력으로 인정될 수 있으며 반복선적되는 물품에 대해 포괄적으로 부보하는 포괄예정보험(Open Cover)에서 개별선적에 대해 보험이 부보되어 있음을 증명하는 데 활용된다.

㉢ 보험승인서(Insurance Cover Note)

피보험자를 위해서 보험중개인이 보험자와 계약을 체결하고 보험료를 징수하면서 발급하는 사실내용 증명서류이다. 보험자가 발급하는 보험서류가 아니기 때문에 신용장거래 은행에서는 보험승인서를 원칙적으로 수리하지 않는다.

③ UCP 600의 보험서류 수리 ⌈17⌉⌈18⌉⌈19⌉⌈20⌉⌈21⌉ 출제

㉠ 보험증권, 보험증명서 또는 통지서와 같은 보험서류는 보험회사, 보험업자 또는 이들의 대리인, 대리업자에 의해 발행되고 서명되어야 한다.

㉡ 보험서류가 2통 이상의 원본으로 발행되었다고 표기될 경우에는 원본 모두가 제시되어야 한다.

㉢ 보험승인서는 수리되지 않는다.

㉣ 보험의 담보는 선적일보다 늦지 않은 일자로부터 유효하다는 표기가 있는 경우를 제외하고 보험서류의 일자는 선적일보다 늦어서는 안 된다.

㉤ 보험서류는 보험담보 금액을 표시하고 신용장과 동일한 통화를 사용해야 한다.

㉥ 요구된 보험담보에 대하여 아무런 표기가 없는 경우 신용장에 보험의 담보금액은 물품가액 또는 송장가액 중 큰 금액을 기초로 산정해야 하며, 적어도 CIF, CIP 가격의 110%이어야 한다.

㉦ 부보된 위험은 신용장에 명기된 대로 수탁 또는 선적지와 양륙 또는 최종목적지를 담보해야 한다.

◎ 신용장이 '통상적 위험(Usual Risks)', '관습적 위험(Customary Risks)'과 같이 부정확한 용어를 사용하는 경우 부보되지 않은 어떠한 위험에도 관계없이 수리된다.

㉾ 보험서류는 모든 면책조항(Exclusion Clause)의 참조를 포함할 수 있으며, 담보가 소손해면책률 또는 초과(공제)면책률을 조건으로 한다는 것을 표시할 수 있다.

• 기출응용문제 •

다음 중 보험서류에 대한 설명으로 옳지 않은 것은?

① 보험서류는 물품의 운송 중 침몰, 화재, 도난, 파손 등의 위험으로부터 입게 되는 손해에 대하여 부보된 보험으로 보험자가 발급하는 서류를 말한다.

② 보험증권은 배서와 교부를 통해 그 권리가 양도될 수 있다.

③ 보험증명서는 보험승인서의 내용을 간략하게 기재한 증명서이다.

④ 보험승인서는 보험자가 발급하는 보험서류가 아니다.

해설 보험증명서는 보험증권의 내용을 간략하게 기재한 증명서이다.

정답 ③

합격자 Tip •——◎
상업송장 및 포장명세서는 별도로 요구되지 않는 한 서명이 필요하지 않습니다.

(4) 기타 서류

① 포장명세서(Packing List)

포장명세서는 선적된 화물의 상품목록을 포장에 따라 기술한 서류로 총중량, 순중량, 용적, 포장형태, 내용명세, 개수, 화인(Shipping Mark) 등이 기재된다.

② 원산지증명서(C/O ; Certificate of Origin)

거래되는 물품에 대한 원산지를 증명하는 서류로 수입통관 또는 수출 대금 결제 시 활용되는 서류이다. 거래물품이 제조, 가공된 국가가 표기되며 원산지증명서를 통해서 관세협약의 협정관세율을 적용받을 수 있는 등의 혜택 증빙서류다.

③ 검사증명서(Inspection Certificate)

선적되는 물품이 일정조건을 충족하는 물품인지를 검사한 서류로서 품질, 규격, 요건 등을 공식 검사기관을 통해서 검사한 증빙서류이다. 수입업자가 거래물품의 정확한 품질 등을 요구할 때 요청할 수 있는 서류로 농산물 검사증명서, 수산물 검사증명서, 중량 및 용적 검사증 명서, 수량증명서, 품질증명서, 분석증명서 등이 있다.

④ **중량 및 용적증명서(Certificate of Weight and Measurement)**

등록된 공인 검량업자가 화물의 중량과 용적을 측정하여 증명한 서류로서 화물의 적부, 하역료, 보관료, 운임료 등을 계산할 수 있는 근거 서류이다.

⑤ **위생증명서(Certificate of Health)**

식품, 동식물, 육류, 수산물, 약품, 화장품 등을 수출할 때 수출국의 위생당국이 무균, 무해함을 입증하거나 보건당국에서 정한 기준을 충족함을 증명하는 서류이다.

⑥ **검역증명서(Certificate of Quarantine)**

동식물을 수출하기 전에 수출 동식물에서의 전염을 막기 위해 소독 등의 방역과 검역을 실시한 내용을 기술한 증명서이다.

⑦ **분석증명서(Certificate of Analysis)**

공인된 검사기관으로부터 광물 또는 약품, 화학품 등의 거래물품 성분, 순도, 내용물을 분석하고 결과를 증명한 서류이다.

⑧ **수익자증명서(Beneficiary's Certificate)**

수입상에 의하여 요구된 조건을 모두 충족하였음을 입증하는 서류로서, 수익자가 발급하며 양식은 수입상과 수출상의 합의하에 따른다.

외환실무

핵심키워드 ▸ ▸ ▸ #수출입거래 #수출입승인 #특정거래형태 #구매확인서 #원산지표시

출제 포인트 ☑

01 외환거래의 개요

출제율 ★★☆
기본정의와 거래형식, 표시법 등 포괄적인 이해를 중점적으로 학습합니다.

1. 외국환

(1) 의 의

외국환이란 금융기관의 중개를 통한 대차관계의 청산이 국내가 아닌 외국과 이루어지는 것을 말한다.

합격자 Tip ━━━◎
외국환에 대한 정의와 순환, 역환에 대한 기본 이해를 학습하고 영문표현도 같이 암기할 수 있도록 합니다.

(2) 외국환거래법 21 출제

「외국환거래법」은 외국환거래와 그 밖의 대외거래의 자유를 보장하고 시장기능을 활성화하여 대외거래의 원활화 및 국제수지의 균형과 통화가치의 안정을 도모함으로써 국민경제의 건전한 발전에 이바지함을 목적으로 한다. 「외국환거래법」 제3조 제1항의 규정에 따르면, "외국통화"란 내국통화 외의 통화를 말하며, "내국통화"란 대한민국의 법정통화인 원화(貨)를 말한다. 또한 "외국환"이란 대외지급수단, 외화증권, 외화파생상품 및 외화채권을 말한다.

① 대외지급수단

외국통화, 외국통화로 표시된 지급수단, 그 밖에 표시통화에 관계없이 외국에서 사용할 수 있는 지급수단을 말한다. 대표적으로 외국에서 사용이 가능한 정부지폐, 주화, 우편환, 은행권, 신용장, 환어음, 약속어음 등이 있다.

② 외화증권

외국통화로 표시된 증권 또는 외국에서 지급받을 수 있는 증권을 말한다. 대표적으로 국채, 지방채, 주식, 출자지분, 수익증권, 유통증권 등이 있다.

③ 외화파생상품

외국통화로 표시된 파생상품 또는 외국에서 지급받을 수 있는 파생상품을 말한다.

④ 외화채권

외국통화로 표시된 채권 또는 외국에서 지급받을 수 있는 채권을 말한다.

(2) 당발환과 타발환

① 당발환(Outward Exchange)
환거래의 시작이 자국의 은행에서 이루어지는 환을 당발환이라 한다.

② 타발환(Inward Exchange)
환거래의 시작이 타국의 은행에서 이루어지는 환을 타발환이라 한다.

2. 환 율

(1) 의 의

환율(Exchange Rate)은 외환시장에서 거래되는 서로 다른 통화 간 교환되는 비율을 말한다.

국제외환시장에서 환율은 매입환율(Bid Rate)과 매도환율(Offered Rate, Ask Rate)로 표시된다. 거래하고자 하는 외국통화를 매입하는 교환비율을 매입환율이라 하며, 매도하고자 하는 외국통화의 교환 비율을 매도환율이라고 한다.

합격자 Tip ◉

스프레드와 재정환율에 대해 묻는 문제가 출제될 수 있으며, 스프레드의 경우 가격차이를 계산할 수 있도록 학습하세요.

(2) 스프레드(Spread) 18 출제

스프레드는 매입가격과 매도가격의 차이를 말한다. 스프레드의 차이는 외환을 거래하는 은행의 위험 프리미엄으로 환율변동위험에 대한 보상이라고 볼 수 있다. 스프레드는 통화의 유동성과 변동가능성에 따라 결정되며 불확실성과 빈도, 규모 등을 반영한다. 예를 들어, 거래통화량이 많은 경우 스프레드 폭은 좁고 거래통화량이 적은 경우는 스프레드 폭이 크다. 또한 외환시세가 불안정하다면 스프레드는 크고 안정적이면 좁다. 선물환율의 스프레드가 현물환율의 스프레드보다 크다는 특징이 있다.

(3) 재정환율(Arbitrated Rate)

한 국가의 통화와 다른 각국의 통화의 환율을 산정할 때 기준환율을 사용하여 간접적으로 제3국의 통화환율을 계산한 환율을 말한다.

(4) 표시방법

① 고정/변동 통화
국제외환시장에서의 환율표시방법(US\$/JP¥ ○○)으로 US\$는 고정통화(FC ; Fixed Currency), JP¥는 변동통화(VC ; Variable Currency)를 말한다.

② 직접/간접 표시법

　㉠ 직접표시법(Direct Quotation)

　　외국통화 1단위 또는 100단위(일본 엔화 등)에 대한 자국통화의 교환대
　　가를 표시하는 방법으로서, 외국통화가 상품통화가 되고 자국 통화가
　　가격표시 통화가 되는 방법이다. 우리나라를 비롯한 대부분의 국가에
　　서 사용하고 있으며, '자국통화 표시법'이라고도 한다.

　　예 USD 1 = KRW 1,300

　㉡ 간접표시법(Indirect Quotation)

　　자국통화 1단위 또는 100단위에 대한 외화 교환대가를 표시하는 방법
　　으로서, 영국과 뉴질랜드, 호주 등이 사용하고 있으며 '외국통화 표시법'
　　이라고도 한다.

　　예 EUR 1 = USD 1.25

③ 유럽식/미국식 표시법 **18 21 출제**

　㉠ 유럽식 표시법(European Term)

　　USD를 다른 나라 통화로 얼마인지를 표시하는 방법으로서 많은 국가
　　가 이 방법을 사용하고 있다.

　　예 USD 1 = KRW 1,300

　㉡ 미국식 표시법(American Term)

　　다른 국가 통화를 USD로 표시하는 방법이다.

　　예 EUR 1 = USD 1.25

④ 양방향가격(Two-Way Quotation)

　'매입률(Bid Rate) - 매도율(Offer Rate)'의 형태로 매입가격과 매도가격을
　병기해서 표시하는 방법을 말한다. 일반적으로 소수점 아래 4자리까지 표시
　하나 KRW, JPY의 경우에는 소수점 아래 2자리까지 표시한다.

　예 USD/JPY = 102.95 - 103.10

(5) 환율의 변동

합격자 Tip

시험에서는 상황을 제시
한 후 환율이 변동하는 방
향이 다른 한 가지를 고르
도록 하는 문제가 출제됩
니다. 외국통화가 국내에
유입되는 상황에서는 자
국통화가 절상됩니다.

① 환율 상승(기준통화의 평가절하)

　환율이 상승했다는 의미는 자국화폐의 가치가 하락하여 동일한 외국 화폐
　를 교환하는 데 있어 자국의 화폐가 더 많이 지급되는 것을 말한다. 외화
　채무가 있는 경우 상환부담이 증가하고, 수입물품을 원자재로 쓰는 경우
　원자재 가격이 상승하여 수익률이 저하된다. 반면 수출기업의 경우 외화
　로 수출대금을 받는다면 수익폭이 높아진다.

② 환율 하락(기준통화의 평가절상)

　환율이 하락했다는 의미는 자국화폐의 가치가 상승하여 동일한 외국 화폐
　를 교환하는 데 있어 자국의 화폐가 덜 지급되는 것을 말한다. 환율이 상
　승했을 때와 반대의 효과가 있다.

③ 환율의 변동요소(환율 외 다른 요소는 고정)

환율변동은 국내 외화보유가 높아지면 자국통화가 강세를 보이고, 외화보유가 낮아지면 자국통화가 약세를 보인다.

㉠ 자국 경제성장률이 높아지면 자국통화는 강세를 보일 확률이 높다.

㉡ 우리나라에 투자비율이 높아지면 원화가치는 외국통화에 비해 하락할 확률이 높다.

㉢ 경상수지가 적자를 보이면 통화가치는 하락할 확률이 높다.

빈출

○× 퀴즈

Q 현재 우리나라 환율제도는 자유변동환율제도를 적용하나 수입과세환율의 고시는 시장평균환율제도에 따라 고시된다. (○, ×)

A × → 예외 없이 자유변동환율제도를 이용한다.

(6) 우리나라 환율제도와 매매율 17 18 21 출제

① 환율제도의 변화

시행기간	제도명칭
1945년 10월 ~ 1964년 5월	고정환율제도
1964년 5월 ~ 1980년 2월	단일변동환율제도
1980년 2월 ~ 1990년 2월	복수통화바스켓제도
1990년 3월 ~ 1997년 12월	시장평균환율제도
1997년 12월 16일 ~ 현재	자유변동환율제도

② 외국환은행 간 매매율과 대고객매매율

㉠ 외국환은행 간 매매율(Inter-Bank Transaction)

외국환은행 상호간에 적용되는 환율로서 외환시장에서 수익창출을 목적으로 한 거래와 외환포지션을 조정하는 데 적용된다.

㉡ 외국환은행의 대고객매매율(Customer Transaction)

외국환은행이 고객과 외환거래를 할 때 적용되는 환율이다.

③ 전신환매매율과 현찰매매율

㉠ 전신환매매율

전신환매매율은 외국환의 결제를 전신으로 할 때 적용되는 환율을 말한다. 고객이 전신송금을 하거나 우편송금, 송금수표 매입 시에 적용된다. 전신환 매매율은 다른 대고객매매율의 기준이 되어 일람출급환어음매입률, 기한부환어음매입률 수입어음결제율 등을 정한다. 환어음의 결제 또는 자금대용 등에 활용될 때 그 기간을 고려하여 금리가 가감된다.

• 전신환매입률 : 타발은행에서 전신송금환을 매입할 때 적용되는 환율

• 전신환매도율 : 송금인에게 외환을 매도할 때 송금은행이 적용하는 환율

• 일람출급환어음매입률 : 전신환 매입률 − 환가료 = 일람출급 환어음 매입률

- 기한부환어음매입률
  - 일람 후 정기출급 : 일람출급환어음매입률 − (장부가격 × 어음 기간 × 360 × 연 환가료율)
  - 확정일자 후 정기출급 : 전신환매입률 − (장부가격 × 어음매입 일부터 만기까지의 기간/360 × 연 환가료율)
  - 연 환가료율 = LIBOR 금리 + 스프레드
- 수입어음 결제율 : 전신환매도율 + 환가료 = 수입어음 결제율
- 여행자수표매도율 : 기존환율 + 일정률 = 여행자수표매도율
- 크로스 환율 : 자국통화가 개입되지 않고 외국통화만을 비교한 환율 (이종통화환율)

ⓒ 현찰매매율

현찰을 매매할 때 적용하는 환율로서 실제 현찰을 거래하기 때문에 전 신환에 비해 보관비용, 서비스 등 소요비용이 늘어 현찰매도율은 전신 환매도율보다 높고 현찰매입률은 전신환매입률보다는 낮다.

● 기출응용문제 ●

다음 중 환율에 대한 설명으로 옳지 않은 것은?

① 직접표시법은 외국통화 1단위 또는 100단위에 대한 자국통화의 교환대가 를 표시하는 방법이다.

② 미국식 표시법은 다른 국가 통화를 USD로 표시하는 방법이다.

③ 양방향가격은 매도율 − 매입률의 형태로 병기하여 표시하는 방법이다.

④ 환율이 상승했다는 의미는 자국화폐의 가치가 하락하여 동일한 외국화폐를 교환하는 데 있어 자국의 화폐가 더 많이 지급되는 것을 말한다.

해설 양방향가격은 매입률 − 매도율의 형태로 병기하여 표시하는 방법이다.

정답 ③

02 외환시장과 환관리

1. 외환시장

(1) 의 의

외환거래가 이뤄지는 거래장소를 외환시장이라 지칭한다. 외환시장은 전화, 텔렉스 등으로 거래가 이뤄지기 때문에 증권거래소와 같은 특정한 장소를 갖고 있지 않다.

(2) 우리나라 외환시장 17 19 출제

① 금융결제원 내의 '서울외국환중개'가 은행 간의 외환거래를 중개한다.

② 은행 간 외환거래는 USD/KRW 거래가 많지만 그 밖의 통과거래도 이루어진다.

③ 대고객환율은 각 시장에서 형성된 환율로 은행이 자율적으로 결정하여 고시하며, 기타통화는 재정환율을 활용하여 대고객 기준환율로 사용한다.

(3) 기타 금융시장

① 주요 외환시장

　ㄱ 런던외환시장 : 가장 오래된 전통의 외환시장

　ㄴ 뉴욕외환시장 : 규모와 상품성의 다양함을 가진 외환시장

　ㄷ 도쿄외환시장 : 아시아에서 가장 큰 규모의 외환시장

② 역외금융시장

발행국가의 외부에서 거래되는 표시통화시장이다. 발행국가의 외부에서 거래가 이뤄지기 때문에 해당 통화를 관리·감독하는 발행국의 법적규제나 거래관행이 적용되지 않는다.

③ 역외선물환시장(NDF ; Non-Deliverable Forward) 18 19 20 21 출제

역외에 형성된 선물환시장으로 본국에서 거래할 경우 발생하는 세제나 제반규제를 피해 조세, 금융, 행정 등에서 혜택을 누릴 수 있는 시장이다. 보통 한 국가의 통화가 국제통화로 진입하기 전에 형성되는 단계적 시장으로 볼 수 있다. 역외선물환시장은 만기에 계약원금을 교환하여 정산하지 않고 선물환율과 지정환율의 차이만을 계산해서 정산한다. 싱가포르와 홍콩, 뉴욕 등의 역외선물환시장이 가장 거래가 활발하다.

OX 퀴즈

Q 역외선물환시장은 만기에 계약원금을 교환하여 정산한다. (O, ×)

A × → 역외선물환시장은 만기에 계약원금을 교환하여 정산하지 않고, 선물환율과 지정환율의 차이만을 계산해서 정산한다.

우리나라의 외환거래와 외환시장의 특징에 대한 설명으로 옳은 것은?

① 증권거래소와 같은 특정한 장소를 갖고 있다.

② 기업과 고객의 요청에 따라서 은행은 외환거래를 할 수 있고, 투기적 목적으로 외환거래를 할 수 없다.

③ 외환중개회사를 통해서 기업과 은행이 외환거래를 할 수 있다.

④ 은행 간 외환거래는 USD/KRW 거래가 많지만 그밖의 통과거래도 이루어진다.

해설 ① 특정한 장소를 갖지 않는다.
② 은행은 기업과 고객요청 외에도 투기적으로 외환거래를 할 수 있다.
③ 외환중개회사를 통해서 외환거래를 할 수 있는 것은 은행 간 거래이다.

정답 ④

2. 환관리

(1) 선물환거래

① 의 의

선물환거래란 거래일로부터 제2영업일을 경과한 장래의 시점 또는 특정기간 이내의 외환을 일정환율로 매매할 것을 거래당사자 간 약정하는 환거래를 말한다. 현물환거래는 거래일로부터 제2영업일 이내 매매가 종료되는 데 반해, 선물환거래는 제2영업일 이후에 이뤄지는 매매이다. 선물환거래는 당사자 간 장외거래이지만, 선물거래는 선물거래소 내의 장내거래이다.

② 발생동기 20 21 출제

㉠ 환헤지(Hedging)

선물환거래의 가장 큰 목적은 거래당사자 간 장래에 발생할 외환결제금액을 조기에 확정하여 환율변동에 대한 위험을 줄이는 데 있다. 물론, 거래당시 확정한 환율보다 변동이 유리한 방향으로 이루어져 차액에 대한 손실이 발생할 수도 있으나, 거래당사 자는 변수를 관리하여 손실을 최소화시키려는 동기를 가지고 환헤지를 체결한다.

㉡ 환투기(Speculation)

선물환거래의 당사자는 환율변동에 따른 환위험을 줄이기 위한 목적으로 다양한 선물환거래를 체결하지만, 투기목적 거래당사자는 환위험의 부담을 감수하며 환차익을 취할 목적으로 선물환거래를 이용할 수 있다.

○× 퀴즈

Q 현물환거래는 거래일
로부터 제5영업일 이
내 매매가 종료되는
데 반해, 선물환거래는
제5영업일 이후에 이
뤄지는 매매이다.

(○, ×)

A × → 현물환거래는
거래일로부터 제2영업
일 이내 매매가 종료
되는 데 반해, 선물환거
래는 제2영업일 이후에
이뤄지는 매매이다.

빈출

ⓒ 차익거래(Arbitrage)

선물환율은 서로 다른 통화 간의 금리차이에 의해서 결정되는데, 금리
차이가 선물환시장에 적절히 반영되지 못한 경우 자금시장과 외환시장
간 불균형이 발생한다. 이러한 불균형을 이용한 차익거래를 할 수 있
다.

ⓔ 통화자금 조정

각국의 경제상황과 국제 통화정책에 따라 일시적인 자금 과부족이 발
생하기도 하는데, 이러한 과부족을 조정하기 위해서 스왑(Swap) 거래
가 이뤄지기도 한다.

③ Premium과 Discount

선물환율은 현물환을 기초로 양 통화 간 금리차이가 반영되어 결정된다.
고금리 통화에 불리한 교환조건을 'Discount'라 부르며, 저금리 통화에 유
리한 교환조건을 'Premium'이라 부른다.

④ 선물환율의 결정(Forward Outright Rate) 17 18 19 20 21 출제

선물환거래는 외환의 매도 및 결제가 장래의 일정시점에 이루어진다. 선
물환 결제일이 장래의 시점에 이뤄지기 때문에 현물환율(Spot Rate)과 동
일한 교환비율이 적용될 수 없다. 이러한 이유로 선물환율의 결정은 양통
화 간 금리차이의 일정률을 반영하여 결정된다. 금리차이는 곧 선물환의
마진(Forward Margin, Swap Rate)이 되며, 이를 가감한 선물환율에 따
라 거래가 성립된다.

⑤ 선물환율과 Swap Rate의 산출공식

㉠ 선물환율 산출공식(약식)

> 선물환율 = 현물환율 + 현물환율(피고시통화이자율 − 고시통화이자율) × n/360

㉡ Swap Rate 산출공식(약식)

> Swap Rate = 현물환율(피고시통화이자율 − 고시통화이자율) × n/360

합격자 Tip

호가단위는 PIP단위로 표
시되기도 합니다. PIP는
Percentage in Point의 약
자이며, 고정값이 아니고
기본거래단위를 기준으로
통화가 어떻게 위치하는
지에 따라 다릅니다. 쉽게
생각하면 소수점 자릿수
만큼을 PIP단위로 보면
됩니다. **예** 통화호가
107.55의 1PIP = 0.01,
1.5658의 1PIP = 0.0001

(2) 외환스왑

거래당사자가 현재의 환율에 따라 다른 통화를 교환하고 일정 기간 후 계약시
점에 정한 선물환율에 따라 계약했던 원금을 재교환하기로 하는 거래를 말한
다. 즉, 외환스왑은 동일한 거래당사자 간 현물환과 선물환 또는 만기가 상이
한 선물환과 선물환, 현물환과 현물환을 서로 반대방향으로 매매하는 거래이
다. 이러한 외환스왑을 통해서 단기 자금을 조달할 수 있고 환위험을 헤지할
수 있다.

3. 환리스크

합격자 Tip

대외적 관리기법과 대내적 관리기법의 종류를 묻는 문제가 출제될 수 있습니다. 통화스왑, 통화옵션 등 계산문제가 주로 출제됩니다. 용어의 정의와 특징을 명확하게 이해한 후 실제 계산까지 연습해보세요.

합격자 Tip

대외적 관리기법은 환관리를 하려는 기업 자신이 아닌 기관이나 단체를 활용하는 방법입니다.

합격자 Tip

대표적인 환헤지 기법으로 향후 환율이 상승할 것으로 예상된다면 외화로 대금을 지급하는 수입계약 체결 기업은 통화선물을 매입하는 것이 좋습니다 (지급수단 미리 확보).

(1) 대외적 관리기법

무역거래 시에는 환율의 변동에 따라 환위험에 노출된다. 이러한 환리스크를 줄이기 위해서 기업은 여러 가지 환위험 관리기법을 활용하여 위험을 관리한다. 환율의 변동으로 발생할 수 있는 환차손에 대해 제3의 기관이나, 국제시장경제의 흐름을 통해 외환시장에서 환관리를 통해 위험을 줄이는 방법을 대외적 관리기법이라 한다.

① 헤징(Hedging)
  ㉠ 선물환시장 헤징
   ⓐ 기업이 선물환거래를 통해서 장래에 결제될 금액의 환율과 결제일을 현재시점에 미리 확정하여 환위험을 관리하는 기법을 말한다.
   ⓑ 환율변동의 위험을 사전에 확정하여 관리할 수 있다는 장점이 있으나, 미래시점에 확정된 환율이 오히려 환차손을 부르는 위험을 발생시킬 수도 있다는 단점이 있다.
  ㉡ 단기금융시장 헤징
   ⓐ 일정기간 후에 수취하기로 한 수출대금을 담보로 금융시장에서 외화자금으로 대차하여 현물시장에 매각한 후 자국통화로 전환하여 예금 또는 채권 등으로 투자하여 만기에 자금을 수취한 후, 수출대금 결제일에 대차한 대금을 상환하여 환위험을 관리하는 기법이다.
   ⓑ 일시적으로 자금을 미리 차입하여 대금결제일까지의 기간동안 이를 운영하는 단기금융 헤징방식이다.

② 통화스왑(Currency Swap)
  ㉠ 거래의 당사자가 장래시점에 약정한 환율로 해당 통화를 상호교환하기로 계약한 관리기법이다.
  ㉡ 통화의 상호교환을 통해서 기업 내 자금조정과 환 포지션을 조정할 수 있도록 일시적으로 통화를 운용하는 방법이다.

③ 통화선물(Currency Futures) `18` `21` 출제
  ㉠ 금융선물거래의 한 방법으로 일정통화를 장래 일정시점에 특정된 환율로 매입 또는 매도하기로 한 관리기법을 말한다.
  ㉡ 통화선물거래는 선물환거래와 다르게 공인된 거래소에서 일일가격 기준을 적용하여 정형화된 방식으로 외환을 거래한다.

④ 통화옵션(Currency Option) `17` `18` `19` `20` `21` 출제
  ㉠ 옵션이란 일정한 조건에 따라 미리 선택한 권한을 행사할 수 있는 권리를 말한다.

합격자 Tip ●━━━◎

콜(Call)은 부르는 것이므로 통화를 사는 권리, 풋(Put)은 밀어내는 것이므로 통화를 파는 권리를 말합니다. 통화, 만기일이 같으나 권리행사가격이 다른 콜옵션과 풋옵션을 매도, 매수하는 전략을 스트래들(Straddle)이라고 합니다.

ⓛ 통화옵션은 어떤 통화를 특정 환율로 매입하거나 매도할 수 있는 선택권이며, 이를 통해 환위험을 줄이는 관리기법을 말한다.

ⓒ 콜옵션(Call Option)
- 옵션 매수자가 옵션 매도자로부터 매매대상이 되는 자산을 옵션 계약에 따라 매입할 수 있는 권리를 말한다.
- 외환매입옵션은 수입자가 외화로 수입대금을 결제하기 위해서 외화를 미리 옵션거래하여 매입할 수 있는 권리를 확보하는 형태이다.

ⓔ 풋옵션(Put Option)
- 옵션 매수자가 옵션 매도자로부터 매매대상이 되는 자산을 옵션계약에 따라 매도할 수 있는 권리를 말한다.
- 외환매도옵션은 수출자가 외화로 수출대금을 결제받기 전에 외화를 미리 옵션 거래하여 이를 매도할 수 있는 권리를 확보하는 형태이다.

ⓜ 옵션 프리미엄(Option Premium)
- 옵션 매수자가 매도자에게 옵션에 대한 권리를 매입하는 조건으로 지불하는 대가이다.
- 옵션의 가격 또는 옵션의 가치라고 볼 수 있다.

합격자 Tip ●━━━◎

옵션계약은 계약자가 유리한 경우에만 행사하고 그렇지 않은 경우에는 포기할 수 있습니다. 이때 계약손실금에 프리미엄에 따른 손실금액을 곱한 것이 총 손실이 됩니다.

⊕ Plus one

옵션 프리미엄 산출공식

옵션 프리미엄 = 내재가치(행사가치) + 시간가치(외재가치)
- 내재가치 : 현재 옵션을 행사했을 때 이익
- 시간가치 : 미래 옵션을 행사했을 때 이익

ⓗ 종합포지션(Overall Position)

종합포지션은 현금포지션(Cash Position), 현물포지션(Spot Position), 선물환포지션(Forward Position)을 모두 고려한 개념이다. 일정시점에서 기업이 외환의 손실을 예상하기 위해서는 현재 기업의 종합포지션을 파악해야 한다.

ⓢ 기 타
- 내가격옵션(ITM ; In The Money)
  옵션의 가치가 이익을 낼 수 있는 범위 안에 있는 상태의 옵션을 말한다. 콜옵션의 경우에는 시장가격보다 행사가격이 낮은 경우, 풋옵션의 경우에는 시장가격보다 행사가격이 높은 경우이다.
- 등가격옵션(ATM ; At The Money)
  옵션의 가치가 기초자산의 가격이 같은 상태에 있는 옵션을 말 한다. 콜옵션과 풋옵션의 시장가격이 행사가격과 같은 경우를 말한다.

O× 퀴즈 ●━━━◎

Q 내가격옵션은 콜옵션의 경우에는 시장가격보다 행사가격이 낮은 경우, 풋옵션의 경우에는 시장가격보다 행사가격이 높은 경우이다. (O, ×)

A O

- 외가격옵션(OTM ; Out of The Money)

옵션의 가치가 이익을 낼 수 있는 범위 밖에 있는 상태의 옵션을 말한다. 콜옵션의 경우에는 시장가격보다 행사가격이 높은 경우, 풋옵션의 경우에는 시장가격보다 행사가격이 낮은 경우이다. 옵션 매수자가 권리행사를 하면 손해를 보는 경우로서, 옵션의 매수자는 옵션행사를 포기한다.

조 건	콜옵션	풋옵션
행사가격 〈 시장가격	내가격 (ITM)	외가격 (OTM)
행사가격 = 시장가격	등가격 (ATM)	등가격 (ATM)
행사가격 〉 시장가격	외가격 (OTM)	내가격 (ITM)

- 유럽형/미국형 옵션

미국형 옵션의 경우에는 옵션의 만기일이 도래하기 전에 옵션을 행사할 수 있으나, 유럽형 옵션의 경우에는 만기일에만 권리 행사가 가능하다.

(2) 대내적 관리기법 17 18 19 20 21 출제

대내적 관리기법은 예상되는 환율흐름에 따라 보유하고 있는 외화자산과 부채에 대해 포지션을 조정·관리하여 장래의 환위험에 대비하는 방법이다. 예상되는 환율의 흐름이 강세일 경우 해당 통화자산과 현금포지션을 증대시키고 부채는 결제처리하여 환차손을 줄이고 환차익을 늘려 조정해야 한다.

① 매칭(Matching)

외화자금의 유입과 지급의 결제일을 통화별, 만기별로 일치시켜 환위험이 발생하지 않도록 관리하는 방법이다. 수출과 수입을 동시에 진행 하는 업체에서 활용 가능한 관리기법이다.

② 리딩(Leading)과 래깅(Lagging)

환율변동의 예상에 따라 외화자금의 결제시기를 의도적으로 앞당기는 리딩(Leading)기법과 의도적으로 지연시키는 래깅(Lagging)기법을 통해서 환위험을 헤지하고 환차손익을 가져가는 방법이다. 이러한 리딩과 래깅기법은 거래상대방의 일정 협조가 필요한 경우가 있을 수 있으며, 외국환거래은행을 통해서 대금결제시기를 조절할 수도 있다.

③ 상계(Netting)

거래상대방과 상호간에 발생한 채권과 채무를 각각 결제하지 않고 일정기간동안 가감하여 그 차액을 정산하는 기법이다. 주로 다국적기업의 본·지사 간 이루어지는 경우가 빈번하다.

합격자 Tip

대내적 관리기법은 환관리를 하려는 기업이 자신의 자산 또는 결제시점을 조정하는 방법입니다. 각 방법의 정의는 자주 출제되므로 잘 익혀두어야 합니다.

④ 가격정책(Pricing Policy)

기업의 판매와 구매 가격정책을 조절하는 기법으로 수출입 상품가격을 환율변동 흐름을 예상하여 적절한 시점에 가격조정 폭을 적용하는 방식을 말한다. 일반적으로 가격조정(Price Variation)과 거래통화의 선택 등의 방법이 있다.

⑤ 포트폴리오(Portfolio)

분산투자의 개념으로 거래통화를 하나의 통화로 설정하지 않고 여러통화로 설정하여 각각의 환율변동 위험을 분산시키는 기법이다.

 4. 환포지션(FX Position) 18 19 20 21 출제

(1) 의 의

환포지션이란 거래당사자가 가진 외환상태이며, 외환표시자산의 외화표시부채의 차이, 외국환 매입액과 매도액의 차이가 환포지션이라고 말할 수 있다. 유동적인 환율의 변동으로 외화자산 및 부채의 가치가 같이 변동하므로 환포지션은 고정적일 수 없다.

(2) 종 류

합격자 Tip ●───◉

매입초과포지션, 매도초과포지션에 대해 사례를 제시하고 계산하는 문제, 또는 적절한 포지션을 선택하는 문제가 출제될 수 있습니다.

① Square position(Flate position)

받을 외화금액과 지급할 외화금액이 같아 외국환 매도/매입액이 동일하거나 외화표시 자산 및 부채가 동일하여 이로 인한 매매차익이 발생하지 않는 경우를 말한다. 따라서 환율변동에 따른 환위험이 없는 상태로서 환위험을 헤지하려는 가장 이상적인 상태이다. 하지만 현실에서 적용되기에는 어려운 점이 있다.

② 매입초과포지션(Over Bought Position)

받을 외화금액이 지급할 외화금액보다 많은 상태로 외화표시자산이 외화표시부채를 초과한 상태를 의미한다. Long Position이라고도 하며, 앞으로 외국환의 가치가 상승할 것으로 예상되면 유리한 환차익을 갖게 되나, 외국환의 가치가 하락할 경우 받을 외화금액이 줄어들게 되어 환차손이 발생한다.

③ 매도초과포지션(Over Sold Position)

지급할 외화금액이 받을 외화금액보다 많은 상태로 외화표시부채가 외화표시자산을 초과한 상태를 의미한다. Short Position이라고도 하며, 앞으로 외국환의 가치가 상승할 것으로 예상되면 불리한 환차손을 갖게 되나 외국환의 가치가 낮아질 경우 지급할 외화금액이 줄어들게 되어 환차익이 발생한다.

④ Open Position

오픈포지션은 매입초과포지션과 매도초과포지션을 포함하는 개념으로 외환 위험에 노출되어 환차손익이 발생할 수 있는 상태를 말한다.

⑤ 기타포지션

㉠ 현물환포지션(Spot Exchange Position)

은행의 외화재무상태표상에 나타난 외환매매차액 현상태를 말한다. 재무상태표상의 수치로 나타난 현물환포지션을 Actual Position이라 하며, 예치환거래은행에 입금되어 현금화 할 수 있는 Cash Position도 현물환포지션의 한 종류로 본다.

㉡ 선물환포지션(Forward Exchange Position)

선물환포지션은 자기자본대비 선물환보유액의 비율을 나타낸 상태로서, 선물환의 매입예약과 매도예약의 차액이 표시된다.

㉢ 종합포지션

종합포지션은 선물환포지션과 현물환포지션을 합한 것을 말하는데, 정부당국은 외국환은행에 대해서 통화별로 종합포지션을 자기 자본 대비 5% 이하로 유지하도록 이를 관리하고 있다.

● 기출응용문제 ●

다음 환포지션에 대한 설명 중 옳지 않은 것은?

① 환포지션은 거래당사자가 가진 외환상태이며, 외환표시자산의 외화표시부채의 차이, 외국환 매입액과 매도액의 차이라고 할 수 있다.

② 환포지션은 고정적인 경향이 있다.

③ 선물환포지션은 자기자본 대비 선물환보유액의 비율을 나타낸 상태이다.

④ 정부당국은 외국환은행에 대해서 통화별로 종합포지션을 자기자본 대비 5% 이하로 유지하도록 관리하고 있다.

해설 유동적인 환율의 변동으로 외화자산 및 부채의 가치가 같이 변동하므로 환포지션은 고정적일 수 없다.

정답 ②

백발백중 100제

01 사전송금결제방식의 특징에 관한 설명으로 옳은 것은?

① 거래물품의 수취 전 대금을 송금하므로 안정적으로 거래물품을 확보할 수 있다.

② 송금 시 은행에 선하증권 등의 운송장을 포함한 구매증빙서류를 제출해야 한다.

③ 사후송금방식과는 달리 은행수수료를 절감할 수 있다.

④ 통상적으로 오래 거래한 상대방과 취할 수 있는 결제방식이다.

✎ 해설

사전송금방식은 물품을 받기 전 송금하는 것으로서 구매자에게 불리한 결제조건이다. 따라서 상대방과 신뢰가 있는 사이에서 취할 수 있는 방식이다.

정답 ④

02 다음 중 송금결제방식에 대해 옳은 서술을 모두 고른 것은?

A. 송금결제방식은 구매자가 거래물품을 수취하고 지급하는지 여부에 따라 사전방식과 사후방식으로 구분된다.

B. 페이팔 결제방식은 L/C거래방식과 동일한 절차의 송금결제방식이다.

C. M/T방식은 판매자를 수취인으로 하여 송금수표를 송달하는 방식을 말한다.

D. 수입자 입장에서는 사후송금방식이 유리한 송금결제방식이다.

E. 송금방식은 상호간의 권리, 의무를 규정한 국제규칙 또는 협약이 없다.

① A, B, D

② B, C, E

③ A, D, E

④ D, E

✎ 해설

B. 페이팔은 L/C와 달리 제3의 회사가 은행의 송금역할만 대신할 뿐 지급보증, 서류의 심하 등의 기능은 수행하지 않는다.

C. M/T(Mail Transfer)는 결제대금을 송금할 은행이 송금수표 대신 지급할 은행에 일정금액을 지급하도록 위탁하는 지급지시서를 지급은행 앞으로 송부하는 방식이다.

정답 ③

안심Touch

03 대금결제방식에 대한 설명으로 옳지 않은 것은?

① 송금결제방식은 신용장방식에 비해 신속한 처리가 가능하다.

② O/A방식에서는 계정을 설정하는 은행에서 지급보증을 하므로 판매자와 구매자 모두에게 유리한 방식이다.

③ 송금결제방식은 T/T, M/T, D/D 방식이 있으며 T/T방식이 실무적으로 많이 사용된다.

④ 해외직접구매 등 전자상거래에서 사용하는 아마존페이와 같은 결제방식을 PG(Payment Gateway)방식이라고 한다.

🖊 해설

O/A(Open Account)방식에서 은행의 역할은 수출자의 수출증빙을 기초로 외상매출채권을 매입, 지급하며 수입자에게 통지하여 대금을 입금 받는 것이다. 여기서 은행은 수입자의 지급을 못 받는 경우, 수출자에게 소구권을 청구할 수도 있으며 당초에 외상매출채권을 매입하면서 보증을 요구할 수도 있기 때문에 O/A는 신용장과 같은 지급보증의 기능은 없다.

정답 ②

04 다음 중 대금지급시점이 다른 것은?

① CWO(Cash With Order)

② O/A(Open Account)

③ D/A(Document Against Acceptance)

④ D/P(Document Against Payment)

🖊 해설

CWO는 주문과 동시에 지급하는 결제방법이다. 따라서 선적 전 지급이므로 사전지급에 해당하며, 다른 방식들은 사후지급에 해당한다.

정답 ①

05 추심결제에 대한 설명으로 옳지 않은 것은?

① 추심결제는 신용장의 UCP 600처럼 국제적으로 통용되는 규칙이 없으므로 구체적인 방법에 대해서는 당사자 간의 합의가 필요하다.

② 추심의 당사자에는 추심의뢰은행, 추심은행, 추심의뢰인, 지급인이 있다.

③ 추심결제방식에서의 선적서류는 신용장과 유사한 경로를 통해 수입자에게 전달된다.

④ 추심결제방식에도 신용장과 같이 환어음이 사용된다.

✎ 해설

추심도 추심에 관한 통일규칙 URC 522가 있다.

정답 ①

06 추심에서의 상업서류 인도에 대한 설명으로 옳지 않은 것은?

① 추심은 장래의 확정일 지급조건의 환어음을 상업서류는 지급과 상환으로 인도되어야 한다는 지시와 함께 포함하여서는 아니 된다.

② 추심이 장래확정일 지급조건의 환어음을 포함하는 경우에는 추심지시서에는 상업서류가 D/A 또는 D/P 중 어느 조건으로 지급인에게 인도되어야 하는지를 명시하여야 한다.

③ 상업서류가 D/A 또는 D/P 중 어느 조건으로 지급인에게 인도되어야 하는지 명시하지 않은 경우 상업서류는 지급과 상환으로만 인도되어야 하며, 서류인도의 지연에 기인하는 어떠한 결과에 대해서도 추심은행이 책임을 부담한다.

④ 추심이 장래확정일 지급조건 환어음을 포함하고, 추심지시서에 상업서류는 지급과 상환으로 인도되어야 한다고 기재된 경우에는 서류는 오직 그러한 지급과 상환으로만 인도되고, 추심은 행은 서류인도의 지연에서 기인한 어떠한 결과에도 책임을 지지 않는다.

✎ 해설

상업서류가 D/A 또는 D/P 중 어느 조건으로 지급인에게 인도되어야 하는지 명시하지 않은 경우 상업서류는 지급과 상환으로만 인도되어야 하며, 서류인도의 지연에 기인하는 어떠한 결과에 대해서도 추심은행이 책임을 지지 않는다.

정답 ③

07 D/P방식의 진행순서가 올바르게 나열된 것은?

A. 수출자의 매매계약물품 선적
B. 추심은행에 대한 수입자의 대금지급
C. 추심의뢰은행의 추심의뢰
D. 수출자의 추심의뢰
E. 추심은행의 서류인도
F. 추심은행의 서류도착 통지

① D - C - A - F - B - E
② A - D - C - F - B - E
③ A - D - C - F - E - B
④ D - C - F - B - A - E

✏ 해설

수출자는 물품의 선적 후 추심을 의뢰하며, 추심은행은 수입자의 대금지급을 받고 선적서류를 인도한다.

정답 ②

08 추심에 대한 설명으로 옳은 것은?

① 추심은행이 「추심에 관한 통일규칙」을 적용하기 위해서는 계약서상에 해당 규칙을 적용한다는 문구가 있어야 한다.
② 추심은행은 접수된 서류에 대해 어떠한 확인의 의무도 없다.
③ 추심은행은 인수의 통지를 지체없이 하여야 한다.
④ 서류의 송달 중에 발생한 서류의 분실은 추심의뢰은행의 책임이다.

✏ 해설

① 계약서가 아니라 추심지시서의 본문에 해당 문구가 있어야 한다.
② 은행은 접수된 서류가 추심지시서에 열거된 것과 외관상 일치하는지 확인해야 한다.
④ 은행은 서류의 송달 중 발생하는 지연, 멸실에 대해 책임지지 않는다.

정답 ③

09 팩터링(Factoring)에 대한 설명으로 옳지 않은 것은?

① 팩터링은 플랜트거래와 같이 대금결제에 장기간이 소요되는 경우 활용되는 결제방식이다.

② 수입자는 수입팩터를 통해서 외상수입의 효과를 얻는다.

③ 팩터링회사는 전도금융 및 신용조회 서비스를 제공하며 수출대금에 대한 자금부담을 공유할 수 있다.

④ 수입상과 수출상의 무역거래에 팩터링회사가 개입하여 은행과 같은 역할을 수행한다.

✏ 해설

팩터링은 단기금융과 소액거래에 활용되며, 장기결제에 적합한 방식은 포페이팅 방식이다.

정답 ①

10 팩터링 결제방식의 순서를 나열한 것으로 올바른 것은?

A. 수출자의 수입자 신용조사 의뢰
B. 수출팩터의 요청에 따른 수입팩터의 수입자 신용조사
C. 수출자의 계약물품선적
D. 수출팩터의 수출자에 대한 전도금 지급
E. 수입팩터의 수출팩터에 대한 대금송금
F. 수입자로부터 수입팩터의 대금회수

① A - B - C - D - E - F
② A - B - D - C - F - E
③ A - D - B - C - E - F
④ A - B - C - F - E - D

✏ 해설

팩터링 거래는 팩터링회사가 추심에서의 은행과 같은 역할을 한다. 다만, 매매계약 전 수출자의 의뢰를 받아 수입자의 신용조사 후 적합한 경우 계약체결 및 업무진행이 이루어진다는 차이가 있다.

정답 ①

11 포페이팅(Forfaiting) 결제방식에 대한 설명으로 옳지 않은 것은?

① 포페이팅 방식은 플랜트거래와 같이 대금결제에 장시간이 소요되는 무역거래에서 활용된다.

② 수입자의 대금지급이 이루어지지 않는 경우 수출상에게 이미 지급된 금액은 회수되어야 한다. 따라서 이에 대비한 무역보험에 가입하는 것이 필요하다.

③ 수출자가 어음의 만기일 도래 전 고정이자율로 어음을 할인하여 대금을 받을 수 있다.

④ 포페이팅 방식에서는 어음보증인이 추가될 수 있다.

✎ 해설

포페이팅 방식은 소구권 없이 지급하는 결제방식이다. 따라서 수입자가 대금결제를 하는지 여부와 관계없이 이미 지급된 금액은 회수되지 않는다.

정답 ②

12 신용장 결제방식에서 당사자에 대한 설명으로 옳지 않은 것은?

① 개설의뢰인은 신용장 개설을 신청하는 당사자로서 은행의 지급보증 수혜자이다.

② 확인은행은 개설은행의 요청에 의하여 신용장에 대한 확인을 한 은행을 의미한다.

③ 개설은행은 개설의뢰인의 신청에 따라 신용장을 개설한 은행을 의미한다.

④ 제시자는 신용장에서 규정하는 바와 일치하는 서류를 인도하는 수익자, 은행 또는 다른 당사자를 의미한다.

✎ 해설

개설의뢰인은 신용장을 개설하는 수입자로서 신용장 절차에 따라 환어음의 지급의무를 부담하는 자이다. 은행의 지급보증 수혜는 수익자가 받는다.

정답 ①

13 신용장상에 있는 용어의 해석방법으로 옳지 않은 것은?

① 단수의 단어는 복수의 단어를 포함하고, 복수의 단어는 단수의 단어를 포함한다.

② 수익자를 제외하고 서류의 발행자를 표현하기 위하여 "First Class(일류)", "Well Known(저명한)"과 같은 용어들은 모든 서류 발행자가 사용할 수 있다.

③ 서류에 사용하도록 요구되지 않았다면 "신속하게(Prompt)", "즉시(Immediately)" 또는 "가능한 한 빨리(As Soon As Possible)"라는 단어들은 무시된다.

④ 만기를 정하기 위하여 "From"과 "After"라는 단어가 사용된 경우에는 명시된 일자를 포함한다.

✎ 해설

만기를 정하기 위하여 "From"과 "After"라는 단어가 사용된 경우 명시된 일자를 제외한다.

정답 ④

14 신용장방식의 장점에 대한 설명으로 옳지 않은 것은?

① 수익자는 신용장에서 요구되는 일치하는 서류를 제시하는 것을 조건으로 은행의 지급확약을 받으므로 안정적인 수출이 가능하다.

② 개설의뢰인은 은행이 서류심사의 기능을 하므로 하자 없는 선적서류를 받을 것으로 기대할 수 있다.

③ 신용장은 기본적으로 취소나 조건변경이 불가능하므로 계약체결 후의 시장상황에 영향을 받지 않고 당사자를 구속한다.

④ 일람 후 지급의 경우 개설의뢰인은 물품을 수령하여 판매 후 만기일까지 대금을 지급하기만 하면 된다.

✎ 해설

신용장은 개설은행, 확인은행(있는 경우) 및 수익자의 동의가 있는 경우에는 변경되거나 취소될 수 있다.

정답 ③

15 신용장 개설에 대한 설명으로 옳은 것은?

① 신용장이 개설되면 매매계약의 체결로 간주된다.

② 신용장 개설 시 취소불능이라는 표현이 없으면 대급지급 전까지는 취소가 가능하다.

③ 개설담보금이 없거나, 물품가액보다 부족한 경우 개설은행은 신용장에 표시된 물품을 담보로 취급할 수 있다.

④ 신용장 개설수수료는 물품 특성에 따라 다르게 산정된다.

✏ 해설

① 신용장의 개설과 당사자 간의 매매계약은 독립적이다.

② 취소불능의 표현이 없더라도 신용장은 취소불능이다.

④ 신용장 개설수수료는 일반적으로 기간비례로 산정된다.

정답 ③

16 신용장에 별도의 기재가 없는 경우 은행에서 수리될 수 없는 선하증권은?

① 운임에 추가된 비용이 표시된 선하증권

② 용선계약에 따른다는 표시가 있는 선하증권

③ "Shipper's load and count" 표시가 있는 선하증권

④ "May be loaded on deck" 표시가 있는 선하증권

✏ 해설

용선계약 선하증권은 신용장에서 용선계약 선하증권을 요구하거나 이를 허용하는 경우에만 수리될 수 있다.

정답 ②

17 **특수신용장을 나타내는 신용장상의 문구로 옳지 않은 것은?**

① 동시개설신용장 – Shall not be available unless and until L/C mentioned as following has been established.

② 연지급신용장 – This maturity date of this letter of credit may be extended without amendment for one year from maturity date thereof

③ 회전신용장 – The amount of drawing made under this L/C become automatically reinstated on payment by us.

④ 양도가능신용장 – This L/C is irrevocable

✏ **해설**

양도가능신용장은 'Transferable' 문구가 기재되어야 한다. 'Irrevocable'은 취소불능을 의미한다.

정답 ④

18 **신용장 결제방식에서 개설은행의 서류심사에 대한 설명으로 옳지 않은 것은?**

① 서류가 문면상 일치하는 제시를 구성하는지 결정하기 위해서 단지 서류만을 기초로 심사하여야 한다.

② 제시가 일치하는지 여부를 결정하기 위하여 제시일로부터 5은행영업일을 가진다.

③ 서류상의 자료는 신용장과 국제표준은행관행의 관점에서 검토하는 경우 그 서류나 기타 명시된 서류 또는 신용장상의 정보와 반드시 일치될 필요는 없으나, 상충되어서는 안 된다.

④ 제시되었으나 신용장에서 요구되지 아니한 서류는 무시되며, 제시자에게 반환될 수 있다.

✏ **해설**

제시가 일치하는지 여부를 결정하기 위하여 개설은행은 제시일의 다음날부터 5은행영업일을 가진다.

정답 ②

19 신용장거래에서 수익자가 제시한 서류의 하자가 있는 경우 개설은행이 할 수 있는 행위에 해당하지 않는 것은?

① 제시가 일치하지 않는다고 판단하는 경우 결제를 거절할 수 있다.
② 독자적 판단으로 하자에 대한 권리포기를 위해 개설의뢰인과 교섭할 수 있다.
③ 제시자의 추가지시가 있을 때까지 서류를 은행에 보관할 수 있다.
④ 개설의뢰인의 지시에 따라 서류를 개설의뢰인에게 송부할 수 있다.

✎ 해설

개설은행이 개설의뢰인에게 서류를 보내는 경우는 하자 없는 서류를 제시받았을 때이다. 하자있는 서류가 제시된 경우라면 개설의뢰인 역시 서류를 받고 대금을 지급할 이유가 없다.

정답 ④

20 일람 후 60일 지급 조건의 신용장거래 당사자 중 반드시 필요하지 않은 은행은?

① 개설은행
② 통지은행
③ 확인은행
④ 매입은행

✎ 해설

확인은행은 개설은행이 신용장의 확인을 위해 요청하는 경우에만 신용장거래에 참여한다. 통상 개발도상국 등 매입/통지은행에 대한 지급신뢰가 낮은 경우 중간에 보증인의 개념으로 참여하는 것이다.

정답 ③

21

매입은행의 매입행위에 대한 설명으로 옳지 않은 것은?

① 서류의 매입 시 신용장 조건에 일치하는지 여부는 문면상으로 확인한다.

② 매입을 통해 수수료나 할인의 이익을 남길 수 있다.

③ 매입을 거절하기로 한 경우 제시자에게 그 취지를 각 사유별로 통지한다.

④ 매입은행의 대금회수는 개설은행의 지급확약에 근거한다.

✎ 해설

매입은행은 매입을 거절하기로 결정하는 때에는 제시자에게 그러한 취지를 한 번에 통지하여야 한다.

정답 ③

22

신용장거래의 단점에 해당하지 않는 것은?

① 지급보증을 위한 은행이 대금결제에 개입되므로 수수료를 추가 부담해야 한다.

② 은행은 서류 문면상의 일치성만을 심사하므로 실제물품과 상이성이 있다.

③ 신용장거래에서는 은행을 통해 서류를 받고, 대금을 지급하지 않으면 서류를 찾을 수 없다.

④ 수입상은 개설의뢰인이 제시한 조건의 서류를 구비해야 대금을 지급받을 수 있다.

✎ 해설

개설의뢰인이 제시한 조건의 서류를 구비해야 대금을 지급받을 수 있는 사람은 수출상이다.

정답 ④

23 다음 중 신용장 결제방식의 절차가 올바르게 나열된 것은?

> A. 신용장 개설요청
> B. 선적서류 인도
> C. 서류제시
> D. 개설의뢰인의 물품대금의 지급
> E. 통지은행으로 신용장 개설통지
> F. 수익자에게 신용장 개설통지

① A - E - F - C - B - D
② A - F - E - C - B - D
③ A - C - E - F - B - D
④ A - B - E - F - C - D

✎ 해설

신용장은 개설의뢰인의 개설요청 후 개설은행과 통지은행을 거쳐 수익자에게 개설통지된다. 이후 물품이 선적되면 수익자는 신용장에 일치하는 서류를 제시하고 각 은행의 서류심사를 거쳐 개설의뢰인에게 서류를 인도한다. 개설의뢰인은 서류를 수취하고, 신용장상의 결제조건에 따라 대금을 지급한다.

정답 ①

24 다음 중 UCP 600규정에 따른 기간의 해석으로 옳지 않은 것은?

① 선적기간을 정하기 위해 "From"이라는 단어가 사용된 경우 명시된 일자를 포함한다.
② 만기를 정하기 위하여 "From"이라는 단어가 사용된 경우 명시된 일자를 제외한다.
③ "First Half"라는 단어가 사용된 경우 해당 월의 1일부터 15일까지 모든 날짜를 포함한다.
④ 선적기간을 정하기 위해 "Between"이라는 단어가 사용된 경우 명시된 일자를 제외한다.

✎ 해설

선적기간을 정하기 위하여 "To", "Until", "Till", "From", 그리고 "Between"이라는 단어가 사용된 경우 명시된 일자 또는 일자들을 포함한다.

정답 ④

25 **신용장결제방식과 추심결제방식의 비교내용으로 옳지 않은 것은?**

① 두 방식 모두 은행의 지급확약이 있어 수출자의 대금확보에 안정성을 보장한다.

② 두 방식 모두 은행을 통해 서류가 인도된다.

③ 추심의 D/P방식은 신용장의 At sight 결제방식과 동일한 결제효과를 갖는다.

④ 추심에서의 Drawee인 신용장상의 Applicant와 같이 수입자를 일컫는다.

✎ **해설**

추심과 신용장의 가장 큰 차이점은 신용장에서의 개설은행 지급확약 부분이다. 추심의 경우 은행의 지급확약이 없으므로 수출자의 대금확보가 반드시 보장되는 것은 아니다.

정답 ①

26 **UCP 600 규정에 따른 신용장의 이용에 대한 내용으로 옳지 않은 것은?**

① 신용장은 그 신용장이 이용 가능한 은행을 명시하거나 모든 은행에서 이용 가능한지 여부를 명시하여야 한다.

② 지정은행에서 이용 가능한 신용장은 개설은행에서는 이용될 수 없다.

③ 신용장은 그 신용장이 일람지급, 연지급, 인수 또는 매입에 의하여 이용 가능한지 여부를 명시하여야 한다.

④ 신용장은 개설의뢰인을 지급인으로 하는 환어음에 의하여 이용 가능하도록 개설되어서는 안 된다.

✎ **해설**

지정은행에서 이용 가능한 신용장은 또한 개설은행에서도 이용할 수 있다.

정답 ②

27

신용장 통일규칙(UCP 600)의 규정에 따른 신용장에서의 제시로 옳지 않은 것은?

① 신용장은 제시를 위한 유효기일을 명시하여야 한다.

② 신용장 대금의 결제 또는 매입을 위한 유효기일은 제시를 위한 유효기일로 본다.

③ 신용장이 이용 가능한 은행의 장소가 제시를 위한 장소이다. 모든 은행에서 이용 가능한 신용장에서의 제시장소는 그 모든 은행의 소재지가 된다. 개설은행의 소재지가 아닌 제시장소는 무시된다.

④ 인정되는 사유에 따라 유효기일 또는 최종제시일이 연장된 경우를 제외하고 수익자에 의한 제시는 유효기일 또는 그 전에 이루어져야 한다.

⬦ 해설

개설은행의 소재지가 아닌 제시장소는 개설은행의 소재지에 그 장소를 추가한다.

정답 ③

28

화환추심에서 수출상이 제시한 서류와 환어음을 수입자의 은행으로 전달하고, 그 은행으로부터 지급을 받는 추심당사자에 해당하는 은행은?

① Issuing Bank

② Remitting Bank

③ Collecting Bank

④ Presenting Bank

⬦ 해설

문제에서 설명한 은행은 추심의뢰은행이다. Issuing Bank는 신용장에서의 개설은행이며, Collecting Bank는 추심은행으로 추심의뢰은행을 제외한 추심참여은행을 의미한다. Presenting Bank는 추심은행의 하나로서 설명에서의 '수입자의 은행(제시은행)'이 이에 해당한다.

정답 ②

29 개설은행이 결제의무를 이행해야 하는 상황에 해당하지 않는 것은?

① 개설은행에서 일람지급, 연지급 또는 인수에 의하여 이용될 수 있는 경우

② 지정은행에서 일람지급에 의하여 이용될 수 있으나 지정은행이 대금을 지급하지 않는 경우

③ 지정은행에서 연지급에 의하여 이용될 수 있으나 지정은행이 연지급의 의무를 부담하지 않는 경우

④ 지정은행에서 인수에 의하여 이용될 수 있으나 환어음을 인수 후 만기 전에 지급하지 않은 경우

✎ 해설

환어음의 만기가 설정된 경우 만기까지만 지급하면 되므로 만기 전에는 아직 개설은행에게 결제의무가 부담되지 않는다.

정답 ④

---

30 확인은행의 의무에 대한 설명으로 옳지 않은 것은?

① 확인은행은 신용장에 확인을 추가하는 시점으로부터 취소가 불가능한 결제 또는 매입의 의무를 부담한다.

② 신용장이 확인은행에서 매입의 방법으로 이용 가능하다면, 확인은행은 소구권 없이 매입하여야 한다.

③ 개설은행으로부터 신용장에 대한 확인의 요청을 받았으나, 그 준비가 되지 않았다면 개설은행에 통고하여야 하고, 확인 후(소구권 있는) 신용장을 통지할 수 있다.

④ 신용장이 다른 지정은행에서 일람지급에 의하여 이용될 수 있으나, 해당 지정은행이 대금을 지급하지 않는 경우 결제의무를 부담한다.

✎ 해설

개설은행으로부터 신용장에 대한 확인의 요청을 받았으나, 그 준비가 되지 않았다면 개설은행에 통고하여야 하고, 확인 없이 신용장을 통지할 수 있다.

정답 ③

안심Touch

31 대금결제방식 중 Open Account(O/A)방식에 관한 설명으로 옳지 않은 것은?

① 거래통화와 표시통화가 다른 경우에는 외국환거래규정에 따라 통화환산율을 기장일 시점의 전신환매입률로 적용한다.

② O/A방식은 수입자의 소재국 은행에 계정을 설정해야 한다.

③ 물품선적이 완료된 후 일정기간이 뒤 대금을 지급하는 거래로서 외상거래의 일종으로 볼 수 있다.

④ O/A방식은 환리스크와 수수료 절감의 효과가 있다.

✏ **해설**

O/A방식은 어느 한 당사자 국가에만 계정을 둘 수도 있지만 쌍방에 계정을 설정하고 각각 기장하는 방식으로도 이용될 수 있다.

정답 ②

32 대금지급방식에 대한 설명으로 옳지 않은 것은?

① 단순송금방식은 현금, 수표, 송금수표, 우편송금 등을 말한다.

② 일반적으로 M/T방식이 가장 많이 사용된다.

③ 수입상이 계약물품에 대한 대금을 미리 은행에 불입하여 송금수표를 발행받고, 이를 수출상에게 우송하여 결제하는 방식은 송금수표방식이다.

④ 대금상환도방식은 현물인도 지급방식과 서류상환 지급방식으로 나눌 수 있다.

✏ **해설**

일반적으로 T/T방식이 가장 많이 사용된다.

정답 ②

33

신용장 거래방식에서 조건변경에 대한 설명으로 옳지 않은 것은?

① 어떠한 경우에도 신용장은 개설은행, 확인은행이 있는 경우에는 그 확인은행 및 수익자의 동의가 없이는 변경되거나 취소될 수 없다.

② 개설은행은 조건을 변경한 시점으로부터 변경 내용에 대하여 취소 불가능하게 구속된다.

③ 확인은행은 조건변경에 대한 확인을 연장할 수 있고, 조건변경을 통지한 경우 그 시점부터 취소 불가능의 의무를 부담한다.

④ 확인은행이 조건변경에 대하여 확인을 확장함이 없이 통지만을 하기로 선택한 경우 지체없이 개설은행에 통고하고, 통지서로 수익자에게 통고해야 한다.

✎ **해설**

양도가능신용장을 제외하고 신용장은 개설은행, 확인은행이 있는 경우에는 그 확인은행 및 수익자의 동의가 없이는 변경되거나 취소될 수 없다.

정답 ①

34

UCP 600의 규정에서 신용장의 조건변경에 대한 내용으로 옳지 않은 것은?

① 원신용장의 조건은 수익자가 조건변경을 통지한 은행에 대하여 변경된 내용을 수락한다는 뜻을 통고할 때까지는 수익자에게 효력을 가진다.

② 수익자가 그러한 통지를 하지 않은 경우, 신용장 및 아직 수락되지 않은 조건변경에 부합하는 제시가 있으면 수익자가 그러한 조건변경 내용을 수락한다는 뜻을 통고한 것으로 간주한다. 그 순간부터 신용장은 조건변경된다.

③ 조건변경에 대하여 일부만을 수락하는 경우 신용장의 조건변경은 수락한 사항에 대해서만 효력을 갖는다.

④ 수익자가 일정기한 내에 조건변경을 거절하지 아니하는 한 유효하게 된다는 규정은 무시된다.

✎ **해설**

조건변경에 대하여 일부만을 수락하는 것은 허용되지 않으며, 조건변경에 대한 거절의 통지로 간주한다.

정답 ③

안심Touch

35 다음의 설명에 해당하는 신용장의 종류로 옳은 것은?

> 동일한 거래조건으로 반복거래를 할 때 매 차례 신용장을 개설하는 불편함을 줄이고자 개설하는 신용장으로, 개설된 신용장이 이행되면 일정기간이 경과한 후 자동적으로 동일한 금액의 신용장이 개설된다.

① Deferred payment L/C
② Negotiation L/C
③ Revolving L/C
④ Acceptance L/C

✎ 해설

지문에 나온 내용은 회전신용장(Revolving L/C)에 대한 내용이다. 반복거래에 대한 총괄계약금액을 L/C개설할 수도 있으나, 이러한 경우 수수료부담이 커지므로 이런 상황에서 종종 발행된다.

정답 ③

36 무역거래 시 당사자 간의 계약조건이 동일할 때 수출상의 대금회수가 가장 빠른 신용장방식은?

① Usance L/C
② Deferred L/C
③ Stand by L/C
④ Red Clause L/C

✎ 해설

선대신용장(Red Clause L/C)은 물품의 주문과 동시에 대금을 회수할 수 있는 것으로 수출상에게 가장 유리한 조건이다.

정답 ④

37

신용장거래에서 상환은행의 수수료에 대한 설명으로 옳지 않은 것은?

① 상환은행의 수수료는 원칙적으로 개설은행의 부담으로 한다.

② 원칙에 불구하고 수수료를 수익자의 부담으로 하는 경우 개설은행은 신용장과 상환수권서에 그러한 사실을 명시해야 한다.

③ 상환은행의 수수료를 수익자 부담으로 하는 경우 수수료는 상환이 이루어질 때 청구은행에 지급하여야 할 금액으로부터 공제된다.

④ 수익자부담의 수수료가 상환되지 않는 경우 상환은행의 수수료는 상환은행이 부담으로 남는다.

🖊 해설

상환은행의 수수료는 원칙적으로 개설은행 부담이므로 수익자로부터 수수료가 상환되지 않는 경우 상환은행의 수수료는 여전히 개설은행이 부담으로 남는다.

정답 ④

38

신용장 결제방식에서 은행의 서류심사 기준에 대한 설명으로 옳지 않은 것은?

① 개설은행은 서류가 문면상 일치하는 제시를 구성하는지 결정하기 위해서 단지 서류만을 기초로 심사하여야 한다.

② 개설은행에게는 제시가 일치하는지 여부를 결정하기 위하여 제시일의 다음날로부터 최장 5은행영업일을 각각 가진다.

③ 운송서류 원본을 포함한 제시는 UCP 600에서 정하고 있는 선적일 후 7일 이내 수익자에 의하여 이행되어야 한다.

④ 상업송장 이외의 서류에서 물품, 서비스 또는 의무이행의 명세는 신용장상의 명세와 상충되지 않는 일반적인 용어로 기재될 수 있다.

🖊 해설

운송서류 원본을 포함한 제시는 신용장상의 선적일 후 21일 이내 수익자에 의해 이행되어야 한다.

정답 ③

39 하자있는 서류가 제시되었을 때 개설은행의 조치사항으로 옳지 않은 것은?

① 개설은행이 결제 또는 매입을 거절하기로 결정하는 때에는 제시자에게 이를 한 번에 통지하여야 한다.

② 개설은행은 제시가 일치하지 않는다고 판단하는 경우 독자적인 판단으로 하자에 대한 권리포기를 위해 개설의뢰인과 교섭할 수 있다.

③ 개설은행은 불일치서류가 제시되었을 때에는 어떠한 경우에도 그 불일치를 주장할 수 있다.

④ 개설은행은 불일치 서류에 대하여 반송할 수 있다.

✏ **해설**

개설은행이 불일치에 대한 통지 등을 하지 않는 경우에는 서류에 대한 불일치를 주장할 수 없다.

정답 ③

40 신용장 거래이지만 환어음이 발행되지 않는 경우는?

① Restricted L/C

② Deferred L/C

③ Acceptance L/C

④ Negotiation L/C

✏ **해설**

지급신용장(Payment L/C)과 연지급신용장(Deferred L/C)에서는 환어음이 발행되지 않는다.

정답 ②

41

신용장 거래에서의 서류에 대한 설명으로 옳지 않은 것은?

① 신용장에서 명시된 각각의 서류는 적어도 1통의 원본은 제시되어야 한다.

② 서류 자체에 원본이 아니라고 명시되어있지 않는 한 은행은 서류 발행자의 서명이 담긴 서류를 원본으로 취급한다.

③ 신용장이 서류의 사본을 요구하는 경우에는 사본을 제시해야만 한다.

④ 신용장이 "In Duplicate"의 용어를 사용하여 복수의 서류의 제시를 요구하는 경우, 이 조건은 그 서류 자체에 별도의 표시가 없는 한 적어도 한 통의 원본과 나머지 수량의 사본을 제시함으로써 충족된다.

🖊 해설

신용장이 서류의 사본을 요구하는 경우, 원본 또는 사본의 제시가 모두 허용된다.

정답 ③

42

신용장거래에서 상업송장에 대한 설명으로 옳은 것은?

① 양도가능신용장을 제외하고는 개설의뢰인이 발행한 것이어야 한다.

② 양도가능신용장을 제외하고는 수익자 앞으로 발행되어야 한다.

③ 신용장과 반드시 같은 통화일 필요는 없다.

④ 서명이 될 필요는 없다.

🖊 해설

신용장 결제방식에서 상업송장은 수익자가 개설의뢰인 앞으로 발행한 것이어야 한다. 신용장과 같은 통화로 발행되어야 하며, 서명될 필요는 없다.

정답 ④

43 신용장에서 명시적으로 요구되지 않는 경우로서 서명이 필요한 서류를 모두 고른 것은?

A. Commercial Invoice
B. Packing List
C. Insurance Policy
D. B/L

① A, B
② A, C, D
③ B, D
④ C, D

✐ 해설

상업송장(Commercial Invoice) 및 포장명세서(Packing List)는 별도로 요구되지 않는 한 서명이 필요하지 않다.

정답 ④

44 D/A방식의 특징에 대한 설명으로 옳지 않은 것은?

① D/A방식은 후불결제의 한 종류이다.
② 수출자는 어음 만기 전이라도 추심의뢰은행으로부터 먼저 대금을 지급받을 수 있다.
③ D/A방식은 은행의 지급보증은 없다.
④ D/A방식은 기한부 환어음이 활용된다.

✐ 해설

수입자는 어음 만기시점까지 대금을 지급하며, 수출자는 어음 만기 전에는 대금지급을 받을 수 없다.

정답 ②

45

결제방식에 대한 설명으로 옳지 않은 것은?

① D/A, D/P, O/A방식은 사후지급방식에 해당한다.

② COD방식은 선적서류를 수입국 소재 수출상 지점 또는 대리인에게 송부하여 물품도착 후 수입상과 함께 직접 물품확인 후 대금을 지급받는 방식이다.

③ CAD방식은 서류와 일치하는 물품이 선적되었는지 수입자 입장에서는 확인할 수 없다.

④ CWD방식은 수입자가 수출자와 신뢰가 형성된 경우 사용하는 것이 좋다.

✎ 해설

D/P방식의 경우 물품을 받으면서 대금을 지급하므로 사후지급방식이라고는 볼 수 없으며, 동시지급방식으로 분류하는 것이 옳다.

정답 ①

46

신용장에서 원본서류로 인정되지 않는 것은?

① 관인, 스템프, 고무인에 의한 서명

② 작성자가 직접 수기로 작성한 서명

③ 인쇄기 등에 의해 미리 인쇄된 서명

④ 팩스기로 전송된 모사서명

✎ 해설

팩스기로 전송된 것은 UCP 600상의 모사서명(Facsimile)에 해당하지 않는다. 이는 레이저프린트 또는 인쇄기에 의해서 미리 인쇄된 것을 말한다.

정답 ④

47 신용장상의 운송서류에 대한 설명으로 옳지 않은 것은?

① 선하증권은 명칭에 관계없이 운송인의 명칭을 표시하고 운송인 또는 그 지정대리인으로부터 서명되어야 한다.

② 선하증권은 사전 인쇄된 문구로 신용장에서 명시된 적재항에서 지정된 운송인에게 인도되었음을 표시하여야 한다.

③ 두 가지 이상의 다른 운송방식을 표시하는 운송서류는 전운송이 동일한 운송서류에 의하여 포괄되는 한 물품이 환적될 것이라거나 환적될 수 있다는 것을 표시할 수 있다.

④ 항공화물운송장의 경우 신용장이 원본 Full set를 규정하더라도 송하인 또는 선적인용 원본이어야 한다.

✎ 해설

선하증권은 물품이 신용장에서 명시된 적재항에서 지정된 선박에 본선적재 되었음을 표시하여야 한다.

정답 ②

48 다음 제시된 운송서류 중 환적될 것 또는 환적될 수 있다는 표현을 사용하는 것에 대해 UCP 600 규정이 다르게 적용되는 것은?

① 선하증권

② 항공화물운송장

③ 우편영수증

④ 철도 운송서류

✎ 해설

UCP 600에서 환적될 것 또는 환적될 수 있다는 표현은 용선계약부 선하증권 및 특송화물수령증, 우편영수증, 우송증명서에 있어서는 별도의 규정을 두고 있지 않다.

정답 ③

49 다음은 분할선적이 금지된 신용장 방식에서 수출자가 한 번에 제시한 두 개의 선하증권의 내용이다. 이에 대한 설명으로 옳지 않은 것은?

B/L NO. BARUN0201-001

- Loading Port : Incheon, Korea / Discharging Port : Shanghai, China

- Vessel Name : pegasus / Voy No, 1854W

- Voy. No. 2034N

- "Container NO. FTAU1030170 is covered by Bill of Lading NO. BARUN0201-001 and BARUN0201-002 and can only be released to a single merchant upon presentation of all B/L of that merchant"

- On board date : Sep 07, 20xx

B/L NO. BARUN0201-002

- Loading Port : Busan, Korea / Discharging Port : Shanghai, China

- Vessel Name : pegasus

- Voy. No. 2034N

- "Container NO. FTAU1030170 is covered by Bill of Lading NO. BARUN0201-001 and BARUN0201-002 and can only be released to a single merchant upon presentation of all B/L of that merchant"

- On board date : Sep 08, 20xx

---

① 제시된 두 건의 선하증권은 선적항이 다르므로 분할선적으로 간주된다.
② 선적일을 산정하는 날짜는 9월 8일이다.
③ 서류제시기간을 산정할 때의 기산일은 9월 8일이다.
④ 복수의 선하증권이 제시되어야만 물품의 인도가 가능하다는 표현은 서류심사에서 선하증권의 하자로 볼 수 없다.

✎ 해설

선적일과 선적항이 서로 다른 운송서류가 여러 개 제시되었다 하더라도, 해당 서류에 기재된 운송수단(선박), 항로, 목적지가 동일하다면 분할선적으로 보지 않는다.

정답 ①

50 신용장에서 운송서류에 대한 설명으로 옳지 않은 것은?

① Clean이라는 표시가 없는 경우 무고장 운송서류로 인정되지 않는다.

② 운송서류는 물품이 갑판에 적재되었거나 적재될 것이라는 표시해서는 안 된다.

③ "Shipper's Load and Count"표시가 있는 운송서류는 수리될 수 있다.

④ 운송서류는 스탬프 또는 기타의 방법으로 운임에 추가된 비용의 참조를 기재할 수 있다.

🖉 해설

표시가 없어도 인정될 수 있다. 무고장 운송서류는 물품 또는 포장의 하자를 명시적으로 표시하는 조항 또는 단서가 없는 운송서류를 말한다. "무고장(Clean)"이라는 단어는 신용장이 운송서류가 "무고장 본선적재(Clean On Board)"를 요건으로 하더라도 운송서류상에 나타날 필요가 없다.

정답 ①

51 Usance L/C 에서 발생하는 수수료가 아닌 것은?

① 수입환어음 결제 환가수수료

② 인수수수료

③ 할인수수료

④ 매입수수료

🖉 해설

Usance 거래에서 환가수수료는 Shipper's usance인 경우 수출자에게 발생하는 것으로 수입환어음에 대하여는 발생하지 않는다.

정답 ①

52

환어음에 대한 설명으로 옳지 않은 것은?

① 국가간의 어음법이 다르게 적용될 경우 어느 일방에서 유효하다고 인정되는 경우 해당 국가에서만 유효하게 인정될 수도 있다.

② 결제조건이 "XXdays after sight"인 경우 인수일자의 표시와 함께 기명날인 되어야 한다.

③ 환어음은 통상 2통이 발행되며 발행 통수 중 어느 하나가 결제되면 다른 하나는 효력을 상실한다.

④ 추심거래에서 환어음의 지급은 제시은행이 한다.

✏ **해설**

추심거래에서 환어음의 지급인은 수입자이다.

정답 ④

53

신용장 거래에서의 보험서류에 대한 설명으로 옳지 않은 것은?

① 보험서류가 2통 이상의 원본으로 발행되었다고 표시하고 있는 경우, 적어도 1통의 원본이 제시되어야 한다.

② 보험인수증(Cover Notes)은 수리되지 않는다.

③ 보험증권은 포괄예정보험에 의한 보험증명서나 통지서를 대신하여 수리될 수 있다.

④ 보험서류는 보험회사, 보험업자 또는 그 대리인에 의해 발행되고 서명되어야 한다.

✏ **해설**

보험서류가 2통 이상의 원본으로 발행되었다고 표시하고 있는 경우, 모든 원본이 제시되어야 한다.

정답 ①

54 신용장거래에서 환어음에 대한 설명으로 옳지 않은 것은?

① 신용장 결제방식에서 환어음의 수취인은 통상적으로 매입은행이다.

② 금액이 변경되는 경우 환어음의 금액도 정정되어야 한다.

③ 환어음의 금액은 상업송장의 금액과 일치해야 한다.

④ 환어음은 개설은행 앞으로 발행되어야 한다.

✎ 해설

환어음의 중요한 부분인 금액정정이 있는 경우 환어음은 무효가 된다.

정답 ②

55 다음 문구와 연관 있는 신용장으로 옳은 것은?

> Upon receipt of documents at our counters, we shall forward the necessary documents to the issuing bank. Upon reimbursement from issuing bank, we shall undertake to reimbursement you in accordance with your instruction.

① 확인이 지시된 신용장

② 상환청구 방식의 신용장

③ 양도된 신용장

④ 원신용장을 담보로 개설된 동시개설신용장

✎ 해설

개설은행에서 상환이 이루어진 후 지시에 따라 상환하겠다는 내용으로 미루어 양도신용장임을 알 수 있다.

정답 ③

56 신용장에서 Invoice in 2 Copies를 요구한 경우 상업송장 제시방법으로 옳은 것은?

① 사본 2부를 제시한다.

② 원본 1부와 사본 1부를 제시한다.

③ Proforma Invoice와 Commercial Invoice를 각각 1부씩 제시한다.

④ 2부 모두 서명된 서류로 제시한다.

✎ 해설

신용장에서 Copy는 ~부 또는 ~통의 의미를 가지며 "Invoice In 2 Copies"로 언급하고 있으면 특별한 다른 언급이 없는 한 1통의 원본과 1통의 사본을 제시하여야 한다.

정답 ②

57 신용장에서 과부족의 처리에 대한 설명으로 옳지 않은 것은?

① 신용장에 명기된 수량과 관련하여 "약(About)"이라는 표현을 사용한 경우 10%의 과부족을 초과하지 않는 범위 내에서 허용하는 것으로 해석된다.

② "대략(Approximately)"이라는 단어는 단가와 관련되어 사용될 때 10%의 과부족을 허용하는 것으로 본다.

③ 신용장이 수량을 포장단위 또는 개별 품목 수로 명기하지 않고, 청구되는 총액이 신용장의 금액을 초과하지 않는 경우에는, 물품수량이 5%를 초과하지 않는 범위 내의 과부족은 허용된다.

④ 분할선적이 허용되지 않는 경우에도, 물품의 수량이 신용장에 기재된 경우 전량 선적되고 단가가 신용장에 기재된 경우 신용장 금액의 10% 이내의 과부족은 허용된다.

✎ 해설

분할선적이 허용되지 않는 경우에도, 물품의 수량이 신용장에 기재된 경우 전량 선적되고 단가가 신용장에 기재된 경우 신용장 금액의 5% 이내의 과부족은 허용된다.

정답 ④

58

국제은행표준관습(ISBP)상 서류심사의 원칙이 옳지 않은 것은?

① "Limited"라는 표현 대신 "Ltd"를 사용할 수는 있지만, 신용장에서 요구된 상업송장의 수하인 명의에는 "Limited"가 기재되어야 한다.

② 영문 오탈자는 단순한 하자로 인정된다.

③ 서류의 작성일자와 서명일자가 다른 경우에는 서명일자를 서류발행일로 본다.

④ 신용장상에 어떠한 증명서의 발행인을 별도로 명기하지 않는 경우에는 수익자가 해당 서류를 발행해야 한다.

🖉 해설

신용장상에 어떠한 증명서의 발행인을 별도로 명기하지 않는 경우에는 누구든 서류를 발행할 수 있다.

정답 ④

59

다음 중 신용장 통일규칙(UCP 600)에서는 규정하고 있으나 추심에 관한 통일규칙(URC 522)에서는 규정하지 않는 불가항력에 해당하는 것은?

① Acts of God

② Civil Commotions

③ Acts of Terrorism

④ Wars

🖉 해설

UCP 600과 URC 522에서의 불가항력 조항은 거의 동일하게 규정하고 있지만, URC 522에서는 테러리즘(Acts of Terrorism)에 대한 내용만 누락되어 있다.

정답 ③

60

추심에 관한 통일규칙(URC 522)에서 지급에 대한 규정으로 옳지 않은 것은?

① 추심된 금액(수수료 포함)은 추심지시서의 조건에 따라 추심지시서를 송부한 당사자에게 지체 없이 지급되어야 한다.

② 지급국가의 통화(내국통화)로 지급하도록 한 경우, 제시은행은 추심지시서에 별도의 지시가 없는 한 내국통화가 추심지시서에 명시된 방법으로 즉시 처분할 수 있는 경우에만 현지화에 의한 지급과 상환으로 지급인에게 서류를 인도해야 한다.

③ 지급국가의 통화 이외의 통화(외국통화)로 지급하도록 한 경우, 제시은행은 추심지시서에 별도의 지시가 없는 한, 그 외국통화가 추심지시서의 지시에 따라 즉시 송금될 수 있는 경우에 한하여 그 외국통화에 의한 지급과 상환으로 지급인에게 서류를 인도해야 한다.

④ 화환 추심에 있어서, 분할 지급은 추심지시서에서 특별히 허용된 경우에만 인정된다.

 해설

금액의 지급 시 수수료, 지출금 및 비용은 공제하고 지체없이 지급되어야 한다.

정답 ①

61

URC 522에서의 추심지시서에 대한 설명으로 옳지 않은 것은?

① 추심지시서는 추심을 송부한 은행의 이름을 생략 없이 완전히 기재해야 하며, 우편주소, SWIFT 주소, 텔렉스, 전화, 팩스번호 및 참조사항을 포함하여야 한다.

② 추심지시서는 동봉한 서류의 목록과 서류의 숫자를 표시하여야 한다.

③ 추심될 수수료를 지시서에 포함하며, 포기될 수 있다면 그러한 명시도 포함하여야 한다.

④ 추심은행은 추심지시서 상의 불완전하거나 부정확한 주소로 인해 발생하는 지연에 대해서는 추심지시서 조항에 따라 책임을 부담한다.

해설

추심은행은 불완전하거나 부정확한 주소로 인해 발생하는 어떠한 지연에 대해서도 의무나 책임을 지지 아니한다.

정답 ④

62 신용장 결제방식에서 선적에 대한 설명으로 옳지 않은 것은?

① 원칙적으로 분할선적은 허용된다.

② 동일한 운송방식에서 둘 이상의 운송수단상의 선적을 증명하는 하나 또는 2세트 이상의 운송서류를 구성하는 제시는, 비록 운송수단들이 같은 날짜에 같은 목적지로 향하는 경우라도 분할선적으로 간주되지 않는다.

③ 제시가 2세트 이상의 운송서류로 이루어지는 경우 어느 운송서류에 의하여 증명되는 가장 늦은 선적일을 선적일로 본다.

④ 신용장에서 할부에 의한 선적이 명시되어 있고 어떠한 할부가 그 허용된 기간 내에 선적되지 아니한 경우, 그 신용장은 할부분과 그 이후의 모든 부분에 대하여 효력을 상실한다.

✎ **해설**

동일한 운송방식에서 둘 이상의 운송수단상의 선적을 증명하는 하나 또는 2세트 이상의 운송서류를 구성하는 제시는, 비록 운송수단들이 같은 날짜에 같은 목적지로 향하더라도 분할선적으로 본다.

정답 ②

63 신용장 거래에서 보험에 대한 비율을 명시하지 않는 경우 허용되는 보험부보비율은?

① 상업송장금액 FOB 100%

② 상업송장금액 CIF 100%

③ 상업송장금액 FOB 110%

④ 상업송장금액 CIF 110%

✎ **해설**

부보금액을 별도로 명시하지 않는 경우 CIF 또는 CIP 가액의 110%이어야 한다. CIF 또는 CIP 가액을 결정할 수 없는 경우, 담보금액은 요구된 결제 또는 매입 금액 또는 송장에 표시된 물품의 총가액 중 더 큰 금액을 기준으로 산정되어야 한다.

정답 ④

64

UCP 600의 Transferable Credits에 대한 설명으로 옳지 않은 것은?

① 은행은 자신이 명시적으로 동의하는 범위 및 방법에 의한 경우를 제외하고는 신용장을 양도할 의무가 없다.

② 양도가능신용장은 "Transferable"을 명시한 경우에만 해당된다.

③ 개설은행은 양도은행이 될 수 없다.

④ 양도 시 별도의 합의가 없는 경우 양도와 관련하여 발생한 모든 비용은 제1수익자가 지급해야 한다.

✎ 해설

개설은행도 양도은행이 될 수 있다.

정답 ③

65

양도가능 신용장에서 감액되거나 단축될 수 있는 조건에 해당하지 않는 것은?

① 신용장의 금액

② 유효기일

③ 제시기간

④ 보험부보율

✎ 해설

보험부보율은 신용장에서 명시된 부보금액을 규정하기 위하여 높이는 것만 가능하다.

정답 ④

66

포페이팅 거래에 대한 설명으로 옳지 않은 것은?

① 포페이팅방식은 10년 이상의 중장기거래에서는 필수로 선택되어야 한다.

② 포페이터는 수출자로부터 소구권 없이 어음을 양도받는다.

③ 포페이팅 방식은 장기결제에 대하여 빠른 회수를 받을 수 있는 대신 할인율이 다른 결제수단보다 크다.

④ Aval은 보증을 뜻하는 말로 지급보증은행은 환어음에 이를 추가하여 수출자에게 인도할 수 있다.

✎ 해설

> 포페이팅 방식도 결제방식 중 한가지로, 10년 이상의 중장기거래라 하더라도 이 방식을 선택할지 여부는 거래 당사자의 몫이다.

정답 ①

67

다음 중 우리나라 환율제도에 대한 설명으로 옳지 않은 것은?

① 우리나라 최초의 환율제도는 고정환율제도이다.

② 우리나라에서 현재 적용하는 환율제도는 자유변동환율제도이다.

③ 수입 시 적용하기 위해 관세청장이 고시하는 과세환율은 복수통화바스켓 시스템을 통해 산출한다.

④ 우리나라의 환율은 직접표시법에 따라 표시한다.

✎ 해설

> 과세환율은 수입신고일이 속하는 전주의 외국환매도율을 기초로 산출하며, 이때에도 현재 적용중인 자유변동환율제도에 따른다(관세법 제18조).

정답 ③

68 대내적 환리스크 관리방법에 대한 설명으로 옳지 않은 것은?

① 환율의 상승이 전망되는 경우 수출대금의 회수를 최대한 미루는 래깅기법을 사용한다.

② 환율의 하락이 전망되는 경우 외화차입금의 상환을 최대한 미루는 래깅기법을 사용한다.

③ 다국적기업의 본지사 간에 채권채무를 정산하여 일정기간마다 정산하는 상계방법을 사용할 수 있다.

④ 외화자금의 유입과 지급의 결제일을 통화별, 만기별로 일치시켜 환위험이 발생하지 않도록 리딩기법을 사용할 수 있다.

🖉 해설

외화자금의 유입과 지급의 결제일을 통화별, 만기별로 일치시켜 환위험이 발생하지 않도록 하는 방법은 매칭기법이다.

정답 ④

69 USD/KRW 환율이 하락할 것으로 예상되는 상황이 아닌 것은?

① 우리나라의 2분기 연속 경상수지 흑자

② 미국 FRB의 달러금리 인하

③ 중국 인민은행의 위안화 평가절상

④ 국제 주요투자은행들의 한국 투자등급 하향조정

🖉 해설

한국에 투자가 축소될수록 외화보유가 적어지므로 달러 환율은 상승이 예상된다.

정답 ④

안심Touch

70 우리나라의 환율구조에 대한 설명으로 옳지 않은 것은?

① 경제성장률이 높아지면 통화는 강세를 보일 확률이 높다.
② 미국 달러화를 제외한 다른 외국통화와 원화간의 환율을 재정환율이라 한다.
③ 우리나라에 투자비율이 높아지면 원화가치는 외국통화에 비해 하락할 확률이 높다.
④ 경상수지가 적자를 보이면 통화가치는 하락할 확률이 높다.

✏ 해설

우리나라 투자비율이 높아지면 우리나라 외화보유고가 높아지므로 외화가치는 하락하고 원화가치는 상승할 확률이 높다.

정답 ④

71 한국 선물거래소 장내에서 이루어지는 거래에 해당하지 않는 것은?

① 선물환거래
② 선물거래
③ 코스피 선물거래
④ 통화선물거래

✏ 해설

선물환거래는 장소가 정해지지 않은 장외거래이다.

정답 ①

72 역외선물환 거래에 대한 설명으로 옳지 않은 것은?

① 타국에 형성된 선물환시장으로 본국에서 거래할 경우 발생하는 세제나 제반규제를 피해 조세, 금융, 행정 등에서 혜택을 누릴 수 있는 시장을 말한다.

② 한국가의 통화가 국제통화가 된 후 형성된 외환시장이다.

③ 역외선물환시장은 만기에 계약원금을 교환하여 정산하지 않고 선물환율과 지정환율의 차이만을 계산해서 정산한다.

④ 뉴욕 역외선물환시장 종가는 그 다음날 서울 외환시장의 개장가에 직접적인 영향을 미친다.

✏️ **해설**

역회선물환시장은 보통 한 국가의 통화가 국제통화로 진입하기 전에 형성되는 단계적 시장으로 볼 수 있다.

정답 ②

73 외환시장의 상황이 다음과 같을 때 간편식으로 산출한 EUR/USD의 3개월 선물환율로 옳은 것은?(1년은 360일, 3개월은 90일로 가정하고 환율표시에서 앞의 것이 기준통화이다)

- EUR/USD 현물환율(Spot) – 3.00
- EUR 금리(연율) – 1%
- USD 금리(연율) – 2%

① 2

② 2.005

③ 2.01

④ 2.015

✏️ **해설**

선물환율 간편식은 "현물환율 + 현물환율(피고시통화이자율 – 고시통화이자율) × n/360"이다.
= 2 + 2(2% – 1%) × 90/360

정답 ②

74 스왑가격을 결정하는 기준으로 옳지 않은 것은?

① 스왑가격이란 스왑기간 중 LIBOR금리와 교환될 고정금리 수준을 말한다.

② 금리로 사용되는 Swap Rate는 현물환율과 선물환율의 차이를 말한다.

③ 스왑가격 결정의 고정금리는 만기가 일치하는 채권의 유통수익률과 스왑기간을 기준으로 고시된다.

④ 스왑가격이 결정되면 스왑기간 중의 금리에 따라 변동금리가 적용된다.

✎ 해설

스왑가격은 거래시점에 한번 결정되면 스왑기간 중의 금리와 상관없이 같은 고정금리가 적용된다.

정답 ④

75 USD/KRW 환율이 1,200원이고 EUR/USD 환율이 1.2인 경우 EUR/KRW 간 재정환율로 옳은 것은?

① 1,200원

② 1,400원

③ 1,440원

④ 1,690원

✎ 해설

USD 1 = 1,200원이고 EUR 1 = 1.2이므로 1,200 × 1.2 = 1,440원이 된다.

정답 ③

76 환율이 아래와 같을 때 1달러 당 원화로 옳은 것은?(소수점 이하는 절삭한다)

- EUR 1 = KRW 1,400
- 미국 내 유로화비율 − EUR 1 = USD 1.09

① 1,192원
② 1,284원
③ 1,355원
④ 1,526원

✎ 해설

산출식은 "매매기준율 ÷ 유로화의 달러환율"을 적용한다.
1,400 ÷ 1.09 ≒ 1284

정답 ②

77 다음 보기와 같이 USD/KRW 및 USD/EUR에 대한 스왑포인트가 고시되었다. 이때 USD/KRW의 6개월 선물환율로 옳은 것은?

구 분	USD/KRW
SPOT	1,250 / 1,220
3개월	+ 7.5 / + 7.3
6개월	+ 10.2 / + 10.1

① 1,242.5 / 1,212.7
② 1,239.8 / 1,209.9
③ 1,257.5 / 1,227.3
④ 1,260.2 / 1,230.1

✎ 해설

고시된 스왑레이트가 High/Low이면 현물환율에서 Discount하고, 반대이면 현물환율에 Premium을 더해준다.

정답 ②

안심Touch

78 수출계약을 체결한 기업이 수출시점의 환율이 대금회수시점의 환율보다 낮다면 다음의 보기 중 만기 시 현금가치가 가장 큰 것은?

- 수출금액 – 5,000달러
- 선물환율 – 1,150원
- 통화선물가격 – 1,050원
- 콜옵션 행사가격 – 1,000원 프리미엄 10원/$
- 풋옵션 행사가격 – 1,300원 프리미엄 7원/$

① 선물환 매도
② 통화선물 매도
③ 콜옵션 매도
④ 풋옵션 매도

✎ 해설

- 선물환 매도 : 1,150 × 5,000 = 5,750,000
- 통화선물 매도 : 1,050 × 5,000 = 5,250,000
- 콜옵션 매도 : (1,000 × 5,000) + (5,000 × 10) = 5,050,000
- 풋옵션 매도 : (1,300 × 5,000) – (5,000 × 7) = 6,465,000

정답 ④

79 원화금리가 연 2%, 달러금리가 연 3%, 현물환율 USD/KRW = 1,150원인 경우 6개월 달러 선물 환율로 옳은 것은?(소수점 2자리 미만은 절삭한다)

① 1,122.18
② 1,133.01
③ 1,161.5
④ 1,178.92

✎ 해설

- 원화 현물환율에 대한 원리금 합계액 : 1,150 × 1 + (0.02 × 6/12) = 1,150.01
- 달러 현물환율에 대한 원리금 합계액 : 1 × 1 + (0.03 × 6/12) = 1.015
- 1,150.01 ÷ 1.015 = 1,133.01

정답 ②

80 현재 환율이 1달러 당 1,300원인 경우 내가격옵션으로 옳은 것은?

① 행사가격 1,300원 콜옵션

② 행사가격 1,400원 콜옵션

③ 행사가격 1,200원 풋옵션

④ 행사가격 1,400원 풋옵션

✏️ 해설

콜옵션은 행사가격이 시장가격보다 낮은 경우, 풋옵션은 행사가격이 시장가격보다 높은 경우에만 이익이 발생하는 내가격옵션이다. 따라서 현재 환율보다 높은 1,400원 풋옵션이 팔았을 때 100원의 이익을 남길 수 있다.

정답 ④

81 기업의 환관리 기법 중 외부적 관리기법에 해당하는 것은?

① 리딩기법

② 래깅기법

③ 상계기법

④ 선물환기법

✏️ 해설

외부적 관리기법은 기업과 외부 금융기관이 계약과 약정 등을 통해서 환위험을 관리하는 방법으로서 환변동보험, 선물환거래, 통화스왑 등이 있다.

정답 ④

82 상호무역을 하는 관계에서 수출자가 수출채권과 수입채무를 일정기간별로 정산하여 환관리하는 방법은?

① Marching

② Portfolio

③ Netting

④ Pricing Policy

✏️ 해설

상호간에 발생하는 채권, 채무를 각각 결제하는 것이 아니라 일정기간 정산하는 방법을 상계(Netting)라고 한다.

정답 ③

83

다음 보기의 옵션계약을 포기하는 경우 예상되는 손실금액은?

> 달러 콜옵션
> • 계약금액 – 5,000$
> • 프리미엄 – 350원/$

① 1,750,000원

② 1,500,000원

③ 1,250,000원

④ 1,000,000원

✎ **해설**

옵션계약은 계약자가 유리한 경우에만 행사하고 그렇지 않는 경우에는 이를 포기할 수 있다. 이때 계약손실금에 프리미엄에 따른 손실금액을 곱한 것이 총 손실이 된다.

보기에서는 프리미엄 포기에 대한 손실만 계산되므로 5,000 × 350 = 1,750,000원이 된다.

정답 ①

84

다음 중 외국환거래법상 대외지급수단에 해당하지 않는 것은?

① 우편환

② 은행권

③ 신용장

④ 토지문서

✎ **해설**

대외지급수단은 외국통화, 외국통화로 표시된 지급수단, 그밖에 표시통화에 관계없이 외국에서 사용할 수 있는 지급수단을 말한다(정부지폐, 주화, 우편환, 은행권, 신용장, 환어음, 약속어음 등).

정답 ④

85

다음에서 제시되는 각 은행들의 매입률, 매도율을 기준으로 달러 수출대금을 원화로 환전할 때 가장 유리한 곳은?

구 분	A	B	C	D
매도율	1,250	1,270	1,230	1,255
매입률	1,180	1,170	1,190	1,210

① A 은행

② B 은행

③ C 은행

④ D 은행

✏️ 해설

은행에서 외화를 매입할 때는 매입률을 기초로 매입한다. 따라서 매입률이 가장 높은 은행에서 환전하는 것이 유리하다.

정답 ④

86

1달러 1,100원, 1유로 1.1달러의 환율인 경우 유로화에 대한 교차환율은?

① 1,100원

② 1,210원

③ 1,280원

④ 1,310원

✏️ 해설

교차환율은 두 환율을 곱해주면 구할 수 있다.
1,100원 × 1.1 달러 = 1,210원이다.

정답 ②

87

다음 중 역외선물환시장에 대한 설명으로 옳지 않은 것은?

① 본국에서 적용될 수 있는 각종 세제, 운용상 제약을 피해 타국에서 형성된 선물환시장을 말한다.

② 역외선물환시장에서 청산이 이루어질 때 계약한 선물환율과 지정환율 사이의 차이를 고려하여 지정통화로 정산한다.

③ 만기일 당일의 매매기준율이 정산일에 적용된다.

④ 차액결제는 달러로 이뤄진다.

🖊 해설

역외선물환시장은 만기일 전일의 매매기준율이 정산일에 적용된다.

정답 ③

88

6개월 만기 USD/KRW 선물환율이 1,200원일 때 행사가격이 1,180원인 6개월 만기 달러 풋옵션의 프리미엄이 달러당 30원이라면 이 옵션의 달러당 내재가치와 시간가치는?(환율표시에서 앞의 것이 기준통화이다)

	내재가치	시간가치
①	−20원	20원
②	0원	30원
③	20원	10원
④	30원	0원

🖊 해설

옵션의 내재가치는 현재 권리행사 시 옵션가치로 현재 기초자산가격과 행사가격의 차이로 측정된다. 권리행사 시 얻을 수 있는 이익가치 이므로 내가격상태에서만 내재가치가 존재하고, 외가격옵션에서의 내재가치는 0이 된다. 옵션의 시간가치는 만기까지의 기간에서 기초자산가격의 변화에 따라 얻을 수 있는 이익의 가치를 말한다.

정답 ②

89 다른 기타조건은 없다는 가정 하에 수출대금을 위안화로 수령하고, 수입대금은 달러로 지급한다면 각 외화 포지션의 상태는?

	달러	위안화
①	숏포지션	숏포지션
②	롱포지션	숏포지션
③	숏포지션	롱포지션
④	롱포지션	롱포지션

✎ 해설

달러로 지급하므로 부채상태인 숏포지션, 위안화는 수령하므로 채권상태인 롱포지션 상태이다.

정답 ③

90 행사가격이 1,100원인 풋옵션이 현재 내가격 상태이다. 프리미엄은 50원이며, 시간가치는 150원일 때 현재 환율은?

① 1,000원

② 1,100원

③ 1,200원

④ 1,300원

✎ 해설

프리미엄 중 시간가치는 -100원이기에 내재가치는 -100원이 된다. 이를 현재가치 1,100원에 반영하면 환율은 1,200원이 된다.

정답 ③

91 통화, 권리행사가격 및 만기일이 같은 콜옵션과 풋옵션을 매수, 매도하는 전략은?

① 스트래들(Straddle)
② 스트랭글(Strangle)
③ 버터플라이(Butterfly)
④ 범위선물환(Range Forward)

✎ 해설

② 통화, 만기일이 같으나 권리행사가격이 다른 콜옵션과 풋옵션을 매수, 매도하는 전략
③ 스트래들과 스트랭글 전략과 비슷하지만 2단위의 중위정도 가격의 옵션을 매입하거나, 매입옵션을 매도하는 전략
④ 환율범위를 지정해놓은 선물환 계약방법

정답 ①

92 외환포지션에 대한 설명으로 옳지 않은 것은?

① 수출대금을 환수하는 시점에 수출 시보다 환율이 상승한 경우 선물포지션은 롱포지션이고 환이익이 발생한다.
② 외환시장에서 환율이 변동되는 경우 손익포지션은 항상 반대로 움직인다.
③ 다른 조건 없이 수입만 하는 경우 결제통화에 대한 롱포지션이 형성된다.
④ 수출과 수입이 동등하게 진행되는 경우 동일한 외화로 대금의 지급, 영수를 한 경우 포지션은 스퀘어 상태이다.

✎ 해설

수입만 하는 경우 해당 통화는 부채가 형성되는 것이므로 외환포지션은 숏포지션이 된다.

정답 ③

93 우리나라의 제조업체 A는 제조에 사용되는 일부 원재료를 중국에서 수입하며 수입대금은 위안화로 지급한다. A사가 환위험을 헤지하는 방법으로 옳지 않은 것은?

① 위안화 콜옵션을 매입한다.

② 위안화 풋옵션을 매입한다.

③ 위안화를 선물환으로 매입한다.

④ 위안화를 현물환으로 매입한 후 외화계좌에 예금한다.

✏ 해설

외화를 지급하는 입장에서 환위험을 헤지하려면 현시점에 외화를 보유하거나, 외화가치가 상승했을 때 이익이 되는 포지션을 취하는 방법을 선택해야 한다. 콜옵션과 선물의 경우 환율이 하락하면 하락한 환율로 지급하면 되고, 환율이 상승하면 옵션행사 또는 선물매입을 진행하면 된다.

정답 ②

94 환리스크를 관리하는 방법 중 대내적 관리방법에 해당하지 않는 것은?

① 수입물품에 대한 지급통화를 선물환 매입을 하기로 했다.

② 수입, 수출 대차에 대한 결제통화와 만기를 일치시켰다.

③ 무역거래통화를 하나의 통화로 설정하지 않고 여러통화로 설정하였다.

④ 수출자와 협의를 통해 대금결제일을 7일 뒤로 연기하였다.

✏ 해설

선물환시장을 활용하는 것은 대외적 관리기법에 해당한다.
② Matching기법, ③ Portfolio기법, ④ Lagging기법

정답 ①

95 우리나라 환율이 외화 1 = KRW 1,100에서 외화 1 = KRW 1,300으로 변동되었다. 그 외의 변동요인이 없음을 가정했을 때의 사실관계 및 예상되는 효과로 옳은 것은?

① 수출기업의 환경이 불리해진다.
② 수출대금의 조기회수를 위한 협의를 한다.
③ 외화대비 원화가 평가절상 되었다.
④ 외국상품의 가격이 국내상품에 비해 상대적으로 가격이 상승하였다.

✎ 해설

수출기업은 동일한 물품을 수출하고, 더 많은 원화를 환산할 수 있어 환경이 유리해진다. 수출대금은 환율이 하락할 때 조기회수를 하고자 한다. 외화 대비 원화가 상승했다는 것은 그만큼 원화의 가치가 떨어졌다는 의미이므로 평가절하 되었다고 판단해야 한다.

정답 ④

96 기업A에서 보유하고 있는 옵션이 다음과 같을 때 환율변동으로 수익이 가장 큰 경우는?

USD/KRW 풋옵션 1단위 – 행사가격 1,300원, 프리미엄 달러 당 30원
USD/KRW 콜옵션 1단위 – 행사가격 1,200원, 프리미엄 달러 당 40원

① 1,000원
② 1,200원
③ 1,300원
④ 1,400원

✎ 해설

프리미엄은 동일한 지출이므로 이를 고려하지 않고 판단한다. 환율이 1,000원일 때 풋옵션은 300원의 수익이 발생되고, 콜옵션은 포기하면 다른 환율보다 큰 수익이 발생된다.

정답 ①

97 다음 중 환율 표시방법이 잘못 연결된 것은?

① 직접표시법 – USD 1 / KRW 1,400

② 간접표시법 – KRW 1,400 / USD 1

③ 유럽식 표시법 – USD 1 / CNY 387

④ 미국식 표시법 – CNY 1 / USD 0.21

✎ 해설

간접표시법은 자국통화 1단위에 대한 외화 교환대가를 표시하는 방법이다.

정답 ②

98 현재 환율 USD 1 = KRW 1,300인 경우 내가격옵션에 해당하는 것은?

① 행사가격 1,200원의 풋옵션

② 행사가격 1,400원의 풋옵션

③ 행사가격 1,300원의 콜옵션

④ 행사가격 1,400원의 콜옵션

✎ 해설

행사가격이 시장가격보다 높은 풋옵션의 경우가 이익이 발생하는 내가격옵션이 된다.

정답 ②

안심Touch

99 다음과 같은 스왑포인트가 고시되었을 때 USD/KRW의 3개월 선물환 아웃라이트 환율에 해당하는 것은?(보기의 숫자는 Bid/Offer의 순으로 표시한다)

구 분	USD/KRW	
	Bid	Offer
현물환율	1,210	1,220
1개월	25	24
3개월	33	31

① 1,185 / 1,196

② 1,177 / 1,189

③ 1,235 / 1,244

④ 1,243 / 1,251

✎ 해설

환율을 Bid-Offer Rate로 이중고시할 때, 스왑레이트의 BID값이 OFFER값보다 큰 경우(High/Low)에는 현물환율이 스왑레이트를 차감(Discount)하여 선물환율을 계산하고, 스왑레이트의 BID값이 OFFER값보다 작은 경우(Low/High)에는 현물환율에 스왑레이트를 더해(Premium) 선물환율을 계산한다.

보기의 3개월 선물환율은 BID값이 OFFER값보다 큰 경우이므로 현물환율에 차감하여 값을 구한다.

1,210 - 33 / 1,220 - 31

→ 1,177 / 1,189

정답 ②

100 USD 1 = KRW 1,400 이고, EUR 1 = USD 1.09인 경우 EUR/KRW 간 재정환율은?

① EUR 1 = KRW 1,410

② EUR 1 = KRW 1,482

③ EUR 1 = KRW 1,526

④ EUR 1 = KRW 1,564

✎ 해설

재정환율을 구할 때는 기준환율로 제시된 금액 간의 곱셈을 통해 산출할 수 있다. 본 문제에서는 1,400 × 1.09를 통해 1,526원을 산출할 수 있다.

정답 ③

part 3 ── 무역계약

PART 3 무역계약 · · · · · · · · · · · · · · · · ·

무역계약 기본이론

01 무역계약의 개요

1. 국제무역계약의 정의

무역계약이란 매도인이 대금 등 금전의 대가를 받고 매수인에게 물품의 소유권을 이전하거나 이전하기로 합의하는 계약을 말한다. 일반적으로 국제 간 매매계약 시 체결되는 계약을 말하며, 무역계약은 기본적으로 국내계약과 동일하지만, 국제적인 상·관습이 적용된다는 점에서 다르다.

⊕ Plus one

비엔나 협약(CISG) 21 출제

• 비엔나 협약의 의의

국제물품매매에 관한 협약(CISG ; United Nations Convention on Contracts for the International Sale of Goods)은 1980년 비엔나에서 체결된 협약이다. 국제물품매매의 계약을 규율하고, 상이한 사회적·경제적 및 법률적 제도를 고려하는 통일규칙의 채택 등 국제무역에서의 법률적인 장벽을 제거하는 데 공헌하며, 국제무역의 발전을 증진시키는 것을 목표로 하는 협약이다.

• 비엔나 협약의 적용 기본원칙

비엔나 협약은 다음 중 어느 하나에 해당하는 경우로서, 영업소가 상이한 국가에 있는 당사자 간의 물품매매계약에 적용된다.

– 당해 국가가 모두 체약국인 경우

– 국제사법의 규칙에 따라 어느 체약국의 법률을 적용하게 되는 경우

• 비엔나 협약의 적용 배제

– 당사자가 상이한 영업소에 있지 않은 경우

– 개인용, 가족용 또는 자가사용으로 구입되는 물품의 매매(다만, 매도인이 계약의 체결 전 또는 그 당시에 물품이 그러한 용도로 구입된 사실을 알지 못하였거나 또는 알았어야 할 것도 아닌 경우에는 제외)

– 경매에 의한 매매

– 강제집행 또는 기타 법률상의 권한에 의한 매매

– 주식, 지분, 투자증권, 유통증권, 통화의 매매

– 선박, 부선, 수상익선, 항공기의 매매

– 전기의 매매

비엔나 협약(Vienna Convention, 1980)과 관련하여 가장 옳지 않은 설명은?

① 양 당사자가 서로 다른 국가에 영업소를 두는 경우 적용할 수 있다.

② 계약당사자의 영업소가 소재하는 국가 모두가 비엔나 협약 체약국인 경우에만 적용할 수 있다.

③ 계약 당사자의 합의하에 비엔나 협약을 적용하지 않을 수 있다.

④ 전기의 매매에는 비엔나 협약을 적용할 수 없다.

해설 국제사법의 규칙에 따라 어느 체약국의 법률을 적용하게 되는 경우 해당 체약국이 비엔나 협약의 가입국이라면 비엔나 협약을 적용할 수 있다.

정답 ②

⊕ Plus one

일반거래조건협정의 용어정리

- 권리침해조항(Infringement Clause)
  특허, 상표, 디자인 등에 대해서 매도인은 어떠한 경우에도 면책되는 조항
- 불가항력조항(Force Majeure)
  통제가 불가능한 사고(예 전쟁, 자연재해 등)로 인한 의무 불이행은 면책되는 조항
- 권리불포기조항(Non-waiver Clause)
  일방의 계약의 위반에 대해 상대방이 이의제기를 하지 않는 것이, 권리의 포기를 서면으로 승인하거나 확인하지 않는 이상 이의제기를 포기하는 것은 아니라고 간주하는 조항
- 완전합의조항(Entire Agreement Clause)
  계약서에 합의된 내용만이 유일한 계약내용이며, 그 이외의 협상 중인 문서나 구두 협의는 포함되지 않는다는 조항
- 보상조항(Indemnification Clause)
  어느 일방의 계약 불이행 등으로 인해 발생한 손해에 대해 손해배상할 것을 규정하는 조항
- 비밀유지조항(Non-disclosure Clause)
  계약상의 내용에 대해 제3자에게 누설하지 않겠다는 비밀유지조항
- 사정변경조항(Hardship Clause)
  계약체결 후 발생하는 변동으로 인해 계약상의 내용대로 계약을 이행하는 것이 어려운 경우 계약내용을 변경할 수 있도록 합의하는 조항
- 면책승인조항(Releases Clause)
  계약만료 이후 어떠한 소송도 제기하지 않겠다는 조항
- 계약양도금지조항(Assignment Clause)
  다른 사람에게 계약의 양도를 금지하는 조항
- 설명조항(Whereas Clause)
  계약상의 내용이나 목적 등을 설명하는 조항
- 중재조항(Arbitration Clause)
  당사자 간의 분쟁을 명기된 중재기관에 의해 해결하겠다는 조항으로 중재국가, 중재기관, 중재규칙 등이 기재

합격자 Tip

일반거래조건협정의 용어 정의는 실제 거래관계에서 체결될 수 있는 일반거래조건협정을 예를 들어 문제를 출제하는 경우도 있습니다.

- 이행불능조항(Frustration Clause)

  계약체결 이후 후발적인 불능에 따라 계약을 이행할 수 없는 경우 계약이 자동으로 소멸되도록 합의하는 조항
- 신축조항(Escalation Clause)

  계약기간 중 물가상승으로 인해 상품, 용역 가액이 일정비율 이상 상승한 경우 계약상의 상품, 용역 가액이 상승하는 조항
- 당사자조항(Privity Clause)

  계약 당사자 관계를 기재하는 조항으로 본인과 본인의 거래인지, 본인과 대리인의 거래인지를 기재하는 조항
- 전매조항(Product Release Clause)

  수출상품이 현지 수입업자의 고의적인 상품인수 거절이나 저작권 및 상표권 등의 분쟁이 발생하는 것을 예방하기 위해 계약 시 분쟁이 발생하는 경우 상표권, 지식재산권 등과 관계없이 제3자에게 전매할 수 있는 조항
- 분리가능조항(Severability Clause)

  계약의 일부가 무효화되더라도 그 계약 전체가 무효화되는 것은 아니라는 조항
- 제조물책임조항(Product Liability Clause)

  제조자가 판매한 물품의 판매, 재판매, 사용 등으로 기인한 손해에 대해서는 제조자가 책임지도록 하는 조항

2. 무역계약의 특성 21 출제

OX 퀴즈

Q 거래목적물이 없더라도 계약이 체결될 수 있다. (O, ×)

A O

(1) 낙성계약과 요물계약

낙성계약이란 계약의 성립은 당사자 간의 합의만으로 충분하며, 반드시 물품의 이전이나 대금의 지급이 요구되는 요물계약과 반대되는 개념이다. 즉, 계약 당사자의 계약을 체결할 의사(청약)와 이에 응할 의사(수락)가 있다면 그 자체로 계약이 성립되는 것을 의미한다.

(2) 요식계약과 불요식계약

요식계약이란 계약을 체결하기 위해서 반드시 서면 등에 의해서 계약서 작성 등이 이루어지는 것을 말한다. 반대로 불요식계약이란 서면 등의 요식행위가 필요 없이 계약이 체결되는 것을 말한다.

(3) 유상계약과 무상계약

유상계약이란 매도인이 물품을 인도하면 매수인은 이에 대한 대금 등을 지급하는 계약을 말한다. 무상계약이란 매도인의 물품을 인도하더라도 매수인은 이에 대한 대금지급의 의무가 없는 경우를 말하며, 일반적으로 증여나 샘플 전달 시 이루어진다.

(4) 쌍무계약과 편무계약

쌍무계약이란 물품의 인도와 대금의 지급 등 무역계약 당사자 쌍방이 모두 의무를 가지는 것을 말한다. 편무계약이란 무역계약 당사자 중 일방만 의무를 부담하는 계약을 말한다.

⊕ Plus one

무역계약

- 무역계약 당사자가 계약서에 약정하는 경우 당사자 일방 국가의 국내법도 무역계약의 준거법이 될 수 있다.
- 국제무역계약의 규정 가운데 강행규정이 있으면 그것이 가장 우선한다.
- 무역계약은 당사자의 합의가 있는 경우 일방국가의 국내법은 무역계약의 준거법이 될 수 있다. 당사자 간 계약 〉 계약서에 명시한 준거법 〉 인코텀즈 순으로 해석된다.

3. 청약(Offer) [18][19][20][21] 출제

합격자 Tip
청약의 종류, 청약의 철회 및 취소에 대한 개념을 묻는 문제가 자주 출제됩니다.

(1) 청약의 정의

청약이란, 1인 이상의 특정한 자에게 의사를 표시하고, 수량과 대금을 명시적 또는 묵시적으로 지정하거나 이를 결정하는 규정을 두고 있는 등 충분히 확정적인 제의와 승낙이 있을 경우 이에 구속된다는 의사를 표시하는 제의를 말한다.

(2) 청약의 종류

① 확정청약

확정청약은 청약에 대한 승낙의 회신 유효기간이 정해진 청약 또는 유효기간이 없더라도 확정적(Firm) 또는 취소불능(Irrevocable)이라는 표시가 있는 청약으로서, 피청약자가 승낙의 의사표시를 취하기 전까지 청약의 내용을 변경하지 않는 청약을 말한다.

② 불확정청약

합격자 Tip
불확정청약이 청약에 해당되는지에 대해 묻는 문제가 종종 출제됩니다.

불확정청약이란 청약에 대한 유효기간이나 확정적이라는 표시가 없는 청약을 말한다. 무확정청약과 조건부청약으로 구분할 수 있다.

㉠ 무확정청약(Free Offer)

무확정청약은 피청약자의 승낙에 의사표시가 있기 전에 청약자가 청약의 내용을 변경할 수 있는 청약을 말한다. 만약 피청약자가 승낙의 의사표시를 하는 경우 청약자의 최종 확인이 필요하다.

㉡ 조건부청약(Conditional Offer)

조건부청약은 일정한 조건을 충족하는 경우에 한해 계약이 체결되는 청약으로, 피청약자의 승낙이 있는 경우 청약자의 최종확인이 필요하다.

⊕ Plus one

조건부청약의 종류 [20] 출제

- 재고잔유 조건부청약
  피청약자의 승낙의 표시가 청약자에게 도착했을 때 재고가 남아 있을 것을 조건으로 하는 청약을 말한다.
- 승인 조건부청약
  청약의 의사표시와 함께 견본을 송부하여 피청약자가 견본에 대해 만족하는 경우 유효한 청약으로 피청약자가 승낙의 의사표시를 함으로써 계약이 체결된다.
- 반품허용 조건부청약
  물품을 판매하고 남은 재고를 반품하는 것을 허용하는 청약을 말한다.
- 최종확인 조건부청약
  피청약자가 승낙의 의사표시를 한 후 청약자가 최종확인을 한 경우 계약이 성립되는 청약을 말한다.
- 수입승인 조건부청약
  피청약자가 수입승인을 취득한 경우에만 계약이 성립되는 청약을 말한다.

● 기출응용문제 ●

다음 중 청약에 대한 설명으로 옳지 않은 것은?

① 청약이란 1인 이상의 특정한 자에게 충분히 확정적인 의사표시를 하는 것을 말한다.

② 확정청약이란 확정적 또는 취소불능의 표시가 있는 청약으로서, 피청약자가 승낙의 의사표시를 취하기 전까지 청약의 내용을 변경하지 않는 청약을 말한다.

③ 최종확인 조건부청약이란 물품을 판매하고 남은 재고를 반품하는 것을 허용하고 있는 청약을 말한다.

④ 조건부청약은 일정한 조건을 충족하는 경우에 한해 계약이 체결되는 청약으로, 피청약자의 승낙이 있는 경우 청약자의 최종확인이 필요한 청약을 말한다.

해설 물품을 판매하고 남은 재고를 반품하는 것을 허용하고 있는 청약은 반품허용 조건부청약이다.

정답 ③

③ 청약의 유인

청약의 유인이란 확정적인 의사표시 없이 불특정 다수에게 권유 또는 유인을 통해 청약이 이루어질 수 있도록 하는 행위를 말한다. 피청약자가 청약의 유인에 승낙하여도 청약자의 최종확인이 있어야 무역계약이 성립된다 [예 카탈로그(Catalog), 광고 등].

④ 반대청약(Counter Offer)

청약자가 의사표시한 청약에 대한 거절이며, 동시에 다른 조건의 청약을 제시하는 것을 말한다. 품질, 가격, 수량 등에 대한 조건이 맞지 않는 경우 이를 변경하여 피청약자가 청약자에게 새로운 청약을 하는 것을 말한다.

(3) 청약의 효력발생

청약은 피청약자에게 청약이 도달한 때 효력이 발생한다.

(4) 청약의 철회

취소가 불가능한 청약일지라도 청약이 피청약자에게 도달하기 전이나 도달과 동시에 청약의 철회가 피청약자에게 도달하는 경우에는 청약을 철회할 수 있다.

(5) 청약의 취소

피청약자가 승낙의 통지를 발송하기 전에 취소의 통지가 피청약자에게 도착한 경우 청약은 취소된다. 그럼에도 불구하고 다음의 경우에는 청약이 취소될 수 없다.

① 청약이 승낙을 위한 기간을 명시하거나 기타의 방법으로 철회불능임을 표시하고 있는 경우
② 피청약자가 취소불능이라고 신뢰하는 것이 합리적이고, 그 청약을 신뢰하여 행동한 경우

⊕ Plus one

철회와 취소의 차이

철회와 취소는 청약의 효력발생 유무에 따라 구분될 수 있다. 철회는 청약이 피청약자에게 도착하기 전 또는 도착과 동시에 이루어지는 것이므로, 청약의 효력이 발생되기 전이며, 청약의 취소는 청약이 피청약자에게 도착한 이후이므로, 청약의 효력이 발생된 이후이다. 피청약자가 승낙의 의사표시를 한 경우 청약은 취소가 불가능하다.

(6) 청약의 거절

청약에 대해 피청약자가 거절을 통지하고 거절의사가 청약자에게 도착한 경우 청약은 효력이 상실된다.

O× 퀴즈

Q 청약이 피청약자에게 도달하기 전인 경우에만 철회가 가능하다. (O, ×)

A × → 청약의 의사표시가 도달하기 전 또는 도달과 동시인 경우에도 철회가 가능하다.

O× 퀴즈

Q 청약은 취소될 수 있다. 다만, 취소의 통지는 피청약자가 승낙을 발송한 후에 피청약자에게 도달하여야 한다. (O, ×)

A × → 피청약자가 승낙의 통지를 발송하기 전 도달하여야 한다.

(1) 승낙의 정의

청약에 대한 동의를 표시하는 피청약자의 행위를 말하며, 침묵 또는 부작위는 그 자체로 승낙이 될 수 없다.

(2) 승낙의 효력발생

① 승낙의 방법이 지정된 경우

승낙의 방법에 따라 승낙의 의사표시를 하는 경우 승낙의 효력이 발생된다.

② 승낙의 방법이 지정되지 않은 경우

청약이나 당사자 간의 관습 등에 따라 피청약자가 청약자에게 아무런 통지 없이 물품을 발송하거나 대금의 지급에 관한 행위를 이행함으로써 청약에 대한 승낙의 표시를 할 수 있는 경우에는 승낙은 그 행위가 행해진 때 효력이 발생된다. 단, 해당 행위는 승낙의 기간 동안에 이루어져야 한다.

(3) 변경된 승낙

① 의 의

변경된 승낙이란, 승낙을 의도하고 있으나 이에 대한 내용의 변경이 있는 경우를 말한다. 변경된 승낙은 그 자체로 승낙이 이루어지는 것이 아니라 청약의 거절과 동시에 반대청약이 된다.

② 실질적인 청약의 변경

변경된 승낙은 청약 내용의 실질적인 변경이 이루어져야 하는데, 특히 대금, 지급, 물품의 품질 및 수량, 인도의 장소 및 시기, 책임 범위 및 분쟁 등의 내용을 실질적 변경으로 본다.

③ 실질적인 청약의 변경이 아닌 경우

실질적인 청약의 변경이 아닌 추가적인 조건을 포함하거나 상이한 조건을 포함하는 경우에는 청약에 대한 승낙으로 간주한다. 단, 청약자는 실질적인 내용이 변경되지 않은 변경된 승낙에 대해 반대를 표시하지 않아야 한다. 청약자가 반대하지 않는 경우 변경된 승낙의 내용으로 계약이 성립한다.

다음 중 최종적으로 계약이 체결된 내용으로 옳은 것은?(기타 사항은 비엔나 협약에 따라 청약과 승낙의 조건을 충족하는 것으로 봄)

> ㄱ. SJ상사는 2018년 1월 10일에 Y사에게 수량 100개/단가 1,000원에 제품을 판매해 줄 것을 제안하였다.
> ㄴ. Y상사는 2018년 1월 20일에 SJ상사에게 수량 100개/단가 1,400원에 제품을 판매 할 것을 수락하였다.
> ㄷ. SJ상사는 2018 1월 23일에 Y상사에게 수량 120개/단가 1,100원에 제품을 판매해줄 것을 제안하였다.
> ㄹ. Y상사는 2018년 1월 30일에 SJ상사에게 수량 150개/단가 1,200원에 제품을 판매 할 것을 제안하였다.
> ㅁ. SJ상사는 2월 3일에 150개/단가 1,200원에 해당하는 대금을 송금하고, 송금 내역 을 Y상사에 통보하였다.

① 둘 간의 계약은 수량 100개 / 단가 1,100원에 체결되었다.
② 둘 간의 계약은 수량 150개 / 단가 1,200원에 체결되었다.
③ 둘 간의 계약은 수량 120개 / 단가 1,100원에 체결되었다.
④ SJ상사가 별도의 승낙의 통보를 하지 않았으므로 계약은 체결되지 않았다.

해설 최종적으로 Y상사의 제안에 SJ상사가 대금을 송금하여 승낙의 표시를 한 것이므로, 150개/ 단가 1,200원에 계약이 체결되었다.

정답 ②

(4) 승낙의 기간

승낙의 기간에 대한 기산일은 전보 또는 서신이 다음의 행위로부터 기산된다.
① 전보가 발신을 위하여 교부된 때
② 서신에 표시된 일자
③ 그러한 일자가 표시되지 않은 경우에는 봉투에 표시된 일자
④ 전화, 메일 등의 동시적 통신수단의 경우에는 청약이 피청약자에게 도달한 때

(5) 지연된 승낙

지연된 승낙이란, 청약에 따른 승낙기간 내에 승낙의 의사표시가 청약자에게 도달하지 못한 경우를 말한다. 즉, 원칙적으로 승낙의 효력을 가지지 못하지만, 청약자가 지연된 승낙의 도달 후 지체없이 피청약자에게 지연된 승낙이 유효하다는 취지를 통지하거나 통지를 발송한 경우에는 승낙의 효력을 갖는다.

(6) 승낙의 철회

승낙은 그 승낙이 청약자에게 도달하기 전 또는 도달과 동시에 승낙의 철회가 청약자에게 도달하는 경우에 이를 철회할 수 있다.

● 기출응용문제 ●

다음 중 승낙에 대한 설명으로 옳지 않은 것은?

① 승낙이란 청약에 대한 동의를 표시하는 피청약자의 행위를 말한다.

② 승낙은 별도의 의사표시를 하지 않더라도 청약의 내용을 확인하는 경우 승낙의 의사표시로 본다.

③ 변경된 승낙이란 승낙의 의사표시가 있으나, 청약의 내용에 변경이 있는 것으로 실질적인 승낙이 아닌 반대청약이다.

④ 승낙의 의사표시는 정해진 기간 내에 이루어져야 한다.

해설 승낙은 승낙의 방법이 지정된 경우 그 방법에 따라 의사표시를 하거나, 승낙의 방법이 지정되지 않은 경우 기타의 방법으로 승낙의 의사표시를 한 경우 승낙한 것으로 간주한다.

정답 ②

---

02 무역계약의 조건 21 출제

1. 무역계약 조건의 의의

무역계약을 체결하면서 물품의 품질이나 수량, 가격 등 주요한 사항을 매매계약서에 상세히 규정하지 않는 경우 향후 분쟁의 소지가 발생하기 때문에 주요한 사항은 반드시 명확하게 조건이 제시되어야 한다.

빈출 > ## 2. 품질조건 21 출제

(1) 품질조건의 정의

품질조건은 계약 대상 물품의 품질을 결정하는 조건으로 견본매매, 표준품매매, 규격매매, 상표매매, 명세서매매 등이 있다. 또한, 품질의 결정시기에 따라 품질이 변동될 수 있어 품질결정의 시기에 대해서도 명확히 할 필요가 있다.

(2) 품질조건의 종류

① 견본매매(Sale by Sample)

견본매매란, 계약 대상 물품의 대표적인 견본을 통해 계약 물품의 품질을 계약조건으로 결정하는 방법이다. 매도인이 계약 대상 물품을 대표하는 견본을 매수인에게 전달하면, 매수인은 견본을 확인하고 이와 완전하게 일치하는 품질 또는 이와 유사한 품질의 물품을 계약 조건으로 할 수 있다. 공산품의 거래시 주로 이용된다.

② 표준품매매(Sale by Standard)

표준품매매란, 견본을 제시하기 어려운 농산물 등과 같은 경우 수확물의 표준품에 대한 품질의 물품을 계약조건으로 결정하는 방법이다.

⊕ Plus one

표준품매매의 품질조건 표시방법

평균중등품질조건 (FAQ ; Fair Average Quality)	곡물이나 과일 등과 같이 일정한 규격이 없는 경우 사용하는 조건으로서, 평균적인 중등 품질을 거래 조건으로 한다.
판매적격품질조건 (GMQ ; Good Merchantable Quality)	목재, 어류, 광석류 등 외관상으로 품질을 알 수 없는 경우에 주로 사용되는 조건으로서, 물품이 판매 가능할 것을 조건으로 한다(표준품을 기준으로 하기도 함).
보통표준품질조건 (USQ ; Usual Standard Quality)	공인기관에 의해 표준품질이 미리 정해져 있는 경우, 그 품질을 충족할 것을 조건으로 한다.

③ 규격매매(Sale by Type or Grade)

규격매매란, 공표된 규격을 충족시키는 품질의 물품을 계약조건으로 결정하는 방법이다. 한국의 KS기준을 충족할 것을 계약조건으로 한다면, 매도인은 KS기준을 충족할 수 있는 품질의 제품을 매수인에게 인도하여야 한다.

④ 상표매매(Sale by Brand)

상표매매란, 제품이 아닌 상표(Brand)를 계약조건으로 결정하는 방법이다. 제품은 국제적으로 통일화되어 있으며, 상표가 널리 알려진 경우 주로 사용하는 방법이다.

⑤ 명세서매매(Sale by Specification)

앞선 품질조건의 방법을 사용할 수 없는 경우, 제품의 설명서(Spec)나 카탈로그(Catalogue) 등을 통해 제품의 품질조건을 결정하는 방법이다. 특수 장비나 기기, 선박 등의 경우 품질조건을 위해 사용되는 방법이다.

(3) 품질결정시기

① 선적품질조건(Shipped Quality Terms)

선적품질조건이란 수출국에서 물품을 선적 시에 계약상의 품질조건과 품질이 일치하는가를 확인하는 조건이다.

② 양륙품질조건(Landed Quality Terms)

양륙품질조건이란 수입국에서 물품을 하역 시에 계약상의 품질조건과 품질이 일치하는가를 확인하는 조건이다.

③ 곡물거래 시 품질조건

곡물거래 시 선적 시의 품질을 보증하는 TQ(Tale Quale), 양하시의 품질을 보증하는 RT(Ryle Term), 해상 운송 중 해수에 의한 피해에 대해 매도인이 부담하는 SD(Sea Damaged term)조건이 있다.

🖐 빈출 ⟩ 3. 수량조건 21 출제

(1) 수량조건의 의의

수량조건은 물품의 수량이 계약상의 수량과 일치하는지를 확인하는 조건으로 Carton(박스), 개수 등의 수량이 계약과 일치하여야 하는 조건을 말한다.

(2) 수량조건의 종류

수량을 확인하는 시점에 따라 수출국에서 선적 시에 수량을 확인하는 선적수량조건(Shipped Quantity Terms)과 수입국에 도착하여 하역 시에 수량을 확인하는 양륙수량조건(Landed Quantity Terms)으로 구분된다.

(3) 개산수량조건

신용장 거래 시 신용장에 수량과 관련된 표현에 'About', 'Approximately'라는 표현이 언급된 경우 10%를 초과하지 않는 수량의 과부족이 허용되는 것으로 해석한다.

4. 중량조건

(1) 중량조건의 의의

중량조건은 물품의 중량이 계약상 중량과 일치하는지를 확인하는 조건을 말한다.

(2) 중량조건의 종류

중량의 기준이 총중량(Gross Weight)을 기준으로 하는지 순중량(Net Weight)을 기준으로 하는지에 따라 총중량조건과 순중량조건으로 구분된다.

(3) 과부족 용인조항

① 과부족 용인조항의 정의(More and Less Clause, M/L Clause)

과부족 용인조항이란, 계약상의 수량이나 중량보다 실제 인도된 물품의 중량 또는 수량이 초과하거나 부족한 경우에도 계약을 이행한 것으로 인정하는 조항을 말한다.

② 과부족 용인의 범위

별도의 계약상 명시가 없는 한 신용장거래 시 신용장통일규칙(UCP 600)에 따라 개수나 수량으로 명시되어 있지 않는 한, 산적화물의 경우에는 과부족에 대한 규정이 없더라도 ±5%의 과부족은 허용된다. 단, 계약상 과부족 허용기준을 명시하고 있는 경우에는 그 조항이 우선한다.

OX 퀴즈

Q 신용장상에 M/L clause 조항이 없었다고 해도 곡물과 같은 선적화물의 경우 5%의 과부족(tolerance)이 허용된다. (O, ×)

A ○

5. 선적조건

(1) 선적조건의 의의

계약물품의 선적이 이루어져야 하는 기간 또는 기한을 말하며, 계약에서 명시적으로 선적이 이루어져야 하는 기한을 표시하고 있는 경우에는 해당 기한까지 물품의 선적이 이루어져야 하나, 기한을 명시하지 않고 일정 기간으로 선적기한을 명시하는 경우에는 이에 대한 해석이 불분명할 수 있다.

(2) 선적기간의 해석

선적기간을 해석하는 것은 신용장통일규칙(UCP ; Uniform Customs and Practice for Documentary Credits, ICC Publication no.600)과 표준국제은행관습(ISBP ; International Standard Banking Practice for the Examination of Documents)에서 규정한 용어의 정의를 통해 해석할 수 있다.

① 'On or About'의 표현

선적기한을 표시하면서 'On or About'이라는 용어 또는 이와 비슷한 용어가 사용된 경우에는 계약에 명시된 기일의 전후 5일까지의 기간(해당일자를 포함하여 총 11일) 내에 선적되어야 한다.

② 'To', 'Until', 'Till', 'From', 'Between'의 표현

선적기한을 표시하면서 'To', 'Until', 'Till', 'From', 'Between'의 표현을 사용한 경우에는 계약에 명시된 해당 일자를 포함하는 것으로 간주한다.

③ 'Before', 'After'의 표현

선적기한을 표시하면서 'Before', 'After'의 표현을 사용한 경우에는 계약에 명시된 일자를 제외하는 것으로 간주한다.

합격자 Tip

• From August 11 to August 21 : 8월 11일부터 8월 21일까지 → 총 11일
• First half of August : 8월 1일부터 8월 15일까지 → 총 15일
• Middle of August : 8월 11일부터 8월 20일까지 → 총 10일

④ 'First half', 'Second half'의 표현

선적기한을 전반기(First half), 후반기(Second half)로 구분하여 표현한 경우에는, 전반기는 해당 월의 1일~15일까지, 후반기는 해당 월의 16일~말일까지로 간주한다.

⑤ 'Beginning', 'Middle', 'End'의 표현

선적기한을 상순(Beginning), 중순(Middle), 하순(End)로 구분하여 표현한 경우에는, 상순은 해당 월의 1일~10일, 중순은 11일~20일, 하순은 21일~말일까지로 간주한다.

(3) 분할선적과 환적

① 분할선적

㉠ 분할선적의 의의

계약물품을 1회에 1개의 운송수단에 전량 선적하는 것이 아니라, 2개 이상의 운송수단을 이용하여 선적하는 경우를 말한다. 2개 이상의 운송수단이라는 것은 동일한 운송수단의 다른 모선으로 선적하는 것을 포함한다.

㉡ 분할선적의 허용

분할선적은 분할선적을 금지하는 문구가 없는 한, 분할선적이 허용되는 것으로 간주하며, 분할선적이 이루어진 경우 최종 선적일을 선적일로 본다.

예 1월 3일과 1월 4일에 선적이 이루어진 경우, 선적일은 1월 4일로 보며, 계약상 선적기한 내에 선적일이 포함되어야 계약 위반이 발생하지 않는다.

㉢ 분할선적으로 보지 않는 경우

계약물품을 1회에 1개의 운송수단에 전량 선적하지 않더라도, 동일한 운송수단에 동일한 목적지로 향하는 경우에는 적재항과 적재일자가 다르더라도 분할선적으로 보지 않는다.

예 1월 3일에 New York에서 출발하는 A선박이 1월 4일에 Boston을 거쳐 한국으로 도착하는 경우, New York과 Boston에서 각각 화물을 적재하였더라도 분할선적으로 보지 아니한다.

② 환 적

선적지에서 선적한 계약물품이 목적지로 곧바로 운송되는 것이 아니라, 제3의 장소에서 다른 선박에서 옮겨 싣는 것을 말한다. 주로 선적국에서 목적국으로의 직항 노선이 없는 경우 또는 선박 스케줄에 따라 환적이 이루어지며, 유럽에서 수출된 물품을 홍콩이나 싱가포르에서 환적하여 한국으로 운송되는 경우가 많다.

OX 퀴즈

Q 분할선적이 이루어진 경우 최초 선적일을 선적일로 본다. (O, ×)

A × → 분할선적이 이루어진 경우 최종 선적일을 선적일로 본다.

③ 할부선적
　　㉠ 할부선적의 의의

　　　계약에 정해진 일정 수량과 기간에 따라 물품을 선적하는 경우를 말한다. 즉, 100개의 계약 물품을 10회에 걸쳐 정해진 기일에 선적하는 것을 말하며, 분할선적의 일종으로 볼 수 있다.

　　㉡ 할부선적의 계약 효력의 상실

　　　할부선적은 정해진 수량의 물품을 일정기간 동안 나누어 선적하도록 하는 것을 의미한다. 총 10회의 선적기간 중 3번째 선적분에 지연 선적이 발생한 경우, 계약 상대방의 동의가 없는 경우 3번째 분을 포함한 이후 부분에 대해서는 모두 효력을 상실하게 된다.

● 기출응용문제 ●

다음 중 품질조건에 대한 설명으로 옳지 않은 것은?

① 견본매매란, 계약 대상 물품의 대표적인 견본을 통해 계약 물품의 품질을 계약조건으로 결정하는 방법을 말한다.

② 표준품매매란, 견본을 제시하기 어려운 농산물 등과 같은 경우 수확물의 표준품에 대한 품질의 물품을 계약조건으로 결정하는 방법을 말한다.

③ 할부선적이란, 계약물품을 1회에 2개 이상의 운송수단에 선적하는 경우를 말한다.

④ 별도의 계약상 명시가 없는 한 신용장거래 시 신용장통일규칙(UCP 600)에 따라 개수나 수량으로 명시되어 있지 않는 한, 산적화물의 경우에는 과부족에 대한 규정이 없더라도 ±5%의 과부족은 허용된다.

해설　분할선적이란, 계약물품을 1회에 2개 이상의 운송수단에 선적하는 경우를 말한다. 할부선적은 2회 이상 나누어 선적하는 것을 말한다.

정답　③

03 무역계약의 위반

1. 무역계약 위반의 의의

무역계약의 내용을 이행하지 않거나 이행할 수 없는 상태를 말한다. 무역계약을 위반한 경우 계약을 위반한 상대방은 계약을 위반한 자에게 계약해제 및 손해배상 등을 청구할 수 있다.

2. 무역계약 위반의 종류

(1) 이행거절

무역계약의 체결 후 내·외부적인 사정으로 인해 무역계약에 따른 의무를 이행하지 않는다는 의도를 상대방에게 통지하는 것을 말한다. 이행거절에 대한 통지를 받은 상대방은 이행거절에 대해 계약위반으로 손해배상 등의 조치를 취할 수 있다.

(2) 이행지체

무역계약에 따른 기일 이내에 계약의 이행을 하지 못하는 경우로서, 물품의 인도 기한 내에 물품을 인도하지 못하거나, 물품 대금의 지급 기한 내에 대금을 지급하지 못하는 경우 등을 말한다.

(3) 이행불능

무역계약에 따른 계약 내용을 이행할 수 없는 상태를 말한다.
① 내부적인 이행불능
  매도인의 경우 인도하여야 할 물품을 생산 또는 조달할 수 없는 경우가 있으며, 매수인의 경우 자금조달의 문제로 대금을 지급할 수 없는 경우 등을 말한다.
② 외부적인 이행불능
  전쟁이나 쿠데타, 자연재해 등으로 인한 외부적인 요인으로 계약을 이행할 수 없는 경우를 말한다.

⊕ **Plus one**

이행지체와 이행불능의 차이점
이행지체란 계약을 이행할 수 있는 능력은 있으나 그 기한을 지키지 못하는 경우로서, 계약 인도 물품을 준비할 수 없거나, 대금을 지불할 수 없는 본질적인 이행불능과는 차이가 있다.

(4) 불완전 이행

① 불완전 이행의 의의

무역계약에 따라 의무를 이행했지만, 완전하지 못한 상태로 계약을 이행한 경우를 말한다. 품질조건에 따른 품질을 충족하지 못하거나, 수량조건에 따른 계약상의 수량보다 적게 인도한 경우 이를 불완전 이행이라 한다.

② 불완전 이행의 손해배상 등

불완전 이행이 이루어진 경우 상대방은 이행 기간 내에 불완전 이행에 대한 보완을 요구하거나 손해배상 등의 조치를 취할 수 있다.

3. 면책조항

계약위반 사유가 발생하더라도 그 책임이 없는 조항을 말한다. 전쟁이나 쿠데타, 자연재해, 국가의 강행 규정 등의 요인으로 인해 계약을 이행할 수 없는 경우가 발생한다면 이에 대해 책임을 묻지 않기로 하는 것이다.

불가항력에 대한 면책조항은 무역계약서에 명시하여 불가항력으로 인해 발생하는 위험에 대비하여야 분쟁을 피할 수 있다.

출제 포인트

☑ 04 무역계약의 구제

출제율 ★★★
매도인과 매수인의 구제수단에 대한 문제가 자주 출제됩니다.

1. 무역구제의 의의

계약위반으로 인해 발생한 손해에 대해 보상을 청구하는 권리 및 계약상 내용을 이행하도록 하는 제도를 말하며, 매도인의 계약 위반에 따른 매수인의 구제제도와, 매수인의 계약 위반에 따른 매도인의 구제제도가 있다.

2. 매도인의 구제제도 `18` `19` `20` 출제

(1) 이행청구권

매도인은 매수인에게 대금의 지급, 물품의 인도 등 기타 무역계약에 따른 매수인의 의무를 이행할 것을 청구할 수 있다. 단, 손해배상 청구와 같이 이행청구와 모순되는 구제를 한 경우에는 그러할 수 없다.

(2) 이행추가기간의 통지

매도인은 매수인에게 이행기간이 경과하였더라도, 대금지급의 의무 등을 이행할 수 있는 상당기간을 추가로 통지하여 이행하도록 할 수 있다. 매도인이 매수인에게 이행추가기간을 통지한 경우에는 이 기간 동안은 다른 어떠한 구제조치도 할 수 없으나, 이행 지연에 따른 손해를 배상하도록 할 수 있다.

(3) 계약해제

① 계약해제의 의의

매도인은 매수인의 의무 불이행이 본질적인 위반에 해당하는 경우, 이행추가기간 내에 의무 이행을 하지 않은 경우, 이행거절을 선언한 경우에는 계약의 해제를 선언할 수 있다.

② 이행기일 전 계약해제

이행기일 이전에 매수인이 계약의 본질적인 위반을 범할 것이 명백한 경우에 매도인은 계약의 해제를 선언할 수 있다.

③ 분할선적의 계약해제

분할선적의 경우에는 분할선적분의 위반 시점을 포함한 이후의 잔여 분할선적분에 대해 모두 계약 불이행으로 보아 계약의 해제를 선언할 수 있다.

④ 계약해제의 기간

매수인이 대금을 이미 지급한 경우에는 매수인의 대금 지급을 알지 못했거나 알았어야 하는 날로부터 상당한 기간 내에 계약의 해제를 선언하여야 효력을 가지며, 계약해제를 선언하지 않는 경우 계약은 해제되지 않는다.

(4) 물품명세확정

① 물품명세확정의 의의

계약상 매수인이 물품의 형태, 기타 특징을 지정하기로 한 경우에는 매수인의 합의된 기일 또는 상당 기간 내에 작성하여야 하나, 매수인이 이를 작성하지 않은 경우 매도인이 스스로 물품명세를 작성할 수 있다.

② 물품명세의 확정력

물품명세를 작성하기 위하여 매수인은 세부사항과 상당한 기간을 정하여야 하며, 매도인이 물품명세를 수령한 후 이에 반대하여 물품명세를 수정하거나 재작성하지 않는 경우에는 매도인의 물품명세가 확정력을 가진다.

(5) 손해배상 청구

매수인의 계약위반으로 인해 발생한 손해에 대해 배상을 요구하는 것을 말한다. 계약 위반에 대한 손해배상액은 이익의 손실을 포함하여 계약 위반의 결과로 입게 되는 손실과 동등한 금액으로 한다. 단, 계약 체결 시에 예상했거나 예상할 수 있었던 손실을 초과한 금액을 손해배상 청구할 수 없다.

(1) 이행청구권

매수인은 매도인에게 물품의 인도 등 무역계약에서 매도인의 의무를 이행할 것을 청구할 수 있다. 단, 손해배상 청구와 같이 이행청구와 모순되는 구제를 한 경우에는 그러할 수 없다.

(2) 이행추가기간의 통지

매수인은 매도인에게 이행기간이 경과하였더라도, 물품의 인도 등 의무 등을 이행할 수 있는 상당기간을 추가로 통지하여 이행하도록 할 수 있다. 매수인이 매도인에게 이행추가기간을 통지한 경우에는 이 기간 동안은 다른 어떠한 구제조치도 할 수 없으나, 이행 지연에 따른 손해를 배상하도록 할 수 있다.

(3) 인도기일 후 보완

매도인은 무역계약상 인도 기일이 경과한 후에도 매수인에게 불합리한 불편을 줄 때 자신의 비용으로 물품을 보완할 수 있다. 단, 매수인은 매도인이 하자보완의 이행에 대해 승낙여부를 알려줄 것을 요구한 경우 이에 대한 의사표시를 하지 않는 한, 매도인이 하자보완을 할 수 있다. 이 기간 동안 매수인은 하자보완과 모순되는 구제를 할 수 없음에도 불구하고, 하자보완으로 인한 손해배상을 청구할 권리를 가진다.

(4) 계약해제

① 계약해제의 의의

매수인은 매도인의 의무 불이행이 본질적인 위반에 해당하는 경우 및 이행추가기간 내에 의무 이행을 하지 않은 경우, 이행거절을 선언한 경우에는 계약의 해제를 선언할 수 있다.

② 계약해제의 기간

매도인이 물품을 이미 인도한 경우에는 매도인의 인도자체를 알지 못했거나 알았어야 하는 날로부터 상당한 기간 내에 계약의 해제를 선언하여야 계약의 해제가 효력을 가진다.

③ 이행기일 전 계약해제

이행기일 이전에 매도인이 계약의 본질적인 위반을 범할 것이 명백한 경우에 매수인은 계약의 해제를 선언할 수 있다.

(5) 대금의 감액

물품이 계약과 일치하지 않는 경우에는 매수인은 이미 대금의 지급이 이루어 졌는지와 관계없이, 실제로 인수된 물품이 인수 시에 가지고 있던 가액으로 대금감액을 요청할 수 있다. 단, 의무 불이행을 보완하거나 보완의 승낙을 거절하는 경우에는 매수인은 대금감액을 요청할 수 없다.

(6) 손해배상 청구

매도인의 계약 위반으로 인해 발생한 손해에 대해 배상을 요구하는 것을 말한다. 계약 위반에 대한 손해배상액은 이익의 손실을 포함하여 계약 위반의 결과로 입게 되는 손실과 동등한 금액으로 한다. 단, 계약 체결 시에 예상했거나 예상할 수 있었던 손실을 초과한 금액은 손해배상을 청구할 수 없다.

● 기출응용문제 ●

다음 중 무역구제와 관련한 설명으로 옳지 않은 것은?

① 본질적 위반이란, 당사자의 일방이 범한 계약위반이 그 계약에서 상대방이 기대할 권리가 있는 것을 실질적으로 박탈할 정도의 손해를 상대방에게 주는 경우를 말한다.

② 계약위반으로 인해 발생한 손해에 대해 상대방이 손해배상을 요구하는 것을 말한다.

③ 매수인의 이행청구권은 매수인이 매도인에게 물품의 인도 등 무역계약에서 매도인의 의무를 이행할 것을 청구하는 것을 말한다.

④ 계약당사자 일방은 추가이행기간지정권과 계약해제권을 동시에 사용할 수 있다.

해설 추가이행기간을 지정한 경우 계약의 해제를 선언할 수 없다.

정답 ④

05 클레임과 중재

1. 클레임의 정의

무역계약 체결의 당사자가 계약 내용을 불이행함으로써 상대방에게 손해를 입힌 경우 상대방이 그 손해에 대한 손해배상을 청구하는 것을 말한다.

2. 클레임의 해결 21 출제

(1) 당사자 간 해결

① 클레임 포기

계약 위반이 경미한 사항인 경우 클레임을 제기하지 않는 것을 말한다.

② 타협과 화해

당사자 쌍방 간 타협과 화해로 클레임 문제를 해결하는 것을 말한다.

(2) 제3자 개입해결

알 선	당사자 간 해결이 힘들 때 제3자가 개입하여 원만한 해결책을 마련하는 것을 말한다.
조 정	• 알선에 의한 해결이 어려울 경우 인정된 제3자가 조정하는 것이다. • 조정인이 최종적으로 합의한 조정은 확정적이며, 더 이상 이에 대한 이의를 제기할 수 없다.
중 재	• 중재국가, 중재법원, 중재법 등을 결정하여 분쟁을 해결하는 것이다. • 중재에 의한 판정은 강제집행에 대한 권리가 보장된다.
소 송	법원에 제소하여 재판을 통해 분쟁을 해결하는 방법을 말한다.

안심Touch

● 기출응용문제 ●

다음 중 분쟁해결방법에 관한 설명으로 옳지 않은 것은?

① 화해 – 당사자 쌍방 간의 교섭을 통해 합의점을 찾아 분쟁을 원만하게 해결하는 것을 말한다.

② 알선 – 쌍방의 의뢰에 의하여 제3자가 분쟁에 개입하여 해결 방안을 찾는 것을 말한다.

③ 조정 – 당사자 일방의 조정합의에 따라 제3자를 조정인으로 선정하여 조정하는 것을 말한다.

④ 중재 – 중재합의에 의해 중재판정부를 구성하고, 이 판정부에서 중재판정을 하는 것을 말한다.

해설 조정은 당사자 양방의 합의에 따라 공정한 제3자를 조정인으로 선임하고, 조정안에 쌍방이 합의한 경우 분쟁이 해결되는 방법을 말한다. 또한, 조정은 중재절차가 개시된 후에 진행할 수 있는 분쟁해결방법의 하나이다.

정답 ③

빈출 ▶ **3. 중 재** [17] [18] [19] [20] [21] 출제

합격자 Tip ─────●

중재는 무역분쟁을 해결하는 가장 좋은 방법으로 무역분쟁해결방법 중 가장 많은 비율로 출제되고 있습니다. 중재의 특징 및 장단점 등에 대해 숙지하여야 합니다.

O× 퀴즈 ─────●

Q 중재지와 중재기관을 명확히 명시하면 효력이 발생된다. (O, ×)

A × → 중재지, 중재기관, 준거법이 명시되어야 효력이 발생된다.

(1) 중재계약

중재계약은 서면으로 양 당사자 간 합의한 경우 성립되며, 분쟁이 발생하기 이전에 계약서에 의해 합의하는 사전중재합의와 이미 분쟁이 발생한 때 중재로 분쟁을 해결하기로 하는 사후중재합의가 있다.

(2) 중재의 3요소

중재는 중재지, 중재기관, 준거법이 명시되어야 효력이 있다.

(3) 중재의 특징

① 중재계약이 있는 경우에는 법원에 직접 소송을 제기하는 것이 불가능하며, 중재 판정은 법원의 확정판결과 동일한 효력을 가진다(직소금지원칙).

② 중재판결은 최종적이며 불복의 항소가 불가능하다.

③ 중재는 당사자 일방이 출석하지 않거나 출석하여 심리에 응하지 않는 경우에도 심리가 진행된다.

(4) 중재판정의 강제집행

중재판정에 따른 구속력을 이행하기 위한 강제집행은 중재판정만으로는 불가능하며, 해당국 법원의 집행판결이 있어야 강제집행이 가능하다.

○× 퀴즈

Q. 중재판정은 법원의 확정판결과 동일한 효력이 있기 때문에 본안에 대해서 법원 또는 중재로 다시 다툴 수 없다. (○, ×)

A ○

(5) 중재판정의 장 · 단점

① 장 점

㉠ 중재계약은 쌍방의 합의만으로 진행될 수 있으므로, 계약합의가 자유롭다(자율성).

㉡ 법원의 판결에 비해 신속하게 중재판정을 받을 수 있다(신속성).

㉢ 국제상거래에 전문성을 지닌 중재인이 합리적인 중재판정을 진행한다(전문성).

㉣ 중재판정의 내용이 공개되지 않아 비밀유지를 할 수 있다(비밀성).

㉤ 소송에 비해 비용이 저렴하며, 소송에 의한 법원의 확정판결과 동일한 효력을 가진다(효율성).

② 단 점

㉠ 중재판결에 중대한 하자가 없는 한 불복이 인정되지 않는다.

㉡ 중재인은 국제상거래에 해박하지만 법률적 사안에 대해서는 미흡하여 옳지 않은 판단을 할 수 있다.

㉢ 중재인을 각 당사자가 1인씩 선정하기 때문에 중재인이 중립성이 결여된 판단을 할 수 있다.

● 기출응용문제 ●

다음 중 중재에 관련된 내용이 옳지 않은 것은?

① 당사자 일방이 출석하지 않아도 중재심리는 진행된다.

② 중재합의문에는 중재지, 중재기관, 준거법이 기재되어 있어야 한다.

③ 중재합의는 서면으로 이루어져야 하며, 사전중재합의와 사후중재합의가 있다.

④ 중재합의는 최종적인 결정이 아니며, 불복이 있는 경우 법원에 소송을 제기할 수 있다.

해설 중재판결은 최종적인 결정이며 불복할 수 없다.

정답 ④

CHAPTER

02

인코텀즈 (INCOTERMS 2020)

핵심키워드 #Incoterms2020 #거래조건

출제 포인트

출제율 ★★★
Incoterms는 각각의 정형거래조건에 대한 개념을 묻는 문제가 자주 출제되고 있으므로, 각각의 정형거래조건에 대해 정확하게 파악하여야 합니다. 특히 매도인과 매수인의 필수의무 및 자신의 이익을 위해 행하는 행동을 구분할 수 있어야 합니다. 2020년부터는 Incoterms 2020이 새롭게 시행됐기 때문에 변경사항 위주로 출제 예상하여 공부하여야 합니다.

☑ 01 인코텀즈의 개요

1. 인코텀즈의 의의 21출제

Incoterms 2020(International Commercial Terms 2020)이란 국내 및 국제거래 조건의 사용에 관한 ICC 규칙을 말하며, 각 규칙마다 매도인과 매수인의 의무를 규정하고 있다. 물품인도에 따른 위험부담과 비용부담의 분기점을 다루고 있지만, 매도인과 매수인 간의 소유권 이전문제는 다루고 있지 않다.

2. 인코텀즈의 목적

무역거래조건 중 계약서 등에 의해 명확하게 규정되지 않은 사항에 대한 기본적인 해석을 제공하는 데 그 목적이 있다.

3. 인코텀즈의 법적 성질 21출제

OX 퀴즈

Q 인코텀즈는 모든 국가의 무역거래 당사자가 계약체결 시에 자동적용되도록 규정하였다. (O, X)

A X → 인코텀즈는 강행 규정이 아니다.

(1) 비강행 규정

인코텀즈는 물품의 인도 및 위험 · 비용 등의 이전 시점 등을 규정하고 있으나, 강행 규정이 아니므로 거래 상황에 따라 필요한 Incoterms 2020 조건을 계약서에 명시하여 사용하는 것이 좋다.

(2) 당사자 간 합의 우선 적용

국제무역에서 당사자 간 합의한 사항이 인코텀즈보다 우선하여 적용된다. 즉, 인코텀즈의 조건에 반하는 사항이 당사자 간 합의하에 계약서에 명시된 경우에는 계약서에 명시된 사항이 우선된다.

인코텀즈의 해석 우선순위

'당사자 간 계약 > 계약서에 명시한 준거법 > 인코텀즈' 순으로 해석된다. 인코텀즈는 법적 성질을 가지는 것이 아니므로, 인코텀즈를 사용하여 해석하지 않겠다고 계약서에 명시되는 경우에는 인코텀즈에 의해 해석되지 않을 수 있다.

합격자 Tip ●──

11개 조건 중 단일 또는 복수의 운송방식 규칙(Rules for any mode or modes of transport) 7가지, 해상 또는 내수로운송방식 규칙(Rules for sea and inland waterway transport) 4가지를 암기하세요!

4. 인코텀즈의 구성 ㉑출제

인코텀즈에는 11가지 조건에 따라 정형거래조건을 구성하고 있으며, 각 조건마다 물품의 인도, 비용의 이전, 위험의 이전, 서류구비, 수출입통관의 의무 등을 규정하고 있다.

(1) 모든 운송방식에 적용되는 규칙

- 공장인도 : EXW(EX-Works)
- 운송인인도 : FCA(Free Carrier)
- 운송비지급인도 : CPT(Carriage Paid To)
- 운송비 · 보험료지급인도 : CIP(Carriage and Insurance Paid to)
- 도착지인도 : DAP(Delivered At Place)
- 도착지양하인도 : DPU(Delivered at Place Unloaded)
- 관세지급인도 : DDP(Delivered Duty Paid)

(2) 해상 또는 내수로운송에 적용되는 규칙

- 선측인도 : FAS(Free Alongsid Ship)
- 본선인도 : FOB(Free On Board)
- 운임포함인도 : CFR(Cost and FReight)
- 운임 · 보험료포함인도 : CIF(Cost Insurance and Freight)

5. 인코텀즈 적용 범위

① 유형물품계약에 한하며, 서비스 · 기술 등 무체물에는 적용 불가하다(CISG와 차이).
② 당사자 간 인코텀즈를 적용하기로 합의한 경우에 한해서만 적용한다.
③ 현재 인코텀즈 2020이 사용되고 있으나 당사자 간의 합의에 따라 이전의 규칙을 사용할 수 있다(예 인코텀즈 2010).

02 모든 운송방식에 적용되는 규칙

1. 공장인도 : EXW(Ex Works)

(1) 정 의

EX Works(이하 "EXW")는 매도인이 물품을 지정장소에서 매수인의 처분 하에 두는 때 매수인에게 물품이 인도되는 것으로 보는 조건이다.

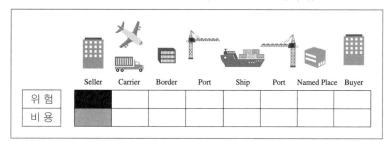

(2) 특 징

① 매도인의 최소 의무를 규정하고 있다.
② 물품이 적재된 때가 아닌 지정장소에서 매수인의 처분 하에 놓인 때 위험과 비용이 함께 이전된다.

(3) EXW 조건의 의무

구 분	주 체	EXW
운송방식	–	모든 운송방식에 적용 가능
일반의무	매도인	매매계약에 따라 물품 및 상업서류 제공
	매수인	물품 대금 지급
인도장소/시점	매도인	매도인의 영업소 또는 기타 지정된 장소에서 적재하지 않은 상태로 물품을 매수인의 처분 하에 놓은 때 인도
	매수인	인도된 물품의 수령
위 험	매도인	인도시점과 동일
	매수인	인도시점과 동일
운송계약	매도인	의무 없음(단, 매수인에 정보 필요한 정보 제공)
	매수인	지정된 장소부터 이후 운송 계약을 체결
보험계약	매도인	의무 없음(보험 부보를 위한 정보 제공의 의무는 있음)
	매수인	의무 없음

	매도인	물품의 인수에 필요한 통지의무
인도/통지	매수인	인도 기간 내의 인도 시기/장소의 결정 권리를 가지는 경우 해당 사항의 통지의무
통 관	–	수출/수입통관 : 매수인
포장/화인	매수인	수출국 강제 선적 전 검사 외 모든 검사(단, 계약상 매도인의 의무의 경우 제외)
비 용	매도인	지정장소에서 물품 인도시까지 발생되는 비용
	매수인	물품 인도 후 발생되는 모든 비용 및 물품을 인도 기일 후 수령하지 않아 발생하는 모든 비용

● 기출응용문제 ●

다음 중 EXW에 대한 설명으로 옳지 않은 것은?

① EXW는 매수인의 최소 의무를 규정하고 있다.

② EXW는 국내거래에 적합하며, 국제거래에는 FCA가 더 적합하다.

③ 위험과 비용의 분기점이 동일하다.

④ 매도인은 수출통관의 의무를 가지지 아니한다.

해설 EXW는 매도인의 최소 의무를 규정한 조건이다.

정답 ①

2. 운송인인도 : FCA(Free Carrier) 21 출제

○× 퀴즈

Q. FCA조건은 운송비 매수인부담조건이다. (○, ×)

A. × → EXW조건에 지정장소까지의 비용을 매도인이 부담하는 조건이다.

(1) 정 의

Free Carrier(이하 "FCA")조건은 매도인이 지정장소가 영업장 구내인 경우 운송수단에 적재된 때, 영업장 구내 이외의 장소인 경우에는 운송수단에 적재된 상태로 매수인이 지정한 운송인이나 제3자의 처분 하에 놓인 때 물품이 인도된 것으로 보는 조건이다.

	Seller	Carrier	Border	Port	Ship	Port	Named Place	Buyer
위 험								
비 용								

(2) 특 징

① EXW + 지정장소까지의 비용을 매도인이 부담한다.
② 지정장소에서 매수인이 지정한 운송인 등에게 물품을 인도하는 때 위험과 비용이 함께 이전된다.
③ 본선적재 선하증권 발행

합격자 Tip ●

Incoterms 2020 주요 변경 사항입니다.

의무사항은 아니지만 당사자 간에 합의가 있는 경우, 매수인은 그의 운송인에게 본선적재표기가 있는 선하증권을 매도인에게 발행하도록 지시하여야 한다.

(3) 주요 내용

구 분	주 체	FCA
운송방식	–	모든 운송방식에 적용 가능
일반의무	매도인	매매계약에 따라 물품 및 상업서류 제공
	매수인	물품 대금 지급
인 도	매도인	매도인의 영업소 또는 기타 지정된 장소에서 매수인이 지정한 운송인 또는 제3자에게 인도하거나 그렇게 인도된 물품을 조달
	매수인	인도된 물품의 수령
위 험	매도인	물품이 인도될 때까지의 위험 부담
	매수인	물품이 인도된 이후의 위험 부담
운송계약	매도인	의무 없음(단, 매수인에 정보 필요한 정보 제공)
	매수인	지정된 장소부터 이후 운송 계약을 체결
보험계약	매도인	의무 없음(보험 부보를 위한 정보 제공의 의무는 있음)
	매수인	의무 없음
인도/통지	매도인	물품의 인수에 필요한 통지의무
	매수인	인도 기간 내의 인도 시기/장소의 결정 권리를 가지는 경우 해당 사항의 통지의무
통관 등	매도인	수출통관 및 수출국 검사 등
	매수인	수입통관 및 수입국 검사 등
비 용	매도인	지정장소에서 물품 인도 시까지 발생되는 비용
	매수인	물품 인도 후 발생되는 모든 비용 및 물품을 인도 기일 후 수령하지 않아 발생하는 모든 비용

FCA에 대한 설명으로 옳지 않은 것은?

① 지정된 장소에서 매수인의 임의처분 하에 놓인 때 위험과 비용이 이전된다.

② 매수인은 반드시 본선적재선하증권을 발행하여야 한다.

③ 매수인은 운송 및 보험 계약의 체결에 대한 의무를 가지지 않는다.

④ 운송수단에 관계없이 사용 가능하다.

해설　당사자 간 합의가 있는 경우 매수인은 운송인에게 본선적재선하증권을 발행하여 매도인에게 전달하도록 요구하여야 한다. 단, 의무조건은 아니다.

정답　②

3. 운송비지급인도 : CPT(Carriage Paid To)

(1) 정 의

Carriage Paid to(이하 "CPT")조건은 매도인이 매도인 자신과 계약을 체결한 운송인에게 물품을 교부하거나 그렇게 인도된 물품을 조달한 때 물품이 인도된 것으로 보는 조건(운송비 매도인부담)이다.

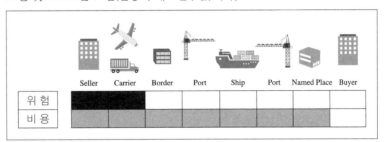

	Seller	Carrier	Border	Port	Ship	Port	Named Place	Buyer
위 험	■	■						
비 용	■	■	■	■	■	■	■	

(2) 특 징

① FCA + 당사자 간 합의 하에 지정된 목적지까지의 국제운송 비용을 부담한다.

② 위험은 합의된 장소에서 매도인이 계약한 운송인에게 교부하거나 그렇게 인도된 물품을 조달하거나 물품의 점유를 이전하는 때 매수인에게 이전되지만, 합의된 목적지까지 운송계약 체결의무는 매도인에게 있어, 위험과 비용의 이전 시점이 다르다.

○× 퀴즈 ────────⊙

Q. CPT조건은 물품이 인도될 때까지의 위험 부담은 매수인이, 그 반대의 경우는 매도인이 위험을 부담한다. (○, ×)

A. × → 물품이 인도될 때까지의 위험 부담은 매도인이, 물품이 인도된 이후는 매수인이 위험을 부담한다.

(3) 주요 내용

구 분	주 체	CPT
운송방식	–	모든 운송방식에 적용 가능
일반의무	매도인	매매계약에 따라 물품 및 상업서류 제공
	매수인	물품 대금 지급
인 도	매도인	당사자 간 합의된 장소(수출국)에서 운송인에게 물품을 교부하거나 그렇게 인도된 물품을 조달함으로써 인도
	매수인	인도된 물품의 수령
위 험	매도인	물품이 인도될 때까지의 위험 부담
	매수인	물품이 인도된 이후의 위험 부담
운송계약	매도인	합의된 장소까지(수입국)의 운송계약 체결
	매수인	의무 없음
보험계약	매도인	의무 없음(보험 부보를 위한 정보 제공의 의무는 있음)
	매수인	의무 없음
인도/통지	매도인	물품의 인수에 필요한 통지의무
	매수인	인도 기간 내의 인도 시기/장소의 결정 권리를 가지는 경우 해당 사항의 통지의무
통관 등	매도인	수출통관 및 수출국 검사 등
	매수인	수입통관 및 수입국 검사 등
비 용	매도인	지정장소에서 물품 인도시까지 발생되는 비용
	매수인	물품 인도 후 발생되는 모든 비용 및 물품을 인도 기일 후 수령하지 않아 발생하는 모든 비용

● 기출응용문제 ●

CPT에 대한 설명으로 옳지 않은 것은?

① 매수인이 지정한 지정목적항까지의 운임을 지급하는 조건이다.

② 운송수단에 관계없이 사용 가능하다.

③ 합의된 장소에서 매수인의 임의처분 하에 놓인 때 위험과 비용이 매수인에 이전된다.

④ 수입관련 절차 및 비용은 매수인이 부담한다.

해설 지정목적항까지의 운임은 매도인이 부담하므로, 위험과 비용의 이전 시점이 다르다.

정답 ①

4. 운송비·보험료지급인도 : CIP(Carriage and Insurance Paid to)

(1) 의 의

Carriage and Insurance Paid to(이하 "CIP") 조건은 매도인이 매도인 자신과 계약을 체결한 운송인에게 물품을 교부하거나 그렇게 인도된 물품을 조달한 때 물품이 인도된 것으로 보는 조건(운송비 및 보험료 매도인 부담)이다.

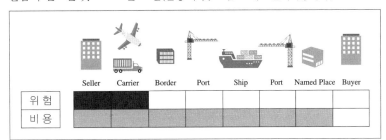

(2) 특 징

① FCA + 당사자 간 합의하에 지정된 목적지까지의 국제운송 비용을 부담한다.

② 위험은 합의된 장소에서 매도인이 계약한 운송인에게 교부하거나, 그렇게 인도된 물품을 조달하거나, 운송인에게 물품의 점유를 이전하는 때 위험은 매수인에게 이전되지만, 합의된 목적지까지 운송계약 체결의무는 매도인에게 있어, 위험과 비용의 이전 시점이 다르다.

③ 매도인은 보험을 부보할 당시 협회적하약관[ICC(A)] 또는 이와 유사한 담보 범위의 조건으로 보험을 부보하여야 한다. 단, 당사자 간 합의에 따라 더 낮은 수준의 담보조건으로 보험에 부보하기로 합의할 수 있다.

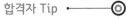
합격자 Tip
Incoterms 2020 주요 변경 사항(보험부보)입니다.

(3) 주요 내용

구 분	주 체	CIP
운송방식	–	모든 운송방식에 적용 가능
일반의무	매도인	매매계약에 따라 물품 및 상업서류 제공
	매수인	물품 대금 지급
인 도	매도인	당사자 간 합의된 장소(수출국)에서 운송인에게 물품을 교부하거나 그렇게 인도된 물품을 조달함으로써 인도
	매수인	인도된 물품의 수령
위 험	매도인	물품이 인도될 때까지의 위험 부담
	매수인	물품이 인도된 이후의 위험 부담
운송계약	매도인	합의된 장소까지(수입국)의 운송계약 체결
	매수인	의무 없음

보험계약	매도인	합의된 장소까지의 보험계약 체결 의무. 매도인은 ICC(A) 또는 이와 유사한 담보조건을 보험을 체결하여야 하나, 당사자 간의 합의가 있는 경우 더 낮은 수준으로 담보조건으로 보험 부보 가능
	매수인	의무 없음
인도/통지	매도인	물품의 인수에 필요한 통지의무
	매수인	인도 기간 내의 인도 시기/장소의 결정 권리를 가지는 경우 해당 사항의 통지의무
통관 등	매도인	수출통관 및 수출국 검사 등
	매수인	수입통관 및 수입국 검사 등
비 용	매도인	지정장소에서 물품 인도시까지 발생되는 비용
	매수인	물품 인도 후 발생되는 모든 비용 및 물품을 인도 기일 후 수령하지 않아 발생하는 모든 비용

● 기출응용문제 ●

CIP에 대한 설명으로 옳지 않은 것은?

① 매도인이 지정한 지정목적항까지의 운임과 보험료를 지급하는 조건이다.

② 매도인은 ICC약관 C조건으로 보험을 부보할 의무가 있다.

③ 합의된 장소에서 물품을 매도인이 지정한 운송인이나 제3자에게 놓은 때 인도된 것으로 본다.

④ 수출통관은 매도인이 부담한다.

해설 매도인은 별도의 합의가 없는 한 ICC(A) 조건 또는 이와 유사한 수준의 담보조건으로 보험을 부보하여야 한다.

정답 ②

5. 도착장소인도 : DAP(Delivered At Place)

(1) 의 의

Delivered At Place(이하 "DAP")조건은 매도인이 지정목적지에서 물품을 도착운송수단에 실어둔 채 양하준비된 상태로 매수인의 처분 하에 놓은 때 인도된 것으로 보는 조건이다.

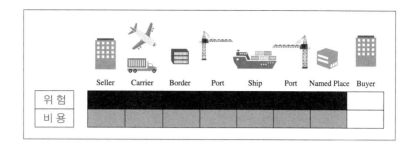

	Seller	Carrier	Border	Port	Ship	Port	Named Place	Buyer
위 험								
비 용								

○× 퀴즈

Q DAP조건은 물품의 양하의무가 없다. (○, ×)

A ○

(2) 특 징

① 수입국의 지정 목적지에서 물품이 운송수단에 적재된 상태로 매수인의 처분 하에 물품을 놓아두거나 그렇게 인도된 물품을 조달한 때 위험이 매수인에게 이전된다.
② 물품의 양하의무가 없다.

(3) 주요 내용

구 분	주 체	DAP
운송방식	–	모든 운송방식에 적용 가능
일반의무	매도인	매매계약에 따라 물품 및 상업서류 제공
	매수인	물품 대금 지급
인 도	매도인	당사자 간 합의된 장소(수입국)에서 양하준비된 상태로 매수인의 처분 하에 두거나 그렇게 인도된 물품을 조달함으로써 인도
	매수인	인도된 물품의 수령
위 험	매도인	물품이 인도될 때까지의 위험 부담
	매수인	물품이 인도된 이후의 위험 부담
운송계약	매도인	합의된 장소(수입국)까지의 운송계약 체결
	매수인	의무 없음
보험계약	매도인	의무 없음
	매수인	의무 없음
인도/통지	매도인	물품의 인수에 필요한 통지의무
	매수인	인도 기간 내의 인도 시기/장소의 결정 권리를 가지는 경우 해당 사항의 통지의무
통관 등	매도인	수출통관 및 수출국 검사 등
	매수인	수입통관 및 수입국 검사 등
비 용	매도인	지정장소에서 물품 인도시까지 발생되는 비용
	매수인	물품 인도 후 발생되는 모든 비용 및 물품을 인도 기일 후 수령하지 않아 발생하는 모든 비용

DAP에 대한 설명으로 옳지 않은 것은?

① 운송수단에 관계없이 사용 가능하다.

② 목적국내 지정목적지까지의 운임 등은 매도인이 부담한다.

③ 매도인이 지정목적지까지 운송계약 및 보험계약(필요한 경우)을 체결하고 그 비용을 부담하며, 이후 비용은 매수인이게 이전된다.

④ DAP 조건은 물품의 양하의무를 매도인이 부담한다.

해설 물품의 양하의무는 매수인의 의무이다.

정답 ④

6. 도착지양하인도 : DPU(Delivered at Place Unloaded)

(1) 의 의

Delivered at Place Unloaded(이하 "DPU")조건은 매도인이 물품이 지정목적지에서 도착운송수단에서 양하된 채 매수인의 처분 하에 놓거나 그렇게 인도된 물품을 조달한 때를 인도 시점으로 보는 조건이다.

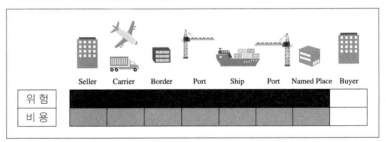

(2) 특 징

① DAP + 양하 의무가 있다.

② 목적국의 지정 목적지에서 물품이 운송수단에서 양하된 상태로 매수인의 처분 하에 물품을 놓아두거나 그렇게 인도된 물품을 조달한 때 위험이 매수인에게 이전된다.

③ Incoterms에서 물품을 양하하도록 규정한 유일한 규칙이다.

(3) 주요 내용

구 분	주 체	DPU
운송방식	–	모든 운송방식에 적용 가능
일반의무	매도인	매매계약에 따라 물품 및 상업서류 제공
	매수인	물품 대금 지급
인 도	매도인	당사자 간 합의된 장소(수입국)에서 양하된 상태로 매수인의 처분 하에 두거나 그렇게 인도된 물품을 조달함으로써 인도
	매수인	인도된 물품의 수령
위 험	매도인	물품이 인도될 때까지의 위험 부담
	매수인	물품이 인도된 이후의 위험 부담
운송계약	매도인	합의된 장소(수입국)까지의 운송계약 체결
	매수인	의무 없음
보험계약	매도인	의무 없음
	매수인	의무 없음
인도/통지	매도인	물품의 인수에 필요한 통지의무
	매수인	인도 기간 내의 인도 시기/장소의 결정 권리를 가지는 경우 해당 사항의 통지의무
통관 등	매도인	수출통관 및 수출국 검사 등
	매수인	수입통관 및 수입국 검사 등
비 용	매도인	지정장소에서 물품 인도시까지 발생되는 비용
	매수인	물품 인도 후 발생되는 모든 비용 및 물품을 인도 기일 후 수령하지 않아 발생하는 모든 비용

● 기출응용문제 ●

DPU에 대한 설명으로 옳지 않은 것은?

① 운송수단에 관계없이 사용 가능하다.

② 목적국 내 지정목적지까지의 운임 등은 매도인이 부담한다.

③ 매도인이 지정목적지까지 운송계약 및 보험계약(필요한 경우)을 체결하고 그 비용을 부담하며, 이후 비용은 매수인이게 이전된다.

④ DAP조건에서 양하의무는 매수인이 가지며, 매도인은 운송수단에서 양하되지 않은 상태로 물품을 인도한다.

해설 DPU 조건에서 양하의무는 매도인이 가지며, 물품의 인도는 운송수단에서 양하된 상태로 이루어진다.

정답 ④

7. 관세지급인도 : DDP(Delivered Duty Paid)

합격자 Tip

만약 DDP 조건에서 수입 시 지급되는 기타 비용 중 부가가치세를 매도인의 부담에서 제외시키려 면 "DDP(VAT unpaid)" 등을 계약서에 기재하여 명확히 해야 합니다.

(1) 의 의

Delivered Duty Paid(이하 "DDP")조건은 매도인이 지정목적지(매도인 수입 통관)에서 물품을 도착운송수단에 실어둔 채 양하준비된 상태로 매수인의 처 분 하에 놓은 때 인도된 것으로 보는 조건이다.

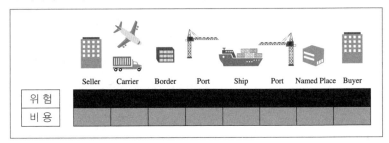

(2) 특 징

① DAP + 수입통관(제세공과금 포함)
② 목적국의 지정목적지에서 매수인의 처분 하에 물품을 놓아두거나 그렇게 인도된 물품을 조달한 때 위험은 매수인에게 이전된다.
③ 수입통관 시 필요한 관세 등 제세공과금을 매도인이 부담하여야 한다.
④ 매도인의 최대 의무를 규정하고 있다.

○× 퀴즈

Q. DDP 조건은 매도인의 최소 의무를 규정하고 있다. (○, ×)

A. × → 매도인의 최대 의무를 규정하고 있다.

(3) 주요 내용

구 분	주 체	DDP
운송방식	–	모든 운송방식에 적용 가능
일반의무	매도인	매매계약에 따라 물품 및 상업서류 제공
	매수인	물품 대금 지급
인 도	매도인	당사자 간 합의된 장소(수입국, 매도인 수입통관)에서 양하준비된 상태로 매수인의 처분 하에 두거나 그렇 게 인도된 물품을 조달함으로써 인도
	매수인	인도된 물품의 수령
위 험	매도인	물품이 인도될 때까지의 위험 부담
	매수인	물품이 인도된 이후의 위험 부담
운송계약	매도인	합의된 장소(수입국)까지의 운송계약 체결
	매수인	의무 없음
보험계약	매도인	의무 없음
	매수인	의무 없음

	매도인	물품의 인수에 필요한 통지의무
인도/통지	매수인	인도 기간 내의 인도 시기/장소의 결정 권리를 가지는 경우 해당 사항의 통지의무
통관 등	매도인	수출 및 수입 통관 및 검사 등
	매수인	의무 없음
비 용	매도인	지정장소에서 물품 인도시까지 발생되는 비용
	매수인	물품 인도 후 발생되는 모든 비용 및 물품을 인도 기일 후 수령하지 않아 발생하는 모든 비용

● 기출응용문제 ●

다음 중 DDP에 대한 설명으로 옳지 않은 것은?

① 수입통관시 필요한 관세 등 제세공과금은 매도인이 부담한다.

② 매도인이 지정목적지까지 운송계약 및 보험계약(필요한 경우)을 체결하고 그 비용을 부담하며, 이후 비용은 매수인에게 이전된다.

③ 목적국의 지정목적지에서 매수인의 처분 하에 물품을 놓아 둔 때 위험은 매수인에게 이전된다.

④ 매도인은 보험계약의 의무를 가진다.

해설 매도인은 자신을 위해 보험계약을 체결할 수 있으나, 보험계약을 체결할 의무를 갖지는 아니한다.

정답 ④

8. 선측인도 : FAS(Free Alongside Ship)

(1) 의 의

Free Alongside Ship(이하 "FAS")는 지정선적항에서 매수인에 의하여 지정된 본선의 선측에 놓거나 그렇게 인도된 물품을 조달한 경우 인도되는 것으로 보는 조건이다.

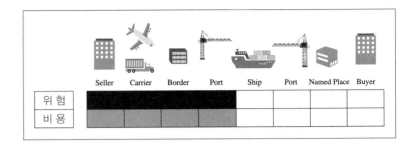

	Seller	Carrier	Border	Port	Ship	Port	Named Place	Buyer
위 험								
비 용								

(2) 특 징

① EXW + 선측에 필요한 물품을 인도할 때까지의 운임을 말한다.

② 컨테이너화물의 경우에는 FCA가 더 적합하다.

(3) 주요 내용

구 분	주 체	FAS
운송방식	–	해상운송과 내수로운송에 적합
일반의무	매도인	매매계약에 따라 물품 및 상업서류 제공
	매수인	물품 대금 지급
인 도	매도인	지정선적항에서 매수인이 지정한 선박의 선측에 두거나 그렇게 인도된 물품을 조달함으로써 인도
	매수인	인도된 물품의 수령
위 험	매도인	물품이 인도될 때까지의 위험 부담
	매수인	물품이 인도된 이후의 위험 부담
운송계약	매도인	의무 없음(단, 매수인에 정보 필요한 정보 제공)
	매수인	의무 없음
보험계약	매도인	의무 없음
	매수인	의무 없음
인도/통지	매도인	물품의 인수에 필요한 통지의무
	매수인	인도 기간 내의 인도 시기/장소의 결정 권리를 가지는 경우 해당 사항의 통지의무
통관 등	매도인	수출통관 및 수출검사 등
	매수인	수입통관 및 수입검사 등
비 용	매도인	지정장소에서 물품 인도시까지 발생되는 비용
	매수인	물품 인도 후 발생되는 모든 비용 및 물품을 인도 기일 후 수령하지 않아 발생하는 모든 비용

다음 중 FAS에 대한 설명으로 옳지 않은 것은?

① 해상 및 내수로 운송에 적합한 조건이다.

② EXW보다 매수인에게 의무를 더 부담시키는 조건이다.

③ 산적화물 계약에서 사용되는 경우가 많다.

④ 위험과 비용의 이전 시점이 동일하다.

해설 EXW보다 매도인의 의무는 더하고, 매수인의 의무는 감하는 조건이다.

정답 ②

9. 본선인도 : FOB(Free On Board)

(1) 의 의

Free On Board(이하 "FOB")는 지정선적항에서 매수인에 의하여 지정된 본선에 적재하여 인도하거나 이미 그렇게 인도된 물품을 조달하는 경우 인도된 것으로 보는 조건이다.

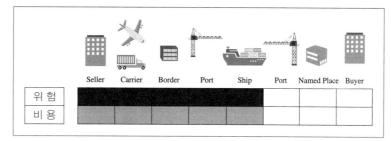

(2) 특 징

① FAS + 본선에 물품을 적재할 때까지의 비용을 말한다.

② 실무에서 가장 많이 사용되는 Incoterms 규정 중 하나이다.

(3) 주요 내용

구 분	주 체	FOB
운송방식	–	해상운송과 내수로운송에 적합
일반의무	매도인	매매계약에 따라 물품 및 상업서류 제공
	매수인	물품 대금 지급

인 도	매도인	지정선적항에서 매수인이 지정한 선박에 적재하거나 그렇게 인도된 물품을 조달함으로써 인도
	매수인	인도된 물품의 수령
위 험	매도인	물품이 인도될 때까지의 위험 부담
	매수인	물품이 인도된 이후의 위험 부담
운송계약	매도인	의무 없음(단, 매수인에 정보 필요한 정보 제공)
	매수인	의무 없음
보험계약	매도인	의무 없음
	매수인	의무 없음
인도/통지	매도인	물품의 인수에 필요한 통지의무
	매수인	인도 기간 내의 인도 시기/장소의 결정 권리를 가지는 경우 해당 사항의 통지의무
통관 등	매도인	수출통관 및 수출검사 등
	매수인	수입통관 및 수입검사 등
비 용	매도인	지정장소에서 물품 인도시까지 발생되는 비용
	매수인	물품 인도 후 발생되는 모든 비용 및 물품을 인도 기일 후 수령하지 않아 발생하는 모든 비용

● 기출응용문제 ●

다음 중 FOB에 대한 설명으로 옳지 않은 것은?

① 해상 및 내수로 운송에 사용이 적합한 방법이다.

② 선박의 지정과 운송계약 체결은 매도인이 진행한다.

③ 매도인은 지정선적항에서 매수인에 의하여 지정된 본선에 적재할 때까지의 비용을 부담하며, 이후 발생하는 모든 비용은 매수인이 부담한다.

④ 수출통관은 매도인이 진행한다.

해설 선박의 지정과 운송계약 체결은 매수인이 지정하고, 매도인은 지정된 선박에 물품을 적재하여야 한다.

정답 ②

10. 운임포함인도 : CFR(Cost and Freight)

(1) 의 의

Cost and Freight(이하 "CFR")는 매도인이 물품을 지정된 선박에 적재하거나 그렇게 인도된 물품을 조달하는 때 인도된 것으로 보는 조건(수입국 목적항까지의 운임 포함)이다.

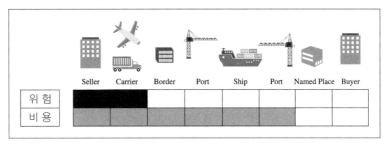

○× 퀴즈 ⊚

ⓠ 물품을 본선에 적재하여 인도하거나 이미 인도된 물품을 조달한 때에 위험은 매수인에게 이전되고, 비용도 매수인이 부담한다. (○, ×)

ⓐ × → 물품에 대한 위험부담은 매수인에게 이전되지만, 지정목적항까지 운임 등 비용은 매도인이 부담한다.

(2) 특 징

① FOB + 매도인이 지정목적항까지의 운임 부담을 포함한다.

② 물품을 본선에 적재하여 인도하거나 이미 그렇게 인도된 물품을 조달한 때에 위험은 매수인에게 이전되고, 지정목적항까지 운임 등 비용은 매도인이 부담하며, 이후 발생하는 비용을 매수인이 부담하여 위험과 비용이 다른 시점에 이전된다.

(3) 주요 내용

구 분	주 체	CFR
운송방식	–	해상운송과 내수로운송에 적합
일반의무	매도인	매매계약에 따라 물품 및 상업서류 제공
	매수인	물품 대금 지급
인 도	매도인	지정선적항에서 매수인이 지정한 선박에 적재하거나 그렇게 인도된 물품을 조달함으로써 인도
	매수인	인도된 물품의 수령
위 험	매도인	물품이 인도될 때까지의 위험 부담
	매수인	물품이 인도된 이후의 위험 부담
운송계약	매도인	합의된 장소(수입국)까지의 운송계약 체결
	매수인	의무 없음
보험계약	매도인	의무 없음
	매수인	의무 없음

인도/통지	매도인	물품의 인수에 필요한 통지의무
	매수인	인도 기간내의 인도 시기/장소의 결정 권리를 가지는 경우 해당 사항의 통지의무
통관 등	매도인	수출통관 및 수출검사 등
	매수인	수입통관 및 수입검사 등
비 용	매도인	지정장소에서 물품 인도시까지 발생되는 비용
	매수인	물품 인도 후 발생되는 모든 비용 및 물품을 인도 기일 후 수령하지 않아 발생하는 모든 비용

◆ 기출응용문제 ◆

다음 중 CFR에 대한 설명으로 옳지 않은 것은?

① 물품을 본선에 적재하여 인도하거나 이미 그렇게 인도되는 때에 위험은 매수인에게 이전된다.

② 비용은 지정목적항까지 운임 등을 매도인이 부담하고, 이후 발생하는 비용을 매수인이 부담한다.

③ 운송수단에 관계없이 사용 가능하다.

④ 매도인은 지정목적항까지 운송하는 데 필요한 운임 등을 부담하여야 한다.

해설 해상 및 내수로 운송에 사용이 적합한 방법이다.

정답 ③

11. 운임·보험료포함인도 : CIF(Cost Insurance and Freight)

(1) 의 의

Cost Insurance and Freight(이하 "CIF")는 매도인이 물품을 지정된 선박에 적재하거나 그렇게 인도된 물품을 조달하는 때 인도된 것으로 보는 조건(수입국 목적항까지의 운임 및 보험료 포함)이다.

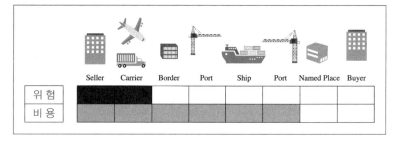

(2) 특 징

① FOB + 지정목적항까지의 운임 및 보험료를 포함한다.

② 물품을 본선에 적재하여 인도하거나 이미 그렇게 인도된 물품을 조달한 때에 위험은 매수인에게 이전되고, 비용은 지정목적항까지 운임 등을 매도인이 부담하며, 이후 발생하는 비용을 매수인이 부담하여 위험과 비용이 다른 시점에 이전된다.

③ 매도인은 ICC약관 C조건이나 이와 유사한 수준의 보험에 부보하여야 한다. 단, 당사자 간 합의에 따라 더 높은 조건의 보험에 부보하도록 협의할 수 있다.

(3) 주요 내용

구 분	주 체	CIF
운송방식	–	해상운송과 내수로운송에 적합
일반의무	매도인	매매계약에 따라 물품 및 상업서류 제공
	매수인	물품 대금 지급
인 도	매도인	지정선적항에서 매수인이 지정한 선박에 적재하거나 그렇게 인도된 물품을 조달함으로써 인도
	매수인	인도된 물품의 수령
위 험	매도인	물품이 인도될 때까지의 위험 부담
	매수인	물품이 인도된 이후의 위험 부담
운송계약	매도인	합의된 장소(수입국)까지의 운송계약 체결
	매수인	의무 없음
보험계약	매도인	합의된 장소(수입국)까지의 보험계약 체결. 매도인은 ICC(C)조건 또는 이와 유사한 담보조건으로 보험에 부보하여야 함. 단 당사자 간 합의에 의해 더 높은 수준의 보험에 부보하도록 할 수 있음
	매수인	의무 없음
인도/통지	매도인	물품의 인수에 필요한 통지의무
	매수인	인도 기간 내의 인도 시기/장소의 결정 권리를 가지는 경우 해당 사항의 통지의무
통관 등	매도인	수출통관 및 수출검사 등
	매수인	수입통관 및 수입검사 등
비 용	매도인	지정장소에서 물품 인도시까지 발생되는 비용
	매수인	물품 인도 후 발생되는 모든 비용 및 물품을 인도 기일 후 수령하지 않아 발생하는 모든 비용

다음 중 CIF에 대한 설명으로 옳지 않은 것은?

① 물품을 본선에 적재하여 인도하거나 이미 그렇게 인도되는 때에 위험은 매수인에게 이전된다.

② 비용은 지정목적항까지 운임 및 보험료 등을 매도인이 부담하고, 이후 발생하는 비용을 매수인이 부담한다.

③ 매도인은 수출통관에 소요되는 비용을 부담한다.

④ 매도인은 ICC(A)조건 또는 이와 유사한 수준의 보험에 부보할 의무를 가지고 있다.

해설 매도인은 ICC약관 C조건 또는 이와 유사한 담보조건으로 보험에 부보하여야 한다. 단 당사자 간 합의에 의해 더 높은 수준의 보험에 부보하도록 할 수 있다.

정답 ④

국제운송

핵심키워드 · · #해상운송 #항공운송 #선하증권

출제 포인트

출제율 ★☆☆
각 운송의 정의를 파악하는
것이 좋습니다.

01 운송의 개요

1. 운송의 정의

운송이란 일반적으로 사람이나 재화를 운송수단을 통하여 한 장소에서 다른 장소로 이동시키는 것을 의미한다.

2. 운송 형태

(1) 해상운송

해상운송은 바다를 통하여 선박으로 화물을 운송하는 방식을 의미하며, 주로 대량화물이나 긴급을 요하지 않거나, 저렴한 운임으로 화물을 운송하는 경우 이용된다.

(2) 항공운송

항공운송은 항공기에 의하여 항공로를 통해 화물을 운송하는 방식으로, 주로 긴급물품이나 소량화물, 전자제품, 동식물 등의 운송에 이용되고 있다.

(3) 복합운송

복합운송은 독립적인 복합운송인이 단일의 복합운송계약에 따라 복합운송증권을 발행하여, 운송의 전 과정에서 화주에 대해 책임을 지는 동시에 각 운송구간에서 하청운송인 내지 실제운송인에게 각각의 운송수단에 의한 운송의 수행을 위탁하여 이루어지는 운송방식이다.

02 해상운송

1. 해상운송(Marine Transportation)의 개요

(1) 정 의

해상운송이란 선박을 이용하여 사람과 화물을 운송하고 그 대가로 운임을 받는 행위를 의미하며, 국제무역거래에서 해상운송은 상선을 이용하여 국제 간 화물을 운송하고 운임을 받는 행위를 말한다.

(2) 특 징

대량성	철도나 차량운송보다 많은 양의 화물 운송이 가능하다.
경제성	대량운송에 따른 규모의 경제원칙에 의해 단위당 운송비가 저렴하다.
원거리 운송	대양을 횡단하는 원거리 운송에 보편적으로 사용된다.
운송로의 자유성 및 국제성	공해를 이용한 운송로의 선택이 자유로우며, 2개국 간 운송이 진행되므로 국제성을 지닌다.
저속성 및 위험성	항공운송에 비해 운송기간이 길고, 해상위험에 노출될 가능성이 높다.

(3) 해상운송의 형태

일반화물의 대부분은 컨테이너화되어 컨테이너로 운송되며, 운송경로와 운임이 미리 정해져 있는 정기선(Liner)과 운송수요에 따라 운항되는 부정기선(Tramper)이 있다.

2. 해상운송 형태

(1) 의 의

해상운송은 선박의 운항 형태에 따라 정기선과 부정기선으로 대별할 수 있다.

빈출

○× 퀴즈

Q 정기선 운송 분야는 유
조선과 건화물선으로
특화되어 있다. (○, ×)

A × → 공산품 등 일반
화물 운송

(2) 정기선(Liner) 17 18 19 20 21 출제

① 의 미

정기선이란 엄격한 운송계획에 따라 특정항로, 항만을 규칙적으로 왕복 운항하는 선박에 의한 운송 형태이다.

② 특 징

㉠ 공산품 등 일반화물(General Cargo)을 운송하는 데 사용된다.

㉡ 운항일정(Sailing Schedule), 운임요율표(Freight Tariff)가 공시된다.

ⓒ 화물의 다소 여부에 관계없이 특정항로를 규칙적으로 운항하며, 이에 따라 고정비가 많이 발생하여 부정기선보다 상대적으로 운임이 높다.

ⓔ 고정된 항로를 규칙적으로 운항하므로 선적기일을 맞추는 데 적합하다.

ⓜ 다수 화주의 소량화물을 대상으로 개품운송계약을 체결한다.

ⓗ 정기선 항로에 배선하는 선박회사끼리 해운동맹을 결성하는 것이 일반적이다.

(3) 부정기선(Tramper) 17 19 21 출제

① 의미

부정기선이란 고정된 항로 없이 운송수요자의 요청에 따라 운항하는 선박에 의한 운송을 말한다.

② 특징

ⓐ 곡물, 원유, 광물을 비롯한 일반 원료의 운송이나 대량의 화물, 운송수요가 급증하는 화물을 주로 운송한다.

ⓑ 운임은 대체로 정기선보다 낮으며, 수요와 공급에 의해 운임이 결정되므로 운임의 변동 폭이 크다.

ⓒ 선주가 선박 또는 선복(탑승 및 적화장소)을 제공하여 화물을 운송할 것을 약정하는 용선계약(Charter Party)을 체결하여 운송되는 것이 일반적이다.

ⓔ 고정된 항로와 운항 일정이 없으므로 항로의 자유로운 선택이 가능하다.

3. 해상운송계약(Contract of Carriage by Sea)

해상운송계약은 운송을 의뢰하는 화주의 청약에 대한 운송인의 승낙으로 성립한 운송에 대한 합의로서, 운송인은 송하인의 물품 해상운송을 대행하고, 송하인은 이에 대한 보수 지급을 약정함으로써 성립하는 계약이다.

(1) 개품운송계약(Contract of Affreightment in A General Ship)

① 의미

해상운송인이 다수의 화주와 화물의 운송계약을 개별적으로 맺는 것을 말하며, 송하인과 운임을 지급할 것을 약정하는 해상운송계약이다.

② 특징

ⓐ 해상운송인이 불특정 다수의 화주로부터 화물의 운송을 위탁받아 인수한 화물을 혼적(Mixed Loading)하므로 주로 정기선 운송에서 많이 이용되고 있다.

안심Touch

OX 퀴즈

Q 정기선 운송은 통상 개품운송계약이며, 선하증권은 운송계약체결의 증거서류로 인정되지 않는다. (O, ×)

A × → 선하증권이 운송계약체결의 증거서류로 인정된다.

ⓛ 개품운송에 있어서 운송계약은 선하증권의 약관에 의한 부합계약의 방식으로 체결된다. 따라서 용선계약처럼 별도의 계약서 없이 해상운송인이 발행하는 선하증권으로 운송계약의 증거가 될 수 있다.

ⓒ 개품운송계약은 불요식 계약이므로 별도의 방식이 요구되지 않으나, 대개 선복요청서(Shipping Request)를 제출하여 선박회사가 인수확약서(Booking Note)를 발행하면 운송계약이 체결된 것으로 간주한다.

ⓔ 해상운송계약이 체결되면 매도인 또는 그의 대리인은 계약물품을 본선에 적재하고 선박회사는 'Shipped B/L'을 발급해 준다. B/L은 운송계약의 증거, 물품인도의 증거 및 권리증권의 기능을 수행한다.

(2) 용선운송계약(Charter Party)

① 의 미
용선운송계약은 해상운송인이 선박의 전부 또는 일부의 선복을 제공하여 적재된 물품을 운송할 것을 약정하고, 용선자는 이에 대한 반대급부로 운임(용선료)을 지급할 것을 약정하는 운송계약이다.

② 특 징
㉠ 주로 산적화물(Bulk Cargo)을 대상으로 하며 부정기선을 이용하는 것이 일반적이다.

㉡ 개품운송계약과 달리 표준화된 용선계약서(Charter Party ; C/P)를 작성하며, 용선계약서가 운송서류를 대신하고 별도의 선하증권이 발행되지 않는다.

③ 일부 용선계약(Partial Charter)
선주로부터 선복량의 일부만을 빌려 사용하는 계약을 말한다.

④ 전부 용선계약(Whole Charter)
선주로부터 선박 전체를 빌려 사용하는 계약을 말한다.

OX 퀴즈

Q 나용선계약의 용선료는 용선한 기간을 기준으로 결정된다. (O, ×)

A × → 용선한 기간을 기준으로 용선료가 결정되는 용선계약은 항해용선 계약이다.

기간(정기)용선계약 (Time Charter)	• 운항상태를 갖춘 선박 선복의 전부 또는 일부를 일정기간 용선하여 그 기간을 기준으로 용선료를 지불하는 계약이다. • 선주는 선원비, 수리비, 선용품, 보험료 등의 직·간접비를 부담하고, 용선자는 용선료 외에 연료비, 항구세 등 운항비를 부담한다. • 용선료는 용선한 기간을 기준으로 결정된다.
항해용선계약 (Voyage Charter)	• 일정 항구에서 항구까지 화물의 운송을 의뢰하는 화주와 선주 간에 체결하는 운송계약이다. • 운임은 '적재수량'을 기준으로 하고 있다. • 선박소유자는 해상운송인이며, 화주는 항해용선자이다. • 용선료는 약정 항해에 있어서 용선선박의 적하능력을 기준으로 산정한 운임이다(용선료가 곧 운송보수인 운임이 됨).

나용선계약 (Bareboat Charter)	• 선주(선박소유자)가 선박임차인 또는 나용선자에게 운송 수단인 선박의 제공, 즉 용선선박을 직접 사용 및 수익하게 할 것을 약정하고, 선박임차인 또는 나용선자가 이에 대하여 임차료로서 용선료를 지급할 것을 약정하여 성립하는 계약이다. • 용선자에게 선박의 점유와 통제권을 부여하므로, 선장은 법적으로 용선자의 대리인이 된다. • 선주는 나선박을 제공하고 용선자는 선박을 제외한 선장, 선원, 장비 및 소요품 일체에 대한 책임을 진다. • 용선기간은 연월, 일수, 특정항로의 항해기간 등으로 표시된다. • 선주는 직접선비(선원비, 선용품비, 수리비, 검사비 등)와 간접선비(보험료 등)를 부담하고, 용선자는 운항비(항만사용료, 연료비, 운반비 등)를 부담한다.

합격자 Tip
운임에 대한 용어의 정의를 묻는 문제가 종종 출제됩니다.

4. 해상운임

(1) 의 의

해상운임이란 해상운송인인 선박회사가 해상운송계약 내용에 따라 화주의 화물을 운송하는 용역을 제공하고 그에 대한 대가로 받는 보수를 의미한다.

(2) 운임의 구조

기본운임(Basic Rate)과 화물의 형상, 항만사정, 화물 특수성의 사유에 따라 부과되는 할증료(Surcharge), 추가요금(Additional Charge)으로 구성된다.

① 기본운임 : 해상운임을 일정한 기준에 따라 산출한 것으로 운임계산의 기초가 되며 중량(Weight), 용적(Measurement), 가격(Price) 기준이 된다.

② 할증료(Surcharge) : 일정 항로를 취항하는 정기선이 기항하는 항구 간의 기본운임 외에 특별히 인상하거나 부과하는 운임을 말한다.

㉠ 중량할증운임(Heavy Lift Surcharge) : 일반화물보다 무거울 경우

㉡ 용적 및 장척할증운임(Bulky/Lengthy Surcharge) : 화물의 부피가 크거나 길이가 긴 경우

㉢ 유가할증료(BAF ; Bunker Adjustment Factor) : 유류가격의 인상으로 생기는 손실을 보전하기 위한 경우

㉣ 통화할증료(CAF ; Currency Adjustment Factor) : 정기선사 등에 의하여 부과되고, 선박회사의 Tariff에 규정된 통화로 환전할 때 발생할 수 있는 불이익을 보충하며, 선박회사의 수익을 보장하기 위한 경우

㉤ 체선할증료(Port Congestion Surcharge) : 양륙항의 항만사정이 체선(항만에 배가 정박함)으로 인하여 선사에 비용손실이 발생하는 경우 화주에게 그 부담을 전가하기 위해 부과

ⓗ 운하할증료(Canal Surcharge) : 해당항로에 운하를 이용하게 되는 경우 운하사용료를 화주에 전가하기 위하여 활용

③ 기타 부대비용

ⓐ 부두사용료(Wharfage) : 항만 당국이 부두의 사용에 대하여 부과하는 것으로 우리나라의 경우 해운항만청 고시에 의하여 부과되며, 적하 톤당 일정액을 부과한다.

ⓑ 터미널화물처리비(THC ; Terminal Handling Charge) : 화물이 컨테이너터미널에 입고된 순간부터 본선의 선측까지, 반대로 본선의 선측에서 CY의 게이트를 통과하기까지 화물의 이동에 따르는 비용을 말한다.

ⓒ 컨테이너화물적입비(CFS Charge) : 컨테이너 하나의 분량이 되지 않는 소량(LCL ; Less than Container Load)을 운송하는 경우, 선적지 및 도착지의 CFS(Container Freight Station, 컨테이너화물조작장)에서 화물을 혼재(Consolidation), 적입(Stuffing, Vanning) 또는 분류(적출, Devanning)작업을 하게 되는데 이때 발생하는 비용을 말한다.

ⓓ 체선료(Demurrage) : 부정기선운송에서 화물의 적재 또는 양륙일수가 약정된 정박기간(Lay Days)을 초과하는 경우 초과일수에 대하여 용선자가 선주에게 지불하는 것으로서, 초과일수 1일당 또는 중량톤수 1톤당 일정액을 지불한다. 또는 화주가 허용된 시간(Free Time)을 초과하여 컨테이너를 CY에서 반출해가지 않을 경우 선사에 지불하는 비용이다.

ⓔ 컨테이너 지체료(Detention charge) : 화주가 컨테이너 Free Time(무료사용기간) 이내에 지정된 장소에 컨테이너를 반납하지 못하는 경우 선사에게 지불하는 비용이다.

5. 부정기선운임

(1) 의 의

부정기선은 기간용선계약, 항해용선계약, 나용선계약의 형태로 계약하여 운항한다.

① 계약기간용선의 경우 화주가 용선료를 지급하고 관련 부대비용은 선주가 부담한다.

② 나용선의 경우 용선료를 비롯한 부대비용을 용선자(화주)가 부담한다.

③ 항해용선계약 역시 일체의 경비는 원칙적으로 선주가 부담하나 하역비, 항비 등의 운항비를 누가 부담하느냐에 따라 항해용선계약의 형태를 구분할 수 있다.

(2) 구 분

① Gross Term(Form) : 부정기선의 운항에서 보편적으로 활용되는 방법으로 선주가 하역비와 항비 등 일체의 경비를 부담하는 방식이다. 그러나 'Gross Term'도 본선인도를 원칙으로 하기 때문에 특수항비는 용선자의 부담이다.

② Net Term(Form) : 용선자가 적·양륙비를 부담할 뿐 아니라 하역준비 완료시부터 양하의 종료시까지의 일체의 항비를 부담한다.

③ FIO Charter : 용선자가 적재하역과 양륙하역비를 부담하고, 선주는 항비를 부담한다.

④ Lump Sum Charter : 용선자가 선박을 사용한 대가로서 총(포괄) 운임을 지급하고, 선주는 선복을 제공하여 화물의 최대운송이 가능하도록 보장하는데, 항비는 선주의 부담으로 한다.

(3) 하역비용 부담조건

항해용선계약을 체결할 때 선적비용과 양륙비용(선내 하역비용, Stevedorage)을 누가 부담할 것인가에 대한 약정을 해야 한다.

[하역비용 부담조건]

Berth Terms(Liner Terms)	선적과 양륙비용을 선주가 부담하며 정기선의 개품운송계약에 사용
FIO(Free In and Out)	선적과 양륙비용을 용선자가 부담
FI(Free In)	선적비용은 용선자, 양륙비용은 선주가 부담
FO(Free Out)	선적비용은 선주, 양륙비용은 용선자가 부담
FIOST(Free In and Out, Stowed, Trimmed)	선적비용, 양륙비용, 본선 내의 적부비용 및 화물정리비용 등은 모두 용선자가 부담

(4) 정박기간(Lay Days, Lay Time)

정박기간은 화주가 계약화물의 전량을 적재 또는 양하하는 데 필요한 일수로 선주가 화주에게 부여한 기간을 의미한다.

① CQD(Customary Quick Delivery, 관습적 조속하역) : 관습적인 하역능력에 따라 가능한 한 빨리 적재하고 양륙하는 조건을 의미한다. 불가항력으로 인한 하역불능은 정박기간에서 공제하며, 일요일과 공휴일은 관습에 따른다.

② Running Lay Days : 하역개시일부터 종료일까지의 경과일수로 계산하는 방법으로 총 소요기간을 24시간으로 계산하여 정박기간을 계산한다. 일요일, 공휴일은 물론 하역불능사태가 발생해도 모두 정박기간에 포함된다.

③ Working Days : 각 항구의 관습에 따라 그 항구에서 평상 하역이 행해지는 날을 말한다. 일요일, 공휴일 등 하역항의 휴일을 제외하지만 악천후로 인한 하역불능일은 제외되지 않는다.

④ 체선료(Demurrage) : 규정된 정박일수 이내에 선적이나 양륙이 이루어지지 않은 경우 초과 일수에 대하여 용선자가 선주에게 지급하는 초과사용에 대한 대가를 말한다.

⑤ 조출료(Dispatch Money) : 허용된 정박기간 이전에 하역작업이 완료된 경우에 선주가 용선자에게 지급하는 금액을 의미한다. 체선료의 반대개념으로 보통 1일당 체선료의 1/2에서 1/3 정도를 지급한다.

6. 컨테이너 운송

(1) 컨테이너(Container)의 의의

컨테이너는 화물의 단위화(Unitization)를 목적으로 하는 수송도구로 물적 유통부분에서 포장, 운송, 하역, 보관 등 육·해·공로상의 모든 과정에서 경제성·신속성·안정성을 최대한 충족시키고 운송 중 화물의 이적 없이 일괄 운송을 실현시킨 운송용 도구를 의미한다.

(2) 컨테이너 운송의 장·단점

① 장 점

㉠ 컨테이너 자체가 상품의 외장 역할을 하기 때문에 포장비를 절감할 수 있다.

㉡ 컨테이너의 빠른 회전율 등으로 저율 운임의 적용이 가능하여 운임이 절감된다.

㉢ 컨테이너가 별도의 창고역할을 수행하여 별도의 창고료가 발생하지 않으며, 크레인 등을 이용한 기계화로 하역비용이 저렴하다.

㉣ 크레인 등 기계화된 장비를 통해 신속한 적재 및 양륙작업이 가능하다.

㉤ 화물의 보관, 하역, 운송의 단계마다 화물관련 서류가 간소화되어 이에 따른 시간의 낭비를 막을 수 있다.

㉥ 컨테이너 자체의 견고성과 밀폐성으로 운송, 하역, 기후변화 등에도 안전하다.

② 단 점

㉠ 컨테이너 자체 및 하역 장비, 컨테이너 운반선 등은 고가이므로 초기자본이 많이 필요하다.

㉡ 중량, 용적, 길이 등의 이유로 컨테이너 사용이 불가능한 물품이 있다.

㉢ 컨테이너선의 경우 갑판적이 허용되므로 갑판 적재화물에 대한 할증보험료가 적용되고 있다.

(3) 컨테이너의 종류

① 크기에 따른 분류

    ㉠ TEU(Twenty-foot Equivalent Unit) : 국제표준(ISO)규격의 컨테이너 중 20ft컨테이너 규격을 의미하는 용어로 물동량의 산출이나 컨테이너 선박의 적재능력의 표시기준이 된다.

    ㉡ FEU(Forty-foot Equivalent Unit) : 국제표준(ISO)규격의 컨테이너 중 40ft컨테이너 규격을 의미하는 용어이다.

    ㉢ 40ft High Cubic Container : 40ft보다 높이가 1feet 높은 컨테이너이다.

② 용도에 따른 분류

    ㉠ 건화물 컨테이너(Dry Container) : 온도조절이 필요 없는 일반 잡화 운송에 이용하는 것으로 일반적인 컨테이너이다.

    ㉡ 냉동 컨테이너(Reefer Container) : 온도조절 장치가 부착되어 있어 육류, 어류 등 냉장이나 냉동이 필요한 화물을 운송하는 데 사용되는 컨테이너이다.

    ㉢ 팬 컨테이너(Fan Container) : 가축 또는 동물을 운송할 때 통풍이 잘 되고 먹이를 주기에 편리하도록 만들어진 컨테이너이다.

    ㉣ 천장개방형 컨테이너(Open Top Container) : 길이가 긴 물품이나 기계류 등을 적재, 운송하기 편리하도록 천장이 개방되어 있는 컨테이너이다.

    ㉤ 플랫 컨테이너(Flat Container) : 건화물 컨테이너의 지붕과 벽을 제거하고 기둥과 버팀대만 두어 목재, 기계류 등의 중량물을 수송하기 위한 컨테이너이다.

    ㉥ 탱크 컨테이너(Tank Container) : 유류, 술, 약품, 화학제품 등을 운송하기에 적합한 특수 컨테이너이다.

    ㉦ 행거 컨테이너(Hanger Container) : 의류를 운송할 때 구겨지지 않도록 옷걸이(Hanger)에 걸어 수입지에서 그대로 판매할 수 있도록 만들어진 컨테이너이다.

(4) 컨테이너선 하역방식에 따른 분류

① Lift On/Lift Off 방식(LOLO 방식) : 크레인을 이용하여 컨테이너를 본선에 수직으로 적양하는 방식으로 일반 컨테이너 적재방식을 말한다.

② Roll On/Roll Off 방식(RORO 방식) : 선측, 선주 또는 선미의 Ramp Way(선내경사로)를 통하여 컨테이너 또는 트레일러를 수평으로 적양하는 방식으로 자동차 전용선과 훼리선이 있다.

○× 퀴즈

Q. FEU는 국제표준(ISO) 규격의 컨테이너 중 20ft컨테이너 규격을 의미하는 용어이다. (○, ×)

A. × → 40ft컨테이너 규격을 의미한다.

○× 퀴즈

Q. 팬 컨테이너는 건화물 컨테이너의 지붕과 벽을 제거하고 기둥과 버팀대만 두어 목재, 기계류 등의 중량물을 수송하기 위한 컨테이너이다. (○, ×)

A. × → 플랫 컨테이너에 대한 설명이다.

안심Touch

③ Float On/Float Off 방식(FOFO 방식) : 부선(Barge)에 화물을 적재하고 크레인으로 부선을 적재, 양하하는 방식이다.

7. 컨테이너터미널의 구조

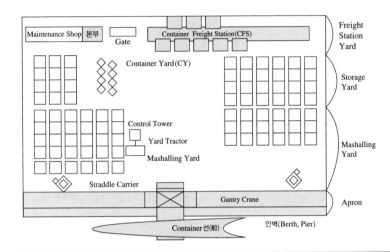

구 분	설 명
안벽(Berth, Pier)	컨테이너선이 안전하게 접안하여 하역작업이 이루어질 수 있도록 구축된 접안시설로 선석이라고도 한다.
에이프론(Apron)	선석에 접한 야드부분으로 하역작업을 위한 공간이다. Gantry Crane(겐트리 크레인)용 철로가 가설되어 컨테이너 하역작업을 하는 공간이다.
마샬링 야드 (Mashalling Yard)	컨테이너선에서 하역을 하였거나 선적을 위한 컨테이너를 적치계획에 따라 미리 정렬해두는 공간이다.
컨테이너 야드 (Container Yard ; CY)	컨테이너의 인수, 인도 및 보관을 하는 야적장이다.
컨테이너 화물조작장 (Container Freight Station ; CFS)	한 컨테이너를 다 채울 수 없는 소량화물(Less than Container Lord ; LCL)을 여러 송하인(Shipper)으로부터 인수하여 한 컨테이너에 적입(Stuffing)하거나 반대로 반입된 혼재화물을 해체(Devanning)하여 여러 화주에게 분산, 인도하는 창고형 작업장이다.
통제소(Control Tower)	컨테이너 야드의 본선하역작업을 신속 · 정확하게 수행하도록 계획, 지시, 감독하는 곳이다.
정비소(Maintenance Shop)	컨테이너 야드에 있는 여러 종류의 기기 및 비품을 점검 · 수리 · 정비하는 곳이다.

○× 퀴즈

Q. 마샬링 야드는 선석에 접한 야드 부분으로 하역작업을 위한 공간이다. (○, ×)

A. × → 에이프론에 대한 설명이다.

(1) CFS/CFS 운송(Pier to Pier 방식)

선적항에서 소량화물을 인수하여 혼재한 후 목적국까지 운송하여 해체작업을
한 뒤 여러 수하인에게 화물을 인도하는 방식으로 선적항의 CFS로부터 목적
항의 CFS까지 운송하는 방식이다.

(2) CFS/CY 운송(Pier to Door 방식)

다수의 송하인과 한 명의 수하인 관계에서 사용하는 방식으로 지정된 선적항
의 CFS에서 물품을 집화하여 컨테이너에 적입한 후 최종 목적지의 수하인 공
장 또는 창고까지 운송하는 방식이다.

(3) CY/CFS 운송(Door to Pier 방식)

한 명의 송하인과 다수의 수하인 관계에서 사용하는 방식으로 선적지에서
FCL(Full Container Load Cargo)를 컨테이너로 운송하여 수입항의 CFS에
서 여러 수하인에게 화물을 인도하도록 하는 운송형태이다.

(4) CY/CY 운송(Door to Door 방식)

단일의 송하인과 단일의 수하인 관계에서 사용하는 방식으로 컨테이너 선박
에 의한 일괄수송형태로 운송하는 방식이다.

9. 운송절차

(1) 수출(컨테이너 기준)

운송절차	설 명
① 인수기록의 작성	선박회사는 매도인이 선박회사에 제출한 선복신청서(S/R ; Shipping Request)를 근거로 인수예약서(Booking Note)를 작성하고, 화물인수목록(Booking List)을 관련 부서에 전달한다.
② 공컨테이너 대출 및 적입작업(Stuffing)	CY Operator는 Booking Note를 기준으로 FCL(Full Container Load)의 경우 송하인에게 공컨테이너를 제공하고, 송하인은 기기수도증(E/R ; Equipment Receipt)을 제공한다. LCL(Less than Container Load)인 경우 CFS Operator에게 필요한만큼 공컨테이너 스페이스를 제공하여 적입작업을 대비한다.

운송절차	설 명
③ 적입 후 인도	• LCL화물의 경우 수출자는 보세창고(CFS)로 물품을 반입하여 CFS Operator에게 인도한다. 여러 화주의 물품을 컨테이너에 혼재(Consolidation)하고 CLP(Container Load Plan)를 작성한 후 CY Operator에게 인도하여 선적한다. • FCL화물인 경우 수출상의 공장이나 창고로 컨테이너를 보내 수출자의 책임으로 물품을 적재하여 봉인한 후 CY(Container Yard)로 이동하여 CY Operator에게 인도한다.
④ 부두수령증의 교부	선사의 대리인인 CY Operator는 화주가 제출한 서류와 컨테이너 적입물품을 확인 후 부두수령증(Dock Receipt ; D/R)을 발행하여 화주에게 제공한다.
⑤ 선박회사에 D/R 제공	수출자는 선사에 D/R을 제공하고 운임(선지급조건 C조건, D조건의 경우)을 선박회사에 지급한다.
⑥ 선하증권의 발급	선박회사는 D/R을 근거로 선하증권(B/L)을 수출자에게 발급한다. 실제로 D/R을 교부한다기보다는 내부절차에 의해 확인 후 B/L을 발급한다.

(2) 수 입

운송절차	설 명
① 도착통지 (Arrival Notice)	선사는 본선이 입항하면 선하증권의 착화통지처(Notify Party)에 통지한다.
② 선사에 B/L원본 제시	수하인은 은행에서 선하증권 원본을 수령하여 배서한 후 선박회사에 제출하고 운임이 발생하는 경우 운임을 지급한다.
③ D/O 발급	선사는 B/L 원본을 수령하고 화물인도지시서(Delivery Order ; D/O)를 교부한다.
④ D/O 및 수입신고필증의 제시	수하인은 선사로부터 발급받은 D/O 및 수입신고필증을 CY 또는 CFS에 제시하고 물품을 수령한다.

10. 해상운송인

(1) 의 의

해상운송인이란 송하인과 해상운송계약을 체결하고 송하인으로부터 운송을 위탁받은 물품을 계약내용에 의거하여 선적항 또는 수탁지에서 지정된 목적항까지 운송할 것을 약정하고, 운송물품을 양륙지에서 선하증권과 상환으로 또는 계약내용에 따라 인도할 것을 약정하는 자를 의미한다.

(2) 해상운송인의 책임

① 책임의 주체

현행 「상법」에서는 해상운송법의 체계 문제에 관하여 과거의 선박소유자 중심주의를 지양하고, 헤이그-비스비 규칙과 함부르크 규칙에 따라 운송인 중심주의를 채용하는 획기적인 개편을 하였다.

② 책임의 성질

우리나라 「상법」 상 해상물품의 운송에 있어서 해상운송인의 책임은 송하인, 수하인, 용선자 또는 선하증권 소지인이 입은 운송물의 손해에 관한 과실책임주의를 원칙으로 하는 민사책임이다.

③ 과실책임의 원칙

우리나라 「상법」에서는 해상운송인 책임에 관하여 과실책임의 원칙을 근거로 하는데, 선박소유자가 해상운송인으로서 운송물의 수령에서부터 인도할 때까지 선량한 관리자로서 주의를 위반했을 경우에 책임을 지는 것이다.

　ⓐ 항해과실의 면책 : 현행 「상법」에서는 선장, 해원, 도선사 또는 선박사용인의 해기과실 또는 항해과실에 대하여 해상운송인이 직접적인 항해사가 아님을 이유로 면책을 인정하였다.

　ⓑ 상업과실의 책임 : 해상운송인은 운송물을 수령하여 수하인에게 인도할 때까지 운송물을 선량한 관리자의 주의 의무로서 관리를 게을리한 때, 즉 상사과실·상업과실이 있는 경우에는 그 책임을 면할 수 없다.

　ⓒ 함부르크 규칙 : 함부르크 규칙에서는 「상법」과는 달리 항해과실과 상업과실을 구분하지 않고, 해상운송인에게 운송채무로서 전 운송기간을 통하여 상당한 주의의무를 요구하고 있다.

④ 책임의 대상 손해의 종류

우리나라 「상법」에서 규정한 손해의 종류는 운송물의 멸실, 훼손 또는 연착으로 나누고 있다. 그러나 헤이그-비스비 규칙은 연착을 제외하고서 특약사항으로 선하증권에 명기할 수도 있으나 함부르크 규칙에서는 「상법」과 같이 운송물의 멸실, 훼손 또는 연착으로 규정하고 있다. 그리고 항해용선계약에서는 운송물의 손해를 「상법」에서와 같이 멸실, 훼손 또는 연착으로 구분하여 헤이그-비스비 규칙보다도 그 종류를 확대시키고 있다.

(3) 해상운송인의 면책 21 출제

① 면책사유의 의의

일반적으로 면책사유는 당사자의 특약인 면책약관에 의하여 인정되는 특별한 사유인데, 해상운송의 면책에 있어서는 비단 당사자의 특약에 의한 면책약관뿐만 아니라 법률 규정에 의하여 당연히 해상운송인의 책임면제 사유를 법정하여 두고 있는 경우가 많다.

② **면책사유의 종류**

면책사유는 해상운송인의 해상운송채무의 이행을 인위적으로나 자연적으로 방해하는 것으로 운송책임의 주체인 해상운송인의 통제범위 밖에서 본인이 직접 관련할 수 없는 행위에 의하여 발생하는 것이다.

ⓐ 항해과실

ⓑ 화 재

ⓒ 해상 고유의 위험

ⓓ 화주의 귀책사유

ⓔ 선박의 숨은 하자

ⓕ 해난구조활동 또는 상당한 이유가 있는 이로(離路)

● 기출응용문제 ●

해상운송인의 면책의무에 대한 설명으로 가장 옳지 않은 것은?

① 피보험자의 고의에 의한 위법행위로 인한 경우에는 보험이 면책된다.

② 항해과실에 대해서는 해상운송인에 대해 면책된다.

③ 선박의 숨은하자에 대해서도 해상운송인은 면책된다.

④ 항해 중 실수로 인한 항로를 벗어나는 경우에도 운송주선인은 면책된다.

해설 항해 중 해난구조활동 등 이유있는 사정에 의한 이로(離路)의 경우에만 운송주선인은 면책된다.

정답 ④

합격자 Tip ●──────◎

선하증권과 복합운송증권, 항공화물운송장의 특징 및 법적 성질 등에 대해 묻는 문제가 종종 출제됩니다.

각 운송서류의 특징 및 차이점을 구분할 수 있어야 합니다.

11. 선하증권(B/L ; Bill of Lading)

(1) 선하증권의 의의

선하증권이란 해상운송계약 및 운송인에 의한 물품의 수령 또는 선적을 증명하는 증권으로서, 운송인이 동 증권과 상환으로 물품을 인도할 것을 약정하는 증권을 말한다(함부르크 규칙 제1조 제7항).

(2) 선하증권의 기능

① **권리증권(Document of Title)으로서의 기능**

선하증권은 증권 상에 기재된 화물에 대한 권리를 나타내는 증권으로서, 선하증권의 인도는 물건 자체의 인도와 같은 효과를 갖게 된다. 선하증권은 배서를 통해 그 권리가 이전되며, 물품의 인도청구권, 물품의 소유권, 물품의 담보권 같은 권리가 이전된다.

② 운송계약의 증거(Evidence of Contract)로서의 기능

선하증권은 화물의 운송에 관해 B/L의 전면과 이면에 법정기재 방식과 임의기재 사항을 기재하는데, 이는 송하인과 선박회사가 체결한 운송계약의 내용으로 계약물품의 구체적인 운송조건에 대한 것이다. 이러한 내용은 운송조건으로서의 역할을 수행한다.

③ 화물수취증(Receipt for Goods)으로서의 기능

선하증권에 기재된 화물의 명세, 수량, 중량 및 상태와 동일한 물품을 인수, 수령했다는 화물영수증의 역할을 수행한다. 선하증권은 선적항에서 무엇이 어떠한 상태로 선적되었는가를 나타내기 때문에 선사는 목적항에서 물품을 인도할 때 선사증권에 기재된 대로 물품을 인도해야 한다.

(3) 선하증권의 법적 성질 [18] [20] 출제

① 유가증권성

선하증권은 주식이나 어음처럼 유가증권의 범위에 포함되며, 일정 요건을 갖추면 어느 때라도 현금화할 수 있다.

㉠ 유통증권성 : 배서나 인도에 의해 권리가 이전되는 성질을 말한다.

㉡ 요인증권성 : 증권 상의 권리가 발생한 것에 대한 원인을 요구하는 성질을 말한다. 즉, 선하증권의 발행은 그 전에 운송계약에 따라 운송인이 화물을 인수하였다는 원인에 의하여 발행된다.

㉢ 요식증권성 : 선하증권은 「상법」이나 선하증권의 준거법에 명시된 법정 기재사항이 기재되어야 하는 요식증권의 성질을 말한다.

② 지시증권성

선하증권은 증권 상의 권리자가 타인을 지정함으로써 새로운 권리자로 만드는 성질을 의미하고, 배서(Endorsement)나 교부(Delivery)의 방법으로 양도한다. 우리나라 「상법」에서는 기명식 선하증권이라도 배서에 의하여 양도할 수 있도록 규정하고 있다.

③ 채권증권성

선하증권의 정당한 소지인은 이를 발급한 운송인에 대하여 선하증권 상에 표시된 화물의 인도를 청구할 수 있는 권리를 갖고 있다.

④ 상환증권성

증권과의 교환에 의하여 채무의 변제가 이루어지는 증권으로서의 성격을 말하며, 화주가 목적지에서 화물의 인도를 할 때는 선하증권을 제시하고 화물을 인도받아야 한다.

⑤ 인도증권성

선하증권의 정당한 소지자는 해당 화물의 소유권을 갖게 되므로, 화물 자체를 소유한 것과 같은 효과를 갖는다.

⑥ 처분증권성

선하증권을 작성한 경우에는 물품에 대한 처분을 선하증권으로 해야 한다.

(4) 선하증권의 기재사항

① 법정 기재사항(필수 기재사항)

우리나라 「상법」에서는 선하증권의 법정 기재사항을 다음과 같이 규정하고 있다. 선하증권에 다음의 사항을 기재하고 운송인이 기명날인 또는 서명해야 한다.

ⓐ 선박의 명칭, 국적, 톤수

ⓑ 송하인이 서면으로 통지한 운송물의 종류, 중량 또는 용적, 포장의 종별, 개수와 기호

ⓒ 운송물의 외관상태

ⓓ 용선자 또는 송하인의 성명 또는 상호

ⓔ 수하인 또는 통지수령인의 성명 또는 상호

ⓕ 선적항, 양륙항

ⓖ 운 임

ⓗ 발행지와 그 발행연월일

ⓘ 여러 통의 선하증권을 발행한 경우 그 수(數)

② 임의 기재사항

선하증권의 임의적 기재사항에는 선장의 성명, 운임의 지불지 등 기재사항과 선박회사의 권리와 의무 등에 관한 일반 면책약관이 포함되어 있다.

(5) 선하증권의 발행 및 양도 [18][19][20][21] 출제

① 선하증권의 발행

선하증권은 권리증권이기 때문에 누구를 화물의 수하인으로 발행하는가 하는 것이 중요한 문제이다. 수취인의 표시방법으로는 기명식, 지시식, 소지인식, 기명소지인식 및 무기명식 등이 있다.

ⓐ 기명식

선하증권의 수하인 란에 수입자의 상호 및 주소가 기재되는 방식이다. 유통이 되지 않으며 담보권을 유보할 수 없다는 특징을 가진다.

ⓑ 지시식

선하증권의 수하인(Consignee) 란에 'To Order', 'To Order of Shipper', 'To Order of Bank'와 같이 지시인(Order)만 기재하여 유통을 목적으로 발행하는 방식이다.

• 단순지시식 : 'Order of Shipper', 'Order'라고 기재하는 방식이다.

• 기명지시식 : 'Order of XXX'라고 표시하여 XXX의 지시에 따라 인도가 이루어지는 방식이다.

- 선택지시식 : 'XXX or Order'로 기재하여 기명식 또는 지시식으로 선택하여 사용할 수 있도록 한 방식이다.
  © 소지인식
  - 단순 소지인식 : 수하인란에 'Bearer'로 기재하는 방식
  - 선택 소지인식 : 수하인란에 'XXX or Bearer'로 기재하는 방식
  ② 무기명식 선하증권
  백지식이라고도 하며, 수하인은 공란(Blank)으로 두어 발행하는 방식

② 선하증권의 양도

유통증권인 선하증권의 양도는 화물의 양도와 같은 법률적 효력을 가지며 기명식 선하증권은 실정법에서 특별히 인정하는 경우를 제외하고는 양도가 불가능하며, 지시식의 경우 배서(Endorsement)에 의해서, 무기명식인 경우에는 교부(Delivery)에 의하여 양도된다. 지시식 선하증권의 배서방식에는 피배서인을 표시하는 방식에 따라 기명식, 지시식, 백지식이 있다.

③ 기명식 배서(Full Endorsement)

Deliver to 'YS Inc' (Endorsee : 배서인) LSJ Trding co (Endorser : 피배서인) (signed) President

© 지시식 배서(Full Endorsement)

Deliver to order of 'YS Inc' (Endorsee : 배서인) 또는 Deliver to 'YS Inc'or Order (Endorsee : 배서인) LSJ Trding co (Endorser : 피배서인) (signed) President

© 백지식 배서(무기명 배서)
피배서인은 기재하지 않고 배서인 자기 자신만이 서명하는 방식으로, 선하증권의 인도에 의해 물품의 권리가 이전된다.

(6) 선하증권의 종류

① 선적선하증권(Shipped B/L)
화물을 본선에 적재한 후 발행하는 선하증권으로 선하증권에 'Shipped on Board'와 함께 선적완료를 표시한다. 선적선하증권의 발행일이 본선 적재일자가 되며, 선하증권의 법적요건 및 성질을 충족하는 서류이다.

② 수취선하증권(Received B/L)
송하인의 물품을 본선적재하지 않고 단순히 수취한 상태에서 발행된 선하증권을 말한다. FOB, CIF 조건의 경우 해상운송이 이루어져야 하므로, 선적선하증권이나 본선적재선하증권을 요구하며 수취선하증권은 거절된다.

③ 본선적재선하증권(On Board B/L)

수취선하증권을 발급한 후 실제로 본선에 적재를 완료한 뒤 본선적재부기 (On Board Notation)를 기재한 선하증권을 말한다. 본선적재선하증권은 선적선하증권과 그 성질이 동일하다.

④ 고장부선하증권(Dirty B/L, Foul B/L)

선박회사가 물품을 인수할 당시 포장상태가 불완전하거나 수량에 부족이 있음이 비고(Remark)란에 기재되어 있는 선하증권이다. 고장부선하증권 은 은행에서 수리를 거절하며, 이를 회피하기 위해 수출자는 선박회사에 파손화물보상장(Letter of Indemnity)을 제공하여 무고장선하증권을 받 을 수 있다.

⊕ Plus one

파손화물보상장(Letter of Indemnity)

파손화물보상장은 화물의 손상은 수출자가 책임을 지고 도착항에서 수하인으로부터 손해의 배상을 요구받아도 선박회사는 면책된다는 뜻을 기재한 보상장이다.

⑤ 무고장부선하증권(Clean B/L)

송하인이 계약화물을 선적할 때 그 화물의 상태가 양호하고 과부족이 없이 수량이 정확하여 비고(Remark)란에 아무 표시도 기재되지 않고 'Shipped on board in apparent good order and condition'이라 표시된 선하증권 을 의미한다.

⑥ 기명식 선하증권(Straight B/L)

B/L의 수하인(Consignee) 란에 수하인인 수입자의 이름이 기재된 선하증 권이다. 유통성이 없으므로 무역거래보다는 개인 이사화물, 위탁판매물품 운송 등에 주로 사용된다.

⑦ 지시식 선하증권(Order B/L)

B/L의 수하인 란에 특정수하인 명이 기재되지 않고, 'to order', 'to order of shipper', 'to order of band'와 같이 지시인(Order)만 기재하여 유통 을 목적으로 한 선하증권을 의미한다.

⑧ 약식 선하증권(Short Form B/L)

선하증권의 전면에 법적 기재사항은 기재되어 있으나, 이면의 운송약관의 전부 또는 일부 기재를 생략하고 다른 서식을 참조하도록 한 선하증권을 의미한다.

⑨ **용선계약 선하증권(Charter Party B/L)**

송하인이 대량의 산물(Bulk Cargo)을 운송하기 위해 일정기간 또는 일정 항로에 대해 부정기선을 사용하는 경우 용선자인 송하인과 선주 간에 용선계약이 체결되는데, 용선계약 내용에 따라 화물이 적재된 경우 발급된 선하증권을 말한다.

⑩ **집단선하증권(Master B/L)**

운송주선업자(Forwarder)가 동일 목적지로 각기 다른 화주들의 화물을 혼재(Consolidation)하여 선박회사에 운송을 의뢰할 경우 선박회사가 운송주선업자에게 발급한 선하증권을 의미한다.

⑪ **혼재선하증권(House B/L)**

운송주선업자는 선박회사로부터 발급받은 Master B/L을 근거로 하여 각각의 화주에게 일종의 선적증명서를 발급하는데, 이 서류를 House B/L이라고 한다.

⑫ **통선하증권(Through B/L)**

최초 구간의 운송인이 계약운송의 전 구간에 대해 발행하는 선하증권을 말한다. 둘 이상의 운송수단을 이용하여 운송하는 경우 별개의 운송계약을 체결해야 하는 비용과 절차를 절감하기 위하여 최초의 운송인이 특약하여 그 화물이 최종목적지에 도착할 때까지 별도의 조치 없이 수송되도록 한 선하증권이다.

⑬ **환적선하증권(Transhipment B/L)**

목적지까지 운송 도중 중간항에서 화물을 다른 선박으로 환적하여 최종목적지까지 운송한다는 내용이 기재된 선하증권이다.

⑭ **스위치선하증권(Switch B/L)**

물품을 선적하고 선적항에서 발행된 선하증권을 목적항 이외의 제3의 장소(중계국)에서 송하인, 수하인, 통지처 등의 내용을 변경하고 다시 발행한 선하증권이다. 주로 중계무역에서 사용되고 있다.

⑮ **서렌더선하증권(Surrendered B/L)**

송하인이 물품을 선적하고 난 뒤 발급받은 선하증권 원본을 선사에 제출하고 운송화물을 수하인에게 직접 교부해줄 것을 의뢰할 때 사용되는 선하증권이다. 수하인이 B/L 원본 없이 물품을 수령할 수 있도록 하기 위해 사용하고 있다.

⑯ **지체선하증권(Stale B/L)**

신용장 거래 시 지급, 인수, 매입을 위해 은행에 서류를 제시해야 하는 기간을 경과하여 제시된 선하증권을 의미한다.

합격자 Tip

Switch B/L은 중계무역에 이용되는 선하증권으로, 중계무역상이 실공급자와 실수요자를 노출하지 않을 목적으로 사용합니다.

○× 퀴즈

Q Surrendered B/L은 Shipper와 운송인이 B/L의 권리증권적 기능을 유지하면서, B/L 원본이 없이도 화물을 인도할 수 있도록 편의상 사용하는 선하증권이다. (○, ×)

A ○

[선하증권의 예시]

Bill of Lading					
① Shipper			⑪ B/L No.		
② Consignee					
③ Notify Party					
④ Pre-Carrage by	⑤ Place of Receipt				
⑥ Ocean Vessel	⑦ Voyage No.		⑩ Flag		
⑧ Port of Loading	⑨ Port of Discharge		⑪ Place of Delivery		⑫ Final Destination
⑬ Container No.	⑭ Seal No. Marks & No	⑮ No. & Kinds of Containers or Packages	⑯ Description of Goods	⑰ Gross Weight	⑱ Measure-ment
⑲ Freight and Charges	⑳ Revenue Tons	㉑ Rate	㉒ Per	㉓ Prepaid	㉔ Collect
㉕ Freight perpaid at	㉖ Freight payable at		㉚ Place and Date of Issue		
㉗ Total prepaid in	㉘ No. of original B/L		㉛ Signature		
㉙ Laden on board vessel			㉚ Place and Date of Issue		
			㉛ Signature		
			㉚ Place and Date of Issue		
			㉛ Signature		

다음 중 선하증권의 종류별 설명으로 옳지 않은 것은?

① 사고부 선하증권의 경우 수출자는 선사에 Letter of Indemnity를 제공하고 정상적인 무사고 선하증권을 교부받을 수 있다.

② House B/L은 선박회사가 발행하는 선하증권을 의미한다.

③ 환적선하증권은 목적지까지 운송 도중 중간항에서 화물을 다른 선박으로 환적하여 최종목적지까지 운송한다는 내용이 기재된 선하증권이다.

④ 약식선하증권은 선하증권의 전면에 법적 기재사항은 기재되어 있으나, 이면의 운송약관의 전부 또는 일부 기재를 생략하고 다른 서식을 참조하도록 한 선하증권을 의미한다.

해설 운송주선업자는 선박회사로부터 발급받은 Master B/L을 근거로 하여 각각의 화주에게 일종의 선적증명서를 발급하는데, 이 서류를 House B/L이라고 한다.

정답 ②

12. 해상화물운송장(SWB ; Sea Waybill)

(1) 의 의

해상화물운송장이란 해상운송인이 운송화물의 수령사실을 증명하고 운송계약 내용을 증빙하기 위해 송하인에게 발행하는 서류나 선하증권과는 달리 목적지에서 화물의 인도청구권을 상징하는 권리증권이 아니기 때문에 유통성이 없는 운송서류이다.

(2) 특 징

① 화물의 수취 및 운송계약 체결의 증거

해상화물운송장은 선하증권과 달리 권리증권의 기능이 없으며, 단순히 화물수령의 증거 및 운송계약 체결의 증거 역할을 수행한다.

② 화물인도청구 시 제출 불요

권리증권적 기능이 없으므로, 기명된 수하인이 물품을 인수할 때 물품의 화물과의 상환을 요하지 않는다.

③ 기명식 운송서류

권리증권성이 없는 비유통성 증권이므로 지시식이나 무기명식으로 발행되지 않고, 기명식 발행으로 기명된 수하인이 화물을 인수할 수 있다.

④ 비유통증권

선하증권은 권리증권성이 있으며 매매양도가 가능한 유통증권이나, 해상
화물운송장은 권리증권성이 없는 운송서류로서 매매양도가 불가능하다.

(3) 장 점

① 화물인수의 신속성

해상화물운송장은 수하인 기명식으로 발행되어 목적지에서 수하인은 운송
장 원본을 제출하지 않고도 화물을 인수할 수 있다.

② 서류 분실위험의 해소

선하증권은 권리증권성이 있으므로 분실에 대한 위험이 크지만, 해상화물
운송장은 유가증권이 아니므로 분실의 위험성이 크지 않다.

③ 경비의 절감

물품보다 선하증권의 도착이 늦는 경우 해당 물품의 보관료 등 경비부담이
있으나, 해상화물운송장의 경우 화물 도착 즉시 인수하는 것이 가능하므
로 경비부담이 크지 않다.

(4) 단 점

① 운송 중 물품의 매매양도 불가능

해상화물운송장은 유가증권성이 없고, 비유통성의 운송서류이므로 운송
중인 물품에 대한 권리를 나타내지 못한다. 따라서 운송 중인 물품을 매매
양도하고자 하는 경우에는 이용하기가 곤란하다.

② 매수인의 담보권 문제

선하증권의 경우 은행은 선하증권의 담보력을 이용하여 대금지급 시까지
담보권을 유보할 수 있지만, 해상화물운송장의 경우 이러한 서류의 제출
없이도 화물의 수취가 가능하므로 선하증권 같은 담보력이 없다.

③ 송하인의 처분권 악용

송하인은 물품의 도착지에서 수하인이 인도를 청구할 때까지는 언제라도
수하인을 변경할 수 있다. 이러한 처분권은 매수인의 신용상태나 시장상
황의 변동에 따라서 악용될 수 있는 소지가 있다.

[선하증권과 해상화물운송장의 비교]

구 분	선하증권	해상화물운송장
서류의 성질	운송물품에 대한 권리증권	물품의 적재사실에 대한 통지서
운송계약 증거기능	있 음	있 음
물품영수증 기능	있 음	있 음
결제에 대한 담보기능	매입은행의 결제의 물적담보	물적담보가 불가하므로 은행은 무담보 어음 매입
유가증권성의 유무	유가증권이며 권리증권임	유가증권이 아니며, 권리증권도 아님
물품에 대한 권리행사자	선하증권의 정당한 소지인	기명된 수하인
유통성의 유무	유통 가능	유통 불가능
수하인의 변경	가 능	불가능
운송서류의 활용	일반적 거래	소량, 견본거래 및 본지사거래

03 국제복합운송

1. 국제복합운송의 개요

(1) 국제복합운송의 정의

국제복합운송은 복합운송인에 의해 화물이 인수된 한 국가 내에 있는 일정한 장소로부터, 다른 국가 내에 위치한 장소까지 복합운송계약에 의거, 적어도 두 개의 다른 운송방식을 이용한 화물의 운송을 의미한다.

(2) 특 징

① 이종 운송수단의 결합(Different modes of transport)이 이루어진다(선박, 항공기, 기차, 트럭 등).

② 모든 책임이 복합운송인에게 집중되는 단일 책임의 단일운송계약(Single Contract)으로 전 구간의 운송(Through Carriage)을 인수한다.

③ 화물 1단위당, 중량 또는 용적당 일정한 운임을 책정하는 단일운임(Single Factor Through Rate)의 청구권을 가진다.

④ 전 운송구간에 대해 한 장의 운송서류인 복합운송증권(Multimodal Transport Document)을 발행한다.

2. 복합운송인(MTO ; Multimodal Transport Operator)

(1) 정 의

복합운송인은 '스스로 또는 대리인을 통하여 복합운송계약을 체결하고, 대리인 또는 송하인이나 복합운송작업에 참여하는 운송을 위해서가 아니라 주체로서 행위하고 또한 계약의 이행에 대한 책임을 부담하는 자'를 말한다.

(2) 유 형

① 실제 운송인형(Actual Carrier)

실제 운송인형 복합운송인은 자신이 직접 일부구간의 운송수단을 보유하면서 복합운송인의 역할을 수행하는 자로서 항공사, 선박회사가 대표적이다.

② 계약 운송인형(Contractual Carrier)

계약 운송인형 복합운송인이란 운송수단을 직접 보유하지 않으면서 실제 운송인처럼 운송주체자 기능과 책임을 다하는 운송주체이다. 화주에게는 운송인의 역할을 수행하며, 운송인에게는 화주의 역할을 수행한다. 항공운송주선인, 해양운송주선인이나 무선박운송인(NVOCC ; Non Vessel Operation Common Carrier)이 해당된다.

(3) 운송주선인

운송주선인(Freight Forwarder)이란 운송을 위탁한 고객을 대리하여 화주의 화물을 인수, 통관, 입출고, 집화, 이적, 이선, 배달 등의 서비스를 주선하여 화주가 요구하는 목적지까지 신속·안전하게 운송해 주는 복합운송인을 의미한다.

합격자 Tip

복합운송인의 책임에 대해 묻는 질문이 종종 출제됩니다.

3. 복합운송인의 책임구분

(1) 과실책임(Liability for Negligence)

과실은 주의의무의 태만으로 인해 야기되는 것으로 운송인이 책임을 져야한다는 원칙이다. 복합운송인은 무과실에 대한 입증책임을 지고 있으므로, 운송인이 면책받기 위해서는 무과실을 입증해야 한다(주로 해상운송에서 사용).

(2) 무과실책임(Liability without Negligence)

무과실책임은 운송인의 과실 여부에 관계없이 배상책임을 지는 원칙으로 불가항력, 포장의 불비, 통상의 누손, 화물고유의 성질에 대해서는 면책을 인정한다(주로 육상운송에서 사용).

(3) 엄격책임(Strict Liability)

엄격책임은 과실의 유무를 불문하고 손해의 결과까지도 책임을 지는 원칙으로 면책의 항변이 절대 인정되지 않는 원칙이다(대체로 항공운송에서 사용).

4. 복합운송인의 책임체계

(1) 이종책임체계(Network Liability System)

① 의미 : 복합운송 중 물품의 멸실, 손상 등의 손해의 구간이 판명된 경우에는 기존의 구간별 책임체계를 따르고 그렇지 않은 경우에는 별도의 책임원칙에 따르는 방법이다.

② 장점 : 기존 운송법 상의 책임제도, 책임한도와 조화를 이루므로 실제 적용에 무리가 없고 복합운송 이용도가 원활해진다.

③ 단점 : 실제 적용구간의 입증문제가 발생하여 분쟁발생의 가능성이 있다.

(2) 단일책임체계(Uniform Liability System)

① 의미 : 물품의 멸실이나 손상 등의 손해가 발생한 구간이나 운송방식과 상관없이 동일한 책임체계에 따라 복합운송인의 책임이 정해지는 방식이다.

② 장점 : 이론적으로 합리적이고 일관성이 있고 제도가 간단하여 당사자 간의 분쟁을 줄일 수 있다.

③ 단점 : 복합운송인은 실제 운송인에게 구상해야 하는 문제가 있고, 절차가 오히려 복잡하여 비용의 증가로 이어지며, 각 운송방식별로 확립된 책임수준의 균형을 해친다.

(3) 절충식 책임체계(Modified Uniform Liability System)

이종책임체계와 단일책임체계를 절충한 것으로 복합운송인의 책임원칙은 일률적인 책임원칙을 따르고, 책임의 정도와 한계는 손상이 발생한 구간의 규칙을 따르는 것을 의미한다.

5. 복합운송증권(Multimodal Transport Document) 18 20 21 출제

(1) 의 의

복합운송증권이란 복합운송계약에 따라 복합운송인이 자신의 관리 하에 물품을 수취하였다는 것 및 그 계약의 내용에 따라 운송인이 물품을 인도할 의무를 부담하는 것을 증명하는 증권이라고 규정하고 있다.

(2) 특 징

① 전 운송구간 단일 책임

선박, 항공기, 철도, 도로운송이 결합된 복합운송이 각자 다른 운송인에 의하여 이루어지더라도 복합운송증권은 전 운송구간을 커버하는 서류이다.

② 증권발행제한 부재

㉠ 계약에 대한 책임과 사고 발생 시 화물의 멸실이나 손상에 대한 책임을 지는 복합운송인에 의해 발행된다.

㉡ 운송인뿐만 아니라 운송주선인에 의해서도 발행 가능하다.

㉢ 복합운송증권은 본선적재 전에 복합운송인이 수탁 또는 수취한 상태에서 발행되는 서류이다.

○× 퀴즈

Q 실제 운송인에 의해서 발행되고 본선선적 이후 발행된다. (○, ×)

A × → 운송주선인에 의해서도 발행 가능하며, 본선선적 전 발행된다.

[통선하증권과 복합운송증권의 비교]

구 분	통선하증권 (Through B/L)	복합운송증권 (Multimodal Transport Document)
운송형태	동종 운송형태의 결합 또는 둘 이상의 다른 운송형태와의 결합	둘 이상의 다른 운송형태의 결합
운송계약의 형태	단일 운송계약이며, 최종목적지까지 전 구간에 대한 운송을 나타내면 됨	복합운송계약이어야 함
운송인의 책임	각 구간의 운송인이 분할하여 책임을 짐	전 구간에 대하여 복합운송인 1인이 책임을 짐
운송인 간의 관계	후속의 운송인에 대한 최초 운송인의 지위는 화주의 운송대리인의 입장에서 후속 운송계약을 수배한 것에 불과	복합운송인은 복합운송계약의 주체로 송하인과 복합운송계약을 체결하고 복합운송계약을 이행하기 위하여 원청운송인의 지위에서 하청운송인으로서의 실제운송인과 실제운송계약을 체결
증권의 발행인	선박회사나 그 대리인	발행인에 대하여 특별한 제한이 없으며 운송주선인도 가능
증권의 형식	B/L 형식	B/L 형식도 있으며, MTD나 CTD(Combined Transport Document) 등 다양

(3) 복합운송증권의 법적 성질

① 복합운송계약 내용을 입증하는 증거서류의 기능을 한다.

② 복합운송계약에 따라 복합운송인에게 수탁되었다는 사실을 입증하는 화물수취증의 기능을 한다.

③ 선하증권과 마찬가지로 증권의 인도가 화물의 인도와 동일한 효력을 갖는 권리증권의 기능을 한다.

④ 증권의 이전으로 증권 상의 권리를 이전할 수 있고, 증권의 제시로 화물의 인도를 청구할 수 있는 유가증권적 기능을 한다.

⑤ 증권의 배서와 교부에 의해 양도할 수 있는 유통증권적 기능을 한다.

(4) 복합운송증권의 기재사항[신용장통일규칙(UCP 600) 제19조a]

① 운송인의 명칭 및 서명

　㉠ 운송인의 명칭을 표시하고 다음에 해당하는 자의 서명이 있어야 한다.

　　• 운송인 또는 운송인의 기명대리인

　　• 선장 또는 선장의 기명대리인

　㉡ 대리인은 그가 운송인을 대리한 것인지, 선장을 대리한 것인지에 대해 표시를 하여야 한다.

② 발송, 수탁 및 본선 적재의 표시

　㉠ 물품이 신용장에 명시된 장소에서 발송, 수탁 또는 본선적재 되었음을 다음의 방법으로 표시하여야 한다.

　　• 인쇄된 문구

　　• 물품이 발송, 수탁 또는 본선 적재된 일자를 표시하는 스탬프 또는 부기

　㉡ 원칙적으로 운송서류가 발행되면 발행일은 발송일, 수탁일 또는 본선 적재일 및 선적일로 간주된다.

　㉢ 운송서류에 스탬프 또는 부기로 발송일, 수탁일 또는 본선적재일이 표시되면 운송서류의 발행일은 선적일로 간주된다.

③ 발송지, 선적지 및 최종목적지 등의 표시

　다음과 같은 경우라도 신용장에 발송지, 선적지 및 최종목적지를 표시하여야 한다.

　㉠ 운송서류에 추가적으로 다른 발송지, 선적지 및 최종목적지를 기재하는 경우

　㉡ 운송서류에 선박, 선적항 또는 하역항에 대해 "예정된(Intended)" 또는 이와 유사한 제한이 포함되는 경우

국제복합운송의 경로

• 개 요

육·해로상의 복합일관운송이 실현됨에 따라 해상–육상–해상으로 이어지는 운송구간 중 육상구간을 말하며, 해상과 해상을 잇는 교량의 역할을 한다고 하여 랜드브리지라고 한다. 컨테이너 사용으로 국제운송루트가 다양해지면서, 해상운송과 육상운송을 연계하여 수송시간과 비용을 절감하기 위해 사용하고 있다.

• 주요 경로

– 시베리아 랜드브리지(Siberia Land Bridge ; SLB)

극동지역(부산, 일본 등)에서 유럽과 중동행의 화물을 러시아의 극동항구인 보스토치니항으로 운송한 후, 시베리아철도로 시베리아를 횡단하여 시베리아의 서부 국경에서 유럽지역으로 또는 그 반대로 운송하는 시스템이다. 철도를 이용하여 TSR이라고도 한다.

– 아메리카 랜드브리지(America Land Bridge ; ALB)

극동지역의 주요 항구로부터 북미지역의 서해안의 주요 항구까지 해상으로 운송한 후, 북미 지역의 횡단철도를 통하여 북미지역의 동부해안까지 운송하고, 다시 해상을 통해 유럽지역의 항구로 운송하는 방법이다.

– 캐나다 랜드브리지(Canadia Land Bridge ; CLB)

ALB와 유사하며 밴쿠버 또는 시애틀까지 해상으로 운송하고, 캐나다의 철도를 이용하여 동해안의 몬트리올에서 대서양의 해상운송으로 접속하여 유럽의 항구로 운송하는 복합운송경로이다.

– 미니 랜드브리지(Mini Land Bridge ; MLB)

ALB와 유사하며, 미 동부해안이나 걸프지역의 항만까지 운송하는 해륙복합운송형태이다.

– 마이크로랜드브리지(Micro Land Bridge(Interior Point Intermodal ; IPI)

로키산맥 동부의 내륙지점까지 운송하는 것으로 동아시아에서 미국 태평양 연안까지는 해상운송하고, 시카고 또는 주요 운송거점까지 철도운송을 한 뒤 도로를 이용하여 내륙운송하는 복합운송시스템이다. 선박회사 책임으로 일관운임과 통선하증권을 발행한다.

– 중국횡단철도(Trans China Railway ; TCR)

중국의 연운항에서 시작하여 러시아의 접경지역인 아라산쿠를 잇는 철도로, 러시아를 통과하여 암스테르담까지 연결하는 철도운송 경로이다.

– 리버스 마이크로 랜드브리지(Reversed Interior Point Intermodal ; RIPI)

IPI 서비스에 대응하여 만들어진 서비스로, 미국의 동해안 및 걸프지역까지 해상운송되어 양륙된 화물을 철도 또는 트럭에 의해 내륙운송하고, 최종 목적지의 철도터미널 또는 트럭터미널에서 수하인에게 인도되는 방식이다.

○✕ 퀴즈

Q. IPI는 극동지역의 주요 항구로부터 북미지역의 서해안의 주요 항구까지 해상으로 운송한 후, 북미 지역의 횡단철도를 통하여 북미 지역의 동부해안까지 운송하고, 다시 해상을 통해 유럽 지역의 항구로 운송하는 방법이다. (○, ✕)

A. ✕ → ALB에 대한 설명이다.

Y사는 러시아 모스크바에 있는 바이어로부터 3CBM 분량의 전자제품 수출오더를 받아 복합운송을 위해 포워더를 이용하기로 하였다. 다음 중 포워더가 Y사에 설명해 준 자사의 서비스 내용으로 옳지 않은 것은?

① 복합운송계약을 체결할 경우 전 운송구간에 대한 유가증권으로서 복합운송을 발행해 준다.

② 운송클레임 발생 시 전 구간에 대해 포워더에게 클레임을 제기할 수 있다.

③ Y상사가 원할 경우 Sea & Air 서비스를 제공할 수도 있다.

④ Door to Door 서비스 제공이 가능하나 구간별 운임을 별도로 청구하여 받는다.

해설 복합운송증권의 경우 전 구간에 대해 일괄운임(Through Rate)을 적용받을 수 있다.

정답 ④

출제 포인트

04 항공운송

출제율 ★★☆
항공운송의 특징 및 운임에 대해 묻는 문제가 자주 출제됩니다.

1. 항공운송의 개요

(1) 정 의

항공운송이란 항공의 항복(Plane's Space)에 화물을 공로를 통해 운송하는 것을 말한다.

(2) 항공운송의 장·단점

장 점	• 운송시간이 짧다. • 해상운송에 비해 안전도가 높다. • 수요 변화에 빠르게 대응할 수 있다. • 농수산물 등의 신선도를 유지할 수 있다. • 화물의 손상, 분실 또는 조난 사고가 적어 보험료와 포장비를 절감할 수 있다.
단 점	• 해상운송에 비해 운임이 높다. • 항공기의 항복의 한계로 인해 대량의 물품 수송이 어렵다. • 고중량 물품의 운송이 어렵다. • 위험물에 대한 제한이 많다. • 공항을 갖춰야 하므로 지역이 제한된다.

(3) 항공화물의 운임결정 `17` `18` `21` 출제

항공화물운임은 국제항공운송협회(IATA ; International Air Transport Association)가 제정한 운임요율표를 국제적으로 사용하고 있다. 요율 (Rate)은 항공운송기업이 화물운소의 대가로 징수하는 운임으로 중량 또는 요기단위당 금액으로 표시한다.

최저운임	화물운송건에 적용하는 최저운임
기본요율	화물운송건에 적용되는 기본요율
중량요율	45kg 이상의 화물에 적용되는 요율. 중량이 높을수록 요율이 낮아진다.

부대요금(Charge)은 운송에 관련된 부수적인 업무 및 설비의 사용에 대한 대가로 취급수료(Handling Charge), AWB fee, 위험품 취급수료 등으로 구성된다.

2. 항공화물운송장(Air Waybill, AWB)

(1) 의 의

항공화물운송장은 항공운송에서 송하인과 항공운송인 간에 화물의 운송계약이 체결되었다는 것을 나타내는 증거서류인 동시에, 송하인으로부터 화물을 운송하기 위해 수령하였다는 증거서류에 해당한다.

(2) 기 능

① 송하인과 항공운송인 간의 항공운송계약 체결 입증서류
② 송하인으로부터 화물을 수취한 것을 증명하는 화물수령증의 기능
③ 수하인이 운임 및 요금을 계산하는 근거자료로 활용
④ 수출입신고의 근거자료로 활용

(3) 항공화물운송장의 법적 성질

① 비유통성

선하증권과 달리 양도성이나 유통성을 갖고 있지 않다. 해상운송과 달리 신속하게 운송되어 수하인에게 전달되므로 해상운송처럼 운송 중 전매의 필요성이 없기 때문이다.

② 지시증권 및 불완전 처분증권

AWB는 송하인이 운송인에게 운송계약의 이행에 필요한 AWB를 통해 지시하는 지시증권이다. 그러나 AWB는 양도불능의 비유통증권이므로 수하인에게 완전한 처분권이 인정되지 않는다.

③ 증거증권

유통성이 없으므로 단순한 증거증권 또는 화물수령증에 해당한다.

○× 퀴즈

Q 선하증권과 마찬가지로 제3자에게 양도함으로써 유통성을 갖고 있다. (○, ×)

A × → 양도성, 유통성을 갖고 있지 않다.

---

(4) 항공화물운송장의 발행

① 발행시기

항공화물의 운송인은 송하인이 항복예약(Plane's Space Booking)을 하고 물품, 선하증권, 포장명세서 등의 서류를 항공운송업자에게 인도하면 운송인은 AWB을 발급한다.

② 표준화된 발행

IATA에서 AWB에 대한 세부적인 양식과 발행방식을 세부적으로 규정하고 있으나 IATA 회원국 여부를 불문하고 모두 사용하므로 세계적인 표준화를 이루었다고 볼 수 있다.

③ 발행서류와 통수

운송장은 원본 3통 부본 9통으로 구성되지만 수출자는 신용장 네고 시 1통의 AWB만 제시하면 된다.

[항공화물운송장과 선하증권의 비교]

기 준	항공화물운송장	선하증권
유가증권성	유통을 목적으로 하는 것이 아니고, 운송 계약의 권리행사에 필요한 것도 아니므로 유가증권성 없는 단순한 화물의 수령증에 불과	증권 자체를 매매양도할 수 있는 유가증권
권리증권성	기명식으로 발행되므로, 운송장에 기재된 수하인이 아니면 화물을 인수할 수 없음	정당한 배서에 의해 누구에게나 양도되는 권리증권
유통성	비유통성의 서류	유통성의 서류
발행방식	기명식	기명식, 지시식, 무기명식 중 하나
매매양도의 법률적 효과	물권적 처분증권이 아니므로 매매양도할 수 없음	화물의 매매양도와 동일한 법률적 효과
발행시기	수취식	통상 선적식

3. 항공화물의 운송업자

(1) 항공화물운송대리점

① 의 의

항공사 또는 항공사의 대리점을 위하여 유상으로 항공기에 의한 화물의 운송계약의 체결을 대리하는 자를 말한다. 항공사는 선사와 달리 무역업체를 대상으로 직접 영업을 하지 않기 때문에 대리점을 둔다.

② 역 할

㉠ 항공사를 대리하여 항공화물을 집화하고 Master AWB를 발행하며 수수료를 취득한다.

ⓛ 항공사를 대리하므로 자신의 명의로 운송을 할 수 없고, 주선업자와는 달리 독자적인 항공화물운송장을 발행할 수 없어 항공사 명의로 발행한다.

(2) 항공화물운송주선인(Forwarder)

① 의 의

포워더라고도 하며, 스스로 운항하지 않지만 항공기를 보유하고 개별화주와 운송계약을 체결하여 운송에 대한 책임을 부담한다. 집화한 소량의 화물을 하나의 화물로 통합하여 스스로 송하인의 입장에서 항공회사 운송을 위탁하는 자이다.

② 역 할

항공화물운송주선인은 항공사에서 제시받은 운임과 화주에게 제시하는 운임의 차이를 통해 수익을 창출하며, 포워더는 자체적으로 요율을 정하고 화주에게 House AWB를 발행한다.

⊕ Plus one

항공화물운송대리점 및 항공화물주선업자의 비교

구 분	항공화물운송대리점	항공화물운송주선업자
운임률표 (tariff)	자체 Tariff없이 항공사의 Tariff 사용	자체 Tariff 사용
운송약관	항공사 약관 사용	자체 약관 사용
운송서류	항공사의 Master Air Waybill 발행	자체 House Air Waybill 발행
책 임	항공사의 책임	혼재업자의 책임
취급화물	FCL화물을 주로 취급	LCL화물을 주로 취급

(3) 항공화물혼재업자(Consolidator)

① 의 의

항공화물운송주선인들이 행하는 혼재운송 부분을 강조하는 업자를 의미한다.

② 역 할

항공화물대리점의 역할 외에도 수출항공화물의 출발, 환적, 도착 등 일련의 화물이동을 관리하고 수입항공화물의 수입통관 주선 및 배달을 위한 조치를 취한다.

③ 항공화물혼재업자의 제공 서비스
　　㉠ Carrier : 화주(Shipper)에게는 상품 운송에 대한 운송인(Carrier)
　　㉡ Principal : 운송인(Carrier)에게는 전체 혼재물품에 대한 주인
　　　　(Principal)

수출화물	수입화물
• 화물의 통합 작업 • 벌크화물을 운송 준비 완료 상태로 항공사에 인도 • 항공기 단위탑재용기(ULD)에 화물 적재 • 환적 및 최종 인도까지의 화물 운송 추적 등의 서비스	• 해외지사나 현지의 혼재화물일수 대리점과의 협약을 통한 통관 및 배송(Door to Door) • 수취인의 수입 관세 및 세금 납부 (일부 국가) • 재수출을 위한 문서 재처리 • 국내 보세구역에서 최종 통관 지점으로 이동 등

● 기출응용문제 ●

다음 중 AWB(항공화물운송장)에 대한 설명으로 옳지 않은 것은?

① 항공화물운송장은 송하인과 항공화물운송인 사이에서 항공운송계약의 성립을 입증하는 증거서류이다.

② 항공화물의 운송인은 송하인이 항복예약(Plane's Space Booking)을 하고 물품, 선하증권, 포장명세서 등의 서류를 항공운송업자에게 인도하면 운송인은 AWB를 발급한다.

③ AWB는 유통성이 없으므로 유가증권이 아니며, 단순한 증거증권 또는 화물수령증에 해당한다.

④ 운송장은 원본 3통, 부본 9통으로 구성되지만, 수출자는 신용장 네고 시 모든 통을 제시하여야 한다.

해설　운송장은 원본 3통, 부본 9통으로 구성되지만, 수출자는 신용장 네고 시 1통의 AWB만 제시하면 된다.

정답　④

CHAPTER 04 무역보험

핵심키워드 • • #해상보험 #협회적하약관 #담보범위 #담보위험

01 해상보험

출제율 ★★★
해상보험 중 협회적하약관의 담보범위에 대해 묻는 문제가 자주 출제됩니다.

1. 해상보험의 의미

해상보험(Marine Insurance)이란 해난 또는 항해에 관한 사고에 기인하여 발생하는 손해를 보상하는 손해보험제도이다.

2. 해상보험계약의 의의

해상보험계약은 해상운송 등과 관련된 사고로 인해 선박이나 적하의 손해를 담보하기 위하여 보험계약자가 보험료를 보험자에게 지급하고, 보험자는 해상운송 등과 관련된 우연한 사고로 인하여 발생한 손해를 보상할 것을 약정하는 손해보험계약이다.

👍 빈출 ▶ ### 3. 해상보험의 구성요소 18 19 21 출제

영국 해상보험법상의 해상보험의 정의를 고려해 볼 때, 해상보험계약에는 해상사업에 관한 사고(해상위험)가 존재하여야 하고, 사고의 발생대상인 보험의 목적에 피보험자가 이해관계(피보험이익)를 가져야 하며, 피보험자가 그 피보험이익에 대하여 손해를 입어야 한다.

(1) 해상손해

해상보험은 손해보상을 목적으로 하는 보험이다. 피보험자가 손해를 입은 경우에 보험자가 지급하는 보험금으로 피보험자가 이득을 취해서는 안 된다.

(2) 해상위험

해상보험은 해상위험(Marine Perils)으로 인해 생긴 손해를 보상하는 보험이다.

(3) 피보험이익의 존재

피보험자가 해상위험으로 인해 손해를 입은 경우에는 그에 상응하는 피보험이익이 존재해야 한다. 즉, 피보험자가 보험이 목적인 선박 또는 적하에 대하여 해상위험에 의해 손해를 입은 사실이 있어야 손해를 보상받을 수 있다.

(4) 피보험이익에 발생한 손해의 보상

해상보험은 피보험이익에 발생한 손해의 보상을 목적으로 한다. 해상보험에서 보험자에 의하여 보상되는 손해는 원칙적으로 직접손해에 한정되며 간접손해를 포함하는 모든 손해에 대해 보상하지는 않는다.

○× 퀴즈

Q. 해상보험의 종류에는 피보험이익에 의한 분류와 보험기간을 기준으로 한 분류가 있다. (○, ×)

A. ○

4. 해상보험의 종류

(1) 피보험이익에 의한 분류

① 선박보험(Insurance on Ship, Hull Insurance)
선박의 소유자가 보험의 목적인 선박(선체)에 대한 피보험이익을 부보하는 보험이다.

② 적하보험(Insurance on Goods, Cargo Insurance)
화물의 소유자가 보험의 목적인 화물에 대한 피보험이익을 부보하는 보험이다.

③ 기타 보험
화물과 선박을 제외한 피보험이익에 관한 보험으로서 선박운영에 관한 보험, 운항에 관한 보험, 선박 건조에 관한 보험, 선박저당권에 관한 보험 등이 있다.

④ 배상책임보험
제3자에 대한 배상책임을 부담함으로써 손해가 발생할 위험이 있는데 여기에는 충돌배상책임보험과 선주책임상호보험이 있다.

(2) 보험기간을 기준으로 한 분류

① 항해보험(Voyage Insurance)
항해 단위를 기준으로 정해지는 보험으로 주로 적하보험에서 많이 사용된다.

② 기간보험(Time Insurance)
일정한 기간을 기준으로 보험자의 책임이 정해지는 보험으로 주로 선박보험에서 사용된다.

③ 혼합보험(Mixed Insurance)
항해보험과 기간보험을 기준으로 하여 보험기간을 정하는 보험이다.

02 해상보험의 기본원리

1. 손해보상의 원칙

손해보상의 원칙(Principle of Indemnity)이란 해상보험은 피보험자가 입은 경제적인 손해, 즉 상실된 피보험이익을 보상한다는 원칙이다.

2. 담 보

(1) 담보의 의의

담보(Warranty)란 피보험자에 의해서 반드시 지켜져야 하는 약속으로서,

① 특정사항이 행해지거나 행하여지지 않을 것, 또는

② 어떤 조건이 충족될 것을 피보험자가 약속하는 담보, 또는

③ 피보험자가 특정한 사실상태의 존재를 긍정하거나 부정하는 담보를 말한다.

(2) 담보의 종류

담보는 보험증권에 기재되는 명시담보(Express Warranty)와 보험증권에 기재되지는 않지만 법률에 의해 포함되는 것으로 묵시되는 묵시담보(Implied Warranty)가 있다. 묵시담보에는 감항담보(Warranty of Seaworthiness)와 적법담보(Warranty of Legality)가 있다.

① 명시담보(Express Warranty)

명시담보는 보험증권 또는 보험증권에 첨부하는 특정 서류에 명시되어야 하며, 만일 그에 해당하지 않을 경우에는 명시담보로 인정되지 않는다.

② 묵시담보(Implied Warranty)

해상보험증권은 원칙적으로 해상보험계약의 내용을 포함할 필요가 있으나, 그 내용 전체를 기재할 필요는 없다. 해상 보험에 예외 없이 내재하는 근본적인 요소로서 필요 불가결한 내용은 계약의 기초로서 명시의 형식을 취하지 않더라도 준수할 것을 묵시적으로 요구하고 있기 때문이다.

(3) 담보의 위반

① 담보는 명시담보, 묵시담보 모두 충족해야 한다. 보험자는 보험증권에 별도의 명시규정이 있는 경우를 제외하고는 피보험자의 담보위반일로부터 보상책임을 지지 않으며, 담보 위반 전에 발생한 손해는 보상책임을 져야 한다.

② 담보위반이 발생한 경우 계약이 종료되는 것은 아니며, 위반결과에 대하여 법률적 효력을 부여할지의 여부는 보험자의 결정에 의한다.

(4) 담보위반의 허용

영국 해상보험법에서는 다음의 경우 담보위반이 허용된다고 규정한다.

① 사정의 변경으로 담보가 적합하지 않을 경우나 담보를 충족하는 것이 그 후의 법률에 위반하는 경우

② 담보위반이 보험자에 의하여 묵인될 경우

3. 최대선의의 원칙(고지의무)

해상보험계약은 보험자와 계약자가 계약의 내용을 거짓 없이 사실 그대로 고지 (Disclosure) 또는 표시하여 계약을 체결하여야 하며, 이를 최대선의의 원칙 (Utmost Good Faith)이라고 한다.

⊕ **Plus one**

고지의무

- 의 의

  보험계약자는 보험계약 시 보험의 인수여부 및 계약내용의 결정에 영향을 줄 수 있는 모든 중요사실을 고지해야 한다.

- 고지의무이행의 시기

  보험계약자는 고지해야 하는 사항에 대해 보험자에게 계약체결 전(MIA) 또는 계약체결 시 (상법)까지 고지해야 한다.

- 고지가 필요한 사항

  - 보험자가 보험료 산정, 위험의 인수여부를 결정함에 있어 그 판단에 영향을 미칠 수 있는 사실 : 갑판적재여부, 포장상태, 위험지역, 제품의 성질 등

  - 중요한 사항으로 추정되는 사실 : 피보험자가 알고 있는 사실, 피보험자가 당연히 알고 있을 것이라고 추측되는 사실, 대리인이 알고 있는 사실(다만, 피보험자가 늦게 알았기 때문에 대리인에게 통지 못한 사실은 제외)

- 고지가 필요 없는 사항

  위험을 감소시키는 일체의 사실, 보험자가 알고 있거나 알고 있을 것으로 추정되는 사실, 고지받을 권리를 포기한 사실, 담보에 의해 고지가 필요없는 사실

- 고지의무의 위반

  고지의무는 직접의무라기보다는 간접의무의 성격을 가지므로, 보험자는 피보험자에게 고지의무 이행을 강요할 수 없고, 고지의무 위반에 대해서 손해배상을 청구할 수 없다. 다만, 계약해제권 또는 해지권을 행사할 수 있다.

- 상법상 고지의무 위반 시 보험자의 구제

  - 고지의무 위반 시 보험자는 보험사고 발생 전, 후를 불문하고 계약을 해지할 수 있다.

  - 해지효력은 장래에 대해 발생하고 소급적용되지 않으므로, 보험자는 피보험자가 보험사고 발생 전 지급한 보험료를 반환할 의무가 없으며, 미지급 보험료가 있다면 청구할 수 있다.

  - 보험사고 발생 후 계약 해지 시에는 보험계약자 또는 피보험자에게 이미 지급한 보험금의 반환청구를 할 수 있으며, 지급하지 않은 보험금은 지급할 책임이 없다.

빈출 ▶ 03 용어의 이해 [17] [18] 출제

1. 보험가액(Insurable Value)

피보험이익을 경제적으로 평가한 금액이며, 실제 물품의 금액을 말한다. 보험사고 발생 시 피보험자가 피보험이익에 대하여 입은 손해의 한도액이며, 보험에 붙일 수 있는 최고의 한도액이다.

2. 보험금액(Insurance Amount, Sum Insured)

실제로 보험에 가입한 금액을 말하며, 보험자가 보험계약 상 부담하는 손해보상책임의 최고한도액이다. 인코텀즈 2010의 규칙에서 보험금액의 최저액은 CIF 또는 CIP 가격의 110%에 해당하는 금액 또는 ICC(F.P.A)/ICC(C)에 해당하는 금액으로 한다.

3. 보험료(Premium)

보험계약을 체결하고 보험자가 위험을 담보해 주는 대가로서 보험계약자(또는 피보험자)가 보험자에 대하여 지급하는 금액을 보험료라고 한다.

4. 전부보험(Full Insurance)

보험금액이 보험가액과 동일한 경우의 보험을 말한다.

5. 일부보험(Under Insurance)

보험금액이 보험가액보다 적은 경우의 보험을 말한다.

6. 초과보험(Over Insurance)

일부보험과는 반대로 보험금액이 보험가액을 현저하게 초과하는 경우의 보험을 말하며, 이 경우 그 초과되는 부분의 보험계약은 무효가 된다.

7. 중복보험(Double Insurance)

동일한 피보험에 대하여 보험기간을 공통으로 하는 2개 이상의 보험계약을 체결하고, 그 보험금액의 합계액이 보험가액을 초과하는 경우를 말한다.

04 해상보험계약

1. 해상보험계약의 법적 성격 및 특징

(1) 성 격

① 낙성계약(Consensual Contract)
보험계약은 당사자 간의 의사표시의 합치로 성립된다.

② 쌍무계약(Bilateral Contract)
보험계약자는 보험료 지급의 의무를 지고 보험자는 보험목적물에 손해가 발생한 경우 지급의무를 갖는 쌍무계약의 성격을 갖는다.

③ 유상계약(Remunerative Contract)
보험자는 계약상 합의된 방법과 범위 내에서 피보험자의 손해를 보상할 것을 확약하며 그 대가로 보험료를 지급받게 된다. 계약당사자의 급부의 내용이 대가관계에 있는 유상계약이다.

④ 불요식계약(Informal Contract)
보험계약은 그 성립을 위하여 당사자 간의 합의 외에는 별도의 형식을 필요로 하지 않는다. 보험계약이 체결되면 보험증권이 작성되어 교부되지만 이는 계약성립의 결과로서 발생하는 보험자의 의무이행의 일종이므로 요식계약으로 보지 않는다.

빈출 2. 보험계약의 당사자 18 20 출제

(1) 보험자(Insurer)

보험계약의 당사자로 보험사고가 발생한 경우 피보험자에게 보험금을 지급할 의무가 있는 자이며, 보험계약을 인수하는 주체이다.

(2) 보험계약자(Policy Holder)

보험자와 보험계약을 체결하는 자를 말한다. 보험계약자는 보험자(보험회사)와 보험계약을 체결하고 보험료를 납입하는 자로 보험자에 고지의무, 위험의 변경 및 증가 통지의무를 부담한다.

(3) 피보험자(Assured)

피보험이익(Insurable Interest)을 갖는 자로 보험사고의 발생에 의한 손해를 입은 경우 보험자에게 손해배상을 청구할 수 있는 자이다. 인코텀즈 CIF, CIP 조건에서 매도인은 매수인을 위하여 보험계약을 체결하게 되는데, 이때 매도인은 보험계약자가 되고 매수인은 피보험자가 된다.

(4) 보험대리점(Insurance Agent)

특정한 보험자를 위하여 지속적으로 보험계약의 체결을 대리(체약대리상)하거나 관리하는 것을 업으로 하는 독립된 상인(중개대리상)을 말한다. 보험자로부터 위임을 받아 대리 또는 중개를 업으로 하는 점에서 보험자의 단순한 사용인과 다르다.

(5) 보험중개인(Insurance Broker)

보험중개인은 불특정 보험자를 위해 보험자와 보험계약자 사이에서 보험계약의 체결을 중개하는 것을 업으로 하는 독립된 상인이다.

3. 해상보험계약 시 보험자와 피보험자의 의무

(1) 보험자의 의무

① 손해보상 약정의무 : 해상보험자는 해상운송과 관련된 사고의 발생으로 인한 피보험이익의 손해에 대해 보상할 의무가 있다.

② 보험증권 교부의무 : 보험자는 보험계약체결 시 보험증권을 교부할 의무가 있으며, 보험계약체결 이후에 발생하는 의무는 계약체결에 영향을 미치지 않는다. 보험증권의 교부의무는 보험계약자가 보험료의 전부 또는 최초의 보험료를 지급한 때 이루어진다.

③ 보험료 반환의무 : 보험계약이 무효가 되거나 보험사고 발생 전 보험계약이 해지된 경우에는 보험료의 전부 또는 일부를 반환해야 한다.

④ 보험금(Claim Amount) 지급의무 : 보험계약 내용에 따라 보험기간 내에 보험사고가 발생한 경우에는 약정된 보험금을 지급해야 한다.

(2) 보험계약자 및 피보험자의 의무

① **보험료(Premium) 지급의무** : 보험자가 위험을 부담하는 대가로 보험계약자는 보험료를 지급해야 한다. 보험료를 납입하지 않은 경우에는 다른 약정이 없으면 보험자의 책임이 개시되지 않는다.

② **고지의무(Duty of Disclosure, Duty of Representation)** : 보험계약자는 보험계약 시 보험의 인수 여부 및 계약내용의 결정에 영향을 줄 수 있는 모든 중요 사실을 고지해야 한다.

③ **통지의무(Duty of Notice)** : 보험계약자는 보험계약 체결 후 위험이 현저하게 증가하거나 변경되는 경우 또는 보험사고가 발생한 경우 보험자에게 통지해야 한다.

④ **손해방지, 경감의무(Duty of Avert or Minimize the Loss)** : 피보험자는 피보험이익의 보호에 상당한 주의를 기울여야 하며, 신의성실의 원칙에 입각하여 손해를 방지하거나 경감하기 위한 적절하고 합리적인 조치를 강구해야 한다.

☑ 05 해상보험증권

1. 의 의

보험증권(Insurance Policy)이란 보험계약의 성립과 그 내용을 증명하기 위하여 보험자가 작성하고 기명날인 또는 서명하여 보험계약자에게 교부하는 증거 증서이다.

2. 보험증권의 법적성질

(1) 요식증권성

보험증권은 그 기재사항이 법으로 정해진 요식증권으로 법정사항을 기재하여야 한다.

(2) 증거증권성

보험증권은 보험계약의 성립을 증명하기 위하여 보험자가 발행하는 증거증권이다.

(3) 면책증권성

보험자는 보험금을 지급할 때 보험증권을 제시하는 자의 자격을 조사할 권리는 있으나, 의무가 없기 때문에 보험증권은 면책증권의 성질을 지닌다.

(4) 유가증권성

보험증권은 기명식으로 발행되는 것이 보통인데, 지시식 또는 무기명식으로 발행할 수 있는지, 이렇게 발행될 경우 유가증권성이 있는지에 관하여 학설의 대립이 있으나 보험증권 중 운송보험증권과 해상보험증권, 특히 적하보험증권에 대하여는 유가증권성을 인정하는 일부긍정설이 현재의 통설이다.

3. 해상보험증권의 기재사항

(1) 보험목적
(2) 보험사고의 성질
(3) 보험금액
(4) 보험료와 그 지급방법
(5) 보험기간을 정한 때에는 그 시기와 종기
(6) 무효와 실권의 사유
(7) 보험계약자의 주소와 성명 또는 상호
(8) 보험계약의 연월일
(9) 보험증권의 직성지와 그 작성 연월일
(10) 선박을 보험에 붙인 경우에는 그 선박의 명칭, 국적과 종류 및 항행의 범위
(11) 적하를 보험에 붙인 경우에는 선박의 명칭, 국적과 종류, 선적항, 양륙항 및 출하지와 도착지를 정한 때에는 그 지명
(12) 보험가액을 정한 때에는 그 가액

4. 해상보험증권의 양식

우리나라에서 사용되는 해상보험증권의 양식은 로이즈의 신해상보험증권(New Lloys's Marine Insurance Policy)과 런던보험자협회(ILU ; Institute of London Underwriters)가 제정한 신 보험증권(New ILU Companies Marine Policy)을 변형하여 사용하고 있다.

기존 본문 약관 중 주요 내용은 협회 적하보험약관에 포함시키고 본문약관, 이탤릭 약관, 난외약관 모두 삭제하였으며, 신양식의 해상보험증권은 반드시 적하보험약관을 첨부해야 해상보험증권으로서의 기능을 할 수 있다.

5. 해상보험증권의 해석원칙

(1) 수기문언의 우선원칙

해상보험증권의 여러 약관 중 내용이 서로 상충될 경우 수기문언을 우선적으로 적용해야 한다는 원칙. 인쇄되어 있는 약관보다 보험자와 피보험자가 추후 합의에 의하여 수기로 기재한 문언이 우선시된다는 뜻이다.

(2) 계약당사자의 의사존중원칙

기본적으로 계약당사자의 의사를 존중하여 해석하는 것이 원칙이지만, 판결에 의해 내려진 해석에 의해 제한을 받는다.

(3) POP원칙

보험증권 상의 약관이나 문언은 평이한(Plain), 통상적인(Ordinary), 통속적인(Popular) 의미로 해석해야 한다는 원칙이다. 피보험자가 보험의 내용이나 약관을 이해하기 쉽도록 작성되어야 함을 말한다.

(4) 작성자 불이익의 원칙

보험증권 상의 약관이나 문언의 애매성은 보험자에게 불리하게 해석해야 한다는 원칙이다.

6. 계약방식에 따른 해상보험증권

(1) 확정보험증권(Definite Policy)

개별 선적분에 대한 보험요건(보험목적물, 보험금액, 적재선박, 부보구간 등)이 모두 확정된 상태 하에서 그 위험의 개시(선적) 직전에 매 건별로 체결하는 보험계약을 말한다.

(2) 예정보험증권(Open Policy)

① 의미

보험계약의 구체적인 요건이 아직 확정되지 않은 상태에서 장래 일정기간 (통상 1년) 동안 부보 예정화물 전체에 대해 미리 포괄적으로 보험계약을 체결한 후, 사후에 개별위험에 대한 보험요건이 확정될 때마다 그 사실을 보험회사에 통지함으로써 당해 계약 범위 내의 모든 개별 위험을 자동적으로 책임지도록 하는 방식의 보험계약을 포괄예정보험(Open Cover)이라고 하며, 이러한 계약을 증거하기 위해 발행된 보험증권을 예정보험증권 (Open Policy)이라고 한다.

② 보험증명서

포괄예정보험(Open Cover)을 체결한 후 개별선적분에 대한 부보사실을 입증할 목적으로 예정보험증권에 근거하여 매 건별로 발행하는 보험서류를 보험증명서(Insurance Certificate)라고 한다.

06 해상보험의 피보험이익

1. 의 의

피보험이익이란 피보험자가 보험의 목적에 관하여 일정한 사고의 발생에 의해 경제상의 손해를 입을 우려가 있는 경우, 그 목적에 대하여 피보험자가 가지는 이해관계를 의미한다.

2. 특 징

(1) 보험의 목적은 보험사고가 발생하는 대상이므로 보험사고로 인해 손해를 입게 되는 경우 피보험자가 경제상 손실에 대한 금전적 보상 이익을 얻고, 해상위험이 발생하는 경우에는 이해관계인이 피보험이익을 얻게 된다.
(2) 동일한 보험목적에 대하여 복수의 이해관계(피보험이익)가 존재할 수 있다.

3. 피보험이익의 요건 18 출제

(1) 경제성

보험사고가 발생한 때에 보험자가 보상하는 급부는 경제적인 급부이므로, 보험급부에 의하여 취득할 수 있는 이익도 경제적인 이익이어야 한다.

(2) 확정가능성

피보험이익은 보험사고가 발생할 때까지는 보험계약의 요소로서 확정하거나 확정할 수 있는 것이어야 한다. 피보험목적물이 현재 확정되어 있지 않아도 장래 확정될 것이 확실한 경우 보험계약의 대상이 될 수 있다.

(3) 적법성

피보험이익(Insurable Interest)이 보험계약 상의 보호를 받기 위해서는 적법한 것이어야 하며, 강행법과 공공양속 및 사회질서에 어긋나는 것이어서는 안 된다.

☑ 07 협회적하약관

1. 보험약관의 의의

보험약관(Insurance Clauses)이란 보통 보험증권에 삽입되거나 첨부되어 사용되는 것으로 보험계약과 관련한 보험자와 피보험자의 권리 의무를 규정하고 있는 계약조항을 말하며, 계약내용이라 할 수 있다.

2. 협회적하약관의 의의

무역거래에서 물품의 매매계약에 수반하여 매매거래당사자는 물품의 인도를 위해 운송인과 운송계약을 체결하고, 운송도중 물품의 멸실손상의 위험에 대비하여 보험자와 보험계약을 체결한다. 보험계약체결 시 보험계약의 내용을 개별적으로 합의하는 것이 아니라 협회적하약관을 채택하여 첨부함으로써 보험계약의 내용이 정해진다. 그러므로 협회적하약관(ICC ; Institute Cargo Clause)이란 보험자와 보험계약자 사이에 체결되는 보험계약 내용을 구성하는 정형화된 약관이라 할 수 있다.

3. 구 협회적하약관(구 ICC)

구 협회적하약관에서 분손부담보약관(FPA)과 분손담보약관(W/A)은 열거책임주의를 채택하고 있으며, 전위험담보(A/R)는 일체의 위험을 담보하는 포괄책임주의를 채택하고 있다.

4. 구 약관의 담보위험약관[Lloyd's SG Policy + ICC(A/R), ICC(W/A), ICC(FPA)]

구 약관의 담보위험약관은 로이즈해상보험증권(S.G.Policy)과 ICC(A/R), ICC(W/A), ICC(FPA) 약관이 합쳐져서 하나의 보험증권을 구성한다. 협회적하약관의 구성은 각 약관의 제5조 보험조건(Insurance Condition)을 나타내는 분손부담보약관(FPA), 분손담보약관(W/A), 전위험담보(All Risks)가 서로 다른 것 외에는 일부 약관의 삽입 장소에 차이가 있을 뿐 3가지 약관 모두 동일문언으로 되어 있다.

합격자 Tip

협회적하약관의 담보범위를 구분할 수 있어야 합니다. 특히 악천후 위험에 의한 해수손의 경우는 W/A와 A/R에서만 담보되니, FPA에서 담보되지 않는 것과 구분하여 숙지하여야 합니다.

[구 협회적하약관의 담보범위]

A/R	W/A	FPA 21 출제	전손(현실전손, 추정전손)
			해손 • 선박 또는 부선의 침몰, 좌초, 화재로 인하여 발생된 단독해손 (Particula Average) • 공동해손(공동해손희생손해, 공동해손분담액)
			확장담보 • 선적, 환적 혹은 하역작업 중의 포장 당 전손 • 다음 위험과 상당인과관계의 단독해손 　－ 화재, 폭발, 충돌 　－ 운송용구와의 접촉 　－ 피난항에서의 화물의 하역 • 특별비용(손해방지비용, 구조비, 피난항에서의 특별비용 및 부대비용)
			악천후 위험에 의한 해수손 • WA 3% : 손해액이 전체의 3% 초과시에만 손해액 전부 보상 • WAIOP : 면책비율에 관계없이 전액보상
			모든 외부적 · 우발적 원인에 의한 손해

5. 신 협회적하약관(신 ICC)

개정된 ICC에는 종전의 A/R(전위험담보), W/A(분손담보), FPA(분손부담보) 대신에 ICC(A), ICC(B), ICC(C)가 있다.

6. 신 약관의 담보위험약관[1982년 신 협회 적하보험 증권 + ICC(A), ICC(B), ICC(C)]

신 약관은 구약관과는 달리, 손해의 형태에 따른 차별성은 없고 단지 기술되어 있다. 즉, 증권 상에 기재된 담보위험으로 손해가 발생하였을 경우에는 그것이 분손이든 전손이든 불문하고 보험자의 보상책임이 발생한다.

(1) ICC(A)

ICC(A)는 구 약관 전위험담보(All Risks) 약관에 대응하는 약관으로 'All Risks of Loss Damage'를 담보하는 포괄책임주의의 약관이다. 구 전위험담보(All Risks) 약관과는 달리, 면책위험을 열거하여 명기하고 있다.

(2) ICC(B)

ICC(B)는 구 약관의 W/A약관에 대응하는 약관으로 화재, 폭발, 좌초, 지진, 분화, 낙뢰, 해수, 호수, 강물의 침입 등 열거된 주요위험에 의해 생긴 손해를 보상하는 열거책임주의를 취하고 있다. 면책위험도 열거하여 명기하고 클레임은 분손, 전손의 구분 없이 보상하며 면책률(Franchise)의 적용도 없다.

(3) ICC(C)

ICC(C)는 구 약관의 FPA약관에 대응하는 약관으로, 상기의 ICC(B)와 마찬가지로 열거위험에 의한 손해를 분손, 전손의 구분 및 면책률(Franchise) 없이 보상한다. 그러나 (B)약관에서 보상되는 위험 가운데 지진, 분화, 낙뢰, 해수 기타의 침입, 갑판유실, 매 포장당의 전손 등은 이 (C)약관에서는 보상되지 않는다.

[신 협회적하약관의 담보 범위]

담보위험	각 약관에서의 담보 여부		
	ICC(A)	ICC(B)	ICC(C)
화재, 폭발	○	○	○
본선 · 부선의 좌초, 교사, 침몰, 전복	○	○	○
육상운송용구의 전복 또는 탈선	○	○	○
본선, 부선, 그 밖의 운송용구와 물 이외 타물과의 충돌 · 접촉	○	○	○
피난항에서의 화물의 양하	○	○	○
지진, 분화, 낙뢰	○	○	×
공동해손희생 손해	○	○	○
투 하	○	○	○
갑판유실	○	○	×
본선, 부선, 선창, 운송용구, 컨테이너, 지게차, 보관장소에 해수, 호수, 하천수의 침입	○	○	×
추락손	○	○	×
그 밖의 모든 위험에 의한 멸실, 손상	○	×	×

(4) 부가위험(Extraneous Risks)

① 보험계약의 기본조건 중 W/A, FPA 및 ICC(B), ICC(C)는 열거책임주의를 취하고 있으므로, 동 조건상에 규정된 담보위험으로 인하여 발생한 손해에 대해서만 보험자가 책임을 진다. 따라서 규정된 담보위험 이외의 위험에 대하여 부가하기 위해서는 특약을 필요로 하며, 특약에 의하여 추가 보험료를 지급하고 부보하는 위험을 부가위험이라 한다.

② A/R, ICC(A) 조건하에서는 원칙적으로 각종의 부가위험이 포괄적으로 담보된다. 그러나 적하보험 실무에서는 전위험담보조건이라 하더라도 화물의 특성에 따라 특정위험을 제외시키는 경우가 있으며, 제외된 특정위험을 추가보험료로써 담보하기도 한다.

⊕ **Plus one**

부가위험

• Theft, Pilferage and Non-delivery(도난, 절도 및 불인도)
• Leakage and/or Shortage(누손 또는 부족손)
• Breakage(파손)
• Sweat & Heating(습기와 열손상)
• Rain and/or Fresh Water Damage(우담수손) : 바닷물일 경우는 가능
• Jettison and Washing Over Board(투하 및 갑판유실)
• Contact with Oil and/or Other Cargo(유류와 타 화물과의 접촉손)
• Hook & Hole(갈고리와 구멍 손해)
• Denting and/or Bending(눌린 손상 및 구부러진 손상)
• Contamination(오염에 의한 손해)
• Rust, Oxidation, Discoloration(녹, 산화, 변색)
• Mould and Mildew(곰팡이 손상)
• Rats or Vermin(쥐 또는 해충에 의한 손상)
• Country damage(원산지 손상)
• Mortality(폐사위험)

(5) 쌍방과실 충돌 조항(Both To Blame Collision Clause)

쌍방과실에 의한 선박충돌의 경우 양 선박에 적재된 화주는 충돌로 인한 자기의 손해 중에서 오직 상대선박, 즉 비적재선(Non Carrying Vessel 또는 Non Carrier)의 과실비율에 해당되는 부분에 대해서만 회수할 수가 있다. 즉, 보험자가 피보험자인 화주가 해상운송계약상의 쌍방과실 충돌 조항에 따라 화물의 손해액 중에서 운송인에게 보상하게 되는 적재선의 과실비율에 해당되는 부분을 보험자가 피보험자에게 보상한다는 것이다.

(6) ICC상 보험기간

원칙적인 보험증권 본문에 있어서 보험자의 책임이 시작되는 시기는 보험증권에 기재된 출발항에서 본선에 화물이 적재되었을 때이며, 끝나는 시기는 목적항에 도착하여 안전하게 하역되었을 때이다. ICC는 제8조 운송약관(Transit Clause)에서 다음과 같이 시기와 종기에 대해 설명한다.

① 시 기

ICC(A), (B), (C)는 화물이 보험증권에 기재된 지역에서의 창고 또는 저장소에서 운송개시를 위하여 떠날 때부터 담보가 개시되고 통상의 운송과정 중에 계속되다가 다음의 종기에 종료된다.

② 종 기

㉠ 보험증권에 기재된 목적지에서 수하인 또는 기타 최종창고 또는 보관장소에 인도될 때

㉡ 보험증권에 기재된 목적지냐 또는 목적지 도달 이전이냐를 불문하고 피보험자가 통상의 운송과정을 벗어난 보관이나 할당, 분배를 위해 사용하고자 선택한 기타의 창고나 보관장소에서 인도될 때

㉢ 최종양륙항에서 하역한 후 60일이 경과한 때

합격자 Tip

최근 출제 경향으로 협회적하약관을 통해 보험에 부보하였을 때 실제 보험금을 계산하는 문제입니다. 기출응용문제를 통하여 문제 유형에 익숙해져야 합니다.

기출응용문제

A사는 한국에서 TV 100대를 수입하는 계약을 맺고 ICC(A) 조건으로 USD 30,000의 보험금액으로 해상보험을 가입하였다. 운송 도중에 2대의 보험목적물이 도난당하는 사고가 발생하였고, A사는 수입한 TV 1대당 USD 380로 자국 내에서 판매할 계획이었다. 이 경우 A사가 보험회사로부터 받을 수 있는 보험금은 얼마인가?

① USD 600   ② USD 660

③ USD 760   ④ USD 830

해설 ICC(A) 조건으로 1대당 USD 300으로 보험에 가입한 바, 2대가 도난되었을 경우 USD 600을 보상받을 수 있다.

정답 ①

08 해상위험 · 해상손해

1. 해상위험

(1) 정 의

해상보험에서 보험자가 부담하는 위험은 해상위험 또는 항해사업에 관한 사고이다. 해상위험은 항해를 계기로 하여 생기는 위험이며, 「상법」상의 규정에서 의미하는 바와 같이 해상사업에 관한 사고가 바로 해상위험에 해당한다.

(2) 해상위험의 범위

해상위험, 즉 해상사업에 관한 사고란 해상사업의 결과 또는 해상사업에 수반하여 발생하는 제 위험으로서 침몰(Sinking), 좌초(Stranding), 충돌(Collision) 등 해상 고유의 위험(Perils of Seas), 화재(Burning), 도난(Theft), 포획(Captures), 억류(Detainment), 선원의 악행(Barratry) 등을 포함한다.

2. 해상손해

(1) 정 의

해상손해(Marine Loss)란 해상사업과 관련하여 해상위험으로 인한 보험목적물의 멸실 또는 손상의 결과로 피보험자가 입게 되는 경제적 불이익을 의미한다.

(2) 해상손해의 유형 19 20 21 출제

① 물적손해

　㉠ 전손(Total Loss)

　　전손은 부보된 화물이 위험에 의해 전부 멸실되어 시장가격을 상실하였을 경우를 말하며, 현실전손(Actual Total Loss)과 추정전손(Constructive Total Loss)으로 구분된다.

　　• 현실전손(Actual Total Loss)

　　　현실전손은 화물이 실제로 전체가 멸실되어 보험목적물의 파손, 보험목적물의 성질의 상실, 보험목적물의 소유권이 박탈되었을 때 발생한 손해로 절대전손(Absolute Total Loss)이라고도 한다. 추가로 선박의 상당기간 불명, 화물인도의 과실(화물이 원 수하인에게 인도되지 않고 제3자에게 인도되어 다시 찾을 가능성이 없을 때)도 현실전손에 속한다.

- 추정전손(Constructive Total Loss)

  추정전손은 화물이 현실적으로는 전체가 멸실되지 않더라도 손해의 정도가 본래의 효용을 상실하거나, 복구비용이 오히려 시장가격을 초과하는 손해이다. 추정전손의 사유가 발생하여 피보험자가 보험목적물에 대한 일체의 권리를 보험자에게 이전하고, 그 대신 전손에 해당하는 보험금을 청구하는 위부(Abandonment)를 거친다. 즉, 피보험자가 선박 혹은 화물을 담보위험으로 인하여 소유하지 못하게 되었을 경우, 선박이 손상되었을 때 수리비용이 수리 후 선박가액을 초과했을 경우, 화물이 손상되었을 경우에는 화물을 수리하는 비용과 그 화물을 최종 목적지까지 운반하는 데 소요되는 비용이 도착 시의 화물가액을 초과할 때이다. 추가로 선박 소유권이 박탈되었을 경우도 이에 속한다.

ⓒ 분손(Partial Loss)

  분손은 해상보험의 적하보험에서 선박 또는 화물이 입은 부분적 손해를 말한다. 적하보험의 손해유형 중 하나로 전손에 상대되는 개념으로 PL 또는 해손이라고도 한다. 손해 부담자의 범위에 따라 단독해손과 공동해손으로 분류되고, 공동해손이 아닌 담보위험으로 인하여 발생한 보험 목적물의 일부분의 손해를 모두 단독해손으로 정의한다. 선박의 분손을 구성하는 합리적인 수리비에는 임시수리비, 회항비, 연료 및 저장품, 선거비용(Dry Dock Expense), 시간 외 작업비용 등이 포함된다.

- 단독해손(Particular Average)

  단독해손은 공동해손 이외의 손해를 말하며, 손해가 보험가액의 일정 비율에 달했을 때에만 보상되는 소손해 면책률을 적용하거나, 특정한 사고가 발생했을 때 이외는 일체 보상하지 않는 등 다양한 조건이 있다. 좌초 · 화재 · 충돌 등의 우발적 사고로 선박 · 화물에 발생한 상실 또는 손상 중, 손해를 입은 화주나 선주가 단독으로 부담하며, 이해관계자 간에 분담하기로 하는 공동해손에 대응하는 말이다. 화물보험에서는 분손, 선박보험에서는 수선비가 이에 해당한다. 공동해손과 단독해손의 구분은 손해를 화주와 선주가 공동으로 부담하느냐, 단독으로 부담하느냐에 따라 결정된다.

- 공동해손(General Average)

  공동해손은 공동의 안전을 위해서 취해진 행위를 공동해손행위(General Average Act)라고 하며, 공동해손행위로 인하여 발생하는 손해를 공동해손(General Average)이라 한다.

즉, 선박화물 및 기타 해상사업과 관련된 단체에 공동의 위험이 발생했을 경우 그러한 위험을 제거하거나 경감시키기 위하여 선체 장비 화물 등의 일부를 희생(공동해손희생손해)시키거나 혹은 필요한 경비를 지출(공동해손비용손해)했을 때 이러한 손해와 경비를 공동해손이라 한다.

② 비용손해(간접손해, Expenses Loss)

비용손해는 구조비, 손해방지비용 및 특별비용으로 구분된다.

㉠ 구조비(Salvage Charge)

구조비는 구조계약에 의하지 않고 임의로 구조한 자가 해상법상 회수할 수 있는 비용을 말한다. 구조는 순수구조(Pure Salvage) 즉, 구조계약을 체결하지 않은 상태에서 구조자가 자발적으로 위험에 직면한 재산을 구조하는 행위를 말하며, 해상보험에서 구조비가 성립되기 위해서는 순수구조이어야 한다. 반면, 선주와 구조자 간에 구조계약을 체결하고 구조활동을 하는 경우를 계약구조(Contract Salvage)라 하며, 이에 소요된 비용은 특별비용 또는 공동해손손해로 보상된다.

㉡ 손해방지비용(Sue And Labor Charge)

손해방지비용은 보험목적물에 해상위험이 발생한 경우 이를 방지, 경감하려는 목적으로 합리적으로 지출되는 비용을 말하며, 보험가액을 초과하는 금액도 모두 보상한다.

㉢ 특별비용(Particular Charge)

특별비용은 공동해손비용과 구조료 이외의 비용으로서, 긴급 사대기 발생한 결과 피난항에서 지출하게 된 양륙비, 창고보관료, 재포장비용, 재운송비 등이 해당되며, 이는 모두 보상된다.

③ 배상책임손해(충돌손해배상책임)

배상책임손해는 피보험 선박이 다른 선박과 충돌함으로써, 다른 선박 또는 그 선박의 적하에 입힌 손해에 대하여 피보험자가 법률상의 손해배상책임을 부담하게 된 경우의 배상금 전액을 보험금액을 한도로 해서 보상하는 것을 말한다.

OX 퀴즈

Q 손해방지비용은 보험목적물에 해상위험이 발생한 경우 이를 방지, 경감하려는 목적으로 합리적으로 지출되는 비용을 말하며, 보험가액을 초과하는 금액은 보상하지 않는다.
(O, ×)

A × → 손해방지비용은 보험가액을 초과하는 금액도 모두 보상한다.

[해상손해의 유형]

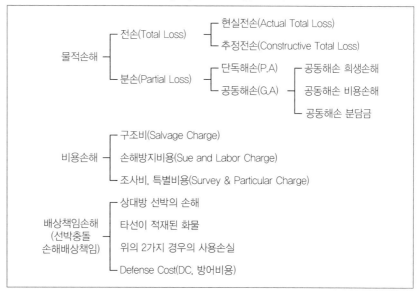

출제 포인트 ☑

출제율 ★☆☆
대위와 위부의 구분에 대해 묻
는 문제가 종종 출제됩니다.

09 위부와 대위

1. 위부(Abandonment)

(1) 의 의

추정전손의 경우에 있어 보험의 목적에 잔존하고 있는 피보험자의 일체의 이
익을 보험의 목적에 관한 소유권(Proprietary Rights) 및 구제수단
(Remedies)과 함께 피보험자가 보험자에게 임의로 양도(Voluntary
Cession)하는 것을 말한다.

(2) 위부의 요건

① 추정전손의 성립요건을 만족해야 한다.
② 위부는 무조건적으로 보험자에게 이전되어야 한다(조건부, 기한부로 해서
  는 안 된다).
③ 위부는 보험의 목적의 전부에 대해 불가분적(나누지 않아야 한다)으로 이
  루어져야 한다.

(3) 위부의 통지

피보험자가 위부권을 행사하고자 하면, 먼저 보험자에 대하여 이에 관한 의사표시를 하여야 하는데, 이것을 '위부의 통지'라고 한다. 위부의 통지란 피보험자가 보험자에게 자신의 재산을 포기하고 그 재산을 보험자의 처분에 맡긴다고 하는 의사표시의 행위로서, 추정전손으로 보험금을 청구하기 위한 전제조건이다.

(4) 위부의 효과

① 유효한 위부가 있을 경우에는 보험자는 보험의 목적에 잔존할 수 있는 피보험자의 일체의 이익과 보험의 목적의 소유권에 속하는 일체의 권리를 양도받을 수 있는 권리가 있다.

② 위부를 통해 추정전손의 현실적 요건을 충족함에 따라 피보험자는 보험자에게 보험금액 전액을 청구할 수 있다.

2. 대위(Subrogation)

(1) 의 의

대위란 보험사고에 의하여 손해가 발생한 경우에 제3자에게 손해보상금을 받고 또 다시 보험자로부터 보상을 받으면 피보험자가 이중이득을 얻게 되는 결과가 되므로, 보험의 목적물이나 제3자에 대하여 가지는 권리를 보험자에게 이전시키도록 하는 것을 말한다.

(2) 보험목적에 대한 대위

① 보험자는 보험사고 발생 시 보험가액과 잔존물가액을 정확히 산정하기 어려워 전손보험금을 지급한 후 잔존물에 대한 권리를 이전받는다.

② 보험자는 보험목적을 취득함에 따라 부수하는 의무를 부담해야 하는 경우가 있는데, 잔존의 이익보다 부담이 더 큰 경우에는 잔존이익의 취득을 포기할 수 있다.

(3) 제3자에 대한 보험자대위

① 보험사고가 제3자의 행위로 인하여 생긴 경우에 보험금을 지급한 보험자는 그 지급한 금액의 한도에서 제3자에 대한 보험계약자 또는 피보험자의 권리를 취득하는 것을 의미한다.

② 피보험자가 제3자의 행위로 인한 보험금 청구권과 손해배상청구권을 동시에 행사함으로써 얻는 이중의 이득을 방지하기 위함이다.

3. 위부와 대위의 비교

(1) 적용대상 보험

위부는 해상보험의 특유한 제도이나 대위의 원칙은 모든 손해보상계약에 적용되기 때문에 해상보험에 한정된 원칙은 아니다.

(2) 적용대상 손해

위부는 (추정)전손의 경우에만 적용되지만, 대위는 전손 및 분손에 대하여 모두 적용된다.

(3) 승낙거절의 문제

대위는 그것을 보험자가 수락했건 안했건 보험자에게 이전되는 권리를 말한다. 위부를 승낙한 경우는 보험자로서 대위와 구별할 필요가 없는 것이지만, 위부를 승낙하지 않은 경우는 위부와 대위는 명백히 구별되어야 한다.

○× 퀴즈 ──────◎

Q. 위부된 물건이 후에 보험자가 피보험자에게 지불한 금액 이상의 가치를 가지는 경우에도 보험자는 잔존물 전체를 소유할 수 있다. (○, ×)

A. ○

(4) 보험자의 권리의 범위

위부의 경우 위부된 물건이 후에 보험자가 피보험자에게 지불한 금액 이상의 가치를 가지는 경우에도 보험자는 잔존물 전체를 소유할 수 있다. 그러나 대위의 경우 보험가액에 따라 보험금을 지급한 보험자가 보험에 가입된 재산의 실제가액을 근거로 하여 대위권을 행사할 수는 있지만 지급보험금의 한도까지만 보험자가 환입시킬 수 있다. 즉, 위부가 있는 경우의 대위는 회수금 (Recovery Amount) 전액이 보험자에게 귀속되지만, 위부가 없는 경우의 대위는 지급보험금을 한도로 보험자가 환입시킬 수 있다.

백발백중 100제

01 다음 중 비엔나 협약에 대한 설명으로 옳지 않은 내용을 모두 고른 것은?

A. 비엔나 협약은 국제연합(UN)이 제정한 국제협약으로 양 당사자의 영업소의 소재지가 모두 체약국인 경우 양 당사자가 협약의 적용을 배제하기로 합의한 경우에는 적용되지 않는다.
B. 선박, 항공기 및 관련 부품, 용역의 거래에 대해서는 비엔나 협약이 적용된다.
C. 비엔나 협약은 국내거래에서도 적용된다.
D. 비엔나 협약 상에서 청약이 확정적이라는 의미는 1인 또는 그 이상의 불특정인을 상대로 한 계약 체결의 제의가 확정적이고, 물품과 수량ㆍ가격ㆍ결제조건 등에 대한 제의가 포함되어 있는 경우이다.

① A, B
② B, C
③ C, D
④ A, D

✎ **해설**

비엔나 협약의 적용이 배제되는 경우
- 당사자가 상이한 영업소에 있지 않은 경우
- 개인용, 가족용 또는 가사용으로 구입되는 물품의 매매(다만 매도인이 계약의 체결 전 또는 그 당시에 물품이 그러한 용도로 구입된 사실을 알지 못하였거나 또는 알았어야 할 것이 아닌 경우에는 제외)
- 경매에 의한 매매
- 강제집행 또는 기타 법률상의 권한에 의한 매매
- 주식, 지분, 투자증권, 유통증권, 통화의 매매
- 선박, 부선, 수상익선, 항공기의 매매
- 전기의 매매
- 서비스 계약
- 물품에 의해 야기된 어떤 자의 사망 또는 상해에 대한 책임
- 당사자 간 합의에 따라 이 협약을 적용하지 않기로 합의한 경우

정답 ②

02 무역계약의 법률적 특성에 대한 설명으로 옳지 않은 것은?

> A. 무역계약은 쌍무계약의 성격을 가지고 있으며, 매도인의 운송계약 및 서류인도 의무와 매수인의 대금지급 의무가 있다.
> B. 무역계약은 불요식계약의 특성을 가지고 있으며, 구두나 서면 등의 방식으로 계약이 체결될 수 있다.
> C. 무역계약은 유상계약의 특성을 갖고 있으며, 상호간에 경제적 가치가 있는 것을 제공하여야 한다.
> D. 무역계약은 계약당사자들이 거래대상 목적물의 이행에 대한 합의를 하는 것이기 때문에 계약체결 시 거래 목적물이 존재하여야 한다는 특성을 갖고 있다.

① A, B ② B, C
③ C, D ④ A, D

✎ **해설**

쌍무계약의 특성상 매도인은 물품을 인도하고, 매수인은 대금을 지급하여야 하는 의무를 가지며, 무역계약은 계약체결 당시 또는 체결 이후에도 거래 목적물을 계약에 따라 매도인이 매수인에게 인도할 수 있으면 된다.

정답 ④

03 개별계약과 포괄계약에 관한 설명으로 옳지 않은 것은?

① 개별계약이란 특정품목을 거래할 때마다 거래조건에 대해 합의하는 계약을 말한다.
② 포괄계약은 동일한 상대방과 거래가 지속적으로 이루어지는 경우, 일정기간 또는 단위별 등으로 일반적인 거래계약을 체결하는 것을 말한다.
③ 포괄계약은 일시적인 거래 유형에서 주로 사용된다.
④ 일반거래약관이란 미리 작성된 정형화된 계약조건을 말한다.

✎ **해설**

포괄계약은 거래가 지속적이고 반복적인 경우에 주로 사용되는 계약방식이다.

정답 ③

04 무역계약과 관련된 주요 협상조건에 대한 설명으로 옳지 않은 것은?

① 과부족 용인조항이나 개산수량조건은 화물 속성상 감량이 수반되는 물품의 거래 시 수입업자가 과부족을 이유로 클레임을 제기하는 경우, 과부족 수량에 대한 금전상의 손해를 배상하도록 하는 조항을 말한다.

② SD품질조건(Sea Damaged Terms)은 원칙적으로 선적품질조건이지만, 예외적으로 운송 중 해수 등에 의한 손상 등을 매도인이 책임지는 조건이다.

③ 산적화물이란 곡물·광물·모래·자갈 등과 같이 비포장 상태로 거래되는 물품을 의미한다. 화물 속성상 인도과정에서 감량이 필연적이고 정확한 수량을 인도하는 것이 불가능하므로, 과부족을 삽입하여 분쟁을 예방할 수 있다.

④ 선적기간과 관련하여 'On or about Jan 10'으로 계약을 체결한 경우, 1월 5일부터 1월 15일까지 총 11일 사이에 선적하는 것으로 해석한다.

✎ 해설

과부족 용인조항은 합의된 비율 또는 중량 등의 범위 내로 발생하는 과부족에 대해서는 계약을 정상적으로 이행한 것으로 보는 조항을 말한다.

정답 ①

05 무역계약 조건에 대한 설명으로 옳지 않은 것은?

① Sample을 통해 품질조건을 결정하는 경우에는 클레임 발생에 대비하여 바이어가 승인한 샘플을 보관하는 것이 적절하다.

② 컨테이너의 크기는 피트(feet)로 나타내며 TEU는 20피트, FEU는 40피트 크기의 컨테이너를 나타낸다.

③ 20kg 단위의 포장용기에 담긴 사료용 옥수수를 포장 개수로 거래하는 경우에는 신용장을 결제수단으로 선택하더라도 5% 과부족은 허용된다.

④ 긴급한 물품이 최대한 빠른 시간 안에 운송되기를 원할 때는 선적시점에 대하여 신용장에 immediately, as soon as possible 등의 표현을 사용한다.

✎ 해설

과부족용인 조항은 산물 등에 적용되는 조항으로 포장 개수를 셀 수 있는 물품의 경우에는 적용되지 아니한다.

정답 ③

06

무역계약의 결제조건, 보험조건, 수량조건에 대한 설명으로 옳지 않은 것은?

① DAT 조건으로 수출하고자 하는 경우, 수출업자는 수입국의 터미널까지 운임 및 양하비용 등을 부담하여야 하며, 수입국에서 수입통관에 소요되는 제세공과금 등은 수입업자가 부담하여야 한다.

② CIF 조건의 무역계약이 체결되었고 운송 중 보험사고가 발생하지 않았더라도, 수입자는 매도인이 보험계약을 체결하지 않아 보험서류를 제공하지 않은 경우 물품 인수를 거부할 수 있다.

③ Ton은 중량을 표시하는 단위이며, 중량톤에는 M/T, L/T, S/T가 있다.

④ 결제조건 중 D/A는 수입물품이 수입항에 도착하면 서류가 인도되고 대금지급이 이루어지는 조건이다.

해설

D/A는 서류를 인도하고 일정 기간 후 만기일에 대금을 지급하는 결제방식을 말한다.

정답 ④

07

다음 일반거래조건협정에 대한 설명 중 옳은 내용을 모두 고른 것은?

A. Liquidated Damages Clause – 계약 위반 시 손해배상액을 미리 결정해 놓는 조항
B. Consideration Clause – 계약에 따른 행위의 약속에 대해 제공되는 대가나 행위에 관한 조항
C. Escalation Clause – 가격 변동에 대비해 변경될 사항을 미리 정해두는 조항
D. Indemnification Clause – 계약위반 및 계약 불이행에 대한 손해배상관련 조항

① A, B, C

② A, B, D

③ B, C, D

④ A, B, C, D

해설

모두 일반거래조건협정에서 자주 사용되는 조건에 대한 설명이다.

정답 ④

안심Touch

08

다음 무역계약의 주요 협상조건에 대한 옳지 않은 설명을 모두 고른 것은?

A. 신용장에 명기된 금액, 수량 등과 관련하여, 'about' 또는 'approximately'라는 단어는 금액, 수량 등의 10%를 초과하지 아니하는 과부족을 허용하는 것으로 해석된다.
B. 분할선적과 달리 할부선적은 당사자 간의 합의가 없어도 수출자가 임의로 할 수 있다.
C. TQ는 양륙품질조건이다.
D. ICC(C)는 파도에 의한 갑판상 유실에 대해 보상 받을 수 없다.

① B, C
② A, B, C
③ A, B, C, D
④ A, D

✏️ **해설**

ICC(C)는 최소한의 보험조건으로 갑판상의 유실에 대해서는 보상받을 수 없다.

정답 ②

09

다음은 일반 무역계약서 조항의 일부이다. 관련이 있는 조항으로 옳은 것은?

The Parties shall make every effort to settle any disputes or differences arising out of or in relation to this Contract, or the breach, termination or invalidity thereof, by holding negotiations. Such negotiations may include the use of alternative dispute resolution mechanisms including but not limited to mediation.

① Infringement Clause
② Entire Agreement Clause
③ Severability Clause
④ Arbitration Clause

✏️ **해설**

당사자 간의 분쟁을 명기된 중재기관에 의해 해결하겠다는 조항에 대한 설명이다.

정답 ④

10 무역계약서의 조항에 관한 설명으로 옳지 않은 것은?

① Hardship Clause - 계약체결 당시에는 전혀 예상치 못했던 경제적 또는 정치적 사태가 계약체결 후 발생함으로써 계약내용의 이행이 곤란하여 계약의 본질적 변경이 불가피할 경우, 당사자가 계약내용을 변경할 수 있도록 하는 조항

② Infringement Clause - 매수인이 제공한 규격에 따라 매도인이 물품을 생산하여 매수인에게 인도한 경우 그 생산으로 인한 디자인권, 특허권 등으로부터 매도인은 구속되지 않는다는 조항

③ Non-waiver Clause - 계약내용의 일부가 무효화되더라도 그 계약 전체가 무효가 되는 것은 아니라는 조항

④ Liquidated Damages Clause - 청구할 수 있는 손해배상액을 계약체결 시 미리 약정하는 조항

✐ 해설

Non-waiver Clause는 일방의 계약 위반에 대해 상대방이 이의제기를 하지 않는 것이 이의제기를 포기하는 것으로 간주되는 조항이다.

정답 ③

---

11 다음 Invoice를 보고 운송 중 위험을 대비하기 위한 무역 당사자의 행동으로 옳지 않은 것은?

Commercial Invoice			
Seller	K-Korea Company LTD.	Invoice date	Jan. 03. 2017
Adress	Guro-gu, Seoul		
Consignee : J corp		Export Reference : AWB 180 - E87458	
		Terms and Conditions : EXW	
		Total Gross Weight : 1600 kg	
		Port of lading : Roma, Italy	

① K-Korea는 운송 및 보험 등과 관련하여 아무런 조치를 취할 필요 없이 영업소에서 물품을 매수인의 적치하에 두면 된다.

② J corp는 물품에 대한 보험계약을 체결할 의무에 의하여 물품에 대해 최소 담보기준으로 보험계약을 체결하였다.

③ 본 물품은 Roma에서 항공운송으로 운송되며, 운송계약은 J corp가 체결하였다.

④ K-Korea가 매도인이고, J corp가 매수인이다.

✐ 해설

EXW조건에서는 보험계약 체결의 의무를 매도인 또는 매수인 모두에게 두고 있지 않다.

정답 ②

12 다음 Invoice에 대한 설명으로 옳지 않은 것은?

Commercial Invoice

Exporter : K−Korea Company LTD.　　　Importer : Okamoto INC.

Geumcheon−Gu, Seoul　　　　　　　　Osaka, Japan

Item No.	Commidity & Description	Quantity	Unit Price(CIF)	Amount
KLCD17	17" LCD Monitor	9,000pcs	USD 900	USD 7,100,000
KLCD19	19" LCD Monitor	1,000pcs	USD 1,000	USD 1,000,000
KLCD21	21" LCD Monitor	300pcs	USD 1,100	USD 330,000

- Origin : Republic Of Korea
- Incoterms : CIF Busan
- Packing : Export Standard Packing
- Shipment : Within 30days after receipt of your L/C at sight
- Insurance : To be covered by buyer on ICC(A/R)
- Payment : By an irrevocable L/C at sight in favor of us
- Shipping Port : Any Korean Port

① 상업송장상의 대금 지불은 물품의 수입자인 Okamoto INC에서 지불한다.
② 선적은 L/C개설 이후 30일 이내에 진행되어야 하며, CIF 조건으로 매도인이 운송 및 보험을 수배하여야 한다.
③ 보험은 전위험담보 조건으로 개설하여야 한다.
④ 부산항을 통하여 물품이 선적되어야 한다.

🖉 해설

CIF조건은 매도인이 물품을 도착항까지 운송하여야 하므로, CIF와 도착항을 함께 기재하여야 한다. 즉, CIF Osaka가 되어야 하며, Shipping Port : Any Korean Port로 규정하고 있어 국내 어느 항구를 이용하여 선적해도 무방하다.

정답 ④

13 다음은 무역계약서의 일부분이다. 빈칸에 들어갈 용어로 옳은 내용을 모두 고른 것은?

Item No.	Commidity & Description	(A)	Unit Price(FOB)	Amount
KLCD17	17″ LCD Monitor	9,000pcs	USD 900	USD 8,100,000
KLCD19	19″ LCD Monitor	1,000pcs	USD 1,000	USD 1,000,000
KLCD21	21″ LCD Monitor	300pcs	USD 1,100	USD 330,000

- Origin − Republic Of Korea
- (B) − FOB Korea
- Packing − Export Standard Packing
- (C) − Within 30days after receipt of your L/C at sight
- (D) − To be covered by Buyer on ICC(A/R)
- (E) − By an irrevocable L/C at sight in favor of us
- Shipping Port − Any Korean Port
- (F) − DEC. 31. 2016

A − Quality   B − Shipment
C − Shipment   D − Insurance
E − Payment   F − Validity

① A, B, C, D   ② B, C, D, E
③ A, B, D, F   ④ C, D, E, F

 해설

A : Quantity, B : Incoterms가 들어가야 옳다.

정답 ④

14

다음 제시문의 매매계약에 적합한 품질조건은?

> Korea Company는 곡물류를 수출하기로 하고 미국의 A사와 계약을 체결하였는데, 제품의 품질조건에 대해 상호 간에 _____ 조건으로 진행하기로 합의를 하였다.

① 중등품질에 해당하는 제품을 품질의 기준으로 하는 평균중등품질조건(FAQ Term)
② 제공된 카탈로그를 통해 품질을 결정하는 명세서매매조건(Sales by Specification Term)
③ 당해 생산물을 관장하는 공인기관의 판정에 의해 판매가능 여부를 품질의 기준으로 하는 판매적격품질조건(GMQ Term)
④ 제품의 인도 당시에 상품성이 있는 제품을 공급하는 조건으로 공인기관에서 표준품질이 정해져 있는 경우는 보통표준품질조건(USQ Term)

✏ **해설**

곡물의 경우에는 일정한 규격이 없기 때문에, 평균적인 중등의 품질을 전체의 품질로 보는 평균중등품질조건(FAQ Term)을 주로 이용한다.

정답 ①

15

다음에 관한 설명으로 옳지 않은 것은?

> If, by virtue of the offer or as a result of practices which the parties have established between themselves or of usage, the offeree may indicate assent by performing an act, such as one relating to the dispatch of the goods or payment of the price, without notice to the offeror, the acceptance is effective at the moment the act is performed, provided that the act is performed within the period of time laid down in the preceding paragraph.

① 선수금을 요구하는 매도인의 청약에 매수인이 선수금을 송금하였다.
② L/C 개설을 요청하는 매도인의 청약에 매수인이 L/C를 개설하였다.
③ 매수인이 제품을 3개월 이내에 선적하여 줄 것을 요청하여, 매도인이 3개월 이내에 제품을 선적한 경우
④ 매도인의 T/T 대금 지급 조건 요청에 매수인이 L/C를 개설하여 매도인에게 통지한 경우

✏ **해설**

청약에 대한 승낙의 표시는 별도의 의사표시가 없어도 가능하나, 청약에 대한 동의의 의사표시가 있어야 한다. ④의 경우는 매도인의 청약에 반대 청약이 된다.

정답 ④

16 다음 중 최종적으로 성립된 계약의 결과로 옳은 것은?(단, A = 매도인, B = 매수인이며, 비엔나 협약을 따르는 것으로 가정한다)

당사자	일 자	제안 내용
A&B	2018.07.05	수량 10,000개, 단가 $5에 계약 체결 요청
B&A	2018.07.08	수량 10,000개, 단가 $3에 계약 체결 요청
A&B	2018.07.09	수량 10,000개, 단가 $4.5에 계약 체결 요청
B&A	2018.07.10	수량 10,000개, 단가 $3.5에 계약 체결 요청
A&B	2018.07.17	수량 12,000개, 단가 $3.5에 계약 체결 요청, 20% 선지급 요청
B&A	2018.07.30	수량 12,000개, 단가 $3.5에 대한 대금 20% T/T로 선지급

① 수량 10,000개, 단가 $4.5에 계약 체결
② 수량 12,000개, 단가 $4.5에 계약 체결
③ 수량 12,000개, 단가 $3.5에 계약 체결
④ 청약에 대한 승낙이 없어 계약 체결 안 됨

 해설

　　매도인의 최종적인 제안에 매수인이 20% 대금 선지급으로 하였으므로 이는 승낙의 의사표시로서 12,000개, 단가 $3.5로 계약이 체결되었다.

정답 ③

---

17 개별계약과 포괄계약에 관한 설명으로 옳지 않은 것은?

① 개별계약은 특정품목을 거래할 때마다 계약 사항을 개별로 합의하는 방식을 말한다.
② 포괄계약은 거래가 빈번한 경우 일반거래조건의 협정을 체결한 후 거래 시마다 적용되는 기본원칙을 정한 것을 말한다.
③ 포괄계약은 거래내용이 복잡할 경우 주로 사용되는 방식이다.
④ 일반거래조건은 정형화된 계약 조건에 사용될 통상적인 계약조건을 말한다.

 해설

　　포괄계약은 거래 내용이 정형화된 경우 거래 시마다 동일한 거래 조건을 사용하여 개별계약의 불편함을 줄이기 위해 사용된다.

정답 ③

18

무역계약서 조항과 그에 관한 설명으로 옳지 않은 것은?

① Non-Waiver Clause – 클레임을 제기하지 않는 것이 수입자의 권리행사를 포기하는 것이 아니라는 규정

② Infringement Clause – 특허권 등의 사용 등에 대해서 매도인은 어떠한 경우에도 면책되는 조항

③ Termination Clause – 계약을 종료시키는 사정, 방법 등을 정한 규정

④ Force majeure – 계약체결 후 발생하는 변동으로 인해 계약상의 내용대로 계약을 이행하는 것이 어려운 경우 계약내용을 변경할 수 있도록 합의하는 조항

✎ **해설**

Force majeure는 계약내용의 일부가 어떠한 사유로 실효 또는 무효화되더라도 그 계약 전체가 실효 또는 무효로 되는 것은 아니라는 조항이다.

정답 ④

19

무역거래 협상 조건 중 올바른 내용을 모두 고른 것은?

A. 신용장에 환적금지문구가 포함되어 있더라도, 전 운송이 하나의 운송서류에 커버되어 있는 경우 환적은 허용된다.

B. 계약체결 시 계약 체결 이행이 곤란해져 계약의 본질적 변경이 불가피해질 경우를 대비하여 Hardship Clause 조항을 삽입하는 것이 바람직하다.

C. O/A와 Usance L/C는 후지급 방식이다.

① A, B ② B, C

③ A, C ④ A, B, C

✎ **해설**

모두 정확하게 기재되었다.

정답 ④

20 무역계약의 일반조건에 관한 내용으로 옳지 않은 것은?

① 신용장에서 분할 선적을 금지하고 있으면, 신용장의 분할양도가 불가능하다.

② DDP조건의 계약 이행을 위해 지정목적지까지 인도의무가 있지만 보험 가입 의무는 없다.

③ Arbitration Clause 조항을 계약에 포함하여 향후 분쟁 해결에 대비하는 것이 유리하다.

④ 중재는 반드시 사전합의로만 진행할 수 있다.

✏ **해설**

중재는 사후합의로도 진행할 수 있다.

정답 ④

21 국제중재판정의 승인 및 집행에 관한 설명으로 옳지 않은 것은?

① 중재판정이 있는 경우에는 불복이나 상고할 수 없다.

② 중재판정의 집행은 준거법에 의해 중재합의가 무효가 되더라도 이와 관계없이 중재판정의 효력은 인정된다.

③ 중재판정은 기판력과 확정력 및 집행력을 지닌다.

④ 국제중재판정에서 집행이란 중재에서 승리판정을 받은 당사자가 패배 판정을 받은 당사자의 무작위에 대하여 공권력을 행사하는 것을 말한다.

✏ **해설**

중재합의가 원래부터 무효였던 경우에는 중재판결이 있다고 하더라도 효력이 인정되지 않는다.

정답 ②

22

분쟁해결과 관련된 설명 중 옳지 않은 것은?

① 제3자에 의한 분쟁해결 방법에는 알선, 조정, 중재, 재판 등의 방식이 있다.

② 중재는 적은 비용으로 신속하게 해결되며, 분쟁 결과가 강제성을 가진다는 장점이 있다.

③ 중재합의에는 사후중재합의와 사전중재합의가 있다. 사후중재합의는 분쟁이 발생한 후에 중재로 합의하기로 하는 경우를 말하며, 사전중재합의란 장래에 분쟁이 발생할 경우 중재로 합의하기로 하는 경우를 말한다.

④ 중재합의는 서면에 의하도록 규정되어 있지만 예외적으로 당사자 간 합의에 의해 구두합의를 하는 것도 가능하다.

✏ **해설**

중재합의는 서면으로만 합의가 가능하다. 그러므로 당사자 간의 합의하에 구두로 합의하는 것은 불가능하다.

정답 ④

23

다음 중 중재(Arbitration) 및 재판(Litigation)에 관한 설명으로 올바른 내용을 모두 고른 것은?

> A. 분쟁해결에 관한 조항은 명확하게 작성하기보다는 "소송 또는 중재로 해결한다"라고 표현하는 것이 좋다.
> B. 중재판정은 법원의 확정판결과 동일한 효력이 있기 때문에 본안에 대해서 법원 또는 중재로 다시 다툴 수 없다.
> C. 중재합의는 직소금지와 중재로 해결해야만 하는 법적효력이 있다.
> D. 중재인은 당사자 자치의 원칙에 따라 당사자가 합의로 선정하게 된다.

① A, B, C   ② A, D, E
③ B, C, D   ④ A, B, D

✏ **해설**

분쟁해결에 대한 조항은 중재국가, 중재장소, 중재규칙 등을 명확하게 표시하여 협상하는 것이 좋다.

정답 ③

24 무역계약에서 준거법 및 그 역할에 대한 설명으로 옳지 않은 것은?

① 계약당사자가 속한 국가의 법률 또는 비엔나 협약 등을 준거법으로 둘 수 있다.

② 준거법 소유국과 재판관할지는 항상 동일하다.

③ 준거법이 있더라도 계약당사자가 합의한 내용이 우선된다.

④ 준거법은 당사자 간 합의한 계약 조항의 해석에 활용될 수 있다.

✎ **해설**

준거법 소유국과 재판관할지는 당사자 간 합의에 의해 결정될 수 있다.

정답 ②

25 수량조건에 대한 설명으로 옳은 내용을 모두 고른 것은?

A. 중량 – Long ton, 1,016kg, 2,240lb
B. 용적 – 1M/T, 480SF, 40 cubic feet
C. 개수 – 1Dozen, 12pc
D. 산물 – more or less clause, 5% 과부족 허용

① A
② A, B
③ A, B, C
④ A, B, C, D

✎ **해설**

모두 옳게 연결되었다.

정답 ④

26 다음의 계약서 내용에 대한 설명으로 옳지 않은 것은?

This agreement made and entered into this March 29, 2022 by and between "Si-dae Trading Company" herein after referred to as "Company" and "White Dental Company" herein after referred to as "distributor".

1. "Contract Product" shall mean the items of "Dental Implant products" which has designed and manufactured by "Company"
2. "Terrioty" shall mean "Korea", and it will vary from time to time upon mutual agreement
3. warrants that the Contract Product shall be free from defects in quality

① Si-dae Trading Company는 한국지역에서 White Dental Company를 통해 제품을 판매하고자 한다.
② Distributorship Agreement로 볼 수 있다.
③ White Dental Products는 계약 제품을 생산하여 공급한다.
④ 계약상의 지역은 추후 합의에 따라 변경될 수 있다.

✎ 해설

White Dental Products는 Si-dae Trading Company가 제조한 물품을 공급받아 판매한다.

정답 ③

27 다음은 무역계약서 조항의 일부 내용이다. 이 조항과 관련하여 올바른 내용을 모두 고른 것은?

> If any one or more of the provisions in this contract shall be declared invalid, illegal or unenforceable in any respect under any governing law, by any arbitration or by court of competent jurisdiction, the validity, legality and enforceability of the remaining provisions contained herein shall not in any way be affected or impaired.

> A. Releases Clause이다.
> B. 분리가능조항이라고도 한다.
> C. 계약 내용의 일부가 실효 또는 무효가 되더라도 계약의 전체가 무효가 되지는 않는다는 조항이다.
> D. 일부 계약이 무효가 될 경우를 대비한 조항이다.

① A, B
② B, C
③ A, B, C
④ B, C, D

✏️ 해설

분리가능조항(Severability Clause)이며, 특별한 사정에 의해 계약의 일부가 무효 또는 실효가 되더라도 전체 계약이 무효가 되지 않도록 대비하기 위한 조항이다.

정답 ④

28 다음 중 무역클레임이 발생할 수 있는 소지가 있는 경우는?

① Bulk Cargo Shipment로 선적하는 경우 과부족허용조항을 삽입한다.
② 샘플거래에서 Exactly same as the Sample과 같은 표현을 사용하여 품질조건을 협의한다.
③ 선적기일은 Shipment within 30days after receipt of L/C와 같이 표시한다.
④ partial shipment의 허용 여부를 명확히 표시한다.

✏️ 해설

Exactly same as Sample의 표현은 샘플과 완벽하게 동일한 품질을 요하는 것으로 샘플과 약간의 차이가 발생한 경우라도 계약위반으로 인한 클레임이 발생될 수 있다.

정답 ②

29 수출자인 시대무역은 수입자인 USA GLOBAL에게 아래와 같이 OFFER SHEET를 보냈다. OFFER SHEET의 기재항목과 부합하지 않는 항목을 나타낸 것은?

- Description : Liquid coffee
- Quantity : 100,000EA
- Unit Price : USD 10
- Total amount : USD 1,000,000
- Price Term : CIF NY, USA
- Shipment date : Within 30Day after receipt of L/C
- Shipment mode : by Sea
- Payment condition : T/T 10% advance and L/C at sight
- Insurance : by seller

---

① Quantity – Unit price – Total Amount
② Price Term – Insurance
③ Payment Condition – Shipment date
④ Price Condition – Shipment mode

✏ **해설**

Shipment mode는 Price term과 관련이 있다.

정답 ④

---

30 클레임의 해결방법에 관한 설명으로 옳지 않은 것은?

① 중재 판정의 효력은 법원의 확정판결과 동일하며, 어느 나라에서든 강제집행력을 가진다.
② 중재에서 당사자 일방이 출석하지 않는 경우에도 중재 심리절차는 진행된다.
③ 당사자의 요청에 의해 제3지관이 해결방안을 제시하거나 조언할 수 있다.
④ 중재합의는 반드시 서면으로 이루어져야 하며, 사후중재합의도 가능하다.

✏ **해설**

중재판정은 법원의 확정판결과 동일하나 강제집행력을 가지지 않으며, 강제집행은 법원의 강제집행 판결이 있어야 한다.

정답 ①

31 한국의 시대무역이 호주의 A사로부터 철광석 50,000Ton을 L/C결제로 수입하기로 매매계약을 체결하였다. 이와 관련한 설명으로 옳지 않은 것은?

① M/L Clause는 포장상태로 거래되는 물품에는 적용될 수 없다.

② 본 계약에 따른 선적 형태는 컨테이너 적입이 아닌 산물 형태로 선적된다.

③ 신용장에 수량조건을 표기할 때 ±5% tolerance 조항을 삽입하지 않았을 때, ±5% 범위 내에서 오차가 발생한 경우 계약 위반이다.

④ 철광석 제품의 품질조건은 G.M.Q 조건을 사용한다.

✎ **해설**

신용장에 별도의 합의가 없는 경우 ±5%의 과부족은 허용된다.

정답 ③

32 다음은 무역계약에 삽입되는 조항이다. 이 조항에 대한 설명으로 옳지 않은 것은?

> Should issuing the letter of credit be delayed for causes for which the Buyer is liable, Buyer shall pay the seller amount equal to 1% of the amount of relevant letter of credit per each full week as liquidated damages net cash or sight draft within three days from receipt of relevant bill from the seller.

① 상대방의 계약 위반에 대해 손해배상을 청구하기 위하여 계약서에 삽입하는 조항이다.

② 약정된 금액보다 손해액이 클 경우에는 발생한 손해 모두에 대해 보상받을 수 있다.

③ Liquidated Damages Clause이다.

④ 이 조항을 매매계약서에 기재한 경우에는 손해액을 입증하지 않아도 된다.

✎ **해설**

손해배상청구는 계약 당시에 예상하였거나 예상할 수 있는 손해배상액을 넘을 수 없다.

정답 ②

33 국제상사분쟁의 해결에 관한 설명으로 옳지 않은 것은?

① 소송으로 인한 분쟁해결은 신속성은 있으나 강제성이 없다.

② 중재조항이 없는 경우에는 당사자의 일방의 거부로 인해 중재판정에 이를 수 없다.

③ 중재판정이 결정된 이후 불복청구를 할 수 없다.

④ 조정은 중재절차 개시 전에 진행될 수 있으며, 쌍방이 조정안을 받아들인다면 법원의 확정판결과 동일한 효력이 발생된다.

✎ 해설

소송은 시간과 비용이 많이 소요되는 단점이 있으나 소송 결정 사항에 대해 강제성이 있다.

정답 ①

34 다음 중 청약과 승낙에 관한 설명으로 옳은 내용을 모두 고른 것은?

A. 청약은 불특정 다수에게 전하는 의사표시이다.
B. 청약은 그 제시된 내용과 매매조건에 당사자가 승낙하는 경우 계약이 성립된다.
C. 조건부 승낙도 청약에 대한 승낙으로 간주한다.
D. 승낙의 방식이나 방법이 지정되지 않은 경우 승낙 방법의 의사표시는 특별한 제한 없이 가능한 방법으로 표시할 수 있다.

① A, B
② B, D
③ C, A
④ A, C

✎ 해설

A. 청약은 1인 이상의 특정한 자에게 의사를 표시하고, 수량과 대금을 명시적 또는 묵시적으로 지정하거나 이를 결정하는 규정을 두고 있는 등 충분히 확정적인 제의와 승낙이 있을 경우 이에 구속된다는 의사를 표시하는 제의를 말하며, 불특정 다수에게 전하는 청약은 청약의 유인이다.

C. 조건부 승낙은 확정청약이 아니므로 반대청약을 구성한다.

정답 ②

35

무역계약의 성립을 위한 청약과 승낙에 대한 설명으로 옳지 않은 것은?

① 청약은 계약의 당사자가 될 특정인에 대하여 행해지는 것으로서, 불특정 다수를 대상으로 행한 것은 청약의 유인에 불과하며 청약과는 구별된다.

② 청약에 대해 승낙을 하게 되면 계약이 성립되므로 청약은 매매조건이나 유효기간 등의 표시 등 확정적인 의사표시를 해야 한다.

③ 승낙은 청약이 효력을 가지는 유효기간이 지난 후에도 자유롭게 의사표시를 할 수 있으며, 의사표시가 있는 경우 계약이 성립된다.

④ 승낙은 정해진 방법 또는 기타 자유로운 방법으로 의사표시를 할 수 있으나, 침묵 또는 무위는 그 자체로는 승낙이 되지 않는다.

🖉 해설

승낙은 유효기간 이내에 의사표시를 하여야 한다. 단, 당사자 간의 합의가 있는 경우에는 승낙의 유효기간이 지난 경우에도 승낙의 의사표시를 통해 계약이 성립될 수 있다.

정답 ③

36

무역계약의 체결 및 이행과 관련된 다음 설명 중 조건부청약에 관한 설명으로 옳은 것은?

> A. 피청약자가 청약자의 청약내용에 대해 내용의 일부를 변경 또는 추가하여 제의를 하는 것을 대응청약(counter offer)이라고 한다.
> B. 피청약자가 승낙을 하여도 계약이 성립되지 않고 청약자의 최종확인이 있어야 비로소 계약이 성립되는 청약을 최종확인조건부청약이라고 한다.
> C. 'subject to change without our prior notice'로 표현되는 경우 이는 확약청약이다.
> D. 견본이 마음에 들면 유효하도록 하는 청약을 승낙조건부청약이라고 한다.

① A, B, C

② A, B, D

③ B, C, D

④ A, B, C, D

🖉 해설

'subject to change without our prior notice'는 청약의 내용이 변경될 수 있어 청약의 내용에 대한 확정성이 없으므로 불확정 청약에 해당된다.

정답 ②

37 무역계약의 성립으로 볼 수 없는 것은?

① 매도인의 청약에 대하여 매수인이 사소한 변경을 하여 회신을 하고, 매도인이 별다른 반대통지를 하지 않았다.

② 매도인이 선수금방식을 조건으로 청약을 하고, 이에 대해 매수인이 별도의 구두 또는 문서로의 의사표시 없이 유효기일 이내에 대금을 송금하였다.

③ 매수인의 청약에 대하여 매도인이 유효기일 이내에 물품을 선적하였다.

④ 매수인이 매도인에게 Purchase Contract을 송부하였다.

✎ 해설

매수인이 매도인에게 구매계약서를 송부한 것은 계약의 성립이 아닌, 청약으로 볼 수 있다.

정답 ④

38 승낙에 관한 설명으로 옳은 것은?

① 변경된 승낙은 그 자체로 승낙이 이루어지는 것이 아니라 청약의 거절과 동시에 반대청약이 된다.

② 청약의 내용 중 일부만을 승낙하는 것도 승낙으로 볼 수 있다.

③ 매도인의 청약서에 매수인이 서명만 하는 것은 승낙이 아니다.

④ 승낙은 청약과 마찬가지로 발신주의를 원칙으로 한다.

✎ 해설

청약의 내용 중 일부만을 승낙하는 것은 승낙으로 볼 수 없으며, 승낙은 별도의 승낙 방법이 정해져 있지 않은 경우에는 자유로운 방법에 따라 승낙의 의사표시를 할 수 있다. 승낙의 의사표시는 청약자에게 승낙의 의사표시가 도달한 경우에 승낙의 효력을 발휘한다.

정답 ①

39 비엔나 협약(Vienna Convention, 1980)의 적용범위에 관한 내용 중 적용이 배제되는 매매를 모두 고른 것은?

A. 개인용, 물품의 구매
B. 경매에 의한 매매
C. 지분, 주식, 투자증권, 유통증권 및 통화의 매매
D. 전기의 매매
E. 스포츠용 소형요트

① A, B, C, D
② A, B, C, E
③ B, C, D
④ A, D, E

✎ 해설

스포츠용 소형요트는 비엔나 협약의 적용 범위에 포함된다.

정답 ①

40 비엔나 협약(Vienna Convention, 1980)에서 규정하고 있는 승낙에 관한 내용으로 옳지 않은 것은?

① 청약에 대한 동의를 표시하는 피청약자의 진술 또는 그 밖의 행위는 승낙이 된다.
② 청약자의 청약에 대한 침묵이나 부작위는 그 자체만으로는 승낙이 되지 않는다.
③ 구두의 청약은 특별한 사정이 없는 한 합리적인 기간 내에 승낙되어야 한다.
④ 청약에 대한 변경된 승낙이 청약과 내용적으로 불일치할 경우 그 불일치가 본질적인 것이라면 승낙으로 인정되지 않는다.

✎ 해설

구두 청약은 특별한 사정이 없는 한 즉시 승낙의 의사표시가 있어야 한다.

정답 ③

41 비엔나 협약(Vienna Convention, 1980)에서 규정하고 있는 계약의 해제와 관한 내용으로 옳지 않은 것은?

① 매수인은 계약해제로 매도인이 대금을 반환하여야 하는 경우 대금이 지급된 날로부터 그에 대한 이자도 청구할 수 있다.

② 계약의 해제는 손해배상의무를 포함하여 양 당사자가 계약상의 모든 의무로부터 해방된다.

③ 계약의 전부 또는 일부를 이행한 당사자는 계약이 해제된 경우 자신이 이행한 사항에 대한 반환을 청구할 수 있다.

④ 계약 당사자는 상대방의 의무 불이행이 자신에 의해 기인하는 경우, 상대방의 불이행에 대해 구제수단을 주장할 수 없다.

✏️ **해설**

계약이 해제된 경우 계약해제의 원인이 된 당사자는 계약해제로 인한 손해배상의무를 가진다.

정답 ②

42 다음 중 청약의 종류에 대한 설명으로 옳은 내용을 모두 고르면?

A. 확정청약은 효력이 발생되면 당사자가 이에 구속되며, 유효기간 내에는 청약자가 내용을 변경하거나 취소할 수 없는 청약이다.

B. 확정청약은 청약자의 판매 또는 구매의 확정적 의사표시이므로 피청약자가 이를 승낙하면 청약자의 최종확인 후에 계약이 성립된다.

C. 일반적으로 확정청약에는 유효기간이 설정되어 있어 유효기간 내에 승낙의 의사표시를 표시하여야 한다.

D. 불확정청약은 청약자의 판매 또는 구매의 단순한 불확정적 구상이라는 성격을 지닌다.

① A, B

② A, C, D

③ B, C, D

④ A, B, C, D

✏️ **해설**

확정청약은 피청약자가 승낙의 의사표시가 있는 경우에는 그것만으로도 계약이 성립된다. 승낙의 의사표시가 있은 후 청약자의 최종확인이 필요한 청약은 불확정청약이다.

정답 ②

43 계약의 성립을 위한 청약 및 승낙에 대한 설명으로 옳지 않은 내용을 모두 고른 것은?

> A. 양 당사자가 무역계약 체결 시 원본문서의 교환이 아닌 팩스, 이메일 혹은 구두로 계약하는 것은 효력이 없다.
> B. 무역계약 체결 시 청약자는 항상 매도인이다.
> C. 승낙은 청약자의 청약서에 대한 피청약자의 서명 자체로만 승낙의 효력이 발생한다.
> D. 불확정청약은 청약자가 언제든지 내용변경 및 취소할 수 있다.

① A, B
② B, C
③ A, C
④ A, D

✏️ 해설

원본문서 및 구두 등의 방법으로도 계약의 성립이 가능하며, 청약자는 매도인뿐만 아니라 매수인이 청약서를 발송하는 경우 청약자가 될 수도 있다.

정답 ①

44 무역계약의 성립에 관한 설명으로 옳지 않은 것은?

① 비엔나 협약에서 승낙의 과정을 생략하고 바로 물품인도나 대금지급 등의 계약내용을 이행하는 것은 승낙이 없었다고 하더라도 계약을 성립시키는 것이다.
② 청약을 승낙할 때에는 청약 내용 그대로 승낙해야 된다는 법칙을 "경상의 법칙"이라고 한다.
③ 무역계약은 계약당사자 쌍방의 계약체결을 향한 의사표시의 합치만으로는 성립될 수 없으며, 거래 목적물이 실제로 존재하는 경우에만 성립된다.
④ 비엔나 협약에서 매매계약의 체결은 서면에 의할 수도 있고, 증언을 포함한 여하한 수단에 의할 수도 있다고 규정하고 있다.

✏️ 해설

무역계약은 계약 당시에 거래목적물이 없더라도 계약이 체결될 수 있다.

정답 ③

45 다음은 비엔나 협약의 내용 중 계약의 해제와 관련된 내용이다. 올바른 내용을 모두 고른 것은?

> A. 계약의 해제는 계약의 효력을 계약의 성립시기로 소급하여 소멸시키는 것이며 이미 이행한 부분에 대하여는 반환의 의무가 없다.
> B. 매수인은 매도인의 본질적 계약위반이 있을 경우 계약을 해제할 수 있다.
> C. 매도인이 설정한 계약이행을 위한 추가기간 내에 매수인이 계약을 이행하지 않은 경우 매도인은 계약을 해제할 수 있다.
> D. 분할인도의 경우 어느 분할 인도분의 계약 불이행이 있는 경우, 매수인은 이미 행한 인도분과 앞으로 이행해야 할 인도분 모두에 대해 계약 해제를 할 수 있다.

① A, B, C   ② B, C, D

③ A, B, D   ④ A, C, D

 해설

계약의 해제가 이루어진 경우 이미 행한 계약 이행사항에 대해 반환하여야 한다.

정답 ②

46 매수인의 계약 불이행에 대해 매도인이 취할 조치를 순서대로 나열한 것은?

> A. 계약해제 통보
> B. 손해배상 청구
> C. 이행청구권 행사
> D. 중재신청

① C - A - B - D   ② A - C - B - D

③ A - B - C - D   ④ C - D - A - B

 해설

계약의 이행을 청구하고 계약이 이행되지 않는 경우 계약의 해제 통보 후 손해배상 및 중재 신청을 하여야 한다.

정답 ①

47 비엔나 협약(Vienna Convention, 1980)에 의하여 매매계약이 성립된 경우가 아닌 것은?

① 매도인의 송금방식 선수금 거래 요청에 대한 매수인의 대금 송금 이행
② O/A거래를 요구하는 매수인의 청약에 대한 매도인의 물품 선적
③ 매수인이 승낙의 회신을 요하는 구매청약에 대한 매도인의 물품 생산
④ 매도인 신용장 거래 요청에 대한 매수인의 신용장 발행

✎ 해설

매수인이 승낙의 회신을 요하는 구매청약을 하는 경우 승낙의 회신이 있어야 하며, 매도인의 물품 생산만으로 승낙을 구성하지 않는다.

정답 ③

48 비엔나 협약(Vienna Convention, 1980)에서 규정한 구제방법 중 매도인의 구제방법을 모두 고른 것은?

A. 계약이행청구권
B. 계약해제권
C. 대체품인도청구권
D. 손해배상청구권
E. 추가기간설정권
F. 대금감액청구권

① A, B, C, D
② A, C, D, F
③ A, C, D, E
④ A, B, D, E

✎ 해설

대체품인도청구권 및 대금감액청구권은 매수인의 구제방법이다.

정답 ④

49 다음 Incoterms 2020에 대한 옳은 설명을 모두 고른 것은?

> A. Incoterms는 물품매매계약에 따른 매도인과 매수인의 운송 미 보험계약 체결에 대한 의무를 일부 조건에서 다루고 있다.
> B. Incoterms는 국제매매계약 및 국내매매계약에 모두 사용가능하며, 수출입통관이 발생하는 경우에 한해서만 수출입통관의 의무를 규정하고 있다.
> C. FOB, CFR, CIF 규칙에서 인도시점은 물품이 본선에 적재된 때를 말한다.
> D. Incoterms는 매매계약에 따른 소유권의 이전, 계약위반에 따른 권리구제에 대한 사항에 대해서는 규정하지 않는다.

① A
② A, B
③ A, B, C
④ A, B, C, D

✎ **해설**

모두 Incoterms에 대해 올바르게 표현하고 있다.

정답 ④

50 다음 중 Incoterms 2020의 C-terms에 대한 옳은 설명을 모두 고른 것은?

> A. CFR, CIF조건에서 매도인은 통상적인 조건으로 운송계약을 체결하고 운임을 지급하지만 양륙비는 매수인이 부담한다.
> B. CIF조건에서 매도인은 보험계약을 체결할 때 최소보험조건, 보험금액은 송장금액의 110%를 부보하는 것을 기본으로 한다.
> C. CFR, CIF조건은 해상 및 내수로 운송 전용규칙이지만 CPT, CIP조건은 운송방식에 제한이 없다.
> D. CIF조건은 양하의 비용은 매수인이 부담하지만, 매도인이 운송계약에 따라 이 비용을 지불한 경우 별도의 합의가 없는 한 매도인은 이를 매수인에게 구상할 수 없다.

① A
② A, B
③ A, B, C
④ A, B, C, D

✎ **해설**

모두 Incoterms의 C-terms에 대해 올바르게 표현하고 있다.

정답 ④

51 다음 표에 제시된 Incoterms 2020에 대한 설명으로 옳지 않은 것은?

	조 건	수출통관	운송계약	보험계약	수입통관
①	CIF	매도인	매도인	매도인	매수인
②	DPU	매도인	매도인	의무없음	매수인
③	FCA	매도인	매수인	의무없음	매수인
④	DDP	매도인	매도인	의무없음	매수인

✎ **해설**

DDP조건은 매도인의 최대 의무로서 수입통관 및 비용 부담도 매도인의 의무이다.

정답 ④

52 다음과 같은 방식의 거래가 진행될 경우 Incoterms 2020의 규정에 따른 수출가격 산정으로 옳은 것은?

- 품목 – Computer Mouse
- 마진을 포함한 제품 원가 – USD 3.00
- 매도인 공장으로부터 선적 시까지 1개당 내륙 운임(통관비용 포함) – USD 0.50
- 선적항으로부터 도착항까지의 1개당 해상 운임 – USD 1.00
- 1개당 보험료 – USD 0.10
- 도착항으로부터 목적지까지 1개당 내륙 운송료 – USD 1.00

① CFR 조건일 경우 USD 3.60
② FOB 조건일 경우 USD 4.60
③ EXW 조건일 경우 USD 4.10
④ DAP 조건일 경우 USD 5.50

✎ **해설**

- CFR일 경우 제품원가(USD 3) + 내륙운임(USD 0.5) + 해상운임(USD 1) = USD 4.5
- FOB의 경우 제품원가(USD 3) + 내륙운임(USD 0.5) = USD 3.5
- EXW의 경우 제품원가(USD 3) = USD 3
- DAP의 경우 제품원가(USD 3) + 내륙운임(USD 0.5) + 해상운임(USD 1) + 목적지까지의 내륙 운송료(USD 1) = USD 5.5

정답 ④

53

Incoterms 2020의 규칙에 대한 설명으로 옳지 않은 것은?

① DAP 조건은 물품이 지정목적지의 도착운송수단에서 양하된 상태로 매수인의 처분 하에 놓이는 때를 인도시점으로 보는 것을 말한다.

② CIP 조건은 매도인이 합의된 장소에서 물품을 자신이 지정한 운송이나 제3자에게 인도하는 때를 인도시점으로 보는 조건을 말한다.

③ FOB 조건은 지정선적항에서 매수인에 의하여 지정된 본선에 적재하여 인도하거나 이미 그렇게 인도된 물품을 조달하는 것을 말한다.

④ EXW 조건은 매도인이 그의 영업소 또는 기타 장소(예 공장, 창고 등)에서 물품을 수취하는 차량에 적재되지 않은 상태로 매수인의 처분에 두는 때를 인도시점으로 보는 것을 말한다.

✎ **해설**

DAP 조건은 물품이 지정목적지에서 양하되지 않은 준비 상태로 매수인의 임의 처분에 놓이는 때를 인도시점으로 보는 것을 말한다.

정답 ①

54

다음 중 Incoterms 2020의 규칙에 대한 옳은 설명을 모두 고른 것은?

> A. Incoterms 2020에서는 각 조건별로 위험과 비용의 이전을 규정하고 있다.
> B. C-terms는 위험과 비용부담의 분기점이 상이하다.
> C. Incoterms 2020에서는 각 조건별로 물품에 대한 소유권의 이전 시기에 관하여 규정하고 있다.
> D. Incoterms 2020에서 매도인의 보험계약이 의무로 규정되어 있는 조건은 CIF와 CIP조건이며, 그 외의 조건은 양 당사자 모두에게 보험계약 체결의무에 대해 규정하지 않고 있다.

① A, B, C   ② A, C, D
③ A, B, D   ④ B, C, D

✎ **해설**

Incoterms 2020에서는 소유권에 관해서는 언급하지 않고 있다.

정답 ③

55 Incoterms EXW 조건에 대한 설명으로 옳지 않은 것은?

① 매도인의 최소의무를 규정하고 있으며, 매도인은 자신의 영업소 또는 공장 등의 장소에서 매수인의 처분 하에 물품을 적치해 놓은 경우 물품을 인도한 것으로 간주한다.

② 매도인은 물품을 운송수단에 적재할 의무가 없다.

③ 수출통관 및 기타 수출에 필요한 검사, 포장 등의 사항은 모두 매수인이 부담하여야 한다. 단, 수출국에서 물품을 인도하기 위하여 강제하는 검사가 있는 경우에는 매도인이 이를 이행하여야 한다.

④ 매도인이 인도장소에 물품을 적치한 상태에서 매수인이 지정한 운송인 등이 물품을 인수하지 않는 경우가 발생하면 매도인은 물품을 회수하고 계약의 해제를 요청하여야 한다. 매수인이 물품을 인수하지 않았기 때문에 이로 인한 손해배상은 제기할 수 없다.

✎ **해설**

매수인이 지정된 시점에 물품을 인수하지 않아 발생하는 모든 비용은 매수인이 부담하여야 하므로 이에 대한 손해배상을 제기할 수 있다.

정답 ④

56 FCA 조건에 대한 설명으로 옳지 않은 것은?

① 매도인은 반드시 매수인에게 본선적재선하증권을 발행하여야 한다.

② 매도인은 매수인이 지정한 운송인이나 제3자에게 물품을 인도하는 때를 인도시점으로 하며, 이때 위험과 비용이 매수인에게 이전된다.

③ 매수인은 인도장소부터 자신의 목적지까지의 운송 및 보험 등을 체결하여 물품을 운송하여야 한다.

④ 매도인은 인도장소에 물품을 적치하였으나, 매수인이 운송인 등을 지정하지 않아 인도시점에 물품을 수령하지 못하는 경우에는 인도시점 이후 발생하는 모든 위험과 비용은 매수인에게 이전된다.

✎ **해설**

의무사항은 아니지만 당사자 간에 합의가 있는 경우, 매수인은 그의 운송인에게 본선적재표기가 있는 선하증권을 매도인에게 발행하도록 지시하여야 한다.

정답 ①

57

CPT 조건에 대한 설명으로 옳지 않은 것은?

① 매도인이 합의된 장소에서 자신이 지정한 운송인이나 제3자에게 물품을 인도하는 때를 인도 시점으로 본다.

② 위험과 비용의 분기점이 동일하다.

③ 매도인은 지정목적항까지의 운임 및 수출통관 의무를 부담한다.

④ 매도인은 보험계약 체결의 의무는 없지만, 자신의 위험을 줄이기 위하여 자신을 피보험자로 하여 보험계약을 체결할 수 있다.

✎ **해설**

CPT 조건은 인도시점에 위험은 이전되나, 비용은 목적국의 지정목적항까지의 운임을 매도인이 부담한다.

정답 ②

58

CIP 조건에 대한 설명으로 옳지 않은 것은?

① 매도인이 합의된 장소에서 자신이 지정한 운송인이나 제3자에게 물품을 인도하는 때를 인도 시점으로 보며, 위험은 인도와 함께 이전되지만, 목적지까지의 운송계약 및 보험은 매도인의 의무이므로 비용은 목적지까지 매도인이 부담한다.

② 운송수단에 관련 없이 사용가능한 조건이며, 해외 거래에 사용 가능한 조건이다.

③ 매도인은 목적국의 목적지까지 운송 및 보험계약을 체결하지만, 보험계약의 피보험자는 매수인이 된다.

④ 보험계약 체결은 최소 담보조건으로 부보하면 되며, 물품가액의 110%에 해당하는 가액으로 부보하면 된다.

✎ **해설**

매도인은 보험체결 시 ICC(A) 조건 또는 이와 유사한 담보조건으로 보험을 부보하여야 한다. 단, 당사자 간 합의에 따라 더 낮은 담보조건으로 보험을 부보할 수 있다.

정답 ④

59

DAP 조건에 대한 설명으로 옳지 않은 것은?

① 목적국 내의 지정목적지에서 물품을 매수인의 처분 하에 놓아둔 때, 위험 및 비용은 매수인에게 이전된다.

② 목적국 내의 지정목적지에서 물품의 양하 비용은 매도인이 부담한다.

③ 수출통관은 매도인이 부담하며, 수입통관은 매수인이 부담한다.

④ 매도인은 자신을 위하여 보험계약을 체결할 수 있다.

🖉 해설

물품의 양하 비용은 매수인이 부담한다. Incoterms에서 양하 비용을 매도인에게 부담하도록 하는 조건은 DPU 조건뿐이다.

정답 ②

60

DPU 조건에 대한 설명으로 옳지 않은 것은?

① 목적국 내의 지정목적지에서 물품을 도착차량에서 양하하지 않은 채로 매수인의 처분 하에 놓아둔 때 위험 및 비용은 매수인에게 이전된다.

② 목적국내의 지정목적지에서 물품의 양하 비용은 매도인이 부담한다.

③ 수출통관은 매도인이 부담하며, 수입통관은 매수인이 부담한다.

④ 매도인은 자신을 위하여 보험 계약을 체결할 수 있다.

🖉 해설

유일하게 DPU는 매도인의 양하의무를 규정하고 있다.

정답 ①

61 DDP 조건에 대한 설명으로 옳지 않은 것은?

① 매수인의 최소 의무, 매도인의 최대 의무를 규정한 조건이다.

② DDP에서는 매도인이 물품의 운송 및 보험계약, 수출통관 및 수입통관 절차를 모두 매도인이 부담한다.

③ 수입통관 시 발생하는 관세 및 제세공과금은 매수인이 부담한다.

④ 수입통관 시 이행하여야 하는 절차는 매도인이 이행하지만, 매도인이 이러한 절차를 이행하도록 하기 위하여 매수인은 협조하여야 한다.

✏ 해설

DDP에서는 수입통관 시 발생하는 관세 등의 비용은 매도인이 부담한다.

정답 ③

62 FAS 조건에 대한 설명으로 옳지 않은 것은?

① 수출국의 지정선적항에서 본선의 선측에 물품을 놓았을 때 위험과 비용이 매도인에서 매수인에게 이전된다.

② 컨테이너 화물의 경우에는 FAS 조건보다 FCA 조건이 더 적합한 조건이다.

③ 지정선적항에서 선박의 지정은 매도인이 지정한다.

④ 산적화물(Bulk Cargo)의 계약에서 사용되는 경우가 많다.

✏ 해설

수출국의 지정선적항에서 선박의 지정은 매수인이 하며, 매도인은 매수인이 지정한 선박의 선측에 물품을 놓아둔 때 인도의 의무를 완료한다.

정답 ③

63

FOB 조건에 대한 설명으로 옳지 않은 것은?

① 지정선적항에서 매수인에 의하여 지정된 본선에 적재하여 인도하거나 이미 그렇게 인도된 물품을 조달하는 것을 인도로 본다.

② 실무적으로는 가장 많이 사용되는 Incoterms 조건 중에 하나이다.

③ 선박의 지정과 운송계약 체결은 매수인이 진행한다.

④ 지정된 인도 기일 전이라도 매도인이 물품을 본선에 적재하여 인도한 경우 매수인은 이를 인수하여야 하며, 그 비용은 매수인이 부담한다.

✏ **해설**

지정된 인도 기일 전에 매도인이 물품을 본선에 적재하였더라도, 인도 기일까지의 위험 및 비용은 매도인이 부담한다.

정답 ④

64

CFR 조건에 대한 설명으로 옳지 않은 것은?

① 물품을 본선에 적재하여 인도하거나 그러한 물품을 조달한 때에 위험 및 비용은 매수인에게 이전된다.

② 지정선적항에서 선박은 매수인이 지정한 선박에 물품을 적재하여야 한다.

③ 지정목적항까지의 운임은 매수인이 부담한다.

④ 선적 전 검사(수출국 강제 선적 전 검사 제외)를 포함한 수출통관은 매수인이 진행하여야 한다.

✏ **해설**

지정목적항까지의 운임은 매도인이 부담한다.

정답 ③

65

CIF 조건에 대한 설명으로 옳지 않은 것은?

① 매도인은 수출국에서 강제하는 선적 전 검사를 포함하여 물품의 검사 · 포장 · 화인 등에 대한 의무를 이행하여야 한다.

② 지정목적항의 운임 및 보험료는 매도인이 부담한다.

③ 물품을 본선에 적재하여 인도하거나 그러한 물품을 조달한 때에 위험 및 비용은 매수인에게 이전된다.

④ 매도인은 보험체결 시 ICC(A) 조건 또는 이와 유사한 담보조건으로 보험을 부보하여야 한다. 단, 당사자 간 합의에 따라 더 낮은 담보조건으로 보험을 부보할 수 있다.

✎ 해설

ICC(C) 조건 또는 이와 유사한 담보조건으로 보험에 부보하여야 한다. 단 당사자 간 합의에 의해 더 높은 수준의 보험에 부보하도록 할 수 있다.

정답 ④

66

다음과 관련하여 Incoterms 2020에 대한 설명으로 옳지 않은 것을 고르면?

> 단가 – USD 3.5
> 수량 – 10,000개
> 출항 – Jun. 5, 2022, Incheon Port
> 도착 – Jun. 7, 2022, Qingdao Port
> 비용 부담 – 도착항까지 운임 수출자가 부담
> 위험부담 – 별도의 약정은 없음

① CFR Incheon 조건으로 설정하는 것이 가장 적합하다.

② 매수인은 보험 가입의무는 없으나 자신의 위험을 최소화하기 위하여 보험에 가입할 수 있다.

③ 단가 USD 3.5에는 수출국 내륙 운송료가 포함된 가격이다.

④ 도착항까지의 운임은 수출자가 부담한다.

✎ 해설

CFR Qingdao 조건이 맞다.

정답 ①

67

다음은 Incoterms 2020에 대한 설명이다. 올바른 내용을 모두 고른 것은?

> A. 정형거래조건별로 매도인과 매수인의 권리 · 의무, 소유권 이전 문제 등을 규정하고 있다.
> B. 국내매매계약에 적용 가능하다.
> C. 매도인과 매수인의 분쟁해결방법을 각 정형거래조건별로 규정하고 있다.
> D. 매도인과 매수인이 Incoterms를 적용하기로 하면 해당 Incoterms 조건에서 규정한 내용과 상이한 별도 조건을 특약할 수 없다.
> E. 물품의 인도장소 및 인도방법 등을 규정하고 있다.

① A, B
② B, E
③ C, D
④ A, E

✎ **해설**

Incoterms는 국내매매계약에서도 사용가능하며, 물품의 인도장소 및 인도방법 등에 대해 규정하고 있다.
A. INCOTERMS는 소유권이전에 대해서는 규정하고 있지 않다.
C. INCOTERMS에서 분쟁해결방법을 규정하고 있지 않다.
D. 매수인과 매도인의 합의하에 특약조건을 계약상의 내용에 추가할 수 있다.

정답 ②

68

다음의 내용만을 가정하였을 경우 수출단가 산정으로 옳지 않은 것은?

> 1. 품목 – Optical mouse
> 2. 단가 – USD 2
> 3. 매도인 공장에서 선적항까지 1개당 운송료(통관비용 포함) – USD 0.3
> 4. 선적항부터 도착항까지 1개당 해상운임 – USD 1
> 5. 선적항부터 도착항까지 1개당 해상운송 보험료 – USD 0.01
> 6. 도착항부터 목적지까지 1개당 내륙 운송료 – USD 0.4

① EXW 조건일 경우 수출단가는 USD 2
② FOB 조건일 경우 수출단가는 USD 2.3
③ CIF 조건일 경우 수출단가는 USD 3.31
④ DAP 조건일 경우 수출단가는 USD 3.71

✎ **해설**

DAP 조건의 경우 해상운송 보험료가 필수는 아니므로, 수출단가는 USD 3.70이 된다(해상보험을 포함하기로 별도로 협의한 경우에는 USD 3.71이 될 수 있음).

정답 ④

69 수출상인 SJ사와 수입상인 TI회사는 다음과 같은 조건으로 무역계약을 체결하였다. 다음 조건에서 제시한 설명 중 가장 적합한 것은?

> 〈조 건〉
> • 물품을 LA항에서 선적하여 인천항까지 해상운송계약을 체결하였다.
> • TI사는 LA항에서 인천항까지 해상운임과 해상보험료를 부담하는 조건이다.

① 가격조건은 FOB INCHEON이다.
② SJ사는 인천항에서 양하 완료까지 위험을 부담한다.
③ TI사는 운송 중 최소담보 조건으로 해상보험을 계약할 수 있다.
④ 수출통관은 TI사가 하여야 한다.

✏ **해설**

수입자는 자신의 위험을 감수하기 위해, 자신이 보험에 부보할 수 있다.

정답 ③

70 다음 중 Incoterms 2010과 Incoterms 2020의 비교 설명으로 옳지 않은 것은?

① 매도인과 매수인과의 별도 합의가 없다면, Incoterms 2010의 CIP규칙에서는 매도인의 최소 부보 조건인 ICC(C)조건, Incoterms 2020의 경우 최대 부보 조건인 ICC(A)조건의 부보를 해야 하는 것으로 되어 있다.
② Incoterms 2010의 DAT규칙이 터미널에서 인도하도록 한 것에 비해, Incoterms 2020의 DPU규칙은 터미널 이외의 장소에서도 인도가 가능하도록 한 것을 제외하고는 DAT규칙과 내용상 별다른 차이가 없다.
③ Incoterms 2020에서 매도인과 매수인과 의무조항의 변경되어 Incoterms 2010의 Allocation of Cost에서 Incoterms 2020의 Cheking/Packing/Marking으로 변경되었다.
④ Incoterms 2020에서는 Incoterms 2010에 도입된 당사자의 보안 관련 의무사항이 운송의 및 비용조항으로 명시적으로 강조됐다.

✏ **해설**

Incoterms 2010에서 Checking/Pakcing/Marking으로 구분되어 있던 비용 관련 부분이, Incoterms 2020 Allocation of Cost에 명기되어 있다.

정답 ③

71 항공운송에 관한 설명으로 옳지 않은 것은?

① 항공화물의 경우 수하인 또는 그 위임자가 지정하는 장치장소를 결정한다.

② 수출자는 포워더를 통하여 항공사에 화물운송 예약을 할 수 있다.

③ 소품종 다량생산이 항공운송 발전에 큰 영향을 주었다.

④ 포워더는 화물을 선적한 수출자에게 화물선적의 증빙으로서 House Air Waybill을 발행한다.

✏ 해설

다품종 소량생산의 추세로 선복은 적지만 가격이 높고 운송속도가 빠른 항공운송이 발전한 주요 원인이다.

정답 ③

72 복합운송증권의 법적 성질로 옳지 않은 것은?

① 복합운송증권은 운송계약을 입증하는 증거 서류의 기능을 한다.

② 항공화물운송장과 동일하게 권리증권의 기능을 갖는 것은 아니다.

③ 복합운송증권의 이전으로 권리의 이전이 가능하며, 화물의 인도를 청구할 수 있다.

④ 화물수취증 기능을 한다.

✏ 해설

복합운송 증권은 권리증권으로서의 기능을 갖는다.

정답 ②

73 컨테이너 화물의 해상운송과 관련한 설명으로 옳지 않은 것은?

① 선사의 선적 스케줄을 확인하고 출고 계획을 세워야 한다.

② 선적 절차가 끝나면 수출화주는 수입자에게 선적통지를 하고 관련 서류를 송부한다.

③ LCL 화물을 수출하는 화주는 빈 컨테이너에 수출화물을 적입하고 봉인한 후 컨테이너를 선적 항 CY에 입고시킨다.

④ FCL 화물은 컨테이너 전체에 1명의 화주의 화물만 적재할 수 있다.

✎ **해설**

LCL 화물은 여러 화주의 물품을 적재하여야 하기 때문에 화물을 혼입한 후 봉인 및 선적항에 입고된다.

정답 ③

74 FOB 조건 하에서 FCL 수출화물 운송과 관련한 설명으로 옳지 않은 것은?

① 통상적으로 수출자는 수입자가 지정한 운송인을 통해 화물을 운송하게 된다.

② 선사가 FCL 화물을 인수하여 본선에 적재하면 화물수령의 증거로 본선수취증을 발급한다.

③ 본선 수취증의 "Said to Contain"이라고 기재된 경우 선사는 컨테이너 내용물에 대해 책임이 없다는 것을 나타낸다.

④ 별도의 조건이 합의되지 않은 경우 화물을 운송하는 운송인은 수출자가 직접 계약한다.

✎ **해설**

통상적으로 화물을 운송하는 운송인은 수입자가 지정하는 운송인을 통해 운송한다.

정답 ④

75 정기선 운송의 특징으로 옳지 않은 것은?

① 원유, 곡물, 광석 등 산적화물(Bulk Cargo)을 운송하는 데 사용된다.

② 운항일정(Sailing Schedule) 및 운임요율표(Freight Tariff)가 공시된다.

③ 고정된 항로를 규칙적으로 운항하므로 선적기일을 맞추는 데 적합하다.

④ 정기선 항로에 배선하는 선박회사끼리 해운동맹을 결성하는 것이 일반적이다.

✎ 해설

정기선 운송은 공산품 등 일반화물(General Cargo)을 운송하는 데 사용된다.

정답 ①

76 부정기선 운송의 특징으로 옳지 않은 것은?

① 운임은 대체로 정기선보다 낮으며, 수요와 공급에 의해 운임이 결정되므로 운임의 변동폭이 크다.

② 선주가 선박 또는 선복을 제공하여 화물을 운송할 것을 약정하는 용선계약(Charter Party)을 체결하여 운송하는 것이 일반적이다.

③ 고정된 항로와 운항 일정이 없으므로 항로의 자유로운 선택이 가능하다.

④ 다수 화주의 소량화물을 대상으로 개품운송계약을 체결한다.

✎ 해설

다수 화주의 소량화물을 대상으로 개품운송계약을 체결하는 형태의 운송은 정기선 운송이다.

정답 ④

77 선하증권의 법적 성질에 해당하지 않는 것은?

① 유가증권성 – 선하증권은 주식이나 어음처럼 유가증권의 범위에 포함되며, 일정요건을 갖추면 어느 때라도 현금화할 수 있다.

② 불요식증권성 – 선하증권은 상법이나 선하증권의 준거법에 명시된 법정 기재사항이 기재되어 있지 않아도 된다.

③ 지시증권성 – 선하증권은 증권상의 권리자가 타인을 지정함으로써 새로운 권리자로 만드는 성질을 의미하며, 배서(Endorsement)나 교부(Delivery)의 방법으로 양도하고, 우리나라 「상법」에서는 기명식 선하증권이라도 배서에 의하여 양도할 수 있도록 규정하고 있다.

④ 채권증권성 – 선하증권의 정당한 소지인은 이를 발급한 운송인에 대하여 선하증권 상에 표시된 화물의 인도를 청구할 수 있는 권리를 갖고 있다.

✎ 해설

요식증권성은 선하증권은 상법이나 선하증권의 준거법에 명시된 법정기재사항이 기재되어야 하는 요식증권의 성질을 말한다. 불요식증권은 요식증권성을 요구하지 않는 증권을 말한다.

정답 ②

78 선하증권의 종류에 관한 설명으로 옳지 않은 것은?

① 선적선하증권 – 화물을 수취한 후 발행하는 선하증권으로 선하증권에 'Shipped on Board'와 함께 선적완료를 표시한다.

② 고장부선하증권 – 선박회사가 물품을 인수할 당시 포장상태가 불완전하거나 수량의 부족함이 비고(Remark)란에 기재되어 있는 선하증권이다.

③ 무고장부선하증권 – 송하인이 계약화물을 선적할 때 그 화물의 상태가 양호하고 과부족이 없이 수량이 정확하여 비고(Remark)란에 아무 표시도 기재되지 않고 'Shipped on board in apparent good order and condition'이라 표시된 선하증권을 의미한다.

④ 기명식선하증권 – B/L의 수하인(Consignee)란에 수하인인 수입자의 이름이 기재된 선하증권이다. 유통성이 없으므로 무역거래보다는 개인 이사화물, 위탁 판매물품 운송 등에 주로 사용된다.

✎ 해설

선적선하증권(Shipped B/L) : 화물을 본선에 적재한 후 발행하는 선하증권으로 선하증권에 'Shipped on Board' 와 함께 선적완료를 표시한다. 선적선하증권의 발행일이 본선 적재일자가 되며 선하증권의 법적요건 및 성질을 충족하는 서류이다.

정답 ①

79 해상화물운송장(Sea Waybill)의 특징에 대한 설명으로 옳지 않은 것은?

① 해상화물운송장은 선하증권과 달리 권리증권의 기능이 없으며, 단순히 화물수령의 증거 및 운송계약체결의 증거 역할을 수행한다.

② 해상화물운송장은 선하증권과 동일하게 권리증권성이 있으며 매매양도가 가능한 유통증권이다.

③ 권리증권성이 없는 비유통성 증권이므로 지시식이나 무기명식으로 발행되지 않고 기명식 발행으로 기명된 수하인이 화물을 인수할 수 있다.

④ 권리증권적 기능이 없으므로 기명된 수하인이 물품을 인수할 때 물품의 화물과의 상환을 요하지 않는다.

✎ **해설**

선하증권은 권리증권성이 있으며 매매양도가 가능한 유통증권이나, 해상화물운송장은 권리증권성이 없는 운송서류로서 매매양도가 불가능하다.

정답 ②

80 다음 중 선하증권과 해상화물운송장을 비교한 내용으로 옳지 않은 것은?

	구 분	선하증권	해상화물운송장
①	서류의 성질	운송물품에 대한 권리증권	물품의 적재사실에 대한 통지서
②	운송계약증거 기능	있 음	있 음
③	물품영수증 기능	있 음	있 음
④	유통성의 유무	유통 가능	유통 가능

✎ **해설**

해상화물운송장은 유통이 불가능하다.

정답 ④

81

항공화물운송장의 발행과 관련하여 옳지 않은 것은?

① 항공화물의 운송인은 송하인이 항복예약(Plane's Space Booking)을 하고 물품, 선하증권, 포장명세서 등의 서류를 항공운송업자에게 인도하면 운송인은 AWB을 발급한다.

② 항공화물운송장은 IATA에서 AWB에 대한 세부적인 양식과 발행방식을 세부적으로 규정하고 있으나, IATA 회원국 여부를 불문하고 모두 사용하므로 세계적인 표준화를 이루었다고 볼 수 있다.

③ 항공화물운송장은 원본 3통과 부본 9통으로 구성되지만, 수출자는 신용장 네고 시 1통의 AWB만 제시하면 된다.

④ 항공화물운송장의 Original 2(적색)는 송하인용으로 출발지에서 송하인으로부터 항공사가 화물을 수취했다는 수령증 및 운송계약체결의 증빙서류이다.

🖉 **해설**

항공화물운송장 Original 2(적색)는 수하인용으로 발급된 서류로 화물과 함께 목적지에 보내 수하인에게 인도된다.

정답 ④

82

국제복합운송증권에 대한 설명으로 옳지 않은 것은?

① 이종 운송수단의 결합(Different Modes of Transport)이 이루어진다(선박, 항공기, 기차, 트럭 등).

② 운송 책임은 구간별 운송을 수행한 자가 부담한다.

③ 화물 1단위당 또는 중량 또는 용적당 일정한 운임을 책정하는 단일운임(Through Rate)의 청구권을 가진다.

④ 전 운송구간에 대해 한 장의 운송서류인 복합운송증권(Multimodal Transport Document)을 발행한다.

🖉 **해설**

국제복합운송은 모든 책임이 복합운송인에게 집중되는 단일 책임의 단일운송계약(Single Contract)으로 전 구간의 운송(Through Carriage)을 인수한다.

정답 ②

83

항공화물운송대리점(Air Cargo Agent)과 항공화물운송주선업자(Air Freight Forwarder)에 대한 설명으로 옳지 않은 것은?

① 항공화물운송대리점은 항공사 또는 항공사의 대리점을 위하여 유상으로 항공기에 의한 화물의 운송계약 체결을 대리하는 자를 말한다.

② 항공화물운송대리점은 항공사를 대리하여 항공화물을 집화하고 Master AWB를 발행한다.

③ 항공화물운송주선인은 포워더라고 하며, 항공기를 보유하고 스스로 운항하지 않지만 개별화주와 운송계약을 체결하여 운송에 대한 책임을 부담하고, 집화한 소량의 화물을 하나의 화물로 통합하여 스스로 송하인의 입장에서 항공회사 운송을 위탁하는 자이다.

④ 항공화물운송대리점은 항공사에서 제시받은 운임과 화주에게 제시하는 운임의 차이를 통해 수익을 창출하며, 포워더는 자체적으로 요율을 정하고 화주에게 House AWB를 발행한다.

✎ **해설**

항공화물운송주선인은 항공사에서 제시받은 운임과 화주에게 제시하는 운임의 차이를 통해 수익을 창출하며 포워더는 자체적으로 요율을 정하고 화주에게 House AWB을 발행한다.

정답 ④

84

컨테이너 운송의 단점이 아닌 것은?

① 컨테이너 자체 및 하역 장비, 컨테이너 운반선 등은 고가이므로 초기자본이 많이 필요하다.

② 중량, 용적, 길이 등의 이유로 컨테이너 사용이 불가능한 물품이 있다.

③ 컨테이너선의 경우 갑판적이 허용되므로 갑판 적재화물에 대한 할증보험료가 적용되고 있다.

④ 컨테이너 자체의 견고성과 밀폐성으로 운송 및 하역 중 안전하며 운송 중의 기후변화에도 무방하다.

✎ **해설**

컨테이너 자체의 견고성과 밀폐성으로 운송 및 하역 중 안전하며 운송 중의 기후변화에도 안전한 것은 컨테이너의 장점이다.

정답 ④

안심Touch

85 항해용선계약 시 정박기간을 산정하는 기준에 대한 설명으로 옳지 않은 것은?

① CQD(Customary Quick Delivery, 관습적 조속하역) - 관습적인 하역능력에 따라 가능한 한 빨리 적재하고 양륙하는 조건을 의미한다. 불가항력으로 인한 하역불능은 정박기간에서 공제하며, 일요일과 공휴일은 관습에 따른다.

② 체선료(Demurrage) - 허용된 정박기간 이전에 하역작업이 완료된 경우 선주가 용선자에게 지급하는 금액을 의미한다. 체선료의 반대개념으로 보통 1일당 체선료의 1/3에서 1/2 정도를 지급한다.

③ Running Laydays - 하역개시일부터 종료일까지의 경과일수로 계산하는 방법으로 총 소요기간을 24시간으로 계산하여 정박기간을 계산한다. 일요일, 공휴일은 물론 하역불능사태가 발생해도 모두 정박기간에 포함된다.

④ Working Days - 각 항구의 관습에 따라 그 항구에서 평상 하역이 행해지는 날을 말한다. 일요일, 공휴일 등 하역항의 휴일을 제외하지만 악천우로 인한 하역불능일은 제외되지 않는다.

✏ 해설

조출료(Dispatch Money) : 허용된 정박기간 이전에 하역작업이 완료된 경우에 선주가 용선자에게 지급하는 금액을 의미한다. 체선료의 반대개념으로 보통 1일당 체선료의 1/3에서 1/2 정도를 지급한다.

정답 ②

86 구 협회적하약관의 보험조건별 담보 범위에 대한 설명으로 옳지 않은 것은?

① A/R조건에서는 열거책임주의가 채택되고 있다.

② W/A조건에서는 해수손에 대해 담보한다.

③ FPA조건에서는 단독해손은 보상되지 않는다.

④ W/A조건에서는 전손과 공동해손 그리고 단독해손도 보상된다.

✏ 해설

구 협회적하약관에서 A/R은 포괄담보책임주의를 채택하고 있다.

정답 ①

87

한국의 시대상사는 FCA Busan CFS, 사후송금 조건으로 뉴욕을 도착항으로 모포 10cbm을 LCL로 수출하고자 한다. 다음 중 옳은 내용을 모두 고른 것은?

> A. 시대상사는 뉴욕의 수입자가 지정해 준 Freight Forwarder를 통해서 booking을 진행하였다.
> B. 시대상사는 운송인에게 배차정보를 전달하고, Empty container에 화물을 Stuffing하였다.
> C. 시대상사는 화물을 CY Operator에게 인도하고, CY Operator는 검수 후 Container에 적입하고 Sealing 을 하였다.
> D. 시대상사는 화물이 선적되고 나서 선사로부터 Master B/L을 수령하였다.
> E 시대상사는 자신이 Shipper로 기재된 House B/L을 뉴욕의 수입자에게 송부하였다.
> F. 시대상사는 직접 배서한 OB/L을 뉴욕의 수입자에게 양도하였다.

① A, C
② B, D
③ A, E
④ B, E

✏️ **해설**

B. LCL 수출건은 혼재화물이기 때문에 화주가 직접 Container에 화물을 Stuffing하지 않는다.
C. LCL 화물은 CY에 화물을 인도하는 것이 아니라 CFS로 화물을 인도한다.
D. LCL 화물은 House B/L을 발행받는다.
F. LCL 화물은 OBL을 발행하지 않고, 포워더가 발행한 House BL을 발행받는다.

정답 ③

88

해상보험의 구성요소에 해당하지 않는 것은?

① 해상보험은 손해보상을 목적으로 하는 보험이다.
② 해상보험은 해상위험(Marine Perils)으로 인해 생긴 손해를 보상하는 보험이다.
③ 피보험자가 해상위험으로 인해 손해를 입은 경우에는 그에 상응하는 피보험이익이 존재하지 않아도 된다.
④ 해상보험은 피보험이익에 발생한 손해의 보상을 목적으로 하고, 해상보험에서 보험자에 의하여 보상되는 손해는 원칙적으로 직접손해에 한정되며, 간접손해를 포함하는 모든 손해에 대해 보상하지는 않는다.

✏️ **해설**

피보험자가 해상위험으로 인해 손해를 입은 경우에는 그에 상응하는 피보험이익이 존재해야 한다. 즉, 피보험자가 보험이 목적인 선박 또는 적하에 대해 해상위험에 의해 손해를 입은 사실이 있어야 손해를 보상받을 수 있다.

정답 ③

89

수출자가 운송인에게 납부하여야 할 운임 합계금액으로 올바른 것은?(운임과 일부 부대요금은 Container당 부과한다)

A. CFR Haiphong

B. 40'Dry 2 container

C. Ocean Freight USD 400

D. THC USD 180

E. CAF – 5%

F. Wharfage USD 10

H DOC Fee – USD 50

---

① USD 610

② USD 1,010

③ USD 1,270

④ USD 1,320

✎ 해설

Ocean Freight USD 400 × 2(Container) = USD 800

THC USD 180 × 2 = USD 360

CAF 5% = USD 800 × 5% = 40

Wharfage USD 10 × 2 = USD 20

DOC Fee = USD 50

정답 ③

90

다음 목적지에서 실시된 검정보고서에 따라 ICC(C) 조건의 보험에 가입된 경우 피보험자가 보험자로부터 받을 수 있는 손해의 범위는?

〈검정 보고서〉

화물 20CT – 선적항 선적 작업 중 낙하하여 환전 멸실

화물 10CT – 해상운송 중 해수에 의해 침수되어 손상됨

화물 20CT – 하역 후 내륙 운송 중 화재로 전소

---

① 10CT

② 20CT

③ 30CT

④ 50CT

✎ 해설

ICC(C) 조건 중 화재만 보상 받을 수 있다.

정답 ②

91

해상보험계약의 법적 성격으로 옳지 않은 것은?

① 보험계약은 그 성립을 위하여 당사자 간의 합의와 함께 정형화된 형식을 필요로 한다.

② 보험계약자는 보험료 지급의 의무를 지고 보험자는 보험 목적물에 손해가 발생한 경우 지급의무를 갖는 쌍무계약의 성격을 갖는다.

③ 보험자는 계약상 합의된 방법과 범위 내에서 피보험자의 손해를 보상할 것을 확약하며, 그 대가로 보험료를 지급받게 된다. 계약당사자의 급부의 내용이 대가관계에 있는 유상계약이다.

④ 보험계약은 당사자 간의 의사표시의 합치로 성립된다.

 해설

보험계약은 그 성립을 위하여 당사자 간의 합의 외에는 별도의 형식을 필요로 하지 않는다.

정답 ①

92

해상보험증권의 해석원칙으로 옳지 않은 것은?

① 수기문언의 우선원칙 – 해상보험증권의 여러 약관 중 내용이 서로 상충될 경우 수기문언을 우선적으로 적용해야 한다는 원칙이다. 인쇄되어 있는 약관보다 보험자와 피보험자가 추후 합의에 의하여 수기로 기재한 문언이 우선시된다는 뜻이다.

② 작성자 불이익의 원칙 – 보험증권 상의 약관이나 문언의 애매성은 피보험자에게 불리하게 해석해야 한다는 원칙이다.

③ 계약당사자의 의사존중원칙 – 기본적으로 계약당사자의 의사를 존중하여 해석해야 하나, 판결에 의해 내려진 해석에 의해 제한을 받는다는 원칙이다.

④ POP 원칙 – 보험증권 상의 약관이나 문언은 평이한(Plain), 통상적인(Ordinary), 통속적인(Popular) 의미로 해석해야 한다는 원칙이다. 피보험자가 보험의 내용이나 약관을 이해하기 쉽도록 작성되어야 함을 말한다.

 해설

작성자 불이익의 원칙
보험증권 상의 약관이나 문언의 애매성은 보험자에게 불리하게 해석해야 한다는 원칙이다.

정답 ②

93 구 약관인 전위험담보조건(ICC, A/R)에서 면책위험이 아닌 것은?

① 피보험자의 고의 또는 악의적 비행

② 화물 고유의 성질이나 하자로 기인된 손해

③ 항해의 지연에 근인한 손해 또는 비용

④ 선박의 침몰로 인한 손해

✎ **해설**

전위험담보조건에서 선박의 침몰로 인한 손해는 담보범위이다.

정답 ④

94 구 약관인 ICC(FPA)에서 담보하는 위험이 아닌 것은?

① 선적, 환적 혹은 하역작업 중의 포장당 전손

② 화재, 폭발, 충돌

③ 외부적, 우발적 원인에 의한 손해

④ 피난항에서의 화물의 하역

✎ **해설**

모든 외부적 · 우발적 원인에 의한 손해는 ICC(A/R)에서는 담보하나, ICC(FPA)에서는 담보하지 않는다.

정답 ③

95 신 약관인 ICC(A), ICC(B), ICC(C)에서 모두 담보하는 위험이 아닌 것은?

① 화재, 폭발

② 지진, 분화, 낙뢰

③ 본선, 부선, 그 밖의 운송용구와 물 이외 타물과의 충돌 · 접촉

④ 투 하

✎ **해설**

ICC(C)는 지진, 분화, 낙뢰를 담보하지 않는다.

정답 ②

96

해상운송 중 다음의 사고를 겪은 피보험자가 적하보험으로 보상받을 수 있는 보험금으로 옳은 것은?

- ICC(B) 조건, 스웨터 1,000벌을 USD 11,000(USD 10,000 × 110%)으로 보험에 가입된 상태
- 선내 화재로 연소된 스웨터 − 200벌(잔존가치 없음)
- 해수 유입으로 수침된 스웨터 − 200벌(50% 감가 인정)
- 파도에 의한 갑판상 유실 − 100벌

① $ 3,300
② $ 4,400
③ $ 5,500
④ $ 2,200

해설

- 스웨터 1벌 가격 : USD 11
- 화재로 연소된 스웨터 200벌에 대한 보험료 : 200벌×USD 11 = USD 2,200
- 해수 유입으로 수침된 스웨터 200벌에 대한 보험료 : 200벌×USD 11 = USD 2,200,
  50% 감가를 적용하면 USD 1,100
- 파도에 의한 갑판상 유실 100벌에 대한 보험료 : 100벌×USD 11=USD 1,100
- 총 보험료 : USD 4,400

정답 ②

97

ICC 조건상의 보험기간에 대한 내용으로 옳지 않은 것은?

① ICC(A), (B), (C)는 화물이 보험증권에 기재된 지역에서의 창고 또는 저장소에서 운송개시를 위하여 떠날 때부터 담보가 개시되고 통상의 운송과정 중에 계속된다.
② 종기는 보험증권에 기재된 목적지에서 수하인 또는 기타 최종창고 또는 보관장소에 인도될 때이다.
③ 종기는 보험증권에 기재된 목적지나 또는 그 이전이거나를 불문하고 피보험자가 통상의 운송과정을 벗어난 보관이나 할당 또는 분배를 위해서 사용하고자 선택한 기타의 창고나 혹은 보관장소에서 인도될 때이다.
④ 종기는 최종 양륙항에서 하역한 후 180일이 경과한 때이다.

해설

종기는 최종 양륙항에서 하역한 후 60일이 경과한 때이다.

정답 ④

98

전손에 대한 설명으로 옳지 않은 것은?

① 전손은 부보된 화물이 위험에 의해 전부 멸실되어 시장가격을 상실하였을 경우를 말하며, 현실전손(Actual Total Loss)과 추정전손(Constructive Total Loss)으로 구분된다.

② 추정전손의 사유가 발생하여 피보험자가 보험목적물에 대한 일체의 권리를 보험자에게 이전하고 그 대신 전손에 해당하는 보험금을 청구하는 대위(Subrogation)를 거친다.

③ 추정전손은 화물이 현실적으로는 전체가 멸실되지 않더라도 손해의 정도가 본래의 효용을 상실하거나, 복구비용이 오히려 시장가격을 초과하는 손해이다.

④ 현실전손은 화물이 실제로 전체가 멸실되어 보험 목적물의 파손 등이 발생한 손해로 절대전손(Absolute Total Loss)이라고도 한다.

✏ 해설

추정전손의 사유가 발생하여 피보험자가 보험목적물에 대한 일체의 권리를 보험자에게 이전하고 그 대신 전손에 해당하는 보험금을 청구하는 위부(Abandonment)를 거친다.

정답 ②

99

해상보험의 워런티(Warranty)에 대한 설명으로 올바른 내용을 모두 고른 것은?

> A. 보험계약이 체결될 때까지 보험계약자는 보험자에게 위험 사정에 대해 알려야 하는 것을 워런티라고 한다.
> B. 워런티를 위반하면 보험계약이 해지될 수 있다.
> C. 워런티 위반을 교정하여 워런티가 충족되고 난 후 보험사고가 발생하더라도 보험자가 워런티 위반을 입증하면 보상받을 수 없다.
> D. 워런티를 위반한 피보험자는 보험자에게 위반 사실을 반드시 고지하여야 한다.

① A, B
② B, C
③ C, D
④ A, D

✏ 해설

A. 에 해당하는 것은 고지의무이다.
D. 피보험자는 워런티를 위반한 사실을 보험자에게 반드시 고지해야하는 것은 아니다.

정답 ②

100

다음 중 해상보험의 '피보험이익'에 대한 설명으로 올바른 내용을 모두 고른 것은?

> A. 피보험이익이란 보험목적물에 사고가 발생하여 경제적 손해가 예상되는 경우 보험목적물과 피보험자의 경제적 이해관계를 말한다.
> B. 불법행위에 의한 손해는 피보험이익이 될 수 없다.
> C. 피보험 이익은 객관적인 재산의 가치를 가지는 것으로서 금전으로 산정할 수 있는 이익이어야 한다.
> D. 피보험 이익은 보험계약 체결 전 확정하거나 확정될 수 있어야 한다.

① A
② A, B
③ A, B, C
④ A, B, C, D

✏️ 해설

피보험이익(Insurable Interest)이란 보험목적물에 사고가 발생하여 경제적 손해가 예상되는 경우 보험목적물과 피보험자의 경제적 이해관계를 말한다. 보험의 목적은 보험사고가 발생하는 대상이므로 보험사고로 인해 손해를 입게 되는 경우 피보험자가 경제상 손실에 대한 금전적 보상 이익을 얻고, 해상위험 이 발생하는 경우에는 이해관계인이 피보험이익을 얻게 된다. 동일한 보험목적에 대하여 복수의 이해관계(피보험이익)가 존재할 수 있다. 피보험이익은 경제성, 확정가능성, 적법성의 요건을 지녀야 한다.

정답 ④

part 4 — 무역영어

무역영어 기본이론

핵심키워드 · · #무역서신 #AIDA #5C

학습안내

무역영어의 기본이론은 실무상에서 주로 사용되어 온 경험치적인 이론 정립입니다. 그렇기에 본 Chapter에서 소개되는 유형지문은 대표적인 항목을 기재한 것입니다.

시험에서는 각 서신에서 단락의 순서를 적절하게 고르는 문제, 적합하지 않은 용어를 고르는 문제 등이 출제되므로 교재를 통해 서신유형별 그 서술의 틀을 학습하시기 바랍니다.

출제 포인트 ☑ **01 무역서신**

출제율 ★★★
5C's 원칙이 가장 빈번하게 출제됩니다. 5C에서 Completeness는 Character로 대체되기도 합니다.

1. 무역서신의 의의

무역서신은 국제무역거래에서 상대방과의 의사전달을 위한 문서로서 통상적으로 영어를 기본언어로 사용한다. 그러나 반드시 그러한 것은 아니며, 상호간의 상황/환경에 따라 사용하는 언어는 변경될 수 있다.

무역서신은 무역거래가 시작되기 전 시장조사부터, 거래의 제의, 계약, 클레임 및 해지 등 다양한 상황에서 주고받게 된다.

빈출 ▶ **2. 무역서신의 기본원칙**

무역서신의 원칙은 다양하게 정의될 수 있지만, 가장 대표적인 원칙을 알아보자면 다음과 같다.

○× 퀴즈

Q 무역서신은 국제무역거래에 사용되는 문서로서 통상적으로 자국언어를 기본언어로 사용한다. (○, ×)

A × → 영어를 기본언어로 사용한다.

(1) 5C's 21 출제

① Clearness(명확성)

무역서신은 단지 문장으로만 상대방의 의도를 파악해야 하므로 상호간의 오해 없이 의사전달이 가능하도록 명확하게 내용을 작성해야 한다.

② Conciseness(간결성)

무역서신은 필요한 내용을 불필요한 항목, 어휘 및 중요하지 않은 항목을 배제하고 최대한 간략하고 예의 있게 작성해야 한다.

③ Correctness(정확성)

무역서신은 당사자 간의 권리, 의무 및 그 밖의 조건들을 기재하는 경우가 많으므로 항상 표현을 정확하게 해야 한다.

> • Very short prompt (×)
> • After 3 days (○)

④ Completeness(완전성)

완전한 무역서신이란 중요한 항목을 빠뜨리지 않고 기술해야 함을 의미한다.

⑤ Courtesy(예절성)

무역서신에서의 예절이란 단순히 표현으로서의 예절을 포함하여 상거래에서 요구되는 모든 예절을 포함한다. 이는 경어의 사용, 정중한 표현, 감사 및 유감의 표현 등에서 드러날 수 있다.

> • We demand (×)
> • We would like to request (○)

3. 무역서신 작성원칙

(1) AIDA원칙

① Attention(주의환기)

무역서신에서는 한번에 상대방의 눈길을 끌기 위한 문구나 형식을 포함하도록 하는 것이 필요하다.

② Interest(흥미유발)

상대방의 눈길을 끈 이후 서신의 본문에 흥미를 갖도록 함으로써 의도하는 이후단계로 진행하기 위한 문구나 표현을 의미한다.

③ Desire(욕구창출)

통상 Offer에서 요구되는 항목으로 상대방에 대한 구매 또는 판매결정을 자극하는 문구나 표현을 의미한다.

④ Action(행동자극)

최종적으로 상대방으로 하여금 판매 또는 구매행위로 연결되도록 하는 문구나 표현을 의미한다.

(2) 그 밖의 작성원칙

① ABCD 원칙

- Attracting Attention(주의를 끌고)
- Building Interest and Desire(흥미와 욕구를 유도하여)
- Convicting the Reader(상대방에게 확신을 갖도록 한 후)
- Directing Action(행동으로 이어지도록 한다)

② AIDCA 원칙

- Attention(주의)
- Interest(흥미)
- Desire(욕구)
- Conviction(확신)
- Action(행동)

4. 무역서신 구성요소

Letterhead (서두)	SIDAE Business Corporation. 75, Keunumul-ro, Mapo-gu, Seoul, Republic of Korea Tel : 82) 2-1234-5678 / Fax : 82) 2-1357-9876 E-mail : sidae@edu.com
Date (발신일자)	September 5, 2020
Reference No. (관련번호)	Refer No. 2020-09-007
Inside Address (수신인 주소)	Ines Import & Export Inc. 762 East Street, Maho Village, Ningbo, Zhejiang, China
Attention Line (특정 수신인명)	Attention : Jason
Subject (제목)	Business Letter for Toy Items
Salutation (첫인사)	Dear Sir.
Body of Letter (본문)	We are pleased to send you this letter. We have seen your advertisement in The Beijing Toy Fair last month. We would be greateful if you would kindly send us details of your item list and giving your price CIF Incheon. Will you please indicate delivery times, your terms of payment, and details of discounts for regular purchases and large orders? We're looking forward to receiving your quotation.
Complimentary (끝인사)	Best Regards.
Signature (서명)	SIDAE Business Corporation. Jason K. Jason Kim. President
Enclosure (동봉)	Company Profile

(1) 구성요소

① Letterhead(서두)

무역서신의 서두는 발신회사의 회사명, 소재지 및 연락처 등을 기재하며, 통상 서신의 최상단부에 위치한다. 있는 경우 발신자를 부각할 수 있는 로고, 이미지 등을 추가하여 넣기도 한다.

합격자 Tip

무역서신의 필수 요소와 부수적 요소를 구별하는 문제가 출제될 수 있습니다.

② Date(발신일자)

서신을 작성한 날짜가 표시되며, 표시방식은 크게 미국식과 영국식으로
구분할 수 있다.

미국식	September 5, 2020
영국식	5th September, 2020

서신 본문에 회신기한을 언급하거나, 자료의 유효기간을 설정한 경우 중
요한 기준점으로 작용될 수도 있다.

③ Reference No.(관련 번호)

서류 발급의 일련번호로 특별히 정해진 방법은 없다.

④ Inside Address(수신인 주소), Attention Line(특정 수신인명)

무역서신을 받는 수신인의 주소와 수신자가 기재된다.

⑤ Salutation(첫인사)

본문에 앞서 수신자에게 예의를 갖추는 인사말이다. 인사말은 수신자의
성별이나 수 등에 따라 구분된다.

수신자		문 구
수신인 이름이나 직함을 모르는 경우	1인 남성	Dear Sir
	1인 여성	Dear Miss(or Madam)
	복수의 남성	Gentlemen
	복수의 여성	Ladies
	다 수	Gentlemen
수신인 이름이나 직함을 아는 경우	1인	Dear Mr. "Name"
	복수의 남성	Dear Mr. "Name" and Mr. "Name"
	복수의 여성	Dear Miss
	직함만 아는 경우	Dear Sales Manager

⑥ Subject(제목)

서신 본문에 작성될 내용을 대표하는 문구를 기재한다.
통상 작성하는 e-mail의 경우 메일제목에 별도로 기재되면 서신에 추가
로 포함할 필요는 없다.

⑦ Body of Letter(본문)

서신작성의 원칙에 따라 전달하고자 하는 내용을 적절히 구성한다. 본문
내용은 단락으로 가독성이 확보되도록 작성하여야 하며, 각 단락의 길이
는 너무 길지 않도록 작성한다.

⑧ Complimentary Close(끝인사)

내용에 관계없이 예의상 관습적으로 붙이는 항목이다. 다양한 종류가 있으며, 큰 의미를 갖고 있는 것은 아니므로 다음의 자주 사용하는 표현 중 한 가지를 골라 쓰면 된다.

미국식	형식적 표현	Very truly yours, Yours very truly, Truly yours, Yours truly,
	친분이 있는 경우	Sincerely yours, Cordially yours, Sincerely, Yours,
영국식	형식적 표현	Yours faithfully, Faithfully yours,
	친분이 있는 경우	Yours sincerely, Sincerely, Yours,

○× 퀴즈

Q 무역서한의 서명 날인은 작성자의 책임소재를 명확히 하고, 법적 효력이 발생하는 근거이자 증빙 자료이다. (○, ×)

A ○

⑨ Signature(서명)

서신의 작성회사, 작성자 및 직함이 기재되고, 서명을 여기에 추가한다. 도장문화를 사용하는 곳에서는 도장도 유효하지만, 영미권에서는 서명을 사용한다.

⑩ Enclosure(동봉)

첨부파일이 있는 경우 첨부문서명을 기재한다.

⑪ Postscript(추신)

메일 본문 이외의 추가적인 메시지를 전달할 경우 기재되는 부가항목이다.

5. 서신의 작성

(1) 본문의 효율적인 구성

무역서신의 본문은 가장 중요한 역할을 하는 부분으로 내용을 Opening, Body, Ending 세 부분으로 구성하는 것이 효과적이다.

① Opening

본문의 첫마디로 서한을 받는 상대가 첫인상을 느끼는 항목이므로 단문으로 단도직입적인 표현이 좋다.

② Body

본문 내용의 중심으로서 서신을 보내는 목적을 분명히 해야 하며 간결하고, 명료하게 서술한다.

③ Ending

본문의 맺음으로서 본 서신의 목적이 달성되기를 희망하는 내용을 간곡한 문장을 사용하여 서술한다.

(2) Business Proposal(거래제의)

① Selling Inquiry

수출판매에 대한 제의로서 이러한 서신은 통상 '상대를 알게 된 경위 – 회사소개 – 자사 상품의 소개 및 흥미유발 문구 – 신용조회처 – 맺음말'의 순으로 작성된다.

Dear Sir
수신자 제위

From the Catalogue of Household of your nation, we have searched that you are one of the leading importers and local sellers of household products in your country.
귀사의 'Catalogue of Household'에서 귀사가 귀사의 국가에서 가정용품의 주요 수입업체 및 현지 판매자 중 한 명임을 알게 되었습니다.

We are exporters of 20 years, and are now interested in exporting to your country household products, such as small table, chair and so on.
당사는 20년의 수출경력을 가진 업체이며, 현재 작은 테이블, 의자 등의 가정용 제품을 귀사의 국가에 수출하고자 합니다.

If you are interested in selling these products in your country, please let us know. We enclosed our latest catalog and quotations on FOB basis.
귀사가 귀사의 국가에서 이러한 제품을 판매하는 데 관심이 있으시면 저희에게 알려주십시오. FOB 기준의 견적서와 최신 카탈로그를 첨부했습니다.

For our business and financial standing, you can refer at the Development bank's headquarters in Korea.
당사의 사업 및 재정상태는 한국의 'Development bank'의 본점에서 조회하실 수 있습니다.

We are looking forward to your positive reply.
귀사의 긍정적인 답변을 기다립니다.

Best Regards,

---

② Buying Inquiry

수입 구매에 대한 제의로서 이러한 서신은 통상 '상대방을 알게 된 경위 – 관심품목 – 거래조건 제시 – 신용조회처 – 맺음말'의 순으로 작성된다.

Dear Sir
수신자 제위

Your name and address was given to us through the Korea International Trade Association. We heard you as one of the large exporters handling kitchen utensils.
귀사에 대한 정보는 한국무역협회를 통해 받게 되었습니다. 당사는 귀사가 주방용품을 취급하는 큰 수출업자 중 한 회사라고 들었습니다.

We are interested in importing the following list and so, hope to have your lowest quotation along with the period of delivery.
당사는 다음 리스트를 수입하는 것에 관심이 있습니다. 그래서 납기와 함께 귀사의 최저 견적을 받기를 희망합니다.

List : Stainless whisk, ladle and tray.
목록 : 스테인리스 거품기, 국자, 쟁반

Will you provide us any quantity discount? We assure you that we can give you good business if your price are reasonable and terms suit us.
당사에 수량 할인을 해 주시겠습니까? 귀사의 가격이 합리적이고 우리와 조건이 맞는다면 귀사에게 좋은 거래를 할 수 있다고 보장합니다.

As to our business status and financial standing, the Hana Bank of Seoul will be pleased to furnish you with information may require.
당사의 사업 현황과 재정 상태에 관하여, 서울 하나은행은 귀사에 필요한 정보를 제공해 줄 것입니다.

We look forward to your promptly reply.
귀사의 빠른 답변을 기다립니다.

Best Regards,

○× 퀴즈 ────●

Q 반대청약은 상대방이 동의하는 경우 확정청약이 된다. (○, ×)

A × → 반대청약은 새로운 청약일 뿐이며, 상대방의 동의가 확정청약이 된다.

③ Offer(청약)

청약은 거래를 요청하는 서신을 의미한다. 확정청약은 최초 청약에 대한 승낙을 의미하며, 추가적인 조건을 기재한 반대청약은 승낙이 아닌 새로운 청약이 된다.

Firm Offer(확정청약)

Dear Sir.

We are pleased to firm offer to your reply reached us by September 7th as below.
당사는 9월 7일까지 귀사가 회신한 사항에 대해 아래와 같이 확정청약을 하게 되어 기쁘게 생각합니다.

Item : Aprons(4type, Free size)
Quantity : 1,000 EA
Unit Price : US$ 7 FOB Nagoya
Shipment : within 5days after received order sheet
Payment Term : Draft at 30 Days under an Irrevocable L/C
아이템 : 앞치마(4가지 타입, 프리사이즈)
수량 : 1,000 EA
단가 : us$7 FOB 나고야
선적 : 주문서 수령 후 5일 이내
지급기일 : 취소불능신용장 30일 어음

We are sure that these items price is much better quite reasonable than any similar items. We can provide you at 5 percent discount if order is 2,000 EA or more.
당사는 이 품목들의 가격이 비슷한 품목들보다 훨씬 합리적이라고 확신합니다. 주문량이 2,000 EA 이상이면 5%의 할인을 제공할 수 있습니다.

We are afraid will run out of stock for these items one of these days because the demand is very strong.
당사는 이 품목들의 수요가 매우 높기 때문에 조만간 재고가 바닥날 것이 우려됩니다.

We would be appreciated if you order early.
귀사가 빠른 주문을 해주시면 감사하겠습니다.

Best Regards,

Counter Offer(반대오퍼)

Dear Sir.

Thank you for your offer of September 7th for 'paper tissue' at US$ 0.5(unit price) CIF Incheon port.
티슈(USD 0.5단가)에 대한 CIF 인천항 조건의 9월 7일자 귀사의 청약에 감사드립니다.

However, we regret that the price seems to be too high, the similar quality to yours are offered to us by some other suppliers at much lower prices.
그러나 가격이 너무 비싼 것 같아 유감스럽게 생각합니다. 귀사와 비슷한 품질의 제품을 더 낮은 가격으로 제공하는 공급자들이 있습니다.

Paper industrial products are now in fierce competition in our market and many suppliers are trying hard to offer items at as low prices as possible.
제지산업 제품들은 현재 우리 시장에서 치열한 경쟁 하에 있고 많은 공급자들은 최대한 저가에 제품을 제공하기 위해 노력하고 있습니다.

How about reducing your price somewhat, say, to US$ 0.3? If you can down to this price, we will prepare to substantial order.
가격을 미화 0.3달러로 다소 낮추는 것은 어떻습니까? 만약 귀사에서 가격을 낮출 수 있다면, 우리는 상당량의 주문을 할 것입니다.

We would be appreciate your consideration to this matter and quickly reply.
귀사가 이 문제에 대하여 관심을 갖고 조속히 답변해 주시면 감사하겠습니다.

Best Regards,

④ Order / Contract(주문 및 계약)

주문(Order)은 청약(Offer)이 확정된 후 이행된다. 무역거래에서 계약서는 필수조건은 아니며, 계약서가 없는 경우 각 주문 시마다 발송하는 (Order sheet)가 계약서의 역할을 한다.

Dear Sir,

We have the pleasure in sending this order on terms and conditions stated on secondary sales contract about cosmetic goods.
당사는 화장품에 관한 2차 판매계약서에 명시된 조건으로 이 주문을 보내게 되어 기쁘게 생각합니다.

Kindly sign and return the duplicate immediately after your confirmation. If you find anything different from the contract, please let us know immediately by reply.
본 문서를 확인 후 즉시 서명하고 사본을 회송해주십시오. 만약 계약서와 다른 점이 있다면 즉시 회신하여 알려주길 바랍니다.

No.	Description	Quantity	Unit price (CIF)	Amout
1	Cotton pad	5,000 ea	US$ 0.7	3,500
2	Hair brush	2,000 ea	US$ 2	4,000

Total Amount : US$ 7,500

Partial shipment prohibited
Shipment date : September 30th, 2020 by Ocean
Destination : Incheon port
Payment terms : T/T
분할선적 : 금지
선적일자 : 20년 9월 30일 (해상운송)
도착지 : 인천항
결제조건 : T/T

계약서에 포함되는 주요 조항

매매 당사자 간 계약 (Principal to Principal Basis)	• 계약서가 매수인(Buyer)과 매도인(Seller) 사이의 독립된 계약임을 명시하는 것으로 이후 서술될 내용의 책임과 의무를 명시할 일방을 지정한다. • 본 조항에서 통상적으로 당사자명(또는 회사명)을 기재하며, 이하 '매수인' 또는 '매도인' 등으로 약술하도록 한다.
수량 (Quantity)	• 계약대상물품의 수량에 대한 것으로 계약서에는 조건만을 명시하고 구체적인 사항은 Order sheet에 따르는 Open Contract와 같은 경우 생략되기도 한다. • 또한 수량에 대한 과부족 허용범위를 설정하기도 한다.
선적 (Shipment)	• 선적 조건을 설정하는 조항이다. • 대표적으로 Partial(분할선적 여부), Type(운송수단), Shipment date(선적일) 등의 조건을 설정한다.
거래조건/가격 (Trade Terms/ Price)	• 계약대상물품 단가를 기재하며, Incoterms 조약을 기준으로 할 경우 해당 조약을 기초로 한다고 명시하고 해당 결제조건을 사용할 수도 있다. • 수량조건에 따른 할인 기준을 제시할 수도 있다.
의무 (Obligation)	계약상 매수인과 매도인의 의무에 대한 규정이다. 일반적으로 매수인은 약정된 기간 내에 구매대금을 지급(Payment)하는 의무를 부담한다. 매도인은 계약조건에 일치하는 물품을 약정된 기간 내에 합의된 장소에 물품을 전달하고, 소유권(Property)을 이전할 의무를 부담한다.
권리침해 (Infringement)	통상 OEM(주문자 표시부착 생산)의 거래에서 매수인의 주문에 따라 매도인이 사용한 권리 등의 침해와 관련하여 매도인이 책임지지 않는다는 조항을 의미한다.
클레임 (Claims)	계약상 합의된 사항에 대한 어느 일방의 위반에 대한 조치를 규정한 조항이다.
불가항력 (Force Majeure)	계약상 이행해야 하는 의무가 이행되지 않아도 상호 간에 클레임을 제기하지 않는다는 합의이다. 상호 합의하에 그 범위를 설정하는데 통상적으로 천재지변이 포함되며, 추가적으로 전쟁(war), 반란(in-surrections), 폭동(riots)이나 파업(strikes), 노사갈등(labor troubles), 등 어느 일방의 고의, 과실에 기인하지 않고 통제의 범위를 넘어선 (beyond control) 항목이 포함될 수 있다.
중재 (Arbitration)	클레임이 발생했을 때 상호 합의하에 이를 해결하지만, 해결되지 않는 경우 제3자를 중재자로 설정하여 중재안에 따르고자 하는 조항이다.
준거법 (Governing Law)	국가마다 시행하는 법률이 다르므로 계약에 대한 해석이나, 그 밖의 법률적 처리가 필요한 때에는 본 조항에 따라 설정한 준거법을 따르도록 한다.

⑤ Claim(클레임)

클레임은 상호 계약상 합의된 사항에 하자가 발생한 경우 상대방에게 제기하는 배상청구이다. 클레임이 제기되었지만 이를 받아들일 의사가 없는 경우, 그 회신에 정중한 사죄의 표현은 지양하는 것이 좋다.

Dear Sir.

We are regret to have to call your attention to delivery of the damaged goods. We have to tell you that the goods was quite inferior wrapped and broken.
당사는 파손된 상품의 배송에 이야기하게 된 것을 유감입니다. 귀사에 그 물건이 상당히 부실하게 포장되었으며 파손되었다는 것을 알립니다.

We are not in a position to accept these situation because the packaging that can prevent damage to glassware was clearly agreed upon in the contract.
유리제품의 손상을 막을 수 있는 포장에 대해 계약서에 분명히 합의되어 있었기 때문에 당사는 이 상황을 받아들일 수 없습니다.

The photographs and survey report made by the public authority are enclosed.
We would appreciate your immediately maneuver to this matter.
공증된 사진과 조사 보고서를 동봉합니다. 귀사가 이 문제에 즉각 대처해 주면 감사하겠습니다.

Best Regards.

주요 용어

핵심키워드 ● #부정기선 운임 #운송 관련 부대비용 #선하증권 #FCL과 LCL #원산지결정기준

학습안내

최근 시험에서 자주 출제되는 국제운송, FTA 및 관세법상 용어들에 대한 설명입니다. 대부분 1, 3과목에서 학습하는 이론으로서 무역영어 과목에서는 이들을 영문표현으로 변환한 문제가 출제됩니다.

최근 국제운송의 출제비중이 높아지고, FTA에서도 1~2문제가 꾸준히 출제되는 만큼 각 용어를 설명하는 핵심단어 및 문장을 위주로 개념을 잡아두는 것이 중요합니다.

출제 포인트 ▶ ☑

출제율 ★★★
국제운송 부분은 해상운송을 중심으로 항공운송, 복합운송을 학습하시기 바랍니다.

01 국제운송(International Transport)

1. 해상운송(Sea Transprort)

(1) 운송형태의 구분 21 출제

① 정기선(Liner)

동일항로에 정기적으로 운항하는 선박을 말한다. 운항일정(Schedule) 및 요율표(Rate)가 공시되고 고정된 항로(Fixed route)로 규칙적으로 운송된다.

② 부정기선(Tramper)

부정기선은 정해진 항로가 아닌 필요에 따라 어느 곳이나 수시로 운항하는 선박을 말한다.

정기선과 부정기선의 비교

구 분	정기선(Liner)	부정기선(Tramper)
화물유형 (Type)	주로 완제품, 반제품 (finished, semi-finished product)	주로 대량 벌크(Bulk)화물
화주 (Shipper)	불특정다수(Unspecified)	특정(specific)화주
운송계약 (Contract of Carriage)	개별(Individual)운송계약	용선(charter)계약
발급서류 (Shipping Document)	선하증권 (B/L)	용선계약서(Charter Party)

해상운임(Rate)	• 운임률표(tariff)에 따름
	• 부정기선에 비해 운임이
	  높음(higher than tramp)
		• 운임률표 없음
		• 수요와 공급에 따라 탄력
		  적으로 운용(Flexible op-
		  eration according to sup-
		  ply and demand)

운항경로(Route)	정해진(Fixed) 항로	불규칙적(Non-Fixed) 항로
해운동맹	해운동맹(shipping conference) 결성	비동맹(non-conference)

(2) 운임의 종류

① 정기선 운임

　㉠ 선불운임(Freight Prepaid)

　　수출자가 선적지에서 운임을 지불하고 선사가 선하증권(B/L, Bill of Lading)발급 시 운임을 징수하는 형태이다.

　㉡ 후불운임(Freight to Collext)

　　수입자가 도착지에서 운임을 지불하고 화물을 찾는 형태로 운임을 지급하는 경우 화물인도를 위한 '화물인도지시서(D/O ; Delivery Order)'가 발급된다.

② 부정기선 운임 `17` `20` `21` 출제

㉠ 선복운임(Lump sum Freight)

> Lumpsum freight is the paid to shipper for a charter of a
> ship (or portion) up to stated limit irrespective of quanti-
> ty of cargo. Regardless of whether the ship is full, the full
> amount of the contracted freight must be paid to the
> shipowner.

해설

> 화물의 수량이나 중량, 용적과 관계없이 항해단위나 선복을 기준으로 일괄계
> 산하는 운임이다. 계약된 선복을 다 채웠는지는 상관없이 계약된 운임 전액을
> 선주에게 지불하여야 한다.

㉡ 부적운임(Dead Freight)

> The amount paid by a charterer of a ship for such part
> of the ship's capacity as the charterer has contracted for
> but fails to occupy. Or the unoccupied space in such a
> ship.

해설

> 용선자가 선복을 계약했지만 화물을 채우지 못한 경우로서 비어있는 선복에
> 대해 용선자가 지불한 금액을 말한다. 또는 그러한 배의 비어있는 공간을 의
> 미하기도 한다.

㉢ 일대용선운임(Daily Charter Rate)

> Refers to the gross amount per day payable by the char-
> terer to the owner for the use of the vessel.

해설

> 용선자가 선박의 사용에 대해 선주에게 지불해야하는 1일 총 금액을 의미한다.

③ 기타운임 – 반송운임(Back Freight) [21] 출제

It refers to the additional freight charged when the cargo cannot be unloaded at the destination port due to force majeure or refusal of the consignee, or when it is transported to another port at the request of the shipper.

> **해설**
> 화물을 불가항력이나 수하인의 거절로 인해 목적항에 하선시키지 못하거나 또는 화주의 요청으로 다른 항으로 운송하는 경우 청구되는 추가운임을 말한다.

④ 운송 관련 부대비용 [17] [18] [19] [20] [21] 출제
ㄱ) 유류할증료(BAF ; Baunker Adjustment Factor)

An additional surcharge levied on the ship operators to compensate for the fluctuations in the fuel prices. It is based on Twenty-foot Equivalent Unit(TEU) and varies according to the trade routes.

> **해설**
> 유가의 변동을 보상하기 위해 선박 운영자에게 부과되는 추가 할증료를 의미한다. 유류할증료는 TEU(Twenty-foot Equivalent Unit)를 기준으로 하며 항로에 따라 변동될 수 있다.

ㄴ) 통화할증료(CAF ; Currency Adjustment Factor)

It is a surcharge that carriers charge as a way to offset any current or potential changes to currency fluctuations that may change freight rates.

> **해설**
> 운송업체가 운임통화의 변동에 대한 현재 또는 잠재적 변동을 상쇄하는 방법으로 부과하는 추가 요금을 말한다.

OX 퀴즈

Q. CAF는 일정 기간 해당 통화의 가치 변동률을 감안하여 기본운임의 일정 비율(%)을 부과하고 있으며 운임 표시 통화가치 하락에 따른 손실을 보전하기 위해 도입하였다. (O, ×)

A. ○

ⓒ 터미널 취급비용(THC ; Terminal Handling Charge)

> Terminal authorities collect the charge for the services, such as equipment handling, positioning, maintenance and storage to discharging of containers.

해설
각 국가의 터미널(CY)에서 화물을 처리하는데 발생되는, 예를 들면 장비사용료, 화물위치지정, 유지관리, 보관 및 컨테이너 출고와 같은 비용을 청구하는 것을 말한다.

ⓓ 부두사용료(Wharfage)

> A charge assessed by a pier or dock owner for handling incoming or outgoing cargo. It is a charge assessed by a shipping terminal or port when goods are moved through the location.

해설
들어오거나 나가는 화물을 처리하기 위해 부두 또는 부두 소유자가 부과하는 요금으로, 화물이 그 위치를 통과할 때 선적 터미널이나 항구에서 부과하는 요금을 말한다.

ⓔ 체화할증료(Port Congestion Surcharge)

> The vessel cannot unload the cargo due to traffic at the port or the non-availability of the quay. Cargo owners have to pay a fee to the shipping lines, even when the vessels are waiting at the ports.

해설
도착항의 체증 또는 부두의 사용불가로 인해 화물을 하역할 수 없는 경우 선박이 대기하는데 있어 발생되는 비용을 화주에게 전가하여 발생되는 수수료를 의미한다.

(3) FCL과 LCL 화물 17 18 21 출제

① FCL(Full Container Load) 화물

1개 컨테이너에 한 명의 화주(Consignee)의 화물만 채우는 경우를 말하며, 선박에서 컨테이너를 CY(Container Yard)에 하역한 후 FCL화물은 한 명의 화주 화물이므로 해체없이 화주의 사업장으로 이송하는 것이 일반적이다.

② LCL(Less than Container Load) 화물

1개 컨테이너에 다수의 화주 화물이 채워지는 것을 말한다. LCL화물은 여러 화주의 화물을 각 장소에 배송하여야 하므로 CY에서 CFS(Container Freight Station)로 이고하여 컨테이너를 해체하게 된다.

③ 컨테이너 화물형태에 따른 구분

㉠ CY/CY운송 = Door to Door

㉡ CY/CFS운송 = Door to Pier

㉢ CFS/CY운송 = Pier to Door

㉣ CFS/CFS운송 = Pier to Pier

(4) 제3자 물류(3PL) 20 출제

3PL Services means a third party(subcontracting) established by a logistics service provider to execute a package of transportation and logistics activities outsourced by the manufacturer. This service provider often comes into contact not just with the manufacturer, but also with the supplier.

> 해설
>
> 3PL 서비스란 제조업체가 아웃소싱한 운송 및 물류 활동 패키지를 실행하기 위해 물류 서비스 제공자가 구성한 제3자(하도급)를 의미한다. 이 서비스 제공자는 종종 제조업체뿐만 아니라 공급업체와도 접촉하기도 한다.

(5) 용선계약의 형태 17 20 21 출제

① 기간용선(Time Charter)

A contract that allows you to rent a boat for a certain period of time. The shipowner bears the cost of crew and equipment, but the charterer bears fuel costs, etc.

일정 기간 동안 선박을 빌리는 형태의 계약을 말한다. 선주는 선원 및 장비 비용을 부담하며, 용선자는 연료, 비용 등을 부담한다.

② 항해용선(Voyage Charter)

It is a form of contracting the voyage from the place of shipment to the destination as a unit. Regardless of the weight of the cargo, the cost of sailing arrangements, including freight, crew and equipment of the vessel and voyage unit, is included in the charter rate.

선적지에서 목적지까지의 항해를 하나의 단위로 계약하는 것을 말한다. 화물의 중량에 관계없이 선박 및 항해 단위의 화물, 승무원 및 장비를 포함한 항해 준비 비용은 용선 요금에 포함된다.

③ 나용선(Bareboat Charter)

Bare charter is a contract to rent a ship that has not been prepared for a certain period of time, and the selection of a crew is also made at the discretion of the charterer.

나용선은 일정기간동안 준비되지 않은 선박 자체를 빌리는 계약으로, 선원을 선정하는 것도 모두 용선자의 재량으로 이루어진다.

(5) 선하증권(B/L ; Bill of lading)의 종류 17 18 19 20 21 출제

① 수취선하증권(Received B/L)

A bill of lading issued on the condition that the goods are simply received without loading on board. It cannot be accepted under the terms of the L/C.

본선에 선적하지 않고 물품을 단순히 수령하는 조건으로 발행되는 선하증권으로, 신용장 거래에서 수리되지 않는 선하증권이다.

② 본선적재선하증권(On Board B/L)

Bill of lading issued after cargo is loaded on board.

> **해설**
>
> 화물을 본선에 적재한 후 발행하는 선하증권이다.

③ 고장부 선하증권(Dirty B/L or Foul B/L)

It is a bill of lading that states that the packaging was incomplete or insufficient in quantity when the shipping company took over the cargo.

> **해설**
>
> 선박회사가 화물을 인수할 당시 포장이 불완전하거나 수량부족이 있음을 기재한 선하증권이다.

○× 퀴즈

Q. In contrast to the order B/L, the straight B/L takes over the cargo only to the designated recipient by the carrier. (○, ×)

A. ○ → 지시식 선하증권과 달리, 기명식 선하증권은 운송업자가 지정한 수취인에게만 화물을 인수한다.

④ 기명식 선하증권(Straight B/L)

It is a bill of lading with the name of the importer who is the consignee in the consignee column, and is not negotiable.

> **해설**
>
> 수하인(Consignee)란에 수하인인 수입자 이름이 기재된 선하증권으로서 유통성이 없다.

⑤ 지시식 선하증권(Order B/L)

It is a bill of lading for negotiation purposes in which only the order is written, such as 'to order', 'to order of shipper', and 'to order of band', without a specific consignee listed in the Consignee column.

> **해설**
>
> 수하인(Consignee)란에 특정수하인이 기재되지 않고 'to order', 'to order of shipper', 'to order of band'와 같이 지시인(Order)만 기재한 유통목적 선하증권이다.

⑥ 집단선하증권 (Master B/L)

A bill of lading issued by a shipping company to a forwarder.

 해설

선박회사가 운송주선업자(Forwarder)에게 발급하는 선하증권이다.

⑦ 혼재선하증권(House B/L)

A bill of lading issued by the forwarding to each shipper on the basis of Master B/L.

해설

운송주선업자가 Master B/L을 근거로 각 화주에게 발급하는 선하증권이다.

⑧ 서렌더선하증권(Surrenderd B/L)

A bill of lading used when the shipper ships the goods, submits the original issued bill of lading to the shipping company, and requests that the freight be delivered directly to the consignee. In this case can receive the goods without the original B/L.

해설

송하인이 무품을 선적하고 발급받은 선하증권 원본을 선사에 제출하고, 운송화물을 수하인에게 직접 교부해줄 것을 의뢰할 때 사용되는 선하증권이다. B/L원본 없이 물품을 수령할 수 있다.

2. 항공운송 및 복합운송

(1) 항공운송(Air Transport) 17 출제

Transportation by air is shorter and safer than sea transportation, but it is expensive and there are restrictions on the cargo that can be transported.

An air waybill is issued in an air carriage contract. Air waybill is non-negotiable.

> **해설**
>
> 항공기를 통한 운송으로 해상운송에 비해 운송시간이 짧고 안전하지만 운임이 비싸며 운송가능한 화물에 제약이 있다.
> 항공운송계약에서는 항공화물운송장이 발행된다. 항공화물운송장은 비유통성이다.

합격자 Tip

철로를 이용한 국제복합운송경로
- 중국횡단철도(TCR ; Trans China Railway)
- 시베리아횡단철도(TSR ; Trans Siberian Railway)
- 몽골종단철도(TMR ; Trans Mongolian Railway)
- 아시아횡단철도(TAR ; Trans Asian Railway)

(2) 복합운송(Multimodal transport) 18 19 출제

Multimodal transport is the transportation of goods under a single contract, but performed with at least two different modes of transport.

The principal carrier or the freight forwarder issuing the multimodal B/L has full liability by carriage contract over all modes of transportation for the entire journey.

> **해설**
>
> 복합운송이란 단일계약에 따라 화물을 운송하나, 적어도 둘 이상의 방법으로 운송된다.
> 복합운송에 대한 B/L은 전체운송구간의 모든 운송수단에 대하여 계약에 따른 책임을 부담한다.

3. 기타 운송 관련 서류 [20] [21] 출제

(1) 선적요청(S/R ; Shipping Request)

It is document for shipment submitted by the shipper to the shipping company. It include a lists the description, and quantity of the goods delivered.

> **해설**
>
> 화주가 선사에 선적을 위해 제출하는 서류이다. 여기에는 적재화물의 설명과 배송된 상품의 수량 목록이 포함된다.

OX 퀴즈

Q 선적 관련 용어 중 파손화물보상장은 L/G 라고 한다. (O, ×)

A × → 파손화물보상장은 L/I라고 한다. L/G 는 수취화물선취보증서이다.

(2) 파손화물보상장(L/I ; Letter of Indemnity)

A document which the shipper indemnifies the shipping company against the implications of claims that may arise from the issue of a clean Bill of Lading when the goods were not loaded in accordance with the description in the Bill of Lading.

> **해설**
>
> 화물이 선하증권의 명세에 따라 선적되지 않았음에 불구하고 발행된 Clean B/L에 대하여 화주가 그 책임을 운송인에게 묻지 않는 문서를 말한다.

(3) 수입화물선취보증서(L/G ; Letter of Guarantee)

This is a document commonly used in international trade to allow a carrier to release goods to a consignee who is not yet in possession of the bill of lading. This assures the carrier that he will not suffer from any financial loss by having released the goods to a consignee in the absence of a bill of lading.

> **해설**
>
> 운송인이 아직 선하증권을 받지 못한 수하인에게 물품을 인도할 수 있도록 사용되는 문서이다. 본 보증서에 따라 선하증권 없이 화물을 운송인이 인도하지만 그에 따른 손실을 입지 않도록 보증한다.

(4) 선적서류(Shipping Documents)

무역에서 선적서류라 함은 다음의 서류들을 의미한다.

① 항공화물운송장(Air Waybill), 선하증권(Bill of Lading)

② 상업송장(Commercial Invoice), 포장명세서(Packing List)

③ 원산지증명서(Certificate of Origin)

④ 보험증명서(Insurance Certificate)

⑤ 그 밖에 통관, 물품인도에 필요한 서류(Other documents required to clear customs and take delivery of the goods)

출제 포인트 ☑

02 우리나라 주요 관세조항

출제율 ★★★
관세적용의 우선순위와 관세 평가 방법이 출제됩니다.

1. 1순위 적용세율(The First When Application of Tariff Rates)

`17` `18` `21` 출제

우리나라에 수입되는 물품에는 관세(Customs Duty)가 부과된다. 통상 관세라 함은 기본 관세(Basic Tariff Rates)뿐만 아니라, 다음의 관세 종류가 상황에 따라 기본 관세에 더하거나 우선적으로 적용될 수 있다.

(1) 덤핑방지관세(Anti-Dumping Duties)

> If foreign goods are imported at a price below the arm's length price prescribed(dumping) and it is verified as a result of an investigation that "material injury" occurs and if it is deemed necessary to protect the relevant domestic industry, such foreign goods, a supplier or an exporting country thereof may be designated and anti-dumping duties not exceeding an amount equivalent to a difference between the arm's length price and the dumping price may be imposed on such foreign goods in addition to customs duties.

(2) 상계관세(Countervailing Duties)

Where the import of foreign goods which have been subsidized and financially supported, directly and indirectly, in the course of their manufacturing, production or export in any foreign country is verified to fall under any of the "material injury" as a result of an investigation, and where it is deemed necessary to protect the relevant goods, an exporter or an exporting country of such foreign goods, a supplier or an exporting country thereof may be designated and imposed by customs duties not exceeding the amount of the subsidies, etc. on the relevant goods in addition to customs duties.

해설

외국에서 제조 · 생산 또는 수출에 관하여 직접 또는 간접으로 보조금이나 장려금을 받은 물품의 수입으로 인하여 실질적 피해가 있음이 조사를 통하여 확인되고 해당 국내산업을 보호할 필요가 있다고 인정되는 경우 그 물품과 수출자 또는 수출국을 지정하여 그 물품에 대하여 해당 보조금등의 금액 이하의 관세를 추가하여 부과할 수 있다.

(3) 보복관세(Retaliatory Duties)

If any of trading partners infringes on Korea's trade interests by performing that denying or limiting Korea's rights and interests prescribed or taking discriminatory in relation to goods, etc. exported by Korea, customs duties may be imposed on goods imported from such trading partners within the limit of an amount equivalent to the amount of damage caused thereby.

(4) 긴급관세(Emergency Tariffs)

If the outcomes of an investigation verify that the increased import of specific goods causes an material injury on the domestic industry and if it is deemed necessary to protect the domestic industry, an additional tariff may be imposed on the relevant imported goods to the extent necessary to prevent and remedy the material injury.

2. 관세평가(Customs Valuation) 방법 출제

수입물품에 관세를 부과하기 위한 과세가격(과세표준)을 설정하기 위한 과정을 관세평가라 한다. 우리나라는 WTO 관세평가 협정에 따라 다음의 가격을 기초로 6가지 평가방법을 순차적으로 운용하고 있다.

(1) 과세가격 결정 원칙(Principle of Determination of Dutiable Value)

실제지급가격[Transaction Value(The Price Actualy Paid or Payable for the Gods)]을 기초로 과세가격 결정

(2) 동종 · 동질 물품을 기초로 과세가격 결정

Determination of Dutiable Value Based on Transaction Price of Goods of Same Kind and Quality

(3) 유사물품을 기초로 과세가격 결정

Determination of Dutiable Value Based on Transaction Price of Similar Goods

(4) 국내판매가격을 기초로 과세가격 결정

Determination of Dutiable Value Based on Domestic Sale Price

(5) 산정가격을 기초로 과세가격 결정

Determination of Dutiable Value Based on Calculated Price

(6) 합리적 기준에 타른 과세가격 결정

Determination of Dutiable Value Based on Reasonable Standards

출제 포인트

03 우리나라의 FTA

출제율 ★★☆
FTA 체결 현황은 시험 시점으로 꾸준히 업데이트되는 내용을 확인하는 게 좋습니다. 원산지결정기준은 빈출되는 개념을 필수적으로 학습하시길 바랍니다.

1. FTA 체결 현황 및 특징 19 20 출제

상대국	최초발효 (순서대로)	협정별 특징
칠 레	2004.4.1	• 최초의 FTA, 중남미 시장으로 시장확대(First FTA, Market expansion to Latin America)
싱가포르	2006.3.2	• 동아시아 인접국과의 본격적인 FTA(Full-fledged FTAs with neighboring countries in East Asia)
EFTA	2006.9.1	• 지역블록과의 첫 FTA / 유럽시장의 교두보(First FTA for regional blocks / European market bridgehead)
ASEAN	2007.6.1	• 제2의 교역대상(2nd largest trading partner) • 인증수출자는 원산지증명서 발급 시 제출서류 생략가능(Approved Exporter can be waived documents)
인 도	2010.1.1	• FTA와 동일한 성격이긴 하지만 인도의 경우 CEPA라는 명칭을 사용 • 포괄적 경제 동반자 협정(CEPA ; Comprehensive Economic Partnership Agreement)
EU	2011.7.1	• 세계 최대 경제권(Largest economy) • 거래금액 6,000유로 초과 시 원산지증명서(운송서류의 원산지문구)발급은 인증수출자만 가능(If the invoice value exceeds 6000 euros, only approved exporters can issue a certificate of origin)

페 루	2011.8.1	• 칠레 이후 남미시장 진출 확대(Expansion into South America after Chile)
미 국	2012.3.15	• 거대 선진 경제권(huge advanced economy)
터 키	2013.5.1	–
호 주	2014.12.12	• 안정적인 자원확보(Securing stable resources)
캐나다	2015.1.1	• 북미선진시장(North American advanced market)
중 국	2015.12.20	• 우리의 제1위 교역대상(Our number one trading partner)
뉴질랜드	2015.12.20	• 오세아니아 주요 시장(Oceania Main Markets)
베트남	2015.12.20	• 한–아세안 FTA 첫 번째 개별국가 협상 업그레이드 (Korea–ASEAN FTA upgrades to individual countries for the first time)
콜롬비아	2016.7.15	–
중 미	2019.10.1	–
영 국	2021.1.1	–

 2. 주요 FTA 원산지결정기준 17 20 21 출제

(1) Build-down Method

> Under the build-down method, the regional value content must be calculated on the basis of the formula RVC = [(AV− VNM)/AV] × 100, where RVC is the regional value content, expressed as a percentage.
>
> AV is the adjusted value of the good.
>
> VNM is the value of non-originating materials that are acquired and used by the producer in the production of the good, but does not include the value of a material that is self-produced.

 해설

Build–down 방법은 조정가격에서 비원산지재료비용을 차감한 비율을 의미한다. 여기서 RVC는 백분율로 표시하며, AV는 조정된 가치, VNM은 비원산지재료비(자체생산 재료 제외)를 의미한다.

(2) Build-up Method

Under the build-up method, the regional value content must be calculated on the basis of the formula RVC = (VOM/AV) × 100, where RVC is the regional value content, expressed as a percentage.

AV is the adjusted value of the good.

VOM is the value of originating materials that are acquired or self-produced and used by the producer in the production of the good.

> **해설**
>
> Build-up 방법은 조정가격중 원산지재료 비율을 의미한다. 여기서 RVC는 백분율로 표시하며, AV는 조정된 가치, VOM은 원산지재료비(자체생산재료 포함)를 의미한다.

(3) Net Cost Method

Under the net cost method, the regional value content is calculated on the basis of the formula RVC = [(NC-VNM)/NC] × 100, where RVC is the regional value content, expressed as a percentage.

NC is the net cost of the good.

VNM is the value of non-originating materials that are acquired and used by the producer in the production of the good, but does not include the value of a material that is self-produced.

> **해설**
>
> Net Cost 방법은 순원가에서 비원산지재료비용을 차감한 비율을 의미한다. 여기서 RVC는 백분율로 표시하며, NC는 순원가, VNM은 비원산지재료비(자체생산재료 제외)를 의미한다.

(4) 세번변경기준(CTC, A change in Tariff Classification)

해당 물품이 2개국 이상에 걸쳐 생산된 경우로서 제품의 HS Code가 변경되는 기준으로 다음의 3가지 유형이 있다.

① HS 2단위 세번변경(CC, A change to this chapter from any other chapter)

② HS 4단위 세번변경(CTH, A change to this heading from ant other heading)

③ HS 5단위 세번변경(CTSH, A change to this subheading from any other subheading or from any other heading)

(5) 완전생산기준(WO, All the materials used are wholly obtained)

해당 물품의 전부를 생산한 국가를 원산지로 인정하는 기준을 말한다.

04 그 밖의 자주 사용하는 표현들

1. 거래 당사자에 관한 표현

구 분	매수인(구매자)	매도인(판매자)
매매계약서	Buyer	Seller
무역거래	Importer	Exporter
신용장	Applicant	Beneficiary
환어음	Drawer / Payer	Drawee / Payee
운 송	Consignee	Consignor / Shipper
대금 관련	Accountee	Accounter

2. 직함에 관한 표현

대표자	President	부사장	Vice President
전 무	Executive Managing Director	상 무	Managing Director
이 사	Executive Director	부 장	General Manager
차 장	Deputy General Manager	과 장	Manager
대 리	Assistant Manager	사 원	Staff

3. 가격/판매에 관한 표현

단 가	Unite Price	원 가	Cost Price	정 가	Fixed Price
총 액	Total Price	시 가	Current Price	현행가	Going Price
액면가	Face Value	희망가	Ideal Price	할인가	Cutting Price
합리적 가격	Reasonable Price	유리한 가격	Advanta-geous Price	좋은 가격	Favorable Preice
부진한 매출	Poor Sales, Dull Sales	재고정리	Clearance Sales	반짝세일	Rapid Sales
활발한 매출	Brick Sales	정기판매	Regular sales	신용판매	Credit Sales

4. 서류 수에 관한 표현

원 본	Original	2통	Duplicate
3통	Triplicate	4통	Quadruple
5통	Quintuplicate	6통	Sextuplicate
7통	Septuplicate	8통	Octuplicate
9통	9 Copies	10통	10 Copies

5. 청약에 관한 표현

승 낙	Acceptance	확정청약	Firm offer
반대청약	Counter offer	조건부청약	Sun-Con offer
최초주문	Initial order	재주문	Repeat order

6. 선적에 관한 표현

분할선적	Partial Shipment	할부선적	Installment shipment
선 복	Ship's space	산물선적	Bulk shipment
환 적	Transshipment	선적통지	Shipment advice

7. 클레임에 관한 표현

중 재	Arbitration	준거법	Governing law
불이행구제	Remedy such failure	배상청구	Claim for damages

8. 보험에 관한 표현

공동해손희생	General average sacrifice	구조료	Salvage charges
통상누손	Ordinary leakage	자연소모	Ordinary wear and tear
현실전손	Actual total loss	추정전손	Constructive total loss
불가항력	force majeure	통제불능	beyond one's control

CHAPTER 03

주요 협약

핵심키워드 •••• #Incorerms2020 #UCP600 #비엔나협약 #UN협약 #CISG

합격자 Tip

반드시 학습안내를 읽은 후에 학습하시기를 추천합니다.

학습안내

소개되는 협약은 우선 내용을 파악하는 것이 우선이므로, 영문으로 접하기보다는 번역내용을 통해 내용을 익히는 것이 우선입니다. 영문표현이 흔히 쓰는 용어나 문장을 사용하는 것이 아니기 때문에 특히 더 그렇습니다.

협약에 대한 시험지문은 협정의 특정 용어를 변경하는 방법으로 출제되므로 각 내용이 익숙해진 후에는 영문표현을 반복 학습함으로써 지문에서 어떤 부분이 변경되었는지 알아볼 수 있도록 학습하시기 바랍니다.

출제 포인트 ☑

출제율 ★★★
적용, 청약, 승낙 관련 조항을 중점적으로 학습하시길 바랍니다.

01 국제물품매매에 관한 UN협약

(CISG ; United Nations Convention on Contracts for the International Sale of Goods)

1. 제1편 적용범위와 일반 규정(Part 1 Sphere of Application and General Provisions)

합격자 Tip

비엔나 협약의 적용범위는 매회 출제되는 문제이므로 내용을 잘 이해하여야 하며, 특히 "Does not Apply"부분의 부정사가 빠지면서 옳지 않은 지문으로 자주 등장합니다.

(1) 제1장 적용범위(Chapter 1 Sphere of Application) 17 18 19 20 21 출제

> **Article 1**
>
> (1) This Convention applies to contracts of sale of goods between parties whose places of business are in different States:
>
> (a) when the States are Contracting States; or
>
> (b) when the rules of private international law lead to the application of the law of a Contracting State.

(2) The fact that the parties have their places of business in different States is to be disregarded whenever this fact does not appear either from the contract or from any dealings between, or from information disclosed by, the parties at any time before or at the conclusion of the contract.

제1조

(1) 이 협약은 다음의 경우에, 영업소가 서로 다른 국가에 있는 당사자 간의 물품매매계약에 적용된다.
  (a) 해당 국가가 모두 체약국인 경우, 또는
  (b) 국제사법 규칙에 의하여 체약국법이 적용되는 경우
(2) 당사자가 서로 다른 국가에 영업소를 가지고 있다는 사실은, 계약으로부터 또는 계약체결 전이나 그 체결 시에 당사자 간의 거래나 당사자에 의하여 밝혀진 정보로부터 드러나지 아니하는 경우에는 고려되지 아니한다.

협약이 적용되지 않는 경우에 대한 문제가 출제될 수 있습니다.

Article 2

This Convention does not apply to sales:

(a) of goods bought for personal, family or household use, unless the seller, at any time before or at the conclusion of the contract, neither knew nor ought to have known that the goods were bought for any such use;

(b) by auction;

(c) on execution or otherwise by authority of law;

(d) of stocks, shares, investment securities, negotiable instruments or money;

(e) of ships, vessels, hovercraft or aircraft;

(f) of electricity.

제2조

이 협약은 다음의 매매에는 적용되지 아니한다.

(a) 개인용 · 가족용 또는 가정용으로 구입된 물품의 매매

　다만, 매도인이 계약체결 전이나 그 체결 시에 물품이 그와 같은 용도로 구입된 사실을 알지 못하였고, 알았어야 했던 것도 아닌 경우에는 그러하지 아니하다.

(b) 경매에 의한 매매

(c) 강제집행 그 밖의 법령에 의한 매매

(d) 주식, 지분, 투자증권, 유통증권 또는 통화의 매매

(e) 선박, 소선(小船), 부선(浮船), 또는 항공기의 매매

(f) 전기의 매매

Article 3

(1) Contracts for the supply of goods to be manufactured or produced are to be considered sales unless the party who orders the goods undertakes to supply a substantial part of the materials necessary for such manufacture or production.

(2) This Convention does not apply to contracts in which the preponderant part of the obligations of the party who furnishes the goods consists in the supply of labour or other services.

제3조

(1) 물품을 제조 또는 생산하여 공급하는 계약은 이를 매매로 본다. 다만, 물품을 주문한 당사자가 그 제조 또는 생산에 필요한 재료의 중요한 부분을 공급하는 경우에는 그러하지 아니하다.

(2) 이 협약은 물품을 공급하는 당사자의 의무의 주된 부분이 노무 그 밖의 서비스의 공급에 있는 계약에는 적용되지 아니한다.

Article 4

This Convention governs only the formation of the contract of sale and the rights and obligations of the seller and the buyer arising from such a contract. In particular, except as otherwise expressly provided in this Convention, it is not concerned with:

(a) the validity of the contract or of any of its provisions or of any usage;

(b) the effect which the contract may have on the property in the goods sold.

 해석

제4조

이 협약은 매매계약의 성립 및 그 계약으로부터 발생하는 매도인과 매수인의 권리의무만을 규율한다. 이 협약에 별도의 명시규정이 있는 경우를 제외하고, 이 협약은 특히 다음과 관련이 없다.

(a) 계약이나 그 조항 또는 관행의 유효성

(b) 매매된 물품의 소유권에 관하여 계약이 미치는 효력

Article 5

This Convention does not apply to the liability of the seller for death or personal injury caused by the goods to any person.

 해석

제5조

이 협약은 물품으로 인하여 발생한 사람의 사망 또는 상해에 대한 매도인의 책임에는 적용되지 아니한다.

(2) 제2장 총칙(Chapter 2 General Provisions)

Article 11

A contract of sale need not be concluded in or evidenced by writing and is not subject to any other requirement as to form. It may be proved by any means, including witnesses.

제11조

매매계약은 서면에 의하여 체결되거나 입증될 필요가 없고, 방식에 관한 그 밖의 어떠한 요건도 요구되지 아니한다. 매매계약은 증인을 포함하여 어떠한 방법에 의하여도 입증될 수 있다.

Article 13

For the purposes of this Convention "writing" includes telegram and telex.

제13조

이 협약의 적용상 "서면"에는 전보와 텔렉스가 포함된다.

17 18 19 20 21 출제

Article 14

(1) A proposal for concluding a contract addressed to one or more specific persons constitutes an offer if it is sufficiently definite and indicates the intention of the offerer to be bound in case of acceptance. A proposal is sufficiently definite if it indicates the goods and expressly or implicitly fixes or makes provision for determining the quantity and the price.

(2) A proposal other than one addressed to one or more specific persons is to be considered merely as an invitation to make offers, unless the contrary is clearly indicated by the person making the proposal.

해석

제14조

(1) 1인 또는 그 이상의 특정인에 대한 계약체결의 제안은 충분히 확정적이고, 승낙 시 그에 구속된다는 청약자의 의사가 표시되어 있는 경우에 청약이 된다. 제안이 물품을 표시하고, 명시적 또는 묵시적으로 수량과 대금을 지정하거나 그 결정을 위한 조항을 두고 있는 경우에, 그 제안은 충분히 확정적인 것으로 한다.

(2) 1인 또는 2 이상의 특정인에 대한 제안을 제외한 제안은 제안자가 반대 의사를 명확히 표시하지 아니하는 한, 단지 청약의 유인으로 본다.

Article 15

(1) An offer becomes effective when it reaches the offeree.

(2) An offer, even if it is irrevocable, may be withdrawn if the withdrawal reaches the offeree before or at the same time as the offer.

해석

제15조

(1) 청약은 상대방에게 도달한 때에 효력이 발생한다.

(2) 청약은 취소될 수 없는 것이더라도, 철회의 의사표시가 청약의 도달 전 또는 그와 동시에 상대방에게 도달하는 경우에는 철회할 수 있다.

합격자 Tip

Irrevocable, Terminated,
Rejection의 표현에 중점
을 두고 학습하길 추천합
니다.

Article 16

(1) Until a contract is concluded an offer may be revoked if the revocation reaches the offeree before he has dispatched an acceptance.

(2) However, an offer cannot be revoked:

    (a) if it indicates, whether by stating a fixed time for acceptance or otherwise, that it is irrevocable; or

    (b) if it was reasonable for the offeree to rely on the offer as being irrevocable and the offeree has acted in reliance on the offer.

해석

제16조

(1) 피청약자가 승낙을 발송하기 전에 철회의 의사표시가 피청약자에게 도달한다면, 청약은 계약이 성립되기 전까지는 취소될 수 있다.

(2) 그러나 다음의 경우에는 청약은 철회될 수 없다.

    (a) 승낙기간의 지정 그 밖의 방법으로 청약이 철회될 수 없음이 청약에 표시되어 있는 경우, 또는

    (b) 피청약자가 청약이 취소불능이라고 신뢰하는 것이 합리적이고, 피청약자가 그 청약을 신뢰하여 행동한 경우

Article 17

An offer, even if it is irrevocable, is terminated when a rejection reaches the offerer.

해석

제17조

청약은 취소불능한 것이더라도, 거절 통지가 청약자에게 도달한 때에는 효력을 상실한다.

OX 퀴즈

Q Silence or Inactivity
does not in itself
amount to acceptance.
(O, ×)

A O → 침묵 또는 부작
위는 그 자체만으로
승낙이 되지 아니한다.

Article 18

(1) A statement made by or other conduct of the offeree indicating assent to an offer is an acceptance. Silence or Inactivity does not in itself amount to acceptance.

(2) An acceptance of an offer becomes effective at the moment the Indication of assent reaches the offerer. An acceptance is not effective if the indication of assent does not reach the offerer within the time he has fixed or, if no time is fixed, within a reasonable time, due account being taken of the circumstances of the transaction, including the rapidity of the means of communication employed by the offerer. An oral offer must bo accepted immediately unless the circumstances indicate otherwise.

(3) However, if, by virtue of the offer or as a result of practices which the parties have established between themselves or of usage, the offeree may indicate assent by performing an act, such as one relating to the dispatch of the goods or payment of the price, without notice to the offeror, the acceptance is effective at the moment the act is performed, provided that the act is performed within the period of time laid down in the preceding paragraph.

해석

제18조

(1) 청약에 대한 동의를 표시하는 피청약자의 진술 그 밖의 행위는 승낙이 된다. 침묵 또는 부작위는 그 자체만으로 승낙이 되지 아니한다.

(2) 청약에 대한 승낙은 동의의 의사표시가 청약자에게 도달하는 시점에 효력이 발생한다. 동의의 의사표시가 청약자가 지정한 기간 내에, 기간의 지정이 없는 경우에는 청약자가 사용한 통신수단의 신속성 등 거래의 상황을 적절히 고려하여 합리적인 기간 내에 도달하지 아니하는 때에는, 승낙은 효력이 발생하지 아니한다. 구두의 청약은 특별한 사정이 없는 한 즉시 승낙되어야 한다.

(3) 청약에 의하여 또는 당사자 간에 확립된 관례나 관행의 결과로 피청약자가 청약자에게 통지하지 않고 물품의 발송이나 대금지급과 같은 행위를 함으로써 동의를 표시할 수 있는 경우에는, 승낙은 그 행위가 이루어진 시점에 효력이 발생한다. 다만, 그 행위는 제2항에서 정한 기간 내에 이루어져야 한다.

Article 19

(1) A reply to an offer which purports to be an acceptance but contains additions, limitations or other modifications is a rejection of the offer and constitutes a counter-offer.

(2) However, a reply to an offer which purports to be an acceptance but contains additional or different terms which do not materially alter the terms of the offer constitutes an acceptance, unless the offeror, without undue delay, objects orally to the discrepancy or dispatches a notice to that effect. If he does not so object, the terms of the contract are the terms of the offer with the modifications contained in the acceptance.

(3) Additional or different terms relating, among other things, to the price, payment, quality and quantity of the goods, place and time of delivery, extent of one party's liability to the other or the settlement of disputes are considered to alter the terms of the offer materially.

제19조

(1) 승낙을 의도하고 있으나, 추가, 제한 또는 그 밖의 변경을 포함하는 청약에 대한 응답은 청약에 대한 거절이면서 또한 반대청약을 구성한다.

(2) 그러나 승낙을 의도하고 있고, 청약의 조건을 실질적으로 변경하지 아니하는 추가적 조건 또는 상이한 조건을 포함하는 청약에 대한 응답은 승낙이 된다. 다만, 청약자가 부당한 지체없이 그 상이한 조건에 대해 구두로 이의를 제기하거나 그러한 취지의 통지를 발송하는 경우에는 그러하지 아니하다. 청약자가 이의를 제기하지 아니하는 경우에는 승낙에 포함된 변경사항이 계약 조건이 된다.

(3) 특히 대금, 대금지급, 물품의 품질과 수량, 인도의 장소와 시기, 당사자 일방의 상대방에 대한 책임범위 또는 분쟁해결에 관한 추가적 조건 또는 상이한 조건은 청약 조건을 실질적으로 변경하는 것으로 본다.

Article 20

(1) A period of time for acceptance fixed by the offeror in a telegram or a letter begins to run from the moment the telegram is handed in for dispatch or from the date shown on the letter or, if no such date is shown, from the date shown on the envelope. A period of time for acceptance fixed by the offeror by telephone, telex or other means of instantaneous communication, begins to run from the moment that the offer reaches the offeree.

(2) Official holidays or non-business days occurring during the period for acceptance are included in calculating the period. However, if a notice of acceptance cannot be delivered at the address of the offerer on the last day of the period because that day falls on an official holiday or a non-business day at the place of business of the offerer, the period is extended until the first business day which follows.

제20조

(1) 청약자가 전보 또는 서신에서 지정한 승낙기간은 전보가 발송을 위하여 교부된 시점 또는 서신에 표시되어 있는 일자, 서신에 일자가 표시되지 아니한 경우에는 봉투에 표시된 일자로부터 기산한다. 청약자가 전화, 텔렉스 그 밖의 동시적 통신수단에 의하여 지정한 승낙기간은 청약이 상대방에게 도달한 시점으로부터 기산한다.

(2) 승낙기간중의 공휴일 또는 비영업일은 기간의 계산에 산입한다. 다만, 승낙 기간의 말일이 청약자의 영업소 소재지의 공휴일 또는 비영업일에 해당하여 승낙의 통지가 기간의 말일에 청약자에게 도달될 수 없는 경우에는, 기간은 그 다음의 최초 영업일까지 연장된다.

합격자 Tip

연착된 승낙이 유효한 경우와 통상적 경우에 대해 유의하여 학습하기 바랍니다.

Article 21

(1) A late acceptance is nevertheless effective as an acceptance if without delay the offerer orally so informs the offeree or dispatches a notice to that effect.

(2) If a letter or other writing containing a late acceptance shows that it has been sent in such circumstances that if its transmission had been normal it would have reached the offerer in due time, the late acceptance is effective as an acceptance unless, without delay, the offerer orally informs the offeree that he considers his offer as having lapsed or dispatches a notice to that effect.

해석

제21조

(1) 연착된 승낙은 청약자가 피청약자에게 지체없이 승낙으로서 효력을 가진다는 취지를 구두로 통고하거나 그러한 취지의 통지를 발송하는 경우에는 승낙으로서의 효력이 있다.

(2) 연착된 승낙이 포함된 서신 또는 그 밖의 서면에 의하여, 전달이 정상적이었다면 기간 내에 청약자에게 도달되었을 상황에서 승낙이 발송되었다고 인정되는 경우에는, 그 연착된 승낙은 승낙으로서의 효력이 있다. 다만, 청약자가 상대방에게 지체없이 청약이 실효되었다는 취지를 구두로 통고하거나 그러한 취지의 통지를 발송하는 경우에는 그러하지 아니한다.

합격자 Tip

철회가 가능한 경우와 그 시점에 대해 숙지하도록 합니다.

Article 22

An acceptance may be withdrawn if the withdrawal reaches the offerer before or at the same time as the acceptance would have become effective.

해석

제22조

승낙은 그 효력이 발생하기 전 또는 그와 동시에 철회의 의사표시가 청약자에게 도달하는 경우에는 회수될 수 있다.

Article 24

For the purposes of this Part of the Convention, an offer, declaration of acceptance or any other indication of intention "reaches" the addressee when it is made orally to him or delivered by any other means to him personally, to his place of business or mailing address or, if he does not have a place of business or mailing address, to his habitual residence.

해석

제24조

이 협약 제2편의 적용상. 청약, 승낙 또는 그 밖의 의사표시는 상대방에게 구두로 통고된 때 또는 그 밖의 방법으로 상대방 본인. 상대방의 영업소나 우편주소에 전달된 때. 상대방이 영업소나 우편주소를 가지지 아니한 경우에는 그의 일상적인 거소에 전달된 때에 상대방에게 "도달"된 것으로 본다.

⊕ Plus one

청약과 승낙 주요 내용 요약

- 청약(Offer)
  - 거래를 시작하고자 하는 당사자(Offerer)가 하는 제안으로서 상대방(Offeree)의 승낙(Acceptance)이 있는 경우 확정된다.
  - 청약은 특정인(one or more specific person)에게 행해져야 하며 그 이외에는 청약의 유인(invitation to make offer)으로 본다.
  - 청약은 상대방에게 도달한 때 효력이 발생한다.
  - 취소불능(irrevocable)이라도 청약이 상대방에게 도달하기 전 또는 그와 동시에 철회(withdrawal)될 수 있으며. 상대방의 거절통지가 청약자에게 도달된 경우 효력을 상실한다.
- 승낙(Acceptance)
  - 청약에 대한 동의를 표시하는 피청약자(Offeree)의 진술이나 그 밖의 행위이다.
  - 침묵 또는 부작위는 승낙으로 보지 않는다.
  - 승낙을 의도하고 있으나. 청약내용의 변경을 포함한 경우 청약에 대한 거절(Rejection)이면서 새로운 청약(반대청약, Counter Offer)이 된다.
  - 청약과 마찬가지로 효력발생 전 철회 의사가 청약자에게 도달한 경우 승낙은 철회될 수 있다.

3. 제3편 물품의 매매(Part 3 SALE OF GOODS) 20 21 출제

(1) 제1장 총칙(Chapter 1 General Provisions)

합격자 Tip

실질적으로 박탈할 정도의 손실을 본질적 위반으로 본다는 점을 숙지하시기 바랍니다.

Article 25

A breach of contract committed by one of the parties is fundamental if it results in such detriment to the other party as substantially to deprive him of what he is entitled to expect under the contract, unless the party in breach did not foresee and a reasonable person of the same kind in the same circumstances would not have foreseen such a result.

해석

제25조
당사자 일방의 계약위반은, 그 계약에서 상대방이 기대할 수 있는 바를 실질적으로 박탈할 정도의 손실을 상대방에게 주는 경우에 본질적인 것으로 한다. 다만, 위반 당사자가 그러한 결과를 예견하지 못하였고, 동일한 부류의 합리적인 사람도 동일한 상황에서 그러한 결과를 예견하지 못하였을 경우에는 그러하지 아니한다.

Article 26

A declaration of avoidance of the contract is effective only if made by notice to the other party.

해석

제26조
계약해제의 의사표시는 상대방에 대한 통지로 행하여진 경우에만 효력이 있다.

Article 29

(1) A contract may be modified or terminated by the mere agreement of the parties.

(2) A contract in writing which contains a provision requiring any modification or termination by agreement to be in writing may not be otherwise modified or terminated by agreement. However, a party may be precluded by his conduct from asserting such a provision to the extent that the other party has relied on that conduct.

제29조

(1) 계약은 당사자의 합의만으로 변경 또는 종료될 수 있다.

(2) 서면에 의한 계약에 합의에 의한 변경 또는 종료는 서면에 의하여야 한다는 규정이 있는 경우에, 다른 방법으로 합의 변경 또는 합의 종료될 수 없다. 다만, 당사자는 상대방이 자신의 행동을 신뢰한 한도까지는 그러한 규정을 원용할 수 없다.

제2장 매도인의 의무(Chapter 2 Obligations of the Seller)

Article 30

The seller must deliver the goods, hand over any documents relating to them and transfer the property in the goods, as required by the contract and this Convention.

제30조

매도인은 계약과 이 협약에 따라 물품을 인도하고, 관련 서류를 교부하며 물품의 소유권을 이전하여야 한다.

Article 31

If the seller is not bound to deliver the goods at any other particular place, his obligation to deliver consists:

(a) if the contract of sale Involves carriage of the goods — in handing the goods over to the first carrier for transmission to the buyer;

(b) if, in cases not within the preceding subparagraph, the contract relates to specific goods, or unidentified goods to be drawn from a specific stock or to be manufactured or produced, and at the time of the conclusion of the contract the parties knew that the goods were at, or were to be manufactured or produced at, a particular place in placing the goods at the buyer's disposal at that place;

(c) in other cases in placing the goods at the buyer's disposal at the place where the seller had his place of business at the time of the conclusion of the contract.

제31조

매도인이 물품을 다른 특정한 장소에서 인도할 의무가 없는 경우에, 매도인의 인도의무는 다음과 같다.

(a) 매매계약에 물품의 운송이 포함된 경우에는, 매수인에게 전달하기 위하여 물품을 제1운송인에게 교부하는 것.

(b) (a)호에 해당되지 아니하는 경우로서 계약이 특정물에 관련되거나 또는 특정한 재고품에서 인출되는 불특정물이나 제조 또는 생산되는 불특정물에 관련되어 있고, 당사자 쌍방이 계약 체결 시에 그 물품이 특정한 장소에 있거나 그 장소에서 제조 또는 생산되는 것을 알고 있었던 경우에는, 그 장소에서 물품을 매수인의 처분 하에 두는 것.

(다) 그 밖의 경우에는, 계약 체결 시에 매도인이 영업소를 가지고 있던 장소에서 물품을 매수인의 처분 하에 두는 것.

합격자 Tip

인도의 시기에 대한 정의
에서 적절한 용어를 선택
하는 문제가 출제될 가능
성이 있습니다.

Article 33

The seller must deliver the goods:

(a) if a date is fixed by or determinable from the contract, on that date;

(b) if a period of time is fixed by or determinable from the contract, at any time within that period unless circumstances indicate that the buyer is to choose a date; or

(c) in any other case, within a reasonable time after the conclusion of the contract.

제33조

매도인은 다음의 시기에 물품을 인도하여야 한다.

(a) 인도기일이 계약에 의하여 지정되어 있거나 확정될 수 있는 경우에는 그 기일

(b) 인도기간이 계약에 의하여 지정되어 있거나 확정될 수 있는 경우에는 그 기간 내의 어느 시기. 다만, 매수인이 기일을 선택하여야 할 사정이 있는 경우에는 그러하지 아니한다.

(c) 그 밖의 경우에는 계약 체결 후 합리적인 기간 내

Article 34

If the seller is bound to hand over documents relating to the goods, he must hand them over at the time and place and in the form required by the contract. If the seller has handed over documents before that time, he may, up to that time, cure any lack of conformity in the documents, if the exercise of this right does not cause the buyer unreasonable inconvenience or unreasonable expense. However, the buyer retains any right to claim damages as provided for in this Convention.

해석

제34조

매도인이 물품에 관한 서류를 교부하여야 하는 경우에, 매도인은 계약에서 정한 시기, 장소 및 방식에 따라 이를 교부하여야 한다. 매도인이 교부하여야 할 시기 전에 서류를 교부한 경우에는, 매도인은 매수인에게 불합리한 불편 또는 비용을 초래하지 아니하는 한, 계약에서 정한 시기까지 서류상의 부적합을 치유할 수 있다. 다만, 매수인은 이 협약에서 정한 손해배상을 청구할 권리를 보유한다.

Article 35

(1) The seller must deliver goods which are of the quantity, quality and description required by the contract and which are contained or packaged in the manner required by the contract.

(2) Except where the parties have agreed otherwise, the goods do not conform with the contract unless they:

    (a) are fit for the purposes for which goods of the same description would ordinarily be used;

    (b) are fit for any particular purpose expressly or impliedly made known to the seller at the time of the conclusion of the contract, except where the circumstances show that the buyer did not rely, or that it was unreasonable for him to rely, on the seller's skill and judgement;

    (c) possess the qualities of goods which the seller has held out to the buyer as a sample or model;

    (d) are contained or packaged in the manner usual for such goods or, where there is no such manner, in a manner adequate to preserve and protect the goods.

(3) The seller is not liable under subparagraphs (a) to (d) of the preceding paragraph for any lack of conformity of the goods if at the time of the conclusion of the contract the buyer knew or could not have been unaware of such lack of conformity.

Article 37

If the seller has delivered goods before the date for delivery, he may, up to that date, deliver any missing part or make up any deficiency in the quantity of the goods delivered, or deliver goods in replacement of any non-conforming goods delivered or remedy any lack of conformity in the goods delivered, provided that the exercise of this right does not cause the buyer unreasonable inconvenience or unreasonable expense. However, the buyer retains any right to claim damages as provided for in this Convention.

합격자 Tip

'합리적인 기간', '인도된 날로부터 늦어도 2년'이라는 시기를 숙지하시기 바랍니다.

Article 39

(1) The buyer loses the right to rely on a lack of conformity of the goods if he does not give notice to the seller specifying the nature of the lack of conformity within a reasonable time after he has discovered it or ought to have discovered it.

(2) In any event, the buyer loses the right to rely on a lack of conformity of the goods if he does not give the seller notice thereof at the latest within a period of two years from the date on which the goods were actually handed over to the buyer, unless this time-limit is inconsistent with a contractual period of guarantee.

해석

제39조

(1) 매수인이 물품의 부적합을 발견하였거나 발견할 수 있었던 때로부터 합리적인 기간 내에 매도인에게 그 부적합한 성질을 특정하여 통지하지 아니한 경우에는, 매수인은 물품의 부적합을 주장할 권리를 상실한다.

(2) 물품이 매수인에게 현실로 교부된 날부터 늦어도 2년 내에 매도인에게 제항의 통지를 하지 아니한 경우에는, 물품의 부적합을 주장할 권리를 상실한다. 다만, 이 기간제한이 계약상의 보증기간과 양립하지 아니하는 경우에는 그러하지 아니한다.

합격자 Tip

매수인이 행할 수 있는 구제방법의 종류와 다른 구제 권리의 행사로 손해 배상이 상실되지 않는다는 점을 숙지하시기 바랍니다.

Article 45

(1) If the seller fails to perform any of his obligations under the contract or this Convention, the buyer may:

(a) exercise the rights provided in articles 46 to 52;

(b) claim damages

(2) The buyer is not deprived of any right he may have to claim damages by exercising his right to other remedies.

(3) No period of grace may be granted to the seller by a court or arbitral tribunal when the buyer resorts to a remedy for breach of contract.

제45조

(1) 매도인이 계약 또는 이 협약상의 의무를 이행하지 아니하는 경우에 매수인은 다음을 할 수 있다.

    (a) 제46조 내지 제52조에서 정한 권리의 행사

    (b) 손해배상의 청구

(2) 매수인이 손해배상을 청구하는 권리는 다른 구제를 구하는 권리를 행사함으로써 상실되지 아니한다.

(3) 매수인이 계약위반에 대한 구제를 구하는 경우에, 법원 또는 중재판정부는 매도인에게 유예기간을 부여할 수 없다.

Article 49

(1) The buyer may declare the contract avoided:

    (a) if the failure by the seller to perform any of his obligations under the contract or this Convention amounts to a fundamental breach of contract; or

    (b) in case of non-delivery, if the seller does not deliver the goods within the additional period of time fixed by the buyer in accordance with paragraph (1) of article 47 or declares that he will not deliver within the period so fixed.

(2) However, in cases where the seller has delivered the goods, the buyer loses the right to declare the contract avoided unless he does so:

    (a) in respect of late delivery, within a reasonable time after he has become aware that delivery has been made;

    (b) in respect of any breach other than late delivery, within a reasonable time:

        (i) after he knew or ought to have known of the breach;

        (ii) after the expiration of any additional period of time fixed by the buyer in accordance with paragraph (1) of article 47, or after the seller has declared that he will not perform his obligations within such an additional period; or

(iii) after the expiration of any additional period of time in-dicated by the seller in accordance with paragraph (2) of article 48, or after the buyer has declared that he will not accept performance.

해석

제49조

(1) 매수인은 다음의 경우에 계약을 해제할 수 있다.

    (a) 계약 또는 이 협약상 매도인의 의무 불이행이 본질적 계약위반으로 되는 경우

    (b) 인도 불이행의 경우에는, 매도인이 제47조 제1항에 따라 매수인이 정한 부가기간 내에 물품을 인도하지 아니하거나 그 기간 내에 인도하지 아니하겠다고 선언한 경우.

(2) 그러나 매도인이 물품을 인도한 경우에는, 매수인은 다음의 기간 내에 계약을 해제하지 아니하는 한 계약해제권을 상실한다.

    (a) 인도지체의 경우, 매수인이 인도가 이루어진 것을 안 후 합리적인 기간 내

    (b) 인도지체 이외의 위반의 경우, 다음의 시기로부터 합리적인 기간 내

      ⅰ 매수인이 그 위반을 알았거나 또는 알 수 있었던 때

      ⅱ 매수인이 제47조 제1항에 따라 정한 부가기간이 경과한 때 또는 매도인이 그 부가기간 내에 의무를 이행하지 아니하겠다고 선언한 때

      ⅲ 매도인이 제48조 제2항에 따라 정한 부가기간이 경과한 때 또는 매수인이 이행을 수령하지 아니하겠다고 선언한 때

합격자 Tip

대금감액이 불가능한 경우를 중점으로 학습하시길 추천합니다.

Article 50

If the goods do not conform with the contract and whether or not the price has already been paid, the buyer may reduce the price in the same proportion as the value that the goods actually delivered had at the time of the delivery bears to the value that conforming goods would have had at that time. However, if the seller remedies any failure to perform his obligations in accordance with article 37 or article 48 or if the buyer refuses to accept performance by the seller in accordance with those articles, the buyer may not reduce the price.

합격자 Tip

기일 전 수령 거절의 가능여부. 초과수량에 대한 계약대금 비율을 숙지하시기 바랍니다.

Article 52

(1) If the seller delivers the goods before the date fixed, the buyer may take delivery or refuse to take delivery.

(2) If the seller delivers a quantity of goods greater than that provided for in the contract, the buyer may take delivery or refuse to take delivery of the excess quantity. If the buyer takes delivery of all or part of the excess quantity, he must pay for it at the contract rate.

(2) 제3장 매수인의 의무(Chapter 3 Obligations of the Buyer)

합격자 Tip

매수인이 대금을 지급하고 물품의 인도를 수령하여야 한다는 점을 숙지하기 바랍니다.

Article 53

The buyer must pay the price for the goods and take delivery of them as required by the contract and this Convention.

Article 54

The buyer's obligation to pay the price includes taking such steps and complying with such formalities as may be required under the contract or any laws and regulations to enable payment to be made.

제54조

매수인의 대금지급의무에는 그 지급을 위하여 계약 또는 법령에서 정한 조치를 취하고 절차를 따르는 것이 포함된다.

합격자 Tip

오답을 '총중량'으로 해서 출제될 수 있습니다.

Article 56

If the price is fixed according to the weight of the goods, in case of doubt it is to be determined by the net weight.

제56조

대금이 물품의 중량에 따라 정하여지는 경우에, 의심이 있는 때에는 순중량에 의하여 대금을 결정하는 것으로 한다.

Article 60

The buyer's obligation to take delivery consists:
(a) in doing all the acts which could reasonably be expected of him in order to enable the seller to make delivery; and
(b) in taking over the goods.

제60조

매수인의 수령의무는 다음과 같다.
(a) 매도인의 인도를 가능하게 하기 위하여 매수인에게 합리적으로 기대될 수 있는 모든 행위를 하는 것, 및
(b) 물품을 수령하는 것

Article 66

Loss of or damage to the goods after the risk has passed to the buyer does not discharge him from his obligation to pay the price, unless the loss or damage is due to an act or omission of the seller.

> **해석**
>
> **제66조**
> 위험이 매수인에게 이전된 후에 물품이 멸실 또는 훼손되더라도 매수인은 대금지급의무를 면하지 못한다. 다만, 그 멸실 또는 훼손이 매도인의 작위 또는 부작위로 인한 경우에는 그러하지 아니하다.

Article 68

The risk in respect of goods sold in transit passes to the buyer from the time of the conclusion of the contract. However, if the circumstances so indicate, the risk is assumed by the buyer from the time the goods were handed over to the carrier who issued the documents embodying the contract of carriage. Nevertheless, if at the time of the conclusion of the contract of sale the seller knew or ought to have known that the goods had been lost or damaged and did not disclose this to the buyer, the loss or damage is at the risk of the seller.

> **해석**
>
> **제68조**
> 운송 중에 매도된 물품에 관한 위험은 계약 체결 시에 매수인에게 이전한다. 다만, 특별한 사정이 있는 경우에는, 위험은 운송계약을 표시하는 서류를 발행한 운송인에게 물품이 교부된 때부터 매수인이 부담한다. 그럼에도 불구하고, 매도인이 매매계약의 체결 시에 물품이 멸실 또는 훼손된 것을 알았거나 알았어야 했고, 매수인에게 이를 밝히지 아니한 경우에는, 그 멸실 또는 훼손은 매도인의 위험으로 한다.

Article 80

A party may not rely on a failure of the other party to perform, to the extent that such failure was caused by the first party's act or omission.

출제 포인트 ☑

02 INCOTERMS 2020

출제율 ★★★
각 조건별 주요 사항을 암기하고 Incoterms 2010과 Incoterms 2020의 차이점을 구분할 수 있도록 합니다.

1. Introduce to Incoterms 2020(인코텀즈 2020 소개문)

17 18 19 20 21 출제

※ 다음은 인코텀즈 조항의 주요 부분만 발췌한 것으로, 수험생 여러분은 참고하시어 학습하시기 바랍니다.

(1) What the Incoterms roles do(인코텀즈 규칙은 어떤 역할을 하는가)

The Incoterms rules explain a set of eleven of the most commonly-used three-letter trade terms, e.g. CIF, DAP, etc., reflecting business-to-business practice in contracts for the sale and purchase of goods.

해석

Incoterms 규칙은 예컨대 CIF, DAP 등과 같이 가장 일반적으로 사용되는 세 글자로 이루어지고 물품매매계약상 기업 간 거래관행(business-to-business practice)을 반영하는 11개의 거래조건(trade term)을 설명한다.

The Incoterms rules describe :
- Obligations

  Who does what as between seller and buyer, e.g. who organises carriage or insurance of the goods or who obtains shipping documents and export or import licences;
- Risk

  Where and when the seller "delivers" the goods, in other words where risk transfers from seller to buyer; and

- Costs

Which party is responsible for which costs, for example transport, packaging, loading or unloading costs, and checking or security-related costs.

The Incoterms rules cover these areas in a set of ten articles, numbered Al/Bl etc., the A articles representing the seller's obligations and the B articles representing the buyer's obligations.

해석

Incoterms 규칙은 다음 사항을 규정한다.

- 의 무
매도인과 매수인 사이에 누가 무엇을 하는지, 즉 누가 물품의 운송이나 보험을 마련하는지 또는 누가 선적서류와 수출 또는 수입허가를 취득하는지
- 위 험
매도인은 어디서 그리고 언제 물품을 "인도"하는지, 다시 말해 위험은 어디서 매도인으로 부터 매수인에게 이전하는지
- 비 용
예컨대 운송비용, 포장비용, 적재 또는 양하비용 및 점검 또는 보안관련 비용에 관하여 어느 당사자가 어떤 비용을 부담하는지
Incoterms 규칙은 A1/B1 등의 번호가 붙은 일련의 10개의 조항에서 위와 같은 사항들을 다루는데, 여기서 A조항은 매도인의 의무를, 그리고 B조항은 매수인의 의무를 지칭한다.

합격자 Tip

비엔나 협약이 매매계약 자체에 대한 내용을 주로 다루고 있다면, Incoterms 는 위험과 비용의 이전을 포함한 운송에 대한 내용을 다룹니다.

(2) What the Incoterms rule do not do(인코텀즈 규칙이 하지 않는 역할은 무엇인가)

The Incoterms rules are NOT in themselves—and are therefore no substitute for a contract of sale. They are devised to reflect trade practice for no particular type of goods—and for any.

해석

Incoterms 규칙 그 자체는 매매계약이 아니며, 따라서 매매계약을 대체하지도 않는다. Incoterms 규칙은 어떤 특정한 종류의 물품이 아니라 모든 종류의 물품에 관한 거래관행을 반영하도록 고안되어 있다.

합격자 Tip

규칙이 다루지 않는 사항을 선택하는 문제가 출제될 수 있습니다.

The Incoterms rules do NOT deal with the following matters
- whether there is a contract of sale at all;
- the specifications of the goods sold;
- the time, place, method or currency of payment of the price;
- the remedies which can be sought for breach of the contract of sale;
- most consequences of delay and other breaches in the performance of contractual obligations;
- the effect of sanctions;
- the imposition of tariffs;
- export or import prohibitions;
- force majeure or hardship;
- intellectual property rights; or
- the method, venue, or law of dispute resolution in case of such breach.

Perhaps most importantly, it must be stressed that the Incoterms rules do NOT deal with the transfer of property/title/ownership of the goods sold.

해석

Incoterms 규칙은 다음의 사항을 다루지 않는다.
- 매매계약의 존부
- 매매물품의 성상
- 대금지급의 시기, 장소, 방법 또는 통화
- 매매계약 위반에 대하여 구할 수 있는 구제수단
- 계약상 의무이행의 지체 및 그 밖의 위반의 효과
- 제재의 효력
- 관세부과
- 수출 또는 수입의 금지
- 불가항력 또는 이행가혹
- 지식재산권 또는
- 의무위반의 경우 분쟁해결의 방법, 장소 또는 준거법

아마도 가장 중요한 것으로, Incoterms 규칙은 매매물품의 소유권/물권의 이전을 다루지 않는다는 점도 강조되어야 한다.

These are matters for which the parties need to make specific provision in their contract of sale. Failure to do so is likely to cause problems later if disputes arise about performance and breach. In essence, the Incoterms 2020 rules are not themselves a contract of sale : they only become part of that contract when they are incorporated into a contract which already exists. Neither do the Incoterms rules provide the law applicable to the contract. There may be legal regimes which apply to the contract, whether international, like the Convention on the International Sale of Goods (CISG); or domestic mandatory law relating, for example, to health and safety or the environment.

> **해석**
>
> 위와 같은 사항들은 당사자들이 매매계약에서 구체적으로 규정할 필요가 있다. 그렇게 하지 않는다면 의무의 이행이나 위반에 관하여 분쟁이 발생하는 경우에 문제가 생길 수 있다. 요컨대 Incoterms 2020 규칙 자체는 매매계약이 아니다. 즉 Incoterms 규칙은 이미 존재하는 매매계약에 편입되는 때 그 매매계약의 일부가 될 뿐이다. Incoterms 규칙은 매매계약의 준거법을 정하지도 않는다. 매매계약에 적용되는 법률체계가 있으며, 이는 국제물품매매협약(CISG)과 같은 국제적인 것이거나 예컨대 건강과 안전 또는 환경에 관한 국내의 강행법률일 수 있다.

(3) How best to incorporate the Incoterms rules(어떻게 인코텀즈 규칙을 가장 잘 편입시킬 수 있는가)

If parties want the Incoterms 2020 rules to apply to their contract, the safest way to ensure this is to make that intention clear in their contract, throgh words such as
"[the chosen Incoterms rule] [named port, place or point] Incoterms 2020"

> **해석**
>
> 당사자들이 인코텀즈 2020규칙이 계약에 적용되도록 하고자 하는 경우에는 가장 안전한 방법은 계약에서 다음과 같은 문구를 통하여 그러한 의사를 명확하게 표시하는 것이다. "[선택된 인코텀즈 규칙] [지정항구, 장소 또는 지점] Incoterms 2020"

Thus, for example,

CIF Shanghai Incotems 2020 or

DAP No123, ABC Street, Importland Incoterms 2020

예를 들면,

CIF Shanghai Incotems 2020 또는

DAP No 123, ABC Street, Importland Incoterms 2020

Leaving the year out could cause problems that may be difficult to resolve. The parties, a judge or an arbitrator need to be able to determine which version of the Incoterms rules applies to the contract.

연도를 빠트리면 해결하기 어려운 문제가 발생할 수도 있다. 당사자, 판사 또는 중재인이 어떤 버전의 Incoterms 규칙이 계약에 적용되는지 결정할 수 있어야 한다.

The place named next to the chosen Incoterms rule is even more important:

- in all Incoterms rules except the C rules, the named place indicates where the goods are "delivered", i.e. where risk transfers from seller to buyer;
- in the D rules, the named place is the place of delivery and also the place of destination and the seller must organise carriage to that point;
- in the C rules, the named place indicates the destination to which the seller must organise and pay for the carriage of the goods, which is not, however, the place or port of delivery.

The eleven Incoterms 2020 rules-"Sea and inland waterway" and "Any mode(s) of transport" : Getting it right

The main distinction introduced in the Incoterms 2010 rules, that between "Rules for any mode or modes transport"(comprising EXW, FCA, CPT, CIP, DAP, the newly named DPU-the old DAT-and DDP), and "Rules for sea and inland waterway transport",(comprising FAS, FOB, CFR and CIF) has been retained.

The four so-called "maritime" Incoterms rules are intended for use where the seller places the goods on board(or in FAS alongside) a vessel at a sea or river port. It is at this point that the seller delivers the goods to the buyer. When these rules are used, the risk of loss of or damage to those goods is on the buyer's shoulders from that port.

> **해석**
>
> 4개의 이른바 "해상" Incoterms규칙은 매도인이 물품을 바다나 강의 항구에서 선박에 적재하는(FAS에서는 선측에는 두는) 경우에 사용하도록 고안되었다. 이러한 지점에서 매도인은 매수인에게 물품을 인도한다. 이러한 규칙이 사용되는 경우에 물품의 멸실 또는 훼손의 위험은 그러한 항구로부터 매수인이 부담한다.

The seven Incoterms rules for any mode or modes of transport (so-called "multi-modal"), on the other hand, are intened for use where

a) the point at which the seller hands the goods over to, or places them at the disposal of, a carrier, or

b) the point at which the carrier hands the goods over to the buyer, or the point at which they are placed at the disposal of the buyer, or

c) both points (a) and (b) are not on board(or in FAS alongside) a vessel.

> **해석**
>
> 모든 운송방식에 적용되는 7개의 이른바 "복합운송" Incoterms규칙은 다음과 같은 지점이 선상(FAS에서는 선측)이 아닌 경우에 사용되도록 고안되었다.
> a) 매도인이 물품을 운송인에게 교부하거나 운송인의 처분 하에 두는 지점 또는
> b) 운송인이 물품을 매수인에게 교부하는 지점 또는 물품이 매수인의 처분 하에 놓이는 지점 또는
> c) 위의 (a), (b)지점 모두

(4) Differences between Incoterms 2010 and 2020(인코텀즈 2010과 2020의 차이점)

The most important initiative behind the Incoterms 2020 rules has been to focus on how the presentation could be enhanced to steer users towards the right Incoterms rule for their sale contract. Thus :

(a) a greater emphasis in this Introduction on making the right choice;

(b) a clearer explanation of the demarcation and connection between the sale contract and its ancillary contracts;

(c) upgraded Guidance Notes presented now as Explanatory Notes to each Incoterms rule; and

(d) a re-ordering within the Incoterms rules giving delivery and risk more prominence.

All these changes, though cosmetic in appearance, are in reality substantial attempts on the part of ICC to assist the international trading community towards smoother export/import transactions.

> **해석**
>
> Incoterms 2020 규칙의 가장 중요한 동기는 사용자들로 하여금 매매계약에서 올바른 Incoterms 규칙을 사용하도록 유도하기 위하여 어떻게 하면 Incoterms의 제시방식을 개선할 수 있을 것인지에 주력하는 데 있었다. 그에 따라 다음과 같은 점에 주력하였다.
>
> (a) 본 소개문(Introduction)에서 올바른 [Incoterms 규칙의] 선택을 더욱 강조하는 것
>
> (b) 매매계약과 부수계약 사이의 구분과 연결을 더 명확하게 설명하는 것
>
> (c) 각 Incoterms 규칙에 대한 기존의 사용지침(Guidance Note)을 개선하여 현재의 설명문(Explanatory Note)을 제시하는 것
>
> (d) 개별 Incoterms 규칙 내에서 조항의 순서를 변경하여 인도와 위험을 더욱 두드러지게 하는 것
>
> 이러한 모든 변경은 비록 외견적인 포장이기는 하지만 실제로 국제거래업계로 하여금 수출/수입거래를 더욱 순조롭게 하도록 돕고자 하는 ICC 측의 실질적 시도이다.

Returning to the changes made by ICC to the Incoterms 2010 rules in the Incoterms 2020 rules, these are :

[a] Bills of lading with an on-board notation and the FCA Incoterms rule

[b] Costs, where they are listed

[c] Different levels of insurance cover in CIF and CIP

[d] Arranging for carriage with seller's or buyer's own means of transport in FCA, DAP, DPU and DDP

[e] Change in the three-letter initials for DAT to DPU

[f] Inclusion of security-related requirements within carriage obligations and costs

[g] Explanatory Notes for Users

합격자 Tip

Incoterms 2010버전의 내용이 옳지 않은 지문으로 출제될 가능성이 높기 때문에 2010과 2020의 내용 변경점에 초점을 맞춰 학습을 하여야 합니다.

해석

이에 ICC가 Incoterms 2010 규칙을 이번 Incoterms 2020 규칙에서 변경한 사항들은 다음과 같다.

[a] 본선적재표기가 있는 선하증권과 Incoterms FCA 규칙

[b] 비용, 어디에 규정할 것인가

[c] CIF와 CIP 간 부보수준의 차별화

[d] FCA, DAP, DPU 및 DDP에서 매도인 또는 매수인 자신의 운송수단에 의한 운송 허용

[e] DAT에서 DPU로의 명칭 변경

[f] 운송의무 및 비용조항에 보안관련 요건 삽입

[g] 사용자를 위한 설명문

○× 퀴즈 •————◎

Q. Incoterms 2020 tries to assist the seller when the FCA rule is used in conjunction with a letter of credit. (○, ×)

A. ○ → 인코텀스 2020 은 FCA 규칙이 신용 장과 함께 사용될 때 판매자를 지원하려고 한다.

① [a] Bills of lading with an on-board notation and the FCA Incoterms rule

([a] 본선적재표기가 있는 선하증권과 Incoterms FCA 규칙)

> Where goods are sold FCA for carriage by sea, sellers or buyers(or more likely their banks where a letter of credit is in place) might want a bill of lading with an on-board notation.

해석

물품이 FCA 규칙으로 매매되고 해상운송되는 경우에 매도인 또는 매수인(또는 신용장이 개설된 경우에는 그들의 은행이 그럴 가능성이 더 크다)은 본선적재표기가 있는 선하증권을 원할 수 있다.

> However, delivery under the FCA rule is completed before the loading of the goods on board the vessel. It is by no means certain that the seller can obtain an on-board bill of lading from the carrier. That carrier is likely, under its contract of carriage, to be bound and entitled to issue an on-board bill of lading only once the goods are actually on board.

해석

그러나 FCA 규칙에서 인도는 물품의 본선적재 전에 완료된다. 매도인이 운송인으로부터 선적선하증권을 취득할 수 있는지는 결코 확실하지 않다. 운송인은 자신의 운송계약상 물품이 실제로 선적된 후에야 비로소 선적선하증권을 발행할 의무와 권리가 있다.

To cater for this situation, FCA A6/B6 of Incoterms 2020 now provides for an additional option. The buyer and the seller can agree that the buyer will instruct its carrier to issue an on-board bill of lading to the seller after the loading of the goods, the seller then being obliged to tender that bill of lading to the buyer, typically through the banks. ICC recognises that, despite this somewhat unhappy union between an on-board bill of lading and FCA delivery, this caters for a demonstrated need in the marketplace. Finally, it should be emphasised that even where this optional mechanism is adopted, the seller is under no obligation to the buyer as to the terms of the contract of carriage.

해석

이러한 상황에 대비하여 이제 Incoterms 2020 FCA A6/B6에서는 추가적인 옵션을 규정한다. 매수인과 매도인은 매수인이 선적 후에 선적선하증권을 매도인에게 발행하도록 그의 운송인에게 지시할 것을 합의할 수 있고, 그렇다면 매도인은 전형적으로 은행들을 통하여 매수인에게 선적선하증권을 제공할 의무가 있다. ICC는 이러한 선적선하증권과 FCA 인도 사이의 약간의 불편한 결합에도 불구하고 이러한 규정이 시장의 증명된 필요에 부응한다고 인정한다. 끝으로 이러한 선택적 기제가 채택되더라도 매도인은 운송계약조건에 관하여 매수인에 대하여 어떠한 의무도 없다는 것을 강조한다.

Does it remain true to say that where containerised goods are delivered by seller to buyer by handing over to a carrier before loading onto a ship, the seller is well advised to sell on FCA terms rather than on FOB terms?

The answer to that question is Yes. Where Incoterms 2020 have made a difference, however, is that where such a seller still wants or needs a bill of lading with an on-board notation, the new additional option in the FCA term A6/B6 makes provision for such a document.

매도인이 컨테이너 화물을 선적 전에 운송인에게 교부함으로써 매수인에게 인도하는 경우에 매도인은 FOB 조건 대신에 FCA 조건으로 매매하는 것이 좋다는 말은 여전히 진실인가?

이 질문에 대한 대답은 '그렇다'이다. 다만 Incoterms 2020 규칙에서 달라진 것이 있다면 그러한 매도인이 본선적재표기가 있는 선하증권을 여전히 원하거나 필요로 하는 경우에 위와 같은 FCA 조건 A6/B6상의 새로운 추가적 옵션이 곧 그러한 서류에 관한 규정으로 작용한다는 것이다.

② [b] Costs, where they are listed
([b] 비용, 어디에 규정할 것인가)

In the new ordering of the articles within the Incoterms 2020 rules, costs now appear at A9/B9 of each Incoterms rule. Apart from that relocation, however, there is another change that will become obvious to users early on. The various costs which fall to be allocated by various articles within the Incoterms rules have traditionally appeared in different parts of each Incoterms rule. Thus, for example, costs related to the obtaining of a delivery document in FOB 2010 were mentioned in A8, the article under the heading "Delivery Document" but not in A6, the article under the heading "Allocation of Costs".

Incoterms 2020 규칙들내의 새로운 조항순서에 따라, 비용은 각 Incoterms 규칙의 A9/B9에 나타난다. 그러나 이러한 위치변경 외에도 사용자들이 금방 알 수 있는 다른 변경이 있다. Incoterms 규칙의 여러 조항에 의하여 각 당사자에게 할당되는 다양한 비용은 전통적으로 개별 Incoterms 규칙의 여러 부분에 나뉘어 규정되었다. 예컨대 FOB 2010에서 인도서류의 취득에 관한 비용은 "비용분담"이라는 제목의 A6이 아니라 "인도서류"라는 제목의 A8에서 언급 되었다.

In the Incoterms 2020 rules, however, the equivalent of A6/B6, namely A9/B9, now lists all the costs allocated by each particular Incoterms rule. A9/B9 in the Incoterms 2020 rules are consequently longer than A6/B6 in the Incoterms 2010 rules.

> **해석**
>
> 그러나 이제 Incoterms 2020 규칙에서는 그러한 A6/B6에 상당하는 조항, 즉 A9/B9 에서 당해 Incoterms 규칙상의 분담비용을 모두 열거한다. 따라서 Incoterms 2020 규칙의 A9/B9은 Incoterms 2010 규칙의 A6/B6보다 더 길다.

The purpose is to provide users with a one-stop list of costs, so that the seller or buyer can now find in one place all the costs for which it would be responsible under that particular Incoterms rule. Items of cost are also mentioned in their home article : thus, for example, the costs involved in obtaining documents in FOB still also appear at A6/B6 as well as at A9/B9. The thinking here was that users interested in discovering the specific allocation of documentary costs might be more inclined to go to the specific article dealing with delivery documents rather than to the general article listing all the costs.

> **해석**
>
> 그 목적은 사용자들에게 비용에 관한 일람표(One-Stop List)를 제공하는 데 있으며, 그에 따라 이제 매도인과 매수인은 당해 Incoterms 규칙상 자신이 부담하는 모든 비용을 한 곳에서 찾아볼 수 있다. 비용항목은 또한 그 항목의 본래조항(Home Article)에도 언급되어 있고, 따라서 예컨대 FOB에서 서류를 취득하는 데 드는 비용은 A9/B9뿐만 아니라 A6/B6에도 여전히 나타난다. 이렇게 하기로 한 이유는 특정한 서류에 관한 비용분담을 알고자 하는 사용자는 모든 비용을 열거하는 일반조항보다는 인도서류를 다루는 특별조항을 보는 경향이 더 클 것이라는 생각 때문이었다.

합격자 Tip ━━━◉

CIF와 CIP의 각각 최소부
보조건을 숙지하고 당사
자 간 합의로 부보수준을
결정할 수 있음을 숙지하
기 바랍니다.

③ [c] Different levels of insurance cover in CIF and CIP
　 ([c] CIF와 CIP 간 부보수준의 차별화)

> In the Incoterms 2010 rules, A3 of both CIF and CIP imposed on the seller the obligation to "obtain at its own expense cargo insurance complying at least with the minimum cover as provided by Clauses (C) of the Institute Cargo Clauses(Lloyd's Market Association/International Underwriting Association LMA/IUA') or any similar clauses." Institute Cargo Clauses (C) provide cover for a number of listed risks, subject to itemized exclusions; Institute Cargo Clauses (A), on the other hand, cover "all risks", again subject to itemized exclusions. During the consultations leading to the Incoterms 2020 rules, the case was made for moving from Institute Cargo Clauses (C) to Institute Cargo Clauses (A), thus increasing the cover obtained by the seller for the benefit of the buyer. This could, of course, also involve an additional cost in premium. The contrary case, namely to stay with Institute Cargo Clauses (C), was equally strongly put, particularly by those involved in the maritime trade of commodities. After considerable discussion within and beyond the Drafting Group, the decision was made to provide for different minimum cover in the CIF Incoterms rule and in the CIP Incoterms rule. In the first, which is much more likely to be used in the maritime commodity trades, the status quo has been retained, with Institute Cargo Clauses (C) as the default position, although it is, of course, open to the parties to agree to higher cover. In the second, namely the CIP Incoterms rule, the seller must now obtain insurance cover complying with Institute Cargo Clauses (A), although it is, of course, again open to the parties to agree on a lower level of cover.

> **해석**
>
> Incoterms 2010 규칙에서는 CIF 및 CIP의 A3에서 매도인에게 "자신의 비용으로
> (로이드 시장협회/국제보험업협회의)협회적하약관이나 그와 유사한 약관의 (C)약
> 관에서 제공하는 최소담보조건에 따른 적하보험을 취득"할 의무를 부과하였다.
> 협회적하약관의 (C)약관은 항목별 면책위험의 제한을 받는 다수의 담보위험을 열
> 거한다. 한편 협회적하약관의 (A)약관은 항목별 면책위험의 제한 하에 "모든 위험
> (All Risks)"을 담보한다. Incoterms 2020 규칙의 초안을 위한 의견수렴과정에서 협
> 회적하약관의 (C)약관 에서 협회적하약관의 (A)약관으로 변경함으로써 매도인이
> 취득하는 부보의 범위를 확대하여 매수인에게 이익이 되도록 하자는 의견이 제기
> 되었다. 당연히 이는 보험료 면에서 비용증가를 수반할 수 있다. 특히 일차산품 해
> 상무역에 종사하는 사람들은 반대의견, 즉 협회적하약관의 (C)약관의 원칙을 유지
> 하여야 한다는 의견을 동등하게 강력히 제기하였다. 초안그룹 내외에서 상당한 논
> 의를 거친 후 CIF Incoterms 규칙과 CIP Incoterms 규칙에서 최소부보에 관하여
> 다르게 규정하기로 결정되었다. CIF 규칙은 일차산품의 해상무역에서 사용될 가
> 능성이 매우 높으므로 CIF 규칙에서는 현상유지 즉 협회적하약관 (C)약관의 원칙
> 을 계속 유지하되 다만 당사자들이 보다 높은 수준의 부보를 하기로 달리 합의할
> 수 있도록 길을 열어 두었다. CIP 규칙의 경우에 이제 매도인은 협회적하약관의
> (A)약관에 따른 부보를 취득하여야 한다. 물론 또한 당사자들은 원한다면 보다 낮
> 은 수준의 부보를 하기로 합의할 수 있다.

④ [d] Arranging for carriage with seller's or buyer's own means of
transport in FCA, DAP, DPU and DDP 21 출제
([d] FCA, DAP, DPU 및 DDP에서 매도인 또는 매수인 자신의 운송수단
에 의한 운송 허용)

> In the Incoterms 2010 rules, it was assumed throughout that
> where the goods were to be carried from the seller to the
> buyer, they would be carried by a third-party carrier engaged
> for the purpose either by the seller or the buyer, depending
> on which Incoterms rule was used.

> **해석**
>
> Incoterms 2010 규칙에서는 물품이 매도인으로부터 매수인에게 운송되어야 하는
> 경우에 사용된 당해 Incoterms 규칙에 따라 매도인 또는 매수인이 운송을 위하여
> 사용하는 제3자 운송인이 물품을 운송하는 것으로 전반적으로 가정되었다.

It became clear in the deliberations leading to Incoterms 2020, however, that there were some situations where, although the goods were to be carried from the seller to the buyer, they could be so carried without any third-party carrier being engaged at all. Thus, for example, there was nothing stopping a seller on a D rule from arranging for such carriage without outsourcing that function to a third party, namely by using its own means of transportation. Likewise, with an FCA purchase, there was nothing to stop the buyer from using its own vehicle for the collection of the goods and for their transport to the buyer's premises.

해석

그러나 Incoterms 2020 초안의 논의과정에서 물품이 매도인으로부터 매수인에게 운송될 때 상황에 따라서는 제3자 운송인의 개입이 전혀 없이 운송될 수도 있는 경우가 있다는 것이 명백해졌다. 따라서 예컨대 D 규칙에서 매도인이 운송을 제3자에게 아웃소싱하지 않고, 즉 자신의 운송수단을 사용하여 운송하는 것을 못하도록 하는 그 어떤 것도 없다. 마찬가지로 FCA 매매에서 매수인이 물품을 수취하기 위하여 나아가 자신의 영업구내까지 운송하기 위하여 자신의 차량을 사용하는 것을 금지하는 그 어떤 것도 없다.

The rules appeared not to take account of these eventualities. The Incoterms 2020 rules now do, by expressly allowing not only for the making of a contract of carriage, but also for simply arranging for the necessary carriage.

해석

Incoterms 2010 규칙은 그러한 경우를 고려하지 않은 것 같았다. 이제 Incoterms 2020 규칙에서는 운송계약을 체결하도록 허용하는 것 외에도 단순히 필요한 운송을 마련하는 것을 허용함으로써 그러한 경우를 고려한다.

⑤ [e] Change in the three letter initials for DAT to DPU
([e] DAT에서 DPU로의 명칭변경)

> The only difference between DAT and DAP in the Incoterms 2010 rules was that in DAT the seller delivered the goods once unloaded from the arriving means of transport into a "terminal"; whereas in DAP, the seller delivered the goods when the goods were placed at the disposal of the buyer on the arriving means of transport for unloading. It will also be recalled that the Guidance Note for DAT in Incoterms 2010 defined the word "terminal" broadly to include "any place, whether covered or not".

해석

Incoterms 2010 규칙에서 DAT와 DAP의 유일한 차이점은, DAT의 경우에 매도인은 물품을 도착운송수단으로부터 양하한 후 "터미널"에 두어 인도하여야 하였고 DAP의 경우에 매도인은 물품을 도착운송수단에 실어둔 채 양하를 위하여 매수인의 처분 하에 두었을 때 인도를 한 것으로 되었다는 것이다. Incoterms 2010의 DAT 사용지침에서는 "터미널"이라는 용어를 넓게 정의하여 "지붕의 유무를 불문하고 모든 장소"가 포함되도록 하였다는 점도 기억할 것이다.

> ICC decided to make two changes to DAT and DAP.
> First, the order in which the two Incoterms 2020 rules are presented has been inverted, and DAP, where delivery happens before unloading, now appears before DAT.
> Secondly, the name of the rule DAT has been changed to DPU (Delivered at Place Unloaded), emphasising the reality that the place of destination could be any place and not only a "terminal". However, if that place is not in a terminal, the seller should make sure that the place where it intends to deliver the goods is a place where it is able to unload the goods.

⑥ [f] Inclusion of security-related requirements within carriage obligations and costs

([f] 운송의무 및 비용 조항에 보안 관련 요건 삽입)

It will be recalled that security-related requirements made a rather subdued entry into the Incoterms 2010 rules, through A2/B2 and A10/B10 in each rule. The Incoterms 2010 rules were the first revision of the Incoterms rules to come into force after security-related concerns became so prevalent in the early part of this century. Those concerns, and the associated shipping practices which they have created in their wake, are now much more established. Connected as they are to carriage requirements, an express allocation of security-related obligations has now been added to A4 and A7 of each Incoterms rule. The costs incurred by these requirements are also now given a more prominent position in the costs article, namely A9/B9.

⑦ [g] Explanatory Notes for Users
([g] 사용자를 위한 설명문)

The Guidance Notes appearing at the start of each Incoterms rule in the 2010 version now appear as "Explanatory Notes for Users". These Notes explain the fundamentals of each Incoterms 2020 rule, such as when it should be used, when risk transfers and how costs are allocated between seller and buyer. The Explanatory Notes are intended (a) to help the user accurately and efficiently steer towards the appropriate Incoterms rule for a particular transaction; and (b) to provide those deciding or advising on disputes or contracts governed by Incoterms 2020 with guidance on matters which might require interpretation. For guidance on more fundamental issues that cut across the Incoterms 2020 rules more generally, reference may, of course, also be made to the text of this Introduction.

> **해석**
>
> 2010 버전에서 개별 Incoterms 규칙의 첫머리에 있던 사용지침은 이제는 "사용자를 위한 설명문"이 되었다. 이러한 설명문은 각 규칙이 어떤 경우에 사용되어야 하는지, 위험은 언제 이전하는지 그리고 매도인과 매수인 사이에 비용분담은 어떠한지와 같은 개별 Incoterms 2020 규칙의 기초를 설명한다. 설명문의 목적은 (a) 사용자들이 당해 거래에 적합한 Incoterms 규칙을 정확하고 효율적으로 찾도록 돕는 것과 (b) Incoterms 2020이 적용되는 분쟁이나 계약에 관하여 결정을 내리거나 조언하는 사람들에게 해석이 필요한 사항에 관하여 지침을 제공하는 것이다. 또한 물론 Incoterms 2020 규칙 전반을 관통하는 보다 기초적인 쟁점들에 관한 지침에 관하여 보다 일반적으로는 본 소개문(Introduction)을 참조할 수 있다.

(6) Caution with variants of Incoterms rules(인코텀즈 규칙을 변경하여 사용할 때 유의점)

Sometimes the parties want to alter an Incoterms rule. The Incoterms 2020 rules do not prohibit such alteration, but there are dangers in so doing. In order to avoid any unwelcome surprises, the parties would need to make the intended effect of such alterations extremely clear in their contract. Thus, for example, if the allocation of costs in the Incoterms 2020 rules is altered in the contract, the parties should also clearly stare whether they intend to vary the point at which delivery is made and the risk transfers to the buyer.

해석

때때로 당사자들은 인코텀즈 규칙을 조금 고쳐서 사용하기를 원한다. 인코텀즈 2020 규칙은 그러한 변경을 금지하고 있지는 않지만, 위험이 따른다. 의외의 결과를 피하기 위해서는 당사자들은 그러한 변경으로 의도하는 효과를 계약에서 매우 분명하게 표시해야 한다. 따라서 인코텀즈 2020 규칙상의 비용분담을 계약에서 변경하는 경우 당사자들은 인도가 이루어지고 위험이 매수인에게 이전하는 지점까지도 바꾸는 것인지 여부를 명확하게 기술하여야 한다.

합격자 Tip ●───────◎

각 조건별로 매도인과 매수인의 의무를 각각 규정합니다. 인도, 위험의 이전, 운송 및 비용분담 항목에 초점을 맞춰 조건별로 어떻게 다른지 학습하여야 합니다.

○× 퀴즈 ●───────◎

Q. 매도인의 의무가 가장 큰 조건이 EXW조건이다. (○, ×)

A. × → 매도인의 의무가 가장 큰 조건은 DDP조건이다.

2. RULES FOR ANY MODE OR MODES OF TRANSPORT(모든 운송방식에 적용되는 규칙)

(1) EXW ; Ex Works(공장인도) `17` `18` `19` `21` 출제

EXPLANATORY NOTES FOR USERS

1. Delivery and risk

"Ex Works" means that the seller delivers the goods to the buyer

- when it places the goods at the disposal of the buyer at a named place (like a factory or warehouse), and
- that named place may or may not be the seller's premises.

For delivery to occur, the seller does not need to load the goods on any collecting vehicle, nor does it need to clear the goods for export, where such clearance is applicable.

> 해석

사용자를 위한 설명문

1. 인도와 위험

"공장인도"는 매도인이 다음과 같이 한 때 매수인에게 물품을 인도하는 것을 의미한다.

- 매도인이 물품을 (공장이나 창고와 같은) 지정장소에서 매수인의 처분 하에 두는 때
- 그 지정장소는 매도인의 영업구내일 수도 있고 아닐 수도 있다.

인도가 일어나기 위하여 매도인은 물품을 수취용 차량에 적재하지 않아도 되고, 물품의 수출통관이 요구되더라도 이를 수행할 필요가 없다.

---

2. Mode of transport

This rule may be used irrespective of the mode or modes of transport, if any, selected.

> 해석

2. 운송방식

본 규칙은 선택되는 어떤 운송방식이 있는 경우에 그것이 어떠한 단일 또는 복수의 운송방식인지를 불문하고 사용할 수 있다.

3. Place or precise point of delivery

The parties need only name the place of delivery. However, the parties are well advised also to specify as clearly as possible the precise point within the named place of delivery.

> **해석**
>
> **3. 인도장소 또는 정확한 인도지점**
>
> 당사자들은 단지 인도장소만 지정하면 된다. 그러나 당사자들은 또한 지정인도장소 내에 정확한 지점을 가급적 명확하게 명시하는 것이 좋다.

5. Loading risks

Delivery happens—and risk transfers—when the goods are placed, not loaded, at the buyer's disposal.

> **해석**
>
> **5. 적재위험**
>
> 인도는 물품이 적재된 때가 아니라 매수인의 처분 하에 놓인 때에 일어난다. 그리고 그때 위험이 이전한다.

○× 퀴즈

Q. EXW조건에서는 매도인의 영업구내에서 물품을 적재한 때 위험이 이전된다. (○, ×)

A. × → 매도인에게 적재의무는 없으며 매수인의 처분하에 놓으면 위험이 이전된다.

6. Export clearance

There is no obligation on the seller to organise export clearance or clearance within third countries through which the goods pass in transit.

Indeed, EXW may be suitable for domestic trades, where there is no intention at all to export the goods.

> **해석**
>
> **6. 수출통관**
>
> 매도인은 수출통관이나 운송 중에 물품이 통과할 제3국의 통관을 수행할 의무가 없다. 사실 EXW는 물품을 수출할 의사가 전혀 없는 국내거래에 적절하다.

(2) FCA ; Free Carrier(운송인 인도) 18 19 21 출제

EXPLANATORY NOTES FOR USERS

1. Delivery and risk

"Free Carrier(named place)" means that the seller delivers the goods to the buyer in one or other of two ways.

- First, when the named place is the seller's premises, the goods are delivered
  - when they are loaded on the means of transport arranged by the buyer.
- Second, when the named place is another place, the goods are delivered
  - when, having been loaded on the seller's means of transport,
  - they reach the named other place and
  - are ready for unloading from that seller's means of transport and
  - at the disposal of the carrier or of another person nominated by the buyer.

Whichever of the two is chosen as the place of delivery, that place identifies where risk transfers to the buyer and the time from which costs are for the buyer's account.

사용자를 위한 설명문

1. 인도와 위험

"운송인인도(지정장소)"는 매도인이 물품을 매수인에게 다음과 같은 두 가지 방법 중 어느 하나로 인도하는 것을 의미한다.

- 첫째, 지정장소가 매도인의 소재지인 경우, 물품은 다음과 같이 된 때 인도된다.
  - 물품이 매수인이 마련한 운송수단에 적재된 때
- 둘째, 지정장소가 그 밖의 장소인 경우, 물품은 다음과 같이 된 때 인도된다.
  - 매도인의 운송수단에 적재되어서
  - 지정장소에 도착하고
  - 매도인의 운송수단에 실린 채 양하준비된 상태로
  - 매수인이 지정한 운송인이나 제3자의 처분 하에 놓인 때

그러한 두 장소 중에서 인도장소로 선택되는 장소는 위험이 매수인에게 이전하는 곳이며, 또한 매수인이 비용을 부담하기 시작하는 시점이 된다.

2. Mode of transport

This rule may be used irrespective of the mode of transport selected and may also be used where more than one mode of transport is employed.

2. 운송방식

본 규칙은 어떠한 운송방식이 선택되는지를 불문하고 사용할 수 있고 둘 이상의 운송방식이 이용되는 경우에도 사용할 수 있다.

3. Place or point of delivery

A sale under FCA can be concluded naming only the place of delivery, either at the seller's premises or elsewhere, without specifying the precise point of delivery within that named place.

3. 인도장소 또는 인도지점

FCA 매매는 지정장소 내에 정확한 인도지점을 명시하지 않고서 매도인의 영업구내나 그 밖의 장소 중에서 어느 하나를 단지 인도장소로 지정하여 체결될 수 있다.

① A : THE SELLER'S OBLIGATIONS AND B : THE BUYER'S OBLIGATIONS(매도인과 매수인의 의무)

A1 General obligations

The seller must provide the goods and the commercial invoice in conformity with the contract of sale and any other evidence of conformity that may be required by the contract.

Any document to be provided by the seller may be in paper or electronic form as agreed or, where there is no agreement, as is customary.

일반의무

매도인은 매매계약에 일치하는 물품 및 상업송장과 그밖에 일치성에 관하여 계약에서 요구되는 증빙을 제공하여야 한다. 매도인이 제공하여야 하는 서류는 합의에 따라, 합의가 없는 경우에는 관행에 따라 종이서류 또는 전자적 방식으로 제공될 수 있다.

B1 General obligations

The buyer must pay the price of the goods as provided in the contract of sale.

Any document to be provided by the buyer may be in paper or electronic form as agreed or, where there is no agreement, as is customary.

해석

일반의무

매수인은 매매계약에서 약정된 바에 따라 물품의 대금을 지급하여야 한다.

매수인이 제공하여야 하는 서류는 합의에 따라, 합의가 없는 경우에는 관행에 따라 종이서류 또는 전자적 방식으로 제공될 수 있다.

OX 퀴즈

Q 매수인이 제공하여야 하는 서류는 관행에 따라 종이서류만 인정된다. (O, X)

A X → 관행에 따라 종이서류 또는 전자서류도 가능하다.

A2 Delivery

The seller must deliver the goods to the carrier or another person nominated by the buyer at the named point, if any, at the named place, or procure goods so delivered.

The seller must deliver the goods

1. on the agreed date or

2. at the time within the agreed period notified by the buyer under B10(b) or,

3. if no such time is notified then at the end of the agreed period. Delivery is completed either:

    a) If the named place is the seller's premises, when the goods have been loaded on the means of transport provided by the buyer; or

    b) In any other case, when the goods are placed at the disposal of the carrier or another person nominated by the buyer on the seller's means of transport ready for unloading.

If no specific point has been notified by the buyer under B10(d) within the named place of delivery, and if there are several points available, the seller may select the point that best suits its purpose.

인 도

매도인은 물품을 지정장소에서, 그 지정장소에 지정된 지점이 있는 경우에는 그 지점에서 매수인이 지정한 운송인 또는 제3자에게 인도하거나 그렇게 인도된 물품을 조달하여야 한다.

매도인은 다음의 시기에 물품을 인도하여야 한다.

1. 합의된 기일 또는
2. B10(b)에 따라 매수인으로부터 통지받은 합의된 기간 중의 어느 시기 또는,
3. 그러한 시기가 통지되지 않은 경우에는 합의된 기간의 만료일

    인도는 다음의 시점에 완료된다.

    a) 지정장소가 매도인의 영업구역인 경우 물품이 매수인이 제공한 운송수단에 적재된 때 또는

    b) 그 밖의 경우에는 물품이 매도인의 운송수단에 실린 채 양하 준비된 상태로 매수인이 지정한 운송인 또는 제3자의 처분 하에 놓은 때

지정인도장소 내에 매수인이 B10(d)에 따라 통지한 특정한 지점이 없고 또한 이용 가능한 복수의 지점이 있는 경우에 매도인은 그의 목적에 가장 적합한 지점을 선택할 수 있다.

B2 Taking Delivery

The buyer must take delivery of the goods when they have been delivered under A2.

인도의 수령

매수인은 A2에 따라 인도된 때에 물품의 인도를 수령하여야 한다.

A3 Transfer of risks

The seller bears all risks of loss of or damage to the goods until they have been delivered in accordance with A2 with the exception of loss or damage in the circumstances described in B3.

위험이전

매도인은 물품이 A2에 따라 인도되는 때까지 물품의 멸실 또는 손상의 모든 위험을 부담하되, B3에 규정된 상황에서 발생하는 멸실 또는 훼손은 예외로 한다.

B3 Transfer of risks

The buyer bears all risks of loss of or damage to the goods from the time they have been delivered under A2.

If

a) the buyer fails to nominate a carrier or another person under A2 or to give notice in accordance with B10; or

b) the carrier or person nominated by the buyer under B10(a) fails to take the goods into its charge, then the buyer bears all risks of loss of or damage to the goods;

   (i) from the agreed date, or in the absence of an agreed date,

   (ii) from the time selected by the buyer under B10(b); or, if no such time has been notified,

   (iii) from the end of any agreed period for delivery,

provided that the goods have been clearly identified as the contract goods.

위험이전

매수인은 물품이 A2의 규정에 따라 인도된 때부터 물품의 멸실 또는 훼손의 모든 위험을 부담한다.

a) 매수인이 A2상의 운송인이나 제3자를 지정하지 않거나 B10에 따른 통지를 하지 않는 경우, 또는

b) B10(a)에 따라 매수인이 지정한 운송인이나 제3자가 물품을 수령하지 않는 경우, 매수인은 다음의 시기부터 물품의 멸실 또는 훼손의 모든 위험을 부담한다.

   (i) 합의된 인도기일부터 또는 합의된 인도기일이 없는 경우.

   (ii) 매수인이 B10(b)에 따라 선택한 시기부터 또는 그러한 시기가 통지되지 않는 경우.

   (iii) 합의된 인도기간의 만료일부터

다만 물품은 계약물품으로 명확히 특정되어 있어야 한다.

A4 Carriage

The seller has no obligation to the buyer to make a contract of carriage. However, the seller must provide the buyer, at the buyer's request, risk and cost, with any information in the possession of the seller, including transport-related security requirements, that the buyer needs for arranging carriage.

If agreed, the seller must contract for carriage on the usual terms at the buyer's risk and cost.

The seller must comply with any transport-related security requirements up to delivery.

B4 Carriage

The buyer must contract or arrange at its own cost for the carriage of the goods from the named place of delivery, except when the contract of carriage is made by the seller as provided for in A4.

A5 Insurance

The seller has no obligation to the buyer to make a contract of insurance. However, the seller must provide the buyer, at the buyer's request, risk and cost with information in the possession of the seller that the buyer needs for obtaining insurance.

보 험

매도인은 매수인에 대하여 보험계약을 체결할 의무가 없다. 그러나 매도인은 매수인의 요청에 따라 매수인의 위험과 비용으로 매수인이 부보하는 데 필요한 정보로서 매도인이 가지고 있는 정보를 매수인에게 제공하여야 한다.

B5 Insurance

The buyer has no obligation to the seller to make a contract of insurance.

보 험

매수인은 매도인에 대하여 보험계약을 체결할 의무가 없다.

A6 Delivery/Transport document

The seller must provide the buyer at the seller's cost with the usual proof that the goods have been delivered in accordance with A2.

The seller must provide assistance to the buyer, at the buyer's request, risk and cost, in obtaining a transport document.

Where the buyer has instructed the carrier to issue to the seller a transport document under B6, the seller must provide any such document to the buyer.

인도/운송서류

매도인은 자신의 비용으로 매수인에게 물품이 A2에 따라 인도되었다는 통상적인
증거를 제공하여야 한다.

매도인은 매수인의 요청에 따라 매수인의 위험과 비용으로 매수인이 운송서류를
취득하는 데 협력을 제공해야 한다.

매수인이 B6에 따라 매도인에게 운송서류를 발행하도록 운송인에게 지시한 경우
에 매도인은 그러한 서류를 매수인에게 제공하여야 한다.

B6 Delivery/Transport document

The buyer must accept the proof that the goods have been
delivered in accordance with A2.

If the parties have so agreed, the buyer must instruct the
carrier to issue to the seller, at the buyer's cost and risk, a
transport document stating that the goods have been loaded
(such as a bill of lading with an onboard notation)

인도/운송서류

매수인은 물품이 A2에 일치하게 인도되었다는 증거를 인수하여야 한다.

당사자들이 합의한 경우에 매수인은 물품이 적재되었음을 기재한(본선적재표기가
있는 선하증권과 같은) 운송서류를 자신의 비용과 위험으로 매도인에게 발행하도
록 운송인에게 지시하여야 한다.

A7 Export/Import clearance

a) Export clearance

Where applicable, the seller must carry out and pay for all export clearance formalities required by the countries of export such as:

- export licence;
- security clearance for export
- pre-shipment inspection; and
- any other official authorisation.

b) Assistance with import clearance

Where applicable, the seller must assist the buyer, at the buyer's request, risk and cost, in obtaining any documents and/or information related to all transit/import clearance formalities, including security requirements and pre-shipment inspection, needed by any country of transit or the country of import.

해석

수출/수입통관

a) 수출통관

해당되는 경우에 매도인은 다음과 같은 수출국에 의하여 부과되는 모든 수출통관 절차에 관한 절차를 수행하고 그에 관한 비용을 부담하여야 한다.

- 수출허가
- 수출을 위한 보안통관
- 선적 전 검사
- 그 밖의 공적허가

b) 수입통관에 관한 협력

해당되는 경우에 매도인은 매수인의 요청에 따라 매수인의 위험과 비용으로, 보안요건 및 선적전 검사를 포함하여 통과국 또는 수입국에 의하여 필요한 모든 통과/수입통관절차에 관한 서류 및 정보를 취득하는 데 매수인에게 협력하여야 한다.

B7 Export/Import clearance

a) Assistance with export clearance

Where applicable, the buyer must assist the seller at the seller's request, risk and cost in obtaining any documents and/or information related to all export clearance formalities, including security requirements and pre-shipment inspection, needed by the country of export.

b) Import clearance

Where applicable, the buyer must carry out and pay for all formalities required by any country of transit and the country of import, such as:

- import licence and any licence required for transit;
- security clearance for import and any transit;
- pre-shipment inspection; and
- any other official authorisation.

○✕ 퀴즈

Q 매수인은 보안요건 및 선적 전 검사를 포함하여 수출국에 필요한 모든 수출통관절차에 관한 서류와 정보를 취득하는 데 매도인에게 협력하여야 한다. (○, ✕)

A ○

> **해석**
>
> **수출/수입통관**
>
> a) 수출통관에 관한 협력
>
> 해당되는 경우에 매수인은 매도인의 요청에 따라 매도인의 위험과 비용으로, 보안요건 및 선적 전 검사를 포함하여 수출국에 의하여 필요한 모든 수출통관절차에 관한 서류 및 정보를 취득하는 데 매도인에게 협력하여야 한다.
>
> b) 수입통관
>
> 해당되는 경우에 매수인은 다음과 같은 통과국 및 수입국에 의하여 부과되는 모든 절차를 수행하고 그에 관한 비용을 부담하여야 한다.
>
> - 수입허가 및 통과를 위하여 필요한 허가
> - 수입과 통과를 위한 보안통관
> - 선적 전 검사
> - 그 밖의 공적허가

A8 Checking / Packaging / Marking

The seller must pay the costs of those checking operations (such as checking quality, measuring, weighing, counting) that are necessary for the purpose of delivering the goods in accordance with A2.

The seller must, at its own cost, package the goods, unless it is usual for the particular trade to transport the type of goods sold unpackaged. The seller must package and mark the goods in the manner appropriate for their transport, unless the parties have agreed on specific packaging or marking requirements.

점검 / 포장 / 하인표시

매도인은 A2에 따라 물품을 인도하기 위한 목적에서 필요한 검사(예컨대, 품질, 용적, 중량, 수량의 검사)에 드는 비용을 부담하여야 한다. 매도인은 자신의 비용으로 물품을 포장하여야 하되, 다만 특정한 거래에서 물품이 통상적으로 포장되지 않은 형태로 매매되어 운송되는 경우에는 그러하지 아니하다. 매도인은 당해 운송에 적절한 방법으로 물품을 포장하고 화인을 표시하되, 당사자들이 특정한 포장요건이나 화인요건에 합의한 경우에는 그러하지 않다.

B8 Checking / Packaging / Marking

The buyer has no obligation to the seller.

점검 / 포장 / 하인표시

매수인은 매도인에 대하여 의무가 없다.

A9 Allocation of costs

The seller must pay

a) all costs relating to the goods until they have been delivered in accordance with A2, other than those payable by the buyer under B9

b) the costs of providing the usual proof to the buyer under A6 that the goods have been delivered;

c) where applicable, duties, taxes and any other costs related to export clearance under A7(a); and

d) the buyer for all costs and charges related to providing assistance in obtaining documents and information in accordance with B7(a).

비용분담

매도인은 다음의 비용을 부담하여야 한다.

a) 매도인은 물품이 A2에 따라 인도되는 때까지 물품에 관련되는 모든 비용을 부담하여야 한다. 그러나 B9의 규정에 따라 매수인이 부담하는 비용은 제외한다.

b) 물품이 인도되었다는 통상적인 증거를 A6에 따라 매수인에게 제공하는 데 드는 비용

c) 해당되는 경우에 A7(a)에 따른 수출통관에 관한 관세, 세금 및 기타 비용

d) B7(a)에 따라 서류와 정보를 취득하는 데 매수인이 협력을 제공하는 것과 관련한 모든 비용

B9 Allocation of costs

The buyer must pay:

a) all costs relating to the goods from the time they have been delivered under A2, other than those payable by the seller under A9;

b) the seller for all costs and charges related to providing assistance in obtaining documents and information in accordance with A4, A5, A6 and A7(b);

c) where applicable, duties, taxes and any other costs related to transit or import clearance under B7(b); and

d) any additional costs incurred, either because;

    (i) the buyer fails to nominate a carrier or another person under B10, or

    (ii) the carrier or person nominated by the buyer under B10 fails to take the goods into its charge,

provide that the goods have been clearly identified as the contract goods.

해석

비용분담

매수인은 다음의 비용을 부담해야 한다.

a) 물품이 A2의 규정에 따라 인도되는 때로부터 물품에 관련되는 모든 비용. 단, A9에 따라 매도인이 부담하는 비용을 제외한다.

b) A4, A5, A6 및 A7(b)에 따라 서류와 정보를 취득하는 데 매도인이 협력을 제공하는 것과 관련된 모든 비용

c) 해당되는 경우 B7에 따른 통과통관 또는 수입통관에 관한 관세, 세금 기타 공과금 및

d) 다음의 경우에 발생하는 추가비용

    (i) 매수인이 B10에 따라 운송인이나 제3자를 지정하지 않는 경우 또는

    (ii) B10에 따라 매수인이 지정한 운송인이나 제3자가 물품을 수령하지 않는 경우

다만 물품은 계약물품으로 명확히 특정되어 있어야 한다.

A10 Notices

The seller must give the buyer sufficient notice either that the goods have been delivered in accordance with A2 or that carrier or another person nominated by the buyer has failed to take the goods within the time agreed.

통지

매도인은 물품이 A2에 따라 인도된 사실 또는 매수인이 지정한 운송인 또는 제3자가 합의된 시기 내에 물품을 수령하지 않는 사실을 매수인에게 충분히 통지하여야 한다.

B10 Notices

The buyer must, notify the seller of

a) the name of the carrier or another person nominated within sufficient time as to enable the seller to deliver the goods in accordance with A2;

b) the selected time, if any, within the period agreed for delivery when the carrier or person nominated will receive the goods;

c) the mode of transport to be used by the carrier or the person nominated including any transport-related security requirements; and

d) the point where the goods will be received within the named place of delivery

통지

매수인은 매도인에게 다음을 통지하여야 한다.

a) 지정된 운송인 또는 제3자의 이름. 이는 매도인의 A2에 따라 물품을 인도할 수 있도록 하는 정도의 충분한 기간 전에 통지되어야 한다.

b) 합의된 인도기간 내에서 운송인이나 제3자가 물품을 수령할 것으로 선택된 시기가 있는 경우 그 선택된 시기

c) 운송관련 보안요건을 포함하여, 지정된 운송인 또는 제3자가 사용할 운송방식 및

d) 지정인도장소 내에서 물품을 수령할 지점

(3) CPT ; Carriage Paid To(운송비지급인도)

EXPLANATORY NOTES FOR USERS

1. Delivery and risk

"Carriage Paid To" means that the seller delivers the goods—and transfers the risk—to the buyer

- by handing them over to the carrier
- contracted by the seller
- or by procuring the goods so delivered.
- The seller may do so by giving the carrier physical possession of the goods in the manner and at the place appropriate to the means of transport used.

Once the goods have been delivered to the buyer in this way, the seller does not guarantee that the goods will reach the place of destination in sound condition, in the stated quantity or indeed at all.

This is because risk transfers from seller to buyer when the goods are delivered to the buyer by handing them over to the carrier; the seller must nonetheless contract for the carriage of the goods from delivery to the agreed destination.

Thus, for example, goods are handed over to a carrier in Las Vegas(which is not a port) for carriage to Southampton (a port) or to Winchester(which is not a port).

In either case, delivery transferring risk to the buyer happens in Las Vegas, and the seller must make a contract of carriage to either Southampton or Winchester.

해석

사용자를 위한 설명문

1. 인도와 위험

"운송비지급인도"는 매도인이 다음과 같이 매수인에게 물품을 인도하는 것을 —그리고 위험을 이전하는 것을 의미한다.

- 매도인과 계약을 체결한 운송인에게
- 물품을 교부함으로써
- 또는 그렇게 인도된 물품을 조달함으로써
- 매도인은 사용되는 운송수단에 적합한 방법으로 그에 적합한 장소에서 운송인에게 물품의 물리적 점유를 이전함으로써 물품을 인도할 수 있다.

물품이 이러한 방법으로 매수인에게 인도되면 매도인은 그 물품이 목적지에 양호한 상태로 그리고 명시된 수량 또는 그 전량이 도착할 것을 보장하지 않는다.

왜냐하면 물품이 운송인에게 교부됨으로써 매수인에게 인도된 때 위험은 매도인으로 부터 매수인에게 이전하기 때문이다. 그러나 매도인은 물품을 인도지로부터 합의된 목적지까지 운송하는 계약을 체결하여야 한다.

예컨대 (항구인)사우샘프턴이나 (항구가 아닌)윈체스터까지 운송하기 위하여 (항구가 아닌)라스베이거스에서 운송인에게 물품이 교부된다.

이러한 각각의 경우에 위험을 매수인에게 이전시키는 인도는 라스베이거스에서 일어나고 매도인은 사우샘프턴이나 윈체스터로 향하는 운송계약을 체결하여야 한다.

O× 퀴즈

Q CPT와 CIP조건은 모두 매도인이 운송계약 체결과 수입통관의 절차를 수행할 의무가 있다. (O, ×)

A O

3. Places(or points) of delivery and destination

In CPT, two locations are important; the place or point(if any) at which the goods are delivered(for the transfer of risk) and the place or point agreed as the destination of the goods (as the point to which the seller promises to contract for carriage).

해석

3. 인도장소(또는 인도지점)와 목적지

CPT에서는 두 곳이 중요하다. 물품이 인도되는 장소(위험이전을 위하여) 또는 지점(있는 경우)이 그 하나이고, 물품의 목적지로서 합의된 장소 또는 지점이 다른 하나이다(매도인은 이 지점까지 운송계약을 체결하기로 약속하기 때문이다).

4. Identifying the place or point of delivery with precision

The parties are well advised to identify both places, or indeed points within those places, as precisely as possible in the contract of sale.

Identifying the place or point (if any) of delivery as precisely as possible is important to cater for the common situation where several carriers are engaged, each for different legs of the transit from delivery to destination.

Where this happens and the parties do not agree on a specific place or point of delivery, the default position is that risk transfers when the goods have been delivered to the first carrier at a point entirely of the seller's choosing and over which the buyer has no control.

Should the parties wish the risk to transfer at a later stage (e.g. at a sea or river port or at an airport), or indeed an earlier one (e.g. an inland point some way away from a sea or river port), they need to specify this in their contract of sale and to carefully think through the consequences of so doing in case the goods are lost or damaged.

해석

4. 정확한 인도장소 또는 인도지점 지정

당사자들은 매매계약에서 가급적 정확하게 두 장소(인도장소 및 목적지) 또는 그러한 두 장소 내의 실제 지점들을 지정하는 것이 좋다.

인도장소나 인도지점(있는 경우)을 가급적 정확하게 지정하는 것은 복수의 운송인이 참여하여 인도지부터 목적지까지 사이에 각자 상이한 운송구간을 담당하는 일반적인 상황에 대응하기 위하여 중요하다.

이러한 상황에서 당사자들이 특정한 인도장소나 인도지점을 합의하지 않는 경우에 기본적으로 위험은 물품이 매도인이 전적으로 선택하고 그에 대하여 매수인이 전혀 통제할 수 없는 지점에서 제1운송인에게 인도된 때 이전한다는 것이다.

그 후의 어느 단계에서 (예컨대 바다나 강의 항구에서 또는 공항에서) 또는 그 전의 어느 단계에서 (예컨대 바다나 강의 항구로부터 멀리 있는 내륙의 어느 지점에서) 위험이 이전되길 원한다면, 당사자들은 이를 매매계약에 명시하고 물품이 실제로 멸실 또는 훼손되는 경우에 그렇게 하는 것의 결과가 어떻게 되는지를 신중하게 생각할 필요가 있다.

5. Identifying the destination as precisely as possible

The parties are also well advised to identify as precisely as possible in the contract of sale the point within the agreed place of destination, as this is the point to which the seller must contract for carriage and this is the point to which the costs of carriage fall on the seller.

해석

5. 가급적 정확한 목적지 지정

당사자들은 또한 매매계약에서 합의된 목적지 내의 지점을 가급적 정확하게 지정하는 것이 좋다. 그 지점까지 매도인은 운송계약을 체결하여야 하고 그 지점까지 발생하는 운송비용을 매도인이 부담하기 때문이다.

6. 'or procuring the goods so delivered'

The reference to "procure" here caters for multiple sales down a chain(string sales), particularly common in the commodity trades.

해석

6. '또는 그렇게 인도된 물품을 조달함'

여기에 "조달한다"라고 규정한 것은 특히 일차산품거래에서 일반적인 수차에 걸쳐 연속적으로 이루어지는 매매(연속매매)에 대응하기 위한 것이다.

7. Costs of unloading at destination

If the seller incurs costs under its contract of carriage related to unloading at the named place of destination, the seller is not entitled to recover such costs separately from the buyer unless otherwise agreed between the parties.

7. 목적지의 양하 비용

매도인이 자신의 운송계약상 지정목적지에서 양하에 관하여 비용이 발생한 경우에 매도인은 당사자 간에 달리 합의되지 않은 한 그러한 비용을 매수인으로부터 별도로 상환 받을 권리가 없다.

8. Export/Import clearance

CPT requires the seller to clear the goods for export, where applicable.

However, the seller has no obligation to clear the goods for import or for transit through third countries, or to pay any import duty or to carry out any import customs formalities.

8. 수출/수입통관

CPT에서는 해당되는 경우에 매도인이 물품의 수출통관을 하여야 한다.

그러나 매도인은 물품의 수입을 위한 또는 제3국 통과를 위한 통관을 하거나 수입 관세를 납부하거나 수입통관절차를 수행할 의무가 없다.

CIP 조건은 위험과 비용 부담의 분기점, 부보의무의 사항을 중점으로 학습하길 추천합니다.

(4) CIP ; Carriage and Insurance Paid To(운송비, 보험료 지급인도)

18 19 21 출제

EXPLANATORY NOTES FOR USERS

1. Delivery and risk

"Carriage and Insurance Paid To" means that the seller delivers the goods—and transfers the risk—to the buyer

- by handing them over to the carrier
- contracted by the seller
- or by procuring the goods so delivered.
- The seller may do so by giving the carrier physical possession of the goods in the manner and at the place appropriate to the means of transport used.

Once the goods have been delivered to the buyer in this way, the seller does not guarantee that the goods will reach the place of destination in sound condition, in the stated quantity or indeed at all.

This is because risk transfers from seller to buyer when the goods are delivered to the buyer by handing them over to the carrier; the seller must nonetheless contract for the carriage of the goods from delivery to the agreed destination.

Thus, for example, goods are handed over to a carrier in Las Vegas(which is not a port) for carriage to Southampton (a port) or to Winchester(which is not a port).

In either case, delivery transferring risk to the buyer happens in Las Vegas, and the seller must make a contract of carriage to either Southampton or Winchester.

사용자를 위한 설명문

1. 인도와 위험

"운송비·보험료지급인도"는 매도인이 다음과 같이 매수인에게 물품을 인도하는 것을 ―그리고 위험을 이전하는 것을― 의미한다.

- 매도인과 계약을 체결한 운송인에게
- 물품을 교부함으로써
- 또는 그렇게 인도된 물품을 조달함으로써
- 매도인은 사용되는 운송수단에 적합한 방법으로 그에 적합한 장소에서 운송인에게 물품의 물리적 점유를 이전함으로써 물품을 인도할 수 있다.

물품이 이러한 방법으로 매수인에게 인도되면, 매도인은 그 물품이 목적지에 양호한 상태로 그리고 명시된 수량 또는 그 전량이 도착할 것을 보장하지 않는다.

왜냐하면 물품이 운송인에게 교부됨으로써 매수인에게 인도된 때 위험은 매도인으로부터 매수인에게 이전되기 때문이다. 그러나 매도인은 물품을 인도지로부터 합의된 목적지까지 운송하는 계약을 체결하여야 한다.

따라서 예컨대 (항구인)사우샘프턴이나 (항구가 아닌)윈체스터까지 운송하기 위하여 (항구가 아닌)라스베이거스에서 운송인에게 물품이 교부된다.

이러한 각각의 경우에 위험을 매수인에게 이전시키는 인도는 라스베이거스에서 일어나고 매도인은 사우샘프턴이나 윈체스터로 향하는 운송계약을 체결하여야 한다.

2. Mode of transport

This rule may be used irrespective of the mode of transport selected and may also be used where more than one mode of transport is employed.

2. 운송방식

본 규칙은 어떠한 운송방식이 선택되는지를 불문하고 사용할 수 있고 둘 이상의 운송방식이 이용되는 경우에도 사용할 수 있다.

3. Places(or points) of delivery and destination

In CIP two locations are important : the place or point at which the goods are delivered (for the transfer of risk) and the place or point agreed as the destination of the goods (as the point to which the seller promises to contract for carriage).

3. 인도장소(또는 인도지점)와 목적지

CIP에서는 두 곳이 중요하다. 물품이 (위험이전을 위하여)인도되는 장소 또는 지점이 그 하나이고, 물품의 목적지로서 합의된 장소 또는 지점이 다른 하나이다(매도인은 이 지점까지 운송계약을 체결하기로 약속하기 때문이다).

---

4. Insurance

The seller must also contract for insurance cover against the buyer's risk of loss of or damage to the goods from the point of delivery to at least the point of destination.

This may cause difficulty where the destination country requires insurance cover to be purchased locally : in this case the parties should consider selling and buying under CPT. The buyer should also note that under the CIP Incoterms 2020 rule the seller is required to obtain extensive insurance cover complying with Institute Cargo Clauses (A) or similar clause, rather than with the more limited cover under Institute Cargo Clauses (C).

It is, however, still open to the parties to agree on a lower level of cover.

4. 보 험

매도인은 또한 인도지점부터 적어도 목적지점까지 매수인의 물품의 멸실 또는 훼손 위험에 대하여 보험계약을 체결하여야 한다.

이는 목적지 국가가 자국의 보험자에게 부보하도록 요구하는 경우에는 어려움을 야기할 수 있다. 이러한 경우에 당사자들은 CPT로 매매하는 것을 고려하여야 한다. 또한 매수인은 Incoterms 2020 CIP 하에서 매도인은 협회적하약관의 (C) 약관에 의한 제한적인 담보조건이 아니라 협회적하약관의 (A) 약관이나 그와 유사한 약관에 따른 광범위한 담보조건으로 부보하여야 한다는 것을 유의하여야 한다. 그러나 당사자들은 여전히 더 낮은 수준의 담보조건으로 부보하기로 합의할 수 있다.

합격자 Tip

CIP에서의 보험부보는 ICC(A)약관으로 부보되어야 합니다. Incoterms 2010 버전에서는 CIF, CIP 모두 ICC(C)약관부보가 요구되었으나 Incoterms 2020 버전에서는 CIP부보 수준이 변경되었습니다.

8. Costs of unloading at destination

If the seller incurs costs under its contract of carriage related to unloading at the named place of destination, the seller is not entitled to recover such costs separately from the buyer unless otherwise agreed between the parties.

8. 목적지의 양하비용

매도인이 자신의 운송계약상 지정목적지에서 양하에 관하여 비용이 발생한 경우에 매도인은 당사자 간에 달리 합의되지 않은 한 그러한 비용을 매수인으로부터 별도로 상환 받을 권리가 없다.

9. Export/Import clearance

CIP requires the seller to clear the goods for export, where applicable.

However, the seller has no obligation to clear the goods for import or for transit through third countries, or to pay any import duty or to carry out any import customs formalities.

9. 수출/수입통관

CIP에서는 해당되는 경우에 매도인이 물품의 수출통관을 하여야 한다.

그러나 매도인은 물품의 수입을 위한 또는 제3국 통과를 위한 통관을 하거나 수입관세를 납부하거나 수입통관절차를 수행할 의무가 없다.

(5) DAP ; Delivered at Place(도착지인도) ⑱⑲㉑ 출제

EXPLANATORY NOTES FOR USERS

1. Delivery and risk

"Delivered at Place" means that the seller delivers the goods -and transfers risk to the buyer

- when the goods are placed at the disposal of the buyer
- on the arriving means of transport ready for unloading
- at the named place of destination or
- at the agreed point within that place, if any such point is agreed.

The seller bears all risks involved in bringing the goods to the named place of destination or to the agreed point within that place. In this Incoterms rule, therefore, delivery and arrival at destination are the same.

해석

사용자를 위한 설명문

1. 인도와 위험

"도착지인도"는 다음과 같이 된 때 매도인이 매수인에게 물품을 인도하는 것을 -그리고 위험을 이전하는 것을- 의미한다.

- 물품이 지정목적지에서 또는
- 지정목적지 내에 어떠한 지점이 합의된 경우에는 그 지점에서
- 도착운송수단에 실어둔 채 양하 준비된 상태로
- 매수인의 처분 하에 놓인 때

매도인은 물품을 지정목적지까지 또는 지정목적지 내의 합의된 지점까지 가져가는 데 수반되는 모든 위험을 부담한다. 따라서 본 Incoterms 규칙에서 인도와 목적지의 도착은 같은 것이다.

2. Mode of transport

This rule may be used irrespective of the mode of transport selected and may also be used where more than one mode of transport is employed.

2. 운송방식

본 규칙은 어떠한 운송방식이 선택되는지를 불문하고 사용할 수 있고 둘 이상의 운송방식이 이용되는 경우에도 사용할 수 있다.

5. Unloading costs

The seller is not required to unload the goods from the arriving means of transportation.

However, if the seller incurs costs under its contract of carriage related to unloading at the place of delivery/destination, the seller is not entitled to recover such costs separately from the buyer unless otherwise agreed between the parties.

5. 양하비용

매도인은 도착운송수단으로부터 물품을 양하할 필요가 없다.

그러나 매도인이 자신의 운송계약상 인도장소/목적지에서 양하에 관하여 비용이 발생한 경우에 매도인은 당사자 간에 달리 합의되지 않은 한 그러한 비용을 매수인으로부터 별도로 상환 받을 권리가 없다.

6. Export/Import clearance

DAP requires the seller to clear the goods for export, where applicable.

However, the seller has no obligation to clear the goods for import or for post-delivery transit through third countries, to pay any import duty or to carry out any import customs formalities.

If, in order to avoid this scenario, the parties intend the seller to clear the goods for import, pay any import duty or tax and carry out any import customs formalities, the parties might consider using DDP.

(6) DPU ; Delivered at Place Unloaded(도착지 양하인도) 20 21 출제

합격자 Tip ●───○

인도의 기준이 운송수단에서 '양하 후 터미널 양도조건'에서 '양하하지 않고 매수인 처분하에 두었을 때'로 변경되었습니다.

EXPLANATORY NOTES FOR USERS

1. Delivery and risk

"Delivered at Place Unloaded" means that the seller delivers the goods—and transfers risk—to the buyer

- when the goods,
- once unloaded from the arriving means of transport,
- are placed at the disposal of the buyer
- at a named place of destination or
- at the agreed point within that place, if any such point is agreed.

The seller bears all risks involved in bringing the goods to and unloading them at the named place of destination.

In this Incoterms rule, therefore, the delivery and arrival at destination are the same.

DPU is the only Incoterms rule that requires the seller to unload goods at destination.

The seller should therefore ensure that it is in a position to organise unloading at the named place.

Should the parties intend the seller not to bear the risk and cost of unloading, the DPU rule should be avoided and DAP should be used instead.

사용자를 위한 설명문

1. 인도와 위험

"도착지 양하인도"는 다음과 같이 된 때 매도인이 매수인에게 물품을 인도하는 것을 그리고 위험을 이전하는 것을 의미한다.

- 물품이,
- 지정목적지에서 또는
- 지정목적지 내에 어떠한 지점이 합의된 경우에는 그 지점에서
- 도착운송수단으로부터 양하된 상태로
- 매수인의 처분 하에 놓인 때

매도인은 물품을 지정목적지까지 가져가서 그곳에서 물품을 양하하는 데 수반되는 모든 위험을 부담한다. 따라서 본 Incoterms 규칙에서 인도와 목적지의 도착은 같은 것이다.

DPU는 매도인이 목적지에서 물품을 양하하도록 하는 유일한 Incoterms 규칙이다. 따라서 매도인은 자신이 그러한 지정장소에서 양하를 할 수 있는 입장에 있는지를 확실히 하여야 한다.

당사자들은 매도인이 양하의 위험과 비용을 부담하기를 원하지 않는 경우에는 DPU를 피하고 그 대신 DAP를 사용하여야 한다.

2. Mode of transport

This rule may be used irrespective of the mode of transport selected and may also be used where more than one mode of transport is employed.

2. 운송방식

본 규칙은 어떠한 운송방식이 선택되는지를 불문하고 사용할 수 있고 둘 이상의 운송방식이 이용되는 경우에도 사용할 수 있다.

5. Export/Import clearance

DPU requires the seller to clear the goods for export, where applicable.

However, the seller has no obligation to clear the goods for import or for post-delivery transit through third countries, to pay any import duty or to carry out any import customs formalities.

If the parties intend the seller to clear the goods for import, pay any import duty or tax and carry out any import customs formalities, the parties might consider using DDP.

5. 수출/수입통관

DPU에서는 해당되는 경우에 매도인이 물품의 수출통관을 하여야 한다.

그러나 매도인은 물품의 수입을 위한 또는 인도 후 제3국 통과를 위한 통관을 하거나 수입관세를 납부하거나 수입통관절차를 수행할 의무가 없다.

물품의 수입신고를 하고 수입관세나 세금을 납부하고 수입통관절차를 수행하는 것을 매도인이 하도록 하는 경우에 당사자들은 DDP를 사용하는 것을 고려할 수 있다.

(7) DDP ; Delivered Duty Paid(관세지급인도) 17 18 출제

EXPLANATORY NOTES FOR USERS

1. Delivery and risk

"Delivered Duty Paid" means that the seller delivers the goods to the buyer

- when the goods are placed at the disposal of the buyer,
- cleared for import,
- on the arriving means of transport,
- ready for unloading,
- at the named place of destination or at the agreed point within that place, if any such point is agreed.

The seller bears all risks involved in bringing the goods to the named place of destination or to the agreed point within that place. In this Incoterms rule, therefore, delivery and arrival at destination are the same.

해석

사용자를 위한 설명문

1. 인도와 위험

"관세지급인도"는 다음과 같이 된 때 매도인이 매수인에게 물품을 인도하는 것을 의미한다.

- 물품이 지정목적지에서 또는 지정목적지 내의 어떠한 지점이 합의된 경우에는 그러한 지점에서
- 수입통관 후
- 도착운송수단에 실어둔 채
- 양하 준비된 상태로
- 매수인의 처분 하에 놓인 때

매도인은 물품을 지정목적지까지 또는 지정목적지 내의 합의된 지점까지 가져가는 데 수반되는 모든 위험을 부담한다. 따라서 본 Incoterms 규칙에서 인도와 목적지의 도착은 같은 것이다.

2. Mode of transport

This rule may be used irrespective of the mode of transport selected and may also be used where more than one mode of transport is employed.

2. 운송방식

본 규칙은 어떠한 운송방식이 선택되는지를 불문하고 사용할 수 있고 둘 이상의 운송방식이 이용되는 경우에도 사용할 수 있다.

3. A note of caution to sellers : maximum responsibility

DDP, with delivery happening at destination and with the seller being responsible for the payment of import duty and applicable taxes is the Incoterms rule imposing on the seller the maximum level of obligation of all eleven Incoterms rules. From the seller's perspective, therefore, the rule should be used with care for different reasons as set out in paragraph 7.

3. 매도인을 위한 유의사항 : 최대책임

DDP에서는 인도가 도착지에서 일어나고 매도인이 수입관세와 해당되는 세금의 납부책임을 지므로 DDP는 11개의 모든 Incoterms 규칙 중에서 매도인에게 최고수준의 의무를 부과하는 규칙이다. 따라서 매도인의 관점에서, 본 규칙은 아래 7번 단락에서 보는 바와 같이 여러 가지 이유로 조심스럽게 사용하여야 한다.

6. Unloading costs

If the seller incurs costs under its contract of carriage related to unloading at the place of delivery/destination, the seller is not entitled to recover such costs separately from the buyer unless otherwise agreed between the parties.

7. Export/Import clearance

As set out in paragraph 3, DDP requires the seller to clear the goods for export, where applicable, as well as for import and to pay any import duty or to carry out any customs formalities. Thus if the seller is unable to obtain import clearance and would rather leave that side of things in the buyer's hands in the country of import, then the seller should consider choosing DAP or DPU, under which rules delivery still happens at destination, but with import clearance being left to the buyer. There may be tax implications and this tax may not be recoverable from the buyer : see A9(d).

합격자 Tip ●━━◎

FAS, FOB, CFR, CIF조건
은 해상과 내수로 운송방
식에서만 사용됩니다.

3. RULES FOR SEA AND INLAND WATERWAY TRANSPORT (해상운송과 내수로운송에 적용되는 규칙)

(1) FAS ; Free Alongside Ship(선측인도) 21 출제

합격자 Tip ●━━◎

FAS 조건을 정확하게 이
해하고 FAS 조건이 적절
하지 않은 경우 활용 가
능한 조건에 대해 암기하
도록 합니다.

EXPLANATORY NOTES FOR USERS

1. Delivery and risk

"Free Alongside Ship"means that the seller delivers the goods to the buyer
- when the goods are placed alongside the ship (e.g. on a quay or a barge)
- nominated by the buyer
- at the named port of shipment
- or when the seller procures goods already so delivered.

The risk of loss of or damage to the goods transfers when the goods are alongside the ship, and the buyer bears all costs from that moment onwards.

해석

사용자를 위한 설명문

1. 인도와 위험

"선측인도"는 다음과 같이 된 때 매도인이 물품을 매수인에게 인도하는 것을 의미한다.
- 지정선적항에서
- 매수인이 지정한 선박의
- 선측에 [예컨대 부두 또는 바지(barge)에] 물품이 놓인 때
- 또는 이미 그렇게 인도된 물품을 조달한 때

물품의 멸실 또는 훼손의 위험은 물품이 선측에 놓인 때 이전하고, 매수인은 그 순간부터 향후의 모든 비용을 부담한다.

2. Mode of transport

This rule is to be used only for sea or inland waterway transport where the parties intend to deliver the goods by placing the goods alongside a vessel. Thus, the FAS rule is not appropriate where goods are handed over to the carrier before they are alongside the vessel, for example where goods are handed over to a carrier at a container terminal. Where this is the case, parties should consider using the FCA rule rather than the FAS rule.

합격자 Tip

- 해상 및 내수로운송 방식에만 사용되는 조건 : FAS, FOB, CFR, CIF

- 매수인이 운임을 부담하는 조건 : EXW, FCA, FAS, CFR, CPT

해석

2. 운송방식

본 규칙은 당사자들이 물품을 선측에 둠으로써 인도하기로 하는 해상운송이나 내수로 운송에만 사용되어야 한다.

따라서 FAS 규칙은 물품이 선측에 놓이기 전에 운송인에게 교부되는 경우, 예컨대 물품이 컨테이너 터미널에서 운송인에게 교부되는 경우에는 적절하지 않다. 이러한 경우에 당사자들은 FAS 규칙 대신에 FCA 규칙을 사용하는 것을 고려하여야 한다.

5. Export/Import clearance

FAS requires the seller to clear the goods for export, where applicable. However, the seller has no obligation to clear the goods for import or for transit through third countries, to pay any import duty or to carry out any import customs formalities.

해석

5. 수출/수입통관

FAS에서는 해당되는 경우에 매도인이 물품의 수출통관을 하여야 한다. 그러나 매도인은 물품의 수입을 위한 또는 제3국 통과를 위한 통관을 하거나 수입관세를 납부하거나 수입통관절차를 수행할 의무가 없다.

(2) FOB ; Free On Board(본선인도) 17 18 19 20 21 출제

EXPLANATORY NOTES FOR USERS

1. Delivery and risk

"Free on Board" means that the seller delivers the goods to the buyer

- on board the vessel
- nominated by the buyer
- at the named port of shipment
- or procures the goods already so delivered

The risk of loss of or damage to the goods transfers when the goods are on board the vessel, and the buyer bears all costs from that moment onwards.

해석

사용자를 위한 설명문

1. 인도와 위험

"본선인도"는 매도인이 다음과 같이 물품을 매수인에게 인도하는 것을 의미한다.

- 지정선적항에서
- 매수인이 지정한
- <u>선박에 적재함</u>
- 또는 이미 그렇게 인도된 물품을 조달함

물품의 멸실 또는 훼손의 위험은 물품이 선박에 적재된 때 이전하고, 매수인은 그 순간부터 향후의 모든 비용을 부담한다.

2. Mode of transport

This rule is to be used only for sea or inland waterway transport where the parties intend to deliver the goods by placing the goods on board a vessel. Thus, the FOB rule is not appropriate where goods are handed over to the carrier before they are on board the vessel, for example where goods are handed over to a carrier at a container terminal. Where this is the case, parties should consider using the FCA rule rather than the FOB rule.

2. 운송방식

본 규칙은 당사자들이 물품을 선박에 적재함으로써 인도하기로 하는 해상운송이나 내수로 운송에만 사용되어야 한다.

따라서 FOB 규칙은 물품이 선박에 적재되기 전에 운송인에게 교부되는 경우, 예컨대 물품이 컨테이너 터미널에서 운송인에게 교부되는 경우에는 적절하지 않다. 이러한 경우에 당사자들은 FOB 규칙 대신에 FCA 규칙을 사용하는 것을 고려하여야 한다.

4. Export/Import clearance

FOB requires the seller to clear the goods for export, where applicable. However, the seller has no obligation to clear the goods for import or for transit through third countries, toay any import duty or to carry out any import customs formalities.

4. 수출/수입통관

FOB에서는 해당되는 경우에 매도인이 물품의 수출통관을 하여야 한다. 그러나 매도인은 물품의 수입을 위한 또는 제3국 통과를 위한 통관을 하거나 수입 관세를 납부하거나 수입통관절차를 수행할 의무가 없다.

(3) CFR ; Cost and Freight(운임포함인도) 18 21 출제

EXPLANATORY NOTES FOR USERS

1. Delivery and risk

"Cost and Freight" means that the seller delivers the goods to the buyer.

- on board the vessel
- or procures the goods already so delivered.

The risk of loss of or damage to the goods transfers when the goods are on board the vessel, such that the seller is taken to have performed its obligation to deliver the goods whether or not the goods actually arrive at their destination in sound condition, in the stated quantity or, indeed, at all. In CFR, the seller owes no obligation to the buyer to purchase insurance cover : the buyer would be well-advised therefore to purchase some cover for itself.

해석

사용자를 위한 설명문

1. 인도와 위험

"운임포함인도"는 매도인이 물품을 매수인에게 다음과 같이 인도하는 것을 의미한다.

- 선박에 적재함
- 또는 이미 그렇게 인도된 물품을 조달함

물품의 멸실 또는 훼손의 위험은 물품이 선박에 적재된 때 이전하고, 그에 따라 매도인은 명시된 수량의 물품이 실제로 목적지에 양호한 상태로 도착하는지를 불문하고 또는 사실 물품이 전혀 도착하지 않더라도 그의 물품인도의무를 이행한 것으로 된다. CFR에서 매도인은 매수인에 대하여 부보의무가 없다. 따라서 매수인은 스스로 부보하는 것이 좋다.

○× 퀴즈 •────◎

Q. 둘 이상의 운송방식이 사용하는 경우에는 CFR조건을 사용할 수 있다. (○, ×)

A. × → CFR조건과 CPT 조건중에서 둘 이상의 운송방식이 사용될 경우 CPT조건을 사용해야 한다.

2. Mode of transport

This rule is to be used only for sea or inland waterway transport. Where more than one mode of transport is to be used, which will commonly be the case where goods are handed over to a carrier at a container terminal, the appropriate rule to use is CPT rather than CFR.

해석

2. 운송방식

본 규칙은 해상운송이나 내수로 운송에만 사용되어야 한다. 물품이 컨테이너 터미널에서 운송인에게 교부되는 경우에 일반적으로 그러하듯이 둘 이상의 운송방식이 사용되는 경우에 사용하기 적절한 규칙은 CFR이 아니라 CPT이다.

4. Ports of delivery and destination

In CFR, two ports are important : the port where the goods are delivered on board the vessel and the port agreed as the destination of the goods.

Risk transfers from seller to buyer when the goods are delivered to the buyer by placing them on board the vessel at the shipment port or by procuring the goods already so delivered.

However, the seller must contract for the carriage of the goods from delivery to the agreed destination.

Thus, for example, goods are placed on board a vessel in Shanghai(which is a port) for carriage to Southampton(also a port).

Delivery here happens when the goods are on board in Shanghai, with risk transferring to the buyer at that time; and the seller must make a contract of carriage from Shanghai to Southampton.

4. 인도항과 목적항

CFR에서는 두 항구가 중요하다. 물품이 선박에 적재되어 인도되는 항구와 물품의 목적항으로 합의된 항구가 그것이다.

위험은 물품이 선적항에서 선박에 적재됨으로써 또는 이미 그렇게 인도된 물품을 조달함으로써 매수인에게 인도된 때 매도인으로부터 매수인에게 이전한다. 그러나 매도인은 물품을 인도지부터 합의된 목적지까지 운송하는 계약을 체결하여야 한다. 따라서 예컨대 물품은 (항구인)사우샘프턴까지 운송을 위하여 (항구인)상하이에 선박에 적재된다.

그러면 물품이 상하이에서 적재된 때 여기서 인도가 일어나고, 그 시점에 위험이 매수인에게 이전한다. 그리고 매도인은 상하이에서 사우샘프턴으로 향하는 운송계약을 체결하여야 한다.

5. Must the shipment port be named?

While the contract will always specify a destination port, it might not specify the port of shipment which is where risk transfers to the buyer.

If the shipment port is of particular interest to the buyer, as it may be, for example, where the buyer wishes to ascertain that the freight element of the price is reasonable, the parties are well advised to identify it as precisely as possible in the contract

5. 선적항은 반드시 지정되어야 하는가?

계약에서 항상 목적항을 명시할 것이지만, 위험이 매수인에게 이전하는 장소인 선적항은 명시하지 않을 수도 있다.

예컨대 매수인이 매매대금에서 운임요소가 합리적인지 확인하고자 하는 경우에 그러하듯이 선적항이 특히 매수인의 관심사항인 경우에 당사자들은 계약에서 선적항을 가급적 정확하게 특정하는 것이 좋다.

6. Identifying the destination point at the discharge port

The parties are well advised to identify as precisely as possible the point at the named port of destination, as the costs to that point are for the account of the seller.

The seller must make a contract or contracts of carriage that cover(s) the transit of the goods from delivery to the named port or to the agreed point within that port where such a point has been agreed in the contract of sale.

해석

6. 양륙항 내 목적지점 지정

당사자들은 지정목적항 내의 지점을 가급적 정확하게 지정하는 것이 좋다. 그 지점까지 비용을 매도인이 부담하기 때문이다.

매도인은 물품을 인도지로부터 지정목적항까지 또는 그 지정목적항 내의 지점으로서 매매계약에서 합의된 지점까지 물품을 운송하는 단일 또는 복수의 계약을 체결하여야 한다.

7. Multiple carriers

It is possible that carriage is effected through several carriers for different legs of the sea transport, for example, first by a carrier operating a feeder vessel from Hong Kong to Shanghai, and then onto an ocean vessel from Shanghai to Southampton.

The question which arises here is whether risk transfers from seller to buyer at Hong Kong or at Shanghai : where does delivery take place? The parties may well have agreed this in the sale contract itself.

Where, however, there is no such agreement, the default position is that risk transfers when the goods have been delivered to the first carrier, i.e. Hong Kong, thus increasing the period during which the buyer incurs the risk of loss or damage.

Should the parties wish the risk to transfer at a later stage (here, Shanghai) they need to specify this in their contract of sale.

해석

7. 복수의 운송인

예컨대 먼저 홍콩에서 상하이까지 피더선(Feeder Vessel)을 운항하는 운송인이 담당하고 이어서 상하이에서 사우샘프턴까지 항해선박이 담당하는 경우와 같이, 상이한 해상운송구간을 각기 담당하는 복수의 운송인이 운송을 수행하는 것도 가능하다. 이때 과연 위험은 매도인으로부터 매수인에게 홍콩에서 이전하는지 아니면 상하이에서 이전하는지 의문이 발생한다. 즉 인도는 어디서 일어나는가? 라는 부분은 당사자들이 매매계약 자체에서 이를 잘 합의하였을 수도 있다.

그러나 그러한 합의가 없는 경우 기본적으로 위험은 물품이 제1운송인에게 인도된 때인 홍콩에서 이전한다. 따라서 매수인이 멸실 또는 훼손의 위험을 부담하는 기간이 증가한다.

당사자들은 그 뒤의 어느 단계에서 (여기서는 상하이) 위험이 이전하기를 원한다면 이를 매매계약에 명시하여야 한다.

---

9. Export/Import clearance

CFR requires the seller to clear the goods for export, where applicable.

However, the seller has no obligation to clear the goods for import or for transit through third countries, to pay any import duty or to carry out any import customs formalities.

해석

9. 수출/수입통관

CFR에서는 해당되는 경우에 매도인이 물품의 수출통관을 하여야 한다.

그러나 매도인은 물품의 수입을 위한 또는 제3국 통과를 위한 통관을 하거나 수입관세를 납부하거나 수입통관절차를 수행할 의무가 없다.

(4) CIF ; Cost Insurance and Freight(운임, 보험료 포함인도) `17` `18` `19` `21` 출제

EXPLANATORY NOTES FOR USERS

1. Delivery and risk

"Cost Insurance and Freight"means that the seller delivers the goods to the buyer

- on board the vessel
- or procures the goods already so delivered.

The risk of loss of or damage to the goods transfers when the goods are on board the vessel, such that the seller is taken to have performed its obligation to deliver the goods whether or not the goods actually arrive at their destination in sound condition, in the stated quantity or, indeed, at all.

사용자를 위한 설명문

1. 인도와 위험

"운임, 보험료 포함인도"는 매도인이 물품을 매수인에게 다음과 같이 인도하는 것을 의미한다.

- 선박에 적재함
- 또는 이미 그렇게 인도된 물품을 조달함

물품의 멸실 또는 훼손의 위험은 물품이 선박에 적재된 때 이전하고, 그에 따라 매도인은 명시된 수량의 물품이 실제로 목적지에 양호한 상태로 도착하는지를 불문하고 또는 사실 물품이 전혀 도착하지 않더라도 그의 물품인도의무를 이행한 것으로 된다.

2. Mode of transport

This rule is to be used only for sea or inland waterway transport. Where more than one mode of transport is to be used, which will commonly be the case where goods are handed over to a carrier at a container terminal, the appropriate rule to use is CIP rather than CIF.

2. 운송방식

본 규칙은 해상운송이나 내수로 운송에만 사용되어야 한다.

물품이 컨테이너 터미널에서 운송인에게 교부되는 경우에 일반적으로 그러하듯이 둘 이상의 운송방식이 사용되는 경우에 사용하기 적절한 규칙은 CIF가 아니라 CIP 이다.

4. Ports of delivery and destination

4. 인도항(port of delivery)과 목적항(port of destination) : CFR 내용과 동일

5. Must the shipment port be named?

While the contract will always specify a destination port, it might not specify the port of shipment, which is where risk transfers to the buyer.

If the shipment port is of particular interest to the buyer, as it may be, for example, where the buyer wishes to ascertain that the freight or the insurance element of the price is reasonable, the parties are well advised to identify it as precisely as possible in the contract.

5. 선적항은 반드시 지정되어야 하는가?

계약에서 항상 목적항을 명시할 것이지만 위험이 매수인에게 이전하는 장소인 선적항은 명시하지 않을 수도 있다.

예컨대 매수인이 매매대금에서 운임요소 또는 보험요소가 합리적인지 확인하고자 하는 경우에 그러하듯이 선적항이 특히 매수인의 관심사항인 경우에 당사자들은 계약에서 선적항을 가급적 정확하게 지정하는 것이 좋다.

6. Identifying the destination point at the discharge port

The parties are well advised to identify as precisely as possible the point at the named port of destination, as the costs to that point are for the account of the seller.

The seller must make a contract or contracts of carriage that cover the transit of the goods from delivery to the named port or to the agreed point within that port where such a point has been agreed in the contract of sale.

해석

6. 양륙항 내 목적지점 지정

당사자들은 지정목적항 내의 지점을 가급적 정확하게 지정하는 것이 좋다. 그 지점까지 비용을 매도인이 부담하기 때문이다.

매도인은 물품을 인도지로부터 지정목적항까지 또는 매매계약에서 그러한 지점이 합의된 경우에는 그 지정목적항 내의 지점까지 운송하는 단일 또는 복수의 계약을 체결하여야 한다.

---

7. Multiple carriers

It is possible that carriage is effected through several carriers for different legs of the sea transport, for example, first by a carrier operating a feeder vessel from Hong Kong to Shanghai, and then onto an ocean vessel from Shanghai to Southampton.

The question which arises here is whether risk transfers from seller to buyer at Hong Kong or at Shanghai : where does delivery take place? The parties may well have agreed this in the sale contract itself.

Where, however, there is no such agreement, the default position is that risk transfers when the goods have been delivered to the first carrier, i.e. Hong Kong, thus increasing the period during which the buyer incurs the risk of loss or damage. Should the parties wish the risk to transfer at a later stage(here, Shanghai) they need to specify this in their contract of sale.

7. 복수의 운송인

예컨대 먼저 홍콩에서 상하이까지 피더선(Feeder Vessel)을 운항하는 운송인이 담당하고 이어서 상하이에서 사우샘프턴까지 항해선박이 담당하는 경우와 같이, 상이한 해상운송구간을 각기 담당하는 복수의 운송인이 운송을 수행하는 것도 가능하다.

이때 과연 위험은 매도인으로부터 매수인에게 홍콩에서 이전하는지 아니면 상하이에서 이전하는지 의문이 발생한다. 즉 인도는 어디서 일어나는가? 당사자들이 매매계약 자체에서 이를 잘 합의하였을 수도 있다.

그러나 그러한 합의가 없는 경우 기본적으로 위험은 물품이 제1운송인에게 인도된 때 즉, 홍콩에서 이전하고, 따라서 매수인이 멸실 또는 훼손의 위험을 부담하는 기간이 증가한다는 것이다. 당사자들은 그 뒤의 어느 단계에서(여기서는 상하이) 위험이 이전하기를 원한다면 이를 매매계약에 명시하여야 한다.

8. Insurance

The seller must also contract for insurance cover against the buyer's risk of loss of or damage to the goods from the port of shipment to at least the port of destination.

This may cause difficulty where the destination country requires insurance cover to be purchased locally : in this case the parties should consider selling and buying under CFR. The buyer should also note that under the CIF Incoterms 2020 rule the seller is required to obtain limited insurance cover complying with Institute Cargo Clauses (C) or similar clause, rather than with the more extensive cover under Institute Cargo Clauses (A).

It is, however, still open to the parties to agree on a higher level of cover.

8. 보 험

매도인은 또한 선적항부터 적어도 목적항까지 매수인의 물품의 멸실 또는 훼손 위험에 대하여 보험계약을 체결하여야 한다.

이는 목적지 국가가 자국의 보험자에게 부보하도록 요구하는 경우에는 어려움을 야기할 수 있다. 이러한 경우에 당사자들은 CFR로 매매하는 것을 고려하여야 한다. 또한 매수인은 Incoterms 2020 CIF 하에서 매도인은 협회적하약관의 (A) 약관에 의한 보다 광범위한 담보조건이 아니라 협회적하약관의 (C) 약관이나 그와 유사한 약관에 따른 제한적인 담보조건으로 부보하여야 한다는 것을 유의하여야 한다. 그러나 당사자들은 여전히 더 높은 수준의 담보조건으로 부보하기로 합의할 수 있다.

9. Unloading costs

If the seller incurs costs under its contract of carriage related to unloading at the specified point at the port of destination, the seller is not entitled to recover such costs separately from the buyer unless otherwise agreed between the parties.

9. 양하비용

매도인은 자신의 운송계약상 목적항 내의 명시된 지점에서 양하에 관하여 비용이 발생한 경우에 당사자 간에 달리 합의되지 않은 한 그러한 비용을 매수인으로부터 별도로 상환 받을 권리가 없다.

10. Export/Import clearance

CIF requires the seller to clear the goods for export, where applicable.

However, the seller has no obligation to clear the goods for import or for transit through third countries, to pay any import duty or to carry out any import customs formalities.

10. 수출/수입통관

CIF에서는 해당되는 경우에 매도인이 물품의 수출통관을 하여야 한다.

그러나 매도인은 물품의 수입을 위한 또는 제3국 통과를 위한 통관을 하거나 수입 관세를 납부하거나 수입통관절차를 수행할 의무가 없다.

4. Incoterms 조건별 매도인과 매수인의 주요 의무 규정 비교표

(1) Delivery(인도)

합격자 Tip

매도인 의무에서 조건별 차이점 중심으로 학습하여야 합니다.

Term	SELLER	BUYER
EXW	The seller must deliver the goods by placing them at the disposal of the buyer at the agreed point, if any, at the named place of delivery, not loaded on any collecting vehicle. 매도인은 지정인도장소에서, 특히 그 장소에 합의된 지점이 있는 경우에는 그 지점에서, 물품을 수취용 차량에 적재하지 않은 채로 매수인의 처분 하에 둠으로써 인도하여야 한다.	The buyer must take delivery of the goods when they have been delivered and notice given. 매수인은 인도되고 통지되는 때에 물품의 인도를 수령하여야 한다.
FCA	The seller must deliver the goods to the carrier or another person nominated by the buyer at the named point, if any, at the named place, or procure goods so delivered. The seller must deliver the goods 매도인은 물품을 지정장소에서, 지정된 지점이 있는 경우에는 그 지점에서 매수인이 지정한 운송인 또는 제3자에게 인도하거나 그렇게 인도된 물품을 조달하여야 한다.	The buyer must take delivery of the goods when they have been delivered 매수인은 인도된 때에 물품의 인도를 수령하여야 한다.
FAS	The seller must deliver the goods either by placing them alongside the vessel nominated by the buyer at the loading point, if any, indicated by the buyer at the named port of shipment or by procuring the goods so delivered. 매도인은 물품을 지정선적항에서, 그 지정선적항에 매수인이 표시하는 적재지점이 있는 경우에는 그 지점에서 매수인이 지정하는 선박의 선측에 두거나 그렇게 인도된 물품을 조달함으로써 인도하여야 한다.	

	The seller must deliver the goods either by placing them on board the vessel nominated by the buyer at the loading point, if any, indicated by the buyer at the named port of shipment or by procuring the goods so delivered. 매도인은 물품을 지정선적항에서, 그 지정선적항에 매수인이 표시하는 적재지점이 있는 경우에는 그 지점에서 매수인이 지정하는 선박에 적재하거나 그렇게 인도된 물품을 조달함으로써 인도하여야 한다.	The buyer must take delivery of the goods when they have been delivered 매수인은 인도된 때에 물품의 인도를 수령하여야 한다.
FOB		
CPT	The seller must deliver the goods by handling them over to the carrier contracted or by procuring the goods so delivered. 매도인은 물품을 운송계약을 체결한 운송인에게 교부하거나 그렇게 인도된 물품을 조달함으로써 인도하여야 한다.	The buyer must take delivery of the goods when they have been delivered and receive them from the carrier at the named place of destination or if agreed, at the point within that place. 매수인은 인도된 때에 물품의 인도를 수령하여야 하고, 지정목적지에서 또는 합의된 경우 지정목적지내의 지점에서 운송인으로부터 물품을 수령하여야 한다.
CIP		
CFR	The seller must deliver the goods either by placing them on board the vessel or by procuring the goods so delivered. 매도인은 물품을 선박에 적재하거나 또는 그렇게 인도된 물품을 조달함으로써 인도하여야 한다.	The buyer must take delivery of the goods when they have been delivered and receive them from the carrier at the named port of destination. 매수인은 인도된 때에 물품의 인도를 수령하여야 하고, 지a정목적항에서 운송인으로부터 물품을 수령하여야 한다.
CIF		

DAP	The seller must deliver the goods by placing them at the disposal of the buyer on the arriving means of transport ready for unloading at the agreed point, if any, at the named place of destination or by procuring the goods so delivered. 매도인은 물품을 지정목적지에서, 그 지정목적지에 합의된 지점이 있는 때에는 그 지점에서 도착운송수단에 실어둔 채 양하준비 된 상태로 매수인의 처분하에 두거나 그렇게 인도된 물품을 조달함으로써 인도하여야 한다.	
DPU	The seller must unload the goods from the arriving means of transport and must then deliver them by placing them at the disposal of the buyer at the agreed point, if any, at the named place of destination or by procuring the goods so delivered. 매도인은 물품을 도착운송수단으로부터 양하하여야 하고 또한 물품을 지정목적지에서, 그 지정목적지에 합의된 지점이 있는 때에는 그 지점에서 매수인의 처분하에 두거나 그렇게 인도된 물품을 조달함으로써 인도하여야 한다.	The buyer must take delivery of the goods when they have been delivered 매수인은 인도된 때에 물품의 인도를 수령하여야 한다.
DDP	The seller must deliver the goods by placing them at the disposal of the buyer on the arriving means of transport ready for unloading at the agreed point, if any, at the named place of destination or by procuring the goods so delivered. 매도인은 물품을 지정목적지에서, 그 지정목적지에 합의된 지점이 있는 때에는 그 지점에서 도착운송수단에 실어둔 채 양하준비된 상태로 매수인의 처분하에 두거나 그렇게 인도된 물품을 조달함으로써 인도하여야 한다.	

안심Touch

(2) Transfer of Risks

Term	SELLER	BUYER
공통	Until they have been delivered in accordance with (2) (2)에 따라 인도되는 때까지 매도인이 부담	from the time they have been delivered under (2) (2)의 규정에 따라 인도된 때부터 매수인이 부담

합격자 Tip

F조건과 C조건의 역할 차이 및 인도지점/방법의 차이에 대한 용어 중심으로 학습하여야 합니다.

(3) Carriage(운송)

Term	SELLER	BUYER
EXW	has no obligation 의무가 없다.	It is up to the buyer 매수인의 몫
FCA		must contract or arrange at its own cost for the carriage of the goods from the named place of delivery 자신의 비용으로 물품을 지정인도장소로부터 운송하는 계약을 체결하거나 그러한 운송을 마련하여야 한다.
FAS	has no obligation 의무가 없다.	
FOB		must contract at its own cost for the carriage of the goods from the named port of shipment, 매수인은 자신의 비용으로 물품을 지정선적항으로부터 운송하는 계약을 체결하여야 한다.
CPT	The seller must contract or procure a contract for the carriage of the goods from the agreed point of delivery, if any, at the place of delivery to the named place of destination or, if agreed, any point at that place. 매도인은 인도장소로부터, 그 인도장소에 합의된 인도지점이 있는 때에는 그 지점으로부터 지정목적지까지 또는 합의가 있는 때에는 그 지정목적지의 어느 지점까지 물품을 운송하는 계약을 체결하거나 조달하여야 한다.	has no obligation 의무가 없다.
CIP		

CFR CIF	The seller must contract or pro-cure a contract for the carriage of the goods from the agreed point of delivery, if any, at the place of de-livery to the named port of desti-nation or, if agreed, any point at that port. 매도인은 인도장소로부터, 그 인도 장소에 합의된 인도지점이 있는 때 에는 그 지점으로부터 지정목적항 까지 또는 합의가 있는 때에는 그 지정목적항의 어느 지점까지 물품 을 운송하는 계약을 체결하거나 조 달하여야 한다.	has no obligation 의무가 없다.
DAP DPU DDP	The seller must contract or ar-range its own cost for the carriage of the goods to the named place of destination or to the agreed point, if any, at the named place of destination. 매도인은 자신의 비용으로 물품을 지정목적지까지 또는 그 지정목적 지에 합의된 지점이 있는 때에는 그 지점까지 운송하는 계약을 체결하거 나 그러한 운송을 마련하여야 한다.	

합격자 Tip

CIP조건과 CIF조건만 학습하며, 부보범위의 차이점 암기하여야 합니다.

(4) Insurance(보험)

Term	SELLER	BUYER
EXW		
FCA		
FAS	has no obligation 의무가 없다.	has no obligation 의무가 없다.
FOB		
CPT		

CIP	the seller must obtain at its own cost cargo insurance complying with the cover provide by Clauses(A) of the Institute Cargo Clauses(LMA/IUA) or any similar clauses as appropriate to the means of transport used. The insurance shall cover, at a minimum, the price provided in the contract plus 10%(i.e. 110%) and shall be in the currency of the contract. 매도인은 자신의 비용으로, 사용되는 당해 운송수단에 적절한(로이즈 시장협회/국제보험업협회) 협회적 하약관이나 그와 유사한 약관의 (A) 약관에서 제공하는 담보조건에 따른 적하보험을 취득하여야 한다. 보험금액은 최소한 매매계약에 규정된 대금에 10%를 더한 금액(매매금액의 110%)이어야 하고, 보험의 통화는 매매계약의 통화와 같아야 한다.	has no obligation 의무가 없다.
CFR	has no obligation 의무가 없다.	
CIF	the seller must obtain at its own cost cargo insurance complying with the cover provide by Clauses(C) of the Institute Cargo Clauses (LMA/IUA) or any similar clauses. 매도인은 자신의 비용으로(로이즈 시장협회/국제보험업협회) 협회적 하약관이나 그와 유사한 약관의 (C) 약관에서 제공하는 담보조건에 따른 적하보험을 취득하여야 한다. * 부보비율은 CIP 규정과 동일	
DAP	has no obligation 의무가 없다.	
DPU		
DDP		

합격자 Tip

EXW와 DDP조건의 상반된 내용 위주로 학습하여야 합니다.

(5) Export/import clearance(수출/수입통관)

Term	SELLER	BUYER
EXW	–	it is up to the buyer 매수인의 몫
FCA FAS FOB CPT CIP CFR CIF DAP DPU	the seller must carry out and pay for all export clearance 매도인은 수출통관 절차를 수행하고 그에 관한 비용을 부담하여야 한다.	the buyer must carry out and pay for all formalities required import 매수인은 수입에 필요한 모든 절차를 수행하고 그에 관한 비용을 부담하여야 한다.
DDP	the seller must carry out and pay for all export/transit/import clearance 매도인은 모든 수출/통과/수입 통관 절차에 관한 절차를 수행하고 그에 관한 비용을 부담하여야 한다.	–

합격자 Tip

매도인과 매수인의 역할에 따른 비용차이가 조건별로 있으니 운송/보험/통관에 중점을 두어 용어 학습하여야 합니다.

(6) Allocation of costs(비용분담)

Term	SELLER	BUYER
EXW	must pay all costs relating to the goods until they have been delivered in accordance with (2) 물품이 (2)에 따라 인도되는 때까지 물품에 관련되는 모든 비용을 부담하여야 한다.	a) Pay all costs relating to the goods from the time they have been delivered under (2) b) duties, taxes and any other costs related to export clearance a) (2)의 규정에 따라 인도되는 때로부터 물품에 관련되는 모든 비용 b) 수출통관에 관한 관세, 세금 및 기타 비용

FCA	a) all costs relating to the goods until they have been delivered in accordance with (2), b) duties, taxes and any other costs related to export clearance a) 매도인은 물품이 (2)에 따라 인도되는 때까지 물품에 관련되는 모든 비용을 부담하여야 한다. b) 수출통관에 관한 관세, 세금 및 기타 비용	a) all costs relating to the goods from the time they have been delivered under (2) b) duties, taxes and any other costs related to transit or import clearance a) 물품이 (2)의 규정에 따라 인도되는 때로부터 물품에 관련되는 모든 비용. b) 통과통관 또는 수입통관에 관한 관세, 세금 기타 공과금
FAS		
FOB		
CPT	a) all costs relating to the goods until they have been delivered in accordance with (2), b) transport costs including the costs of loading the goods and transport-related security costs c) any charges for unloading at the agreed place of destination but only if those charges were for the seller's account under the contract of carriage d) duties, taxes and any other costs related to export clearance a) 매도인은 물품이 (2)에 따라 인도되는 때까지 물품에 관련되는 모든 비용을 부담하여야 한다. b) 물품적재비용과 운송 관련 보안비용을 포함한 운송비용 c) 합의된 목적지의 양하비용 중에서 오직 운송계약상 매도인이 부담하기로 된 비용 d) 수출통관에 관한 관세, 세금 및 기타 비용	a) all costs relating to the goods from the time they have been delivered under (2) b) unloading costs, unless such costs were for the seller's account under the contract of carriage c) duties, taxes and any other costs related to transit or import clearance a) 물품이 (2)의 규정에 따라 인도되는 때로부터 물품에 관련되는 모든 비용. b) 양하비용. 다만 그러한 비용이 운송계약상 매도인이 부담하는 것으로 된 경우에는 그러하지 않다. c) 통과통관 또는 수입통관에 관한 관세, 세금 기타 공과금
CIP	Add below cost to CPT e) the costs of insurance *CPT와 동일하며, 보험료만 추가로 부담	

CFR	a) all costs relating to the goods until they have been delivered in accordance with (2), b) Freight including the costs of loading the goods on board and transport-related security costs c) any charges for unloading at the agreed port of discharge that were for the seller's account under the contract of carriage d) duties, taxes and any other costs related to export clearance a) 매도인은 물품이 (2)에 따라 인도되는 때까지 물품에 관련되는 모든 비용을 부담하여야 한다. b) 물품선적비용과 운송 관련 보안비용을 포함한 운임 c) 합의된 양륙항의 양하비용 중에서 운송계약상 매도인이 부담하기로 된 비용 d) 수출통관에 관한 관세, 세금 및 기타 비용	–
CIF	Add below cost to CFR e) the costs of insurance *CFR과 동일하며, 보험료만 추가로 부담	–
DAP	a) all costs relating to the goods until they have been delivered in accordance with (2), b) any charges for unloading at the place of destination but only if those charges were for the seller's account under the contract of carriage c) duties, taxes and any other costs related to export clearance a) 매도인은 물품이 (2)에 따라 인도되는 때까지 물품에 관련되는 모든 비용을 부담하여야 한다. b) 목적지의 양하비용 중에서 오직 운송계약상 매도인이 부담하기로 된 비용 c) 수출통관에 관한 관세, 세금 및 기타 비용	–

DPU	a) all costs relating to the goods and their transport until they have been unloaded and delivered in accordance with (2) b) duties, taxes and any other costs related to export clearance	a) all costs relating to the goods from the time they have been delivered under (2) b) duties, taxes and any other costs related to transit or import clearance
	a) 매도인은 물품이 (2)에 따라 양하되어 인도되는 때까지 물품에 관련되는 모든 비용을 부담하여야 한다. b) 수출통관에 관한 관세, 세금 및 기타 비용	a) 물품이 (2)의 규정에 따라 인도되는 때로부터 물품에 관련되는 모든 비용. b) 통과통관 또는 수입통관에 관한 관세, 세금 기타 공과금
DDP	a) all costs relating to the goods until they have been delivered in accordance with (2), b) any charges for unloading at the place of destination but only if those charges were for the seller's account under the contract of carriage c) duties, taxes and any other costs related to export, transit and import clearance	a) all costs relating to the goods from the time they have been delivered under (2) b) all costs of unloading necessary to take delivery of the goods from the arriving means of transport at the named place of destination, unless such costs were for the seller's account under the contact of carriage
	a) 매도인은 물품이 (2)에 따라 인도되는 때까지 물품에 관련되는 모든 비용을 부담하여야 한다. b) 목적지의 양하비용 중에서 오직 운송계약상 매도인이 부담하기로 된 비용 c) 수출, 통과 및 수입통관에 관한 관세, 세금 및 기타 비용	a) 물품이 (2)의 규정에 따라 인도되는 때로부터 물품에 관련되는 모든 비용. b) 지정목적지에서 도착운송수단으로부터 물품의 인도를 수령하는 데 필요한 모든 양하비용. 다만 그러한 비용을 운송계약상 매도인이 부담하기로 한 때에는 그러하지 아니한다.

☑ 03 UCP 600

1. 제1조 신용장통일규칙의 적용범위(Article 1 Application of UCP)

> The Uniform Customs and Practice for Documentary Credits, 2007 Revision, ICC Publication no. 600("UCP") are rules that apply to any documentary credit("credit") (including, to the extent to which they may be applicable, any standby letter of credit) when the text of the credit expressly indicates that it is subject to these rules. They are binding on all parties thereto unless expressly modified or excluded by the credit.

해석

신용장통일규칙(2007년 개정, 국제상업회의소 간행물 제600호, "신용장통일규칙")은 신용장의 문면("신용장")에 위 규칙이 적용된다는 것을 명시적으로 표시한 경우 모든 화환신용장(위 규칙이 적용 가능한 범위 내에서는 보증신용장을 포함한다)에 적용된다. 이 규칙은 신용장에서 명시적으로 수정되거나 그 적용이 배제되지 않는 한 모든 당사자를 구속한다.

 빈출 ▷ 2. 제2조 정의(Article 2 Definitions) 17 19 21 출제

> Advising bank means the bank that advises the credit at the request of the issuing bank.

해석

통지은행(Advising Bank)은 개설은행의 요청에 따라 신용장을 통지하는 은행을 의미한다.

> Applicant means the party on whose request the credit is issued.

해석

개설의뢰인(Applicant)은 신용장 개설을 신청한 당사자를 의미한다.

Banking day means a day on which a bank is regularly open at the place at which an act subject to these rules is to be performed.

해석

은행영업일(Banking day)은 이 규칙이 적용되는 행위가 이루어지는 장소에서 은행이 통상적으로 영업하는 날을 의미한다.

Beneficiary means the party in whose favour a credit is issued.

해석

수익자(Beneficiary)는 신용장 개설을 통하여 이익을 받는 당사자를 의미한다.

Complying presentation means a presentation that is in accordance with the terms and conditions of the credit, the applicable provisions of these rules and international standard banking practice.

해석

일치하는 제시(Complying presentation)는 신용장 조건, 적용 가능한 범위 내에서의 이 규칙의 규정, 그리고 국제표준은행관행에 따른 제시를 의미한다.

Confirmation means a definite undertaking of the confirming bank, in addition to that of the issuing bank, to honour or negotiate a complying presentation.

해석

확인(Confirmation)은 일치하는 제시에 대하여 결제 또는 매입하겠다는 개설은행의 확약에 추가하여 확인은행이 하는 확약을 의미한다.

합격자 Tip

확인은행은 다른 당사자가 아닌 개설은행의 수권 또는 요청에 의하여 당사자로 추가되는 것임에 유의해야 합니다.

Confirming bank means the bank that adds its confirmation to a credit upon the issuing bank's authorization or request.

확인은행(Confirming bank)은 개설은행의 수권 또는 요청에 의하여 신용장에 확인을 한 은행을 의미한다.

Credit means any arrangement, however named or described, that is irrevocable and thereby constitutes a definite undertaking of the issuing bank to honour a complying presentation.

신용장(Credit)은 그 명칭과 상관없이 개설은행이 일치하는 제시에 대하여 결제하겠다는 확약으로서 취소가 불가능한 모든 약정을 의미한다.

Honour means:

a. to pay at sight if the credit is available by sight payment.

b. to incur a deferred payment undertaking and pay at maturity if the credit is available by deferred payment.

c. to accept a bill of exchange ("draft") drawn by the beneficiary and pay at maturity if the credit is available by acceptance.

결제(Honour)는 다음과 같은 내용을 의미한다.

a. 신용장이 일람지급에 의하여 이용 가능하다면 일람출급으로 지급하는 것.

b. 신용장이 연지급에 의하여 이용 가능하다면 연지급을 확약하고 만기에 지급하는 것.

c. 신용장이 인수에 의하여 이용 가능하다면 수익자가 발행한 환어음을 인수하고 만기에 지급하는 것.

Issuing bank means the bank that issues a credit at the request of an applicant or on its own behalf.

개설은행(Issuing bank)은 개설의뢰인 혹은 개설의뢰인의 대리인의 요청으로 신용장을 개설한 은행을 의미한다.

Negotiation means the purchase by the nominated bank of drafts (drawn on a bank other than the nominated bank) and/or documents under a complying presentation, by advancing or agreeing to advance funds to the beneficiary on or before the banking day on which reimbursement is due to the nominated bank.

> **해석**
>
> 매입(Negotiation)은 일치하는 제시에 대하여 지정은행이, 지정은행에 상환하여야 하는 은행영업일 또는 그 전에 대금을 지급함으로써 또는 대금지급에 동의함으로써 환어음(지정은행이 아닌 은행 앞으로 발행된) 및 서류를 매수하는 것을 의미한다.

Nominated bank means the bank with which the credit is available or any bank in the case of a credit available with any bank.

> **해석**
>
> 지정은행(Nominated bank)은 신용장에서 권한을 받은 특정한 은행을 의미하고, 모든 은행에서 사용될 수 있는 신용장에서는 모든 은행을 의미한다.

Presentation means either the delivery of documents under a credit to the issuing bank or nominated bank or the documents so delivered.

> **해석**
>
> 제시(Presentation)는 신용장에 의하여 이루어지는 개설은행 또는 지정은행에 대한 서류의 인도 또는 그렇게 인도된 그 서류 자체를 의미한다.

Presenter means a beneficiary, bank or other party that makes a presentation.

> **해석**
>
> 제시자(Presenter)는 제시를 하는 수익자, 은행 또는 다른 당사자를 의미한다.

3. 제3조 해석(Article 3 Interpretations) 출제

> Where applicable, words in the singular include the plural and in the plural include the singular.

해석

적용 가능한 경우, 단수의 단어는 복수의 단어를 포함하고, 복수의 단어는 단수의 단어를 포함한다.

> A credit is irrevocable even if there is no indication to that effect.

해석

신용장은 취소불능이라는 표시가 없더라도 취소가 불가능하다.

> A document may be signed by handwriting, facsimile signature, perforated signature, stamp, symbol or any other mechanical or electronic method of authentication.

해석

서류는 자필, 모사서명, 천공서명, 스탬프, 상징 또는 그 외 기계식 또는 전자식 확인방법으로 서명될 수 있다.

> A requirement for a document to be legalized, visaed, certified or similar will be satisfied by any signature, mark, stamp or label on the document which appears to satisfy that requirement.

해석

공증, 사증, 공인 또는 이와 유사한 서류의 요건은 그 요건에 부합하는 것으로 보이는 서류상의 모든 서명, 표시, 스탬프 또는 라벨에 의하여 만족될 수 있다.

Branches of a bank in different countries are considered to be separate banks.

> **해석**
>
> 다른 국가에 위치한 같은 은행의 지점들은 다른 은행으로 본다.

합격자 Tip

allow any issuer except the beneficiary to issue that document.

모든 서류발행인이 서류를 발행하는 것을 허용한다. (×)

수익자 이외의 모든 서류발행인이 서류를 발행하는 것을 허용한다. (○)

Terms such as "first class", "well known", "qualified", "independent", "official", "competent" or "local" used to describe the issuer of a document allow any issuer except the beneficiary to issue that document.

> **해석**
>
> 서류의 발행자를 표현하기 위하여 사용되는 "First Class(일류)", "Well Known(저명한)", "Qualified(자격 있는)", "Independent(독립적인)", "Official(공적인)", "Competent(능력 있는)" 또는 "Local(현지의)"라는 용어들은 수익자를 제외하고, 해당 서류를 발행하는 모든 서류발행자가 사용할 수 있다.

Unless required to be used in a document, words such as "prompt", "immediately" or as soon as possible will be disregarded.

> **해석**
>
> 서류에 사용하도록 요구되지 않았다면 "신속하게(Prompt)", "즉시(Immediately)" 또는 "가능한 한 빨리(As Soon as Possible)"라는 단어들은 무시된다.

The expression "on or about" or similar will be interpreted as a stipulation that an event is to occur during a period of five calendar days before until five calendar days after the specified date, both start and end dates included.

> **해석**
>
> "~경(on or about)" 또는 이와 유사한 표현은 어떠한 일이 첫날과 마지막 날을 포함하여 특정 일자의 전 5일부터 후 5일까지의 기간 중에 발생해야 하는 규정으로 해석된다.

The words "to", "until", "till", "from" and "between" when used to determine a period of shipment include the date or dates mentioned, and the words "before" and "after" exclude the date mentioned.

> **해석**
> 선적기간을 정하기 위하여 "to", "until", "till", "from", 그리고 "between"이라는 단어가 사용된 경우 명시된 일자 또는 일자들을 포함하고, "before"와 "after"라는 단어는 명시된 일자를 제외한다.

합격자 Tip

exclude the date mentioned.

언급된 당해 일자를 포함한다. (×)

언급된 당해 일자를 제외한다. (○)

The words "from" and "after" when used to determine a maturity date exclude the date mentioned.

> **해석**
> 만기를 정하기 위하여 "from"과 "after"라는 단어가 사용된 경우에는 명시된 일자를 제외한다.

The terms "first half" and "second half" of a month shall be construed respectively as the 1st to the 15th and the 16th to the last day of the month, all dates inclusive.

> **해석**
> 어느 월의 "전반(First Half)"과 "후반(Second Half)"이라는 단어는 각 해당 월의 1일부터 15일까지, 16일부터 해당 월의 마지막 날까지로 해석되며, 그 기간 중의 모든 날짜를 포함한다.

The terms "beginning", "middle" and "end" of a month shall be construed respectively as the 1st to the 10th, the 11th to the 20th and the 21st to the last day of the month, all dates inclusive.

어느 월의 "초(beginning)", "중(middle)", "말(end)"이라는 단어는 각 해당 월의 1일부터 10일, 11일부터 20일, 21일부터 해당 월의 마지막 날까지로 해석되며, 그 기간 중의 모든 날짜가 포함된다.

합격자 Tip

신용장의 독립성을 이해하는 데 참고하도록 합니다.

4. 제4조 신용장과 계약(Article 4 Credits v. Contracts)

a. A credit by its nature is a separate transaction from the sale or other contract on which it may be based. Banks are in no way concerned with or bound by such contract, even if any reference whatsoever to it is included in the credit. Consequently, the undertaking of a bank to honour, to negotiate or to fulfil any other obligation under the credit is not subject to claims or defences by the applicant resulting from its relationships with the issuing bank or the beneficiary. Beneficiary can in no case avail itself of the contractual relationships existing between banks or between the applicant and the issuing bank.

해석

a. 신용장은 그 본질상 그 기초가 되는 매매 또는 다른 계약과는 별개의 거래이다. 신용장에 그러한 계약에 대한 언급이 있더라도 은행은 그 계약과 아무런 관련이 없고, 또한 그 계약 내용에 구속되지 않는다. 따라서 신용장에 의한 결제, 매입 또는 다른 의무이행의 확약은 개설은행 또는 수익자와 개설의뢰인의 사이의 관계에서 비롯된 개설의뢰인의 주장이나 항변에 구속되지 않는다. 수익자는 어떠한 경우에도 은행들 사이 또는 개설의뢰인과 개설은행 사이의 계약관계를 원용할 수 없다.

b. An issuing bank should discourage any attempt by the applicant to include, as an integral part of the credit, copies of the underlying contract, pro forma invoice and the like.

해석

b. 개설은행은 개설의뢰인이 원인계약이나 견적송장 등의 사본을 신용장의 일부분으로 포함시키려는 어떠한 시도도 하지 못하게 하여야 한다.

5. 제5조 서류와 물품, 용역 또는 이행(Article 5 Documents v. Goods, Services or Performance)

> Banks deal with documents and not with goods, services or performance to which the documents may relate.

해석

은행은 서류로 거래하는 것이며 그 서류가 관계된 물품, 용역 또는 이행은 취급하지 않는다.

6. 제6조 이용가능성, 유효기일 그리고 제시장소(Article 6 Availability, Expiry Date and Place for Presentation)

> a. A credit must state the bank with which it is available or whether it is available with any bank. A credit available with a nominated bank is also available with the issuing bank.

해석

a. 신용장은 그 신용장이 이용 가능한 은행을 명시하거나 모든 은행에서 이용 가능한지 여부를 명시하여야 한다. 지정은행에서 이용 가능한 신용장은 또한 개설은행에서도 이용할 수 있다.

> b. A credit must state whether it is available by sight payment, deferred payment, acceptance or negotiation.

해석

b. 신용장은 그 신용장이 일람지급, 연지급, 인수 또는 매입에 의하여 이용 가능한지 여부를 명시하여야 한다.

> c. A credit must not be issued available by a draft drawn on the applicant.

O× 퀴즈

Q 신용장은 그 신용장이 이용가능성 유효기일 또는 매입에 의하여 이용 가능한지 여부를 명시하여야 한다. (○, ×)

A ○

c. 신용장은 개설의뢰인을 지급인으로 하는 환어음에 의하여 이용 가능하도록 개설되어서는 안 된다.

---

d.

i. A credit must state an expiry date for presentation. An expiry date stated for honour or negotiation will be deemed to be an expiry date for presentation.

ii. The place of the bank with which the credit is available is the place for presentation. The place for presentation under a credit available with any bank is that of any bank. A place for presentation other than that of the issuing bank is in addition to the place of the issuing bank.

---

d.

i. 신용장은 제시를 위한 유효기일을 명시하여야 한다. 신용장 대금의 결제 또는 매입을 위한 유효기일은 제시를 위한 유효기일로 본다.

ii. 신용장이 이용 가능한 은행의 장소가 제시를 위한 장소이다. 모든 은행에서 이용 가능한 신용장에서의 제시장소는 그 모든 은행의 소재지가 된다. 개설은행의 소재지가 아닌 제시장소는 개설은행의 소재지에 그 장소를 추가한다.

---

e. Except as provided in sub-article 29 (a), a presentation by or on behalf of the beneficiary must be made on or before the expiry date.

---

e. 제29조 (a)항에 규정된 경우를 제외하고, 수익자 또는 수익자의 대리인에 의한 제시는 유효기일 또는 그 전에 이루어져야 한다.

합격자 Tip

용어를 순서대로 나열하거나 빈칸을 채우는 문제가 출제될 수 있습니다.

합격자 Tip

개설은행은 개설은행으로 사용된 신용장뿐만 아니라 지급보증의 다른 당사자 은행의 역할이 이행되지 않았을 때에도 총체적인 책임을 진다는 점에 유의해야 합니다.

7. 제7조 개설은행의 의무(Article 7 Issuing Bank Undertaking)

a. Provided that the stipulated documents are presented to the nominated bank or to the issuing bank and that they constitute a complying presentation, the issuing bank must honour if the credit is available by:

i. sight payment, deferred payment or acceptance with the issuing bank;

ii. sight payment with a nominated bank and that nominated bank does not pay;

iii. deferred payment with a nominated bank and that nominated bank does not incur its deferred payment undertaking or, having incurred its deferred payment undertaking, does not pay at maturity;

iv. acceptance with a nominated bank and that nominated bank does not accept a draft drawn on it or, having accepted a draft drawn on it, does not pay at maturity;

v. negotiation with a nominated bank and that nominated bank does not negotiate.

해석

a. 신용장에서 규정된 서류들이 지정은행 또는 개설은행에 제시되고, 그것이 신용장 조건에 일치하는 제시인 경우로서, 신용장이 다음 중 어느 항목에 의해 사용될 수 있는 경우 개설은행은 결제의무를 이행해야 한다.

i. 개설은행에서 일람지급, 연지급 또는 인수에 의하여 이용될 수 있는 경우

ii. 지정은행에서 일람지급에 의하여 이용될 수 있으나, 지정은행이 대금을 지급하지 않는 경우

iii. 지정은행에서 연지급에 의하여 이용될 수 있으나, 지정은행이 연지급의 의무를 부담하지 않는 경우, 또는 그와 같은 연지급의 의무를 부담하였으나 만기에 대금을 지급하지 않는 경우

iv. 지정은행에서 인수에 의하여 이용될 수 있으나, 지정은행이 지정은행을 지급인으로 하여 발행된 환어음을 인수하지 아니한 경우, 또는 환어음을 인수하였더라도 만기에 지급하지 않는 경우

v. 지정은행에서 매입에 의하여 이용될 수 있으나, 지정은행이 매입하지 않는 경우

b. An issuing bank is irrevocably bound to honour as of the time it issues the credit.

> **해석**
>
> b. 개설은행은 신용장을 개설하는 시점부터 취소불능의 지급의무를 부담한다.

c. An issuing bank undertakes to reimburse a nominated bank that has honoured or negotiated a complying presentation and forwarded the documents to the issuing bank. Reimbursement for the amount of a complying presentation under a credit available by acceptance or deferred payment is due at maturity, whether or not the nominated bank prepaid or purchased before maturity. An issuing bank's undertaking to reimburse a nominated bank is independent of the issuing bank's undertaking to the beneficiary.

> **해석**
>
> c. 개설은행은 일치하는 제시에 대하여 결제 또는 매입을 하고, 그 서류를 개설은행에 송부한 지정은행에 대하여 대금을 상환할 의무를 부담한다. 인수 또는 연지급신용장의 경우 일치하는 제시에 따른 대금의 상환은 지정은행이 만기 이전에 대금을 먼저 지급하였거나 또는 매입하였는지 여부와 관계없이 만기에 이행되어야 한다. 지정은행에 대한 개설은행의 상환의무는 수익자에 대한 의무로부터 독립적이다.

8. 제8조 확인은행의 의무(Article 8 Confirming Bank Undertaking)

합격자 Tip
용어를 순서대로 나열하
거나 빈칸을 채우는 문제
가 출제될 수 있습니다.

합격자 Tip
확인은행의 지급이행에
대한 의무는 개설은행과
동일한 범위입니다.

a. Provided that the stipulated documents are presented to the confirming bank or to any other nominated bank and that they constitute a complying presentation, the confirming bank must:

i. honour, if the credit is available by

- sight payment, deferred paymnet or acceptance with the confirming bank;

- sight payment with another nominated bank and that nominated bank does not pay;

- deferred payment with another nominated bank and that nominated bank does not incur its deferred payment undertaking or, having incurred its deferred payment undertaking, does not pay at maturity;

- acceptance with another nominated bank and that nominated bank does not accept a draft drawn on it or, having accepted a draft drawn on it, does not pay at maturity;

- negotiation with another nominated bank and that nominated bank does not negotiate.

ii. negotiate, without recourse, if the credit is available by negotiation with the confirming bank.

a. 규정된 서류들이 확인은행 또는 다른 지정은행에 제시되고, 그것이 일치하는 제시일 경우 확인은행은

i. 신용장이 다음과 같은 경우 결제의 의무를 부담한다.

- 확인은행에서 일람지급, 연지급 또는 인수에 의하여 이용될 수 있는 경우
- 신용장이 다른 지정은행에서 일람지급에 의하여 이용될 수 있으나, 해당 지정은행이 대금을 지급하지 않는 경우
- 다른 지정은행에서 연지급에 의하여 이용될 수 있으나, 해당 지정은행이 연지급의 의무를 부담하지 않는 경우, 또는 연지급의 의무를 부담하였으나 만기에 대금을 지급하지 않는 경우
- 다른 지정은행에서 인수에 의하여 이용될 수 있으나, 해당 지정은행이 환어음을 인수하지 않거나 인수하였더라도 만기에 대금을 지급하지 않는 경우
- 다른 지정은행에서 매입에 의하여 이용될 수 있으나, 해당 지정은행이 매입하지 않는 경우

ii. 신용장이 확인은행에서 매입의 방법으로 이용 가능하다면, 확인은행은 소구권 없이 매입하여야 한다.

b. A confirming bank is irrevocably bound to honour or negotiate as of the time it adds its confirmation to the credit.

b. 확인은행은 신용장에 확인을 추가하는 시점으로부터 취소가 불가능한 결제 또는 매입의 의무를 부담한다.

c. A confirming bank undertakes to reimburse another nominated bank that has honoured or negotiated a complying presentation and forwarded the documents to the confirming bank. Reimbursement for the amount of a complying presentation under a credit available by acceptance or deferred payment is due at maturity, whether or not another nominated bank prepaid or purchased before maturity. A confirming bank's undertaking to reimburse another nominated bank is independent of the confirming bank's undertaking to the beneficiary.

c. 확인은행은 일치하는 제시에 대하여 결제 또는 매입을 하고 그 서류를 확인은행에 송부한 다른 지정은행에 상환할 의무를 부담한다. 인수 또는 연지급신용장의 경우 일치하는 제시에 대한 상환은 다른 지정은행이 만기 이전에 대금을 선지급하였거나 또는 매입하였는지 여부와 관계없이 만기에 이루어져야 한다. 확인은행의 다른 지정은행에 대한 상환의무는 확인은행의 수익자에 대한 의무로부터 독립적이다.

d. If a bank is authorized or requested by the issuing bank to confirm a credit but is not prepared to do so, it must inform the issuing bank without delay and may advise the credit without confirmation.

d. 어떤 은행이 개설은행으로부터 신용장에 대한 확인의 권한을 받았거나 요청 받았으나, 그 준비가 되지 않았다면, 지체 없이 개설은행에 통고하여야 하고, 확인 없이 신용장을 통지할 수 있다.

합격자 Tip
적절한 은행을 선택하는 문제가 출제될 수 있습니다.

9. 제9조 신용장 및 조건변경의 통지(Article 9 Advising of Credits and Amendments) 21 출제

a. A credit and any amendment may be advised to a beneficiary through an advising bank. An advising bank that is not a confirming bank advises the credit and any amendment without any undertaking to honour or negotiate.

a. 신용장 및 모든 조건변경은 통지은행을 통하여 수익자에게 통지될 수 있다. 확인은행이 아닌 통지은행은 결제나 매입에 대한 어떠한 확약 없이 신용장 및 모든 조건변경을 통지한다.

c. An advising bank may utilize the services of another bank("second advising bank") to advise the credit and any amendment to the beneficiary. By advising the credit or amendment, the second advising bank signifies that it has satisfied itself as to the apparent authenticity of the advice it has received and that the advice accurately reflects the terms and conditions of the credit or amendment received.

c. 통지은행은 수익자에게 신용장 및 모든 조건변경을 통지하기 위하여 다른 은행(이하 "제2통지은행")의 서비스를 이용할 수 있다. 제2통지은행이 신용장 또는 조건변경을 통지하는 것은 신용장 또는 조건변경에 대한 외견상의 진정성이 충족된다는 점과 송부 받은 신용장 또는 그 조건변경의 조건들을 정확하게 반영하고 있다는 점을 의미한다.

d. A bank utilizing the services of an advising bank or second advising bank to advise a credit must use the same bank to advise any amendment thereto.

d. 신용장을 통지하기 위하여 통지은행 또는 제2통지은행의 서비스를 이용하는 은행은 모든 조건변경을 통지하기 위하여 동일한 은행을 이용하여야만 한다.

합격자 Tip ●━━

조건변경이 타당하지 않은 내용을 제시한 후 옳지 않은 것을 선택하는 문제가 출제될 수 있습니다.

합격자 Tip ●━━

신용장의 조건변경은 부분 승낙이 허용되지 않는다는 점에 유의해야 합니다.

10. 제10조 조건변경(Article 10 Amendments) 17 출제

a. Except as otherwise provided by article 38, a credit can neither be amended nor cancelled without the agreement of the issuing bank, the confirming bank, if any, and the beneficiary.

> **해석**
>
> a. 제38조에서 별도로 규정된 경우를 제외하고 신용장은 개설은행, 확인은행이 있는 경우에는 그 확인은행 및 수익자의 동의가 없이는 변경되거나 취소될 수 없다.

b. An issuing bank is irrevocably bound by an amendment as of the time it issues the amendment. A confirming bank may extend its confirmation to an amendment and will be irrevocably bound as of the time it advises the amendment. A confirming bank may, however, choose to advise an amendment without extending its confirmation and, if so, it must inform the issuing bank without delay and inform the beneficiary in its advice.

> **해석**
>
> b. 개설은행은 조건을 변경한 시점으로부터 변경 내용에 대하여 취소 불가능하게 구속된다. 확인은행은 조건변경에 대한 확인을 연장할 수 있고, 조건변경을 통지한 경우 그 시점부터 취소 불가능의 의무를 부담한다. 그러나 확인은행이 조건변경에 대하여 확인을 확장함이 없이 통지만을 하기로 선택한 경우 지체없이 개설은행에 통고하고, 통지서로 수익자에게 통고해야 한다.

c. The terms and conditions of the original credit(or a credit incorporating previously accepted amendments) will remain in force for the beneficiary until the beneficiary communicates its acceptance of the amendment to the bank that advised such amendment. The beneficiary should give notification of acceptance or rejection of an amendment. If the beneficiary fails to give such notification, a presentation that complies with the credit and to any not yet accepted amendment will be deemed to be notification of acceptance by the beneficiary of such amendment. As of that moment the credit will be amended.

> **해석**
>
> c. 원신용장(또는 이전에 승낙된 조건변경이 포함된 신용장)의 조건은 수익자가 조건변경을 통지한 은행에 대하여 변경된 내용을 수락한다는 뜻을 통고할 때까지는 수익자에게 효력을 가진다. 수익자는 조건변경 내용에 대한 수락 또는 거절의 통지를 해야 한다. 수익자가 그러한 통지를 하지 않은 경우, 신용장 및 아직 수락되지 않은 조건변경에 부합하는 제시가 있으면 수익자가 그러한 조건변경 내용을 수락한다는 뜻을 통고한 것으로 간주한다. 이 경우 그 순간부터 신용장은 조건변경된다.

d. A bank that advises an amendment should inform the bank from which it received the amendment of any notification of acceptance or rejection.

> **해석**
>
> d. 조건변경을 통지하는 은행은 조건변경을 송부한 은행에게 수락 또는 거절의 뜻을 통지하여야 한다.

e. Partial acceptance of an amendment is not allowed and will be deemed to be notification of rejection of the amendment.

> **해석**
>
> e. 조건변경에 대하여 일부만을 수락하는 것은 허용되지 않으며, 조건변경에 대한 거절의 통지로 간주한다.

f. A provision in an amendment to the effect that the amendment shall enter into force unless rejected by the beneficiary within a certain time shall be disregarded.

> **해석**
> f. 수익자가 일정기한 내에 조건변경을 거절하지 아니하는 한 유효하게 된다는 규정은 무시된다.

합격자 Tip

각각의 bank, reimbursement 의 표현에 중점을 두고 학습합니다.

11. 제13조 은행 간 상환약정(Article 13 Bank-to-Bank Reimbursement Arrangements)

a. If a credit states that reimbursement is to be obtained by a nominated bank("claiming bank") claiming on another party("reimbursing bank"), the credit must state if the reimbursement is subject to the ICC rules for bank-to-bank reimbursements in effect on the date of issuance of the credit.

> **해석**
> a. 신용장에서 지정은행(이하 "청구은행")이 상환을 다른 당사자(이하 "상환은행")에게 청구하여 받도록 규정하고 있는 경우. 그 신용장은 상환이 신용장의 개설일에 유효한 은행 간 상환에 대한 ICC 규칙에 따를지 여부를 명시하여야 한다.

b. If a credit does not state that reimbursement is subject to the ICC rules for bank-to-bank reimbursements, the following apply:

i. An issuing bank must provide a reimbursing bank with a reimbursement authorization that conforms with the availability stated in the credit. The reimbursement authorization should not be subject to an expiry date.

ii. A claiming bank shall not be required to supply a reimbursing bank with a certificate of compliance with the terms and conditions of the credit.

iii. An issuing bank will be responsible for any loss of interest, together with any expenses incurred, if reimbursement is not provided on first demand by a reimbursing bank in accordance with the terms and conditions of the credit.

iv. A reimbursing bank's charges are for the account of the issuing bank. However, if the charges are for the account of the beneficiary, it is the responsibility of an issuing bank to so indicate in the credit and in the reimbursement authorization. If a reimbursing bank's charges are for the account of the beneficiary, they shall be deducted from the amount due to a claiming bank when reimbursement is made. If no reimbursement is made, the reimbursing bank's charges remain the obligation of the issuing bank.

> 해석

b. 신용장이 상환과 관련하여 은행 간 상환에 대한 ICC 규칙의 적용을 받는다는 사실을 명시하지 않으면 다음의 내용이 적용된다.

  i. 개설은행은 신용장에 명시된 유효성을 따르는 상환권한을 상환은행에 부여하여야 한다. 상환수권은 유효기일의 적용을 받지 않아야 한다.

  ii. 청구은행은 상환은행에게 신용장의 조건에 일치한다는 증명서를 제시하도록 요구받지 않는다.

  iii. 신용장의 조건에 따른 상환은행의 최초 지급청구 시에 상환이 이루어지지 않으면, 개설은행은 그로 인하여 발생한 모든 비용과 함께 모든 이자 손실에 대하여도 책임을 부담해야 한다.

  iv. 상환은행의 수수료는 개설은행의 부담으로 한다. 그러나 그 수수료를 수익자의 부담으로 하는 경우, 개설은행은 신용장과 상환수권서에 그러한 사실을 명시할 책임이 있다. 상환은행의 수수료를 수익자 부담으로 하는 경우, 그 수수료는 상환이 이루어질 때에 청구은행에 지급하여야 할 금액으로부터 공제된다. 상환이 행해지지 아니한다면, 상환은행의 수수료는 개설은행이 부담으로 남는다.

---

c. An issuing bank is not relieved of any of its obligations to provide reimbursement if reimbursement is not made by a reimbursing bank on first demand.

> 해석

c. 최초 지급청구 시에 상환은행에 의한 상환이 이루어지지 아니한 경우, 상환을 제공할 개설은행 자신의 의무는 면제되지 아니한다.

빈출 》 12. 제14조 서류심사의 기준(Article 14 Standard for Examination of Documents) 17 19 20 21 출제

합격자 Tip ●──◎
서류심사를 진행하는 은행을 고르는 문제와 '문면상' 일치하는 심사에 대한 용어 선택문제. 그 밖의 5영업일에 대한 숫자를 묻는 문제가 출제될 수 있습니다.

a. A nominated bank acting on its nomination, a confirming bank, if any, and the issuing bank must examine a presentation to determine, on the basis of the documents alone, whether or not the documents appear on their face to constitute a complying presentation.

서류만으로 심사한다. 서류
심사에 5은행영업일을 가
진다. 요구되지 않은 서류
는 무시된다. 제시일보다
늦은 발행서류는 안된다는
점에 주목해야 합니다.

해석

a. 지정에 따라 행동하는 지정은행, 확인은행(있는 경우) 및 개설은행은 서류가 문면상 일
치하는 제시를 구성하는지 결정하기 위해서 단지 서류만을 기초로 심사하여야 한다.

b. A nominated bank acting on its nomination, a confirming bank, if any, and the issuing bank shall each have a maximum of five banking days following the day of presentation to determine if a presentation is complying. This period is not curtailed or otherwise affected by the occurrence on or after the date of presentation of any expiry date or last day for presentation.

해석

b. 지정에 따라 행동하는 지정은행, 확인은행(있는 경우) 및 개설은행에게는 제시가 일치하
는지 여부를 결정하기 위하여 제시일의 다음날로부터 최장 5은행영업일을 각각 가진다.
이 기간은 유효기일 내의 제시일자나 최종제시일 또는 그 이후에 발생하는 사건에 의해
서 단축되거나 영향을 받지 않는다.

c. A presentation including one or more original transport documents subject to articles 19, 20, 21, 22, 23, 24 or 25 must be made by or on behalf of the beneficiary not later than 21 calendar days after the date of shipment as described in these rules, but in any event not later than the expiry date of the credit.

해석

c. 제19조, 제20조, 제21조, 제22조, 제23조, 제24조 또는 제25조에 따른 하나 이상의 운송
서류 원본을 포함한 제시는, 이 규칙에서 정하고 있는 선적일 후 21일보다 늦지 않게 수
익자에 의하여, 또는 수익자를 대신하여 이행되어야 한다. 단, 어떠한 경우라도 신용장
의 유효기일보다 늦지 않아야 한다.

d. Data in a document, when read in context with the credit, the document itself and international standard banking practice, need not be identical to, but must not conflict with, data in that document, any other stipulated document or the credit.

d. 서류상의 자료는 신용장과 그 서류 자체 및 국제표준은행관행의 관점에서 검토하는 경우 그 서류나 기타 명시된 서류 또는 신용장상의 정보와 반드시 일치될 필요는 없으나, 상충되어서는 안 된다.

e. In documents other than the commercial invoice, the description of the goods, services or performance, if stated, may be in general terms not conflicting with their description in the credit.

e. 상업송장 이외의 서류에서, 물품, 서비스 또는 의무이행의 명세는 명기된 경우, 신용장 상의 명세와 상충되지 않는 일반적인 용어로 기재될 수 있다.

f. If a credit requires presentation of a document other than a transport document, insurance document or commercial invoice, without stipulating by whom the document is to be issued or its data content, banks will accept the document as presented if its content appears to fulfil the function of the required document and otherwise complies with sub-article 14 (d).

f. 신용장에서 서류가 누구에 의해 발행하여야 하는지 여부 또는 그 정보의 내용을 명시함이 없이 운송서류, 보험서류 또는 상업송장 이외의 다른 어떠한 서류의 제시를 요구한다면, 그 서류의 내용이 요구되는 서류의 기능을 충족하는 것으로 보이고 기타의 방법으로 제14조 (d)항에 부합하는 한 은행은 제시된 대로 그 서류를 수리한다.

g. A document presented but not required by the credit will be disregarded and may be returned to the presenter.

g. 제시되었으나 신용장에서 요구되지 아니한 서류는 무시되며, 제시자에게 반환될 수 있다.

h. If a credit contains a condition without stipulating the document to indicate compliance with the condition, banks will deem such condition as not stated and will disregard it.

h. 신용장이 어떤 조건과의 일치함을 확인할 서류를 명시함이 없이 신용장에 어떠한 조건이 포함되어 있다면, 은행은 그러한 조건이 기재되지 아니한 것으로 간주하고 무시한다.

i. A document may be dated prior to the issuance date of the credit, but must not be dated later than its date of presentation.

i. 서류는 신용장 개설일보다 이전의 일자가 기재될 수 있으나 제시일자보다 늦은 일자가 기재되어서는 안 된다.

j. When the addresses of the beneficiary and the applicant appear in any stipulated document, they need not be the same as those stated in the credit or in any other stipulated document, but must be within the same country as the respective addresses mentioned in the credit. Contact details (telefax, telephone, email and the like) stated as part of the beneficiary's and the applicant's address will be disregarded. However, when the address and contact details of the applicant appear as part of the consignee or notify party details on a transport document subject to articles 19, 20, 21, 22, 23, 24 or 25, they must be as stated in the credit.

j. 수익자와 개설의뢰인의 주소가 어떤 서류상에 나타날 때, 그것은 신용장 또는 다른 요구 서류상에 기재된 것과 동일할 필요는 없으나, 신용장에 명시된 각각의 주소와 동일한 국가 내에 있어야 한다. 수익자 및 개설의뢰인의 주소의 일부로서 기재된 상세연락처(팩스, 전화, 이메일 및 기타 이와 유사한 것)는 무시된다. 그러나 개설의뢰인의 주소와 상세연락처가 제19조, 제20조, 제21조, 제22조, 제23조, 제24조 또는 제25조의 적용을 받는 운송서류상의 수하인 또는 통지처의 일부로 보이는 경우에는 신용장에 명시된 대로 기재되어야 한다.

k. The shipper or consignor of the goods indicated on any document need not be the beneficiary of the credit.

k. 어떠한 서류상에 표시된 물품의 송하인 또는 탁송인은 신용장의 수익자일 필요가 없다.

l. A transport document may be issued by any party other than a carrier, owner, master or charterer provided that the transport document meets the requirements of articles 19, 20, 21, 22, 23 or 24 of these rules.

l. 운송서류가 이 규칙 제19조, 제20조, 제21조, 제22조, 제23조 또는 제24조의 요건을 충족하는 한, 그 운송서류는 운송인, 소유자, 선장, 용선자 아닌 어느 누구에 의해서도 발행될 수 있다.

합격자 Tip

지급이행은행과 서류 발송에 대한 주체은행을 묻는 문제가 출제될 수 있습니다.

13. 제15조 일치하는 제시(Article 15 Complying Presentation)

17 18 21 출제

a. When an issuing bank determines that a presentation is complying, it must honour.

a. 개설은행은 제시가 일치한다고 판단한 경우 결제를 하여야 한다.

b. When a confirming bank determines that a presentation is complying, it must honour or negotiate and forward the documents to the issuing bank.

> **해석**
>
> b. 확인은행은 제시가 일치한다고 판단한 경우 결제 또는 매입하고 개설은행에게 서류를 송부해야 한다.

c. When a nominated bank determines that a presentation is complying and honours or negotiates, it must forward the documents to the confirming bank or issuing bank.

> **해석**
>
> c. 지정은행은 제시가 일치한다고 판단하고 결제 또는 매입하는 경우 확인은행 또는 개설은행에게 서류를 송부하여야 한다.

14. 제16조 하자 있는 서류, 권리포기 및 통지(Article 16 Discrepant Documents, Waiver and Notice)

a. When a nominated bank acting on its nomination, a confirming bank, if any, or the issuing bank determines that a presentation does not comply, it may refuse to honour or negotiate.

> **해석**
>
> a. 지정에 따라 행동하는 지정은행, 확인은행(있는 경우) 또는 개설은행은 제시가 일치하지 않는다고 판단하는 때에는, 결제 또는 매입을 거절할 수 있다.

b. When an issuing bank determines that a presentation does not comply, it may in its sole judgement approach the applicant for a waiver of the discrepancies. This does not, however, extend the period mentioned in sub-article 14 (b).

합격자 Tip

불일치 서류의 제시에 대한 처리방안을 잘 요약해 두어야 합니다.

해석

b. 개설은행은 제시가 일치하지 않는다고 판단하는 경우, 독자적인 판단으로 하자에 대한 권리포기를 위해 개설의뢰인과 교섭할 수 있다. 그러나 이것으로 제14조 (b)항에 규정된 기간이 연장되지는 않는다.

c. When a nominated bank acting on its nomination, a confirming bank, if any, or the issuing bank decides to refuse to honour or negotiate, it must give a single notice to that effect to the presenter.
The notice must state:

i. that the bank is refusing to honour or negotiate; and

ii. each discrepancy in respect of which the bank refuses to honour or negotiate; and

iii.

　　a) that the bank is holding the documents pending further instructions from the presenter; or

　　b) that the issuing bank is holding the documents until it receives a waiver from the applicant and agrees to accept it, or receives further instructions from the presenter prior to agreeing to accept a waiver; or

　　c) that the bank is returning the documents; or

　　d) that the bank is acting in accordance with instructions previously received from the presenter.

해석

c. 지정에 따라 행동하는 지정은행, 확인은행(있는 경우) 또는 개설은행이 결제 또는 매입을 거절하기로 결정하는 때에는, 제시자에게 그러한 취지를 한번에 통지하여야 한다.
통지에는 다음을 명시하여야 한다.

i. 은행이 결제 또는 매입을 거절한다는 것, 그리고

ii. 은행이 결제 또는 매입을 거절하는 각각의 하자, 그리고

iii.

　　a) 제시자의 추가지시가 있을 때까지 은행이 서류를 보관한다는 것, 또는

　　b) 개설은행이 개설의뢰인으로부터 권리포기를 받고 받아들이기로 동의하거나, 또는 권리포기를 승낙하기로 하기 전에 제시자로부터 추가지시를 받을 때까지, 개설은행이 서류를 보관한다는 것 또는

　　c) 은행이 서류를 반송한다는 것 또는

　　d) 은행이 사전에 제시자로부터 받은 지시에 따라 행동하고 있다는 것

d. The notice required in sub-article 16 (c) must be given by tele-communication or, if that is not possible, by other expeditious means no later than the close of the fifth banking day following the day of presentation.

d. 제16조 (c)항에서 요구되는 통지는 전기통신으로 제공되어야 하나 그것의 이용이 불가능하다면 다른 신속한 수단으로, 제시일의 다음날로부터 5은행영업일까지 이루어져야 한다.

e. A nominated bank acting on its nomination, a confirming bank, if any, or the issuing bank may, after providing notice required by sub-article 16 (c) (iii) (a) or (b), return the documents to the presenter at any time.

e. 지정에 따라 행동하는 지정은행, 확인은행(있는 경우) 또는 개설은행은, 제16조 (c) (iii) (a) 또는 (b)에서 요구되는 통지를 한 후, 언제든지 제시자에게 서류를 반환할 수 있다.

f. If an issuing bank or a confirming bank fails to act in accordance with the provisions of this article, it shall be precluded from claiming that the documents do not constitute a complying presentation.

f. 개설은행 또는 확인은행이 본 조항의 규정에 따라 행동하지 아니한 경우, 그 은행은 서류에 대한 불일치를 주장할 수 없다.

g. When an issuing bank refuses to honour or a confirming bank refuses to honour or negotiate and has given notice to that effect in accordance with this article, it shall then be entitled to claim a refund, with interest, of any reimbursement made.

> **해석**
>
> g. 개설은행이 결제를 거절하거나 또는 확인은행이 결제 또는 매입을 거절하고 본 조항에 따라 그러한 취지의 통지를 한 때에는, 그 은행은 이미 지급된 상환금에 이자를 더하여 반환 청구할 권리를 갖는다.

합격자 Tip

원본과 사본에 대한 이해, 사본의 수리여부, 원본의 제시통수를 중점으로 학습하길 추천합니다.

15. 제17조 원본 서류와 사본(Article 17 Original Documents and Copies) 17 21 출제

a. At least one original of each document stipulated in the credit must be presented.

> **해석**
>
> a. 신용장에서 명시된 각각의 서류는 적어도 1통의 원본은 제시되어야 한다.

O× 퀴즈

Q. At least one original of each document stipulated in the credit must be presented. (O, ×)

A. ○ → 신용장에서 명시된 각각의 서류는 적어도 1통의 원본은 제시되어야 한다.

b. A bank shall treat as an original any document bearing an apparently original signature, mark, stamp, or label of the issuer of the document, unless the document itself indicates that it is not an original.

> **해석**
>
> b. 서류 자체가 원본이 아니라고 표시하고 있지 않은 한, 은행은 서류 발행자의 서명, 마크, 스탬프 또는 라벨이 담긴 서류를 원본으로 취급한다.

c. Unless a document indicates otherwise, a bank will also accept a document as original if it:

    i. appears to be written, typed, perforated or stamped by the document issuer's hand; or

    ii. appears to be on the document issuer's original stationery; or

    iii. states that it is original, unless the statement appears not to apply to the document presented.

> **해석**
>
> c. 서류가 별도로 표시하지 않는 한, 은행은 다음과 같은 서류를 원본으로 수리한다.
>
>   i. 서류 발행자에 의해 수기, 타이핑, 천공 또는 스탬프된 것으로 보이는 것 또는
>
>   ii. 서류 발행자의 원본 서류용지에 작성된 것으로 보이는 것 또는
>
>   iii. 제시된 서류에는 적용되지 않는 것으로 보이지 않는 한, 원본이라는 표시가 있는 것

d. If a credit requires presentation of copies of documents, presentation of either originals or copies is permitted.

> **해석**
>
> d. 신용장이 서류의 사본을 요구하는 경우, 원본 또는 사본의 제시가 모두 허용된다.

e. If a credit requires presentation of multiple documents by using terms such as "in duplicate", "in two fold" or "in two copies", this will be satisfied by the presentation of at least one original and the remaining number in copies, except when the document itself indicates otherwise.

> **해석**
>
> e. 신용장이 "In Duplicate", "In Two Fold" 또는 "In Two Copies"와 같은 용어를 사용하여 복수의 서류의 제시를 요구하는 경우, 이 조건은 그 서류 자체에 별도의 표시가 없는 한 적어도 한 통의 원본과 나머지 수량의 사본을 제시함으로써 충족된다.

16. 제18조 상업송장(Article 18 Commercial Invoice) 19 출제

a. A commercial invoice:

   i. must appear to have been issued by the beneficiary(except as provided in article 38);

   ii. must be made out in the name of the applicant(except as provided in sub-article 38 (g));

   iii. must be made out in the same currency as the credit; and

   iv. need not be signed.

> **해석**
>
> a. 상업송장은,
>
>   i. 수익자에 의해서 발행된 것으로 보여야 한다(제38조가 적용되는 경우 제외).
>
>   ii. 개설의뢰인 앞으로 발행되어야 한다(제38조 (g)항이 적용되는 경우 제외).
>
>   iii. 신용장과 같은 통화로 발행되어야 한다. 그리고
>
>   iv. 서명될 필요는 없다.

b. A nominated bank acting on its nomination, a confirming bank, if any, or the issuing bank may accept a commercial invoice issued for an amount in excess of the amount permitted by the credit, and its decision will be binding upon all parties, provided the bank in question has not honoured or negotiated for an amount in excess of that permitted by the credit.

> **해석**
>
> b. 지정에 따라 행동하는 지정은행, 확인은행(있는 경우) 또는 개설은행은 신용장에서 허용된 금액을 초과하여 발행된 상업송장을 수리할 수 있고, 그러한 결정은, 문제의 은행이 신용장에서 허용된 금액을 초과한 결제 또는 매입하지 않았던 경우에 한하여 모든 당사자를 구속한다.

c. The description of the goods, services or performance in a commercial invoice must correspond with that appearing in the credit.

합격자 Tip

운송서류에 대한 내용은 모든 운송서류가 거의 동일하므로 운송방식에 따른 운송당사자의 차이, 제시되는 서류통수, 용선계약표시 및 환적에 대한 내용에 초점을 맞춰 차이점을 정리해야 합니다.

17. 제19조 적어도 두 가지 이상의 다른 운송방식을 표시하는 운송서류(Article 19 Transport Document Covering at Least Two Different Modes of Transport) 19 출제

a. A transport document covering at least two different modes of transport(multimodal or combined transport document), however named, must appear to:

i. indicate the name of the carrier and be signed by:
- the carrier or a named agent for or on behalf of the carrier, or
- the master or a named agent for or on behalf of the master.

Any signature by the carrier, master or agent must be identified as that of the carrier, master or agent.

Any signature by an agent must indicate whether the agent has signed for or on behalf of the carrier or for or on behalf of the master.

ii. indicate that the goods have been dispatched, taken in charge or shipped on board at the place stated in the credit, by:
- pre-printed wording, or
- a stamp or notation indicating the date on which the goods have been dispatched, taken in charge or shipped on board. The date of issuance of the transport document will be deemed to be the date of dispatch, taking in charge or shipped on board, and the date of shipment. However, if the transport document indicates, by stamp or notation, a date of dispatch, taking in charge or shipped on board, this date will be deemed to be the date of shipment.

iii. indicate the place of dispatch, taking in charge or shipment and the place of final destination stated in the credit, even if:

- the transport document states, in addition, a different place of dispatch, taking in charge or shipment or place of final destination, or

- the transport document contains the indication "intended" or similar qualification in relation to the vessel, port of loading or port of discharge.

iv. be the sole original transport document or, if issued in more than one original, be the full set as indicated on the transport document.

v. contain terms and conditions of carriage or make reference to another source containing the terms and conditions of carriage (short form or blank back transport document). Contents of terms and conditions of carriage will not be examined.

vi. contain no indication that it is subject to a charter party.

해석

a. 적어도 두 가지 이상의 다른 운송방식을 표시하는 운송서류(복합운송서류)는 명칭에 관계없이 다음과 같이 보여야 한다.

i. 운송인의 명칭을 표시하고 다음의 자에 의하여 서명되어야 한다.

- 운송인 또는 운송인을 대리하는 지정대리인 또는

- 선장 또는 선장을 대리하는 지정대리인

운송인, 선장 또는 대리인의 서명은 운송인, 선장 또는 대리인의 것으로 확인되어야 한다. 대리인의 서명은 그가 운송인이나 선장을 대리하여 서명한 것임을 표시하여야 한다.

ii. 물품이 신용장에 명시된 장소에서 발송, 수탁 또는 본선적재 되었음을 다음의 방법으로 표시하여야 한다.

- 사전에 인쇄된 문구 또는

- 물품이 발송, 수탁 또는 본선적재 된 일자를 표시하는 스탬프 또는 표기

운송서류의 발행일은 발송일, 수탁일 또는 본선적재일과 선적일로 본다. 그러나 운송서류가 스탬프 또는 표기에 의하여 발송일, 수탁일 또는 본선적재일을 표시하고 있는 경우, 그 일자를 선적일로 본다.

iii. 다음과 같은 경우에도 신용장에 기재된 발송지, 수탁지, 선적지 및 최종목적지를 표시하여야 한다.
- 운송서류가 추가적으로 다른 발송지, 수탁지 또는 선적지 또는 최종목적지를 기재하는 경우 또는
- 운송서류가 선박, 적재항 또는 하역항과 관련하여 "예정된"또는 이와 유사한 제한의 표시를 포함하는 경우

iv. 단일의 운송서류 원본 또는 2통 이상의 원본이 발행되는 경우에는 운송서류에 표시된 전통(full set)이어야 한다.

v. 운송조건을 포함하거나 또는 운송조건을 포함하는 다른 자료를 언급하여야 한다(약식/배면백지식 운송서류). 운송조건의 내용은 심사되지 않는다.

vi. 용선계약에 따른다는 어떤 표시도 포함하지 않아야 한다.

---

b. For the purpose of this article, transhipment means unloading from one means of conveyance and reloading to another means of conveyance(whether or not in different modes of transport) during the carriage from the place of dispatch, taking in charge or shipment to the place of final destination stated in the credit.

해석

b. 본 조항의 목적상, 환적이란 신용장에 기재된 발송지, 수탁지 또는 선적지로부터 최종목적지까지의 운송과정에서 한 운송수단으로부터 양하되어 다른 운송수단으로(운송방법이 다른지 여부에 관계없이) 재적재되는 것을 말한다.

---

c.

i. A transport document may indicate that the goods will or may be transhipped provided that the entire carriage is covered by one and the same transport document.

ii. A transport document indicating that transhipment will or may take place is acceptable, even if the credit prohibits transhipment.

18. 제20조 선하증권(Article 20 Bill of Lading) [19][20][21] 출제

합격자 Tip

본선선적의 표시, 발행일 을 구분하도록 하고 포함 되지 않아야 할 사항, 환적 의 정의 등을 숙지합니다.

a. A bill of lading, however named, must appear to:

　i. indicate the name of the carrier and be signed by:

　　• the carrier or a named agent for or on behalf of the carrier, or

　　• the master or a named agent for or on behalf of the master.

　Any signature by the carrier, master or agent must be identified as that of the carrier, master or agent.

　Any signature by an agent must indicate whether the agent has signed for or on behalf of the carrier or for or on behalf of the master.

　ii. indicate that the goods have been shipped on board a named vessel at the port of loading stated in the credit by:

　　• pre-printed wording, or

　　• an on-board notation indicating the date on which the goods have been shipped on board.

　The date of issuance of the bill of lading will be deemed to be the date of shipment unless the bill of lading contains an on-board notation indicating the date of shipment, in which case the date stated in the on-board notation will be deemed to be the date of shipment.

　If the bill of lading contains the indication "intended vessel" or similar qualification in relation to the name of the vessel, an on-board notation indicating the date of shipment and the name of the actual vessel is required.

iii. indicate shipment from the port of loading to the port of discharge stated in the credit.

If the bill of lading does not indicate the port of loading stated in the credit as the port of loading, or if it contains the indication "intended" or similar qualification in relation to the port of loading, an on board notation indicating the port of loading as stated in the credit, the date of shipment and the name of the vessel is required. This provision applies even when loading on board or shipment on a named vessel is indicated by pre-printed wording on the bill of lading.

iv. be the sole original bill of lading or, if issued in more than one original, be the full set as indicated on the bill of lading.

v. contain terms and conditions of carriage or make reference to another source containing the terms and conditions of carriage(short form or blank back bill of lading). Contents of terms and conditions of carriage will not be examined.

vi. contain no indication that it is subject to a charter party.

해석

a. 선하증권은 명칭에 관계없이 다음과 같이 보여야 한다.

i. 운송인의 명칭을 표시하고 다음의 자에 의하여 서명되어야 한다.

- 운송인 또는 운송인을 대리하는 지정대리인 또는
- 선장 또는 선장을 대리하는 지정대리인

운송인, 선장 또는 대리인의 서명은 운송인, 선장 또는 대리인의 것으로 확인되어야 한다. 대리인의 서명은 그가 운송인이나 선장을 대리하여 서명한 것임을 표시하여야 한다.

ii. 다음에 의하여 물품이 신용장에서 명시된 적재항에서 지정된 선박에 본선적재 되었음을 표시하여야 한다.

- 사전에 인쇄된 문구 또는
- 물품이 본선적재된 일자를 표시하는 본선적재표기

선하증권이 선적일자를 표시하는 본선적재표기를 포함하지 않는 경우 선하증권 발행일은 선적일로 본다. 선하증권에 본선적재표기가 된 경우에는 본선적재표기에 기재된 일자를 선적일로 본다.

선하증권이 선박명과 관련하여 "예정된 선박"또는 이와 유사한 표시를 포함하고 있는 경우에는 선적일과 실제 선박명을 표시하는 본선적재표기가 요구된다.

iii. 신용장에 기재된 적재항으로부터 하역항까지의 선적을 표시하여야 한다. 선하증권이 신용장에 기재된 적재항을 표시하지 않는 경우 또는 적재항과 관련하여 "예정된"이라는 표시 또는 이와 유사한 제한을 포함하는 경우에는, 신용장에 기재된 적재항과 선적일 및 선박명을 표시하는 본선적재표기가 요구된다. 이 조항은 지정된 선박에의 본선적재 또는 선적이 미리 인쇄된 문구에 의하여 선하증권에 표시된 경우에도 적용된다.

iv. 단일의 선하증권 원본이거나 또는 2통 이상의 원본이 발행된 경우 선하증권에 표시된 전통(full set)이어야 한다.

v. 운송조건을 포함하거나 또는 운송조건을 포함하는 다른 자료를 언급하여야 한다(약식/배면백지식 운송서류). 운송조건의 내용은 심사되지 않는다.

vi. 용선계약에 따른다는 어떤 표시도 포함하지 않아야 한다.

---

b. For the purpose of this article, transhipment means unloading from one vessel and reloading to another vessel during the carriage from the port of loading to the port of discharge stated in the credit.

해석

b. 본 조항의 목적상, 환적이란 신용장에 기재된 적재항으로부터 하역항까지의 운송 도중에 하나의 선박으로부터 양하되어 다른 선박으로 재적재되는 것을 의미한다.

---

c.
i. A bill of lading may indicate that the goods will or may be transhipped provided that the entire carriage is covered by one and the same bill of lading.

ii. A bill of lading indicating that transhipment will or may take place is acceptable, even if the credit prohibits transhipment, if the goods have been shipped in a container, trailer or LASH barge as evidenced by the bill of lading.

해석

c.
i. 선하증권은 전운송이 하나의 동일한 선하증권에 의하여 포괄되는 경우 물품이 환적될 것이라거나 환적될 수 있다는 것을 표시할 수 있다.

ii. 신용장이 환적을 금지하더라도 환적이 될 것 또는 될 수 있다고 표시하는 선하증권은, 물품이 컨테이너, 트레일러 또는 래쉬선에 선적되었다는 것이 선하증권에 의하여 증명되는 경우에는 수리될 수 있다.

d. Clauses in a bill of lading stating that the carrier reserves the right to tranship will be disregarded.

19. 제21조 비유통 해상화물운송장(Article 21 Non-Negotiable Sea Waybill)

a. A non-negotiable sea waybill, however named, must appear to:
   i. indicate the name of the carrier and be signed by:
   • the carrier or a named agent for or on behalf of the carrier, or
   • the master or a named agent for or on behalf of the master.
   Any signature by the carrier, master or agent must be identified as that of the carrier, master or agent.
   Any signature by an agent must indicate whether the agent has signed for or on behalf of the carrier or for or on behalf of the master.
   ii. indicate that the goods have been shipped on board a named vessel at the port of loading stated in the credit by:
   • pre-printed wording, or
   • an on-board notation indicating the date on which the goods have been shipped on board.
   The date of issuance of the non-negotiable sea waybill will be deemed to be the date of shipment unless the non-negotiable sea waybill contains an on-board notation indicating the date of shipment, in which case the date stated in the on-board notation will be deemed to be the date of shipment. If the

non-negotiable sea waybill contains the indication "intended vessel"or similar qualification in relation to the name of the vessel, an on board notation indicating the date of shipment and the name of the actual vessel is required.

iii. indicate shipment from the port of loading to the port of discharge stated in the credit. If the non-negotiable sea waybill does not indicate the port of loading stated in the credit as the port of loading, or if it contains the indication "intended" or similar qualification in relation to the port of loading, an on board notation indicating the port of loading as stated in the credit, the date of shipment and the name of the vessel is required. This provision applies even when loading on board or shipment on a named vessel is indicated by pre-printed wording on the non-negotiable sea waybill.

iv. be the sole original non-negotiable sea waybill or, if issued in more than one original, be the full set as indicated on the non-negotiable sea waybill.

v. contain terms and conditions of carriage or make reference to another source containing the terms and conditions of carriage (short form or blank back non-negotiable sea waybill). Contents of terms and conditions of carriage will not be examined.

vi. contain no indication that it is subject to a charter party.

해석

c. 비유통 해상화물운송장은 명칭에 관계없이 다음과 같이 보여야 한다.

i. 운송인의 명칭을 표시하고 다음의 자에 의하여 서명되어야 한다.

• 운송인 또는 운송인을 대리하는 지정대리인 또는

• 선장, 또는 선장을 대리하는 지정대리인

운송인, 선장 또는 대리인의 서명은 운송인, 선장 또는 대리인의 것으로 확인되어야 한다. 대리인의 서명은 그가 운송인이나 선장을 대리하여 서명한 것임을 표시하여야 한다.

ii. 다음에 의하여 물품이 신용장에서 명시된 적재항에서 지정된 선박에 본선적재되었음을 표시하여야 한다.

• 사전에 인쇄된 문구 또는

• 물품이 본선적재된 일자를 표시하는 본선적재표기

비유통 해상화물운송장이 선적일자를 표시하는 본선적재표기를 하지 않은 경우에는 비유통 해상화물운송장의 발행일을 선적일로 본다. 비유통 해상화물운송장에 본선적 재표기가 된 경우에는 본선적재표기에 기재된 일자를 선적일로 본다. 비유통 해상화물운송장이 선박명과 관련하여 "예정된 선박"이라는 표시 또는 이와 유사한 제한을 포함하는 경우에는 선적일과 실제 선박명을 표시하는 본선적재표기가 요구된다.

ⅲ. 신용장에 기재된 적재항으로부터 하역항까지의 선적을 표시하여야 한다. 비유통 해상화물운송장이 신용장에 기재된 적재항을 표시하지 않는 경우 또는 적재항과 관련하여 "예정된"이라는 표시 또는 이와 유사한 제한을 포함하는 경우에는, 신용장에 기재된 적재항과 선적일 및 선박명을 표시하는 본선적재 표기가 요구된다. 이 조항은 지정된 선박에의 본선적재가 사전에 인쇄된 문구에 의하여 비유통 해상화물운송장에 표시된 경우에도 적용된다.

ⅳ. 비유통 해상화물운송장 원본이거나 또는 2통 이상의 원본이 발행된 경우 비유통 해상화물운송장에 표시된 전통(Full Set)이어야 한다.

ⅴ. 운송조건을 포함하거나 또는 운송조건을 포함하는 다른 자료를 언급하여야 한다(약식/배면백지식 운송서류). 운송조건의 내용은 심사되지 않는다.

ⅵ. 용선계약에 따른다는 어떤 표시도 포함하지 않아야 한다.

b. For the purpose of this article, transhipment means unloading from one vessel and reloading to another vessel during the carriage from the port of loading to the port of discharge stated in the credit.

b. 본 조항의 목적상, 환적이란 신용장에 기재된 적재항으로부터 하역항까지의 운송 도중에 하나의 선박으로부터 양하되어 다른 선박으로 재적재되는 것을 의미한다.

c.

ⅰ. A non-negotiable sea waybill may indicate that the goods will or may be transhipped provided that the entire carriage is covered by one and the same non-negotiable sea waybill.

ⅱ. A non-negotiable sea waybill indicating that transhipment will or may take place is acceptable, even if the credit prohibits transhipment, if the goods have been shipped in a container, trailer or LASH barge as evidenced by the non-negotiable sea waybill.

c.

ⅰ. 비유통 해상화물운송장은 전운송이 하나의 동일한 비유통 해상화물운송장에 의하여 포괄되는 경우, 물품이 환적될 것이라거나 환적될 수 있다는 것을 표시할 수 있다.

ⅱ. 신용장이 환적을 금지하더라도 환적이 될 것 또는 될 수 있다고 표시하는 비유통 해상화물운송장은, 물품이 컨테이너, 트레일러 또는 래쉬선에 선적되었다는 것이 비유통 해상화물운송장에 의하여 증명되는 경우에는 수리될 수 있다.

d. Clauses in a non-negotiable sea waybill stating that the carrier reserves the right to tranship will be disregarded.

d. 운송인이 환적할 권리를 갖고 있다고 기재한 비유통 해상화물운송장의 조항은 무시된다.

합격자 Tip

예문을 제시하고 charter party BL를 묻는 문제가 출제될 수 있습니다.

20. 제22조 용선계약 선하증권(Article 22 Charter Party Bill of Lading)

a. A bill of lading, however named, containing an indication that it is subject to a charter party(charter party bill of lading), must appear to:

ⅰ. be signed by:

- the master or a named agent for or on behalf of the master, or
- the owner or a named agent for or on behalf of the owner, or
- the charterer or a named agent for or on behalf of the charterer.

Any signature by the master, owner, charterer or agent must be identified as that of the master, owner, charterer or agent.

Any signature by an agent must indicate whether the agent has signed for or on behalf of the master, owner or charterer.

An agent signing for or on behalf of the owner or charterer must indicate the name of the owner or charterer.

ii. indicate that the goods have been shipped on board a named vessel at the port of loading stated in the credit by:
- pre-printed wording, or
- an on board notation indicating the date on which the goods have been shipped on-board.

The date of issuance of the charter party bill of lading will be deemed to be the date of shipment unless the charter party bill of lading contains an on-board notation indicating the date of shipment, in which case the date stated in the on-board notation will be deemed to be the date of shipment.

iii. indicate shipment from the port of loading to the port of discharge stated in the credit. The port of discharge may also be shown as a range of ports or a geographical area, as stated in the credit.

iv. be the sole original charter party bill of lading or, if issued in more than one original, be the full set as indicated on the charter party bill of lading.

해석

a. 명칭에 관계없이 용선계약에 따른다는 표시의 선하증권(용선계약 선하증권)은 다음과 같이 보여야 한다.
ⅰ. 다음의 자에 의해서 서명되어야 한다.
- 선장 또는 선장을 대리하는 지정대리인
- 선주 또는 선주를 대리하는 지정대리인
- 용선자 또는 용선자를 대리하는 지정대리인

선장, 선주, 용선자 또는 대리인의 서명은 운송인, 선장 또는 대리인의 것으로 확인되어야 한다. 대리인의 서명은 선장, 선주 또는 용선자 중 누구를 대리하여 서명한 것인지를 표시하여야 한다. 선주 또는 용선자를 대리하여 서명하는 대리인은 대리한 자의 명칭을 표시하여야 한다.

ⅱ. 다음에 의하여 물품이 신용장에서 명시된 적재항에서 지정된 선박에 본선적재되었음을 표시하여야 한다.
- 사전에 인쇄된 문구 또는
- 물품이 본선적재된 일자를 표시하는 본선적재표기

용선계약 선하증권이 선적일자를 표시하는 본선적재표기를 하지 않은 경우에는 용선계약 선하증권의 발행일을 선적일로 본다. 용선계약 선하증권에 본선적재표기가 된 경우에는 본선적재표기에 기재된 일자를 선적일로 본다.

> iii. 신용장에 기재된 적재항으로부터 하역항까지의 선적을 표시하여야 한다. 또한 하역항은 신용장에 기재된 바에 따라 항구의 일정구역 또는 지리적 지역으로 표시될 수 있다.
>
> iv. 단일의 용선계약 선하증권 원본 또는 2통 이상의 원본이 발행된 경우 용선계약 선하증권에 표시된 전통(full set)이어야 한다.

> b. A bank will not examine charter party contracts, even if they are required to be presented by the terms of the credit.

해석

> b. 신용장의 조건이 용선계약서를 제시하도록 요구하더라도 은행은 용선계약을 심사하지 않는다.

21. 제23조 항공운송서류(Article 23 Air Transport Document)

`18` 출제

> a. An air transport document, however named, must appear to:
> i. indicate the name of the carrier and be signed by:
> * the carrier, or
> * a named agent for or on behalf of the carrier.
>
> Any signature by the carrier or agent must be identified as that of the carrier or agent.
>
> Any signature by an agent must indicate that the agent has signed for or on behalf of the carrier.
> ii. indicate that the goods have been accepted for carriage.
> iii. indicate the date of issuance. This date will be deemed to be the date of shipment unless the air transport document contains a specific notation of the actual date of shipment, in which case the date stated in the notation will be deemed to be the date of shipment.
>
> Any other information appearing on the air transport document relative to the flight number and date will not be considered in determining the date of shipment.

iv. indicate the airport of departure and the airport of destination stated in the credit.

v. be the original for consignor or shipper, even if the credit stipulates a full set of originals.

vi. contain terms and conditions of carriage or make reference to another source containing the terms and conditions of carriage. Contents of terms and conditions of carriage will not be examined.

a. 항공운송서류는 명칭에 관계없이 다음과 같이 보여야 한다.

i. 운송인의 명칭을 표시하고 다음의 자에 의하여 서명되어야 한다.

- 운송인 또는
- 운송인을 대리하는 지정대리인

서명은 운송인 또는 대리인의 것으로 확인되어야 한다. 대리인의 서명은 운송인을 위하여 또는 대리하여 서명한 것인지를 표시하여야 한다.

ii. 물품이 운송을 위하여 인수되었다는 것을 표시하여야 한다.

iii. 발행일을 표시하여야 한다. 항공운송서류가 실제 선적일에 대한 특정한 표기를 포함하지 않는 경우에는 이 일자를 선적일로 본다. 항공운송서류가 실제 선적일에 대한 특정한 표기를 포함하는 경우에는 표기에 기재된 일자를 선적일로 본다.

운항번호와 일자와 관련하여 항공운송서류에 나타나는 그 밖의 모든 정보는 선적일을 결정할 때 고려되지 않는다.

iv. 신용장에 기재된 출발공항과 도착공항을 표시하여야 한다.

v. 신용장이 원본 전통(Full Set)을 규정하더라도 송하인 또는 선적인용 원본이어야 한다.

vi. 운송조건을 포함하거나 또는 운송조건을 포함하는 다른 자료를 언급하여야 한다. 운송조건의 내용은 심사되지 않는다.

b. For the purpose of this article, transhipment means unloading from one aircraft and reloading to another aircraft during the carriage from the airport of departure to the airport of destination stated in the credit.

b. 본 조항의 목적상. 환적은 신용장에 기재된 출발공항으로부터 도착공항까지의 운송과정에서 한 항공기로부터 양하되어 다른 항공기로 재적재되는 것을 의미한다.

c.

i. An air transport document may indicate that the goods will or may be transhipped, provided that the entire carriage is covered by one and the same air transport document.

ii. An air transport document indicating that transhipment will or may take place is acceptable, even if the credit prohibits transhipment.

> **해석**
>
> c.
>
> i. 항공운송서류는 전운송이 하나의 동일한 항공운송서류에 의하여 포괄되는 경우 물품이 환적될 것이라거나 환적될 수 있다는 것을 표시할 수 있다.
>
> ii. 신용장이 환적을 금지하더라도 환적이 될 것 또는 될 수 있다고 표시하는 항공운송서류는 수리될 수 있다.

합격자 Tip
운송인의 명칭, 부본과 원본, 환적에 관하여 규정한 사항을 중점으로 학습하길 추천합니다.

22. 제24조 도로, 철도 또는 내수로 운송서류(Article 24 Road, Rail or Inland Waterway Transport Documents)

a. A road, rail or inland waterway transport document, however named, must appear to:

i. indicate the name of the carrier and:

- be signed by the carrier or a named agent for or on behalf of the carrier, or

- indicate receipt of the goods by signature, stamp or notation by the carrier or a named agent for or on behalf of the carrier.

Any signature, stamp or notation of receipt of the goods by the carrier or agent must be identified as that of the carrier or agent.

Any signature, stamp or notation of receipt of the goods by the agent must indicate that the agent has signed or acted for or on behalf of the carrier.

If a rail transport document does not identify the carrier, any signature or stamp of the railway company will be accepted as evidence of the document being signed by the carrier.

ii. indicate the date of shipment or the date the goods have been received for shipment, dispatch or carriage at the place stated in the credit. Unless the transport document contains a dated reception stamp, an indication of the date of receipt or a date of shipment, the date of issuance of the transport document will be deemed to be the date of shipment.

iii. indicate the place of shipment and the place of destination stated in the credit.

해석

a. 도로, 철도 또는 내수로 운송서류는 명칭에 관계없이 다음과 같이 보여야 한다.

i. 운송인의 명칭을 표시해야 한다.
- 운송인, 또는 운송인을 대리하는 지정대리인이 서명 또는
- 운송인 또는 운송인을 대리하는 지명대리인의 서명, 스탬프 또는 표기에 의하여 물품의 수령을 표시하여야 한다.

서명, 스탬프 또는 물품수령의 표기는 운송인 또는 대리인의 것으로 확인되어야 한다. 대리인의 서명, 스탬프 또는 물품수령의 표기는 운송인을 위하여 또는 대리하여 서명 또는 행위한 것인지를 표시하여야 한다.

철도운송서류가 운송인을 특정하지 않았다면, 철도회사의 서명 또는 스탬프가 운송인에 의하여 서명되었다는 증거로 수리된다.

ii. 신용장에 기재된 장소에서의 선적일 또는 물품이 선적, 발송, 운송을 위하여 수령된 일자를 표시하여야 한다. 운송서류에 일자가 표시된 수령스탬프, 수령일 또는 선적일의 표시가 없다면 운송서류의 발행일을 선적일로 본다.

iii. 신용장에 기재된 선적지와 목적지를 표시하여야 한다.

b.

i. A road transport document must appear to be the original for consignor or shipper or bear no marking indicating for whom the document has been prepared.

ii. A rail transport document marked "duplicate" will be accepted as an original.

iii. A rail or inland waterway transport document will be accepted as an original whether marked as an original or not.

c. In the absence of an indication on the transport document as to the number of originals issued, the number presented will be deemed to constitute a full set.

d. For the purpose of this article, transhipment means unloading from one means of conveyance and reloading to another means of conveyance, within the same mode of transport, during the carriage from the place of shipment, dispatch or carriage to the place of destination stated in the credit.

e.

i. A road, rail or inland waterway transport document may indicate that the goods will or may be transhipped provided that the entire carriage is covered by one and the same transport document.

ii. A road, rail or inland waterway transport document indicating that transhipment will or may take place is acceptable, even if the credit prohibits transhipment.

 해석

e.

i. 도로, 철도 또는 내수로 운송서류는 전운송이 하나의 동일한 운송서류에 의하여 포괄된다면 물품이 환적될 것이라거나 환적될 수 있다는 것을 표시할 수 있다.

ii. 신용장이 환적을 금지하더라도 환적이 될 것이라거나 될 수 있다는 표시가 된 도로, 철도 또는 내수로 운송서류는 수리될 수 있다.

23. 제25조 특송화물수령증, 우편영수증 또는 우송증명서(Article 25 Courier Receipt, Post Receipt or Certificate of Posting)

 18 출제

a. A courier receipt, however named, evidencing receipt of goods for transport, must appear to:

i. indicate the name of the courier service and be stamped or signed by the named courier service at the place from which the credit states the goods are to be shipped; and

ii. indicate a date of pick-up or of receipt or wording to this effect. This date will be deemed to be the date of shipment.

해석

a. 명칭에 관계없이 운송을 위하여 물품을 수령하였음을 증명하는 특송화물수령증은 다음과 같이 보여야 한다.

i. 특송업자의 명칭을 표시하고, 신용장에서 물품이 선적되기로 기재된 장소에서 지정된 특송업자에 의해 스탬프 또는 서명하여야 한다. 그리고

ii. 접수 또는 수령일 또는 이러한 취지의 문구를 표시하여야 한다. 이 일자는 선적일로 본다.

b. A requirement that courier charges are to be paid or prepaid may be satisfied by a transport document issued by a courier service evidencing that courier charges are for the account of a party other than the consignee.

> **해석**
>
> b. 특송료가 지급 또는 선지급되어야 한다는 요건은, 특송료가 수하인 이외의 다른 당사자 부담임을 증명하는 특송업자가 발행한 운송서류에 의하여 충족될 수 있다.

c. A post receipt or certificate of posting, however named, evidencing receipt of goods for transport, must appear to be stamped or signed and dated at the place from which the credit states the goods are to be shipped. This date will be deemed to be the date of shipment.

> **해석**
>
> c. 명칭에 관계없이 운송을 위하여 물품을 수령하였음을 증명하는 우편수령증 또는 우송증명서는 신용장에 물품이 선적되기로 기재된 장소에서 스탬프 또는 서명되고 일자가 기재되는 것으로 보여야 한다. 이 일자는 선적일로 본다.

합격자 Tip

제19조~제25조의 규정을 각각 비교하여 옳지 않은 내용을 선택하는 문제가 출제될 수 있습니다.

OX 퀴즈

Q A transport document bearing a clause such as "shipper's load and count" and said by shipper to contain is acceptable. (O, ×)

A ○

24. 제26조 "갑판적재", "송하인의 적재 및 수량확인", "송하인의 고지에 따름"과 운임 추가비용(Article 26 "On Deck", "Shipper's Load and Count", "Said by Shipper to Contain" and Charges Additional to Freight)

a. A transport document must not indicate that the goods are or will be loaded on deck. A clause on a transport document stating that the goods may be loaded on deck is acceptable.

> **해석**
>
> a. 운송서류는 물품이 갑판에 적재되었거나 적재될 것이라는 표시해서는 안 된다. 물품이 갑판에 적재될 수도 있다고 기재하는 운송서류상의 조항은 수리될 수 있다.

b. A transport document bearing a clause such as "shipper's load and count" and "said by shipper to contain" is acceptable.

b. "송하인의 적재 및 수량확인(Shipper's load and Count)"과 "송하인의 고지에 따름(Said by Shipper to Contain)"과 같은 조항이 있는 운송서류는 수리될 수 있다.

c. A transport document may bear a reference, by stamp or otherwise, to charges additional to the freight.

c. 운송서류는 스탬프 또는 기타의 방법으로 운임에 추가된 비용의 참조를 기재할 수 있다.

25. 제27조 무고장 운송서류(Article 27 Clean Transport Document)

A bank will only accept a clean transport document. A clean transport document is one bearing no clause or notation expressly declaring a defective condition of the goods or their packaging. The word "clean" need not appear on a transport document, even if a credit has a requirement for that transport document to be "clean on board".

은행은 무고장 운송서류만을 수리한다. 무고장 운송서류는 물품 또는 포장의 하자를 명시적으로 표시하는 조항 또는 단서가 없는 운송서류를 말한다. "무고장"이라는 단어는 신용장이 운송서류가 "무고장 본선적재"를 요건으로 하더라도 운송서류상에 나타날 필요가 없다.

합격자 Tip

보험서류의 명칭(보험인수증, 보험증권, 포괄예정보험, 보험증명서 등)을 선택하는 문제가 출제될 수 있습니다.

26. 제28조 보험서류와 부보범위(Article 28 Insurance Document and Coverage) 18 19 20 출제

a. An insurance document, such as an insurance policy, an insurance certificate or a declaration under an open cover, must appear to be issued and signed by an insurance company, an underwriter or their agents or their proxies. Any signature by an agent or proxy must indicate whether the agent or proxy has signed for or on behalf of the insurance company or underwriter.

> **해석**
>
> a. 보험증권, 포괄예정보험에 의한 보험증명서 또는 통지서와 같은 보험서류는 보험회사, 보험업자 또는 그들의 대리인 또는 대리업자에 의하여 발행되고 서명 된 것으로 보여야 한다. 대리인 또는 대리업자에 의한 서명은 그들을 대리하여 서명했는지의 여부를 표시하여야 한다.

b. When the insurance document indicates that it has been issued in more than one original, all originals must be presented.

> **해석**
>
> b. 보험서류가 2통 이상의 원본으로 발행되었다고 표시하고 있는 경우, 모든 원본이 제시되어야 한다.

O✕ 퀴즈

Q. When the insurance document indicates that it has been issued in more than one original, all originals must be presented. (○, ✕)

A. ○ → 보험서류가 2통 이상의 원본으로 발행되었다고 표시하고 있는 경우, 모든 원본이 제시되어야 한다.

c. Cover notes will not be accepted.

> **해석**
>
> c. 보험인수증(Cover Notes)은 수리되지 않는다.

d. An insurance policy is acceptable in lieu of an insurance certificate or a declaration under an open cover.

e. The date of the insurance document must be no later than the date of shipment, unless it appears from the insurance document that the cover is effective from a date not later than the date of shipment.

f.

i. The insurance document must indicate the amount of insurance coverage and be in the same currency as the credit.

ii. A requirement in the credit for insurance coverage to be for a percentage of the value of the goods, of the invoice value or similar is deemed to be the minimum amount of coverage required. If there is no indication in the credit of the insurance coverage required, the amount of insurance coverage must be at least 110% of the CIF or CIP value of the goods. When the CIF or CIP value cannot be determined from the documents, the amount of insurance coverage must be calculated on the basis of the amount for which honour or negotiation is requested or the gross value of the goods as shown on the invoice, whichever is greater.

iii. The insurance document must indicate that risks are covered at least between the place of taking in charge or shipment and the place of discharge or final destination as stated in the credit.

f.

i. 보험서류는 담보금액을 신용장과 동일한 통화로 표시되어야 한다.

ii. 담보금액이 물품가액, 송장가액 또는 그와 유사한 가액에 대한 비율로 표시되어야 한다는 요건이 있는 경우, 최소담보금액이 요구된 것으로 본다. 담보금액에 대한 명시가 없는 경우, 담보금액은 최소한 물품의 CIF 또는 CIP 가액의 110%이어야 한다. CIF 또는 CIP 가액을 결정할 수 없는 경우, 담보금액은 요구된 결제 또는 매입 금액 또는 송장에 표시된 물품의 총 가액 중 더 큰 금액을 기준으로 산정되어야 한다.

iii. 보험서류는 최소한 신용장에 명시된 수탁지 또는 선적지로부터 양륙지 또는 최종 목적지 간에 발생하는 위험에 대하여 담보되어야 한다.

g. A credit should state the type of insurance required and, if any, the additional risks to be covered. An insurance document will be accepted without regard to any risks that are not covered if the credit uses imprecise terms such as "usual risks" or "customary risks".

g. 신용장은 요구된 보험의 종류를 명시하여야 하고, 부보되어야 할 추가 위험이 있다면 이를 명시하여야 한다. 신용장이 "통상의 위험"또는 "관습적인 위험"과 같이 부정확한 용어를 사용하는 경우 보험서류는 부보하지 아니하는 어떠한 위험에 관계없이 수리된다.

h. When a credit requires insurance against "all risks" and an insurance document is presented containing any "all risks" notation or clause, whether or not bearing the heading "all risks", the insurance document will be accepted without regard to any risks stated to be excluded.

h. 신용장이 "모든 위험"에 대한 보험을 요구하는 경우, "모든 위험"이라는 제목을 포함하는지 관계없이 "모든 위험"의 표시 또는 문구를 포함하는 보험서류가 제시되는 때에는, 어떠한 위험이 제외된다고 기재되어 있는지에 관계없이 수리된다.

i. An insurance document may contain reference to any exclusion clause.

> **해석**
>
> i. 보험서류는 모든 면책조항(Exclusion Clause)에 대한 참조를 포함할 수 있다.

---

j. An insurance document may indicate that the cover is subject to a franchise or excess(deductible).

> **해석**
>
> j. 보험서류는 담보가 소손해면책율 또는 초과(공제)면책율을 조건으로 한다고 표시할 수 있다.

---

27. 제29조 유효기일 또는 최종제시일의 연장(Article 29 Extension of Expiry Date or Last Day for Presentation)

합격자 Tip

expiry date, presentation, banking day의 표현에 중점을 두고 학습하길 추천합니다.

합격자 Tip

서류제시를 위한 연장은 불가항력에 해당하는 사유는 제외된다는 점과 최종선적일의 연장은 해당되지 않는 점에 주의해야 합니다.

a. If the expiry date of a credit or the last day for presentation falls on a day when the bank to which presentation is to be made is closed for reasons other than those referred to in article 36, the expiry date or the last day for presentation, as the case may be, will be extended to the first following banking day.

> **해석**
>
> a. 신용장의 유효기일 또는 제시를 위한 최종일이 제36조에 언급된 사유 외의 사유로 은행의 휴무일에 해당하는 경우, 유효기일 또는 최종제시일은 다음 첫 은행영업일까지 연장된다.

b. If presentation is made on the first following banking day, a nominated bank must provide the issuing bank or confirming bank with a statement on its covering schedule that the presentation was made within the time limits extended in accordance with sub-article 29 (a).

> **해석**
>
> b. 그 다음 첫 은행영업일에 제시되는 경우, 지정은행은 개설은행 또는 확인은행에 제시가 제29조(a)항에 따라 연장된 기한 내에 이루어졌음을 기재한 표지서류를 제공하여야 한다.

c. The latest date for shipment will not be extended as a result of sub-article 29 (a).

> **해석**
>
> c. 최종선적일은 제29조 (a)항에 의하여 연장되지 않는다.

합격자 Tip

적절한 숫자를 선택하는 문제와 '약(about)', '대략 (approximately)', 분할선 적 등 적절한 용어를 선 택하는 문제가 출제될 수 있습니다.

합격자 Tip

10%와 5%의 과부족이 발 생하는 각 경우를 정리해 두어야 합니다.

28. 제30조 신용장 금액, 수량, 단가의 과부족(Article 30 Tolerance in Credit Amount, Quantity and Unit Prices) 17 출제

a. The words "about" or "approximately" used in connection with the amount of the credit or the quantity or the unit price stated in the credit are to be construed as allowing a tolerance not to exceed 10% more or 10% less than the amount, the quantity or the unit price to which they refer.

> **해석**
>
> a. 신용장에 명기된 금액, 수량 또는 단가와 관련하여 사용된 "약(About)" 또는 "대략 (Approximately)"이라는 단어는 언급하는 금액, 수량 또는 단가의 10%를 초과하지 않는 범위 내에서 과부족을 허용하는 것으로 해석된다.

b. A tolerance not to exceed 5% more or 5% less than the quantity of the goods is allowed, provided the credit does not state the quantity in terms of a stipulated number of packing units or individual items and the total amount of the drawings does not exceed the amount of the credit.

> **해석**
>
> b. 신용장이 수량을 포장단위 또는 개별 품목 수로 명기하지 않고, 청구되는 총액이 신용장의 금액을 초과하지 않는 경우에는, 물품수량이 5%를 초과하지 않는 범위 내의 과부족은 허용된다.

c. Even when partial shipments are not allowed, a tolerance not to exceed 5% less than the amount of the credit is allowed, provided that the quantity of the goods, if stated in the credit, is shipped in full and a unit price, if stated in the credit, is not reduced or that sub-article 30 (b) is not applicable. This tolerance does not apply when the credit stipulates a specific tolerance or uses the expressions referred to in sub-article 30 (a).

> **해석**
>
> c. 분할선적이 허용되지 않는 경우에도, 물품의 수량이 신용장에 기재된 경우 전량 선적되고 단가가 신용장에 기재된 경우 감액되지 않은 때, 또는 제30조 b항이 적용되지 않는 때에는, 신용장 금액의 5% 이내의 과부족은 허용된다. 이 과부족은 신용장이 특정 과부족을 명시하거나 제30조 a항에서 언급된 표현을 사용하는 때에는 적용되지 않는다.

29. 제31조 분할어음발행 또는 분할선적(Article 31 Partial Drawings or Shipments)

a. Partial drawings or shipments are allowed.

a. 분할어음발행 또는 분할선적은 허용된다.

b. A presentation consisting of more than one set of transport documents evidencing shipment commencing on the same means of conveyance and for the same journey, provided they indicate the same destination, will not be regarded as covering a partial shipment, even if they indicate different dates of shipment or different ports of loading, places of taking in charge or dispatch. If the presentation consists of more than one set of transport documents, the latest date of shipment as evidenced on any of the sets of transport documents will be regarded as the date of shipment. A presentation consisting of one or more sets of transport documents evidencing shipment on more than one means of conveyance within the same mode of transport will be regarded as covering a partial shipment, even if the means of conveyance leave on the same day for the same destination.

b. 동일한 운송수단에서 개시되고 동일한 운송구간을 위한 선적을 증명하는 2세트 이상의 운송서류로 구성된 제시는, 운송서류가 동일한 목적지를 표시하고 있는 한 다른 선적일 또는 다른 적재항, 수탁지 또는 발송지를 표시하더라도 분할선적으로 보지 않는다. 제시가 2세트 이상의 운송서류로 이루어지는 경우, 어느 운송서류에 의하여 증명되는 가장 늦은 선적일을 선적일로 본다.
동일한 운송방식에서 둘 이상의 운송수단상의 선적을 증명하는 하나 또는 2세트 이상의 운송서류를 구성하는 제시는, 비록 운송수단들이 같은 날짜에 같은 목적지로 향하더라도 분할선적으로 본다.

c. A presentation consisting of more than one courier receipt, post receipt or certificate of posting will not be regarded as a partial shipment if the courier receipts, post receipts or certificates of posting appear to have been stamped or signed by the same courier or postal service at the same place and date and for the same destination.

c. 둘 이상의 특송화물수령증, 우편수령증 또는 우송증명서로 구성된 제시는 만일 특송화물수령증, 우편수령증 또는 우송증명서가 동일한 장소, 날짜 그리고 동일한 목적지를 위하여 동일한 특송업자 또는 특송업자 또는 우편서비스에 의하여 스탬프 또는 서명된 것으로 보이는 경우에는 분할선적으로 보지 않는다.

30. 제33조 제시시간(Article 33 Hours of Presentation)

A bank has no obligation to accept a presentation outside of its banking hours.

은행은 자신의 영업시간 외의 제시를 수리할 의무가 없다.

31. 제35조 송달과 번역에 대한 면책(Article 35 Disclaimer on Transmission and Translation)

A bank assumes no liability or responsibility for the consequences arising out of delay, loss in transit, mutilation or other errors arising in the transmission of any messages or delivery of letters or documents, when such messages, letters or documents are transmitted or sent according to the requirements stated in the credit, or when the bank may have taken the initiative in the choice of the delivery service in the absence of such instructions in the credit. If a nominated bank determines that a presentation is complying and forwards the documents to the issuing bank or confirming bank, whether or not the nominated bank has honoured or negotiated, an issuing bank or confirming bank must honour or negotiate, or reimburse that nominated bank, even when the documents have been lost in transit between the nominated bank and the issuing bank or confirming bank, or between the confirming bank and the issuing bank. A bank assumes no liability or responsibility for errors in translation or interpretation of technical terms and may transmit credit terms without translating them.

> **해석**
>
> 신용장에 기재된 방법에 따라 모든 통신문, 서신 또는 서류가 송달 또는 송부되는 때, 또는 신용장에 송달 서비스의 선택에 대한 지시 사항이 없어서 은행이 자체적인 판단하에 선정하였을 때, 통신문의 송달 또는 서신이나 서류의 송부 과정에서 일어나는 지연, 전달 도중의 분실, 훼손 또는 다른 실수로 발생하는 결과에 대하여 은행은 어떠한 책임도 지지 않는다.
> 지정은행이 제시가 신용장 조건에 일치한다고 판단한 후 서류를 개설은행 또는 확인은행에 송부한 경우, 지정은행의 결제 또는 매입 여부와 관계없이, 비록 서류가 지정은행과 개설은행 또는 확인은행 간에, 또는 확인은행과 개설은행 간에 송부 도중 분실된 경우에도 개설은행 또는 확인은행은 결제 또는 매입을 하거나, 그 지정은행에게 상환하여야 한다.
> 은행은 전문용어의 번역 또는 해석의 오류에 대하여 어떠한 의무나 책임도 지지 않고 그러한 용어를 번역하지 않고 신용장의 조건을 송달할 수 있다.

32. 제38조 양도가능신용장(Article 38 Transferable Credits)

`17` `19` `21` 출제

a. A bank is under no obligation to transfer a credit except to the extent and in the manner expressly consented to by that bank.

해석

a. 은행은 자신이 명시적으로 동의하는 범위 및 방법에 의한 경우를 제외하고는 신용장을 양도할 의무가 없다.

b. For the purpose of this article:
Transferable credit means a credit that specifically states it is "transferable". A transferable credit may be made available in whole or in part to another beneficiary("second beneficiary") at the request of the beneficiary("first beneficiary"). Transferring bank means a nominated bank that transfers the credit or, in a credit available with any bank, a bank that is specifically authorized by the issuing bank to transfer and that transfers the credit. An issuing bank may be a transferring bank. Transferred credit means a credit that has been made available by the transferring bank to a second beneficiary.

해석

b. 본 조항의 목적상 :
양도가능신용장이란 신용장 자체가 "양도가능"이라고 특정하여 기재하고 있는 신용장을 말한다. 양도가능신용장은 수익자(이하 "제1수익자")의 요청에 의하여 전부 또는 부분적으로 다른 수익자(이하 "제2수익자")에게 이용하게 할 수 있다. 양도은행이라 함은 신용장을 양도하는 지정은행, 또는 어느 은행에서나 이용할 수 있는 신용장의 경우에는 개설은행으로부터 양도할 수 있는 권한을 특정하여 받아 신용장을 양도하는 은행을 말한다. 개설은행은 양도은행이 될 수 있다. 양도된 신용장이라 함은 양도은행이 제2수익자가 이용할 수 있도록 한 신용장을 말한다.

c. Unless otherwise agreed at the time of transfer, all charges(such as commissions, fees, costs or expenses) incurred in respect of a transfer must be paid by the first beneficiary.

> **해석**
>
> c. 양도 시 별도의 합의가 없는 경우 양도와 관련하여 발생한 모든 비용(수수료, 요금, 경비 또는 비용 등)는 제1수익자가 지급해야 한다.

d. A credit may be transferred in part to more than one second beneficiary provided partial drawings or shipments are allowed. A transferred credit cannot be transferred at the request of a second beneficiary to any subsequent beneficiary. The first beneficiary is not considered to be a subsequent beneficiary.

> **해석**
>
> d. 분할어음발행 또는 분할선적이 허용되는 경우, 신용장은 둘 이상의 제2수익자에게 분할 양도될 수 있다. 양도된 신용장은 제2수익자의 요청에 의하여 그 다음 수익자에게 양도될 수 없다. 제1수익자는 그 다음 수익자로 간주되지 않는다.

e. Any request for transfer must indicate if and under what conditions amendments may be advised to the second beneficiary. The transferred credit must clearly indicate those conditions.

> **해석**
>
> e. 양도를 위한 요청은 제2수익자에게 조건변경을 통지하여야 하는지 여부와 어떤 조건으로 조건변경을 통지하여야 하는지 여부를 표시하여야 한다. 양도된 신용장은 그러한 조건을 명확히 표시하여야 한다.

f. If a credit is transferred to more than one second beneficiary, rejection of an amendment by one or more second beneficiary does not invalidate the acceptance by any other second beneficiary, with respect to which the transferred credit will be amended accordingly. For any second beneficiary that rejected the amendment, the transferred credit will remain unamended.

해석

f. 신용장이 둘 이상의 제2수익자에게 양도되면, 하나 또는 둘 이상의 수익자가 조건변경을 거부하더라도 다른 제2수익자의 승낙을 무효로 하지는 않으며, 양도된 신용장은 그에 따라 변경된다. 조건변경을 거부한 제2수익자에 대하여는 양도된 신용장은 변경되지 않은 상태로 남는다.

g. The transferred credit must accurately reflect the terms and conditions of the credit, including confirmation, if any, with the exception of: the amount of the credit, any unit price stated therein, the expiry date, the period for presentation, or the latest shipment date or given period for shipment, any or all of which may be reduced or curtailed. The percentage for which insurance cover must be effected may be increased to provide the amount of cover stipulated in the credit or these articles. The name of the first beneficiary may be substituted for that of the applicant in the credit. If the name of the applicant is specifically required by the credit to appear in any document other than the invoice, such requirement must be reflected in the transferred credit.

g. 신용장의 금액, 신용장에 명기된 단가, 유효기일, 제시기간, 최종선적일 또는 정해진 선적기간을 제외하고 양도된 신용장은 확인(있는 경우)을 포함하여 신용장의 조건을 정확히 반영하여야 한다. 이 중 일부 또는 전부는 감액되거나 단축될 수 있다.

보험부보되어야 하는 백분율은 신용장 또는 이 규칙에서 명시된 부보금액을 규정하기 위하여 높일 수 있다.

신용장의 개설의뢰인의 이름을 제1수익자의 이름으로 대체할 수 있다. 만일 신용장이 송장을 제외한 다른 서류에 개설의뢰인의 이름이 표시될 것을 특히 요구하는 경우, 그러한 요건은 양도된 신용장에도 반영되어야 한다.

h. The first beneficiary has the right to substitute its own invoice and draft, if any, for those of a second beneficiary for an amount not in excess of that stipulated in the credit, and upon such substitution the first beneficiary can draw under the credit for the difference, if any, between its invoice and the invoice of a second beneficiary.

h. 제1수익자는 신용장에서 명시된 금액을 초과하지 않는 한 자신의 송장과 환어음(있는 경우)을 제2수익자의 것과 대체할 권리를 가지고, 그러한 대체를 하는 경우 제1수익자는 자신의 송장과 제2수익자의 송장과의 차액에 대하여 신용장에 따라 어음을 발행할 수 있다.

i. If the first beneficiary is to present its own invoice and draft, if any, but fails to do so on first demand, or if the invoices presented by the first beneficiary create discrepancies that did not exist in the presentation made by the second beneficiary and the first beneficiary fails to correct them on first demand, the transferring bank has the right to present the documents as received from the second beneficiary to the issuing bank, without further responsibility to the first beneficiary.

i. 제1수익자가 자신의 송장과 환어음(있는 경우)을 제시하려고 하였으나 최초의 요구에서 그러지 못한 경우, 또는 제1수익자가 제시한 송장이 제2수익자가 제시한 서류에서는 없었던 하자를 발생시키고 제1수익자가 최초 요구시 이를 정정하지 못한 경우, 양도은행은 제1수익자에 대하여 더 이상의 책임이 없이 제2수익자로부터 받은 그대로 서류를 개설은행에게 제시할 권리를 갖는다.

j. The first beneficiary may, in its request for transfer, indicate that honour or negotiation is to be effected to a second beneficiary at the place to which the credit has been transferred, up to and including the expiry date of the credit. This is without prejudice to the right of the first beneficiary in accordance with sub-article 38 (h).

j. 제1수익자는 양도요청에서 신용장이 양도된 장소에서 신용장의 유효기일 이전에 제2수익자에게 결제 또는 매입이 이루어져야 한다는 것을 표시할 수 있다. 이는 제38조 (h)항에 따른 제1수익자의 권리에 영향을 미치지 않는다.

k. Presentation of documents by or on behalf of a second beneficiary must be made to the transferring bank.

k. 제2수익자에 의한 또는 대리하는 서류의 제시는 양도은행에 대하여 이루어져야 한다.

04 협회적하약관(1982)

[INSTITUTE CARGO CLAUSES(1982)]

RISKS COVERED

Risks Clause - ICC(A)

1 This insurance covers all risks of loss of or damage to the sub-ject-matter insured except as provided in Clauses 4, 5, 6 and 7 below.

담보위험

위험약관 – ICC(A)

제1조 이 보험은 다음의 제4조(일반면책), 제5조(불감항 · 부적합 면책), 제6조(전쟁위험면책) 및 제7조(동맹파업위험면책)에 규정된 사유를 제외하고 보험의 목적의 멸실 또는 손상에 관한 일체의 위험을 담보한다.

Risks Clause - ICC(B)

1 This insurance covers, except as provided in Clauses 4, 5, 6 and 7 below,

1.1 loss of or damage to the subject-matter insured reasonably attrib-utable to

1.1.1 fire or explosion

1.1.2 vessel or craft being stranded grounded sunk or capsized

1.1.3 overturning or derailment of land conveyance

1.1.4 collision or contact of vessel craft or conveyance with any ex-ternal object other than water

1.1.5 discharge of cargo at a port of distress

1.1.6 earthquake volcanic eruption or lightning,

1.2 loss of or damage to the subject-matter insured caused by

1.2.1 general average sacrifice

1.2.2 jettison or washing overboard

1.2.3 entry of sea lake or river water into vessel craft hold conveyance container liftvan or place of storage,

1.3 total loss of any package lost overboard or dropped whilst loading on to, or unloading from, vessel or craft.

해석

위험약관 – ICC(B)

제1조 이 보험은 다음의 제4조(일반면책), 제5조(불감항·부적합 면책), 제6조(전쟁위험면책) 및 제7조(동맹파업위험면책)에 규정된 사유를 제외하고 다음의 멸실 또는 손상에 관한 위험을 담보한다.

1.1 다음의 사유에 합리적으로 기인하는 보험의 목적의 멸실 또는 손상

1.1.1 화재 또는 폭발

1.1.2 본선 또는 부선의 좌초, 침몰 또는 전복

1.1.3 육상운송용구의 전복 또는 탈선

1.1.4 본선, 부선 또는 운송용구와 물 이외의 외부물체와의 충돌 또는 접촉

1.1.5 조난항에서의 양하

1.1.6 지진, 화산의 분화 또는 낙뢰

1.2 다음의 사유에 기인하는 보험의 목적의 멸실 또는 손상

1.2.1 공동해손희생

1.2.2 투하 또는 갑판유실

1.2.3 본선, 부선, 선창, 운송용구, 콘테이너, 지계차 또는 보관장소에 해수, 호수 또는 하천수의 침입

1.3 본선 또는 부선으로의 선적 또는 하역작업 중에 바다로의 낙하 또는 갑판상에 추락한 포장단위 전손

Risks Clause – ICC(C)

1 This insurance covers, except as provided in Clauses 4, 5, 6 and 7 below,

l.1 loss of or damage to the subject-matter insured reasonably attributable to

1.1.1 fire or explosion

1.1.2 vessel or craft being stranded grounded sunk or capsized

1.1.3 overturning or derailment of land conveyance

1.1.4 collision or contact of vessel craft or conveyance with any external object other than water

1.1.5 discharge of cargo at a port of distress,

1.2 loss of or damage to the subject-matter insured caused by

1.2.1 general average sacrifice

1.2.2 jettison.

해석

위험약관 – ICC(C)

제1조 이 보험은 다음의 제4조(일반면책), 제5조(불감항·부적합 면책), 제6조(전쟁위험면책) 및 제7조(동맹파업위험면책)에 규정된 사유를 제외하고 다음의 멸실 또는 손상에 관한 위험을 담보한다.

1.1 다음의 사유에 합리적으로 기인하는 보험의 목적의 멸실 또는 손상

1.1.1 화재 또는 폭발

1.1.2 본선 또는 부선의 좌초, 침몰 또는 전복

1.1.3 육상운송용구의 전복 또는 탈선

1.1.4 본선, 부선 또는 운송용구와 물 이외의 他物과의 충돌 또는 접촉

1.1.5 조난항에서의 양하

1.2 다음의 사유에 기인하는 보험의 목적의 멸실 또는 손상

1.2.1 공동해손희생

1.2.2 투 하

04 백발백중 100제

01 다음 중 비엔나 협약(1980)이 적용되는 사항은?

① Contracts of bought for personal, family or household use

② Contracts of auction

③ Contracts of sale of goods between parties when the States are Contracting States

④ Contracts of sale of vessels

✎ **해설**

비엔나 협약은 다음의 매매에는 적용되지 않는다(CISG 제2조).

- Of goods bought for personal, family or household use, unless the seller, at any time before or at the conclusion of the contract, neither knew nor ought to have known that the goods were bought for any such use;
- By auction;
- On execution or otherwise by authority of law;
- Of stocks, shares, investment securities, negotiable instruments or money;
- Of ships, vessels, hovercraft or aircraft;
- Of electricity.

정답 ③

02

다음 중 비엔나 협약(1980)의 적용에 대하여 잘못된 내용으로 연결된 것은?

A. Contracts for the supply of goods to be manufactured or produced are to be considered sales.

B. This Convention does apply to contracts in which the preponderant part of the obligations of the party who furnishes the goods consists in the supply of labour or other services.

C. This Convention does not apply to the liability of the seller for death or personal injury caused by the goods to any person.

D. This Convention governs only the formation of the contract of sale and the rights and obligations of the seller and the buyer arising from such a contract.

E. This Convention is concerned with the validity of the contract or of any of its provisions or of any usage.

① A, B

② B, D

③ B, E

④ C, D

🖋 해설

B. This Convention does **not apply** to contracts in which the preponderant part of the obligations of the party who furnishes the goods consists in the supply of labour or other services.

E. This Convention **is not** concerned with the validity of the contract or of any of its provisions or of any usage.

정답 ③

03 무역서신 작성의 5C's 원칙에 해당하지 않는 것은?

① Correctness
② Confidence
③ Conciseness
④ Courtesy

✎ **해설**

무역서신 작성의 5C's 원칙은 Correctness, Clearness, Conciseness, Completeness, Courtesy이다.
Confidence는 Babenroth의 7C's 이론에 포함되어 있다.

정답 ②

04 비엔나 협약(1980)에서 규정하는 Offer에 대한 내용으로 옳은 것은?

① A proposal for concluding a contract addressed to two or more specific persons constitutes an offer if it is sufficiently definite and indicates the intention of the offeror to be bound in case of acceptance.
② A proposal is to be considered merely as an invitation to make offers, unless the contrary is clearly indicated by the person making the proposal.
③ An offer becomes effective when it sends the offeree.
④ If the offer is irrevocable, can't withdrawn after reaches.

✎ **해설**

②는 CISG 제14조 (2)의 내용이다.
① A proposal for concluding a contract addressed to **one or more specific persons** constitutes an offer if it is sufficiently definite and indicates the intention of the offeror to be bound in case of acceptance.
③ An offer becomes effective when it <u>reaches</u> the offeree.
④ An offer, even if it is irrevocable, <u>may be withdrawn if the withdrawal reaches the offeree before or at the same time as the offer.</u>

정답 ②

05

다음은 비엔나 협약(1980)의 조항 일부이다. 빈칸에 들어갈 내용으로 옳지 않은 것은?

> (1) A reply to an offer which purports to be an acceptance but contains additions, limitations or other modifications is a rejection of the offer and constitutes a (A).
>
> (2) However, a reply to an offer which purports to be an (B) but contains additional or different terms which do not materially alter the terms of the offer constitutes an acceptance, unless the (C), without undue delay, objects orally to the discrepancy or dispatches a notice to that effect. If he does not so object, the terms of the contract are the terms of the offer with the modifications contained in the acceptance.
>
> (3) Additional or different terms relating, among other things, to the price, payment, quality and quantity of the goods, place and time of delivery, extent of one party's liability to the other or the settlement of disputes are considered to (D) the terms of the offer materially.

① A − counter−offer   ② B − acceptance
③ C − offeror   ④ D − confirmation

✎ **해설**

(1)dms CISG 제19조 (1), (2) 19조 (2)의 내용이다.
Additional or different terms relating, among other things, to the price, payment, quality and quantity of the goods, place and time of delivery, extent of one party's liability to the other or the settlement of disputes are considered to <u>alter</u> the terms of the offer materially.

정답 ④

06

다음 중 성격이 다른 것은?

① We make a firm offer if permit the 5% discount on latest offer.
② We send the firm offer for the detail as back side.
③ We accept your condition for the products.
④ We make a firm as the condition of the final offer and make the shipment by the end of this month.

✎ **해설**

오퍼에 대한 회신에서 별도의 부가조건(if permit the 5% discount on latest offer)을 기재하는 경우에는 이는 확정 청약이 아니고, 카운터오퍼(counter−offer)로서 새로운 청약을 구성한다.

정답 ①

07

다음 지문은 비엔나 협약(1980)의 승낙에 관한 설명이다. 빈칸에 들어갈 내용으로 옳지 않은 것은?

A late acceptance is nevertheless effective as an (A) if without delay the offerer (B) so informs the offeree or dispatches a notice to that effect.

If a letter or other writing containing a late acceptance shows that it has been sent in such circumstances that if its transmission had been normal it would have reached the offerer in due time, the late acceptance is (C) as an acceptance unless, (D), the offerer orally informs the offeree that he considers his offer as having lapsed or dispatches a notice to that effect.

① A - acceptance
② B - in writing
③ C - effective
④ D - without delay

✎ 해설

연착된 승낙은 청약자가 피청약자에게 지체없이 승낙으로서 효력을 가진다는 취지를 구두로(orally) 통고하거나 그러한 취지의 통지를 발송하는 경우에는 승낙으로서의 효력이 있다.

정답 ②

08

다음 비엔나 협약(1980)에 관한 지문에서 빈칸에 들어갈 단어의 순서로 올바른 것은?

> Avoidance of the contract releases both parties from their obligations under it, subject to any damages which may be due. Avoidance does not affect any provision of the contract ( ) the settlement of disputes or any other provision ( ) the contract governing the rights and obligations of the parties consequent ( ) the avoidance of the contract.
>
> A party who has performed the contract either wholly or in part may claim restitution ( ) the other party of whatever the first party has supplied or paid under the contract. If both parties are bound to make restitution, they must do so concurrently.

① for − of − upon − from
② on − with − in − with
③ for − with − upon − to
④ on − of − with − from

해설

CISG 제35조

(1) Avoidance of the contract releases both parties from their obligations under it, subject to any damages which may be due. Avoidance does not affect any provision of the contract **for** the settlement of disputes or any other provision **of** the contract governing the rights and obligations of the parties consequent **upon** the avoidance of the contract.

(2) A party who has performed the contract either wholly or in part may claim restitution **from** the other party of whatever the first party has supplied or paid under the contract. If both parties are bound to make restitution, they must do so concurrently.

정답 ①

09 비엔나 협약(1980)에 대한 설명으로 옳지 않은 것은?

① A statement made by or other conduct of the offeree indicating assent to an offer is an acceptance. Silence or Inactivity does not in itself amount to acceptance.

② A reply to an offer which purports to be an acceptance but contains additions, limitations or other modifications is a rejection of the offer and constitutes a counter-offer.

③ An acceptance may be withdrawn if the withdrawal reaches the offeror before or at the same time as the acceptance would have become effective.

④ A contract is concluded at the moment when make an reply of an offer with the provisions of this Convention.

✎ 해설

④ 계약은 이 협약의 조항에 따라 제안의 회신을 하는 순간에 체결된다. (×)

→ A contract is concluded at the moment when **an acceptance** of an offer **becomes effective in accordance** with the provisions of this Convention. (○)

→ 계약은 이 협약의 규정에 따라 청약에 대한 승낙이 효력을 발생하는 순간에 성립된다. (○)

① 청약에 대한 동의를 표시하는 피청약자의 진술 그 밖의 행위는 승낙이 된다. 침묵 또는 부작위는 그 자체만으로 승낙이 되지 아니한다.

② 승낙을 의도하고 있으나, 추가, 제한 또는 그 밖의 변경을 포함하는 청약에 대한 응답은 청약에 대한 거절이면서 또한 반대청약을 구성한다.

③ 승낙은 그 효력이 발생하기 전 또는 그와 동시에 철회의 의사표시가 청약자에게 도달하는 경우에는 회수될 수 있다.

정답 ④

10 비엔나 협약(1980)에 대한 설명으로 옳지 않은 것은?

① A contract may be modified or terminated by the additional contract.

② A contract in writing which contains a provision requiring any modification or termination by agreement to be in writing may not be otherwise modified or terminated by agreement.

③ A declaration of avoidance of the contract is effective only if made by notice to the other party.

④ A breach of contract committed by one of the parties is fundamental if it results in such detriment to the other party as substantially to deprive him of what he is entitled to expect under the contract.

✎ 해설

계약은 추가 계약에 의해 변경되거나 종료될 수 있다. (×)
→ A contract may be modified or terminated by the mere agreement of the parties. (○) (CISG 제29조 (1))
→ 계약은 당사자의 단순한 합의만으로 변경되거나 종료될 수 있다. (○)

정답 ①

11 비엔나 협약(1980)상 매도인과 매수인의 의무에 대한 설명으로 옳지 않은 것은?

① The seller must deliver the goods on that date, if a date is fixed by or determinable from the contract.

② If the seller is bound to arrange for carriage of the goods, he must make such contracts as are necessary for carriage to the place fixed by means of transportation appropriate in the circumstances and according to the usual terms for such transportation.

③ Except where the parties have agreed otherwise, the goods do not conform with the contract if possess the qualities of goods which the seller has held out to the buyer as a sample or model.

④ The seller must deliver goods which are of the quantity, quality and description required by the contract and which are contained or packaged in the manner required by the contract.

CISG 제35조 (2)의 내용으로, "Possess the qualities of goods which the seller has held out to the buyer as a sample or model"의 경우에는 당사자 간 달리 합의한 경우를 제외하고는 계약에 부합하는 것으로 본다.

정답 ③

12 다음의 보기에 해당하는 조문에 제목으로 적절한 것은?

> The buyer may fix an additional period of time of reasonable length for performance by the seller of his obligations.
>
> Unless the buyer has received notice from the seller that he will not perform within the period so fixed, the buyer may not, during that period, resort to any remedy for breach of contract. However, the buyer is not deprived thereby of any right he may have to claim damages for delay in performance.

① Conter offer

② Make a contract

③ Remedy for breach of contract

④ Termination of contract

보기는 물품매매에 관한 UN협약상 매도인의 계약위반에 대한 구제 내용의 일부이다(CISG 제47조). 어느 일방의 계약이행이 이루어지지 않는 경우 이행의 청구를 일정기간을 두어 촉구할 수 있고, 부가된 기간 내 의무를 이행하기로 한 경우 바로 손해배상청구를 할 수는 없다.

정답 ③

[13~16] 다음 보기는 중국의 수출상과의 사이에서 주고받은 무역서신의 일부이다. 물음에 답하시오.

Life story Corporation

Seoul, Korea.

Gentlemen,

A. We hope that quickly and positive reply

B. How about reducing the price about 10%, because Korean toy market is now in fierce competition?

C. Thank you for your offer of September 7th for "Wooden Toy"at US 1.5 per EA (a) Incheon port.

D. However we regret to reply that US 1.5 is too high for our market.

(b. Best Regards,)

---

13 서신의 성격으로 옳은 것은?

① Acceptance document

② Firm offer

③ Counter offer

④ Sales contract

 해설

서신의 B에서 제안된 조건에서 추가적인 가격인하를 요구하고 있으므로 카운터오퍼(counter-offer)에 해당한다.

정답 ③

14 보기의 지문을 올바른 순서로 나열한 것은?

① A – B – C – D

② A – C – D – B

③ C – B – D – A

④ C – D – B – A

 해설

카운터오퍼의 경우, 최초 서신을 받았고(C), 해당부분에서 어떤 부분을 동의하지 못하는지(D), 해당부분을 어떤 조건으로 동의할 수 있는지에 대한 추가조건(B)을 순서대로 열거하는 것이 통상적인 순서이다.

정답 ④

15

제시된 지문에서 (a)에 Incoterms 2020에 따른 결제조건을 반영했을 때 옳지 않은 것은?

① EXW

② FOB

③ CIF

④ CIP

✎ 해설

본 오퍼에 따라 계약이 성사된다면 수입자는 서신을 송부한 한국의 회사가 된다. 따라서 EXW 조건은 수출자의 사업장이 물품의 인도장소로 기재되어야 하므로 적합하지 않다.

CIF가 해상운송에서 주로 사용되는 조건이지만 CIP도 운송조건에 관계없이 사용할 수 있기 때문에 이를 기재한다고 해서 옳지 않은 내용이 되지는 않는다.

정답 ①

16

제시된 지문에서 (b)를 동일한 문장성분의 다른 용어로 대체했을 때 옳지 않은 것은?

① Finally,

② Sincerely yours,

③ Yours very truly,

④ Very truly yours,

✎ 해설

관습적으로 사용하는 맺음말로서 무역서신에는 적합하지 않은 표현이다. 각 맺음말에는 역시 관습적으로 " , "를 끝에 같이 기재한다.

정답 ①

17 무역서신에 반드시 포함되어야 하는 요소가 아닌 것은?

① Letter head

② Date

③ Reference Number

④ Inside address

✎ 해설

무역서신에 포함되어야 하는 필수요소는 Letter head, Date, Inside Address, Salutation, Body of letter, complimentary Close, signature이다. Reference Number는 작성자가 문서관리 목적으로 자체적인 방법에 의해 기재하는 것일 뿐 필수요소에는 해당하지 않는다.

정답 ③

18 제시된 표현에 대한 설명으로 옳지 않은 것은?

① Brisk Demand – 활발한 수요

② To Cultivate A Market – 시장을 개척하다.

③ To Be In Demand – ~한 물품의 수요가 있다.

④ Put A On The Market – A를 시장에 홍보하다.

✎ 해설

Put A On The Market은 A를 시장에 출시하다 라는 표현으로 유사한 표현으로 Put A On Sale 등이 있다.

정답 ④

19 다음 지문에서 밑줄 친 단어를 대체하기에 적합한 것은?

We are sure that these goods are much better in quality. We have ever on sale and yet their price is quite <u>reasonable</u>.

① Cheap
② Competitive
③ Expensive
④ Large

✎ 해설

'가격이 매우 합리적이다.'라는 표현은 판매자 입장에서 시장상황을 고려했을 때 가격이 싸다는 느낌을 주고 있다. 따라서 경쟁적이다(Competitive)라는 표현이 대체 가능하다.
싸다(Cheap)라는 표현도 문맥상 적합할 수 있으나, 이는 물건의 품질과 더불어서 "낮다"라는 표현이므로 품질이 좋지만 그에 비해 가격이 싼 것 이라는 표현에는 적절하지 않다.

정답 ②

20 Incoterms 2020에서 규정하지 않는 것은?

① Where and when the seller "delivers" the goods, in other words where risk transfers from seller to buyer.
② Which party is responsible for which costs, for example transport, packaging, loading or unloading costs, and checking or security-related costs.
③ Checking, packaging and marking
④ the remedies which can be sought for breach of the contract of sale.

✎ 해설

Incoterms 2020에서는 매매계약 위반에 대하여 구할 수 있는 구제수단은 다루지 않는다.

정답 ④

21 다음에서 설명하는 Incoterms 2020에 해당하는 규칙은?

( ) means that the seller delivers the goods to the buyer.

when it places the goods at the disposal of the buyer at a named place (like a factory or warehouse), and that named place may or may not be the seller's premises.

① EXW

② FOB

③ CIF

④ DDP

✏ 해설

매도인이 물품을(공장이나 창고와 같은) 지정장소(매도인의 소재지일 수도 있고 아닐 수도 있음)에서 매수인의 처분 하에 두는 때, 매도인이 물품을 인도한 것으로 의미하는 EXW조건을 말한다.

정답 ①

22 다음의 Incoterms 2020 규칙 중 해상운송과 내수로운송에만 사용가능한 규칙은?

A. EXW

B. FAS

C. FOB

D. CIF

E. CIP

F. DDP

① A, C, E

② B, C, F

③ B, C, D

④ C, D, F

✏ 해설

해상, 내수로운송에만 사용가능한 규칙은 FAS(Free Alongside Ship), FOB(Free on Board), CFR(Cost and Freight), CIF(Cost, Insurance and Freight)이다.

정답 ③

23

다음 Incoterms 2020 규정의 빈칸에 들어갈 내용으로 옳지 않은 것은?

> The seller must also contract for insurance cover against the buyer's risk of loss of or damage to the goods from the port of shipment to at least the (A).
>
> This may cause difficulty where the destination country requires insurance cover to be purchased locally : in this case the parties should consider selling and buying under (B).
>
> The buyer should also note that under the CIF Incoterms 2020 rule the seller is required to obtain limited insurance cover complying with Institute Cargo Clauses (C) or similar clause, rather than with the more extensive cover under Institute Cargo Clauses (D).

① A − Port of destination

② B − CPT

③ C − C

④ D − A

✎ 해설

보기는 인코텀즈 CIF조건의 보험조항에 대한 설명이다. 수입자가 보험을 들어야 하는 경우 CIF는 적합하지 않으며 CPT 또는 CFR조건을 사용해야 한다. 지문에서 인수인도지점을 'place'가 아닌 'port'로 기재하고 있으므로 CPT는 적합하지 않다.

정답 ②

24

Incoterms 2020 조항 중 매도인과 매수인의 의무에 대한 설명으로 옳지 않은 것은?

① The seller must provide the goods and the commercial invoice in conformity with the contract of sale and any other evidence of conformity that may be required by the contract.

② The buyer must pay the price of the goods when received the goods.

③ The seller must pay the costs of those checking operations(such as checking quality, measuring, weighing, counting) that are necessary for the purpose of delivering the goods.

④ The buyer has no obligation to the seller.

✎ 해설

해당 지문은 매수인의 일반의무에 대한 조항이다. 매수인은 매매계약에서 약정된 바에 따라 물품의 대금을 지급하여야 한다(The buyer must pay the price of the goods as provided in the contract of sale). 매수인의 의무에 있어서 대금을 지급하는 시기는 Incoterms에서 규정하는 사항이 아니다.

정답 ②

25 Incoterms 2020의 인도에 대한 규정으로 옳지 않은 것은?

① EXW - The seller must deliver the goods by placing them at the disposal of the buyer at the agreed point, if any, at the named place of delivery, not loaded on any collecting vehicle.

② FAS - The seller must deliver the goods to the carrier or another person nominated by the buyer at the named point, if any, at the named place, or procure goods so delivered.

③ CPT - The seller must deliver the goods by handling them over to the carrier contracted in accordance or by procuring the goods so delivered.

④ DPU - The seller must unload the goods from the arriving means of transport and must then deliver them by placing them at the disposal of the buyer at the agreed point, if any, at the named place of destination or by procuring the goods so delivered.

해설

② FCA : 매도인은 물품을 지정장소에서, 그 지정장소에 지정된 지점이 있는 경우에는 그 지점에서 매수인이 지정한 운송인 또는 제3자에게 인도하거나 그렇게 인도된 물품을 조달하여야 한다.

① EXW : 매도인은 지정인도장소에서, 특히 그 장소에 합의된 지점이 있는 경우에는 그 지점에서, 물품을 수취용 차량에 적재하지 않은 채로 매수인의 처분 하에 둠으로써 인도하여야 한다.

③ CPT : 매도인은 물품을 운송계약을 체결한 운송인에게 교부하거나 그렇게 인도된 물품을 조달함으로써 인도하여야 한다.

④ DPU : 매도인은 물품을 도착운송수단으로부터 양하하여야 하고 또한 물품을 지정목적지에서, 그 지정목적지에 합의된 지점이 있는 때에는 그 지점에서 매수인의 처분 하에 두거나 그렇게 인도된 물품을 조달함으로써 인도하여야 한다.

정답 ②

26

빈칸에 들어갈 Incoterms 2020 규칙으로 옳은 것은?

(   ) means that the seller delivers the goods—and transfers risk—to the buyer when the goods, once unloaded from the arriving means of transport, are placed at the disposal of the buyer at a named place of destination or at the agreed point within that place, if any such point is agreed.

① CPT   ② DAP

③ DPU   ④ DDP

✎ **해설**

DPU(도착지양하인도)는, 물품이 지정목적지에서 또는 지정목적지 내에 어떠한 지점이 합의된 경우에는 그 지점에서 도착운송수단으로부터 양하된 상태로 매수인의 처분 하에 놓인 때, 매도인이 매수인에게 물품을 인도하는 것(위험을 이전하는 것)을 의미한다. 본 규정은 Incoterms 2020에서 신설된 조항이다.

정답 ③

27

Incoterms 2020에서 DPU규정에 대한 설명으로 옳지 않은 것은?

① The seller must contract or arrange its own cost for the carriage of the goods to the named place of destination or to the agreed point, if any, at the named place of destination.

② The buyer has no obligation to the seller to make a contract of carriage.

③ The buyer has no obligation to the seller to make a contract of insurance. However the buyer must provide the seller, at the seller's request, risk and cost, with information that the seller needs for obtaining insurance.

④ The seller must pay all costs relating to the goods and their transport until they have been unloaded and delivered, include paid by the buyer.

✎ **해설**

매도인은 물품과 운송에 관련된 모든 비용을 매수인에 의해 지불된 것을 포함하여 그들이 양하되고 인도되는 때까지 지불해야 한다. (×)

→ The seller must pay all costs relating to the goods and their transport until they have been unloaded and delivered, <u>other than those payable</u> by the buyer. (○)

→ 매도인은 물품이 양하되어 인도되는 때까지 물품에 관련되는 모든 비용을 부담하여야 한다. 그러나 <u>매수인이 부담하는 비용은 제외한다.</u> (○)

정답 ④

28 다음 매도인의 의무에 해당하는 Incoterms 2020 조건은?

A2 Delivery

The seller must deliver the goods by placing them at the disposal of the buyer on the arriving means of transport ready for unloading at the agreed point, if any, at the named place of destination or by procuring the goods so delivered.

A3 Transfer of risks

The seller bears all risks of loss of or damage to the goods until they have been delivered in accordance with A2, with the exception of loss or damage in the circumstances described in B3.

A7 Export/import clearance

Where applicable, the seller must carry out and pay for all export/transit/import clearance formalities required by the countries of export, transit and import.

① DDU
② DAP
③ DPU
④ DDP

해설

보기에 제시된 것 중 "A7 수출/수입통관"에 서술된 바에 따라 수입국의 의무를 부담하는 조건은 DDP 조건 한 가지뿐이다.

인도(Delivery)
매도인은 물품을 지정목적지에서, 그 지정목적지에 합의된 지점이 있는 때에는 그 지점에서 도착운송수단에 실어둔 채 양하 준비된 상태로 매수인의 처분 하에 두거나 그렇게 인도된 물품을 조달함으로써 인도하여야 한다.

위험이전 (Transfer of risks)
매도인은 물품이 A2에 따라 인도되는 때까지 물품의 멸실 또는 손상의 모든 위험을 부담하되, B3에 규정된 상황에서 발생하는 멸실 또는 손상은 예외로 한다.

수출/수입통관(Export/Import clearance)
해당되는 경우에 매도인은 수출국, 통과국 및 수입국에 의하여 부과되는 모든 수출/통과/수입 통관 절차에 관한 절차를 수행하고 그에 관한 비용을 부담하여야 한다.

정답 ④

29

다음의 빈칸에 들어갈 Incoterms 2020 조건에 해당하는 것은?

> (　　) with delivery happening at destination and with the seller being responsible for the payment of import duty and applicable taxes is the Incoterms rule imposing on the seller the maximum level of obligation of all eleven Incoterms rules.

① EXW

② FOB

③ DPU

④ DDP

✎ 해설

11개의 모든 Incoterms 규칙 중에서 매도인에게 최고수준의 의무를 부과하는 규칙은 DDP 조건이다.

정답 ④

30

다음의 빈칸에 들어갈 Incoterms 2020 조건에 해당하는 것은?

> (　　) requires the seller to clear the goods for export, where applicable.
> However, the seller has no obligation to clear the goods for import or for transit through third countries, or to pay any import duty or to carry out any import customs formalities.

① EXW

② FCA

③ CIF

④ DPU

✎ 해설

매도인이 수출통관의 의무를 부담하지 않는 경우는 EXW 조건이다.

정답 ①

31 다음은 Incoterms 2020에서 FOB 조건에 대한 인도와 위험에 대한 규정이다. 빈칸에 들어갈 내용으로 적합하지 않은 것은?

"Free on Board"means that the seller delivers the goods to the buyer

- (A) the vessel

- nominated by the (B)

- at the named (C)

- or procures the goods already so (D)

---

① A – On Board

② B – Buyer

③ C – Place

④ D – Delivered

✎ 해설

FOB는 해상, 내수로운송에 사용되는 조건이므로 장소를 규정하는 단어는 Place가 아닌 Port가 된다.

"Free on Board"means that the seller delivers the goods to the buyer

- **On Board** The Vessel

- Nominated by The **Buyer**

- At The Named **Port of Shipment**

- Or Procures The Goods Already So **Delivered**

정답 ③

32

Incoterms 2020 FAS조건에 대한 설명으로 옳지 않은 것은?

① The seller must deliver the goods either by placing them on the vessel nominated by the buyer at the loading point, if any, indicated by the buyer at the named port of shipment or by procuring the goods so delivered.

② The seller has no obligation to the buyer to make a contract of carriage.

③ The seller has no obligation to the buyer to make a contract of insurance. However, the seller must provide the buyer, at the buyer's request, risk and cost with information in the possession of the seller that the buyer needs for obtaining insurance.

④ Where applicable, the seller must carry out and pay for all export clearance formalities required by the country of export.

🖎 해설

매도인은 물품을 선적 지점에서 매수인이 지명한 선박에 선적하거나, 지정된 선적항에서 매수인이 표시한 선박에 선적하거나, 그렇게 인도된 물품을 조달하여 인도해야 한다. (×)

→ The seller must deliver the goods either by placing them **alongside the vessel** nominated by the buyer at the loading point, if any, indicated by the buyer at the named port of shipment or by procuring the goods so delivered. (○)

→ 매도인은 물품을 지정선적항에서, 그 지정선적항에 매수인이 표시하는 적재지점이 있는 경우에는 그 지점에서 매수인이 지정하는 **선박의 선측**에 두거나 그렇게 인도된 물품을 조달함으로써 인도하여야 한다. (○)

정답 ①

33 다음은 무역거래에 사용되는 Commercial Invoice의 일부이다. 이에 대한 설명으로 옳지 않은 것은?

Commercial Invoice		
1) Shipper / Exporter Yiwu Import and Export Co.,Ltd ADD : 365 Street, Ningbo, Zhejiang, China		8) No. & date of invoice SD191919 / 2020.09.15
2) For account & Risk of Messer's Sidae Import Co.,Ltd Mapo—gu, Seoul, Republic of Korea		9) No. & date of L/C
3) Notify party N/A		
4) Port of loading Shanghai	5) Final Destination Incheon	10) L/C issuing bank:
6) Carrier By Sea / 7456NS—17	7) Term FOB	

① "Sidae Import Co., Ltd" bought something from "Yiwu Import and Export Co.,Ltd"

② Where this is the case, parties should consider using the FCA rule rather than the FOB rule.

③ The seller must deliver the goods on the agreed date in the manner customary at the Shanghai port.

④ The seller bears all risks of loss of or damage to the goods until they have been delivered.

✏ 해설

"Sidae Import Co., Ltd"가 FOB조건으로 수입하는 Commercial Invoice이다. 선적항이 Shanghai이므로 판매자의 인도의무는 선적항에서 완성되며, 위험도 이전된다. FOB 조건을 사용하기 적합한 상황이므로 FCA를 추가로 고려할 필요는 없다.

정답 ②

34

Incoterms 2020 규정의 CFR조건에 대한 설명으로 옳지 않은 것은?

① CFR requires the buyer to clear the goods for export, where applicable.

② If the seller incurs costs under its contract of carriage related to unloading at the specified point at the port of destination, the seller is not entitled to recover such costs separately from the buyer unless otherwise agreed between the parties.

③ The parties are well advised to identify as precisely as possible the point at the named port of destination, as the costs to that point are for the account of the seller.

④ While the contract will always specify a destination port, it might not specify the port of shipment which is where risk transfers to the buyer.

해설

CFR은 해당되는 경우, 매수인이 물품의 수출통관을 하여야 한다. (×)
→ CFR requires the **seller** to clear the goods for export, where applicable. (○)
→ CFR에서는 해당되는 경우에 **매도인**이 물품의 수출통관을 하여야 한다. (○)

정답 ①

35

Incoterms 2020 규정의 CIF조건에 대한 설명으로 옳지 않은 것은?

① The seller delivers the goods to the buyer on board the vessel. The risk of loss of or damage to the goods transfers when the goods are on board the vessel.

② This rule is to be used only for sea or inland waterway transport.

③ The buyer has no obligation to the seller to make a contract of carriage.

④ The insurance shall cover, at a minimum, the price provided in the contract 10% and shall be in the currency of the contract.

해설

보험은 최소한 계약서에 규정된 대금의 10%를 보상해야 하며, 보험의 통화는 매매계약의 통화와 동일해야 한다. (×)
→ The insurance shall cover, at a minimum, the price provided in the contract **plus 10%(i.e. 110%)** and shall be in the currency of the contract. (○)
→ 보험금액은 최소한 매매계약에 규정된 **대금에 10%를 더한 금액(매매금액의 110%)**이어야 하고, 보험의 통화는 매매계약의 통화와 같아야 한다. (○)

정답 ④

36

Incoterms 2020 규정의 CIP조건에 대한 설명으로 옳지 않은 것은?

① This rule may be used irrespective of the mode of transport selected and may also be used where more than one mode of transport is employed.

② The seller may contract for insurance cover against the buyer's risk of loss of or damage to the goods from the point of delivery to at least the point of destination.

③ The seller is required to obtain extensive insurance cover complying with Institute Cargo Clauses (A) or similar clause, rather than with the more limited cover under Institute Cargo Clauses (C).

④ CIP requires the seller to clear the goods for export, where applicable.

해설

매도인은 인도지점에서 적어도 목적지점까지 매수인의 물품의 멸실 또는 훼손 위험에 대한 보험계약을 체결할 수 있다. (×)

→ The seller **must contract** for insurance cover against the buyer's risk of loss of or damage to the goods from the point of delivery to at least the point of destination. (○)

→ 매도인은 또한 인도지점부터 적어도 목적지점까지 매수인의 물품의 멸실 또는 훼손 위험에 대하여 보험계약 을 **체결하여야 한다.** (○)

CIP조건에서 보험은 선택이 아닌 매도인의 필수 의무이다.

정답 ②

37

다음은 무역서신의 일부이다. 빈칸에 들어갈 용어로 옳은 것은?

> We have received your reply of September 15th.
>
> Really appreciate for your (   ) in establishing business with us.

① Kindly
② Extensive consideration
③ Business mode
④ Great attitude

해설

당사는 9월 15일 귀사의 답장을 받았습니다. 저희와 거래할 수 있도록 **많은 배려**를 해주셔서 대단히 감사드립니다. 다른 용어들도 문맥의 흐름에 틀리지는 않지만, 무역서신에서의 정중함을 담은 표현은 아니다.

정답 ②

38 다음의 용어를 포괄할 수 있는 용어로 적합한 것은?

> Strike / Riots / Lockouts / Earthquakes

① Risk of delivery

② Insurance policy

③ Claim

④ Force Majeure

✏ 해설

"파업 / 폭동 / 봉쇄 / 지진"의 표현은 불가항력에 해당하는 용어이다.

정답 ④

39 다음의 빈칸에 들어갈 적합한 용어는?

> (   ) may be suitable for domestic trades, where there is no intention at all to export the goods.

① EXW

② FCA

③ CFR

④ DDP

✏ 해설

EXW는 물품을 수출할 의사가 전혀 없는 국내거래에 적절하다(EXW may be suitable for domestic trades, where there is no intention at all to export the goods).

정답 ①

40

신용장 용어의 정의로 옳지 않은 것은?

① Banking day means a day on which a bank is regularly open at the place at which an act subject to these rules is to be performed.

② Confirming bank means the bank that advises the credit at the request of the issuing bank.

③ Credit means any arrangement, however named or described, that is irrevocable and thereby constitutes a definite undertaking of the issuing bank to honour a complying presentation.

④ Applicant means the party on whose request the credit is issued.

> ✏️ **해설**
>
> 'bank that advises the credit at the request of the issuing bank'는 Advising bank에 대한 설명이다. Confirming bank의 정의는 bank that adds its confirmation to a credit upon the issuing bank's authorization or request. 이다(UCP 600 제2조).
>
> 정답 ②

41

UCP 600 용어의 해석에 관한 규정으로 옳지 않은 것은?

① Words in the singular include the plural and in the plural include the singular.

② A credit is irrevocable even if there is no indication to that effect.

③ A document may be signed by handwriting, facsimile signature, perforated signature, stamp, symbol or any other mechanical or electronic method of authentication.

④ Branches of a bank in different countries are considered to be the same banks.

> ✏️ **해설**
>
> 다른 국가에 있는 은행의 지점은 동일한 은행으로 간주된다. (×)
> → Branches of a bank in different countries are considered to be **separate banks**. (○)
> → 다른 국가에 위치한 같은 은행의 지점들은 **다른 은행**으로 본다. (○)
>
> 정답 ④

42

UCP 600에 따른 기간의 해석에 대한 내용으로 옳지 않은 것은?

① The words "to", "until", "till", "from"and "between"when used to determine a period of shipment include the date or dates mentioned, and the words "before"and "after"exclude the date mentioned.

② The words "from"and "after"when used to determine a maturity date exclude the date mentioned.

③ The terms "first half" and "second half" of a month shall be construed respectively as the 1st to the 15th and the 16th to the last day of the month, all dates inclusive.

④ The terms "beginning", "middle" and "end"of a month shall be construed respectively as the 1st to the 10th, the 11th to the 20th and the 21st to the 30th of the month, all dates inclusive.

🖉 해설

"beginning", "middle" and "end"는 한 달을 3등분하여 "end"는 21일부터 해당 월의 마지막 날까지(21st to The last day of the month)로 해석한다(UCP 600 제3조).

정답 ④

43

신용장 통일규칙에서 규정하는 내용으로 옳지 않은 것은?

① An issuing bank should discourage any attempt by the applicant to include, as an integral part of the credit, copies of the underlying contract, pro forma invoice and the like.

② Banks deal with documents and not with goods, services or performance to which the documents may relate.

③ Beneficiary can avail itself of the contractual relationships existing between banks or between the applicant and the issuing bank.

④ A credit must state the bank with which it is available or whether it is available with any bank.

🖉 해설

수익자는 은행 간 또는 개설의뢰인과 개설은행 간에 존재하는 계약관계를 이용할 수 있다. (×)
→ Beneficiary can **in no case** avail itself of the contractual relationships existing between banks or between the applicant and the issuing bank. (○)
→ 수익자는 어떠한 경우에도 은행 간의 또는 개설의뢰인과 개설은행사이의 계약관계를 **원용할 수 없다**. (○)

정답 ③

44

UCP 600 제6조의 신용장 이용에 대한 설명으로 옳지 않은 것은?

① A credit must state the bank with which it is available or whether it is available with any bank.

② A credit available with a nominated bank is not available with the issuing bank.

③ A credit must state whether it is available by sight payment, deferred payment, acceptance or negotiation.

④ A credit must not be issued available by a draft drawn on the applicant.

✎ 해설

지정은행에서 이용할 수 있는 신용장은 개설은행에서는 이용할 수 없다. (×)

→ A credit available with a nominated bank <u>is available</u> with the issuing bank. (○)

→ 지정은행에서 이용 가능한 신용장은 또한 개설은행에서도 <u>이용할 수 있다.</u> (○)

정답 ②

45

UCP 600 제7조의 규정에 따라 Issuing Bank가 지급이행을 해야 하는 경우에 해당하지 않는 것은?

① Sight payment, deferred payment or acceptance with the issuing bank

② Sight payment with a nominated bank and that nominated bank does not pay

③ Deferred payment with a nominated bank and that nominated bank does not incur its deferred payment undertaking

④ Acceptance with a nominated bank and that nominated bank accept a draft drawn on it.

✎ 해설

지정은행과 개설은행과의 수락은 그 은행이 작성한 초안으로 한다. (×)

→ Acceptance with a nominated bank and that nominated bank <u>does not</u> accept a draft drawn on it. (○)

→ 지정은행에서 인수될 수 있음에 불구하고, 지정은행이 환어음을 인수하지 않는 경우에는 지급의 의무가 개설은행에 있다. (○)

정답 ④

46

다음의 신용장 종류로 옳은 것은?

> This L/C allows the beneficiary to withdraw only for payment when opening Counter L/C to the importer after depositing the proceeds from the purchase of the issued draft into the Escrow account agreed upon by the exporter and importer.

① Escrow L/C
② Revolving L/C
③ Deferred Payment L/C
④ Stand by L/C

✎ 해설

기탁신용장은 어음의 매입대금을 수출입자가 합의한 에스크로 계좌에 입금한 후 수입자에게 카운터 신용장을 개설한 경우에만 수령인이 대금을 인출할 수 있도록 하는 신용장이다.

정답 ①

47

UCP 600 규정에서 신용장의 조건변경의 통지에 대한 내용 중 옳지 않은 것은?

① An advising bank that is not a confirming bank advises the credit and any amendment without any undertaking to honour or negotiate.

② By advising the credit or amendment, the advising bank signifies that it has satisfied itself as to the apparent authenticity of the credit or amendment and that the advice accurately reflects the terms and conditions of the credit or amendment received.

③ A bank utilizing the services of an advising bank or second advising bank to advise a credit must use the separate bank to advise any amendment thereto.

④ If a bank is requested to advise a credit or amendment but elects not to do so, it must so inform, without delay, the bank from which the credit, amendment or advice has been received.

신용장을 통지하기 위하여 통지은행 또는 제2통지은행을 이용하는 은행은 모든 조건변경을 통지하기 위하여 별도 은행을 이용하여야만 한다. (×)

→ A bank utilizing the services of an advising bank or second advising bank to advise a credit must use **the same bank** to advise any amendment thereto. (○)

→ 신용장을 통지하기 위하여 통지은행 또는 제2통지은행을 이용하는 은행은 모든 조건변경을 통지하기 위하여 **동일한 은행을 이용**하여야만 한다. (○)

정답 ③

48 신용장 조건변경에 대한 UCP 600 규정으로 옳지 않은 것은?

① A credit can neither be amended nor cancelled without the agreement of the issuing bank, the confirming bank, if any, and the beneficiary(Include the Transferable L/C)

② Partial acceptance of an amendment is not allowed and will be deemed to be notification of rejection of the amendment.

③ A provision in an amendment to the effect that the amendment shall enter into force unless rejected by the beneficiary within a certain time shall be disregarded.

④ A bank that advises an amendment should inform the bank from which it received the amendment of any notification of acceptance or rejection.

✏ 해설

신용장의 조건변경은 양도가능신용장을 **제외하고**(except the Transferable L/C) 개설은행, 확인은행(있는 경우) 및 수익자의 동의가 없이는 변경되거나 취소될 수 없다.

정답 ①

49

다음 빈칸에 공통적으로 들어갈 신용장 당사자로 옳은 것은?

> A reimbursing bank's charges are for the account of the (　　). However, if the charges are for the account of the beneficiary, it is the responsibility of an (　　) to so indicate in the credit and in the reimbursement authorization. If a reimbursing bank's charges are for the account of the beneficiary, they shall be deducted from the amount due to a claiming bank when reimbursement is made. If no reimbursement is made, the reimbursing bank's charges remain the obligation of the (　　).

① Applicant
② Issuing bank
③ Confirming bank
④ Nominated bank

✎ 해설

상환은행의 수수료는 개설은행의 부담으로 한다. 단, 수수료를 수익자의 부담으로 할 수 있으나 수익자가 수수료를 부담하지 않는 경우 여전히 개설은행의 부담으로 남게 된다.

정답 ②

50

UCP 600의 규정에 따른 서류심사의 기준으로 옳지 않은 것은?

① A nominated bank acting on its nomination, a confirming bank, if any, and the issuing bank must examine a presentation to determine, on the basis of the documents alone, whether or not the documents appear on their face to constitute a complying presentation.

② A nominated bank acting on its nomination, a confirming bank, if any, and the issuing bank shall each have a maximum of five banking days following the day of presentation to determine if a presentation is complying.

③ Examination period is curtailed or otherwise affected by the occurrence on or after the date of presentation of any expiry date or last day for presentation.

④ A presentation including one or more original transport documents subject to articles 19, 20, 21, 22, 23, 24 or 25 must be made by or on behalf of the beneficiary not later than 21 calendar days after the date of shipment as described in these rules, but in any event not later than the expiry date of the credit.

✎ 해설

은행의 서류심사기간은 유효기일 내의 제시일자나 최종제시일 또는 그 이후에 발생하는 사건에 의해서 단축되거나 영향을 받지 않는다.

정답 ②

51

다음의 UCP 600상 서류심사기준에 대해 옳은 설명을 모두 고른 것은?

A. Data in a document, when read in context with the credit, the document itself and international standard banking practice, need not be identical to, but must not conflict with, data in that document, any other stipulated document or the credit.

B. In documents other than the commercial invoice, the description of the goods, services or performance, if stated, may be in general terms not conflicting with their description in the credit.

C. A document presented but not required by the credit will be disregarded and may be returned to the presenter.

D. If a credit contains a condition without stipulating the document to indicate compliance with the condition, banks will deem such condition as not stated and will disregard it.

E. A document may be dated prior to the issuance date of the credit, and may be dated later than its date of presentation.

① A, B, C
② B, C, D
③ A, B, C, D
④ A, B, C, D, E

✎ 해설

E. 서류는 신용장 개설일 이전 일자가 기재될 수 있으며, 제시일보다 늦은 일자도 기재될 수 있다. (×)

→ A document may be dated prior to the issuance date of the credit, **but must not be** dated later than its date of presentation. (○)

→ 서류는 신용장 개설일보다 이전의 일자가 기재될 수 있으나 제시일자보다 **늦은 일자가 기재되어서는 안 된다.** (○)

정답 ③

52 다음 빈칸에 들어갈 숫자의 합으로 올바른 것은?

A nominated bank acting on its nomination, a confirming bank, if any, and the issuing bank shall each have a maximum of ( ) banking days following the day of presentation to determine if a presentation is complying.

A presentation including one or more original transport documents must be made by or on behalf of the beneficiary not later than ( ) calendar days after the date of shipment as described in these rules, but in any event not later than the expiry date of the credit.

① 10   ② 12

③ 19   ④ 26

해설

은행의 서류심사기간과 운송서류를 포함하는 제시기일에 대한 내용이다.

A nominated bank acting on its nomination, a confirming bank, if any, and the issuing bank shall each have a maximum of **five banking days** following the day of presentation to determine if a presentation is complying.

A presentation including one or more original transport documents must be made by or on behalf of the beneficiary not later than **21 calendar days** after the date of shipment as described in these rules, but in any event not later than the expiry date of the credit.

정답 ④

53 다음 중 UCP 600 규정에 대해 빈칸에 들어갈 내용이 옳지 않은 것은?

When an issuing bank determines that a presentation is complying, it must (A).

When a confirming bank determines that a presentation is complying, it must honour or negotiate and forward the documents to the (B).

When a (C) determines that a presentation is complying and honours or negotiates, it must forward the documents to the confirming bank or (D).

① A – Honour   ② B – Beneficiary

③ C – Nominated bank   ④ D – Issuing bank

When a confirming bank determines that a presentation is complying, it must honour or negotiate and forward the documents to the <u>issuing bank</u>.

정답 ②

54 UCP 600 규정에 따른 불일치서류의 처리방안에 대한 설명으로 옳지 않은 것은?

① When a nominated bank acting on its nomination, a confirming bank, if any, or the issuing bank determines that a presentation does not comply, it may be honour or negotiate.

② When an issuing bank determines that a presentation does not comply, it may in its sole judgement approach the applicant for a waiver of the discrepancies.

③ When a nominated bank acting on its nomination, a confirming bank, if any, or the issuing bank decides to refuse to honour or negotiate, it must give a single notice to that effect to the presenter.

④ The bank may be holding the documents pending further instructions from the presenter.

지정은행이 그 지명을 대행하거나, 확인은행이 있거나, 개설은행이 제시가 일치하지 않는다고 판단할 경우, 결제 또는 협상을 할 수 있다. (×)

→ When a nominated bank acting on its nomination, a confirming bank, if any, or the issuing bank determines that a presentation does not comply, it **may refuse to** honour or negotiate. (○)

→ 지정에 따라 행동하는 지정은행, 확인은행(있는 경우) 또는 개설은행은 제시가 일치하지 않는다고 판단하는 때에는, 결제 또는 매입을 **거절할 수 있다.** (○)

정답 ①

55

지정에 따라 행동하는 지정은행이 결제 또는 매입을 거절하기로 결정하는 때 제시자에게 통지하는 사항으로 옳지 않은 것은?(보기는 UCP 600을 기준으로 한다)

① Refusing to honour or negotiate

② Each discrepancy

③ The bank is holding the documents pending further instructions from the presenter

④ The bank is discarding the documents

✎ 해설

불일치 서류에 대해 은행이 통지하는 사항은 아래와 같으며, 제시자의 어떠한 지시사항 없이 임의로 서류를 폐기(discard)할 수는 없다.
- 은행이 결제 또는 매입을 거절한다는 것
- 은행이 결제 또는 매입을 거절하는 각각의 하자
- 서류를 처리하기로 한 다음의 사항
  - 제시자의 추가지시가 있을 때까지 은행이 서류를 보관한다는 것
  - 개설은행이 개설의뢰인으로부터 권리포기를 받고 받아들이기로 동의하거나, 또는 권리포기를 승낙하기로 하기 전에 제시자로부터 추가지시를 받을 때까지, 개설은행이 서류를 보관한다는 것
  - 은행이 서류를 반송한다는 것
  - 은행이 사전에 제시자로부터 받은 지시에 따라 행동하고 있다는 것

정답 ④

56

UCP 600에서 규정한 서류에 대한 설명으로 옳지 않은 것은?

① All originals of each document stipulated in the credit must be presented.

② Bank shall treat as an original any document bearing an apparently original signature, mark, stamp, or label of the issuer of the document, unless the document itself indicates that it is not an original.

③ If a credit requires presentation of copies of documents, presentation of either originals or copies is permitted.

④ If a credit requires presentation of multiple documents by using terms such as "in duplicate", "in two fold" or "in two copies", this will be satisfied by the presentation of at least one original and the remaining number in copies, except when the document itself indicates otherwise.

신용장에 명시된 각 서류의 원본은 모두 제시되어야 한다. (×)

→ **At least one original** of each document stipulated in the credit must be presented. (○)

→ 신용장에서 명시된 각각의 서류는 **적어도 1통의 원본**이 제시되어야 한다. (○)

정답 ①

57

신용장 거래 시 UCP 600 규정에 따라 작성되는 Invoice의 요건으로 옳지 않은 것은?

① A commercial invoice must appear to have been issued by the beneficiary include transferable L/C.

② A commercial invoice must be made out in the same currency as the credit.

③ A commercial invoice need not be signed.

④ The issuing bank may accept a commercial invoice issued for an amount in excess of the amount permitted by the credit.

① 상업 송장은 반드시 수익자가 발행한 것으로 보여야 하며 여기에는 양도 가능한 신용장이 포함된다. (×)

→ A commercial invoice must appear to have been issued by the beneficiary **except transferable L/C.** (○)

→ 수익자가 발행한 것이어야 한다. 단, **양도가능 신용장의 경우를 제외한다.** (○)

정답 ①

58

다음 중 UCP 600에서 규정하는 선하증권의 서명에 대한 내용으로 옳지 않은 것은?

① Need not be Signed

② Signed by The Carrier

③ Signed by The Master

④ Signed by Agent for The Carrier

선하증권은 운송인, 선장 또는 그들의 지정대리인에 의해 서명된 것으로 보여야 한다.

정답 ①

59 다음의 선하증권상 환적에 대한 UCP 600의 내용으로 옳지 않은 것은?

> A bill of lading may (a) indicate that the goods will or may be transhipped provided that the entire carriage is covered by (b) one and the same bill of lading.
>
> A bill of lading indicating that transhipment will or may take place is (c) reject, even if the credit prohibits transhipment, if the goods have been shipped in a container, trailer or LASH barge as evidenced by the bill of lading.
>
> Clauses in a bill of lading stating that the carrier reserves the right to tranship will be (d) disregarded.

① Indicate   ② One And The Same

③ Reject   ④ Disregarded

✎ 해설

선하증권에 의해 증명된 바와 같이 컨테이너, 트레일러 또는 LASH 바지선에 화물이 선적된 경우, 신용거래가 환적을 금지하더라도 환적이 이루어지거나 발생할 수 있음을 나타내는 선하증권은 거부된다. (×)

→ A bill of lading indicating that transhipment will or may take place is <u>**acceptable**</u>, even if the credit prohibits transhipment, if the goods have been shipped in a container, trailer or LASH barge as evidenced by the bill of lading. (○)

→ 신용장이 환적을 금지하더라도 환적이 될 것 또는 될 수 있다고 표시하는 선하증권은, 물품이 컨테이너, 트레일러 또는 래쉬선에 선적되었다는 것이 선하증권에 의하여 증명되는 경우에는 **수리될 수 있다.** (○)

정답 ③

60 다음은 UCP 600의 운송서류중 하나의 원본서류제시에 대한 조항이다. 이에 해당하는 운송서류는?

> Be the original for consignor or shipper, even if the credit stipulates a full set of originals.

① Bill of Lading

② Charter Party Bill of Lading

③ Air Transport Document

④ Non-Negotiable Sea Waybill

신용장이 원본 전통(Full Set)을 규정하더라도 항공화물운송장의 경우 송하인 또는 선적인용 원본이어야 한다.

정답 ③

61

다음은 UCP 600의 도로, 철도 또는 내수로 운송서류에 대한 발행일 규정이다. 빈칸에 들어갈 단어로 옳은 것은?

Indicate the date of shipment or the date the goods have been received for shipment, dispatch or carriage at the place stated in the credit. Unless the transport document contains a dated reception stamp, an indication of the date of receipt or a date of shipment, the date of (　　) of the transport document will be deemed to be the date of shipment.

① Signed
② Issuance
③ Printed
④ Presented

신용장에 기재된 장소에서의 선적일 또는 물품이 선적, 발송, 운송을 위하여 수령된 일자를 표시하여야 한다. 운송서류에 일자가 표시된 수령스탬프, 수령일 또는 선적일의 표시가 없다면 **운송서류의 발행일을 선적일로 본다.**

정답 ②

62

UCP 600 규정에 따라 거절되는 내용으로 옳은 것은?

① A transport document must not indicate that the goods are loaded on deck.
② A transport document indicated that the goods will be loaded on deck.
③ A transport document stating that the goods may be loaded on deck.
④ A transport document indicated "shipper's load and count".

운송서류에는 물품이 갑판에 적재되었거나 적재될 것이라는 표시를 해서는 안 된다.

정답 ②

63

다음에 제시된 신용장통일규칙(UCP 600)의 무고장 운송서류에 대한 내용으로 옳지 않은 것은?

A bank will only accept a (a) clean transport document. A clean transport document is one bearing no clause or notation (b) expressly declaring a defective condition of the goods or their packaging. The word "clean" (c) need appear on a transport document, even if a credit has a requirement for that transport document to be "(d) clean on board".

① Clean Transport Document
② Expressly Declaring
③ Need
④ Clean On Board

✎ 해설

"무고장"이라는 단어는 신용장이 운송서류가 "무고장 본선적재"를 요건으로 하더라도 운송서류상에 나타날 필요가 없다(The word "clean" **need not** appear on a transport document, even if a credit has a requirement for that transport document to be "clean on board").

정답 ③

64

보험서류에 대한 다음의 UCP 600 규정 중 옳지 않은 것은?

① When the insurance document indicates that it has been issued in more than one original, all originals must be presented.
② Cover notes will not be accepted.
③ The date of the insurance document must be no later than the date of shipment, unless it appears from the insurance document that the cover is effective from a date not later than the date of shipment.
④ The insurance document may be indicate the amount of insurance coverage and be the import country's currency.

✎ 해설

보험 서류의 담보금액 표시는 수입국의 통화일 수 있다. (×)
→ The insurance document **must** indicate the amount of insurance coverage and be **in the same currency as the credit**. (○)
→ 보험서류는 담보금액을 신용장과 **동일한 통화로 표시되어야 한다**. (○)

정답 ④

65 다음의 UCP 600 제28조의 보험서류에 대한 규정에서 빈칸에 들어갈 단어로 옳은 것은?

A requirement in the credit for insurance coverage to be for a percentage of the value of the goods, of the invoice value or similar is deemed to be the minimum amount of coverage required. If there is no indication in the credit of the insurance coverage required, the amount of insurance coverage must be at least (A)% of the (B) or (C) value of the goods. When the (B) or (C) value cannot be determined from the documents, the amount of insurance coverage must be calculated on the basis of the amount for which honour or negotiation is requested or the gross value of the goods as shown on the invoice, whichever is greater.

	(A)	(B)	(C)
①	100	CIF	CIP
②	110	CIF	CIP
③	100	FOB	CIF
④	110	FOB	CIF

 해설

담보금액은 최소한 물품의 CIF 또는 CIP 가액의 110%이어야 한다.

→ the amount of insurance coverage must be **at least 110% of the CIF or CIP value** of the goods.

정답 ②

66 신용장통일규칙(UCP 600)의 기준으로 금액, 수량, 단가의 과부족에 대한 내용이 옳지 않은 것은?

① The words "about" used in connection with the amount of the credit is to be construed as allowing a tolerance not to exceed 5% more or 5% less than the amount to which they refer.

② The words "approximately" used in connection with the quantity is to be construed as allowing a tolerance not to exceed 10% more or 10% less than the amount to which they refer.

③ A tolerance not to exceed 5% more or 5% less than the quantity of the goods is allowed, provided the credit does not state the quantity in terms of a stipulated number of packing units or individual items and the total amount of the drawings does not exceed the amount of the credit.

④ Even when partial shipments are not allowed, a tolerance not to exceed 5% less than the amount of the credit is allowed, provided that the quantity of the goods.

✎ 해설

"About" or "Approximately" 표현은 가격, 수량 및 단가와 관련되어 사용된 경우 10%의 과부족을 허용한다.

→ The words "About" or "Approximately" used in connection with the amount of the credit or the quantity or the unit price stated in the credit are to be construed as allowing a tolerance not to exceed 10% more or 10% less than the amount, the quantity or the unit price to which they refer.

정답 ①

67

신용장통일규칙 UCP 600의 분할선적과 관련된 규정 중 옳지 않은 것은?

① Partial drawings or shipments are allowed.

② A presentation consisting of more than one set of transport documents evidencing shipment commencing on the same means of conveyance and for the same journey, provided they indicate the same destination, will not be regarded as covering a partial shipment, even if they indicate different dates of shipment or different ports of loading, places of taking in charge or dispatch.

③ If the presentation consists of more than one set of transport documents, the latest date of shipment as evidenced on any of the sets of transport documents will be regarded as the date of shipment.

④ A presentation consisting of one or more sets of transport documents evidencing shipment on more than one means of conveyance within the same mode of transport will not be regarded as covering a partial shipment, even if the means of conveyance leave on the same day for the same destination.

해설

동일한 운송방식내에서 둘 이상의 운송수단에 대한 선적을 증명하는 하나 이상의 운송문서 세트로 구성된 제시는 운송수단이 같은 목적지에 대해 같은 날짜에 떠난다고 하더라도 분할선적으로 간주되지 않는다. (×)

→ A presentation consisting of one or more sets of transport documents evidencing shipment on more than one means of conveyance within the same mode of transport **will be regarded** as covering a partial shipment, even if the means of conveyance leave on the same day for the same destination. (○)

→ 동일한 운송방식에서 둘 이상의 운송수단상의 선적을 증명하는 하나 또는 2세트 이상의 운송서류를 구성하는 제시는, 비록 운송수단들이 같은 날짜에 같은 목적지로 향하더라도 **분할선적으로 본다.** (○)

정답 ④

68

신용장 통일규칙(UCP 600)에서의 불가항력에 해당하지 않는 것은?

① Loss In Transit
② Civil Commotions
③ Insurrections
④ Strikes

해설

은행의 면책에 대한 범위에 해당한다. 불가항력은 천재지변, 폭동, 소요, 반란, 전쟁, 테러행위, 파업, 직장폐쇄 또는 그 밖에 통제 불가능한 원인을 의미한다.

→ A bank assumes no liability or responsibility for the consequences arising out of the interruption of its business by Acts of God, riots, civil commotions, insurrections, wars, acts of terrorism, or by any strikes or lockouts or any other causes beyond its control.

정답 ①

69

UCP 600 제38조의 양도가능신용장에 대한 설명으로 옳지 않은 것은?

① A bank is under no obligation to transfer a credit except to the extent and in the manner expressly consented to by that bank.
② Transferable credit means a credit that specifically states it is "transferable".
③ An issuing bank may be a transferring bank. Transferred credit means a credit that has been made available by the transferring bank to a second beneficiary.
④ Unless otherwise agreed at the time of transfer, all charges (such as commissions, fees, costs or expenses) incurred in respect of a transfer must be paid by the secondary beneficiary.

해설

양도 시 별도의 합의가 없는 경우 양도와 관련하여 발생한 모든 비용(수수료, 요금, 경비 또는 비용 등)는 제1수익자가 지급해야 한다.

Unless otherwise agreed at the time of transfer, all charges(such as commissions, fees, costs or expenses) incurred in respect of a transfer must be paid by the <u>first beneficiary</u>.

정답 ④

70

UCP 600 규정에 따라 양도가능신용장에서 신용장의 조건이 변경될 수 있는 것 중 감액되거나 단축될 수 없는 것은?

① Expiry Date
② Period For Presentation
③ Amount Of The Credit
④ Percentage For Insurance Cover

✎ 해설

신용장의 금액, 신용장에 명기된 단가, 유효기일, 제시기간, 최종선적일 또는 정해진 선적기간 중 일부 또는 전부는 감액되거나 단축될 수 있다. 부보되어야 하는 백분율은 신용장 또는 이 규칙에서 명시된 부보금액을 규정하기 위하여 높일 수 있다.

→ The transferred credit must accurately reflect the terms and conditions of the credit, including confirmation, if any, with the exception of: the amount of the credit, any unit price stated therein, the expiry date, the period for presentation, or the latest shipment date or given period for shipment, any or all of which may be reduced or curtailed. The percentage for which insurance cover must be effected may be increased to provide the amount of cover stipulated in the credit or these articles.

정답 ④

71

INSTITUTE CARGO CLAUSES(1982)의 (A)약관에서 담보되는 것은?

① Loss damage or expense caused by war, civil war, revolution, rebellion insurrection, or civil strife arising therefrom, or any hostile act by or against a belligerent power.
② Loss damage or expense caused by capture seizure arrest restraint or detainment(piracy excepted), and the consequences thereof or any attempt threat.
③ Loss damage or expense caused by derelict mines, torpedoes, bombs or other derelict weapons of war.
④ Loss damage or expense caused by entry of sea lake or river water into vessel craft hold conveyance container or place of storage.

✎ 해설

Entry of sea lake or river water into vessel craft hold conveyance container or place of storage는 ICC(C)에서는 담보되지 않는 위험이지만 ICC(A), (B)에서는 담보된다.
①, ②, ③은 ICC(A), (B), (C) 모두 담보되지 않는 위험이다.

정답 ④

72

ISBP 745 규정에 따른 서명에 대한 설명으로 옳지 않은 것은?

① A signature need not be handwritten.

② A statement on a document such as "This document has been electronically authenticated" does, by itself, represent an electronic method of authentication in accordance with the signature requirements of UCP 600 article 3.

③ A signature on the letterhead paper of a named person or entity is considered to be the signature of that named person or entity unless otherwise stated.

④ When a signatory indicates it is signing for a branch of the issuer, the signature will be considered to be that of the issuer.

✏ 해설

ISBP 745 35조

ISBP에서의 "이 문서는 전자적으로 인증되었다"와 같은 표현은 UCP 600 3조의 전자적 인증에 대한 요건을 충족시키지 않는다.

A statement on a document such as "This document has been electronically authenticated" **does not**, by itself, represent an electronic method of authentication in accordance with the signature requirements of UCP 600 article 3.

정답 ②

73

선하증권의 발행일로부터 60일 후 지급인 경우 ISBP 규정에 따라 지급의 만기일을 표시할 때로 옳지 않은 것은?

① 60 days after bill of lading date 20 Feb 2022

② 60 days after 20 Feb 2022

③ 60 days on bill of lading date

④ Bill of lading date 20 Feb 2022

✏ 해설

B/L일자의 60일 후 (60 days **after** bill of lading date)라는 표현이 되어야 한다. 또는 "60days date(on a draft dated the same day as the date of the bill of lading)"라는 표현이 적절하다.

정답 ③

74

다음의 무역거래에 대한 내용을 올바른 순서로 열거한 것은?

A. Business Proposal

B. Discount Negotiation

C. Credit Inquiry

D. Market Research

E. Offer

F. Conclusion of a Contract

① A − E − B − C − F − D
② C − D − A − B − E − F
③ D − C − A − E − B − F
④ D − E − C − A − B − F

✎ 해설

시장조사(Market Research) − 신용조회(Credit Inquiry) − 거래제의(Business Proposal) − 청약(Offer) − 가격할인
협상(Discount Negotiation or Counter offer) − 계약체결(Conclusion of a Contract)

정답 ③

75

ISBP 745의 Invoice 규정에 대한 설명으로 옳지 않은 것은?

① When a credit requires presentation of an "invoice" without further description, this will be satisfied by the presentation of any type of invoice. (commercial invoice, customs invoice, tax invoice, final invoice, consular invoice, provisional, pro-forma, etc.)

② When a credit requires presentation of a "commercial invoice", this will also be satisfied by the presentation of a document titled "invoice", even when such document contains a statement that it has been issued for tax purposes.

③ An invoice is to appear to have been issued by the beneficiary or, in the case of a transferred credit, the second beneficiary.

④ The description of the goods, services or performance shown on the invoice is to correspond with the description shown in the credit.

✎ 해설

신용장에서 추가설명 없이 상업송장을 요구하는 경우 어떠한 송장도 충족되지만, "임시의(Provisional)", "견적의(Pro-forma)", "이와 유사한(The like)"이라는 표현이 있는 송장은 제외된다(An Invoice is Not to be Identified as "Provisional", "Pro-forma" or The like).

정답 ①

76

협회적하약관(1982)에서 ICC(C)에서는 담보되지 않지만 ICC(A)나 ICC(B)에서 담보되는 위험은?

① Overturning Of Land Conveyance

② Discharge Of Cargo At A Port Of Distress

③ General Average Sacrifice

④ Washing Overboard

✎ 해설

"Jettison or Washing Overboard"는 (A), (B)약관에서는 담보된다.

ICC (C)에서는 "투하(Jettison)"는 담보되지만 "갑판유실(Washing Overboard)"은 담보되는 위험에서 빠져 있다.

정답 ④

77

다음에서 설명하는 용어로 옳은 것은?

> A sum of money paid by a person who charters a whole vessel but fails to make out a full cargo. The payment is made for the unoccupied capacity.

① Demurrage

② Dead freight

③ Lump sum freight

④ Surcharge

✎ 해설

부적 운임(Dead Freight)은 용선계약에서 발생하는 운임으로, 배 한 척을 통째로 빌렸지만 화물을 구하지 못해 빈 선복에 대해 지불하는 돈을 의미한다.

정답 ②

78 다음에 해당하는 용선계약으로 옳은 것은?

> It refers to a contract to lease or borrow a ship by setting a specific navigation section. The shipowner receives only freight terms from the shipper and shall bear all other shipping costs.

① Time Charter Party
② Voyage Charter Party
③ Bareboat Charter Party
④ Contract of affreightment

✎ 해설

특정 항해구간을 정하여 선박을 대여 또는 차용하는 계약으로 선주는 화주에게 운임조건만을 수취하고 그 외 항해비 일체를 부담하는 용선계약은 항해용선계약(Voyage Charter Party)이다.

정답 ②

79 수입자에게 가장 유리한 대금결제방식으로 옳은 것은?

① Documents Against Payment
② Cash on Delivery
③ Cash with Order
④ Documents Against Acceptance

✎ 해설

수입자 입장에서는 가장 늦게 지급하는 결제방식이 유리하다. Documents Against Payment, Cash on Delivery는 동시지급방식에 해당하며, Cash with Order는 사전지급방식에 해당하여 수입자에게 가장 불리한 방식이다.

정답 ④

80 다음의 빈칸에 들어갈 용어로 옳은 것은?

> A ( ) is a type of contract issued by a bank on behalf of a customer who has entered a contract to purchase goods from a supplier. The ( ) lets the supplier know that they will be paid, even if the customer of the bank defaults.

① Letter of Guarantee
② Surrender
③ Insurance
④ Letter of Indemnity

✏ 해설

수입화물 선취보증서(Letter of Guarantee)는 근거리무역에서 L/C거래 이용 시 화물보다 운송서류의 원본이 늦게 도착하는 경우 물품의 인수를 위해 발급되는 보증서이다.

정답 ①

81 다음에서 설명하는 FTA협정으로 옳은 것은?

> Effectuated May 13th, 2007
> Only approved exporter can issue certificates of origin if exceed amount on agreement.

① ASEAN
② EU
③ U.S.
④ China

✏ 해설

2007년 5월 발효된 FTA협정은 한-EU FTA협정이다. 본 협정에서는 6,000유로 초과 시 인증수출자만이 원산지증명서 발급(원산지 문구 기재)이 가능하다.

정답 ②

82

다음의 설명에 해당하는 서류로 옳은 것은?

> It is a document issued by exporters that allows importers to legally own the items the exporter shipped.
>
> It can present a problem for exporters, because importers who have it can go into a port and take the shipped items, even if they haven't yet paid for them, and the port may charge extra for this type of bill of lading.

① Master B/L
② Check B/L
③ Surrender B/L
④ House B/L

✎ 해설

Surrender B/L은 수입자가 대금을 지급하지 않고 물건을 찾아가는 일이 생길 수 있어 수출자에게는 때로 문제를 야기시킨다.

정답 ③

83

ISBP 745 규정에 따른 원산지증명서에 대한 내용으로 옳지 않은 것은?

① A certificate of origin is to be issued by the entity stated in the credit.
② When a credit does not indicate the name of an issuer, only beneficiary may issue a certificate of origin.
③ When a credit requires the presentation of a certificate of origin issued by the beneficiary, the exporter or the manufacturer, this condition will also be satisfied by the presentation of a certificate of origin issued by a Chamber of Commerce.
④ When a credit requires the presentation of a certificate of origin issued by a Chamber of Commerce, this condition will also be satisfied by the presentation of a certificate of origin issued by a Chamber of Industry, Association of Industry, Economic Chamber, Customs Authorities and Department of Trade or the like.

✎ 해설

신용이 발행자의 이름을 표시하지 않은 경우, 오직 수혜자만이 원산지 증명서를 발행할 수 있다. (×)
→ When a credit does not indicate the name of an issuer, **any entity** may issue a certificate of origin. (○)
→ 신용이 발행자의 이름을 표시하지 않은 경우, **누구나** 원산지 증명서를 발행할 수 있다. (○)

정답 ②

84 다음 중 협회적하약관(ICC, INSTITUTE CARGO CLAUSES 1982)에서 부보수준과 관계없이 담보되는 것끼리 묶인 것은?

A. General Average Sacrifice

B. Explosion

C. Strike

D. Earthquake

E. Jettison

① A, B, C

② C, D

③ A, E

④ A, B, E

✎ 해설

파업(Strike)은 특약이 없는 한 전 약관 모두 면책으로 분류되는 위험이며, 지진(Earthquake)은 (C)약관에서는 담보되지 않는다.

정답 ④

85 다음 보기의 설명에 해당하는 용어로 옳은 것은?

This in marine insurance contracts by which the insured agrees to take steps necessary to safeguard the covered property from loss or to minimize losses that occur and the insurer agrees to pay for the reasonable costs of such steps.

① Sue and labor clause

② General Average clause

③ Both to Blame Collision Clause

④ Unfitness Exclusion Clause

✎ 해설

보험자가 보험계약에서 보험대상의 손실을 보호하거나 최소화하기 위해 필요한 조치를 취하는 약관을 Sue and labor clause라고 한다.

정답 ①

86

다음의 FTA 설명에 해당하는 국가는?

Effectuated Dec 20th, 2015

No1 trading partner as of 2019

① ASEAN

② India

③ EU

④ China

✎ 해설

2015년 12월 20일 발효된 협정은 중국, 뉴질랜드, 베트남 FTA가 있다. 그 중 19년도 기준 우리나라의 1교역국은 중국에 해당한다.

정답 ④

87

문장의 의미 분류가 다른 것은?

① In regard to your execution, please pay attention to packing and the time of shipment.

② Please set the packing temperature to 16 degrees to maintain the quality of the product.

③ Please protect the product with an air cap.

④ Please send me the product of the same quality as this sample.

✎ 해설

다른 보기는 제품의 포장에 대한 설명이고, ④ 보기는 제품의 품질에 대한 설명이다.

정답 ④

88

용어에 대한 설명으로 옳지 않은 것은?

① Offer – To ask someone if they would like to have something or if they would like you to do something

② Force majeure – An unexpected event such as a war, crime, or an earthquake which prevents someone from doing something that is written in a legal agreement

③ Foul B/L – This document is issued by forwarders to each shipper based on Master B/L

④ General average loss – A loss in which the cost of damage to a ship or the goods it is carrying is shared by all the insurance companies, not only those that protect the damaged property

✏ 해설

포워더가 각 화주에게 Master B/L에 근거해서 발행하는 서류는 House B/L에 대한 설명이다.

정답 ③

89

다음은 Offer 문장의 일부이다. 밑줄 친 부분을 대체할 수 있는 동일한 의미의 용어에 해당하는 것은?

> Our price proposed for this offer <u>is valid</u> for 7 days from the date of issue.

① Remain Effective
② Go on
③ Be Modified
④ Be Suit

✏ 해설

일정 기간 동안 효력을 유지한다는 의미로 'Remain Effective'와 동일하다.

정답 ①

90

다음 빈칸에 들어갈 용어로 옳은 것은?

( ) means the insurance company will compensate the client to restore him to his original position before the loss or damage.

① Indemnification
② Recourse
③ General Average
④ Repair

✎ 해설

보험사가 피보험자에게 손실 혹은 파손 이전 상태로 복구하도록 보상하는 것이므로 repair이 가장 적절하다.

정답 ④

91

다음에 해당하는 선하증권으로 옳은 것은?

This refers to a bill of lading that has passed the deadline for presenting a bill of lading specified on the L/C.

① Straight B/L
② Stale B/L
③ Foul B/L
④ Surrender B/L

✎ 해설

기간경과(지체) 선하증권(Stale B/L)은 신용장에 명시된 선하증권의 제시기한을 넘긴 선하증권을 말한다.

정답 ②

92

다음 보기의 문장 성격을 표현하는 가장 적절한 용어는?

> To our regret the case contains only 10ea per carton instead of 12ea entered on the invoice.

① Inquiry   ② Offer

③ Claim   ④ Confirmation

✏ **해설**

보기의 내용은 수량 불일치에 대한 클레임을 제기하는 내용이다.

정답 ③

[93~94] 다음 지문을 보고 물음에 답하시오.

> A. The problem is now investigating the matter and we will inform you of the results as soon as they are available.
>
> B. Thank you for your letter of 15 Sep regarding complaints about broken ceramic plate shipped to you under our invoice No. 0823.
>
> C. In order to clarify the matter and to help the plate to prevent the recurrence of the problem, we should appreciate it if you would send us samples of the broken if possible.
>
> D. We assure you that the ceramic plate regards this matter as seriously as you do and is taking every step to see that it does not happen again.

93

보기의 지문을 적절한 순서로 나열한 것은?

① A – B – C – D

② B – A – C – D

③ D – B – A – C

④ B – C – B – A

✏ **해설**

상대방의 클레임에 대한 확인 – 클레임에 대한 내용파악 – 재발방지를 위한 추가조치 – 재발방지에 대한 확약 순이다.

정답 ②

94

무역서신의 성격을 가장 바르게 나타낸 용어는?

① Clarity the matter

② Confirmation that prevent the recurrence of the problem

③ Investigating

④ Apologize for the problem

✎ 해설

본 문서는 클레임에 대한 회신서한이다. 물품파손에 대하여 조사하고 있고, 궁극적으로 재발하지 않도록 예방하고자 하는 확약이 담겨있다.

정답 ②

[95~96] 다음 지문을 보고 물음에 답하시오.

The forwarder here has informed us that will be delayed in departure from China port due to a (a) Typhoon.

We would like to ask you to dispatch the goods by air, for we must start marketing them well in time for the coming seasonal sales offensive.

If you cannot make arrangements for the air within 3days from today, we will have to think of partial express carry for them.

Will you please notify us of the current situation as soon as possible.

95

지문에 해당하는 상황에 대한 설명으로 옳지 않은 것은?

① Delay of departure

② Request for cooperation

③ Claim

④ Reply request

✎ 해설

본 지문은 천재지변에 따른 상황대처를 위한 서신으로 Claim에 해당하지는 않는다.

정답 ③

96 지문의 (a)에 해당하는 위험이 담보되는 협회적하약관(1982)상 모든 약관을 나열한 것은?

① ICC(A)

② ICC(A), ICC(B)

③ ICC(A), ICC(B), ICC(C)

④ None

✏️ 해설

ICC(A)는 태풍을 포함한 위험이 담보된다. 그러나 ICC(B)에서의 천재지변은 Earthquake Volcanic Eruption Or Lightning만 담보되고, ICC(C)에서는 천재지변의 위험이 담보되지 않는다.

정답 ①

97 협회적하약관(1982)에서 ICC(B)와 ICC(C)의 담보위험의 차이로 옳은 것은?

① General Average Sacrifice

② Washing Overboard

③ Discharge of Cargo at A Port of Distress

④ Vessel or Craft Being Stranded Grounded Sunk or Capsized

✏️ 해설

Washing Overboard는 ICC(B)에서만 담보되며, ICC(C)에서는 담보하지 않는다.

정답 ②

98 협회적하약관(1982) 조항의 일부로서 다음 빈칸에 들어갈 용어는?

> This insurance is extended to indemnify the Assured against such proportion of liability under the contract of affreightment ( ) as is in respect of a loss recoverable hereunder. In the event of any claim by shipowners under the said Clause the Assured agree to notify the Underwriters who shall have the right, at their own cost and expense, to defend the Assured against such claim.

① General average clause

② Both to blame collision clause

③ Unseaworthiness and unfitness exclusion clause

④ Transit clause

✎ 해설

선박이 쌍방과실에 의하여 충돌한 경우에는 쌍방이 모두 상호간에 상대방 및 화물 이해관계인에 대하여 과실의 정도에 따라 책임을 지도록 하는 것은 쌍방과실충돌약관에 대한 설명이다.

정답 ②

99 다음에서 빈칸에 들어갈 적절한 무역용어는?

> "KP(importer)" Imported 5 tons of oranges, but the shipment was 10 percent short of the contract weight, So "KP" send claim document to exporter.
> The exporter requested an ( ) signed by a third party to confirm the quantity of the shortage.

① Packing list　　　　　　　② Survey report

③ Letter of explanation　　　④ Letter of indemnity

✎ 해설

보기는 계약중량보다 일정량 이상 불일치하여 클레임을 하는 경우이다. 이와 같이 클레임 제기 시 수출자는 국제공인검정기관의 검사보고서(Survey Report)를 요청할 수 있다.

정답 ②

100 다음에서 설명하는 협상전략은?

> Misleads or distracts from a relevant or important question. It may be either a logical fallacy or a literary device that leads readers or audiences toward a false conclusion.

① A red herring
② Silence
③ Take it or Leave it
④ Legitimacy

✎ **해설**

"A red herring"은 논점을 흐린다는 의미로 상대의 주의를 분산시켜 본인이 원하는 방향으로 상대를 이끌어가는 협상 전략이다.

정답 ①

부록 — 최종모의고사

최종모의고사

정답 및 해설

01 수출과 수입에 대한 설명으로 옳지 않은 것은?

① 매매, 교환, 임대차, 사용대차, 증여 등을 원인으로 국내에서 외국으로 물품이 이동하는 것과 우리나라의 선박으로 외국에서 채취한 광물 또는 포획한 수산물을 국내에 매도하는 것은 수출에 포함된다.

② 보세판매장에서 외국인에게 국내에서 생산된 물품을 매도하는 것은 수출에 포함된다.

③ 유상으로 외국에서 외국으로 물품을 인수하는 것으로서 산업통상자원부 장관이 정하여 고시하는 기준에 해당하는 것은 수입에 포함된다.

④ 비거주자가 거주자에게 산업통상자원부 장관이 정하여 고시하는 방법에 따른 용역을 제공하는 것은 수입에 포함된다.

02 다음 사례에 대한 설명으로 옳지 않은 것은?

> A. 시대고시상사는 중국의 가공공장에 의류를 가공하기 위해 가공에 필요한 원부자재를 수출하였다.
> B. 시대고시상사는 중국 공장에서 가공한 의류를 베트남에서 한국과 미국으로 수출하고, 미국으로 수출한 물품에 대한 대금은 미국의 수입자로부터 영수하였다.

① 위탁가공무역에 의한 수출이다.

② 미국으로 수출한 의류에 대해서는 수출실적이 인정되며, 수출실적의 인정금액은 FOB가격으로 한다.

③ 한국으로 수출한 의류에 대한 수입실적은 CIF가격으로 한다.

④ 베트남에서 미국으로 수출하는 화물에 대해서는 우리나라 세관에 신고할 의무는 없다.

03 수출입의 승인에 대한 설명으로 옳지 않은 것은?

① 대외무역법에 따라 수출 또는 수입이 제한되는 물품 등을 수출하거나 수입하고자 하는 경우에는 산업통상자원부 장관의 승인을 받아야 한다.

② 수출입승인의 유효기간은 1년으로 한다. 단, 산업통상자원부 장관은 국내의 물가 안정, 수급조정 등의 특성을 고려하여 유효기간을 달리 할 수 있다.

③ 수입대금을 지급하고 선적서류를 인수한 후에 수입 승인한 사항을 변경하려는 경우 유효기간 경과 후에는 변경 승인·신고 신청을 할 수 없다.

④ 긴급히 처리하여야 하는 물품 등과 그 밖에 수출 또는 수입절차를 간소화하기 위한 물품 등으로서 다음 중 어느 하나에 해당하는 것은 수출입 승인을 받지 않을 수 있다.

04 산업통상자원부 장관은 대통령령으로 정하는 바에 따라 물품 등의 수출입을 제한하거나 금지할 수 있다. 그 사유에 해당하지 않는 것은?

① 우리나라 또는 우리나라의 무역상대국(교역상대국)에 전쟁·사변 또는 천재지변이 있을 경우

② 헌법에 따라 체결·공포된 무역에 관한 조약과 일반적으로 승인된 국제법규에서 정한 국제평화와 안전유지 등의 의무를 이행하기 위하여 필요할 경우

③ 인간의 생명·건강 및 안전, 동물과 식물의 생명 및 건강, 환경보전 또는 국내 자원보호를 위하여 필요할 경우

④ 교역상대국이 우리나라의 무역에 대하여 정당한 부담 또는 제한을 가할 경우

05 무역에 관한 제한 등 특별조치에 대한 설명으로 옳지 않은 것은?

① 산업통상자원부 장관은 교역상대국에 대하여 물품 등의 수출·수입의 제한 또는 금지에 관한 조치는 선조치 후 특별조치에 대한 조사를 하여야 한다.

② 수출입의 제한 또는 금지 조치에 해당하는 사실과 이해관계가 있는 자는 산업통상자원부 장관에게 특별조치를 하여 줄 것을 신청할 수 있다.

③ 산업통상자원부 장관은 특별조치에 대한 조사를 시작하면 지체 없이 그 사실을 공고하고, 조사를 시작한 날부터 1년 이내에 끝내야 한다.

④ 산업통상자원부 장관은 특별조치를 하려는 경우에는 그 특별조치의 내용을 공고하고 그 특별조치가 이해관계자의 신청에 따른 것일 때에는 해당 신청인에게 그 사실을 알려야 한다. 그 특별조치를 해제할 경우에도 또한 같다.

안심Touch

06 특정거래형태 수출입에 대한 설명으로 옳지 않은 것은?

① "위탁판매수출"이란 물품 등을 무환으로 수출하여 해당 물품이 판매된 범위 안에서 대금을 결제하는 계약에 의한 수출을 말한다.

② "수탁가공무역"이란 가득액을 영수하기 위하여 원자재의 전부 또는 일부를 거래 상대방의 위탁에 의하여 수입하여 이를 가공 한 후 위탁자 또는 그가 지정하는 자에게 가공물품 등을 수출하는 수출입을 말한다.

③ "중계무역"이란 수출할 것을 목적으로 물품 등을 수입하여 보세구역 및 보세구역 외 장치의 허가를 받은 장소 또는 자유무역지역 이외의 국내 특정지역에 반입하여 수출하는 수출입을 말한다.

④ "위탁가공무역"이란 가공임을 지급하는 조건으로 외국에서 가공(제조, 조립, 재생, 개조를 포함한다)할 원료의 전부 또는 일부를 거래 상대방에게 수출하거나 외국에서 조달하여 이를 가공한 후 가공물품 등을 수입하거나 외국으로 인도하는 수출입을 말한다.

07 수출입실적의 인정범위 등에 해당하지 않는 것은?

① 중계무역의 수출실적 인정 금액은 외국환은행의 입금액(다만, 위탁가공된 물품을 외국에 판매하는 경우에는 판매액에서 원자재 수출금액 및 가공임을 공제한 가득액이다)이다.

② 외국에서 개최되는 박람회, 전람회, 견본품 전시회, 영화제 등에 출품하기 위하여 무상으로 반출하는 물품으로서 현지에서 매각된 물품의 인정금액은 외국환은행의 입금액이다.

③ 수입실적의 인정범위는 수입의 정의에 해당하는 수입 중 유상 수입만을 말한다.

④ 수입실적의 인정금액은 일반적으로 수입통관액(CIF가격 기준)을 기준으로 한다. 단, 외국인수수입과 용역 및 전자적 형태의 무체물의 수입인 경우에는 외국환은행의 지급액으로 한다.

08 외화획득용 원료 · 기재에 대한 설명으로 옳지 않은 것은?

① "외화획득용 원료"란 외화획득에 제공되는 물품, 용역, 전자적 형태의 무체물을 생산하는데 필요한 원자재 · 부자재 · 부품 및 구성품을 말한다.

② "외화획득용 시설기재"란 외화획득에 제공되는 물품 등을 생산하는 데에 사용되는 시설 · 기계 · 장치 · 부품 및 구성품을 말한다.

③ "외화획득용 제품"이란 수입한 후 실질적인 가공을 거친 상태로 외화획득에 제공되는 물품 등을 말한다.

④ "소요량"이란 외화획득용 물품 등의 전량을 생산하는 데에 소요된 원자재의 실량과 손모량을 합한 양을 말한다.

09 외화획득의 범위에 해당하지 않는 것은?

① 주한 국제연합군이나 그 밖의 외국군 기관에 대한 물품 등의 매도

② 외국인으로부터 외화를 받고 공장건설에 필요한 물품 등을 해외에서 공급하는 경우

③ 외화를 받고 외항선박(항공기)에 선박(항공기)용품을 공급하거나 급유하는 경우

④ 무역거래자가 외국의 수입업자로부터 수수료를 받고 행한 수출을 알선하는 경우(외화획득에 준하는 행위로 인정된다)

10 다음 내국신용장과 구매확인서에 대한 내용으로 옳지 않은 것은?

구 분	내국신용장	구매확인서
발급기관	외국환은행	외국환은행 / 전자무역기반 사업자(KTNET)
발급한도	업체의 금융 융자 한도 이내	거래증빙서류 범위 이내
지급보증	외국환은행의 지급보증	
수출실적인정	수출실적 인정	

① 발급기관
② 발급한도
③ 지급보증
④ 수출실적인정

11 전략물자에 대한 설명으로 옳지 않은 것은?

① 전략물자란 국제수출통제체제의 원칙에 따라 국제평화 및 안전유지와 국가안보를 위하여 수출허가 등의 제한이 필요한 물품과 기술을 말한다.

② 상황허가란 전략물자에는 해당되는 대량파괴무기와 그 운반수단인 미사일의 제조·개발·사용 또는 보관 등의 용도로 전용될 가능성이 높은 물품 등을 수출하려는 자는 그 물품 등의 수입자나 최종사용자가 그 물품 등을 대량파괴무기나 미사일 등의 제조·사용 등에 용도로 전용할 의도가 있음을 알았거나 그럴 의도가 있다고 의심되는 경우에는 산업통상자원부 장관이나 관계 행정기관의 장의 허가를 받아야 한다.

③ 수출허가 또는 상황허가 등 산업통상자원부 장관 또는 관계 행정기관의 장에게 받은 수출허가의 유효기간은 1년으로 한다.

④ 수출허가 또는 상황허가의 면제가 필요하다고 인정하여 산업통상자원부 장관이 관계 행정기관의 장과 협의하여 고시하는 경우 전략물자의 수출허가 또는 상황허가를 면제하되, 수출자는 수출 후 7일 이내에 산업통상자원부 장관 또는 관계 행정기관의 장에게 수출거래에 관한 보고서를 제출하여야 한다.

12 원산지표시제도에 설명으로 옳지 않은 것은?

① 원산지란 물품 등의 제조·생산·가공이 이루어진 지역 또는 국가를 말하며, 우리나라로 수입되는 모든 물품은 반드시 원산지표시를 하여야 한다.

② 판매 또는 임대목적에 제공되지 않는 물품으로서 실수요자가 직접 수입하는 경우에는 원산지표시를 면제할 수 있다. 다만, 제조에 사용할 목적으로 수입되는 제조용 시설 및 기자재(부분품 및 예비용 부품을 포함한다)는 수입을 대행하는 경우 인정할 수 있다.

③ "Made by 물품 제조자의 회사명, 주소, 국명"의 방법으로 원산지를 표시할 수 있다.

④ 원칙적인 원산지표시 방법에도 불구하고 원산지표시대상물품에 원산지를 표시하는 것이 불가능하거나, 원산지표시로 물품의 가치가 실질적으로 저하되는 경우 최소포장, 용기 등에 수입물품의 원산지를 표시할 수 있다.

13 수입수량 제한조치에 대한 설명으로 옳지 않은 것은?

① 산업통상자원부 장관은 무역위원회의 건의, 국내산업 보호의 필요성, 국제통상 관계, 수입수량 제한조치의 시행에 따른 국민경제에 미치는 영향을 등을 검토하여 수입수량 제한조치 여부를 결정한다.

② 산업통상자원부 장관은 필요하다고 인정하는 경우 수입수량 제한조치 기간을 연장을 할 수 있으나 그 기간은 총 8년을 초과할 수 없으며, 내용의 변경이 있는 경우에는 최초의 제한 조치 내용보다 완화된 내용이어야 한다.

③ 산업통상자원부 장관은 수입수량 제한조치의 대상이었거나, 긴급관세 또는 잠정긴급관세의 대상이었던 물품에 대해서는 그 조치 또는 관세부과가 끝나기 전까지(조치 또는 부과 기간이 2년 미만인 경우에는 2년)는 다시 수입수량 제한조치를 시행할 수 없다.

④ 산업통상자원부 장관이 수입수량을 제한하는 경우, 그 제한수량은 최근의 대표적인 3년간의 수입량을 연평균 수입량으로 환산한 수량 이상으로 하여야 한다. 이 경우 최근의 대표적인 연도를 정할 때에는 수입량이 급증하거나 급감한 연도도 포함한다.

14 관세법상 용어의 정의로 옳은 것은?

① 수입 – 보세구역을 경유 시 외국물품을 보세구역으로부터 반입하는 것

② 수출 – 국내에 도착한 외국물품이 수입통관절차를 거치지 않고 다시 외국으로 반출하는 것

③ 외국물품 – 국내 선박 등이 공해(외국의 영해가 아닌 경제수역을 포함)에서 채집하거나 포획한 수산물 등으로서 수입신고가 수리되기 전의 것

④ 내국물품 – 보수작업 결과 외국물품에 부가된 내국물품

15 관세법상 납세의무자에 대한 설명으로 옳지 않은 것은?

① 수입자가 물품을 수입신고하기 전에 물품을 제3자에게 양도하면, 양수인이 납세의무자가 된다.

② 수입을 위탁받아 대행수입한 물품의 경우 위임자가 납세의무자가 된다.

③ 수입신고 전 즉시반출 규정에 따라 즉시 반출한 물품의 경우로서 즉시반출신고를 한날부터 10일 이내에 수입신고를 하지 않은 경우에는 그 물품을 즉시반출한 자가 납세의무자가 된다.

④ 보세구역 이외의 장소에서의 보수작업에 대한 승인기간이 경과하여 관세를 징수하는 물품인 경우에는 최초의 수입자가 납세의무자가 된다.

16 관세환급에 대한 설명으로 옳지 않은 것은?

① 세관장은 납세의무자가 관세·가산세 또는 강제징수비의 과오납금 또는 관세법에 따라 환급하여야 할 환급세액의 환급을 청구할 때에는 지체 없이 이를 관세 환급금으로 결정하고 30일 이내에 환급하여야 하며, 세관장이 확인한 관세 환급은 납세의무자가 환급을 청구하지 아니하더라도 환급하여야 한다.

② 납세의무자의 관세환급금에 관한 권리는 제3자에게 양도할 수 없다.

③ 수입신고가 수리된 물품이 계약 내용과 다르고 수입신고 당시의 성질이나 형태가 변경되지 아니한 경우 해당 물품이 수입신고 수리일부터 1년 이내에 다음의 어느 하나에 해당하면 그 관세를 환급한다.

④ 수입신고 수리일부터 6개월 이내에 보세구역에 반입하였다가 다시 수출하는 경우 수입할 때 납부한 관세를 환급한다.

17 관세법상 담보제도에 대한 설명으로 옳지 않은 것은?

① 담보는 금전, 국채 또는 지방채, 세관장이 인정하는 유가증권, 납세보증보험증권, 토지 등이 있다.

② 세관장은 담보를 제공한 납세의무자가 그 납부기한까지 해당 관세를 납부하지 아니하면 기획재정부령으로 정하는 바에 따라 그 담보를 해당 관세에 충당할 수 있다. 이 경우 담보로 제공된 금전을 해당 관세에 충당할 때에는 납부기한이 지난 후에 충당하며, 이때 가산세도 함께 징수한다.

③ 세관장은 관세의 강제징수를 할 때에는 재산의 압류, 보관, 운반 및 공매에 드는 비용에 상당하는 강제징수비를 징수할 수 있다.

④ 세관장은 관세의 납세의무자가 아닌 자가 관세의 납부를 보증한 경우 그 담보로 관세에 충당하고 남은 금액이 있을 때에는 그 보증인에게 이를 직접 돌려주어야 한다.

18 수입물품의 과세가격이 1,000,000원일 때, 다음의 관세율 적용 요건을 모두 충족한다고 가정하는 경우 실제로 납부하여야 할 관세로 옳은 것은?

• 기본세율 – 8%
• 잠정관세율 – 10%
• 한–아세안 FTA 관세율 – 5%
• 한–베트남 관세율 – 0%

---

① 기본세율 8%가 적용되어 80,000원이 납부하여야 할 관세이다.

② 잠정관세율 10%가 적용되어 100,000원이 납부하여야 할 관세이다.

③ 한–아세안 FTA 관세율 5%가 적용되어 50,000원이 납부하여야 할 관세이다.

④ 한–베트남 관세율 0%가 적용되어 납부하여야 할 관세는 없다.

19 수입물품의 관세율이 다음과 같고 수입물품의 과세가격이 1,000,000원일 때, 수입통관 시 납부하여야 할 관세액으로 옳은 것은?(단, 부가가치세 등은 고려하지 않는다)

A. 잠정관세율 12%
B. 조정관세율 3%
C. 기본관세율 10%
D. 일반특혜관세율 5%

① ₩ 120,000 ② ₩ 30,000
③ ₩ 100,000 ④ ₩ 50,000

20 다음은 수입물품 'M'에 대한 자료이다. 'M'에 대한 부가가치세 과세표준으로 옳은 것은?

A. 관세의 과세가격 ₩ 3,000,000
B. 관세 ₩ 240,000
C. 주세 ₩ 450,000
D. 교육세 ₩ 45,000
E. 수입자가 실제 결제한 금액 ₩ 2,400,000

① ₩ 2,400,000 ② ₩ 3,240,000
③ ₩ 3,735,000 ④ ₩ 3,000,000

21 기계류를 수입신고 후 2022년 8월 10일에 500만원의 세금을 납부하였다. 같은 해 10월 10일에 신고납부세액이 부족한 것을 알게 된 경우의 적절한 조치 방법은?

① 보정신청 ② 수정신고
③ 경정청구 ④ 정정신고

22 소액물품의 통관 절차에 대한 내용으로 옳지 않은 것은?

① 개인이 미국의 지인으로부터 우편물로 받은 미화 100달러 상당의 상품을 수입신고 및 세금 납부 없이 수취하였다.

② 개인이 미국의 전자상거래 사이트를 통해 자가사용 목적의 미화 500달러 상당의 의류를 구매하고 수입신고 및 세금 납부 없이 물품을 수취하였다.

③ 개인이 자가사용 목적으로 미화 30달러 상당의 의약품 10병을 미국의 전자상거래 사이트를 통해 총 미화 300달러에 구매하고 수입신고 및 관세납부 없이 수취하였다.

④ 면세한도를 초과하는 물품에 대해서는 물품의 가격을 과세가격으로 하여 과세한다.

23 재수입 면세에 대한 설명으로 옳지 않은 것은?

① 우리나라에서 수출한 물품 또는 수출물품의 용기 등이 수출되었다가 일정 기간 내에 재수입되는 경우에는 관세를 면제하는 제도이다.

② 우리나라에서 수출(보세가공수출을 포함한다)된 물품으로서 해외에서 제조·가공·수리 또는 사용되지 아니하고 수출신고 수리일부터 2년 내에 다시 수입(재수입)되는 물품은 재수입 면세를 받을 수 있다.

③「관세법」또는「수출용 원재료에 대한 관세 등 환급에 관한 특례법」에 따른 환급을 받을 수 있는 자 외의 자가 해당 물품을 재수입하는 경우에는 재수입 면세를 받을 수 없다.

④ 보세가공 또는 장치기간경과물품을 재수출조건으로 매각함에 따라 관세가 부과되지 아니한 경우 재수입 면세를 적용받을 수 있다.

24 관세법상 사후관리가 수반되는 관세감면제도를 모두 고른 것은?

A. 재수입 면세
B. 해외임가공물품 등의 감면
C. 학술연구용품의 감면
D. 세율불균형물품의 면세

① A, B
② A, C
③ B, C
④ C, D

25 계약상이 물품에 대한 관세환급에 대한 설명이다. 빈칸에 들어갈 내용으로 옳은 것은?

> 수입신고가 수리된 물품이 계약 내용과 다르고 (A) 당시의 성질이나 형태가 변경되지 아니한 경우, 해당 물품이 수입신고 수리일부터 (B)년 이내에 다음 각 호의 어느 하나에 해당하면 그 관세를 환급한다.
>
> > 1. 외국으로부터 수입된 물품 – (C)에 이를 반입하였다가 다시 수출하였을 것. 이 경우 수출은 수입신고 수리일부터 1년이 지난 후에도 할 수 있다.
> > 2. 보세공장에서 생산된 물품 – 보세공장에 이를 다시 (D)하였을 것

	(A)	(B)	(C)	(D)
①	수입신고	3	보세구역	반 입
②	수입신고 수리된	3	보세구역	반 입
③	수입신고	5	보세공장	반 출
④	수입신고 수리된	5	보세공장	반 출

26 납세자의 권리 보호에 관한 내용으로 옳지 않은 것은?

① 세관공무원은 조사를 하기 위하여 해당 장부, 서류, 전산처리장치 또는 그 밖의 물품 등을 조사하는 경우에는 조사를 받게 될 납세자(그 위임을 받은 자를 포함한다)에게 조사 시작 10일 전에 조사 대상, 조사 사유, 그 밖에 대통령령으로 정하는 사항을 통지하여야 한다.

② 관세조사의 통지를 받은 납세자가 천재지변이나 그 밖에 대통령령으로 정하는 사유로 조사를 받기가 곤란한 경우에는 대통령령으로 정하는 바에 따라 해당 세관장에게 조사를 연기 하여 줄 것을 신청할 수 있다.

③ 세관공무원은 납세자가 납세자의 권리행사에 필요한 정보를 요구하면 신속하게 제공하여야 한다. 이 경우 세관공무원은 납세자가 요구한 정보와 관련되어 있어 관세청장이 정하는 바에 따라 납세자가 반드시 알아야 한다고 판단되는 그 밖의 정보도 함께 제공하여야 한다.

④ 세관공무원은 납세자가 관세법에서 정하는 신고 및 신청, 과세자료의 제출 등의 납세협력의무를 이행하지 아니한 경우에도 그 범죄가 확정되기 전에는 납세자가 성실하며 납세자가 제출한 신고서 등이 진실한 것으로 추정하여야 한다.

27 보세구역에 대한 설명으로 옳지 않은 것은?

① 보세창고에 물품을 장치하는 기간은 외국물품의 경우 1년의 범위에서 관세청장이 정하는 기간으로 한다. 다만, 세관장이 필요하다고 인정하는 경우에는 1년의 범위에서 그 기간을 연장할 수 있다.

② 보세공장은 가공무역의 진흥을 위하여 세관장의 특허를 받은 보세구역으로서, 보세공장에서는 내국물품을 원료 또는 재료로 하거나 외국물품과 내국물품을 원료 또는 재료로 하여 제조·가공하거나 그 밖에 이와 비슷한 작업을 할 수 있다.

③ 보세구역에 장치된 물품은 그 현상을 유지하기 위하여 필요한 보수작업과 그 성질을 변하지 아니하게 하는 범위에서 포장을 바꾸거나 구분·분할·합병을 하거나 그 밖의 비슷한 보수작업을 할 수 있다.

④ 보세구역 중 물품의 관리 및 세관감시에 지장이 없다고 인정하여 관세청장이 정하는 바에 따라 세관장이 지정하는 보세구역(자율관리보세구역)에 장치한 물품은 세관공무원의 참여와 관세법에 따른 절차 중 관세청장이 정하는 절차를 생략한다.

28 관세법상 보세구역에 장치된 물품에 대한 설명으로 옳지 않은 것은?

① 보세구역의 종류에 따라 물품 장치기간이 정해져 있다. 이 기간을 경과한 경우 세관장은 반출 통보를 거쳐 공고 후 매각 처리가 가능하다.

② 보세구역에 장치된 물품은 세관장 승인을 얻어 보수작업을 할 수 있는데, 이 때 외국물품에 부가된 내국물품은 외국물품으로 보지 아니한다.

③ 보세구역에 장치된 물품을 부패·손상을 이유로 세관장의 승인을 받아 폐기하는 경우에는 잔존물에 대해 관세를 부과한다.

④ 보세구역에 장치된 외국물품의 전부 또는 일부를 견본품으로 반출하여 사용·소비한 경우 해당 물품은 관세를 납부하고 수입신고 수리된 것으로 본다.

29 수출입 통관에 대한 설명으로 옳지 않은 것은?

① 관세청장이나 세관장은 관세법에 따른 의무사항을 위반하거나 국민보건 등을 해칠 우려가 있는 물품은 대통령령으로 정하는 바에 따라 이를 보세구역으로 반입할 것을 명할 수 있다. 단, 수입신고가 수리되어 반출된 물품은 제외한다.

② 수출신고가 수리된 물품은 수출신고가 수리된 날부터 30일 이내에 운송수단에 적재하여야 한다. 다만, 기획재정부령으로 정하는 바에 따라 1년의 범위에서 적재기간의 연장승인을 받은 것은 그러하지 아니하다.

③ 국내에서 환적되는 물품 중 저작권법에 따른 저작권을 침해하였음이 명백한 물품인 경우 세관장 직권으로 통관을 보류를 시킬 수 있다.

④ 관세청장은 중앙행정기관의 장의 요청을 받아 세관장으로 하여금 세관장의 확인이 필요한 수출입물품 등 다른 법령에서 정한 물품의 성분·품질 등에 대한 안전성 검사를 하게 할 수 있다.

30 관세법상 신고에 대한 설명으로 옳지 않은 것은?

① 물품을 수출·수입 또는 반송하려면 해당 물품의 품명·규격·수량 및 가격과 그 밖에 대통령령으로 정하는 사항을 세관장에게 신고하여야 한다.

② 수입하거나 반송하려는 물품을 지정장치장 또는 보세창고에 반입하거나 보세구역이 아닌 장소에 장치한 자는 그 반입일 또는 장치일부터 30일 이내 수입 또는 반송 등의 신고를 하여야 한다.

③ 수입하려는 물품의 신속한 통관이 필요할 때에는 해당 물품을 적재한 선박이나 항공기가 입항하기 전에 수입신고를 할 수 있다.

④ 세관장은 선박이나 항공기가 입항하기 전에 수입신고한 물품은 검사대상으로 선별되었더라도 입항 전에 그 수입신고를 수리할 수 있다.

31 세관장의 수입검사에 대한 설명으로 옳지 않은 것은?

① 세관공무원은 수출·수입 또는 반송하려는 물품에 대하여 검사를 할 수 있다.

② 관세청장 또는 세관장은 세관공무원의 적법한 물품검사로 인하여 물품에 손실이 발생한 경우 그 손실을 입은 자에게 보상하여야 한다.

③ 세관공무원의 물품검사는 보세구역에서 검사하여야 하며, 보세구역이 아닌 장소에 장치된 물품은 보세구역에 반입하게 한 후 검사할 수 있다.

④ 세관장은 효율적인 검사를 위하여 부득이하다고 인정될 때에는 관세청장이 정하는 바에 따라 해당 물품을 보세구역에 반입하게 한 후 검사할 수 있다.

32 관세법상 벌칙에 대한 설명으로 옳지 않은 것은?

① 밀수출입죄 및 관세포탈죄에 따른 행위를 교사하거나 방조한 자는 정범에 준하여 처벌한다.

② 밀수출입죄 및 관세포탈죄를 저지를 목적으로 그 예비를 한 자는 본죄에 준하여 처벌한다.

③ 밀수출입에 사용하기 위하여 특수한 가공을 한 물품은 누구의 소유이든지 몰수하거나 그 효용을 소멸시킨다.

④ 납세의무자 또는 납세의무자의 재산을 점유하는 자가 강제징수를 면탈할 목적 또는 면탈하게 할 목적으로 그 재산을 은닉·탈루하거나 거짓 계약을 하였을 때에는 3년 이하의 징역 또는 3천만원 이하의 벌금에 처한다.

33 환급특례법상 환급대상 수출에 대한 설명으로 옳지 않은 것은?

① 무상으로 수출된 외국으로부터 가공임 또는 수리비를 받고 국내에서 가공 또는 수리를 할 목적으로 수입된 원재료로 가공하거나 수리한 물품의 수출 또는 당해 원재료 중 가공하거나 수리하는데 사용되지 아니한 물품의 반환을 위한 수출

② 우리나라 안에서 원화를 받고 미합중국 군대에 대한 물품의 판매

③ 종합보세구역에 대한 공급. 단, 수출용원재료로 공급하거나 수출한 물품에 대한 수리·보수 또는 해외조립생산을 위하여 부품 등을 반입하는 경우 또는 보세구역에서 판매하기 위하여 반입하는 경우에 한한다.

④ 우리나라와 외국 간을 왕래하는 선박 또는 항공기에 선박용품 또는 항공기용품으로 사용되는 물품의 공급

34 환급특례법상 원재료에 대한 설명으로 옳지 않은 것은?

① 수출물품을 생산하거나 수출물품에 물리적 또는 화학적으로 결합되는 물품 및 수출물품의 포장용품은 관세 등을 환급 받을 수 있는 원재료이다.

② 관세법에 따라 유상으로 수출신고가 수리된 물품은 환급특례법상 관세 등을 환급 받을 수 있다.

③ 세관장은 물품이 수출 등에 제공된 경우에는 수출신고가 수리된 날부터 소급하여 2년 이내에 수입된 해당 물품의 수출용 원재료에 대한 관세 등을 환급한다.

④ 수출물품의 생산에 국산 원재료의 사용을 촉진하기 위하여 필요하다고 인정되는 경우에는 환급을 제한할 수 있다.

35 소요량에 대한 설명으로 옳지 않은 것은?

① 소요량이란 수출물품을 생산하는 데에 드는 원재료의 양을 말하며, 손모율을 포함한 것을 말한다.

② 수출건별 등 총 소요량 산정방법은 수출신고필증, 기초원재료납세증명서 또는 수출계약서상의 수출물품을 생산하는 과정에서 사용한 원재료의 종류별 총량으로 산정한다.

③ 단위실량 산정방법은 수출물품 1단위를 분해하여 실측한 원재료의 종류별 양으로 산정한다. 단, 원재료가 화학적으로 통합되어 단위실량과 손모량을 구분할 수 없는 경우에는 단위실량 산정방법을 적용할 수 없다.

④ 관할지 세관장이 환급 전 심사 또는 환급 후 심사 과정에서 소요량심사가 필요하다고 인정되는 경우에는 본부세관 소요량심사부서에 소요량 심사를 의뢰할 수 있다.

36 환급특례법상의 기초원재료납세증명서(이하, "기납증"이라 한다)에 대한 설명으로 옳지 않은 것은?

① 수출용 원재료가 내국신용장 또는 구매확인서에 근거한 계약물품만을 제조, 가공 후 거래된 수출용 원재료에 대한 납부세액을 증명하는 서류이다.

② 세관장은 내국신용장등에 물품을 공급한 자에게 기납증을 발급하게 할 수 있다.

③ 기초원재료납세증명서는 물품을 공급받는 자가 관할지 세관장으로부터 발급받는다.

④ 수입원재료와 중간원재료를 사용하여 생산한 물품을 수입신고 수리일(중간원재료의 경우 구매일)부터 2년 이내에 수출물품을 생산하는 자에게 양도하거나 수출물품의 중간원재료를 생산하는 자에게 양도하는 경우 기납증을 발행할 수 있다.

37 FTA 협정의 원산지증명서와 관련된 설명으로 옳은 것은?

> A. 한-아세안 FTA 협정의 원산지증명서는 기관발급방식이며, 유효기간은 1년, 사용횟수는 1회 사용을 원칙으로 한다.
> B. 한-EU FTA 협정의 원산지증명서는 자율증명방식이며, 유효기간은 1년, 사용횟수는 1회 사용을 원칙으로 한다.
> C. 한-미국 FTA 협정의 원산지증명서는 자율증명방식이며, 유효기간은 1년, 사용횟수는 기간 내 여러 번 사용을 원칙으로 한다.
> D. 한-중국 FTA 협정의 원산지증명은 기관발급방식이며, 유효기간은 1년, 사용횟수는 기간 내 여러 번 사용을 원칙으로 한다.

① A   ② A, B
③ A, B, C   ④ A, B, C, D

38 시대상사가 중국으로 플라스틱 연결구(3917.40-0000)를 수출하기 전 해당 물품의 한-중국 FTA원산지증명서를 발급받고자 준비하고 있다. "HS 3917.40"의 원산지결정기준 및 원산지소명서상 원재료 내역이 다음과 같을 때, 옳은 내용을 모두 고른 것은?(제시된 내용 외 다른 고려사항은 없다)

> • 3917.40호의 원산지결정기준 - CTH
> • 원재료명세서

연번	재료명	HS CODE	원산지	수량	가격	공급자
1	PVC PIPE	3917.23	미상	1M	-	대한상사
2	STEEL WASHER	7318.21	미상	2PC	-	시대스틸
3	STEEL NUT	7318.16	미상	1PC	-	한라스틸

> A. 본 수출물품은 원재료의 원산지와 관계없이 원산지 상품으로 인정될 수 있다.
> B. PVC PIPE가 비역내산인 경우 수출물품은 원산지상품으로 인정될 수 없다.
> C. STEEL WASHER가 비역내산인 경우에는 비역내산인 경우 수출물품은 원산지물품으로 인정될 수 없다.
> D. PVC PIPE에 대하여 역내산으로 명시된 원산지(포괄)확인서를 제공받았다면 원산지판정시 세번변경 여부를 고려하지 않아도 된다.

① A, B   ② B, C
③ B, D   ④ A, D

FTA 원산지결정기준과 관련한 설명으로 옳지 않은 것은?

① NC(50) – 세번변경과 함께 순원가법에 의거 역내 부가가치기준이 50% 이상일 것

② CTH or MC(50) – HS 4단위 세번이 변경되거나, 비원산지 재료의 가격이 공장도 거래가격의 50%를 초과하지 아니할 것

③ SP(Cutting & Sewing) – 재단 봉제 가공이 해당국 또는 양 당사국 영역에서 수행될 것

④ RVC(35/45) – 세번변경 없이 역내 부가가치기준이 집적법(BU)에 의거 35% 이상이거나 공제법(BD)에 의거 45% 이상일 것

시계의 원재료 및 비용 등이 다음과 같을 경우, 한-아세안 FTA의 공제법에 따른 역내부가가치비율로 옳은 것은?

구 분	품 명	1개당 가격	원산지
원재료	무브먼트	USD 50	국 산
	가죽 시계줄	USD 10	중 국
	버 클	USD 5	중 국
	케이스	USD 5	중 국
판매관리비 등		USD 20	–
국내운송료		USD 10	–
FOB가격		USD 100	–

① 60%

② 70%

③ 80%

④ 90%

41

송금결제방식에 대한 옳은 설명을 모두 고른 것은?

A. 수출자는 CWO방식보다는 COD방식을 선호한다.
B. CAD는 서류와, COD는 현물과 상환하는 결제방식이다.
C. 송금결제방식에는 적용되는 국제규칙이 없다.
D. 송금결제방식은 신용장방식에 비해 신속하게 결제가 이루어진다.

① A, B
② A, C
③ A, B, C
④ A, B, C, D

42

D/A, D/P방식에 대한 설명으로 옳지 않은 것은?

① D/P결제방식에서 수출상은 위험회피방안으로 수출보험), 보증신용장 또는 은행보증서를 활용
할 수 있다.
② D/P결제방식에서 수입상은 보증신용장, 은행보증서를 활용할 수 있다.
③ D/A결제방식에서 수출상은 상품을 선적한 후에 대금을 받지만 수입자의 거래은행으로부터 지
급보증을 받기 때문에 신용위험이 없다.
④ D/A결제방식에서 수입상은 어음의 인수만으로 선적서류를 인도받을 수 있으므로 신용상 위험
이 발생하지 않는다.

43

송금결제방식 위험관리기법에 대한 설명으로 옳지 않은 것은?

① CAD방식에서 수입자는 수출국에 주재하는 자신의 대리인을 통하여 선적 전 검사를 시행하고
선적서류를 받은 후 대금을 지급하여 위험을 관리할 수 있다.
② 사후송금 수출거래에서 수출상은 대금 미회수위험에 대비하여 수출보험을 활용한다.
③ 사전송금거래에서 수출상이 계약을 이행하지 않을 위험에 대비하여 수입상은 선수금환급보증
서(A/P Bond)를 활용한다.
④ 수출자는 신용장보다 O/A방식을 활용하여 대금 미회수 위험을 축소할 수 있다.

44 추심 결제방식에 대한 설명으로 옳은 것은?

① 은행은 추심과 관련된 계약의 물품에 대한 보관, 적하보험 부보를 포함한 조치를 하도록 지시 받은 경우 그러한 조치를 위하여야 한다.

② 「추심에 관한 통일규칙」을 적용하기 위해서는 반드시 규칙의 적용을 받는다고 기재한 추심지시 서를 첨부해야만 한다.

③ 금융서류(Financial Documents)의 첨부 없이 상업서류(Commercial Documents)만으로도 추심이 가능하며 이를 무담보추심(Clean Collection)이라 한다.

④ 「추심에 관한 통일규칙」에 따르면 서류의 송달 중에 발생한 지연 또는 분실은 추심의뢰은행이 책임을 진다.

45 추심에 관한 통일규칙에 따른 추심의 설명으로 옳지 않은 것은?

① 추심의 당사자에는 추심의뢰인, 추심의뢰은행, 추심은행 및 제시은행이 포함된다.

② 추심의뢰은행은 추심의뢰인에 의해 지정된 은행이 없는 경우 인수국가 내에서 직접 선택하거 나 다른 은행이 선택한 모든 은행을 이용할 수 있다.

③ 물품을 보호하기 위해 취해진 조치와 관련하여 은행에게 발생한 비용은 지급인의 부담으로 한다.

④ 무담보추심에 있어서 분할 지급은 지급지의 법률에 의하여 허용되는 경우에 한하여 인정될 수 있다.

46 다음은 일반적인 D/P거래 절차 일부에 대한 설명이다. 적절한 순서로 나열한 것은?

> A. 수출자가 계약물품을 선적
> B. 수출자의 추심의뢰
> C. 추심의뢰은행이 수출자에게 대금지급
> D. 추심은행이 추심의뢰은행으로 대금 송금
> E. 추심은행이 수입자에게 서류 및 어음제시
> F. 수입자의 대금 결제

① A - B - E - F - D - C
② A - F - B - F - E - C
③ B - A - E - F - D - C
④ B - A - F - E - D - C

47 UCP600에서 보험서류에 대한 설명으로 옳지 않은 것은?

① 보험서류에서 부보가 선적일 이전에 효력을 발생함을 나타내고 있는 경우에는 보험서류의 일자는 선적일보다 늦어도 거절되지 않는다.

② 신용장에 보험서류 원본 1부를 제시하라는 조건이 명시된 경우에도 보험 서류가 1부를 초과한 원본으로 발행되었다고 표시된 경우에는 모든 원본 서류가 제시되어야 한다.

③ 보험서류에 표시되는 부보 금액은 반드시 신용장과 동일한 통화일 필요는 없다.

④ 신용장이 "전위험(All Risks)"에 대한 부보를 요구하는 경우에 "전위험(all risks)"이라는 문구를 포함하는 보험서류가 제시되는 때에는, 제목에 "전위험(all risks)"이 포함되는가에 관계없이 수리된다.

48 UCP600을 적용한 화환신용장 거래에서의 기간에 대한 설명으로 옳지 않은 것은?

① 별도로 요구되지 않고 "Documents should be presented as soon as possible"이라고 기재된 경우 서류는 발행일로부터 가능한 빠른 시일 내 제시되어야 한다.

② "Shipment should be effected first half of July"인 경우 선적은 7월의 15일까지 선적되어야 한다.

③ "The maturity date is from June 5th to 30days"인 경우 만기는 6월 5일부터 30일 이내이다.

④ "Shipment must be made until July 10th"인 경우 7월 10일까지는 선적되어야 한다.

49 UCP600을 적용하는 신용장거래에서 서류심사의 기준으로 옳은 것은?

① 개설은행은 서류에 대하여 문면상 일치하는 제시가 있는지 여부를 서류만에 의해서 심사하여야 한다.

② 개설은행에게는 제시가 일치하는지 여부를 결정하기 위하여 제시일의 다음 날로부터 기산하여 최장 7은행영업일이 주어진다.

③ 선하증권의 원본이 포함된 제시는 선적일 후 21일 또는 신용장의 유효기일보다 늦게 이루어져야 한다.

④ 제시되었으나 신용장에서 요구되지 아니한 서류는 조건에 불일치하지 않는 이상 수리될 수 있다.

50　오랜 기간 동일한 조건으로 지속적인 거래를 하고 있는 수출입자 관계에서 매번 개설해야 하는 번거로움을 개선하기 위해 활용할 수 있는 신용장으로 옳은 것은?

① Back to Back L/C

② Escrow L/C

③ Red Clause L/C

④ Revolving L/C

51　UCP600에서 규정한 원본과 사본 서류에 대한 설명으로 옳지 않은 것은?

① 신용장에서 명시된 각각의 서류의 원본 한 통은 제시되어야 한다.

② 서류 발행자의 손으로 작성된 서류도 원본으로 수리될 수 있다.

③ 신용장이 서류 사본의 제시를 요구하는 경우, 조건에 일치하는 사본의 제시만 허용된다.

④ 신용장이 "in duplicate" 용어를 사용하여 복수의 서류의 제시를 요구하는 경우, 이 조건은 그 서류 자체에 달리 정함이 없는 한 적어도 한 통의 원본과 한 통의 사본을 제시함으로써 충족된다.

52　UCP600에 따른 화환신용장거래를 할 때 은행의 역할 및 의무에 대한 설명으로 옳지 않은 것은?

① 은행은 자신의 영업시간 외의 제시를 수리할 의무가 없다.

② 은행은 용어의 번역 시 명백한 은행의 귀책이 있는 경우에 한하여 책임을 지며, 용어를 번역하지 않고 신용장의 조건을 전송할 수 있다.

③ 은행은 어떤 서류의 위조 여부 또는 법적 효력에 대하여 어떠한 책임도 지지 않는다.

④ 은행은 천재지변, 폭동, 소요, 반란, 전쟁, 테러행위 또는 어떤 파업 또는 직장폐쇄 또는 자신의 통제 밖에 있는 원인에 의한 영업의 중단으로부터 발생하는 결과에 대하여 어떠한 책임도 지지 않는다.

53

신용장 양도에 대한 설명으로 옳지 않은 것은?

① 양도 시에 달리 합의된 경우를 제외하고, 양도와 관련하여 발생한 모든 수수료(요금, 보수, 경비 또는 비용 등)는 제1수익자가 지급해야 한다.

② 분할청구 또는 분할선적이 허용되는 경우에 신용장은 두 사람 이상의 제2수익자에게 분할 양도될 수 있다.

③ 신용장이 두 사람 이상의 제2수익자에게 양도되면 양도인 모두의 승낙이 없는 한 조건변경은 수락되지 않는다.

④ 제2수익자에 의한 제시는 양도은행에 이루어져야 한다.

54

신용장의 양도 시 최초의 값보다 감액하거나 단축 반영될 수 있는 조건이 아닌 것은?

① 신용장의 유효기일

② 제시기간

③ 최종선적일

④ 보험부보율

55

화환신용장에서 요구한 송장(Invoice)에 대한 설명으로 옳은 것은?

① 신용장이 양도되는 경우를 제외하고 상업송장은 수익자가 발행한 것이어야 한다.

② 신용장의 통화와 반드시 같을 필요는 없다.

③ 견적송장(Pro forma Invoice)은 당사자 간의 합의가 있거나 상업송장과 금액이 동일할 경우 제시가 허용된다.

④ 신용장에서 1 Pallet(60Carton)으로 기재된 경우 당사자 간의 거래금액이 전체 포장단위인 1 Pallet 단위라면 상업송장은 전체 포장단위만 표시할 수 있다.

56 화환신용장에서 요구하는 서류의 서명에 대한 설명으로 옳지 않은 것은?

① 제시하는 선하증권의 서명을 운송을 위해 지정된 대리인이 하였다.

② 용선계약부 선하증권의 서명을 용선자가 하였다.

③ 보험증권에 수익자가 서명을 하였다.

④ 상업송장에 서명을 생략하였다.

57 UCP600에 따른 화환신용장 거래에서 개설은행이 지급을 거절하기로 한 경우 당사자의 조치로 옳은 것은?

① 개설은행은 지급을 거절한다는 사실을 선 통지 후 거절에 대한 하자를 추가로 통지하였다.

② 개설은행은 지급거절의 통지 후 5영업일 이내에 서류를 매입은행에 돌려보냈다.

③ 이미 지급을 한 은행은 이자를 제외한 상환대금에 대해서는 반환청구권을 행사하였다.

④ 개설은행의 통지가 제시일의 다음 날부터 3번째 영업일에 이루어졌다면 그에 따라 불일치 주장이 무효임을 주장한다.

58 다음의 화환신용장 조건에 따른 서류에 대한 설명으로 옳지 않은 것은?

> Full set of clean and on board B/L made out to the order of Korea bank

① 선하증권에 본선적재표기를 포함하여야 하며 발행일이 있는 경우 선적일자는 반드시 표시될 필요는 없다.

② Clean B/L이 요구되는 경우에도 "Clean" 문구가 반드시 기재될 필요는 없다.

③ 운송인에 의한 서명이 포함된 경우 용선계약과 관련된 표시가 있어도 관계없다.

④ 선하증권의 발행이 원본 한통만 발행된 경우 "Full set"는 원본 한통의 제시로 충족될 수 있다.

59 다음은 화환신용장의 일부내용이다. 신용장의 조건에 부합한 서류의 제시에 해당하는 내용을 모두 고른 것은?

MT700 ISSUE OF A DOCUMENTARY CREDIT
46A DOCUMENTS REQUIRED
+ COMMERCIAL INVOICE ONE COPY
+ INSURANCE POLICY COVERING ALL RISKS ISSUED TO THE ORDER OF ISSUING BANK FOR
   110% OF INVOICE VALUE
+ FULL SET OF OCEAN BILLS OF LADING CONSIGNED TO THE ORDER OF ISSUING BANK

A. 수익자가 발행하고 서명한 COMMERCIAL INVOICE의 사본 1부
B. INVOICE VALUE의 120%가 부보된 INSURANCE POLICY
C. ICC(A)의 담보조건으로 부보된 INSURANCE CERTIFICATE
D. 피보험인이 수익자로 기재된 INSURANCE POLICY
E. 수하인이 ISSUING BANK로 기명식으로 작성된 OCEAN B/L
F. 원본 1부와 부본 2부가 발행된 OCEAN B/L의 원본

① A, B, E
② B, C, E
③ B, D, E, F
④ A, B, C, E

60 다음은 화환신용장 조건 내용의 일부이다. 이에 대한 해석으로 옳지 않은 것은?

31C DATE OF ISSUE – 30 JULY 2022
31D DATE AND PLACE OF EXPIRY – 30 DECEMBER 2022 KOREA
48 PERIOD FOR PRESENTATION – WITHIN 30 DAYS AFTER THE DATE OF SHIPMENT BUT WITHIN CREDIT VALIDITY

① 신용장의 발행일과 관계없이 유효기한이 만료되면 신용장의 효력이 상실된다.
② 선적이 2022년 12월 15일에 이루어졌다면 2023년 1월 13일까지는 서류의 제시가 되어야 한다.
③ WITHIN 30 DAYS AFTER THE DATE OF SHIPMENT에서 AFTER는 서류제시의 만기를 위해 사용된 것이므로 명시된 일자는 제외하여야 한다.
④ 선적일자가 명시되지 않은 B/L이 제시되는 신용장이라면 B/L의 발행일을 선적일로 간주한다.

61 화환신용장 거래 시 분할선적 및 할부선적에 대한 설명으로 옳지 않은 것은?

① 신용장에서 아무런 명시가 없더라도 분할선적은 허용된다.

② 같은 운송수단에서 개시되고 같은 운송구간을 위한 선적을 증명하는 두 세트 이상의 운송서류로 이루어진 제시는, 그 운송서류가 같은 목적지를 표시하고 있는 한 비록 다른 선적일자나 다른 선적항, 수탁지, 발송지를 표시하더라도 분할선적으로 보지 않는다.

③ 제시가 두 세트 이상의 운송서류로 이루어지는 경우, 먼저 제시된 운송서류에 의해 증명되는 선적일을 선적일로 본다.

④ 신용장에서 할부선적이 일정한 기간 내에 이루어지도록 명시된 경우 배정된 기간 내에 할부선적이 이루어지지 않으면 동 신용장은 더 이상 사용할 수 없다.

62 화환신용장, 보증신용장 및 은행의 보증서의 비교에 대한 내용으로 옳지 않은 것은?

① 화환신용장은 상품대금의 결제목적으로 활용되지만, 보증신용장은 금융 또는 채무보증 등을 목적으로 활용된다.

② 보증신용장도 화환신용장과 마찬가지로 환어음을 활용한다.

③ 은행보증서는 화환신용장과 달리 UCP600의 규칙을 적용하지 않는다.

④ 화환신용장은 신용장 조건에 맞는 서류의 제시와 심사를 통해 지급이 이루어지지만, 지급보증 은행은 매도인이 매수인의 채무불이행진술서를 첨부하는 경우 지급을 이행한다.

63 국제팩터링에 대한 설명으로 옳지 않은 것은?

① 팩터링이란 팩터링 회사가 수출자와 수입자 사이에서 신용조사, 지급보증 및 전도 금융 등을 제공하는 결제방식이다.

② 수출자가 수출팩터로부터 전도금융을 받기 위해서는 물품선적 후 선적서류를 수출팩터에게 양도하여야 한다.

③ 수출팩터가 전도금융을 제공하는 경우 관련 수수료는 수입자로부터 받는다.

④ 수출자가 팩터에게 수입자의 신용승인을 요청하고, 팩터가 수입자의 신용조사 후 팩터링의 승인을 통지하면, 수입자가 채무를 불이행하더라도 팩터는 지급을 하여야 한다.

64 포페이팅 방식에 대한 설명으로 옳지 않은 것은?

① 포페이팅 방식은 수출거래의 환어음 또는 약속어음을 수출자로부터 고정이율로 할인하여 매입하는 방식으로 할인율은 국가나 서비스 제공은행에 따라 달라질 수 있다.

② 수입자가 만기에 대금을 지급하지 않는 경우 수출자는 포페이터로부터 받은 대금을 반환하여야 한다.

③ 포페이팅도 국제적으로 통용되는 규칙(URF)이 있다.

④ 포페이팅은 통상 중장기 어음의 할인에 활용된다.

65 ISBP745 규정에 대한 설명으로 옳은 것은?

① 제출할 원본서류의 수는 신용장에서 요구하는 최소 수량 이상이어야 한다.

② 운송에 관한 문서의 경우 발행된 원본수가 명시된 경우 적어도 한통이상의 원본이 제시되어야 한다.

③ 2통의 원본문서가 발행된 경우의 신용장에서 1/2의 선하증권 원본을 제시하도록 한 경우 2/2의 선하증권 제시도 동일한 원본으로 취급받는다.

④ 신용장에서 인보이스의 사본이 요구된 경우 인보이스 사본을 제시해야만 한다.

66 결제방식별 활용방안에 대한 설명으로 옳지 않은 것은?

① O/A거래 시 수출업자는 팩터링 서비스를 통해 선적 후 일정 수수료를 지급하고 수출대금의 선지급을 받을 수 있다.

② 신용장거래에서 수입업자는 제품하자에 대비하고자 할 경우 신용장 제시조건 "서류요구"란에 적어도 1통의 검수증명서(Inspection Certificate)를 요구할 수 있다.

③ Sight L/C를 개설한 수입업자가 대금지급능력이 없는 경우 Banker's Usance L/C를 통해 결제를 위한 시간을 벌 수 있다.

④ 수출자의 BWT 거래제의에 대해 수입자는 CAD조건으로 거래하도록 제의할 수 있다.

67 다음은 은행 간의 SWIFT 전문의 일부 내용이다. 이에 대한 해석으로 옳지 않은 것은?

FM - DS BANK, BERLIN GERMANY
TO - SD BANK, SEOUL KOREA
DATE - 2022 07 31
MT 499 Free Format Message
Narrative - ADVICE OF ACCEPTANCE
YR REF. EDA0002022
DATED JUNE. 21, 2022
FOR EUR 55,220.00
DRAWER INES IMPORT & EXPORT COMPANY
WE INFORM YOU THAT THE WRITEN GOODS WAS ACCEPTED BY THE DRAWEE ON JUL. 31, 2022

---

① 본 거래는 INES IMPORT & EXPORT COMPANY가 수출자인 거래이다.
② 본 전문의 목적은 DS BANK의 추심 인수통보이다.
③ 본 거래에서 SD BANK가 REMITTING BANK이다.
④ 본 전문에 따르면 이후 수출자는 은행에서 수출대금을 지급받을 수 있다.

68 수출자가 한국무역보험공사가 제공하는 단기수출보험을 활용하고자 할 때 거래순서를 바르게 나열한 것은?

A. 수출계약
B. 수출통지
C. 사고통지
D. 보험료 납부
E. 보험금 지급심사
F. 보험 한도신청
G. 보험금 지급

---

① F - A - B - C - D - E - G
② A - F - D - B - C - E - G
③ A - B - C - F - E - G - D
④ A - B - C - E - G - F - D

69 우리나라의 환율제도 변천사에 대한 설명으로 옳지 않은 것은?

① 우리나라는 1945년 해방 이후 고정환율제도에서 단일변동환율제도로 변경하였다.

② 미국 달러와 세계 주요국의 통화를 하나의 바스켓에 담아 환율을 정하는 것은 복수통화바스켓 제도라 하며 우리나라는 1990년까지 채택하였던 방식이다.

③ 1990년 급격한 환율변동에 따른 위험을 줄이기 위해 하루 변동 폭의 제한이 있는 시장평균환 율제도를 운용하였다.

④ 우리나라는 현재 자유변동환율제도를 이용하고 있다.

70 국제금융시장에서 통화환율을 미국식(간접표시법)으로 표시하는 국가로 옳지 않은 것은?

① 뉴질랜드

② 오스트리아

③ 네덜란드

④ 호 주

71 다음 제시된 은행의 통화별 환율에 대한 설명으로 옳지 않은 것은?(환율표시는 앞의 것이 기준통화이다)

은 행	통 화	Bid	Offer
A	USD/KRW	1,000	1,200
B	USD/EUR	0.8	0.9
C	EUR/KRW	1,300	1,400

① A은행은 고객이 1달러를 매도할 때 1,000원을 지급한다.

② B은행은 고객으로부터 1달러를 매입하며 0.8유로를 지급한다.

③ C은행에 1유로를 매도하면 1,300원을 받게 된다.

④ 유로를 가진 고객은 달러가 필요할 경우 C은행에서 환전 후 A은행에서 달러로 환전하는 것 보 다는 B은행에서 직접 환전하는 것이 유리하다.

72 다음 중 우리나라의 은행 간 외환시장에 대한 설명으로 옳지 않은 것은?

① 외국환은행은 달러잔고가 많은 경우 다른 은행에 달러를 매매할 수 있다.

② 환위험을 헤지하는 목적보다 투기목적의 거래비중이 더 높다.

③ 은행 간 외환시장에는 외국환은행간의 거래를 의미하며 당사자에 한국은행은 포함되지 않는다.

④ 은행 간 시장의 달러/원 거래는 오전 9시부터 오후 3시 반까지 평일만 가능하다.

73 USD/KRW 환율과 90일 후 만기금리가 다음과 같을 때 스왑레이트를 산출한 것으로 옳은 것은?(소수점 둘째자리까지 산출한다)

USD/KRW 환율	1,100
USD 90일 만기금리	1.5%
KRW 90일 만기금리	2.5%

① 2.73

② 2.50

③ 2.95

④ 2.33

74 외환포지션에 대한 설명으로 옳지 않은 것은?

① 3개월 뒤 회수예정인 수출대금은 외환포지션에 포함되지 않는다.

② 스퀘어포지션 상태인 경우 환율에 영향을 받지 않는다.

③ 수입업체는 30일 후 지급조건으로 무역계약을 체결할 경우 Short Position이 발생한다.

④ 한국기업이 달러 Short Position 상태일 때 달러/원 환율이 하락하면 외환차익이 발생한다.

75

다음 사례에 해당하는 외환관리기법으로 옳은 것은?

> ABC기업은 수출입을 하며 결제기간을 장기로 설정하고 해당기간 내 환율이 상승될 것으로 예상되는 경우 결제기간이 만료되기 전 선지급하고, 환율이 하락할 것으로 예상되는 경우 만료일까지 지급을 늦추거나 만기일 이후 결제기한을 연장하도록 한다.

① 리딩과 래깅(Leading and Lagging)
② 네팅(Netting)
③ 매칭(Matching)
④ 포트폴리오(Portfolio)

다음의 상황에서 6개월 후 달러로 지급할 예정인 수입대금의 환위험 헤지전략으로 가장 유리한 것은?(단 옵션 프리미엄도 고려하며, 환율표시에서 앞의 것이 기준통화이다)

구 분	환율/프리미엄
USD/KRW 현물환율	1,100
6개월 선물환율	1,130
달러 콜옵션(행사가 1,100원) 프리미엄	달러당 20원
달러 풋옵션(행사가 1,100원) 프리미엄	달러당 25원
6개월 후 현물환율	1,180

① 달러를 풋옵션으로 매도한다.
② 달러를 콜옵션으로 매입한다.
③ 선물환으로 달러를 매입한다.
④ 6개월 후에 현물환으로 달러를 매입한다.

77

USD/KRW 현물환율과 스왑레이트가 아래와 같이 고시되었을 때 수입대금을 USD로 지급하는 수입기업에게 적용되는 선물환율로 옳은 것은?

구 분	Bid	Offer
Spot Rate	1,100	1,150
Swap Rate	5	3

① 1,095　　　　　　　　② 1,105
③ 1,147　　　　　　　　④ 1,153

78 통화옵션을 활용해 선물환 외화매입과 동일한 효과를 얻기 위한 방법으로 옳은 것은?

① 풋옵션을 매입하고, 행사가가 동일한 콜옵션을 같은 금액으로 매도한다.

② 풋옵션을 매도하고, 행사가가 동일한 콜옵션을 같은 금액으로 매입한다.

③ 행사가가 동일한 콜옵션과 풋옵션을 같은 금액으로 매입한다.

④ 행사가가 동일한 콜옵션과 풋옵션을 같은 금액으로 매도한다.

79 유럽에서 원자재를 수입해 제조하는 우리나라 기업이 원자재 수입대금을 유로(EUR)로 지급할 경우 환위험을 헤지하는 방법으로 옳지 않은 것은?

① 유로화를 현물환 매입

② 유로화를 선물환으로 매입

③ 유로화를 콜옵션으로 매입

④ 유로화를 풋옵션으로 매입

80 다음의 뉴스에 따른 달러/원(USD/KRW) 환율변동을 예상한 내용으로 옳은 것은?

① 주요 투자기관에서 한국 주식시장에 대한 투자등급을 '적극매수' 상태로 상향 조정하였다. – 환율 상승

② 중국에서 외국인 투자유치를 위해 위안화 환율을 절상하였다. – 환율 하락

③ 미국에서 시장 인플레이션을 막기 위해 긴축정책을 실시할 예정이라고 하였다. – 환율 상승

④ 미국에서는 침체된 경기부양을 위해 향후 1년간 경기부양자금을 방출하기로 하였다. – 환율 상승

제3과목 **무역계약**

01 인코텀즈 2020에 대하여 옳지 않은 내용을 모두 고른 것은?

> A. 인코텀즈는 매매계약에 따른 소유권의 이전, 계약위반에 따른 권리구제 또는 의무면제의 사유 등을 다루지 않고 있다.
> B. 인코텀즈는 운송계약 및 보험계약 체결 및 이와 관련된 권리/의무를 상세히 다루고 있다.
> C. FOB, CFR, CIF 규칙에서 인도지점으로 물품이 본선에 적재("on board" the vessel)된 때에 인도되는 것으로 규정하고 있다.
> D. 인코텀즈는 국제매매계약 및 국내매매계약에 모두 사용이 가능하며, 국제매매에서는 반드시 인코텀즈를 사용하여야 한다.
> E. CFR, CIF 조건에서는 매도인이 선박내로 물품을 인도해야 하지만 현실적으로는 컨테이너 운송이 보편화되면서 선박에 반입되기 전에 운송인에게 인도되는 것이 보편적이므로 CFR, CIF 보다는 FAS, CPT, CIP 조건을 사용하여야 한다.

① A, B, C
② B, C, D
③ B, D, E
④ A, C, D

02 인코텀즈 2020의 DPU 조건에 대한 설명으로 옳지 않은 것은?

① 매도인이 물품이 지정목적지에서 도착운송수단에서 양하된 채 매수인의 처분 하에 놓거나 그렇게 인도된 물품을 조달한 때를 인도 시점으로 보는 조건이다.
② 목적국의 지정 목적지에서 물품이 운송수단에서 양하된 상태로 매수인의 처분 하에 물품을 놓아두거나 그렇게 인도된 물품을 조달한 때 위험이 매수인에게 이전된다.
③ 인코텀즈에서 물품을 양하하도록 규정한 유일한 규칙이다.
④ 매수인이 지정선적지까지 운송계약 및 보험계약(필요한 경우)을 체결하고 그 비용을 부담하며, 이후 비용은 매도인에게 이전된다.

03 인코텀즈 2020의 조건 중 매도인의 위험부담이 도착지에서 종료되는 조건을 모두 고른 것은?

A. FCA	B. FOB
C. CIF	D. CPT
E. DPU	F. DDP

① A, B, C

② C, D

③ E, F

④ A, B, C, D

04 인코텀즈 2020 중 CIP에 대한 설명으로 옳지 않은 것은?

① 매도인이 매도인 자신과 계약을 체결한 운송인에게 물품을 교부하거나 그렇게 인도된 물품을 조달한 때 물품이 인도된 것으로 보는 조건이다.

② 위험은 합의된 장소에서 매도인이 계약한 운송인에게 교부하거나, 그렇게 인도된 물품을 조달하거나, 운송인에게 물품의 점유를 이전하는 때 위험은 매수인에게 이전되지만, 합의된 목적지까지 운송계약 체결의무는 매도인에게 있어, 위험과 비용의 이전 시점이 다르다.

③ 매도인은 보험을 부보할 당시 협회적하약관 ICC(C) 또는 이와 유사한 담보범위의 조건으로 보험을 부보하여야 한다.

④ 수출통관은 매도인이 부담한다.

05 인코텀즈 2020의 운송방식에 대한 설명으로 옳지 않은 내용을 모두 고른 것은?

A. 해상 및 내수로운송 방식에만 사용되는 조건 – FAS, FOB, CFR, CIF
B. 매도인이 적하보험을 부보해야 하는 조건 – DAP, DPU, DDP
C. 적출지의 지명이 표기되어야 하는 조건 – EXW, FCA, FAS, FOB, DDP
D. 매도인이 도착지에서 물품을 양하할 의무가 있는 조건 – DPU

① A, B

② B, C

③ C, D

④ A, D

06 인코텀즈 2020에 대한 설명으로 옳은 것은?

① FCA 조건에서 매수인은 그의 운송인에게 본선적재표기가 있는 선하증권을 매도인에게 발행하지 않는다.

② CIF 조건에서 매도인은 ICC약관 C조건이나 이와 유사한 수준의 보험에 부보하여야 한다. 단, 당사자 간 합의에 따라 더 높은 조건의 보험에 부보하도록 협의할 수 있다.

③ 수입국의 지정 목적지에서 물품이 운송수단에 적재된 상태로 매수인의 처분 하에 물품을 놓아두거나 그렇게 인도된 물품을 조달한 때 위험이 매수인에게 이전되며, 목적지에서 물품의 양하 의무는 없다.

④ 목적국의 지정목적지에서 매수인의 처분 하에 물품을 놓아두거나 그렇게 인도된 물품을 조달한 때 위험은 매수인에게 이전된다.

07 비엔나 협약에 대한 설명으로 옳지 않은 것은?

① 비엔나 협약은 다음 중 어느 하나에 해당하는 경우로서 영업소가 상이한 국가에 있는 당사자 간의 물품매매계약에 적용되는 것이 원칙이나 인코텀즈 2020과 같이 당사자 간 합의가 있는 경우 국내거래에도 적용할 수 있다.

② 개인용, 가족용 또는 자가사용으로 구입되는 물품의 매매에는 비엔나협약의 적용이 배제된다. 다만 매도인이 계약의 체결전 또는 그 당시에 물품이 그러한 용도로 구입된 사실을 알지 못하였거나 또는 알았어야 할 것도 아닌 경우에는 제외한다.

③ 확정청약이란 청약에 대한 승낙의 회신 유효기간이 정해진 청약 또는 유효기간이 없더라도 확정적(Firm) 또는 취소불능(Irrevocable)이라는 표시가 있는 청약으로서, 피청약자가 승낙의 의사표시를 취하기 전까지 청약의 내용을 변경하지 않는 청약을 말한다.

④ 승낙을 의도하고 있으나 이에 대한 내용의 변경이 있는 경우를 말한다. 변경된 승낙은 그 자체로 승낙이 이루어지는 것이 아니라 청약의 거절과 동시에 반대청약이 된다.

08 무역계약의 법률적 성격에 대한 설명으로 옳지 않은 것은?

① 낙성계약 – 계약의 성립은 당사자 간의 합의만으로 충분하며, 반드시 물품의 이전이나 대금의 지급이 요구되는 요물계약과 반대되는 개념이다.

② 요식계약 – 계약을 체결하기 위해서 반드시 서면 등에 의해서 계약서 작성 등이 이루어지는 것을 말한다. 반대로 불요식계약이란, 계약을 체결하기 위해 서면 등의 요식 행위가 필요 없이 계약이 체결 되는 것을 말한다.

③ 유상계약 – 매도인이 물품을 인도하면 매수인은 이에 대한 대금 등을 지급하는 계약을 말한다. 무상계약이란, 매도인의 물품을 인도하더라도 매수인은 이에 대한 대금 지급의 의무가 없는 경우를 말하며, 일반적으로 증여나 샘플 전달 시에 무상계약이 이루어진다.

④ 무역계약은 인코텀즈 → 준거법 → 당사자 간 계약 또는 합의의 순서로 해석된다.

09 무역계약에서 준거법 및 그 역할에 대한 설명으로 옳지 않은 것은?

① 계약당사자가 속한 국가의 법률 또는 비엔나 협약 등을 준거법으로 둘 수 있다.

② 준거법 소유국과 재판 관할지는 항상 동일하다.

③ 준거법이 있더라도 계약당사자가 합의한 내용이 우선된다.

④ 준거법은 당사자 간 합의한 계약 조항의 해석에 활용될 수 있다.

10 다음 중 청약과 승낙에 관한 설명으로 옳은 내용을 모두 고른 것은?

A. 청약은 불특정 다수에게 전하는 의사표시이다.
B. 청약은 그 제시된 내용과 매매조건에 당사자가 승낙하는 경우 계약이 성립된다.
C. 조건부 승낙도 청약에 대한 승낙으로 간주한다.
D. 승낙의 방식이나 방법이 지정되지 않은 경우 승낙의 방법의 의사표시는 특별한 제한 없이 가능한 방법으로 표시할 수 있다.

① A, B
② B, D
③ C, A
④ A, C

11 다음은 무역계약의 체결 및 이행과 관련된 설명이다. 조건부청약에 관한 옳은 내용을 모두 고른 것은?

> A. 피청약자가 청약자의 청약내용에 대해 내용의 일부를 변경 또는 추가하여 제의를 하는 것을 대응 청약(Counter Offer)이라고 한다.
> B. 피청약자가 승낙을 하여도 계약이 성립되지 않고 청약자의 최종확인이 있어야 비로소 계약이 성립되는 청약을 최종확인조건부청약이라고 한다.
> C. "Subject to change without our prior notice"로 표현되는 경우 이는 확약청약이다.
> D. 견본이 마음에 들면 유효하도록 하는 청약을 승낙조건부청약이라고 한다.

① A, B, C
② A, B, D
③ B, C, D
④ A, B, C, D

12 다음은 비엔나 협약의 내용 중 계약의 해제에 대한 내용이다. 옳은 내용을 모두 고른 것은?

> A. 계약의 해제는 계약의 효력을 계약의 성립시기로 소급하여 소멸시키는 것이며, 이미 이행한 부분에 대하여는 반환의 의무가 없다.
> B. 매수인은 매도인의 본질적 계약위반이 있을 경우 계약을 해제 할 수 있다.
> C. 매도인이 설정한 계약이행을 위한 추가기간 내에 매수인이 계약을 이행하지 않은 경우, 매도인은 계약을 해제 할 수 있다.
> D. 분할인도의 경우 어느 분할 인도분의 계약 불이행이 있는 경우, 매수인은 이미 행한 인도분과 앞으로 이행해야 할 인도분 모두에 대해 계약 해제를 할 수 있다.

① A, B, C
② B, C, D
③ A, B, D
④ A, C, D

13 다음의 일반거래조건협정에 대한 설명으로 옳은 내용을 모두 고른 것은?

> A. Liquidated Damages Clause – 계약위반 시 손해배상액을 미리 결정해 놓는 조항
> B. Consideration Clause – 계약에 따른 행위의 약속에 대해 제공되는 대가나 행위에 관한 조항
> C. Escalation Clause – 가격상승에 대비 가격상승을 위한 조항
> D. Indemnification Clause – 계약위반 및 계약 불이행에 대한 손해배상관련 조항

① A, B, C
② A, B, D
③ B, C, D
④ A, B, C, D

14 무역계약서의 조항에 대한 설명으로 옳지 않은 것은?

① Hardship Clause – 계약체결 당시에는 전혀 예상치 못했던 경제적 또는 정치적 사태가 계약체결 후 발생함으로써 계약내용의 이행이 곤란해져 계약의 본질적 변경이 불가피할 경우 당사자는 계약내용을 변경할 수 있도록 하는 조항

② Infringement Clause – 매수인이 제공한 규격에 따라 매도인이 물품을 생산하여 매수인에게 인도한 경우에는 그 생산으로 인하여 디자인권, 특허권 등으로부터 매수인은 구속되지 않는다는 조항

③ Non-waiver Clause – 계약내용의 일부가 무효화되더라도 그 계약 전체가 무효가 되는 것은 아니라는 조항

④ Liquidated Damages Clause – 계약체결 시에 청구할 수 있는 손해배상액을 미리 약정해 두는 조항

15 다음은 무역계약의 보험조건에 대한 설명이다. 순서대로 빈칸에 들어갈 내용으로 옳은 것은?

> 인코텀즈 2020 (.   )조건에서는 매도인이 보험계약을 체결할 의무가 있다.
> 보험금액은 보험자가 부담하는 보상책의 한도액으로 (   )로 부보한다.

① FCA, FOB – 물품가액의 110%
② FOB, CIF – 송장금액의 110%
③ CFR, CIF – 물품가액의 110%
④ CIF, CIP – 송장금액의 110%

16 다음은 일반 무역계약서 조항의 일부이다. 관련이 있는 조항으로 옳은 것은?

> The Parties shall make every effort to settle any disputes or differences arising out of or in relation to this Contract, or the breach, termination or invalidity thereof, by holding negotiations. Such negotiations may include the use of alternative dispute resolution mechanisms including but not limited to mediation.

① Infringement Clause   ② Entire Agreement Clause
③ Severability Clause   ④ Arbitration Clause

17 무역계약의 종료 사유에 대한 설명으로 옳지 않은 것은?

① 매도인은 매수인의 의무 불이행이 본질적인 위반에 해당하는 경우 및 이해추가기간 내에 의무 이행을 하지 않은 경우, 이행거절을 선언한 경우에는 계약의 해제를 선언할 수 있다.

② 무역계약 체결 후 매도인이 계약물품과 선적서류를 인도하고 매수인은 이에 대해 대금지급을 완료함으로써 무역계약은 종료하게 되며, 이행에 의한 종료라고 한다.

③ 불가항력에 대한 면책 조항은 전쟁이나 쿠데타, 자연재해, 국가의 강행 규정 등의 요인으로 인해 계약을 이행할 수 없는 경우, 이에 대해 책임을 묻지 않는 것으로 무역계약서에 명시하여야 분쟁을 피할 수 있다.

④ 계약 위반에 대한 손해배상액은 이익의 손실을 포함하여 계약 위반의 결과로 입게 되는 손실과 동등한 금액으로 한다. 단, 계약 체결 시에 예상했거나 예상할 수 있었던 손실에 대해서는 그 금액을 초과한 금액을 손해배상 청구할 수 있다.

18 무역계약조건에 대한 설명으로 옳지 않은 것은?

① 과부족용인조항이나 개산수량조건은 화물 속성상 감량이 수반되는 물품의 거래 시 수입업자가 과부족을 이유로 클레임을 제기하는 경우 과부족수량에 대한 금전상의 손해를 배상하도록 하는 조항을 말한다.

② Sea Damaged는 원칙적으로 선적품질조건이지만, 예외적으로 운송 중 해수 등에 의한 손상 등은 매도인이 책임을 지는 조건이다.

③ 산물이란 곡물, 광물, 모래, 자갈 등과 같이 비포장상태로 거래되는 물품을 의미하며 화물 속성상 인도과정에서 감량이 필연적이므로 정확한 수량을 인도하는 것이 불가능하므로 과부족을 삽입하여 분쟁을 예방할 수 있다.

④ 선적기간과 관련하여 "on or about Jan 10"으로 계약을 체결한 경우, 1월 5일부터 1월 15일까지 총 11일 사이에 선적하는 것으로 해석한다.

19 다음의 무역계약의 주요 협상조건에 대한 설명 중 옳은 내용을 모두 고른 것은?

> A. 신용장에 명기된 금액, 수량 등과 관련하여, "about" 또는 "approximately"라는 단어는 금액, 수량 등의 10%를 초과하지 아니하는 과부족을 허용하는 것으로 해석된다.
> B. 계약상 과부족범위에 대한 명시가 있는 경우라도 신용장거래 시 신용장통일규칙(UCP600)에 따라 개수나 수량으로 명시되어 있지 않는 한, 산물의 경우에는 과부족에 대한 규정이 없더라도 ±5%의 과부족은 허용된다.
> C. 당사자 간 과부족의 범위를 명시한 경우, 그 범위에 만큼의 과부족은 허용된다.
> D. 과부족허용 범위 이내에서 인도된 경우, 과부족 수량에 대해서는 대금의 정산이 필요 없이 최초 계약된 거래대금이 지급되어야 한다.

① A, B
② A, C
③ C, D
④ B, D

20 무역계약의 선적조건에 대한 설명으로 옳지 않은 것은?

① 선적기한을 표시하면서 "To", "Untill", "Till", "From", "Between"의 표현을 사용한 경우에는 계약에 명시된 해당 일자를 포함하는 것으로 간주한다.

② 선적기한을 표시하면서 "On or About"이라는 용어 또는 이와 비슷한 용어가 사용된 경우에는 계약에 명시된 기일의 전후 5일까지의 기간(해당일자를 포함하여 총 11일)의 기간 내에 선적되어야 한다.

③ 분할선적은 분할선적을 금지하는 문구가 없는 한, 분할선적이 허용되지 않는 것으로 간주한다.

④ 매도인이 통제할 수 없는 사유로 선적이 지연되는 경우에는 매도인은 면책된다.

21 무역계약 조건과 관련한 설명으로 옳지 않은 것은?

① 계약물품을 1회에 1개의 운송수단에 전량 선적하는 것이 아니라, 둘 이상 운송수단을 이용하여 선적하는 경우를 말한다. 둘 이상의 운송수단이라는 것은 동일한 운송수단의 다른 모선으로 선적하는 것을 포함한다.

② 계약물품을 1회에 1개의 운송수단에 전량 선적하지 않더라도, 동일한 운송수단에 동일한 목적지로 향하는 경우에는 분할선적으로 보지 않는다. 단, 적재항과 적재일자가 다르면 분할선적으로 본다.

③ 규격매매란, 공표된 규격을 충족시키는 품질의 물품을 계약 조건으로 결정하는 방법이다. 한국의 KS기준을 충족할 것을 계약조건으로 한다면, 매도인은 KS기준을 충족할 수 있는 품질의 제품을 매수인에게 인도하여야 한다.

④ 품질조건은 계약 대상 물품의 품질을 결정하는 조건으로 견본매매, 표준품매매, 규격매매, 상표매매, 명세서매매 등이 있다. 또한, 품질의 결정시기에 따라 품질이 변동 될 수 있어 품질 결정의 시기에 대해서도 명확히 할 필요가 있다.

22 무역계약의 이행불능 등과 관련된 설명으로 옳지 않은 것은?

① 이행불능조항(Frustration Clause)은 계약 체결 이후 후발적인 불능에 따라 계약을 이행할 수 없는 경우 계약이 자동으로 소멸되도록 합의하는 조항

② 계약유지조항(Hardship Clause)은 계약체결 후 발생하는 변동으로 인해 계약상의 내용대로 계약을 이행하는 것이 어려운 경우 계약내용을 변경할 수 있도록 합의하는 조항

③ 불가항력(Force Majeure)은 통제가 불가능한 사고(예 전쟁, 자연재해 등)으로 인한 의무 불이행은 면책되는 조항

④ 이행불능조항은 계약이 자동적으로 소멸되기 때문에 계약해제와 같은 효과를 지닌다.

23 무역계약의 분쟁해결에 대한 설명으로 옳지 않은 것은?

① 중재조항은 당사자 간의 분쟁을 명기된 중재기관에 의해 해결하겠다는 조항으로 중재국가, 중재기관, 중재규칙 등이 기재된다.

② 중재계약이 있는 경우에는 법원에 직접 소송을 제기하는 것이 불가능하며, 중재 판정은 법원의 확정판결과 동일한 효력을 가진다(직소금지원칙).

③ 중재판정에 따른 구속력을 이행하기 위한 강제집행은 중재판정만으로는 불가능하며, 해당국 법원의 집행판결이 있어야 강제집행이 가능하다.

④ 중재판정은 3심까지 항소할 수 있다.

24 개별계약과 포괄계약에 대한 설명으로 옳지 않은 것은?

① 일반적이고 공통적이 사항에 대해서는 포괄계약을 체결한다.

② 특정한 거래단위별 계약 내용이 있는 것은 개별계약을 체결한다.

③ 일반거래조건에 관한 협정을 체결하는 것은 개별계약의 범주에 포함된다.

④ 거래단위별로 계약 내용이 변경되는 경우 개별계약을 체결하는 것이 좋다.

25 무역분쟁의 해결방안으로 옳지 않은 것은?

① 클레임포기(Waver of claim)은 클레임을 제기하지 않는 당사자 간 자주적인 분쟁해결 방법이다.

② 소송이나 중재는 공개주의를 원칙으로 한다.

③ 조정(Intercession)은 확정적이며, 더 이상 이에 대한 이의를 제기할 수 없다.

④ 중재판정에 대한 결과는 외국에서도 중재판정에 대한 승인 및 강제집행 등을 보장받을 수 있다.

26 국제중재판정의 승인 및 집행에 관한 설명으로 옳지 않은 것은?

① 중재판정이 있는 경우에는 불복이나 상고할 수 없다.
② 중재판정의 집행은 준거법에 의해 중재합의가 무효가 되더라도 중재판정은 확정적이기 때문에 중재판정의 효력은 인정된다.
③ 중재판정은 기판력과 확정력 및 집행력을 지닌다.
④ 국제중재판정에서 집행이란 중재에서 승리판정을 받은 당사자가 패배 판정을 받은 당사자의 무작위에 대하여 공권력을 행사하는 것을 말한다.

27 분쟁해결에 대한 설명으로 옳지 않은 것은?

① 제3자에 의한 분쟁해결 방법에는 알선, 조정, 중재, 재판 등의 방식이 있다.
② 중재는 적은 비용으로 신속하게 해결되며, 분쟁 결과가 강제성을 가진다는 장점이 있다.
③ 중재합의에는 사후중재합의와 사전중재합의가 있다. 사후중재합의는 분쟁이 발생한 후에 중재로 합의하기로 하는 경우를 말하며, 사전중재합의란 장래에 분쟁이 발생할 경우 중재로 합의하로 하는 경우를 말한다.
④ 중재합의는 서면에 의하도록 규정되어 있지만 예외적으로 당사자 간 합의에 의해 구두합의를 하는 것도 가능하다.

28 다음은 중재(Arbitration) 및 재판(Litigation)에 대한 설명이다. 옳은 내용을 모두 고른 것은?

> A. 분쟁해결에 관한 조항은 명확하게 작성하기보다는 "소송 또는 중재로 해결한다"라고 표현하는 것이 좋다.
> B. 중재판정은 법원의 확정판결과 동일한 효력이 있기 때문에 본안에 대해서 법원 또는 중재로 다시 다툴 수 없다.
> C. 중재합의는 직소금지와 중재로 해결해야만 하는 법적효력이 있다.
> D. 중재인은 당사자 자치의 원칙에 따라 당사자가 합의로 선정하게 된다.

① A, B, C
② A, D, E
③ B, C, D
④ A, B, D

29 다음의 선하증권에 대한 설명으로 옳지 않은 것은?

<table>
<tr><td colspan="4" style="text-align:center">BILL OF LADING</td></tr>
<tr><td colspan="2">SHIPPER/EXPORTER
SJ INTERNATIONAL</td><td colspan="2">DOCUMENT NO. ABCD12345</td></tr>
<tr><td colspan="2" rowspan="2"></td><td colspan="2">EXPORT REFERENCES</td></tr>
<tr><td colspan="2">FORWARDING AGENT REFERENCES</td></tr>
<tr><td colspan="2">CONSIGNEE
TO ORDER</td><td colspan="2">POINT AND COUNTRY OF ORIGIN</td></tr>
<tr><td colspan="2">NOTIFY PARTY</td><td colspan="2">DOMESTIC ROUTING/EXPORT INSTRUCTIONS</td></tr>
<tr><td>RECARRIAGE BY</td><td>PLACE OF RECEIPT
BUSAN, CY</td><td colspan="2">ONWARD INLAND ROUTING</td></tr>
<tr><td>OCEAN
VESSEL/VOYAGE/FLAG
SJSJ2007S</td><td>PLACE OF LOADING
BUSAN, CY</td><td colspan="2">FOR TRANSSHIPMENT TO</td></tr>
<tr><td>PORT OF DISCHARGE
QINGDAO</td><td>PLACE OF DELIVERY
QINGDAO</td><td colspan="2">FINAL DESTINATION FOR THE MERCHANT'S REFERENCE ONLY</td></tr>
<tr><td colspan="4" style="text-align:center">PARTICULARS FURNISHED BY SHIPPER</td></tr>
<tr><td>MARKS AND NUMBERS</td><td>NO. OF CONT.
OR OTHER PKGS</td><td>DESCRIPTION OF PACKAGES AND GOODS</td><td>GROSS WEIGHT (KGS) / MEASUREMENT (CBM)</td></tr>
<tr><td>Container no.
SJEA8503091</td><td>1 × 20'</td><td>SHIPPER'S LOAD,
COUNT & SEAL
2,000KG SCDIUM
CARBONATE</td><td>2,000KG / 24,000CBM</td></tr>
</table>

① FCL화물에 대한 선하증권이다.

② 부지조항이 기재된 선하증권이다.

③ On board B/L을 요구하는 신용장거래에서는 사용할 수 없다.

④ 화주가 직접 수량을 확인한 선하증권이다.

30 한국의 시대상사는 FCA Busan CFS, 사후송금 조건으로, 뉴욕을 도착항으로 하여 모포 10cbm 을 LCL로 수출하고자 한다. 다음 중 옳은 내용을 모두 고른 것은?

> A. 시대상사는 뉴욕의 수입자가 지정해 준 Freight Forwarder를 통해서 Booking을 진행하였다.
> B. 시대상사는 운송인에게 배차정보를 전달하고, Empty container에 화물을 Stuffing하였다.
> C. 시대상사는 화물을 CY Operator에게 인도하고, CY Operator는 검수 후 Container에 적입하고 Sealing을 하였다.
> D. 시대상사는 화물이 선적되고 나서 선사로부터 Master B/L을 수령하였다.
> E. 시대상사는 자신이 Shipper로 기재된 House B/L을 뉴욕의 수입자에게 송부하였다.

① A, C   ② B, D
③ A, E   ④ B, E

31 시대상사는 인도네시아에 있는 바이어로부터 3CBM 분량의 전자제품 수출오더를 받아 복합운송 을 위해 포워더를 이용하기로 하였다. 다음 중 포워더가 시대상사에 설명해준 자사의 서비스 내용 으로 옳지 않은 것은?

① 복합운송계약을 체결할 경우 전 운송구간에 대한 유가증권으로서 복합운송을 발행해준다.
② 운송클레임 발생 시 전 구간에 대해 포워더에게 클레임을 제기할 수 있다.
③ K상사가 원할 경우 Sea & Air 서비스를 제공할 수도 있다.
④ Door to Door 서비스 제공이 가능하나 구간별 운임을 별도로 청구하여 받는다.

32 다음은 AWB의 일부분이다. 이에 대한 설명으로 옳지 않은 것은?

AirPort of Destination INCHONE AIRPORT	Requested Filght/Date		Amount of Insurance N.I.L.	INSURANCE — If carrier offers insurance, and such insurance is request in accordance with the conditions thereof, indicate amount to be insure	
	KE779	NOV.22.202x			
Handling Information These commodities, technology or software exported from United States in accordance with the Export Adminstration Regulations. Ultimate Destination				Diversion contrary to U.S law prohibited.	SCI
NO. of Pieces RCP	Gross Weight	kg lb	Rate Class Commodity Item No.	Chargeable Weight	Rate/ Charge	Total	Nature and Quantity of Goods (incl. Dimendions of Volume)
1	472.0 1,041.0	K L		472.0 1,041.0	AS ARRANGED		FCA GENERAL COSMETIC
1	472.0 1,041.0	K L					"FREIGHT COLLECT"

① 항공화물운송장은 항공운송에서 송하인과 항공운송인 간에 화물의 운송계약이 체결되었다는 것을 나타내는 증거서류인 동시에 송하인으로부터 화물을 운송하기 위해 수령하였다는 증거서류에 해당한다.

② Chargeable Weight는 화물의 실제중량과 부피중량 중 높은 쪽의 중량이 적용되므로 1,041.0kg에 대한 운임이 적용된다.

③ 운임은 선불로 완납되었다.

④ 국내로 수입되는 화물의 AWB로 인천공항으로 도착한다.

33 해상운송 중 정기선의 운임 할증에 대한 설명으로 옳은 것은?

① 할증료(Surcharge)는 일정 항로를 취항하는 정기선이 기항하는 항구 간의 기본운임 외에 특별히 인상하거나 부과하는 운임을 말한다.

② 유가할증료(BAF ; Bunker Adjustment Factor)는 선박회사가 유류 등을 구매할 때 발생하는 환차손 등의 손실을 보전하기 위한 할증료

③ 부두사용료(Wharfage)는 항만당국이 부두의 사용에 대하여 부과하는 것으로 우리나라의 경우 해운항만청 고시에 의하여 부과되며, 적하 톤당 일정액을 부과한다.

④ 터미널화물처리비(THC ; Terminal Handling Charge)는 화물이 컨테이너 터미널에 입고된 순간부터 본선의 선측까지 반대로 본선의 선측에서 CY의 게이트를 통과하기까지 화물의 이동에 따르는 비용을 말한다.

34 다음의 인보이스를 보고 운송 중 위험을 대비하기 위하여 무역 당사자가 취하여야할 조치로 옳은 것은?

Commercial Invoice			
Seller	K－Korea Company LTD.	Invoice date	Jan.03.202x
Adress	Guro－gu, Seoul		
Consignee : J corp		Export Reference : AWB 180－E87458	
		Terms and Conditions : EXW	
		Total Gross Weight : 1600Kg	
		Port of lading : Roma, Italy	

① K-Korea는 운송 및 보험 등과 관련하여 아무런 조치를 취할 필요 없이 영업소에서 물품을 매수인의 적치 하에 두면 된다.

② J corp는 물품에 대한 보험계약을 체결할 의무에 의하여 물품에 대해 최소담보기준으로 보험계약을 체결하였다.

③ 본 물품은 Roma에서 항공운송으로 운송되며, 운송계약은 J corp가 체결하였다.

④ K-Korea가 매도인이고, J corp가 매수인이다.

35 인코텀즈 2020에 따른 보험계약 체결로 옳지 않은 것은?

① CPT MADRID 조건으로 체결된 경우 매도인이 보험계약을 체결하여야 한다.

② CIP PARIS 조건으로 체결된 경우 매도인이 보험계약을 체결하여야 하며, ICC(C) 조건 또는 이에 상응하는 조건으로 보험계약을 체결하여야 한다.

③ FCA INCHOEN 조건으로 계약을 체결하는 경우 매수인이 보험계약을 체결할 수 있다.

④ EXW BUSAN 조건으로 계약을 체결하는 경우 매수인은 BUSAN부터 목적지까지의 보험계약을 체결할 수 있다.

36 신약관 ICC(A), ICC(B), ICC(C)에서 모두 담보하는 위험이 아닌 것은?

① 화재, 폭발

② 지진, 분화, 낙뢰

③ 본선, 부선, 그 밖의 운송용구와 물 이외 타물과의 충돌 · 접촉

④ 투 하

37 전손에 대한 내용으로 옳지 않은 것은?

① 전손은 부보된 화물이 위험에 의해 전부 멸실 되어 시장가격을 상실하였을 경우를 말하며, 현실전손(Actual Total Loss)과 추정전손(Constructive Total Loss)으로 구분된다.

② 추정 전손의 사유가 발생하여 피보험자가 보험목적물에 대한 일체의 권리를 보험자에게 이전하고 그 대신 전손에 해당하는 보험금을 청구하는 대위(Subrogation)를 거친다.

③ 추정전손은 화물이 현실적으로는 전체가 멸실 되지 않더라도 손해의 정도가 본래의 효용을 상실하거나, 복구비용이 오히려 시장가격을 초과하는 손해이다.

④ 현실전손은 화물이 실제로 전체가 멸실되어 보험 목적물의 파손 등이 발생한 손해로 절대전손(Absolute Total Loss)이라고도 한다.

38 SJ International사는 미국에서 스마트폰 200대를 수입하는 계약을 맺고 ICC(C)조건으로 USD 400,000의 보험금액으로 하는 해상보험을 가입하였다. 그러나 운송 도중 선창에 바닷물이 차서 기계가 전체 멸실되었다. SJ International사가 수입한 스마트폰을 1대당 40만원에 판매할 계획이 었을 때, SJ International사가 보험회사로부터 받을 수 있는 보험금으로 옳은 것은?

① 0
② $ 400,000
③ $ 440,000
④ ₩ 80,000,000

39 다음 중 보험구상에 대한 설명으로 옳은 것은?

① 보험사고 발생 시 피보험자는 사고사실을 보험자에게 통지하여야 하며, 통지를 태만히 한 경우 신약관의 중요사항약관의 위반에 해당하여 보험금 지급을 거절한다.

② 피보험자는 손해를 방지, 경감 등의 의무가 있으며, 이러한 조치를 하지않아 피해가 증가한 경우 보험자는 그 손해에 대해서 보상해주지 않는다.

③ 선박으로 운송된 화물이 파손된 경우에 피보험자는 화물 인도일로부터 7일 이내에, 항공기로 운송된 경우에는 21일 이내에 서면으로 운송인에게 사고 통지를 하고 대위권을 확보해 두어야 한다.

④ 피보험자가 손해배상청구권을 확보해두지 못한 경우 보험자는 대위권을 행사할 수가 없으므로 보험금 지급을 거절한다.

40 해상보험의 부가위험 등에 대한 설명으로 옳지 않은 것은?

① ICC(B) 조건에서는 침수에 대한 손해는 담보되지 않으므로 Breakage 조건을 추가로 가입하여 야 한다.

② TPND는 도난 등의 사유로 포장내용물의 일부가 없어져 화물이 목적지에 도착하지 못하는 손해에 대한 담보이다.

③ 함께 선적되었던 화물의 누유로 인해 화물이 손상될 경우를 대비하기 위해 COOC 조건을 추가로 담보하여야 한다.

④ Leakage and/or Shortage는 부보화물의 수량 또는 중량 부족에 대한 손해를 담보한다.

41

다음은 Incoterms 2020의 사용법에 대한 설명이다. 빈칸에 들어갈 단어로 옳은 것은?

> Leaving the ( ) out could cause problems that may be difficult to resolve. The parties, a judge or an arbitrator need to be able to determine which version of the Incoterms rules applies to the contract.

① year
② term
③ place
④ person

42

다음 Incoterms 2020에 대한 설명에서 밑줄 친 조건에 포함될 수 없는 것은?

> **The seven Incoterms rules** for any mode or modes of transport (so-called "multi-modal"), on the other hand, are intened for use where
> a) the point at which the seller hands the goods over to, or places them at the disposal of, a carrier, or
> b) the point at which the carrier hands the goods over to the buyer, or the point at which they are placed at the disposal of the buyer, or
> c) both points (a) and (b)
> are not on board(or alongside) a vessel.

① DPU
② CPT
③ FCA
④ FAS

43 Incoterms 2020에 대한 설명으로 옳지 않은 것은?

① The Incoterms 2020 prohibit rules alteration.

② In the case, seller deliver containerised goods to buyer by handing over to a carrier before loading onto a ship, the seller is well advised to sell on FCA terms rather than on FOB terms.

③ In CIP Incoterms rule, the seller must obtain insurance cover complying with Institute Cargo Clauses (A).

④ In EXW may be used irrespective of the mode or modes of transport, if any, selected.

44 다음의 계약에서 매도인과 매수인의 의무에 대한 설명으로 옳지 않은 것은?

Purchase Order

Goods - Bear Toy for Children (Serial No. 39586)

Unit Price - EUR 1.5

Quantity - 2,000 EA

Payment Term - CFR

Packing - Carton box on Pallet

Shipment - During Aug. 2022

Payment - Under an irrevocable sight L/C

Unless otherwise specified this contract is subject to the General Agreement previously exchanged.

---

① Seller should be place the contracted goods at the port of shipment for pickup by Buyer.

② Buyer should request issuing bank to issue an irrevocable L/C.

③ An insurance contract is not required.

④ The consignee of the B/L must be the issuing bank.

45 CISG(1980)에 규정된 청약에 대한 설명으로 옳지 않은 것은?

① An offer becomes effective when it reaches the offeree

② An offer, even if it is irrevocable, may be withdrawn if the withdrawal reaches the offeree before or at the same time as the offer.

③ A proposal other than one addressed to one or more specific persons is to be considered an offers, unless the contrary is clearly indicated by the person making the proposal.

④ Until a contract is concluded an offer may be revoked if the revocation reaches the offeree before he has dispatched an acceptance.

46 다음은 CISG(1980) 규정의 일부이다. 빈칸에 공통적으로 들어갈 용어로 옳지 않은 것은?

An acceptance may be withdrawn if the withdrawal ( ) the offerer before or at the ( ) as the acceptance would have become effective.

A contract is concluded at the moment when an ( ) of an offer becomes ( ) in accordance with the provisions of this Convention.

① sends
② same time
③ acceptance
④ effective

47 CISG(1980)의 적용범위에 대한 설명으로 옳지 않은 것은?

① The CISG applies to contracts of sale of goods between parties whose places of business are in different States.

② This Convention does apply to sales of goods bought for personal, family or household use.

③ Neither the nationality of the parties nor the civil or commercial character of the parties or of the contract is to be taken into consideration in determining the application of this Convention.

④ This Convention does not apply to contracts in which the preponderant part of the obligations of the party who furnishes the goods consists in the supply of labour or other services.

48

CISG(1980)에 규정된 매도인의 의무로 옳지 않은 것은?

① The seller must deliver goods which are of the quantity, quality and description required by the contract and which are contained or packaged in the manner required by the contract.

② If a date is fixed by or determinable from the contract, the seller must deliver the goods on that date.

③ If the seller is bound to arrange for carriage of the goods, he must make such contracts as are necessary for carriage to the place fixed by means of transportation appropriate in the circumstances and according to the usual terms for such transportation.

④ The seller must provide the license of goods, hand over any documents relating to them, as required by the contract and this Convention.

49

다음은 무역용어에 대한 설명이다. 빈칸에 들어갈 용어로 옳은 것은?

> If the cargo has already arrived at the port of the importing country, but the original shipping documents received through the bank have not yet arrived,
> ( ) can be used to take over the cargo.

① L/I
② L/G
③ B/L
④ L/C

50

다음은 무역계약서의 한 조항이다. 동 조항의 명칭으로 옳은 것은?

All disputes, controversies, or differences which may arise between the parties out of or in relation to or in connection with this contract of for the breach thereof, shall be finally settled by arbitraion in Seoul, Korea in accordance with the Rules of the Korean Commercial Arbitration Board and under the Law of Korea. The award rendered shall be final and binding upon both parties concerned.

① Any Claim
② Trade Term
③ Arbitration Clause
④ Applicable Law

51

UCP600에서 설명하는 선하증권에 대한 내용으로 옳지 않은 것은?

① Indicate the name of the carrier and be signed by the carrier or a named agent for or on behalf of the carrier.

② Contain no indication that it is subject to a charter party.

③ Clauses in a bill of lading stating that the carrier reserves the right to tranship will be disregarded.

④ Bill of lading may indicate that the goods will or may be transhipped provided that the entire carriage is covered by different each bill of lading.

52 다음의 국제계약서 내용에 대한 명칭으로 옳은 것은?

> Neither party shall not be in breach of this agreement in respect of any delay in performance of its obligation under this agreement arising from or attributable to acts, events, omissions or accidents beyond its reasonable control, without limitation, any of the following;
>
> acts of God including explosion, flood, earthquake, volcanic, eruption, windstorm or other natural disaster.

① Acts of God
② Force Majeure
③ Obligation of the Principal
④ Product Liability

53 UCP600 규정에 따라 무역서류의 원본으로 간주되지 않는 것은?

① A document appears to be written by the document issuer's hand.
② A document appears to be on the document issuer's original stationery.
③ A document states in the document that it is a true copy of another document.
④ A document sent by e-mail with the electronic signature of the issuer.

54 UCP600에서 규정한 서류심사에 대한 기준으로 옳지 않은 것은?

① Issuing bank must examine a presentation to determine, on the basis of the documents alone, whether or not the documents appear on their face to constitute a complying presentation.

② Issuing bank shall each have a maximum of five banking days following the day of presentation to determine if a presentation is complying.

③ A presentation including one or more original transport documents must be made by or on behalf of the beneficiary not later than 21 calendar days after the date of shipment, regardless of the expiry date of the credit.

④ A document presented but not required by the credit will be disregarded and may be returned to the presenter.

55 다음은 SWIFT 신용장의 조항 일부이다. 해당 조항을 기준으로 수익자가 제시하는 서류 중 거절되는 서류로 옳은 것은?

: 32B CURRENCY CODE – USD(US DOLLAR)

: 39A PERCENTAGE CREDIT AMOUNT TOLERANCE – 05/05

: 40E APPLICABLE RULES - UCP LATEST VERSION

: 46A DOCUMENTS REQUIED

+ COMMERCIAL INVOICE (CIF VALUE)

+ FULL SET OF CLEAN AND ON BOARD FREIGH PREPAID OCEAN BILL OF LADING MADE OUT TO ODER OF KS BANK AND NOTIFY JASON COMPANY KOREA,

+ CERTIFICATE OF ORIGIN FOR KR-US FTA

---

① Invoice with unit price and total amount in dollars

② Invoice lacking less than 3% of the amount of the letter of credit

③ First original B/L out of the two originals issued

④ Original Certificate of Origin written and sign by the manufacturer

56

다음은 UCP600 제38조 Transferable Credits 조항의 일부이다. 빈칸에 들어갈 내용으로 옳은 것은?

> Transferable credit means a credit that specifically states it is "transferable." A transferable credit may be made available in whole or in part to another beneficiary (A) at the request of the beneficiary (B). Transferring bank means a nominated bank that transfers the credit or, in a credit available with any bank, a bank that is specifically authorized by the issuing bank to transfer and that transfers the credit. An issuing bank may be a transferring bank. Transferred credit means a credit that has been made available by the transferring bank to a (C).

	(A)	(B)	(C)
①	first beneficiary	second beneficiary	first beneficiary
②	first beneficiary	second beneficiary	second beneficiary
③	second beneficiary	first beneficiary	second beneficiary
④	second beneficiary	first beneficiary	first beneficiary

57

다음의 설명에 해당하는 신용장의 종류로 옳은 것은?

> The issuing bank provides guarantee for the debtor's performance of the debt under the basic contract. It means a commitment to pay independently.

① STAND BY L/C
② IRREVOCABLE L/C
③ REVOLVING L/C
④ BACK TO BACK L/C

58 다음 중 신용장의 조건변경에 대하여 옳지 않은 내용을 모두 고른 것은?

> A. An advising bank that is not a confirming bank advises the credit and any amendment without any undertaking to honour or negotiate.
>
> B. An advising bank may utilize the services of another bank ("second advising bank") to advise the credit and any amendment to the beneficiary.
>
> C. A bank utilizing the services of an advising bank or second advising bank to advise a credit must use the same bank to advise any amendment thereto.
>
> D. If a bank is requested to advise a credit or amendment but elects not to do so, it must so inform, without delay, the bank from which the credit, amendment or advice has been received.

① NONE
② C
③ A, C
④ B, C, D

59 다음 사례에 적합한 결제방식으로 옳은 것은?

> When an exporter shipments a cargo, issues a bill of exchange to the provided transport documents, and requests for the bill to be collected through a bank in the importing country to the collecting bank of the importing country, the collecting bank presents the bill to the importer and transports the bill at the same time as a list payment of the import price It refers to the transaction method in which documents are delivered.

① O/A
② D/A
③ D/P
④ COD

60 다음의 상업송장에 대한 설명으로 옳지 않은 것은?

COMMERCIAL INVOICE

Shipper/Exporter : SP Export Company, Denmark	No & Date SP15072022 / JUL 15, 2022
	No & Date of Documentary Credit KOPRET22080006758, JUN 15, 2022
For Account & Risk of Messrs KS Import Company, Korea	
Notify Party	Remark Payment Term : CIF

Port of Loading Kobenhavn	Port of Discharge Busan	
Vessel OLSE A200	On board JUL 16, 2022	

Shipping mark	Goods Description	Quantity	Unit Price (USD)	Amount (USD)
KSI	Tent for Camp	300 EA	100	30,000

Signed By _____

---

① The L/C must be made out in USD.

② Even if don't sign it, won't be rejected when present the documents to the bank.

③ Shipment documents must be presented to the bank within 21 days from JUL 15, 2022.

④ If there is no indication in the credit of the insurance coverage required, the amount of insurance coverage must be at least 110% of the CIF value of the invoice

61

양도 신용장에서 조건이 감액(또는 감소, 단축)될 수 없는 것은?

① The expiry date

② The amount of the L/C

③ The period for presentation

④ The percentage of insurance cover

62

관세가 부과되기 위한 전제조건으로 옳은 것은?

① Foreign goods are imported at a price below the arm's length price — Anti-dumping Duties

② The import of foreign goods which have been subsidized and financially supported — Countervailing Duties

③ If any of trading partners infringes on Korea's trade interests by performing in relation to goods, etc. — Retaliatory Duties

④ The increased import of specific goods causes or is likely to cause an material injury on the domestic industry — International Cooperation Tariffs

63

O/A결제방식에 대한 설명으로 옳지 않은 것은?

① Shipping documents do not go through the bank.

② Sell export bonds to banks in advance

③ The payment is made after shipment, so there is no risk to the importer.

④ A method that can be used when the creditworthiness of the exporter and importer is certain

64

포페이팅에 대한 설명으로 옳지 않은 것은?

① URF rules relevant to the forfaiting

② It is mainly used for long-term and large transactions.

③ The importer should not use forfaiting if the exporter's credit is low.

④ Even if the export price is not paid at maturity, the exporter is not held liable.

65

다음의 빈칸에 공통적으로 들어갈 운임 관련 용어로 옳은 것은?

> ( ) is one of the fare surcharges.
>
> This is a cost charged for the purpose of compensating for losses caused by changes in the price of bunker oil, the main fuel of ships. Oil prices are changing every moment, and shipping companies that consume a lot of fuel oil
>
> A surge in oil prices will directly affect your earnings. Therefore, shipping companies are charging ( ) to compensate for this.

① CAF

② BAF

③ CCC

④ LSS

66

ISBP745 규정에 따른 용어에 대한 설명으로 옳지 않은 것은?

① The words "from" and "after" when used to determine a maturity date or period for presentation following the date of shipment, the date of an event or the date of a document, exclude that date in the calculation of the period.

② "third party documents acceptable" – all documents for which the credit or UCP 600 do not indicate an issuer, except drafts, may be issued by a named person or entity other than the beneficiary.

③ Generally accepted abbreviations, such as, "Int'l" instead of "International", "Co." instead of "Company"may be used in documents in substitution for a word or vice versa.

④ "shipping documents" – all documents required by the credit, include drafts, tele-transmission reports and courier receipts, postal receipts or certificates of posting evidencing the sending of documents.

67 다음 중 위험이 담보되는 협회적하약관(1982)의 조건을 모두 고른 것은?

> A. Fire or Explosion
>
> B. Overturning or Derailment of land conveyance
>
> C. Discharge of cargo at a port of distress
>
> D. Earthquake
>
> E. Lightning

① ICC(A)

② ICC(A), ICC(B)

③ ICC(A), ICC(B), ICC(C)

④ None

68 다음 밑줄 친 용어가 의미하는 바로 옳은 것은?

> This is a time-bound agreement, as opposed to a voyage charter. The shipowner leases a vessel to a charterer for a fixed period of time, and they are free to sail to any port and transport any cargo, subject to legal regulations.

① Voyage charter

② Time charter

③ Bareboat charter

④ Affreightment in a general ship

69 다음은 한-ASEAN FTA 원산지증명서의 원산지결정기준을 기재하는 방법에 대한 설명이다. 해당 기준을 충족하지 못하는 경우로 옳은 것은?

ORIGIN CRITERIA :	
For goods that meet the origin criteria, the exporter and/or producer must indicate the origin criteria met.	
Goods wholly obtained or produced in the territory of the exporting Party	"WO"
Goods satisfying Rule 4.1 of Annex 3 (Rules of Origin) of the AKFTA	"CTH" or "RVC 40%"

① From raw material 3901.10 to finished product 3926.90
② From raw material 3901.10 to finished product 9503.00
③ RVC 38%
④ RVC 45%

70 다음에서 설명하는 용어로 옳은 것은?

Damage caused by disposition of a ship or cargo in order to avoid a common risk between the ship and the cargo. These costs are deliberately and reasonably carried out for the sake of the common safety and are shared among all parties involved.

① General Average
② Both to Blame Collision
③ Constructive total loss
④ Particular average

71

ICC(A)약관에서 면책되는 내용이 아닌 것은?

① Loss damage or expense attributable to wilful misconduct of the Assured

② Loss damage or expense caused by inherent vice or nature of the subject–matter insured

③ Loss damage or expense caused by delay, even though the delay be caused by a risk insured against(except General Average)

④ Collision or contact of vessel craft or conveyance with any external object other than water

[72–73] 다음 지문을 보고 물품에 답하시오.

Gentlemen :

This is to confirm our instruction about meeting yesterday.

As per copy enclosed, we shall be pleased if you will effect insurance for us subject to ICC(C) in U.S $ 50,000 value of 1000 EA wagon for camping, to be shipped from Pusan on the HJ company, sailing for Hochiminh on or about Jul 25, 2022.

Would you please send us the insurance policy, together with the statement of premium due soon.

Your prompt attention to this matter would be much appreciated.

Best Regards,

72

지문의 서신에 대한 설명으로 옳은 것은?

① Losses resulting from the exporter's strike are not covered.

② In order to obtain an insurance policy, the B/L must be attached.

③ HJ company is an exporter.

④ If not shipments by Jul 25, 2022, this letter is invalid.

73

본 서신의 성격으로 옳은 것은?

① Insurance Inquiry

② Insurance contract application

③ Insurance claim

④ The insurance company's response

74

무역서신 작성원칙 5C's와 가장 거리가 먼 것은?

① Clearness

② Correctness

③ Creativity

④ Courtesy

75

국제무역협상 자리에서 상호 이득이 되는 Win-Win전략에 해당하지 않는 것은?

① Listen to the opinions of others.

② Clearly communicate the intended purpose.

③ Equally consider what is given and what is given.

④ It is also possible to transfer technology to a company that needs technology and to receive goods at a low price.

76

무역서신의 구성요소 연결로 옳지 않은 것은?

① Dear Sir/Madame – Salutation

② Best Regards – Complimentary

③ Attached Company Profile – Postscript

④ Business Letter for Sports wear – Subject

A. The problem is now investigating the matter and we will inform you of the results as soon as they are available.

B. Thank you for your letter of 20 Aug regarding complaints about quality problem shipped to you under our invoice No. SS1514.

C. In order to clarify the matter and to help the plate to prevent the recurrence of the problem, we should appreciate it if you would send us problematic product if possible.

D. We assure this matter as seriously as you think and is taking every step to see that it does not happen again.

77 보기의 지문을 적절한 순서로 나열한 것은?

① A − B − C − D
② B − A − C − D
③ D − B − A − C
④ B − C − B − A

78 지문의 무역서신에 포함되지 않은 내용은?

① Problem recognition
② Confirmation that Prevent the recurrence of the problem
③ investigating detail
④ apologize for the problem

Dear Sir.

We would like to take this opportunity to introduce The "SP Company", organization with over 20 years of experience and know-how both in Korea and worldwide.

Our company deals with a variety of household items such as toys, school supplies, party supplies, clothing, and small home appliances.

E. We have reasonable technical measures to deal with recent environmental issues and hazardous chemicals.

A. A catalog of the products we handle is attached to help you understand the product.

B. Product development in line with global trends and innovative ideas can satisfy the needs of various customers.

C. If you have any questions about our business, please do not hesitate to contact me at any time.

D. We look forward to be able to supply our products to the markets you handle in the near future.

Very truly yours,

79 위 서신의 내용 중 A~E의 배역을 적절한 순서로 나열한 것은?

① B – A – E – C – D
② A – B – E – D – C
③ E – B – A – D – C
④ A – E – B – C – D

80 본 서신을 받은 회사에서 보낼 수 있는 회신에 포함될 내용으로 옳지 않은 것은?

① Our market is in a very fierce price competition. We would like to know your reasonable price.
② Thank you for your interest in our market.
③ I would like to know how much stock is available for shipment next month.
④ The catalog was well received. We would like to know if you can send me a sample to check the marketability.

1	2	3	4	5	6	7	8	9	10
①	②	③	④	①	③	①	③	②	③
11	12	13	14	15	16	17	18	19	20
②	①	④	①	④	②	②	④	②	③
21	22	23	24	25	26	27	28	29	30
①	③	④	④	①	④	②	②	①	④
31	32	33	34	35	36	37	38	39	40
③	②	②	③	①	④	③	②	①	③

01 답 ①

수출은 우리나라의 선박으로 외국에서 채취한 광물 또는 포획한 수산물을 외국에 매도하는 것을 포함한다.

02 답 ②

외국인도수출의 경우에는 외국환은행의 입금액(다만, 위탁 가공된 물품을 외국에 판매하는 경우에는 판매액에서 원자재 수출금액 및 가공임을 공제한 가득액이다)이 인정된다.

03 답 ③

수입의 경우로서 수입대금을 지급하고 선적서류를 인수한 후에 수입 승인한 사항을 변경하려는 경우에는 유효기간 경과 후에도 변경 승인·신고 신청을 할 수 있다.

04 답 ④

교역상대국이 우리나라의 무역에 대하여 부당하거나 차별적인 부담 또는 제한을 가할 경우이다.

05 답 ①

산업통상자원부 장관이 교역상대국에 대하여 물품 등의 수출·수입의 제한 또는 금지에 관한 조치를 하려면 미리 그 사실에 관하여 조사를 하여야 한다.

06 답 ③

중계무역이란 수출할 것을 목적으로 물품 등을 수입하여 보세구역 및 보세구역 외 장치의 허가를 받은 장소 또는 자유무역지역 이외의 국내에 반입하지 아니하고 수출하는 수출입을 말한다.

07 답 ①

- 중계무역에 의한 수출의 경우 : 수출금액(FOB가격)에서 수입금액(CIF가격)을 공제한 가득액
- 외국인도수출의 경우 : 외국환은행의 입금액(다만, 위탁가공된 물품을 외국에 판매하는 경우에는 판매액에서 원자재 수출금액 및 가공임을 공제한 가득액이다)

08 답 ③

외화획득용 제품이란 수입한 후 생산과정을 거치지 아니한 상태로 외화획득에 제공되는 물품 등을 말하며, 관광용품센터가 수입하는 식자재 및 부대용품, 선박용품, 군납업자가 수입하는 군납용 물품 등을 포함한다.

09 답 ②

외국인으로부터 외화를 받고 공장건설에 필요한 물품 등을 국내에서 공급하는 경우를 말한다.

10 답 ③

내국신용장은 외국환은행의 지급보증이 있지만, 구매확인서는 지급보증이 없다.

11 답 ②

- 수출허가 : 산업통상자원부 장관이 전략물자에 해당하는 물품 및 기술에 대해 고시한 물품이나 기술을 수출하려는 자는 산업통상자원부 장관이나 관계 행정기관의 장의 허가를 받아야 한다. 단, 방위산업법에 따라 허가를 받은 방위산업물자 및 국방과학기술이 전략물자에 해당하는 경우에는 그러하지 아니한다(고시된 물품).
- 상황허가 : 전략물자에는 해당되지 아니하나 대량파괴무기와 그 운반수단인 미사일의 제조 · 개발 · 사용 또는 보관 등의 용도로 전용될 가능성이 높은 물품 등을 수출하려는 자는 그 물품 등의 수입자나 최종소비자가 그 물품 등을 무기나 미사일 등의 제조 등의 용도에 사용할 의도가 있거나 의도가 의심되는 경우 산업통상자원부 장관이나 관계 행정기관의 장의 허가를 받아야 한다(대량살상 무기 등에 사용될 것이라고 의심되는 상황).

12 답 ①

산업통상자원부 장관이 원산지표시 대상으로 고시한 수입물품에는 원산지표시를 하여야 한다.

13 답 ④

산업통상자원부 장관이 수입수량을 제한하는 경우, 그 제한수량은 최근의 대표적인 3년간의 수입량을 연평균 수입량으로 환산한 수량(기준 수량) 이상으로 하여야 한다. 이 경우 최근의 대표적인 연도를 정할 때에는 통상적인 수입량과 비교하여 수입량이 급증하거나 급감한 연도는 제외한다.

14 답 ①

② 국내에 도착한 외국물품이 수입통관절차를 거치지 않고 다시 외국으로 반출하는 것은 반송이다.

③ 외국선박 등이 공해에서 채집하거나 포획한 수산물은 외국물품이며, 우리나라의 선박등이 공해에서 채집하거나 포획한 수산물은 내국물품이다.

④ 보수작업결과 외국물품에 부가된 내국물품은 외국물품으로 본다.

15 답 ④

보세구역 이외의 장소에서의 보수작업에 대한 승인기간이 경과하여 관세를 징수하는 물품인 경우에는 보세구역 밖에서 하는 보수작업을 승인받은 자가 납세의무자가 된다.

16 답 ②

납세의무자의 관세환급금에 관한 권리는 제3자에게 양도할 수 있다.

17 답 ②

세관장은 담보를 제공한 납세의무자가 그 납부기한까지 해당 관세를 납부하지 아니하면 기획재정부령으로 정하는 바에 따라 그 담보를 해당 관세에 충당할 수 있다. 이 경우 담보로 제공된 금전을 해당 관세에 충당할 때에는 납부기한이 지난 후에 충당하더라도 가산세를 적용하지 아니한다.

18 답 ④

세율적용 우선순위에 따라 한-베트남 FTA 관세율 0%가 우선 적용되므로, 납부하여야 할 관세는 없다.

19 답 ②

조정관세율은 세율적용 우선순위상 3순위 세율이므로 조정관세율이 적용된다.

세율적용 우선순위(관세법 제50조)

순 위	관세율 구분	우선적용 규정
1	• 덤핑방지관세 • 상계관세 • 보복관세 • 긴급관세 • 특정국물품 긴급관세 • 농림축산물에 대한 특별긴급관세	• 관세율의 높낮이에 관계없이 최우선 적용한다.
2	• 편익관세 • 국제협력관세	• 후순위의 세율보다 낮은 경우에만 우선하여 적용한다. • 국내외의 가격차에 상당하는 율로 양허하거나 기본세율보다 높은 세율로 양허한 농림축산물 중 대통령령으로 정하는 물품에 대하여 양허한 세율은 기본세율 및 잠정세율에 우선하여 적용한다.
3	• 조정관세 • 할당관세 • 계절관세	• 할당관세의 세율은 일반특혜관세의 세율보다 낮은 경우에만 우선하여 적용한다.
4	• 일반특혜관세율	–
5	• 잠정세율	• 기본세율과 잠정세율은 별표 관세율표에 따르되, 잠정세율은 기본세율에 우선하여 적용한다.
6	• 기본세율	

20 답 ③

부가가치세 과세표준 = 과세가격 + 관세 + 개별소비세 + 주세 + 교육세 + 교통 · 에너지 · 환경세 + 농어촌특별세

∴ 3,000,000 + 240,000 + 450,000 + 45,000 = 3,735,000

21 답 ①

납세의무자는 신고납부한 세액이 부족하다는 것을 알게 되거나 세액산출의 기초가 되는 과세가격 또는 품목분류 등에 오류가 있는 것을 알게 되었을 때에는 신고납부한 날부터 6개월 이내(보정기간)에 해당 세액을 보정(補正)하여 줄 것을 세관장에게 신청할 수 있다.

22 답 ③

의약품은 6병을 초과하는 경우 자가사용 인정 기준을 초과하여 수입신고 및 세금을 납부하고 물품을 수취하여야 한다.

23 답 ④

보세가공 또는 장치기간경과물품을 재수출조건으로 매각함에 따라 관세가 부과되지 아니한 경우 재수입 면세를 적용받을 수 없다.

24 답 ④

무조건 감면(사후관리 X)	조건부 감면(사후관리 O)
외교관용 물품 등의 면세	세율불균형물품의 면세
정부용품 등의 면세	학술연구용품의 감면
소액물품 등의 면세	종교용품 · 자선용품 · 장애인용품 등의 면세
여행자 휴대품 · 이사물품 등의 감면	특정물품의 면세 등
재수입 면세	환경오염방지물품 등에 대한 감면
손상물품에 대한 감면	재수출 면세
해외임가공물품 등의 감면	재수출 감면

25 답 ①

수입신고가 수리된 물품이 계약 내용과 다르고 수입신고 당시의 성질이나 형태가 변경 되지 아니한 경우, 해당 물품이 수입신고 수리일부터 3년 이내에 다음 각 호의 어느 하나에 해당하면 그 관세를 환급한다[계약 내용과 다른 물품 등에 대한 관세 환급(관세법 제106조)].

> 1. 외국으로부터 수입된 물품 : 보세구역에 이를 반입하였다가 다시 수출하였을 것. 이 경우 수출은 수입신고 수리일부터 1년이 지난 후에도 할 수 있다.
> 2. 보세공장에서 생산된 물품 : 보세공장에 이를 다시 반입하였을 것

26 답 ④

세관공무원은 납세자가 관세법에 따른 신고 등의 의무를 이행하지 아니한 경우 또는 납세자에게 구체적인 관세포탈 등의 혐의가 있는 경우 등 다음의 경우를 제외하고는 납세자가 성실하며 납세자가 제출한 신고서 등이 진실한 것으로 추정하여야 한다[납세자의 성실성 추정과 그 배제사유(관세법 제113조, 관세법 시행령 제138조)].

- 납세자가 법에서 정하는 신고 및 신청, 과세자료의 제출 등의 납세협력의무를 이행하지 아니한 경우
- 납세자에 대한 구체적인 탈세정보가 있는 경우
- 신고내용에 탈루나 오류의 혐의를 인정할 만한 명백한 자료가 있는 경우
- 납세자의 신고내용이 관세청장이 정한 기준과 비교하여 불성실하다고 인정되는 경우

안심Touch

27 답 ②

보세공장에서는 내국물품을 원료 또는 재료로 하거나 외국물품과 외국물품을 원료 또는 재료로 하여 제조 · 가공하거나 그 밖에 이와 비슷한 작업을 할 수 있다.

28 답 ②

보세구역에 장치된 물품으로 보수작업 시 외국물품에 부가된 내국물품은 외국물품으로 본다.

29 답 ①

수입신고가 수리되어 반출된 물품이라도 관세법에 따른 의무사항을 위반하거나 국민보건 등을 해칠 우려가 있는 물품은 보세구역으로 반입할 것을 명할 수 있다.

30 답 ④

검사대상으로 결정되지 아니한 물품은 입항 전에 그 수입신고를 수리할 수 있다. 단, 검사대상으로 선별된 경우에는 검사 후 수입신고를 수리할 수 있다.

31 답 ③

수출신고가 수리된 물품, 크기 또는 무게의 과다나 그 밖의 사유로 보세구역에 장치하기 곤란하거나 부적당한 물품, 재해나 그 밖의 부득이한 사유로 임시로 장치한 물품, 검역물품, 압수물품, 우편물품 등은 그 물품이 장치된 장소에서 검사할 수 있다.

32 답 ②

밀수출입죄 및 관세포탈죄를 저지를 목적으로 그 예비를 한 자는 본 죄의 2분의 1을 감경하여 처벌한다.

33 답 ②

우리나라 안에서 외화를 획득하기 위해 우리나라 안에 주류하는 미합중국 군대에 대한 물품 판매의 경우 환급특례법상 환급대상이 된다.

34 답 ③

수출신고가 수리된 날이 속하는 달의 말일부터 소급하여 2년 이내에 수입된 해당 물품의 수출용 원재료에 대한 관세 등을 환급한다.

35 답 ①

소요량이란 수출물품을 생산(수출물품을 가공 · 조립 · 수리 · 재생 또는 개조하는 것을 포함한다)하는데에 드는 원재료의 양으로서 생산과정에서 정상적으로 발생되는 손모량을 포함한 것을 말한다.

36 탭 ④

수입 원재료와 중간 원재료를 사용하여 생산한 물품을 수입신고 수리일(중간원재료의 경우 구매일)부터 1년 이내에 수출물품을 생산하는 자에게 양도하거나 수출물품의 중간원재료를 생산하는 자에게 양도하는 경우 기초원재료납세증명서를 발행할 수 있다.

37 탭 ③

A. 4단위 호가 동일한 PVC PIPE는 완제품의 호와 동일하여 원산지결정기준을 충족할 수 없다.

C. STEEL WASHER는 CTH 기준을 충족하므로, 비역내산 여부를 불구하고 원산지물품으로 인정될 수 있다.

38 탭 ②

C. 한-미국 FTA 협정의 원산지증명서는 자율증명방식이며, 유효기간은 4년, 사용횟수는 기간 내 여러 번 사용을 원칙으로 한다.

D. 한-중국 FTA 협정의 원산지증명은 기관발급방식이며, 유효기간은 1년, 사용횟수는 1회 사용을 원칙으로 한다.

39 탭 ①

세번변경없이 함께 순원가법에 의거 역내 부가가치기준이 50% 이상인 것이 NC법이다.

40 탭 ③

공제법 : (FOB가격 − 비원산지재료재 가격) / FOB가격 × 100

∴ [USD 100 − USD 20(가죽 시계줄 + 버클 + 케이스)] / USD 100 × 100 = 80%

41	42	43	44	45	46	47	48	49	50
④	③	④	②	③	①	③	①	①	④
51	52	53	54	55	56	57	58	59	60
③	②	③	④	①	③	②	③	②	②
61	62	63	64	65	66	67	68	69	70
③	②	③	②	①	④	④	②	①	③
71	72	73	74	75	76	77	78	79	80
④	③	①	①	①	②	①	②	④	②

41 답 ④

송금결제방식은 은행의 직접적인 개입 없이 당사자 간의 신용을 바탕으로 하는 결제방식으로, 적용되는 국제규칙이 없다. 신용장방식에 비해 신속하고 간편하게 결제가 이루어진다. 수출자는 주문 시 지급방식(CWO)보다는 동시 송금되는 현물상환지급방식(COD)을 선호한다. 서류상환지급방식(CAD)은 서류와, COD는 현물과 상환하는 결제방식이다.

42 답 ③

D/A조건은 은행의 지급보증이 없다는 점에서 신용장거래와 차이가 있다. 따라서 일반적으로 D/A조건은 수입자와 수출자가 상호신뢰가 있는 관계일 때에만 실무적으로 활용될 수 있다.

43 답 ④

O/A방식은 간소화된 송금처리방식이긴 하지만 수출자 입장에서는 D/A방식과 마찬가지로 사후송금방식이라 대금회수의 위험은 존재한다.

44 답 ②

① 은행은 추심과 관계되는 물품의 보관, 적하보험 부보를 포함한 조치를 하도록 지시를 받은 경우에도 그러한 조치를 취할 의무가 없다.

③ 금융서류(Financial Documents)의 첨부 없이 상업서류(Commercial Documents)만으로 진행되는 추심을 화환추심(Documentary Collection)이라 하며, 무담보추심(Clean Collection)은 반대로 상업서류가 첨부되지 않은 금융서류의 추심을 의미한다.

④ 「추심에 관한 통일규칙」 제14조에 따라 은행은 서류의 송달 중에 발생하는 지연 또는 분실에 따른 결과 등의 책임을 지지 않는다.

45 답 ③

물품을 보호하기 위해 취해지 조치와 관련하여 은행에게 발생한 비용은 추심을 송부한 당사자의 부담으로 한다.

46 답 ①

수출자가 계약물품을 선적 → 수출자의 추심의뢰 → 추심은행이 수입자에게 서류 및 어음제시 → 수입자의 대금 결제 → 추심은행이 추심의뢰은행으로 대금 송금 → 추심의뢰은행이 수출자에게 대금지급 순이다.

단, 추심의뢰은행에게 수출자가 추심의뢰 시 담보를 제시하고 수출대금을 선지급받을 수도 있다. 하지만 담보에 대한 언급이 없다면 일반적으로 추심의뢰은행은 추심은행으로부터 대금을 받은 후 수출자에게 대금을 지급한다.

47 답 ③

보험서류는 부보금액을 표시하여야 하고 신용장과 동일한 통화로 표시되어야 한다.

48 답 ①

서류에 사용하도록 요구되지 않았다면 "가능한 한 빨리(as soon as possible)"라는 단어는 무시된다.

49 답 ①

② 개설은행에게는 제시가 일치하는지 여부를 결정하기 위하여 제시일의 다음 날로부터 기산하여 최장 5은행영업일이 주어진다.

③ 하나 이상의 운송서류 원본이 포함된 제시는 선적일 후 21일보다 늦지 않게 수익자에 의하거나 또는 그를 대신하여 이루어져야 하고, 어떠한 경우라도 신용장의 유효기일보다 늦게 이루어져서는 안 된다.

④ 제시되었으나 신용장에서 요구되지 아니한 서류는 무시되고, 제시자에게 반환될 수 있다.

50 답 ④

① Back to Back L/C : 수취인이 신용장 수령 며칠 내 발행인 앞으로 동일한 금액의 신용장을 개설하여야 이 신용장이 유효하다는 조건을 부가한 신용장으로 구상무역에서 활용된다.

② Escrow L/C : 매입대금을 수출, 수입상이 합의한 Escrow 계정에 입금해두었다가 수익자가 수입상을 상대로 Counter L/C를 개설할 때 수입상품의 대금결제용으로만 인출할 수 있도록 하는 신용장이다.

③ Red Clause L/C : 개설인의 요청에 따라 개설은행이 통지은행에게 수출업자에게 원자재 확보 등의 목적으로 일정 조건 하에 수출대금 일부 또는 전부를 운송서류제시 이전에 전대하도록 하는 조건의 신용장이다.

51 답 ③

신용장이 서류 사본의 제시를 요구하는 경우, 원본 또는 사본의 제시가 모두 허용된다.

52 답 ②

은행은 기술적인 용어의 번역 또는 해석에서의 잘못에 대하여 어떠한 책임도 지지 않으며, 그러한 용어를 번역하지 않고도 신용장의 조건을 전송할 수 있다.

53 답 ③

신용장이 두 사람 이상의 제2수익자에게 양도되면, 하나 또는 둘 이상의 수익자가 조건변경을 거부하더라도 다른 수익자의 수락은 무효가 되지 않고 수락한 수익자에 대해서만 변경된다.

54 답 ④

보험부보율은 높이는 것만 가능하다.

55 답 ①

② 상업송장은 신용장과 같은 통화로 발행되어야 한다.
③ 견적송장은 상업송장을 대신하여 제시될 수 없다.
④ 상업송장상의 물품, 서비스 또는 의무이행의 명세는 신용장상의 그것과 일치하여야 한다.

56 답 ③

보험서류의 서명은 보험회사, 보험인수인 또는 그들의 대리인에 의해 되어야 하며, 대리인의 서명은 보험회사 또는 보험인수인을 대리하여 서명했는지 여부를 표시하여야 한다.

57 답 ②

① 매입은행의 거절통지는 거절의 사실과 각각의 하자 및 추가조치사항에 대한 내용을 포함하여 한 번에 이루어져야 한다.
③ 은행은 이미 지급된 상환대금을 이자와 함께 반환청구할 권리를 갖는다.
④ 불일치의 통지는 제시일의 다음 날부터 5영업일의 종료 시까지 이루어지면 유효하며, 그 이후에 이루어지면 불일치를 주장할 수 없다.

58 답 ③

선하증권은 용선계약에 따른다는 어떤 표시도 포함하지 않아야 한다.

59 답 ②

A. 상업송장은 적어도 한 부의 원본이 제시되어야 한다.
D. 피보험인은 ISSUING BANK가 되어야 한다.
F. 전통의 선하증권이 요구되는 경우 발행된 전부가 제시되어야 한다.
참고로 MT700은 Swift 구분부호이며, 화환신용장의 발행에 대한 코드이다.

60 답 ②

제시는 신용장의 유효기한 내에 이루어져야 하므로 적어도 2022년 12월 30일까지는 되어야 한다.

61 답 ③

제시가 두 세트 이상의 운송서류로 이루어지는 경우, 어느 운송서류에 의하여 증명되는 가장 늦은 선적일을 선적일로 본다.

62 답 ②

보증신용장은 무화환신용장이다.

63 답 ③

팩터링거래에서 전도금융은 수출팩터와 수출자 간의 관계이기 때문에 관련 수수료는 수출자에게 청구된다.

64 답 ②

포페이팅의 특징은 소구권 없이 할인매입하는 방식이라는 데 있다. 통상적으로 중장기 어음할인 방식에서 소구권 없이 할인되므로 할인율이 높다.

65 답 ①

② 운송에 관한 문서의 경우 발행된 원본 수가 명시된 경우 기재된 원본이 모두 제시되어야 한다.
③ 2통의 원본 운송서류가 발행된 경우로서 신용장에서 첫 번째 원본문서만을 요구한 경우 두 번째 원본문서가 포함될 수는 있지만, 요구된 문서를 생략할 수는 없다.
④ 인보이스 사본이 요구된 경우라 하더라도 원본의 제시도 인정된다.

66 답 ④

수입자의 입장에서 물건을 보고 거래할 수 있는 BWT거래가 서류로만 거래하는 CAD거래보다 위험도가 높다.

67 답 ④

SWIFT CODE MT 4XX는 추심/현금거래에서 은행 간 주고받는 전문코드이다.
추심거래에서 추심은행의 인수통보 후에는 수입자가 만기에 대금을 결제해야 한다. 수출자가 수출대금을 먼저 받을 수 있는지 여부는 수출자와 추심의뢰은행 간에 담보 등을 통해 별개로 이루어져야 한다.

68 답 ②

수출계약 → 보험 한도신청 → 보험료 납부 → 수출통지 → 사고통지 → 보험금 지급심사 → 보험금 지급 순이다.

69 답 ①

우리나라는 1945년 해방 이후 고정환율제도로 환율을 표시하였고, 1964년 단일변동환율제도로 변경하였다.

70 답 ③

네덜란드는 자국통화가 왼쪽에 위치한 유럽식표기법(직접표시법)을 사용하고 있다.

71 답 ④

C은행에서 1EUR 환전 시 1,300원의 한화가 생기며, 이를 A은행에서 달러로 환전할 경우 약 USD1.08로 환전되므로 B은행에서 직접 환전하는 USD0.8보다 유리하다.

72 답 ③

은행 간 외환시장에서 거래당사자는 모두 은행이며 한국은행, 외국환은행 및 외국환 중개회사를 포함한다. 대고객시장은 당사자에 기업 및 개인이 포함되며 은행 간 외환시장을 좁은 의미에서의 외환시장이라 한다.

73 답 ①

스왑레이트 산출식은 현재환율{(표시통화 금리−기준통화 금리) × 기간/360} / {1+(기준통화 × 기간/360)}이며, 그 계산은 다음과 같다.

∴ {1,100(0.025 − 0.015) × 90 / 360} / {1+(0.015 × 90 / 360)} = 2.73......

74 답 ①

수출업체는 수출계약을 하는 경우 해당 대금에 대한 Long Position이 발생된다.

75 답 ①

결제기간을 앞당기는 것을 리딩, 늦추는 것을 래깅이라 한다.

76 답 ②

달러 콜옵션은 프리미엄을 감안할 경우 1,120원이므로, 선물환율 1,130원과 6개월 후 현물환율 1,180원보다 유리하게 적용된다.

77 답 ①

스왑레이트의 매입률이 매도율보다 높은 상태이다. 이를 디스카운트 상태라고 하며 이때에는 현물환율에 스왑레이트를 뺀 값이 선물환율이 된다.

달러를 지급하는 기업이므로 매입률에 적용되는 수치를 산출해야 하므로 1,100 − 5 = 1,095가 선물환율이 된다.

78 답 ②

선물환 외화매입은 미래시점에 현재 약정한 금액으로 무조건 외화를 구매한다는 것이다.
따라서 옵션으로는 풋옵션 없이 콜옵션을 매입해야 동일한 효과가 날 수 있다.

79 답 ④

미래시점에 유로화를 지급해야하므로 환율의 변동에 따라 미리 또는 미래시점에 지급통화를 매입하는 선택지가 필요하다. 풋옵션은 파는 옵션이므로 지급통화를 확보해야 하는 수입업체가 선택하기 적절한 방안은 아니다.

80 답 ②

환율은 우리나라로 외화가 유입되는 경우 하락하고, 유출되는 경우 상승한다. 따라서 뉴스에 따라 우리 나라에 유치된 외화가 다른 곳으로 빠져나갈만한 뉴스라면 환율이 상승한다. 중국에서 외자유치를 위한 조치를 취했다면, 우리나라에 투자된 외화가 중국으로 이전될 가능성이 있기 때문에 우리나라 환율은 상승하게 된다.

정답 및 해설 2교시

부록

제3과목 무역계약

1	2	3	4	5	6	7	8	9	10
③	④	③	③	②	①	①	④	②	②
11	12	13	14	15	16	17	18	19	20
②	②	④	③	④	④	④	①	②	③
21	22	23	24	25	26	27	28	29	30
②	④	④	③	②	②	④	③	③	③
31	32	33	34	35	36	37	38	39	40
④	③	②	②	②	②	②	①	②	①

01 답 ③

B. 인코텀즈는 일부조건에서 운송계약의 체결 및 보험계약의 체결 의무를 규정하고 있으나 운송이나 보험계약에서의 권리 의무 등에 대해서는 다루고 있지 않다.

D. 인코텀즈는 강행규정이 아니기 때문에 당사자의 인코텀즈를 적용하기로 합의한 경우에만 적용이 가능하다.

E. FOB, CFR, CIF에서 규정하는 매도인의 인도 조건은 "지정선적항에서 매수인이 지정한 선박에 적재하거나 그렇게 인도된 물품을 조달함으로써 인도"이므로 컨테이너를 사용하는 해상조건에서는 FOB, CFR, CIF의 조건을 사용하는 것이 바람직하다.

02 답 ④

매도인이 지정목적지까지 운송계약 및 보험계약(필요한 경우)을 체결하고 그 비용을 부담하며, 이후 비용은 매수인에게 이전된다.

03 답 ③

E · F. D조건은 매도인이 도착지까지 위험부담을 가진다.

A · B. F조건은 수출국에서 인도된 때부터 매수인에게 위험이 이전된다.

C · D. C조건은 운송의 수배는 매도인이나, 합의된 장소에서 매도인이 계약한 운송인에게 교부하거나, 그렇게 인도된 물품을 조달하거나, 운송인에게 물품의 점유를 이전하는 때의 위험은 매수인에게 이전된다.

04 답 ③

CIP조건에서 매도인은 보험을 부보할 당시 협회적하약관 ICC(A) 또는 이와 유사한 담보범위의 조건으로 보험을 부보하여야 한다. 단, 당사자 간 합의하에 더 낮은 수준의 담보조건으로 보험에 부보하기로 합의한 경우 그럴 수 있다.

05 답 ②

B. 매도인이 적하보험을 부보해야 하는 조건 : CIF, CIP(그 이외 C, D 조건에서는 매도인이 자신의 책임 하에 적하보험을 부보할 수 있다. CIF, CIP는 의무지만 그 이외 조건은 의무는 아니다)

C. 적출지의 지명이 표기되어야 하는 조건 : EXW, FCA, FAS, FOB

06 답 ①

FCA 조건에서 의무사항은 아니지만 당사자 간에 합의가 있는 경우, 매수인은 그의 운송인에게 본선적 재표기가 있는 선하증권을 매도인에게 발행하도록 지시하여야 한다.

07 답 ①

비엔나 협약은 다음 중 어느 하나에 해당하는 경우로서 영업소가 상이한 국가에 있는 당사자 간의 물품 매매계약에 적용된다.

• 해당 국가가 모두 체약국인 경우
• 국제사법의 규칙에 따라 어느 체약국의 법률을 적용하게 되는 경우

08 답 ④

당사자 간 계약 → 계약서에 명시한 준거법 → 인코텀즈 순으로 해석된다.

09 답 ②

준거법 소유국과 재판 관할지는 당사자 간 합의에 의해 결정될 수 있다.

10 답 ②

A. 청약은 1인 이상의 특정한 자에게 의사를 표시하고, 수량과 대금을 명시적 또는 묵시적으로 지정하거나 이를 결정하는 규정을 두고 있는 등 충분히 확정적인 제의와 승낙이 있을 경우 이에 구속된다는 의사를 표시하는 제의를 말한다.

C. 조건부 승낙은 확정청약이 아니므로 반대청약을 구성한다.

11 답 ②

C. "Subject to change without our prior notice(사전 통지 없이 변경될 수 있다)"는 청약의 내용이 변경될 수 있어 청약의 내용에 대한 확정성이 없다는 뜻이므로 불확정 청약에 해당된다.

12 답 ②

A. 계약의 해제가 이루어진 경우 이미 행한 계약 이행사항에 대해 반환하여야 한다.

13 답 ④

모두 일반거래조건협정에서 자주 사용되는 조건에 대한 설명이다.

14 답 ③

Non-waiver Clause는 일방의 계약의 위반에 대해 상대방이 이의제기를 하지 않는 것은 이의제기를 포기하는 것으로 간주하는 조항이다.

15 답 ④

인코텀즈 2020에서 매도인의 보험가입의무는 CIF와 CIP에서만 규정하고 있으며, 일반적으로 송장금액의 110%로 부보한다.

16 답 ④

당사자 간의 분쟁을 명기된 중재기관에 의해 해결하겠다는 조항에 대한 설명이다.

17 답 ④

계약 위반에 대한 손해배상액은 이익의 손실을 포함하여 계약 위반의 결과로 입게 되는 손실과 동등한 금액으로 한다. 단, 계약 체결 시에 예상했거나 예상할 수 있었던 손실을 초과한 금액을 손해배상 청구할 수 없다.

18 답 ①

과부족용인 조항은 합의된 비율 또는 중량 등의 범위 내로 발생하는 과부족에 대해서는 계약을 정상적으로 이행한 것으로 보는 조항을 말한다.

19 답 ②

B. 계약상 과부족용인에 대한 범위가 있는 경우 그 계약 내용을 우선한다.

D. 과부족허용범위 내에서 납품한 경우라도 과부족 수량을 납품한 경우 과부족 수량에 대한 대금 조정이 필요하다.

20 답 ③

분할선적은 분할선적을 금지하는 문구가 없는 한 분할선적이 허용되는 것으로 간주하며, 분할선적이 이루어진 경우 최종 선적일을 선적일로 본다.

21 답 ②

계약물품을 1회에 1개의 운송수단에 전량 선적하지 않더라도, 동일한 운송수단에 동일한 목적지로 향하는 경우에는 적재항과 적재일자가 다르더라도 분할선적으로 보지 않는다.

22 답 ④

이행불능조항은 계약이 자동적으로 소멸되고 당사자의 의무는 면책된다. 이는 계약의 소멸과 같은 효과를 가지며, 손해배상 등의 책임을 가지는 계약의 해제와는 구별된다.

23 답 ④

중재판정은 최종적이며 불복의 항소가 불가능하다.

24 답 ③

일반거래조건을 모든 거래에 사용하도록 하고 있는 것이므로 포괄계약 범주에 해당한다.

25 답 ②

소송은 공개주의가 원칙이나 중재는 비공개로 진행한다.

26 답 ②

중재합의가 원래부터 무효였던 경우에는 중재판결이 있다고 하더라도 효력이 인정되지 않는다.

27 답 ④

중재합의는 서면으로만 합의가 가능하다. 그러므로 당사자 간의 합의하에 구두로 합의하는 것은 불가능하다.

28 답 ③

분쟁해결에 대한 조항은 중재국가, 중재장소, 중재규칙 등을 명확하게 표시하여 협상하는 것이 좋다.

29 답 ③

On board B/L을 요구하는 신용장거래에서 수리가능하다.

30 답 ③

B. LCL 수출 건은 혼재화물이기 때문에 화주가 직접 Container에 화물을 Stuffing하지 않는다.

C. LCL화물은 CY에 화물을 인도하는 것이 아니라 CFS로 화물을 인도한다.

D. LCL화물은 House B/L을 발행 받는다.

31 답 ④

복합운송증권의 경우 전 구간에 대해 일괄운임(Through Rate)을 적용받을 수 있다.

32 답 ③

"FREIGHT COLLECT"의 경우 운임 후불조건이다.

33 답 ②

유가할증료는 벙커유 가격 인상으로 생기는 선사의 손실을 보전하기 위한 할증료이다.

34 답 ②

EXW 조건에서는 보험계약 체결의 의무를 매도인 또는 매수인 모두에게 두고 있지 않다.

35 답 ②

매도인이 보험계약을 체결하여야 하며, ICC(A) 또는 그와 상응하는 조건으로 보험계약을 체결하여야 한다.

36 답 ②

ICC(C)는 지진, 분화, 낙뢰를 담보하지 않는다.

37 답 ②

추정 전손의 사유가 발생하여 피보험자가 보험목적물에 대한 일체의 권리를 보험자에게 이전하고 그 대신 전손에 해당하는 보험금을 청구하는 위부(Abandonment)를 거친다.

38 답 ①

ICC(C) 조건에서는 보관장소에 해수로 인한 피해는 담보하지 않는다.

39 답 ②

① 통지를 태만히 하더라도 보험금 지급을 거절할 수는 없다.
③ 손해배상청구권을 확보해 두어야 한다.
④ 손해배상청구권을 확보해두지 못한더라도 보험자는 대위권을 행사 할 수 있다.

40 답 ①

Breakage 조건은 부보화물의 파손으로 인한 손해를 담보하는 것으로, 침수에 의한 부가위험을 담보하기 위해서는 RFWD(Rain and/or Fresh Water Damage) 빗물 또는 담수에 의한 손해를 담보하는 조건에 추가로 가입하여야 한다.

41	42	43	44	45	46	47	48	49	50
①	④	①	①	③	①	②	④	②	③
51	52	53	54	55	56	57	58	59	60
④	②	④	③	③	③	①	①	③	③
61	62	63	64	65	66	67	68	69	70
④	④	③	③	②	④	②	②	③	①
71	72	73	74	75	76	77	78	79	80
④	①	②	③	②	③	②	③	②	③

41 답 ①

<u>연도를 빠트리면</u> 해결하기 어려운 문제가 발생할 수도 있다. 당사자, 판사 또는 중재인이 어떤 버전의 Incoterms 규칙이 계약에 적용되는지 결정할 수 있어야 한다.

42 답 ④

모든 운송방식에 적용되는 7개의 이른바 "복합운송" Incoterms규칙은 다음과 같은 지점이 선상(또는 선측)이 아닌 경우에 사용되도록 고안되었다.

a) 매도인이 물품을 운송인에게 교부하거나 운송인의 처분 하에 두는 지점 또는

b) 운송인이 물품을 매수인에게 교부하는 지점 또는 물품이 매수인의 처분 하에 놓이는 지점 또는

c) 위의 (a), (b)지점 모두

모든 운송에 사용될 수 있는 Incoterms 규칙 7가지는 EXW, FCA, CPT, CIP, DAP, DPU, DDP이다.

43 답 ①

인코텀즈 2020은 당사자들이 인코텀즈를 변경하고자 하는 것을 금지하고 있지 않다. 다만 변경에 따른 위험을 피하기 위해 변경이 의도하는 효과를 계약에서 분명하게 표시해야 한다.

The Incoterms 2020 rules <u>do not prohibit such alteration,</u> but there are dangers in so doing.

44 답 ①

CFR 조건의 계약이므로 수출자는 단순히 선적항에 물품을 두는 것이 아니라 수입국까지의 운송의무가 있다.

45 답 ③

다수를 대상으로 한 청약은 단순히 제안을 위한 초대로 간주된다.

To be considered merely as an invitation to make offers.

46 답 ①

청약의 철회가 승낙 전 또는 동시에 도달하는 경우 철회될 수 있다.

An acceptance may be withdrawn if the withdrawal reaches the offerer before or at the same time as the acceptance would have become effective.

47 답 ②

CISG는 개인용 · 가족용 또는 가정용으로 구입된 물품의 매매에는 적용하지 않는다.

Does not apply to sales of goods bought for personal, family or household use.

48 답 ④

CISG는 상품매매에 관한 조약이므로, 라이센스의 제공에는 관여하지 않는다. 매도인은 계약상 상품 및 관련 서류와 소유권을 이전하여야 한다.

The seller must deliver the goods, hand over any documents relating to them and transfer the property in the goods, as required by the contract and this Convention.

49 답 ②

해당 지문은 수입화물 선취보증서(L/G ; Letter of Guarantee)에 대한 설명이다.

50 답 ③

계약과 관련된 모든 분쟁의 해결에 대해서 상사중재원의 결정에 따르며, 이것이 양 당사자를 구속한다는 내용으로 미루어 본 조항은 중재조항이다.

51 답 ④

전체 운송이 하나의 동일한 선하증권으로 포괄되는 경우 환적에 대한 표시를 할 수 있다.

A bill of lading may indicate that the goods will or may be transhipped provided that the entire carriage is covered by one and the same bill of lading.

52 답 ②

해당 지문은 자연재해를 포함한 천재지변에 대하여 "당사자가 책임지지 않음", "계약위반이 아님"을 규정한 불가항력 조항에 해당한다. 또는 다른 명칭으로 면책조항이 기재될 수도 있다.

53 답 ④

전자문서는 원본으로 인정되는 형식의 문서가 아니다.

54 답 ③

선적일로부터 21일 이내 제시되어야 하지만, 그러한 제시가 신용장의 유효기일을 초과해서는 안 된다.

A presentation including one or more original transport documents, must be made by or on behalf of the beneficiary not later than 21 calendar days after the date of shipment, but in any event not later than the expiry date of the credit.

55 🔳 ③

B/L서류의 전통을 요구한 경우 첫 번째 오리지널 B/L이라 하더라도 발행된 통수 전체가 제시되어야 한다.

56 🔳 ③

양도가능신용장은 수익자(A : 제1수익자)의 요청에 의하여 전부 또는 부분적으로 다른 수익자(B : 제2수익자)에게 이용하게 할 수 있다. 양도된 신용장이라 함은 양도은행이 (C : 제2수익자)가 이용할 수 있도록 한 신용장을 말한다.

57 🔳 ①

채무이행에 대한 보증은 보증신용장에 대한 설명이다. 통상 화환신용장이 무역거래에서의 대금결제에 사용된다면 보증신용장은 채권에 대한 보증확약이라 활용목적에 차이가 있다.

58 🔳 ①

제시된 보기는 모두 맞는 내용이다.

통지은행은 수익자에게 신용장 및 그 조건변경을 통지하기 위하여 다른 은행(이하 "제2통지은행"이라 한다)을 이용할 수 있고, 통지하기 위하여 통지은행 또는 제2통지은행을 이용하는 은행은 그 신용장의 조건변경을 통지하기 위하여 동일한 은행을 이용하여야만 한다.

59 🔳 ③

서류를 제시하고 진행하는 추심은 D/P결제방식이다.

60 🔳 ③

Credit No를 포함한 인보이스는 L/C거래임을 알 수 있다. 운송서류를 포함한 제시는 선적일(JUL 16, 2022)로부터 21일이다.

61 🔳 ④

부보되어야 하는 보험의 백분율은 신용장에서 명시된 부보금액을 규정하기 위하여 높일 수 있을 뿐 낮출 수는 없다.

62 🔳 ④

해당 지문은 긴급관세(Emergency Tariffs)에 대한 설명이다. 국제협력관세는 정부가 대외무역 증진을 위해 필요하다고 인정된 때 특정국가와의 협상을 통해 적용하는 관세이다.

63 답 ③

선적 후 지급이 되는 것은 맞지만, 서류를 받고 지급이 이루어지는 것이 아닌, 선적사실을 통지하는 것만으로 수출채권이 확정되므로 서류의 위변조나 허위선적 등의 위험이 수입자에게 있을 수 있다.

64 답 ③

수입자 입장에서는 중장기거래에 대해 완전한 대금지급을 늦게 하는 것이므로 수출자 신용에 대한 위험은 적다. 오히려 수출자가 대금회수에 대한 위험을 부담하며 이를 보완하기위해 사용하는 것이 포페이팅 방식이다.

65 답 ②

지문 내용은 BAF (Bunker Adjustment Factor) 유류할증료에 대한 내용이다.
① CAF(Currency Adjustment Factor) : 환차손에 대한 손해보전 비용
③ CCC(Container Cleaning Charge) : 수입시 발생하는 컨테이너 관리비용
④ LSS(Low Sulphur Surcharge) : 환경규제에 따른 저유황유 사용으로 추가되는 유류비용

66 답 ④

"shipping documents"에 drafts, tele-transmission reports and courier receipts, postal receipts or certificates of posting evidencing the sending of documents와 같은 문서는 제외된다.

67 답 ②

Earthquake, Lightning은 ICC(A), ICC(B)에서는 담보되지만 ICC(C)에서는 담보되는 위험에 포함되지 않는다.

68 답 ②

일정 기간에 대한 용선을 하는 것을 기간용선(Time Charter)계약이라 하며, 특정항해구간을 용선하는 것을 항해용선(Voyage Charter)계약이라 한다.

69 답 ③

RVC기준은 해당 기준율을 넘어야 충족하는 것이다.

70 답 ①

운송수단에서 위험을 피하거나 손실을 줄이기 위해 인위적으로 발생한 피해 또는 비용에 대해서 이해관계자 모두가 분담하는 비용을 공동해손비용이라 한다.

71 답 ④

본선, 부선 또는 운송기구와 물 이외의 타물과의 충돌 또는 접촉은 ICC 전 약관에서 모두 면책되는 항목이 아니다.

72 답 ①

특약이 없는 한 파업에 의한 손실은 ICC(C)약관에서 보상되지 않는다.

73 답 ②

본 서신은 수출자가 보험회사에 대한 보험계약의 신청을 하는 문서이다.

74 답 ③

5C's 원칙 = Clearness, Conciseness, Correctness, Completeness, Courtesy
독창성 있는 표현은 오히려 의미전달에 혼동을 발생시킬 수 있다.

75 답 ②

Win-Win 전략은 상대의 의견에 귀 기울이는 것에서 출발한다. 협상의 과정에서 얻고자 하는 것만을
어필하는 것은 지양하여야 하고, 상호 이익에 형평성을 가져야 한다.

76 답 ③

동봉된 서신에 대한 것은 Enclosure이며, 추신(Postscript)은 본문에 포함되지 않는 추가적인 메세지를
의미한다.

77 답 ②

클레임 내용에 대한 확인 → 클레임에 대한 조치 → 재발방지조치 → 재발방지확약

78 답 ③

본 문서는 클레임에 대한 회신서한이다. 품질의 문제에 대하여 충분히 인지하고 재발하지 않도록 예방
하고자 하는 확약이 담겨있으나 아직 원인조사에 대한 내용은 담고 있지 않다.

79 답 ②

최근 이슈와 연계하여 주의를 환기시키고 그와 연결한 회사의 강점을 통해 흥미를 유발하면서 거래의
제의로 연결되는 순서가 가장 자연스럽다.

80 답 ③

거래규모를 확인하기 위해 재고보유량을 확인할 수는 있겠으나, 선적에 대한 내용을 포함하는 것은 단
가, 수량 등 그 밖의 거래조건이 확정된 후 논하는 것이 일반적인 순서이다.

실전모의고사 OMR 답안지

* 필기도구는 검정색을 이용하고, 정답을 정해진 칸 안에 까맣게 칠하시오.

시험일시	
성명	
고사장	

교시	
1교시 ○	
2교시 ○	

수험번호					
	①	①	①	①	①
	②	②	②	②	②
	③	③	③	③	③
	④	④	④	④	④
	⑤	⑤	⑤	⑤	⑤
	⑥	⑥	⑥	⑥	⑥
	⑦	⑦	⑦	⑦	⑦
	⑧	⑧	⑧	⑧	⑧
	⑨	⑨	⑨	⑨	⑨
	⑩	⑩	⑩	⑩	⑩

감독관확인

1교시

문항	①	②	③	④
1	①	②	③	④
2	①	②	③	④
3	①	②	③	④
4	①	②	③	④
5	①	②	③	④
6	①	②	③	④
7	①	②	③	④
8	①	②	③	④
9	①	②	③	④
10	①	②	③	④
11	①	②	③	④
12	①	②	③	④
13	①	②	③	④
14	①	②	③	④
15	①	②	③	④
16	①	②	③	④
17	①	②	③	④
18	①	②	③	④
19	①	②	③	④
20	①	②	③	④

문항	①	②	③	④
21	①	②	③	④
22	①	②	③	④
23	①	②	③	④
24	①	②	③	④
25	①	②	③	④
26	①	②	③	④
27	①	②	③	④
28	①	②	③	④
29	①	②	③	④
30	①	②	③	④
31	①	②	③	④
32	①	②	③	④
33	①	②	③	④
34	①	②	③	④
35	①	②	③	④
36	①	②	③	④
37	①	②	③	④
38	①	②	③	④
39	①	②	③	④
40	①	②	③	④

2교시

문항	①	②	③	④
41	①	②	③	④
42	①	②	③	④
43	①	②	③	④
44	①	②	③	④
45	①	②	③	④
46	①	②	③	④
47	①	②	③	④
48	①	②	③	④
49	①	②	③	④
50	①	②	③	④
51	①	②	③	④
52	①	②	③	④
53	①	②	③	④
54	①	②	③	④
55	①	②	③	④
56	①	②	③	④
57	①	②	③	④
58	①	②	③	④
59	①	②	③	④
60	①	②	③	④

문항	①	②	③	④
61	①	②	③	④
62	①	②	③	④
63	①	②	③	④
64	①	②	③	④
65	①	②	③	④
66	①	②	③	④
67	①	②	③	④
68	①	②	③	④
69	①	②	③	④
70	①	②	③	④
71	①	②	③	④
72	①	②	③	④
73	①	②	③	④
74	①	②	③	④
75	①	②	③	④
76	①	②	③	④
77	①	②	③	④
78	①	②	③	④
79	①	②	③	④
80	①	②	③	④

실전모의고사 OMR 답안지

* 필기도구는 검정색을 이용하고, 정답을 정해진 칸에 까맣게 칠하시오.

합격의 공식, 시대에듀

시험일시	
성 명	
고사장	

| 교시 |
| 1교시 O |
| 2교시 O |

| 감독관확인 |
| |

수험번호

① ② ③ ④ ⑤ ⑥ ⑦ ⑧ ⑨ ⓪
① ② ③ ④ ⑤ ⑥ ⑦ ⑧ ⑨ ⓪
① ② ③ ④ ⑤ ⑥ ⑦ ⑧ ⑨ ⓪
① ② ③ ④ ⑤ ⑥ ⑦ ⑧ ⑨ ⓪
① ② ③ ④ ⑤ ⑥ ⑦ ⑧ ⑨ ⓪

1교시

문항	1	2	3	4		문항	1	2	3	4
1	①	②	③	④		21	①	②	③	④
2	①	②	③	④		22	①	②	③	④
3	①	②	③	④		23	①	②	③	④
4	①	②	③	④		24	①	②	③	④
5	①	②	③	④		25	①	②	③	④
6	①	②	③	④		26	①	②	③	④
7	①	②	③	④		27	①	②	③	④
8	①	②	③	④		28	①	②	③	④
9	①	②	③	④		29	①	②	③	④
10	①	②	③	④		30	①	②	③	④
11	①	②	③	④		31	①	②	③	④
12	①	②	③	④		32	①	②	③	④
13	①	②	③	④		33	①	②	③	④
14	①	②	③	④		34	①	②	③	④
15	①	②	③	④		35	①	②	③	④
16	①	②	③	④		36	①	②	③	④
17	①	②	③	④		37	①	②	③	④
18	①	②	③	④		38	①	②	③	④
19	①	②	③	④		39	①	②	③	④
20	①	②	③	④		40	①	②	③	④

2교시

문항	1	2	3	4		문항	1	2	3	4
41	①	②	③	④		61	①	②	③	④
42	①	②	③	④		62	①	②	③	④
43	①	②	③	④		63	①	②	③	④
44	①	②	③	④		64	①	②	③	④
45	①	②	③	④		65	①	②	③	④
46	①	②	③	④		66	①	②	③	④
47	①	②	③	④		67	①	②	③	④
48	①	②	③	④		68	①	②	③	④
49	①	②	③	④		69	①	②	③	④
50	①	②	③	④		70	①	②	③	④
51	①	②	③	④		71	①	②	③	④
52	①	②	③	④		72	①	②	③	④
53	①	②	③	④		73	①	②	③	④
54	①	②	③	④		74	①	②	③	④
55	①	②	③	④		75	①	②	③	④
56	①	②	③	④		76	①	②	③	④
57	①	②	③	④		77	①	②	③	④
58	①	②	③	④		78	①	②	③	④
59	①	②	③	④		79	①	②	③	④
60	①	②	③	④		80	①	②	③	④

참고문헌

〈기본자료〉

• 관세사 한권으로 끝내기, 유영웅, 이송미, 최시영 공저, 시대고시기획, 2022

• 관세사 2차 논술답안백서, 김용승, 유영웅, 김성표, 김성만 공저, 시대고시기획, 2022

• 스타트 국제무역사, 유창원 편저, 신지원, 2015

• 퍼펙트 국제무역사, 김현수 저, 세종출판사, 2016

• BEST 국제무역사, 김덕권 저, 한국무역협회 무역아카데미, 2013

〈참고도서〉

• 국제운송물류론, 전순환, 한올, 2015

• 무역실무, 구종순, (주)박영사, 2011

• Incoterms 2020 한국어 공식번역본, 대한상공회의소, 대한상공회의소, 2019

• UCP 600 공식번역 및 해설서, 대한상공회의소 편집부, 대한상공회의소, 2007

〈관련 사이트〉

• 관세청 www.customs.go.kr

• 국제상업회의소 https://iccwbo.org

• 유엔국제상거래법위원회 http://www.uncitral.org

• 법제처 국가법령정보센터 www.law.go.kr

• 한국무역협회 www.kita.net

좋은 책을 만드는 길
독자님과 함께하겠습니다.

도서에 궁금한 점, 아쉬운 점, 만족스러운 점이
있으시다면 어떤 의견이라도 말씀해 주세요.
시대고시기획은 독자님의 의견을 모아 더 좋은 책으로 보답하겠습니다.

www.sidaegosi.com

2022 합격자 국제무역사 1급 한권으로 끝내기

개정5판1쇄 발행	2022년 02월 04일 (인쇄 2021년 12월 01일)
초 판 발 행	2017년 07월 10일 (인쇄 2017년 06월 26일)
발 행 인	박영일
책 임 편 집	이해욱
편 자	이성종 · 김성표
편 집 진 행	김은영 · 방혜은
표지디자인	박수영
편집디자인	최혜윤 · 곽은슬
발 행 처	(주)시대고시기획
출 판 등 록	제10-1521호
주 소	서울시 마포구 큰우물로 75 [도화동 538 성지 B/D] 9F
전 화	1600-3600
팩 스	02-701-8823
홈 페 이 지	www.sidaegosi.com
I S B N	979-11-383-1194-6 (13320)
정 가	30,000원

합격의 자신감을 심어주는 합격자 무역 시리즈!

무역영어 1급
4개년 기출문제집

이 책의 특징

- 2017~2020년 1급 12회분 기출문제 & 상세한 해설 수록!
- 회차별 문제를 통한 출제경향 및 난이도 파악!
- 핵심 영단어 A to Z + 핵심 확인학습!

※ 도서의 구성 및 이미지는 변경될 수 있습니다.

합격자 시리즈
무역영어

- 무역영어 1급 한권으로 끝내기 ▶ 동영상 강의 교재
- 무역영어 3급 한권으로 끝내기
- 무역영어 1급 4개년 기출문제집
- 무역영어 2 · 3급 기출문제집

합격에 자신있는
무역시리즈

합격자 *ROADMAP*

관세사 1차 한권으로 끝내기 ▶ 동영상 강의 교재

- [상권]+[하권] 분권구성
- 출제경향을 반영한 과목별 핵심이론
- 최신기출문제+상세한 해설 수록
- 출제예상문제 및 OX문제 수록

관세사 1차 3개년 기출문제집 ▶ 동영상 강의 교재

- 기출문제 학습을 통한 실전대비서
- 과목별 분리 편집구성
- 최신기출문제+상세한 해설 수록

관세사 2차 논술답안백서 ▶ 동영상 강의 교재

- [상권]+[하권] 분권구성
- 핵심이론 및 최신기출문제 수록
- 모의문제 및 고득점 비법 수록
- 최신 개정내용 추가 수록

국제무역사 1급 한권으로 끝내기

- 출제경향을 완벽 반영한 핵심이론
- 과목별 100문제+최종모의고사 1회분 수록
- 소책자 무역이론 핵심요약노트+오디오북 제공

※ 도서의 구성 및 이미지는 변경될 수 있습니다.

AI면접
이젠, 모바일로

기업과 취준생 모두를 위한 평가 솔루션 윈시대로! 지금 바로 시작하세요.

www.winsidaero.com